BIBLIOTECA UNIVERSALE LATERZA
80

Per gentile concessione
della Librairie Arthème Fayard, Paris

Nella « Universale Laterza »
prima edizione   1968

In « Storia e Società »
prima edizione   1975

Nella « Biblioteca Universale Laterza »
prima edizione   1983
terza edizione   1987

Giuliano Procacci

STORIA DEGLI ITALIANI

Editori Laterza   1987

Finito di stampare nel febbraio 1987
nello stabilimento d'arti grafiche Gius. Laterza & Figli, Bari
CL 20-2117-X
ISBN 88-420-2117-2

A Serenella

— Professore, — esclamò Nando a testa bassa, — voi amate l'Italia?

Di nuovo ebbi intorno a me le facce di tutti: Tono, la vecchia, le ragazze, Cate. Fonso sorrise.

— No, — dissi adagio, — non l'Italia. Gli italiani.

Cesare Pavese, *La casa in collina.*

AVVERTENZA

Questa Storia degli italiani *mi è stata a suo tempo commissionata dalle edizioni Fayard di Parigi, presso le quali è stata pubblicata in lingua francese. Trattandosi di un'opera destinata a un pubblico straniero e ovviamente meno familiarizzato con le vicende e i problemi della storia del nostro paese, essa contiene pagine e notizie che al lettore italiano appariranno certamente risapute. Tuttavia, nell'approntamento di questa edizione italiana, ho ritenuto di dover limitare il più possibile i necessari sfoltimenti.*

Non ho ritenuto d'altra parte, dato il carattere dell'opera, di dover appesantire il testo, salvo pochissimi casi, con continui richiami e citazioni delle opere di studiosi italiani e stranieri delle quali mi sono servito. Ciò non significa naturalmente che il mio debito verso gli uni e gli altri non sia grande. Al contrario esso è troppo cospicuo per non rischiare, a volerne fare l'inventario, delle incresciose omissioni.

Un caldo e sincero ringraziamento debbo agli amici Franco De Felice, Denis Richet, Francesco Sirugo, Rosario Villari e Stuart J. Woolf che hanno avuto la pazienza di leggere il manoscritto del mio lavoro e di farmi parte delle loro osservazioni e critiche, anche se, per ragioni di spazio e di tempo, non sempre ho potuto tener conto di esse.

Ringrazio ancora una volta le edizioni Fayard per aver permesso che l'edizione italiana di questo mio lavoro vedesse la luce prima di quella francese.

G. P.

Firenze, 1° luglio 1975

INTRODUZIONE

Questa che ci accingiamo a scrivere è la storia di come, attraverso una vicenda secolare e contrastata, l'Italia ha contribuito alla formazione e allo sviluppo della moderna civiltà europea. Essa è, in definitiva, un pezzo di storia d'Europa. Come tale, essa difficilmente avrebbe potuto avere un punto di partenza diverso da quello che abbiamo scelto. È infatti attorno all'anno Mille che storicamente si colloca il primo di quei salti qualitativi nello sviluppo economico e sociale della società europea che la porteranno nel corso dell'età moderna ad assumere una posizione di predominio nei confronti del resto del mondo. Le crociate, la riconquista spagnola e il movimento di colonizzazione verso l'Oriente slavo sono le prime manifestazioni della vitalità e dell'imperialismo europei e l'idea della *Respublica christiana* la prima forma in cui l'Europa stessa iniziò a prendere coscienza della propria unità. Di questa Europa l'Italia fu parte integrante, anzi, come vedremo, senza di essa la *Respublica christiana* non sarebbe neppure esistita. Non è concepibile perciò una storia degli italiani del nostro millennio al di fuori del contesto europeo.

Ma la storia italiana o, più esattamente, la storia delle genti e degli uomini che hanno abitato la penisola non comincia ovviamente nell'anno Mille. Prima dei romani, se non vogliamo risalire ancora più oltre, le sue regioni centrali avevano conosciuto la conturbante civiltà degli etruschi e il Mezzogiorno e la Sicilia quella delle città della Magna Grecia. Tarquinia, Siracusa, Taranto erano fiorenti centri di civiltà quando Roma non era ancora che un villaggio dell'agreste Lazio. Gli eruditi dell'800, alla ricerca delle vestigia di un'antichissima civiltà italica, amavano ricordare che Pitagora era vissuto più di un secolo prima di Platone e dal canto nostro potremmo aggiungere che i templi di Paestum e di Selinunte erano in piedi da decenni quando Pericle dette inizio ai lavori del Partenone e da secoli quando gli imperatori cinesi della dinastia Chou ordinarono la costruzione della grande muraglia. Dopo gli etruschi e dopo i greci era stata la volta della colonizzazione romana. Questa costruì letteralmente l'Italia pezzo per pezzo, persino nel nome. È noto infatti che originariamente si designava con questo nome soltanto l'estremità meridionale dello stivale e che fu soltanto con la conquista romana che esso passò ad indicare tutto il territorio a sud della Magra e del Rubicone. Occorrerà infine attendere l'età di Augusto perché nell'Italia vengano compresi anche i territori dell'ex Gallia cisalpina nella quale le legioni romane avevano fatto irruzione alla fine del III secolo a. C. La penisola fu dunque tra i paesi dell'Occidente europeo quello che conobbe più precocemente, più profondamente e più integralmente, su tutta la sua estensione, gli effetti della colonizzazione e della pace romana. Alle soglie della nostra era essa ci appare dalle *Georgiche* di Virgilio e dai trattati di agricoltura romani come un paese densamente abitato e intensamente coltivato, solcato da una rete di grandi strade e divisa in un sistema di regioni, i cui nomi e i cui confini si sono in parte conservati sino ad oggi.

Dall'età di Augusto all'inizio della nostra storia corrono mille anni. A volerne condensare le complesse vicende in una breve formula, si potrebbe dire che nel corso di essi ciò che era stato faticosamente costruito andò progressivamente distrutto e cancellato. Attraverso la terribile crisi economica e sociale del Basso Impero, le prime invasioni barbariche, la devastatrice guerra greco-gotica del VI secolo e, infine, la calata e lo stanziamento dei longobardi assistiamo infatti a un autentico processo di deperimento della vita

economica e dell'unità politica della penisola. Le città e le
campagne si spopolano, le culture retrocedono, i costumi si
imbarbariscono: parlare di degradazione non è certo un'esagerazione.

Quello che riemerge nell'anno Mille è, e non avrebbe
potuto essere altrimenti dopo un così radicale sconvolgimento, un paese nuovo. Ma vi sono nella storia cose che non
si cancellano e permanenze più forti di qualsiasi *tabula rasa*.
Gli imperi possono cadere, le istituzioni politiche deperire,
ma i segni della presenza e del lavoro umano, di generazioni
e generazioni di uomini sulla terra, rimangono per riaffiorare
quando la stagione si faccia più propizia. Ciò accadde appunto attorno all'anno Mille: le grandi vie di comunicazioni
romane ritornano ad essere frequentate e condizioneranno
per secoli il sistema degli scambi e dei traffici, fino a tempi
vicinissimi a noi. L'insediamento umano dell'età comunale
riproduce, per ciò che concerne i centri maggiori, in larga
misura quello dell'età romana: gran parte delle principali
città italiane ebbero la loro origine in età romana o prero-
mana e l'elenco di quelle sorte in età successiva (Alessandria,
Ferrara, Udine), di per sé esiguo, non è comunque più lungo
di quelle che, esistenti in età romana, vennero successivamente abbandonate (Aquileia, Luni, etc.). Al di fuori delle
città i campi rivelano ancor oggi all'osservazione della foto-
grafia aerea in più di un caso il reticolo della *centuriatio*
romana. Ciò che vale per le cose, vale anche per gli uomini.
Non ci riferiamo soltanto alla grande tradizione della cultura
classica all'insegna del cui recupero si svolgerà, come vedremo, tanta parte della storia degli intellettuali italiani,
quanto a certe strutture e permanenze più profonde che
neppure la grande rivoluzione del cristianesimo è riuscita
a· cancellare completamente. La struttura religiosa di non
pochi italiani non è dissimile da quelle chiese romaniche
che poggiano su fondamenta e sono costruite con materiali
di riporto romani. Dietro una professione e un comportamento esteriore cristiani affiorano a tratti antichi sedimenti

pagani e magici e il visitatore delle tombe di Tarquinia ritrova stupito nei loro affreschi gli stessi gesti rituali e di scongiuro che ancor oggi si praticano usualmente.

Esiste dunque un problema della continuità nella storia italiana. Già gli eruditi del '700 parlavano di un Ri-sorgimento dell'Italia dopo il Mille; gli stessi cittadini dei comuni italiani mostravano di rendersene conto quanto chiamavano consoli i magistrati da essi eletti o si industriavano per dimostrare che la loro città era una figlia prediletta di Roma. Ma in che consiste concretamente questa continuità? Rispondere a questa domanda significherebbe affrontare una serie di problemi complessi — di storia economica, di storia della cultura, della lingua, del costume — per i quali, oltre che naturalmente lo spazio, ci manca anche e soprattutto la competenza. Per limitarci a una questione sulla quale il dibattito storico è aperto, è possibile istituire un nesso di continuità tra la proprietà quiritaria romana e la proprietà allodiale medievale e individuare di conseguenza in un radicato « individualismo agrario » una delle permanenze di fondo della storia italiana?

Questo e altri siffatti interrogativi non possono, come si è detto, trovare risposta in queste affrettate pagine introduttive. Piuttosto che tentare di fornire delle problematiche, se non impossibili, analisi e spiegazioni, dobbiamo limitarci a una constatazione, la quale, appunto perché ovvia, ci sembra importante. Si tratta di renderci conto di come quella italiana è una terra in cui tutto, dalla forma dei campi alla qualità e preparazione dei cibi, dai modi delle culture al tracciato delle strade, dalla raffinatezza cerebrale dei dotti alla dotta ignoranza dei semplici, contribuisce a dare a coloro che ci vivono sopra il senso di una continuità ininterrotta e perseverante di lavoro e di fatica e ad insinuare in essi, assieme al sentimento del tempo, quello della rassegnazione.

I reggimenti politici cambiano, le mode passano, gli eroi di ieri divengono gli zimbelli di oggi; solo la fatica e gli affetti dell'uomo non mutano. Il celebre detto del principe di Salina nel *Gattopardo* («se vogliamo che tutto rimanga come è, bisogna che tutto cambi») non esprime soltanto il punto di vista di un aristocratico e di un conservatore, ma trova profonda rispondenza nel senso comune popolare.

Eppure la storia che ci accingiamo ad illustrare è ben lungi dall'essere una storia povera di varietà e di vitalità e il suo ritmo è sempre rapido e ricco di imprevisti. Il fatto è che la rassegnazione, nella sua forma italiana, non è mai, o assai raramente, disperazione, o, anche, passività, ma piuttosto consapevolezza che la vita va comunque accettata e continuata e che vi sono momenti e occasioni in cui occorre fare appello a tutte le proprie risorse perché la vicenda della vita non si interrompa. Ci imbatteremo più volte nel corso della nostra storia in siffatti momenti e occasioni, dai suoi inizi sino all'8 settembre 1943.

Un luogo comune spesso ripetuto, per lo più da italiani, è che l'Italia è il paese di Pulcinella. Ma Pulcinella non è, come sappiamo, soltanto un guitto, ma un personaggio, una «maschera» di grande spessore e verità umana, che, come il suo confratello cinese Ah Q, ha molto vissuto, molto visto e molto sofferto. A differenza però di Ah Q, Pulcinella non muore mai, perché egli sa che tutto può accadere nella storia. Anche che la sua antica fame venga un giorno saziata.

STORIA DEGLI ITALIANI

PARTE PRIMA

I

INTORNO ALL'ANNO MILLE

Il posto dell'Italia nella « Respublica christiana ».

Papato e impero sono le due grandi quinte entro le quali si svolge la vicenda della storia medievale europea. A chi si interni troppo nell'azione scenica e si perda dietro i personaggi maggiori e minori che vi si muovono può accadere talvolta di perderle di vista, ma a chi guardi di lontano e abbia presente lo scenario nel suo insieme non può sfuggire che ogni movimento e ogni azione sono condizionati dalla loro incombente presenza. Di nessun paese dell'Occidente cristiano è possibile delineare la storia nel corso del Medioevo senza dover continuamente fare riferimento a queste strutture universalistiche.

Dell'Italia meno che di qualsiasi altro. La penisola non è soltanto, come le altre nazioni, un membro della comunità dei popoli cristiani dell'Occidente, essa ne è anche il centro di gravità e il cuore. Senza Roma, senza l'Italia, la *Respublica christianorum* cesserebbe infatti di essere tale.

Gregorio Magno, il pontefice che dette l'avvio all'evangelizzazione dell'Occidente barbarico e all'organizzazione liturgica e reggimentale della Chiesa medievale, era stato un patrizio romano che aveva portato nel governo della Chiesa lo spirito colonizzatore e imperialistico della città e della classe di cui era figlio, e romani furono la maggior parte dei suoi successori. A Roma, nella fatidica notte di Natale dell'anno 800, Carlo Magno aveva ricevuto dalle mani del pontefice Leone III il diadema imperiale e da allora l'immagine di Roma cristiana, della città di Pietro, si fonderà con quella di Roma imperiale, la città di Cesare, per dar vita al mito della Santa Repubblica Romana. Certo l'impero carolingio non conservò a lungo la sua struttura unitaria e il papato il prestigio che gli derivava dalla sua alleanza con l'invitto Carlo Magno. Il secolo che va dalla partizione di Verdun (843) alla discesa di Ottone I in Italia (951), nel corso del quale l'Europa cristiana si trovò compressa e sconvolta dalle minacce concentriche degli arabi e dei normanni ed esposta alle razzie degli ungari, è un periodo oscuro sia nella storia dell'impero che in quella del papato. Mentre la corona imperiale era l'effimero appannaggio di questo o quel potente del momento, a Roma le varie fazioni dell'aristocrazia si contendevano la dignità papale senza risparmio di colpi: cade in questo periodo il macabro episodio del processo al cadavere di papa Formoso.

Tuttavia la consapevolezza di appartenere a un'unica repubblica cristiana, che aveva il suo centro in Roma e il suo capo temporale nell'imperatore coronato dal papa, non cessò mai di essere presente alle menti dei dotti e dei potenti dell'epoca e seguitò a costituire un punto fermo nell'universo intellettuale cristiano. In un mondo in cui non vi era alcun gradino intermedio tra la carità del natio loco degli umili e il cosmopolitismo universalistico dei chierici e degli intellettuali, il mito di Roma, città doppiamente universale, conservava tenaci radici e profonde risonanze. Passata la tempesta delle invasioni ungare e dei *raids* musulmani e tramontati i tempi torbidi della più sfrenata anarchia feudale, lo vediamo infatti riemergere e vigoreggiare alla corte di Ottone III (996-1002), l'imperatore sassone che, circondatosi di uomini dotti e pii, fissò la propria dimora a Roma e vi morì dopo aver perseguito nel suo breve regno il miraggio di un Impero rinnovato.

L'ideale di una Chiesa che esercitasse la sua missione pastorale su scala universale fu invece al centro dell'azione riformatrice dei papi del secolo XI. Di fatto questi ultimi contribuirono notevolmente a estendere e a consolidare il prestigio internazionale del papato. Fu con la benedizione di Roma e sotto il segno del nuovo imperialismo religioso della Chiesa riformata che ebbero luogo la conquista normanna d'Inghilterra e dell'Italia meridionale, la *reconquista* spagnola, per non parlare poi della grande impresa collettiva delle crociate. Nella misura in cui diveniva universale, la Chiesa cattolica non cessava peraltro di essere romana. Se il papato aveva cessato con la riforma di essere l'appannaggio quasi esclusivo delle grandi famiglie romane e nel corso dei secoli XI e XII si videro ascendere al soglio dei tedeschi, dei borgognoni, degli italiani di varie province e persino un inglese, occorre anche ricordare che i cardinali, cui la sinodo lateranense del 1059 affidava l'elezione del papa, sottraendola così al clero e al popolo romano e alle pressioni che su questi ultimi venivano abitualmente esercitate dal potere laico e imperiale, erano i titolari delle chiese di Roma e delle diocesi suburbicarie e perciò in grande maggioranza italiani e romani. Ma soprattutto bisogna ricordare che il nuovo papato riformato era un organismo altamente unitario e centralizzato, un'autentica monarchia teocratica che esercitava un controllo sulla Chiesa, che nel corso dei secoli successivi non subirà alterazioni se non nel senso di un suo ulteriore rodaggio e perfezionamento. Tutti i concili compresi tra il primo lateranense (1123) e il quarto (1215), che, celebrato sotto il pontificato del grande Innocenzo III all'indomani della battaglia di Bouvines, sembrò suggellare il trionfo della Chiesa come giudice delle controversie internazionali, si tennero a Roma.

Romano, per quanto alla testa di esso si trovassero dei feudatari tedeschi, rimaneva anche l'impero. La lunga lotta che nel corso del secolo XI gli imperatori della casa di Franconia avevano sostenuto contro il papato per la questione delle investiture, era stata animata dalla convinzione che essi e i loro seguaci fermamente nutrivano circa il carattere universale del proprio potere e della propria missione. Profon-

damente persuaso di essere il successore di Cesare e di
Traiano sarà soprattutto Federico I Barbarossa (1152-1190),
e per rivendicare questo suo diritto egli non esiterà, così
come avevano fatto i suoi predecessori, a scendere per ben
sei volte alla testa dei suoi eserciti nella penisola, trascurando
e lasciando ad altri gli affari di Germania. Senza il possesso
dell'Italia, senza l'incoronazione in Roma, il titolo imperiale
non aveva alcun valore e alcun prestigio.

Ma se politicamente e spiritualmente Roma e con essa
l'Italia erano il cuore e il centro di gravità della *Respublica
christianorum*, geograficamente ne erano una periferia e per
lungo tempo ne erano state — e in parte seguitavano a esserlo — una frontiera. Si può anzi dire che per secoli il
confine fra l'Europa continentale di Carlo Magno e l'impero
marittimo degli arabi e di Bisanzio era passato attraverso
di essa.

Roma stessa — o meglio ciò che rimaneva della Roma
imperiale — era stata fino agli inizi del secolo VIII sottoposta al potere civile di un duca bizantino e la lingua greca
vi era stata per lungo tempo correntemente parlata. Influssi
bizantini sono largamente presenti e facilmente individuabili
nei monumenti romani dell'epoca e nello stesso cerimoniale
e rituale della Chiesa dei secoli dell'Alto Medioevo: si pensi,
per i primi, ai mosaici a fondo in oro della chiesa di San-
t'Agnese, o di Santa Maria Antiqua, o di Santa Prassede
e, per il secondo, a papa Leone III, prosternato, come davanti a un imperatore d'Oriente nel rito dell'*adoratio* ai
piedi di Carlo Magno. Del resto non sarà superfluo ricordare a questo punto che solo nel 1054, all'acme cioè del
movimento per la riforma, avverrà il definitivo distacco della
Chiesa romana da quella d'Oriente.

Oltre a Roma, anche Amalfi, Napoli, Gaeta e le città
adriatiche della Pentapoli erano state per secoli sottoposte
all'autorità dei duchi bizantini, per non parlare di Ravenna,
capitale dell'Esarcato, con le sue chiese e i suoi mosaici riva-
leggianti con quelli di Santa Sofia e celebranti le glorie della
corte di Costantinopoli. In quanto a Venezia, il suo doge

era un duca bizantino emancipatosi progressivamente da Bisanzio, il suo vescovo un patriarca, il suo santo protettore, Marco, veniva dall'Oriente e la chiesa che era stata costruita per custodirne le reliquie, aveva probabilmente nella sua forma originaria la struttura di una basilica greca.

Ma le province della penisola in cui la dominazione bizantina si mantenne più a lungo furono quelle meridionali delle Puglie e della Calabria. Esse infatti continuarono a dipendere da Costantinopoli fino alla metà del secolo XI, in tempo quindi per conoscere la rinascita politica e artistica promossa dalla dinastia macedone e per profittarne. Ne offrono testimonianza le numerose chiese a struttura greca della Calabria. La Sicilia invece fu nel corso del secolo IX strappata a Bisanzio dagli arabi, che vi si mantennero per due secoli sino alla conquista normanna. Palermo, quale ce la descrivono i geografi e i viaggiatori arabi, ebbe così il tempo di acquisire quei caratteri di metropoli orientale mediterranea, irta di fondachi, di botteghe e brulicante di vita, che ancor oggi in parte conserva; e le campagne delle zone più fertili dell'isola, sapientemente irrigate, di ricoprirsi delle nuove colture degli agrumi, del gelso, del cotone e della canna da zucchero. Di fronte a questa vegetazione esotica e orientale i conquistatori normanni, che pure erano dei grandi viaggiatori, non riuscirono a reprimere la loro meraviglia e a sottrarsi alla sensazione di essere approdati in un mondo diverso.

Certo verso la metà del secolo XI la carta politica della penisola si presentava radicalmente mutata rispetto a quella dei secoli dell'Alto Medioevo. Al nord la conquista longobarda di Ravenna nel 751 aveva praticamente posto fine alla dominazione bizantina sulle zone costiere dell'Italia settentrionale. Al sud era in pieno svolgimento — e già se ne intravedeva l'esito vittorioso — la riconquista normanna. L'ex ducato bizantino di Roma si era trasformato nel patrimonio di San Pietro e Venezia si reggeva da tempo in piena autonomia e trattava da pari a pari con l'impero d'Oriente. Dal punto di vista politico insomma l'Italia non era più una

frontiera. Essa continuava però ad esserlo in un senso più
lato e più pregnante, nel senso cioè che tra i paesi del-
l'Occidente cristiano essa rimaneva la più esposta e la più
ricettiva nei confronti del mondo orientale. Venezia, Amalfi,
Bari non avevano certo cessato, una volta acquisita l'indipendenza, di intrattenere con Bisanzio e con il mondo arabo
delle relazioni commerciali regolari, anzi le avevano ampliate
e intensificate. La frontiera ora era il mare, eterno veicolo
di contatti umani.

Questo suo esser frontiera non esercitò sulla futura storia
della penisola un'influenza minore di quella derivante dalla
sua posizione privilegiata di centro ideale della *Respublica
christiana*. Trascurare l'uno o l'altro di questi elementi, o
accentuare l'uno a profitto dell'altro può significare preclu-
dersi la via a una effettiva comprensione della storia italiana,
nella sua varietà e contraddittorietà, nella sua singolare grandezza. Per cominciare con la grande esperienza collettiva
della crociata, attraverso la quale l'Occidente cristiano prese
coscienza di sé e della sua rinnovata vitalità, è certo che le
fervorose esortazioni dei pontefici romani e la pietà dei
fedeli contribuirono tanto alla loro riuscita quanto lo spirito
di frontiera e di avventura e la spregiudicatezza mentale
degli armatori e dei mercanti delle città marinare italiane.
Da queste anzi conviene prendere l'avvio: la nostra storia
comincia dal mare.

Le città marinare.

Gli esordi e l'ascesa delle città marinare italiane sono,
come si è già avuto modo di accennare, ben anteriori alla
prima crociata, e per alcune di esse si collocano prima del
grande spartiacque dell'anno mille.

Nel Tirreno la fortuna di Amalfi appare agli inizi del
secolo XI già largamente consolidata. La città campana intratteneva rapporti commerciali consistenti con Bisanzio e
con la Siria, possedeva colonie a Costantinopoli e a An-

tiochia e le sue navi frequentavano gli scali di Egitto, di Tunisia e di Spagna. La presenza di mercanti amalfitani ci è segnalata a Pisa, a Genova, a Ravenna, a Pavia, l'antica capitale del regno italico, a Durazzo e forse anche in Provenza. A Roma essi operavano come fornitori della curia, grande consumatrice dei pregiati prodotti orientali, e uno di essi, Mauro Pantaleoni, grande edificatore e benificatore di chiese, ebbe una parte di rilievo come collaboratore di Gregorio VII nelle vicende e nei maneggi della grande politica internazionale. La conquista normanna del Mezzogiorno, privando Amalfi del suo ruolo di fornitrice delle regioni dell'interno, segnerà per essa l'inizio della decadenza. Il tracollo definitivo avverrà nel 1135 con l'espugnazione e il sacco della città da parte del nuovo astro sorgente nel firmamento marinaro italiano, Pisa.

A differenza di Amalfi, la quale aveva edificato la propria fortuna su di una politica di *appeasement* con il mondo arabo, la città toscana scelse sin dall'inizio la via della lotta e della crociata. Assicuratasi il controllo della Corsica e della parte settentrionale della Sardegna, Pisa, alleata ai normanni, affrontò e sconfisse nel 1062 la flotta musulmana nelle acque di Palermo e nel 1087 si spinse fino ad operare un vittorioso *raid* contro la Mehedia nell'Africa settentrionale e, successivamente, contro le Baleari. Con queste spedizioni, alle quali tutti i cittadini avevano partecipato coralmente, con i consoli e i vescovi in testa, Pisa si era garantita il predominio del Mediterraneo occidentale e i suoi cronisti, magnificandone le gesta, non esistavano a paragonarle a quelle di Roma contro Cartagine. Frattanto nella città fervevano i lavori per la costruzione del duomo che, iniziato nel 1063, venne consacrato nel 1118.

Il decollo di Genova, che un diploma imperiale degli inizi del secolo X ci descrive come una collettività ancora prevalentemente agricola, fu più difficile. Bisogna tener conto infatti della posizione geografica della città, tagliata fuori da quella Via Francigena che costituiva la più battuta via di comunicazione dell'Italia altomedievale, e del declassamento dal quale dopo l'occupazione longobarda del 642 essa non si era più risollevata. In un primo tempo Genova si mosse perciò nell'ombra e sulla scia di Pisa, ma ben presto, come vedremo, essa assurse a potenza autonoma e a notevole prosperità: è del 1151 il primo ampliamento della cinta muraria.

Da quando nel secolo VIII Ravenna aveva cessato di essere la prestigiosa capitale dell'Esarcato bizantino, Venezia non aveva rivali nell'Adriatico. Né le città della Pentapoli, né Bari e gli altri porti minori delle Puglie potevano reggere, sia pure da lontano, il confronto con essa. Eppure le sue origini erano state umili: un popolo di barcaioli, di salinatori e di pescatori e un'aristocrazia di proprietari fondiari rifugiatisi nelle isole della laguna a più riprese, per sfuggire all'invasione barbarica. Ma, se le origini erano state piccole, l'ascesa della città lagunare fu vertiginosa e il suo successo sorprendente.

Alla metà del secolo IX essa già controllava gli sbocchi fluviali della Valle padana e le correnti di traffici che si svolgevano lungo di essi con il retroterra. Alla fine del secolo X essa si era resa già arbitra della navigazione nell'Adriatico e il suo doge si fregiava del titolo di *Dux dalmaticorum*. Risalgono al secolo XI la consacrazione nella nuova fabbrica di San Marco (1094) e le origini della cerimonia dello sposalizio con il mare. Ormai la vocazione marittima di Venezia era già definitivamente fissata e sempre più numerose le navi veneziane partivano alla volta dell'Oriente cariche di legnami, di metalli, di schiavi razziati lungo le coste della Dalmazia e di pellegrini e facevano ritorno stivate di seta, di olio, di spezie, di profumi, di materie coloranti, di tutto ciò insomma che serviva a soddisfare i bisogni e il lusso dell'*élite* dell'Europa feudale. Ben presto la presenza dei veneziani nei territori dell'impero bizantino divenne massiccia: verso la metà del secolo XII essi erano migliaia e le cronache parlano di diecimila di essi arrestati al momento della rivolta xenofoba del 1171. Nel 1082 Venezia aveva ottenuto infatti dall'imperatore Alessio la garanzia di una assoluta libertà di commercio nei territori dell'impero, l'esenzione da qualsiasi diritto di dogana e l'autorizzazione a tenere propri fondachi in terra bizantina.

La prima crociata trovò dunque le città marinare italiane già assai avanti sulla via della penetrazione commerciale nel mondo arabo e bizantino e ben preparate a cogliere l'occasione storica che loro si presentava. Genova e Pisa furono le prime a profittarne. La città toscana partecipò all'assedio di Gerusalemme con 120 navi al comando del suo arcivescovo, mentre Genova sostenne validamente il principe normanno Boemondo di Taranto impegnato nell'assedio di Antiochia. Naturalmente sia i pisani che i genovesi non mancarono, a vittoria conseguita, di esigere il compenso per il soccorso prestato: i primi ottenero di poter stabilire una loro colonia a Giaffa, i secondi si insediarono ad Antiochia. A queste prime colonie altre se ne sarebbero aggiunte più tardi, e già alla metà del secolo XII non vi era praticamente emporio o città mediterranea, dalle coste dell'Algeria a quelle della Siria, in cui non vi fosse presente, con la sua chiesa, i suoi fondachi, i suoi consoli, una « nazione » pisana o genovese.

Alla prima crociata non aveva invece partecipato Venezia che, dati i suoi rapporti con l'impero d'Oriente non era interessata a un mutamento dello *statu quo* nel Mediterraneo orientale e guardava anzi con sospetto alle iniziative dei suoi rivali normanni in questa direzione. Ma dopo la vittoriosa conclusione dell'impresa, essa non tardò a rendersi conto delle nuove prospettive che quest'ultima apriva alla supremazia cristiana e occidentale e già nel 1100 una sua flotta di 200 navi metteva l'ancora davanti a Giaffa e otteneva da Goffredo di Buglione notevoli concessioni commerciali. Le rivolte xenofobe e antiveneziane scoppiate a Costantinopoli nel 1171 e nel 1182 le offrirono più tardi il pretesto per una revisione, anzi per un capovolgimento della sua politica di *appeasement* con l'impero di Oriente. Questo nuovo corso politico fu suggellato nel 1202, quando l'abile diplomazia e le generose elargizioni veneziane riuscirono a dirottare verso Costantinopoli i guerrieri in partenza per la quarta crociata. La capitale dell'impero d'Oriente venne espugnata il 12 aprile 1204 e il doge di Venezia venne proclamato signore della quarta parte e mezzo del nuovo impero latino d'Oriente. Quest'ultimo risultò, come è noto, un organismo politico scarsamente vitale e non sopravvisse a lungo, ma i privilegi commerciali e gli scali marittimi che Venezia si era assicurati sulle coste e nelle isole dell'arcipelago greco e a Costantinopoli sarebbero rimasti, pur tra alterne vicende, nelle sue mani e avrebbero costituito delle solide basi per le sue ulteriori fortune.

Ma l'importanza e la funzione storica delle città marinare italiane non si esaurisce nelle loro imprese guerresche e nel contributo che esse arrecarono alla affermazione del predominio politico e commerciale cristiano nel Mediterraneo. Amalfi, Pisa, Genova e Venezia furono anche e soprattutto le prime porte e le prime finestre (o forse potremmo dire le antenne) attraverso le quali un mondo ancora isolato e ripiegato su se stesso stabilì un contatto permanente con l'Oriente e cominciò ad appropriarsi degli apporti della sua civiltà. Esse furono, se vogliamo, un tramite di acculturazione. Le cifre arabe, che avrebbero semplificato e rivoluzionato la contabilità dei mercanti, furono introdotte in Occidente dal pisano Leonardo Fibonacci, autore di un *Liber abbaci*, vissuto tra la fine del XII e gli inizi del XIII secolo. La bussola, già conosciuta dagli arabi, venne adottata dagli amalfitani, e la vela latina delle galee crociate era in realtà una vela bizantina o siriana.

Inoltre in un mondo scarsamente attrezzato e ancorato a un basso livello di conoscenze e di qualificazioni tecniche quale era quello medievale, le città marinare italiane rappresentavano altrettante isole di progresso tecnico, quasi dei laboratori sperimentali. Non si dimentichi che quello del marinaio e quello del costruttore di navi appartenevano, in una società a basso sviluppo tecnologico, alla ristretta cerchia dei mestieri qualificati e che essi richiedevano da chi li esercitava un bagaglio non trascurabile di nozioni tecniche e di competenze. Una volta acquisite, l'abilità manuale e la qualifica-

zione tecnica potevano con relativa facilità essere trasferite
ed applicate ad altre attività e ad altri mestieri. Chi sa lavorare il legno, finisce per imparare a lavorare anche la pietra.
E chi infatti lavorò la pietra con maggiore maestria e gusto
del virtuosismo che i costruttori del duomo di Pisa o i mo-
saicisti di San Marco a Venezia? Intellettualmente e tecnicamente avanzate, le città marinare italiane furono anche quelle
in cui più rapidamente si enuclearono le forme e gli ordinamenti dell'autogoverno comunale e cittadino. A Venezia la
trasformazione del doge da funzionario dell'impero d'Oriente
in magistrato autonomo risale già all'VIII secolo e nel corso
del XII vennero rigorosamente fissate le modalità della sua
elezione e i limiti del suo potere. A questa data l'aristocrazia
mercantile cittadina, rappresentata dal Maggior Consiglio, era
già l'arbitra incontestata della città. A Pisa la prima menzione
della magistratura dei consoli è del 1080 e il suo avvento
segna il tramonto dell'autorità vescovile e della nobiltà feudale. A Genova invece il cammino verso forme di autogoverno cittadino venne ostacolato e rallentato dal forte potere
di attrazione e di organizzazione che continuarono a lungo
a detenere gli esponenti e i clan della nobiltà inurbata. La
spinta all'associazione vi si manifestò nella forma di « compagnie » a carattere privato tra singoli gruppi di cittadini.
Più tardi anche Genova evolverà verso forme di reggimento
politico più evoluto e a carattere più collettivo, ma, come
vedremo, un tanto di individualismo e di spirito di consor-
teria sopravvivrà a lungo nella vita della città.

Nell'Europa della fine del secolo XI le città marinare
italiane costituivano dunque per molti aspetti un'eccezione
e si comprende la meraviglia del pio vescovo Donizone alla
vista dell'umanità esotica che popolava le strade di Pisa, e
lo stupore di quel cronista pavese che, capitato a Venezia,
non sapeva capacitarsi del fatto che ci fosse al mondo una
città i cui abitanti non seminavano, non aravano e non ven-
demmiavano. O ancora lo sbalordimento dei rudi guerrieri
normanni e borgognoni in partenza per la quarta crociata tra

le chiese e i canali di Venezia. Ma esse non sarebbero rimaste a lungo un'eccezione; anche nelle regioni dell'interno soffiava infatti il vento impetuoso dell'anno mille.

Città e campagna dopo il Mille.

L'anno Mille inaugurò in Italia come nel resto dell'Europa un'età di tumultuoso sviluppo dell'economia e di profondi rivolgimenti sociali. Le prime ad esserne investite furono le campagne, cioè la base stessa e il fondamento della società medievale. Anche l'Italia, o almeno gran parte di essa, ebbe i suoi dissodamenti e non si contano nella toponomastica della penisola i nomi di luogo che traggono manifestamente origine da una vicenda di dissodamento e di bonifica (Ronchi, Fratta, Frassineto, Carpineto, Selva, Palù), oppure quelli che derivano il loro nome da un episodio di colonizzazione e di insediamento collettivo realizzato in età comunale (Castel-franco, Villafranca, Francavilla). Specie nelle vicinanze dei grandi fiumi della Valle padana vastissime aree incolte furono reintegrate alla cultura, spesso grazie ad imponenti opere idrauliche: taglio di canali, deviazioni di fiumi, lavori di irrigazione e di bonifica. Ma nuovi insediamenti umani sorsero anche nelle zone collinose e montagnose del paese, in Garfagnana, nel Casentino, nelle vallate alpine e appenniniche. Si spiega così come il panorama dell'insediamento sul suolo che ci forniscono le _rationes decimarum_, i registri per la riscossione delle decime che si cominciarono a redigere dai primi decenni del secolo XIII, ci appare come quello di un paese densamente popolato in ogni suo angolo. A mano a mano infatti che la disponibilità di terre migliori veniva esaurendosi, la forte spinta demografica in atto induceva gli uomini a ripiegare su terreni più marginali. Più tardi si sarebbe inevitabilmente giunti a un punto di saturazione e di rottura, ma per adesso quel giorno era ancora lontano e larghi margini di sviluppo ancora sussistevano.

Una così radicale trasformazione dell'agricoltura e dello

stesso paesaggio agrario non poté, a differenza di quanto avvenne altrove, essere contenuta entro il sistema dei rapporti sociali e delle strutture di tipo feudale esistenti. Alla metà del secolo XI lo sgretolamento della signoria feudale e della villa si trovava già in una fase avanzata nelle zone dell'Italia centro-settentrionale maggiormente toccate dall'ondata di rigoglio economico in atto, e per trovare dei feudi ancora vegeti e robusti occorreva addentrarsi nelle regioni più periferiche, in certe parti del Piemonte, nel Friuli, nelle vallate delle Alpi e degli Appennini. Contemporaneamente si fanno sempre più rare nei documenti le menzioni di *corvées* e di servitù di tipo angarico.

Come per la campagna anche per l'altra grande protagonista della storia italiana, la città, l'alba dell'anno mille segnò l'inizio di una nuova vitalità. Occorre peraltro precisare che anche nel corso dell'Alto Medioevo diverse città italiane non avevano cessato di ospitare entro la cerchia delle proprie mura una vita economica e, in qualche caso, delle attività artigianali di una certa consistenza: era stato questo ad esempio il caso di Lucca e di Piacenza, poste entrambe sulla Via Francigena, e di Pavia, la capitale longobarda presso la confluenza tra il Ticino e il Po, che fu sede di fiere annuali. A mantenere un certo tono alla vita urbana avevano contribuito fattori diversi: dalla più profonda impronta della colonizzazione romana, alla stimolante vicinanza delle città bizantine e marinare, alla posizione infine di frontiera che, come si è visto, era stata propria dell'Italia nel corso dell'Alto Medioevo. Più di tutto però vi aveva contribuito il fatto che nelle città — e non nei castelli — avevano fissato la loro residenza i duchi e i gastaldi longobardi, i conti imperiali e infine i vescovi con il loro seguito e la loro mensa. Come centri della diocesi e sedi degli organi politici giudiziari e ammnistrativi, le modeste agglomerazioni urbane dell'Alto Medioevo avevano continuato così ad esercitare nei confronti del proprio territorio, sia pure in misura ridotta, quella funzione agglutinante che esse avevano esercitato nell'ambito del municipio romano. Quella dell'anno Mille non fu perciò, pro-

priamente parlando, una rinascita della vita urbana, ma un
suo rilancio. Un rilancio tuttavia in grande stile.

In una società che cominciava a sottrarsi alla ferrea ne-
necessità della sottoalimentazione e dell'autoconsumo alla
quale era stata condannata per secoli, la città si avviava gradualmente a riprendere la sua funzione di centro di scambi
e di luogo di mercato, di consumatrice di prodotti agricoli e
di fornitrice di prodotti lavorati e di servizi. A mano a mano
che in essa si moltiplicavano le occasioni di lavoro, di scambio
e di contatti umani, i larghi spazi vuoti o coltivati che caratterizzavano l'abitato urbano nell'Alto Medioevo (vi è forse
bisogno di ricorrere alla desueta rievocazione delle rovine di
Roma ridotte a pascolo per le greggi?) si andavano riem-
piendo di uomini e di case. Il vertigioso aumento del prezzo
dei terreni entro o in prossimità delle mura, che ci è attestato dai documenti, ci dice quanto il ritmo di questa crescita
dovesse essere intenso. Dominava il nuovo panorama urbano
la mole massiccia della chiesa: la costruzione delle grandi
cattedrali romaniche delle città italiane risale appunto al periodo delle origini comunali. Santo Ambrogio di Milano, la
più austera e la più bella, fu eretta attorno al 1100; San Zeno
di Verona tra il 1120 e il 1138; il duomo di Modena fu
iniziato nel 1099 e condotto a termine nel 1184. Dall'alto dei
loro campanili si poteva dominare il panorama di una città
in continua espansione. Nella febbre edilizia si arrivò ad un
punto in cui la città letteralmente scoppiò e si rese necessaria
la costruzione di una nuova cinta muraria. Tra il 1050 e il
1100 quasi tutte le grandi città italiane, tra cui Firenze, Genova e Milano, furono costrette a sostituire alla precedente
una cinta muraria assai più ampia. A Firenze la superficie
urbana passò così da 24 a 75 ettari, a Parma da 23 a 76,
a Milano raggiunse i 200. A distanza di un secolo anche
questo spazio si rivelò tuttavia insufficiente e nella seconda
metà del Duecento quasi tutti i maggiori centri italiani dovettero provvedere alla costruzione di una terza cerchia di mura.

Una città siffatta, così ingrandita e così complessa, non
poteva essere retta dalle autorità tradizionali del vescovo o

del conte, ma da organi che fossero rappresentativi dei vari
gruppi sociali e interessi che in essa erano confluiti. Come
in campagna, anche in città lo sviluppo economico e civile
metteva in crisi il tipo di organizzazione sociale esistente e
generava una spinta difficilmente reprimibile verso l'autogoverno cittadino. L'istituto consolare fa, come si è visto, la
sua prima comparsa nei documenti della seconda metà del
secolo XI.

Va da sé che in Italia, come nel resto d'Europa, sviluppo
agricolo e sviluppo urbano sono fenomeni correlativi e in-
terdipendenti e manifestazioni di un medesimo processo di
espansione e promozione sociale. Ciò che invece non è ovvio
e che rappresenta anzi un tratto originale nell'evoluzione storica della società italiana è il fatto che questa interdipendenza
economica dette luogo in una larga parte della penisola a una
compenetrazione tra città e campagna che si realizzò anche sul
piano territoriale, politico e umano. In ciò consiste la novità
e la tipicità di quella formazione storica che fu il comune
italiano; ed in ciò va individuato uno dei grandi nodi della
storia italiana.

Il comune.

Il processo di formazione e di consolidamento del comune
è un fenomeno assai complesso al quale contribuirono fattori
e componenti diversi. Esso si presenta innanzitutto come una
conquista della campagna da parte della città, attuata sia attraverso la penetrazione economica realizzata dagli abitanti
della città con l'acquisto di terreni nelle campagne circostanti,
sia con le armi e la sottomissione del contado alla città.
Noi vediamo così assai per tempo Firenze espugnare Fiesole
e portare le sue armi contro le casate feudali degli Alberti
e dei Guidi; vediamo Milano muovere alla conquista del suo
contado combattendo con Lodi, con Como e le altre città
vicine e Asti costringere il superbo Tommaso di Savoia a
dichiararsi suo vassallo. Per questa via e con queste armi la

presenza economica dei cittadini nel contado si trasformava
in dominio politico della città sul medesimo.

Una volta portata a termine la sottomissione del suo territorio, la città vi imponeva le sue leggi: le rocche e i castelli
venivano abbattuti, i feudatari più selvatici e riottosi costretti
almeno per una parte dell'anno a risiedere in città. Di più:
nel contado conquistato il comune procedeva talvolta a una
politica di ristrutturazione territoriale, promuovendo la formazione di « ville franche » e « castelfranchi » e facendosi
l'impresario di grandi lavori di bonifica e di regolamentazione
del regime delle acque. Fu il comune di Milano che fece costruire il Naviglio Grande e fu quello di Padova che finanziò
la costruzione di canali di drenaggio verso la laguna veneta.
A loro volta i comuni di Mantova e di Verona promossero
importanti lavori di bonifica e vi sarebbe tutta una storia da
scrivere sulla politica idraulica degli altri comuni padani. In
qualche caso si procedette anche all'affrancazione dei servi
dai gravami angarici feudali. Il più celebre, ma non il solo,
di questi atti di emancipazione collettiva è quello con il quale
nel 1257 il comune di Bologna restituì, dietro pagamento di
un riscatto, seimila servi del suo territorio a una condizione
di « perfetta e perpetua libertà ». I lavoratori della terra cessavano così di essere definiti e distinti, a seconda del loro
maggiore o minor grado di dipendenza, in *coloni, ministeriali,
massari, servi* o quante altre classificazioni prevedesse la complicata casistica e nomenclatura feudale, per divenire tutti
semplicemente *villani o contadini,* abitanti cioè del contado.
Con questi contadini i proprietari fondiari residenti in città
instauravano nuovi rapporti, basati non più su di un vincolo
di dipendenza personale, ma sul principio di un'associazione
e compartecipazione contrattuale ai rischi e ai guadagni del-
l'impresa. Il principale di questi contratti fu quello di mezzadria, che ancor oggi è rimasto dominante in vaste zone
della vecchia Italia comunale e la cui diffusione risale ai
secoli XII e XIII.

Conquista dunque del contado da parte della città. Ma si
è potuto parlare anche del fenomeno inverso e non senza

fondatezza. Assistiamo infatti lungo tutti i primi secoli del nostro millennio all'ininterrotto svilupparsi di un fenomeno di immigrazione dalle campagne alla città. Questa corrente migratoria non è formata soltanto da servi fuggiti dal proprio signore e da *déracinés* in cerca di fortuna, ma anche da proprietari fondiari e da feudatari del contado, al punto che per taluni comuni italiani si è potuto parlare di una loro origine signorile. Una volta inurbatisi, questi nuovi cittadini non abbandonavano peraltro il modo di vita cui erano abituati. Si aggiravano per le strette vie della città, circondati dalle loro masnade e, quando decidevano di fabbricarsi una casa, spesso vi costruivano accanto una torre, simbolo della loro potenza e qualità di « magnati ». Molti comuni italiani, tra i quali anche Firenze, dovettero avere, nel periodo delle loro origini, un aspetto non dissimile da quello che ancora oggi conserva la cittadina toscana di San Gimignano. Inoltre i proprietari e i feudatari trasferitisi per elezione o per forza in città, conservavano in molti casi dei legami con il loro luogo di origine del contado e, anche se avevano dovuto rinunciare a tutte o a talune delle loro prerogative e giurisdizioni signorili, essi rimanevano tuttavia dei *rentiers* che partecipavano ai redditi della campagna, per lo meno nelle stesse nuove forme e nella stessa misura con cui vi partecipavano i nuovi proprietari borghesi.

L'amalgama tra le varie componenti e stratificazioni della nuova società comunale non fu facile né immediato. Lo dimostra tra l'altro la storia delle origini del comune di Milano, la quale è tutta un susseguirsi di alleanze e di conflitti tra la grande feudalità facente capo all'arcivescovo, la feudalità minore dei valvassori e i ceti cittadineschi della mercatura e delle professioni. Analoghi attriti troviamo anche in altri comuni italiani, per quanto sia necessario guardarsi dalla tentazione di scorgere sempre e dovunque delle lotte di classe laddove spesso vi furono soltanto dei conflitti di clan e di consorterie o dei contrasti di generazioni tra vecchi residenti e « gente nuova ». Infatti, malgrado le fazioni che continueranno a lungo a travagliare la vita cittadina, le tendenze di fondo andavano nel senso di una graduale omogeneizzazione. Da un lato i rampolli delle famiglie magnatizie non disdegnavano di contrarre matrimoni in famiglie borghesi e di esercitare essi stessi la mercatura o le arti; dall'altro, facendosi acquirenti di terre nel contado, i borghesi tendevano ad acquisire anche quella rispettabilità che nella società di allora solo la proprietà fondiaria poteva conferire.

In molti comuni, che pure avevano una florida attività mercantile e artigianale, il possesso fondiario finì infatti per essere considerato come un requisito dell'autentico cittadino e qualche statuto comunale ne faceva anzi una condizione necessaria per la concessione della cittadinanza. Anche però senza questa prescrizione molti comuni si trovarono ad essere di fatto un'associazione di proprietari fondiari urbani ed extra-urbani. A Chieri ad esempio, nel 1253, due terzi dei cittadini possedevano terreni, e la stessa proporzione troviamo all'incirca alla stessa data a Moncalieri, a Perugia, a Macerata, a Orvieto, mentre nel territorio di San Gimignano, nel 1314, l'84 per cento delle terre del comune era posseduto dai cittadini. Non disponiamo di cifre analoghe per i comuni maggiori, ma non vi sono ragioni per credere che la situazione fosse molto diversa. Non vi è bisogno di rilevare a questo punto, a mo' di conclusione, che questa solidarietà di proprietari costituiva un nuovo fattore di coesione sociale.

A differenza della città d'oltralpe, le cui franchigie e libertà rimangono circoscritte all'interno delle mura e alla breve fascia di orti e di casupole che costituisce la *banlieue*, il comune italiano fa dunque corpo col suo contado e ha i caratteri di un organismo territoriale. Si trattava di una differenza sostanziale e ricca di conseguenze che non mancò di essere notata dai più acuti tra gli osservatori dell'epoca. Tale era il vescovo tedesco Ottone di Frisinga, sceso in Italia al seguito di Barbarossa. Lasciamo che sia lui a riepilogare quanto ci siamo sforzati di dire fin qui.

Gli abitanti d'Italia — egli scrive — ancora imitano l'accortezza degli antichi romani nell'assetto delle città e nel reggimento della cosa pubblica. Tanto anzi amano la libertà che per sfuggire alla prepotenza delle autorità si reggono piuttosto sotto il governo dei consoli che dei sovrani. Poiché sanno che vi sono tra loro tre ceti sociali, cioè quello dei capitanei, dei valvassori e delle plebe, per reprimere la superbia scelgono cotesti consoli non da un solo, ma da ciascuno dei tre ceti sociali e perché non si lascino trasportare dalla brama di dominare li cambiano quasi anno per anno. Da ciò viene che, essendo quella terra quasi per intero divisa per città, ciascuna di queste ultime ha costretto gli abitanti della diocesi a rimanere seco lei e a malapena si può trovare qualche nobile o qualche uomo illustre e di così grande potenza che non obbedisca all'impero della sua città... E per non mancare di mezzi con cui comprimere i propri vicini non sdegnano a elevare alle condizioni di cavaliere e agli onori della dignità giovani di bassa estrazione o qualsiasi addetto ai lavori spregevoli e manuali, che gli altri popoli tengono lontani come la peste dalle attività più dignitose e libere: onde avviene che esse superano di gran lunga le altre città del mondo per ricchezza e per potenza.

Semplificazioni e esagerazioni a parte, i punti essenziali della questione ci sembrano felicemente colti, anche se non collegati: la potenza e la ricchezza delle città italiane aveva, a giudizio del vescovo tedesco, il suo fondamento nel dominio che esse esercitavano sul contado («essendo quella terra quasi per intero divisa per città») e questo dominio a sua volta era la conseguenza della compenetrazione esistente tra i ceti di estrazione feudale e campagnola e quelli di estrazione cittadina e borghese.

Organismo composto e ancipite, il comune italiano possiede sin dalle origini due anime e due vocazioni, l'una borghese e imprenditrice, l'altra fondiaria e redditiera. Per ora nel generale rigoglio di una società in via di espansione e di trasformazione, è la prima che nettamente prevale. Quelle città i cui mercanti corrono il mondo e i cui banchieri prestano ai grandi della terra, sono le stesse che promuovono nelle campagne del loro contado imponenti lavori di bonifica, che liberano i servi, che distruggono i castelli. Ma verrà il tempo in cui anche l'altra anima — quella redditiera e possidente — riemergerà e darà il suo stampo a una nuova e meno esaltante fase della lunga storia della città italiana.

Ma se le anime erano due, il corpo è e resterà uno, e l'attaccamento alla città, alla propria piccola patria rimane il tratto distintivo all'insegna del quale si sviluppa la vita dell'Italia comunale. In un mondo in cui un uomo si definiva più per la sua appartenenza a una città che per quella a una classe o a un rango sociale, il sentimento municipale raggiungerà vertici di intensità sconosciuti altrove e nessuna condizione apparirà peggiore di quella del « bandito » e del « fuoruscito », di colui che non ha patria ed è ridotto al livello di un *déraciné*.

Rigoglio economico e culturale dei secoli più gloriosi, ripiegamento dell'età della decadenza, municipalismo di sempre: tutta la storia italiana è come anticipata e contratta nel microcosmo comunale.

Il regno normanno del Sud.

Alla vigilia dell'anno Mille la carta politica dell'Italia meridionale si distingueva per una sua maggior frammentazione da quella dell'Italia settentrionale e centrale. Mentre queste ultime, almeno formalmente, erano unite nell'ambito e nella compagine del regno d'Italia, il Mezzogiorno e le isole risultavano divisi tra il dominio arabo sulla Sicilia, quello bizantino nelle Puglie e nella Calabria, quello longobardo nelle regioni interne e montagnose e quello delle varie città costiere praticamente autonome. Di più: il contrasto esistente tra il Sud e il Nord della penisola era anche un contrasto tra due diversi tipi di organizzazione sociale. Mentre nel regno d'Italia il trapianto e l'acclimatazione delle istituzioni feudali era avvenuto da tempo, nel Sud nessun analogo fatto nuovo era venuto a sovrapporsi e a modificare il tipo di rapporti sociali preesistenti. Alla fine del secolo XI la situazione appare invece capovolta: mentre al Nord e nel Centro della penisola il particolarismo comunale iniziava la sua fioritura e il sistema feudale si avviava decisamente al declino, il Mezzogiorno e la Sicilia obbedivano invece a un unico re, e le istituzioni e le gerarchie feudali vi erano state di recente introdotte.

Il fatto più straordinario in questo rivolgimento è che i protagonisti e gli autori non ne erano stati né gli arabi, né i bizantini, né i longobardi, ma una non numerosa schiera di avventurieri e di conquistatori venuti da molto lontano, i normanni. I primi gruppi di costoro, provenienti dalla Normandia, giunsero nel Mezzogiorno all'inizio del secolo XI e, specialisti com'erano della guerra feudale, trovarono subito impiego come mercenari al servizio ora dei longobardi, ora dei bizantini. Ben presto, in ricompensa dei loro servigi, essi non chiesero più del denaro, ma delle terre. Nel 1027 uno di essi, Rainulfo Dregont, ricevette così l'investitura della contea di Aversa, e nel 1046 Guglielmo di Altavilla quella della contea di Melfi, alle porte delle Puglie. Da allora, a mano a mano che i successi dei primi venuti richiamavano nuove ondate di immigrati, la loro ascesa fu continua. A favorirla non furono peraltro soltanto la loro perizia militare e la loro ferocia, delle quali sono piene le cronache del tempo, ma anche i rapporti di alleanza che essi ebbero l'accortezza di stringere con il papato. Dopo averli in un primo tempo avversati, i pontefici si resero a loro volta conto della utilità dell'appoggio da parte dei normanni, e Gregorio VII avrà in essi i più validi sostenitori nella sua lotta contro gli imperatori della casa di Franconia. Forti di questa autorevolissima protezione, i normanni riuscirono a trasformare in una crociata *ante litteram* la loro guerra contro gli infedeli della Sicilia e i bizantini scismatici dell'Italia meridionale. Alla fine del secolo XI essa si era già praticamente conclusa vittoriosamente, ed essi si trovarono così a controllare l'intera parte meridionale della penisola, proprio quando la cristianità occidentale si apprestava, con le crociate, a partire alla conquista del Mediterraneo. I normanni non mancarono di approfittare anche di questa fortunata coincidenza per lanciarsi nella grande politica mediterranea e orientale. Già in precedenza, del resto,

Roberto il Guiscardo aveva avanzato le proprie aspirazioni
al trono imperiale di Costantinopoli: sbarcato a Durazzo, egli
aveva puntato verso oriente raggiungendo Salonicco, ma la
notizia dell'entrata in Roma di Enrico IV lo aveva costretto
a ritornare sui suoi passi. Ora essi diressero le loro mire
espansioniste in direzione del mondo arabo, riuscendo a impadronirsi di Malta e per qualche tempo di Tunisi e Tripoli.
D'altra parte, anche a prescindere dal cospicuo contributo che
i baroni normanni dettero alle spedizioni in Terra santa, la
grande avventura delle crociate sarebbe stata difficilmente
realizzabile senza l'apporto della marineria normanna e la
piena sicurezza della navigazione nella importante via d'acqua
dello Stretto di Messina.

Di fronte a questa avventura singolarmente fortunata,
che in un secolo portò un gruppo ristretto di conquistatori
a fondare e a dominare uno dei più prestigiosi regni del-
l'Europa cristiana, vien fatto spontaneamente di chiedersi
come ciò sia stato possibile. Non si dimentichi a questo proposito che esattamente negli stessi anni in cui i normanni
portavano a termine la conquista dell'Italia meridionale,
un'altra spedizione, partita anch'essa dalle coste della Normandia, prendeva piede sulle coste dell'Inghilterra e vi
si insediava come conquistatrice. Gli avventurieri sbarcati
nell'Italia meridionale appartenevano alla stessa stirpe, anzi
alle stesse famiglie dei seguaci di Guglielmo il Conquistatore.
Dei due figli ad esempio di Ugo Grandmesnil, combattente
a Hastings e futuro duca di Westminster, uno, Guglielmo,
si sposò con una figlia di Roberto il Guiscardo, a fianco del
quale combatté a Durazzo, l'altro, Roberto, diverrà abate del
monastero calabrese di Santa Eufemia. Come i vincitori di
Hastings, i normanni dell'Italia meridionale, erano anzitutto
dei guerrieri. Dei militari essi non possedevano però soltanto
il valore e la ferocia sul campo, ma anche il senso dell'inquadramento gerarchico, un requisito che, nella società e nel contesto
sociale dell'epoca, costituiva uno dei pochi vincoli associativi
capaci di tener unita una collettività politica. Le strutture
feudali dello Stato ricalcavano infatti quelle cavalleresche del-

l'esercito e il re derivava la sua autorità essenzialmente dalla sua funzione di condottiero.

Come in Inghilterra, anche nell'Italia meridionale e in Sicilia quella normanna fu una monarchia feudale. Le terre conquistate furono divise e assegnate in feudo ai guerrieri conquistatori. Questi, una volta divenuti baroni, erano tenuti alla fedeltà verso il loro re e a corrispondergli un annuo tributo in segno del loro vassallaggio. Assolti questi obblighi, essi potevano far valere i loro diritti di *partners* e di associati della monarchia, primo fra tutti quello di interinare la successione al trono. Come quello d'Inghilterra, anche il regno normanno di Sicilia ebbe un suo Parlamento e un baronaggio che non mancò in più di un'occasione, specie sotto i successori di Ruggero II, nella seconda metà del secolo XII, di dar vita a episodi di sedizione e di anarchia feudale. Sotto questo rispetto la storia del regno normanno non è diversa da quelle degli altri regni feudali dell'epoca, da quella ad esempio della Francia sotto i primi Capetingi o dell'Inghilterra sotto Enrico I.

Le tradizioni politiche arabe e bizantine, orientali in genere, che si erano conservate nel Mezzogiorno, fornivano però ai re normanni uno strumento per riaffermare e consolidare la propria preminenza. In base ad esse infatti, come è noto, la figura del re si identificava con quella del *dominus*, suprema autorità politica e religiosa, cui era dovuta non soltanto la fedeltà dei vassalli, ma l'ubbidienza dei sudditi. Con il senso di opportunismo e la capacità di assimilazione che erano propri di un popolo di viaggiatori e di *déracinés*, essi non esitarono a servirsi di questo strumento e a utilizzare ai propri fini uomini e istituti arabi e bizantini. Giorgio d'Antiochia, uno dei più valenti organizzatori della flotta normanna, era un bizantino, e il titolo di cui egli si fregiava — quello di ammiraglio — derivava dall'arabo. Specialmente ricercata fu la collaborazione del personale e dei tecnici arabi e bizantini nel campo dell'amministrazione fiscale e finanziaria, come quella che costituiva il presupposto di ogni effettiva preminenza del potere centrale. Questa fu articolata in

due « dogane » (anche questo termine derivava dall'arabo
diwan), la *dohana baronum* e la *dohana de secretis*, la prima
incaricata di vigilare sulle rendite di carattere feudale, la
seconda su quelle dei beni demaniali e della corona.

Di questo orientamento della monarchia normanna verso
una politica di assimilazione nei confronti degli elementi e
delle tradizioni orientali, non vi è del resto testimonianza
più probante della decisione di Ruggero II, il conquistatore
della Sicilia, di fissare a Palermo, la prestigiosa capitale del-
l'emirato arabo, la sede della corte e il centro del regno.
Sotto di lui essa continuò a essere il grande emporio che era
stata in passato e il cronista arabo Ibn Giubair, che viaggiò
nella Sicilia normanna, ce la descrive come una città popolosa
e fiorente, nel cui cielo i campanili delle chiese svettavano
accanto alle cupole delle moschee. Chi oggi la visiti e si sof-
fermi davanti alle chiese della Martorana e degli Eremitani,
o ai palazzi della Zisa e della Cuba, o ammiri la preziosità
da *Mille e una notte* nella cappella palatina, tutti edifici la
cui costruzione si scagliona lungo il secolo XII, non ha certo
ragione di dubitare della veridicità del suo racconto. Fu alla
corte di Ruggero che il grande viaggiatore arabo Idrisi dettò
tra il 1139 e il 1154 il suo celebre trattato di geografia, così
importante per la storia della cartografia medievale, e fu sotto
il regno di Guglielmo II che fu costruita la cattedrale di
Monreale, un complesso monumentale che, con la sua sobria
facciata e il suo impianto di fabbrica romanica, con il suo
chiostro arabizzante e con i mosaici di gusto e di scuola bizantina che ne ricoprono l'interno, costituisce davvero la
testimonianza più eloquente del sincretismo intellettuale che
fiorì all'ombra della monarchia normanna. E non dimentichiamo, a proposito di sincretismo, che in questo torno di
tempo venne acquistando autorità e rinomanza la scuola medica salernitana. La leggenda, che vuole che i suoi fondatori
fossero quattro maestri, un greco, un arabo, un ebreo e un
latino, contiene un elemento di verità. Noi sappiamo infatti
che la sua fioritura fu resa possibile dalla traduzione di testi
medici arabi e greci ad opera di dotti che vissero nella se-

conda metà del secolo XI. Uno di essi, Costantino l'Africano, era stato segretario di Roberto il Guiscardo.

Certo sul piano politico e su quello dei rapporti tra gli uomini l'assimilazione tra le diverse stirpi e le diverse civiltà che la storia si era sbizzarrita a giustapporre nell'Italia meridionale si presentava assai più difficile che su quello della corte e delle relazioni tra i dotti. Nella seconda metà del secolo XII le tendenze disgregatrici e centrifughe del baronaggio feudale ebbero, come si è avuto modo di accennare, varie occasioni di manifestarsi e a tratti ebbero anche il sopravvento. Né mancarono episodi di intolleranza, veri e propri *pogrom* nei confronti dell'elemento arabo. Tuttavia, nei limiti consentiti dalla storia, il regno normanno di Sicilia, questa monarchia feudale con una capitale orientale, rappresentava qualcosa di eccezionale nell'Europa di allora. Lo si vedrà chiaramente quando Federico II di Svevia ne assumerà la corona.

I *comuni e l'impero.*

Nel 1152 Federico I detto il Barbarossa cingeva la corona di Germania. Fortemente compreso della propria dignità e del proprio potere, egli considerava sua missione precipua quella di restaurare in tutta la sua pienezza la sovranità assoluta e la maestà dell'impero. I suoi occhi non potevano non essere perciò rivolti verso l'Italia e infatti nel corso del suo regno egli vi calò ben sei volte e della penisola fece l'obiettivo principale della sua azione politica. In una delle sue prime discese, egli fece proclamare da un'assemblea di notabili, convocata nei piani di Roncaglia e nella quale facevano spicco i maestri di diritto romano dello studio bolognese, il principio secondo il quale tutte le « regalie » — i porti, i fiumi, le gabelle, la nomina dei magistrati — non potevano competere che all'imperatore. Era una sfida lanciata all'autonomia cittadina e comunale, che non mancò di essere raccolta. La lotta tra i Barbarossa e i comuni dell'Italia set-

tentrionale raccolti in lega, si protrasse per più di venti anni
ed ebbe fasi alterne e drammatiche. In essa si trovarono
coinvolti tutte le potenze e i signori della penisola, e in
primo luogo il papa, che assume anzi ad un certo punto il
ruolo di patrocinatore e di guida dello schieramento anti-
imperiale. Alla fine, proprio la mediazione papale impose ai
contendenti una soluzione di compromesso, in base alla quale
i comuni riconoscevano l'alta sovranità dell'impero, ma conservavano i diritti e le regalie di cui erano in possesso (pace
di Costanza, 1183). Pochi anni dopo il Barbarossa partiva
per la crociata per non farne più ritorno.

Prima di partire e di morire, egli aveva però lanciato
la sua freccia del parto, stipulando il matrimonio tra la matura Costanza d'Altavilla, erede al trono normanno e suo
figlio Enrico. Questi, alla morte del padre, si trovò così a
cumulare la dignità imperiale con la prestigiosa corona del
regno di Sicilia. La sua morte prematura (1197) gli impedì
di sviluppare il disegno di restaurazione imperiale sulla penisola, che pure aveva brillantemente iniziato, e i venti anni
successivi furono dominati dalla grande personalità e dalla
grande politica guelfa di papa Innocenzo III: sono gli anni
della quarta crociata e del concilio ecumenico del 1215. Alla
morte di Innocenzo III (1216), il figlio di Enrico VI, Federico, aveva raggiunto la maggiore età e ora toccava a lui di
avanzarsi sul proscenio della storia. Vincitore a Bouvines, egli
riuscì a farsi incoronare imperatore da papa Onorio III
(1220) e cumulare così anch'egli nella propria persona la
dignità imperiale con quella di re di Sicilia. La ripresa del-
l'offensiva imperiale e ghibellina contro il papato e i comuni
dell'Italia centrale e settentrionale non poteva ormai che
essere questione di tempo, per quanto le sue sorti si pre-
sentassero assai incerte, come quelle di una lotta che si svolgeva tra due schieramenti· le cui risorse e le cui forze nel
complesso si equilibravano.

Dalla parte di Federico II e dei ghibellini vi era indubbiamente il vantaggio di una superiore coesione politica. A
differenza di Federico Barbarossa, le cui calate in Italia erano

condizionate dall'assenso dei feudatari a seguirlo e a fornirgli
le truppe, Federico II disponeva nel regno di Sicilia di una
solida base sul territorio stesso della penisola e di un'organizzazione politica di notevole efficienza e manovrabilità. La
sua opera come re di Sicilia era stata infatti essenzialmente
intesa a rafforzare le strutture politiche e statuali ereditate
dalla monarchia normanna e a consolidare il prestigio e il
controllo del potere monarchico, mettendolo definitivamente
al riparo dalle turbolenze e dalle sedizioni baronali che avevano caratterizzato gli ultimi tempi della dominazione normanna. Molte delle rocche feudali costruite nell'ultimo trentennio vennero demolite e al loro posto sorsero, a sentinella
del regno e della sua pace interna, numerosi castelli della
corona. Di essi il più celebre e il più augusto è Castel del
Monte, presso Andria, superbo edificio a pianta ottagonale
e curioso e affascinante incrocio di elementi architettonici
gotici e arabi. Più a nord sorgeva il castello di Lucera, dove
Federico II aveva insediato diecimila saraceni deportati dalla
Sicilia costituendoli in una colonia autonoma dalla quale trasse
i suoi più fedeli soldati.

Controllore severo delle irrequietezze dei baroni, Federico II non lo fu meno delle aspirazioni autonomistiche delle
città. Queste infatti furono poste sotto il controllo dei funzionari nominati dal re e quelle di esse che — come Messina
o Gaeta — provarono a ribellarsi dovettero sperimentare tutta
la severità della rappresaglia imperiale. A differenza dei comuni cittadini settentrionali le città meridionali presentavano
così il carattere di una *ville du roi*. Tale, persino nel nome,
che evocava il simbolo della parte ghibellina, fu L'Aquila,
fondata nel 1254 in ottemperanza a una precedente decisione
di Federico II.

Uno Stato organizzato secondo una siffatta struttura non
avrebbe potuto esistere e funzionare senza un'adeguata *équipe*
di tecnici e di funzionari, dotati di notevoli capacità e quali-
ficazione. Ma Federico II seppe trovare tali uomini e la sua
corte e la sua cancelleria occupano, come vedremo più avanti,
un posto di rilievo nella storia della cultura italiana del

secolo XIII. L'imperatore stesso del resto, da uomo colto e amico della cultura, era pienamente consapevole del ruolo che le competenze potevano e dovevano svolgere nel governo dello Stato. A lui si deve tra l'altro la fondazione, nel 1224, dell'università di Napoli, istituita appunto in vista di assicurare al regno una continuità di vita amministrativa.

L'edificio centralizzato della monarchia siciliana ricevette nel 1231 il proprio coronamento con la pubblicazione della sua legge fondamentale, le *Constitutiones Melphitanae*. La concezione cui esse si ispiravano e che anzi apertamente teorizzavano è quella, tra romana e bizantina, dell'*imperium* come pienezza di poteri, e dell'imperatore come esecutore della volontà di Dio in terra e come personificazione vivente della legge e della giustizia, *lex animata in terris*.

Al sovrano di un regno così saldo e a un imperatore così prestigioso non era certo difficile trovare degli alleati. Di fatto, lavorando abilmente di diplomazia, Federico II riuscì a costruire attraverso tutta la penisola una cospicua rete di intelligenze e di amicizie. Militavano naturalmente sotto il segno della parte ghibellina i grandi feudatari dell'Italia settentrionale, nemici giurati dei comuni, in Piemonte i marchesi del Monferrato, che erano stati tra i principali sostenitori del Barbarossa, nel Veneto Ezzelino da Romano, il quale controllava, tra l'altro, l'importante via di transito che, attraverso le chiuse di Verona, assicurava i collegamenti con la Germania. Ma non mancavano tra gli alleati di Federico anche alcuni comuni e città, preoccupati dell'invadenza e delle mire espansionistiche dei loro vicini guelfi. Tra questi, in Toscana, Siena e Pisa e nella pianura padana, Cremona, Parma e Modena. A dar coesione a questo eterogeneo schieramento di forze contribuiva il prestigio della personalità di colui che ne era alla testa. Guerriero e letterato, legislatore e cultore di studi filosofici e magici, crociato e profondo ammiratore della cultura araba, persecutore degli eretici e nemico dei papi, Federico II divenne nel corso della sua stessa vita un enigma e una leggenda, lo *stupor mundi*. Chi vide in lui Cesare, chi l'anticristo, ma tutti, avversari e seguaci, avvertirono il fa-

scino della sua superiorità intellettuale e riconobbero in lui
il segno della potenza e della gloria.

Nei confronti del campo ghibellino, quello guelfo appariva meno compatto e più vulnerabile. Come ai tempi del
Barbarossa la sua organizzazione politica principale era costituita da una lega di comuni che, uniti e confederati nella
lotta contro il nemico di tutti, non cessavano peraltro di
essere divisi da una serie di contrasti di interesse e di attriti
di natura locale. Inoltre molti di essi covavano anche all'interno i germi della divisione e spesso la lotta intestina delle
fazioni guelfe e ghibelline si sovrapponeva a quella delle classi
e delle consorterie familiari. Per coloro che da queste rivalità
fossero usciti soccombenti o, addirittura, fossero stati costretti all'esilio, non vi era spesso altra possibilità di tornare
in sella che quella di un generale rivolgimento politico e altra
alternativa che quella di accettare di militare nel campo av-
verso a quello in cui erano schierati i reggitori della città
in carica. Si aggiunga infine che mancò ai guelfi un *leader*
della statura di Federico II: dei pontefici che si successero
tra il 1220 e il 1250 il solo Gregorio IX aveva la tempra
di combattente del suo grande antagonista, ma nessuno ne
ebbe il fascino e la classe.

Politicamente meno compatto e più lento a mettersi in
campo, lo schieramento dei comuni e delle città dell'Italia
centro-settentrionale disponeva però di risorse economiche e
finanziarie di gran lunga maggiori di quelle del suo avversario, specie quando Genova e Venezia vi aderirono con le
loro flotte e i loro capitali. Tra le città del regno di Sicilia
non ve n'era nessuna che potesse, sia pure alla lontana, rivaleggiare con i floridi centri dell'Italia guelfa e la politica di
compressione delle autonomie locali praticata dai normanni
prima e da Federico II poi non aveva certo contribuito a
favorirne lo sviluppo e la promozione mercantile. La gloria
di Amalfi non era nel secolo XIII che un ricordo d'altri
tempi e gran parte anzi dei traffici dei porti meridionali erano
nelle mani di pisani, di genovesi e di veneziani. L'unica risorsa consistente del regno di Sicilia era costituita dalla sua

agricoltura e dalla cospicua corrente di esportazioni verso il
Nord che essa alimentava. Ciò non era peraltro la conseguenza
di una maggior floridità e sviluppo delle campagne meridionali, ma solo di una minor densità dell'insediamento umano
e di un più basso tasso di urbanizzazione. Si è calcolato
infatti che gli abitanti del regno di Sicilia ammontassero a
circa la metà di quelli dell'Italia settentrionale e che su ven-
tisei città italiane la cui popolazione superava nel secolo XIII
i 20 mila abitanti solo tre si trovassero nel Mezzogiorno.
In definitiva l'unica risorsa del regno era anch'essa un sintomo della sua arretratezza.

A questa manifesta inferiorità economica Federico II tentò
di ovviare ora monopolizzando le esportazioni, ora cercando
di dirottare i traffici sulle città a lui fedeli, istituendovi fiere
e dotandole di privilegi, ora infine ricorrendo, come facevano
tutti i monarchi dell'epoca, ad artifici e manipolazioni monetarie. Ma si trattava di armi a doppio taglio e di fatto
esse non valsero a evitare che il regno si trovasse più volte
a versare in notevoli difficoltà economiche e finanziarie.
L'« augustale », la moneta d'oro coniata da Federico, non
riuscì mai ad avere la circolazione e il prestigio che avrà
invece il fiorino di Firenze.

La lunga e dura lotta contro il papato e contro i comuni ebbe fasi alterne, momenti drammatici e episodi spettacolari, come quando, nel 1241, la flotta siciliana e pisana
riuscì a disperdere le navi genovesi sulle quali viaggiavano i
prelati spagnoli e francesi diretti a Roma per partecipare a
un concilio, dal quale sarebbe dovuta uscire una solenne
scomunica di Federico. Il colpo di scena più impensato fu
però l'improvvisa morte di Federico stesso avvenuta nel 1250,
quando la partita, sebbene l'imperatore avesse dovuto di
recente subire una dura sconfitta da parte dei comuni, era
ancora lungi dall'essere decisa. Infatti, superata una inevitabile fase di sbigottimento e di sbandamento, al figlio di Federico II, Manfredi, riuscì, pur non essendo investito del
prestigioso titolo imperiale, di riprendere in mano la situazione, di organizzare le forze ghibelline e di riguadagnare

molte delle posizioni nel frattempo perdute. La sconfitta definitiva della parte ghibellina si ebbe solo nel 1266, quando, chiamato da papa Clemente IV e finanziato dai grandi banchieri fiorentini e senesi, Carlo d'Angiò, fratello di Luigi IX e signore di Provenza, passò in Italia, s'impadronì del regno di Sicilia, battendo Manfredi in battaglia campale, e resistette vittoriosamente al ritorno offensivo del secondo figlio di Federico II, il giovane Corradino.

Da allora i progetti di restaurazione e di egemonia imperiale coltivati da Federico I e da Federico II dovettero essere definitivamente abbandonati e i comuni italiani non ebbero più a temere minacce alla loro indipendenza. Vi furono — è vero — nel corso della prima metà del secolo XIV altre « calate » di imperatori nella penisola, come quella di Enrico VII di Lussemburgo, nel 1312, o quella di Ludovico il Bavaro, nel 1327-28. Ma la prima si risolse in un inutile e umiliante pellegrinaggio attraverso le città italiane, e la seconda in una cerimonia che, per il modo in cui si svolse e per le circostanze in cui ebbe luogo, consacrò la conclusione di quel mito imperiale che un'altra analoga cerimonia, quella della notte di Natale dell'800, aveva inaugurato. L'incoronazione, a differenza delle precedenti, non si svolse infatti in un luogo sacro, ma in Campidoglio, e non in nome del papa, ma del popolo romano. La cosa piacque molto agli intellettuali e ai dotti al seguito del Bavaro, ma non ebbe alcuna conseguenza politica.

La vittoria del policentrismo nella vita italiana.

Carlo d'Angiò, il vincitore di Manfredi, insediatosi sul trono che era stato del grande Federico II, non mancava certo di titoli per aspirare a essere l'arbitro della vita politica italiana. Fratello del più illustre e del più pio tra i re dell'Occidente cristiano, e con lui associato nelle glorie e nei profitti della crociata e della politica mediterranea, candidato al trono imperiale vacante in Occidente e aspirante a quello

di Oriente, capo riconosciuto della parte guelfa, egli godeva
dell'appoggio spirituale del pontefice regnante e di quello
finanziario dei banchieri fiorentini. Il suo avvento sembrò
dunque inaugurare nella penisola un'età di equilibrio all'insegna del predominio guelfo. Di fatto, per alcuni anni, egli
svolse effettivamente e con successo il ruolo di arbitro e di
moderatore che si era assegnato. Ma ancora una volta si trattava di un equilibrio precario: i comuni e le città italiane non
si erano battuti contro Federico II e contro Manfredi per
porsi sotto la protezione e la tutela di Carlo, ma per poter
liberamente sviluppare la loro iniziativa politica e per seguire
i loro interessi. Per essi una *pax guelfa* non era più accetta-
bile di una *pax ghibellina*. La tendenza al policentrismo era
ormai troppo radicata nella storia italiana e, per dispiegarsi
vittoriosamente, essa attendeva soltanto l'occasione propizia:
questa non si fece attendere a lungo.

Il 30 marzo 1282, il giorno dei Vespri, la città di Palermo, che Carlo, trasferendo la sede della corte a Napoli,
aveva umiliato e declassato dal suo rango di grande capitale,
insorgeva contro la dominazione angioina. Il suo esempio fu
rapidamente seguito da tutta l'isola e il 4 settembre la nobiltà
siciliana offriva la corona di Sicilia a Pietro III d'Aragona,
che si era sposato con una delle figlie di Manfredi e alla cui
corte avevano trovato asilo i partigiani della deposta dinastia
sveva. Questi accettò, ed ebbe così inizio la lunga guerra del
Vespro, che dopo vent'anni di lotte si sarebbe conclusa con
il definitivo distacco della Sicilia dal regno e la sua assegna-
zione alla casa d'Aragona. In questo conflitto si trovarono
direttamente o indirettamente coinvolti tutti gli Stati italiani
o, più esattamente, esso rappresentò per i maggiori di essi
appunto l'occasione che da tempo attendevano per scrollarsi
di dosso ogni tutela angioina e per seguire autonomamente
i propri specifici obiettivi politici. Come poteva del resto un
re che non riusciva a venir a capo della ribellione dei suoi
sudditi, sperare e pretendere di dettar legge ad altri?

La guerra del Vespro suscitò così attraverso tutto lo scacchiere del guelfismo e del ghibellinismo italiano una serie di reazioni a catena. Genova, alleata agli Aragonesi, colse l'occasione per regolare una volta per tutte i suoi conti con Pisa nelle acque della Meloria (1284) infliggendo alla sua rivale una sconfitta decisiva e catastrofica, e per vibrare con la battaglia presso le isole Curzolari (1298) un altro colpo a Venezia, dopo quello che le aveva inferto nel 1261 abbattendo, con l'appoggio di Manfredi, l'impero latino d'Oriente e limitando la presenza veneziana a Costantinopoli. Firenze, dopo aver sottomesso Arezzo Prato e Pistoia, minacciava ormai da vicino Pisa e Lucca. Mentre nel Piemonte infuriava la lotta tra le casate feudali dei Monferrato e dei Savoia, nella parte orientale della pianura padana Estensi di Ferrara, Scaligeri di Verona e altre signorie erano ancora impegnati a ritagliarsi la più cospicua porzione possibile dei territori già facenti parte della signoria dei da Romano.

Aragonesi di Sicilia contro Angioini di Napoli, Genova contro Pisa e contro Venezia, Firenze contro Pisa, Torriani e Visconti in lotta a Milano per la supremazia cittadina e a Roma l'eterno duello tra Orsini e Colonna: veramente lo spettacolo che la penisola presenta nell'ultimo quarto del secolo XIII è quello del *bellum omnium contra omnes*. Le cronache di quest'età di ferro sono piene di episodi in cui lo spirito di fazione giunge fino alla più efferata crudeltà: quello del pisano conte Ugolino, cantato da Dante, che fu rinchiuso in una torre e lasciatovi morire di fame con i suoi figli perché sospettato di voler consegnare la città ai fiorentini, è soltanto il più celebre tra questi.

In questa «gran tempesta» che, per riprendere una espressione dantesca, sconvolgeva la penisola, anche la navicella di Pietro stentava a trovare la giusta rotta. Filoangioino con Clemente IV, preoccupato invece di limitare la potenza e l'egemonia di Carlo con Gregorio X e Niccolò III, nuovamente filoangioino e filofrancese con Martino IV e Niccolò IV, il papato non dava certo ai contemporanei l'impressione di saper rimanere all'altezza della sua funzione di arbitro

delle contese internazionali, ma al contrario di esservi invi-
schiato e partecipe. Questa diffusa sensazione e il disorientamento che essa generava nei fedeli e nella stessa Chiesa
contribuirono certo, in questa fine di secolo percorsa da profezie millenaristiche e da presagi di grandi eventi, a creare
un'atmosfera carica di aspettative, di speranze e di paure.
In queste circostanze l'elezione al soglio di un pio e sprov-
veduto monaco abruzzese, Celestino V (1294), finì per apparire a non pochi come l'avvento di quel « papa angelico »
di cui parlavano le profezie di Gioacchino da Fiore. La sua
repentina e probabilmente forzata abdicazione — fatto senza
precedenti nella storia della Chiesa — e la sua successiva
morte nell'isolamento in cui il suo successore Bonifacio VIII,
lo aveva relegato, gettarono più di un'ombra sulla già discussa
e incomoda personalità di quest'ultimo. Alcuni si spinsero
sino a scorgere nel nuovo pontefice l'anticristo e ciò non
contribuì certamente a sollevare il già compromesso prestigio
della Chiesa romana. Quando l'ambiziosa e anacronistica politica teocratica di Bonifacio VIII verrà a conflitto con l'assolutismo monarchico di Filippo il Bello, questi non incontrerà
molte difficoltà a organizzare contro di lui una campagna
propagandistica e un'offensiva politica di grande efficacia, della
quale il celebre schiaffo di Anagni non sarà che l'episodio
conclusivo. Bonifacio non sopravvisse a lungo all'oltraggio
subito e il suo successore, il francese Clemente V, trasferì,
come è noto, la sede del papato in Avignone, dove sarebbe
rimasta per più di settanta anni.

Così, mentre l'impero aveva cessato da tempo di gravitare
sulla penisola, ora anche il papato abbandonava l'Italia e
quest'ultima si trovava d'un tratto a non essere più il centro
e il cuore della *Respublica christiana*. Si comprende agevolmente il disorientamento e lo smarrimento dei contemporanei,
abituati per lunga tradizione a scorgere nei due supremi istituti dell'universo politico medievale i pilastri di ogni ordi-
mento associato. Senza imperatore, senza papa la realtà politica italiana sembrava vuota e vana. Si ricordino le invettive

di Dante contro gli imperatori che hanno abbandonato Roma
« vedova e sola », contro i pontefici, che in luogo di pastori
del gregge cristiano si sono trasformati in « lupi rapaci », contro le fazioni prive di ogni consistenza ideale che lacerano
l'Italia. Guelfismo e ghibellinismo si erano ormai ridotti, secondo l'espressione dantesca, a meri « segnacoli in vessillo »,
bandiere all'ombra delle quali ognuno perseguiva i suoi gretti
interessi di parte. Ma bisogna stare in guardia dall'attribuire
— come era incline a fare la storiografia del Risorgimento —
un valore di attendibilità storica a questi stati d'animo e a
questi giudizi, e dallo scambiare per un preannuncio di una
coscienza nazionale le nostalgie per la perduta unità imperiale.

In realtà, se, come si deve, la si esamina dal punto di
vista delle forze emergenti e non da quello delle forze in
declino, e secondo l'angolo prospettico della sua reale e vivente molteplicità e non secondo quello di una sua pretesa
e fittizia unità, la storia d'Italia che abbiamo sin qui sommariamente riepilogato non ci appare né vuota, né confusa. Al
contrario, nessuna delle sue stagioni fu così piena, così tur-
gida, così vitale e, anche, così lineare come l'età di Giotto,
di Dante, di Marco Polo. La fine del secolo XIII vide infatti
il pieno dispiegarsi della civiltà comunale. Cadute, per riprendere un'immagine della quale ci siamo già serviti, le grandi
quinte che avevano condizionato i movimenti di ogni aggregato umano, i comuni e le città italiane avanzano ora sul
proscenio della storia, lo occupano, prendono coscienza della
loro forza e della loro libertà. I segni di questa presa di
coscienza sono dovunque. È in questo torno di tempo che
si allargano, come si è visto, le cinte murarie di gran parte
delle città italiane, che si scrivono le prime cronache cittadine, che si elevano le moli dei grandi palazzi comunali.
Quelli di Firenze, di Siena, di Perugia, di Todi, per citare
gli esempi più illustri, sono tutti dell'ultimo decennio del
secolo XIII. Né si farà attendere a lungo il suggello della
speculazione teorica: Marsilio da Padova sosterrà ai primi
del Trecento nel suo *Defensor pacis* che la sovranità non

deriva da Dio o dall'imperatore, ma è l'espressione e la risultante di un vincolo associativo e di un consorzio umano organizzato.

Ma l'Italia cittadina e comunale è ovviamente un universo policentrico e, come tale, diviso da profonde rivalità e da aspri conflitti. Non vi è del resto da stupirsene: Venezia Genova Firenze erano delle grandi potenze e in tutte le età i rapporti tra le grandi potenze sono stati difficili. Ma le guerre — quelle guerre contro le quali Dante lanciava le sue invettive — non sono certo la sola conseguenza del policentrismo comunale; alla sua insegna si sviluppano tutti gli aspetti della civiltà cittadina italiana, anche i più creativi e duraturi. La stessa arte, la grande arte italiana, ne reca l'impronta. Un occhio appena esercitato distingue agevolmente un dipinto di scuola fiorentina da uno di scuola senese e una figura grave e padana dell'Antelami da una estrosa e ghibellina di Nicola Pisano. Senza il suo passato di municipalismo e di frazionamento l'Italia non sarebbe il paese che tutti amiamo. Nessuno forse lo ha compreso prima e meglio dell'umanista Leonardo Bruni, e le sue parole possono — ci sembra — valere come conclusione del nostro discorso:

Siccome i grandi alberi alle piccole piante quando sono vicini, dànno impedimento al crescere, così l'amplissima potenza di Roma offuscava questa [Firenze] e tutte le altre città d'Italia. [...] Quivi era la frequenza degli uomini; quivi la facoltà del vendere e finire le sue mercatanzie, di loro erano i porti e le isole e i luoghi commodi agli esercizi. E pertanto se alcuno nasceva nelle città vicine di buon ingegno, avendo l'occasione di tante commodità, facilmente se ne andava a Roma. E a questo modo veniva a fiorire Roma, e le altre città d'Italia venivano a mancare di ogni facoltà di uomini eccellenti. E questo effetto si può comprendere per la esperienza delle città che furono reputate innanzi alla grandezza dello imperio romano, e similmente dopo la sua diminuzione, in tal forma che parve che quello che l'accrescimento di Roma aveva tolto all'altre città, di poi la sua diminuzione rendesse loro.

È tempo perciò, dopo aver tratteggiato le grandi linee e la cornice della storia italiana fino alle soglie del secolo XIV, di passare a illustrare le molte « storie » che in essa si intrecciano e di cui essa si compone: la storia di Venezia, di Genova, di Firenze, di Milano, di Roma, la storia delle « città d'Italia ».

II

LA CIVILTÀ COMUNALE

Le « città d'Italia ».

Mai forse come nel Duecento, il secolo che si era aperto con la vittoriosa impresa della quarta crociata, il bacino mediterraneo era stato l'ombelico del mondo. Su di esso non soltanto si affacciavano i prestigiosi imperi e le grandi civiltà della cristianità occidentale, dell'Islam e di Bisanzio, ma ad esso — e alla sua *dépendance* del Mar Nero — facevano capo gli itinerari commerciali attraverso i quali giungevano i preziosi e ricercati prodotti dell'Africa — avorio, oro del Senegal — e le merci esotiche e rare dell'Oriente. Queste ultime affluivano più regolarmente da quando l'avvento della *pax mongolica* su tutta la sterminata area compresa tra Bagdad e Pechino aveva reso più sicure quelle vie carovaniere che percorsero il veneziano Marco Polo e il fiorentino Francesco Pegolotti. Bacino collettore delle più diverse merci e correnti di traffico, il Mediterraneo fungeva anche da centro di smistamento. Attraverso i valichi alpini italiani o i porti aragonesi e della Francia meridionale le merci orientali raggiungevano le fiere della Champagne e i mercati dell'Europa settentrionale e baltica. Più tardi, da quando nel 1277 una galea genovese inaugurò i collegamenti con l'Europa del Nord attraverso le rotte atlantiche, fu la volta di Bruges a divenire lo scalo più frequentato dai mercanti delle città italiane. Queste ultime furono infatti le maggiori profittatrici della prosperità mediterranea. Venezia innanzitutto: signora della Creta e delle isole e scali principali dell'Egeo, saldamente installata a Costantinopoli con una sua florida colonia, la Serenissima, malgrado la concorrenza genovese e la perdita della posizione di assoluto privilegio che la quarta crociata le aveva assicurato sino oltre la metà del secolo, rimaneva la più fiorente delle potenze marinare della penisola. Soprattutto la più organizzata e la più compatta: le « mude » che ogni anno partivano per Costantinopoli, per Beirut e per Alessandria erano organizzate dallo Stato e sotto la vigilanza di quest'ultimo si svolgevano le operazioni di deposito nei « fondachi » e di smistamento delle mercanzie importate. Lo Stato infine gestiva l'immenso arsenale. Per quanto anche a Venezia l'armamento e la navigazione libera avessero una notevole consistenza, i mercanti veneziani non cessarono mai di sentirsi partecipi e cointeressati a una grande e programmatica impresa collettiva. Ciò contribuì a fare del patriziato mercantile veneziano un ceto sociale solidale e dotato di un forte senso corporativo, e delle istituzioni politiche veneziane un modello di stabilità e di efficienza. Al di sopra di tutti stava il doge, eletto dal Maggior Consiglio, il quale governava assistito da un Consiglio più ristretto, e il cui operato era sottoposto al sindacato di tutta una serie di organi di controllo, quali il Consiglio dei Pregadi che nel 1250 assunse il nome di Senato, il Tribunale della Quarantia e, più tardi, dopo la fallita congiura di Baiamonte Tiepolo (1310), il celeberrimo Consiglio dei Dieci. L'esistenza di più organi dava così luogo ad un sistema di pesi e di contrappesi, di reciproci controlli. All'articolazione del potere faceva però riscontro l'estrema omogeneità e compattezza della classe dirigente che la cosiddetta serrata del Maggior Consiglio del 1297 sanzionò in maniera definitiva: per essa infatti venne precluso l'adito al Maggior Consiglio a tutte quelle famiglie i cui membri non vi avessero già seduto per il passato. Il reggimento politico della repubblica era così, già alla fine del secolo XIII, fissato in quelle forme di aristocrazia mercantile che avrebbe mantenuto per secoli, e costituiva un sistema rigido nelle sue delimitazioni di classe, ma abbastanza elastico nelle sue articolazioni interne per permettere un fecondo avvicendamento di uomini e un ricambio di orientamenti politici.

Anche per Genova il secolo XIII fu tutto un seguito di successi e di vittorie. La dissoluzione dell'impero latino d'Oriente (1261) e la vittoria su Venezia alle isole Curzolari (1298) ne avevano rafforzato la posizione nel Mediterraneo orientale e nel Mar Nero, dove i genovesi, insediatisi nelle colonie di Caffa e della Tana, controllavano i traffici delle pianure russe e delle vie carovaniere che facevano capo ad esse. Nel Mediterraneo occidentale, dopo la vittoria conseguita sui pisani nel 1284, i genovesi erano praticamente i padroni e la nascente potenza degli Aragonesi non era ancora in grado di contrastare in modo consistente la loro supremazia. Sulla scia di questi successi politici e militari crebbe naturalmente anche l'importanza economica della città e il volume dei suoi commerci. Si è calcolato che il valore delle merci in entrata e in uscita dal porto di Genova ascendesse nel 1274 a 936 mila lire genovesi e che nel 1292 esso fosse salito a 3.822.000. Genova, con le sue case a più piani che le valsero l'appellativo di « superba », era probabilmente la città di tutto l'Occidente europeo in cui la densità dell'insediamento umano raggiungesse ai primi del Trecento gli indici più elevati. Più tardi, con la costruzione della nuova cinta muraria del 1320, essa diminuirà e solo nel Settecento ritornerà sui valori di allora.

La fortuna di Genova si veniva però sviluppando su basi assai diverse da quelle di Venezia. Il suo armamento era prevalentemente privato, i suoi convogli mercantili e, talvolta, le sue stesse spedizioni militari delle « maone » organizzate da privati, i fondachi dei magazzini appartenenti a privati e i suoi viaggiatori degli avventurieri che non esitavano a mettere le proprie competenze al servigio di chiunque fosse disposto a pagarle. Marco Polo, davanti al khan dei tartari o in prigionia non cessò mai di sentirsi un cittadino veneziano, per Venezia egli combatté e a Venezia si ammogliò e morì. Ma già agli inizi del XIV secolo noi troviamo un

genovese, Manuele Pessagno, ammiraglio del re di Portogallo
e un altro, Enrico Marchese, costruttore di navi sulla Senna
per conto di Filippo il Bello. Essi sono i capostipiti di una
progenie di genovesi per il mondo cui appartiene anche
Cristoforo Colombo, scopritore delle Americhe per conto
del re di Spagna.

Questo « individualismo » genovese, del quale si è tanto
parlato e del quale non si può fare a meno di continuare a
parlare, si riflette nelle strutture stesse della città, che è tutta
un tessuto di « vicinie », di consorterie nobiliari, di confra-
ternite religiose e popolari; si riflette nella stessa conforma-
zione del paesaggio urbano, più un agglomerato di quartieri
— quartieri ricchi, poveri, nobili, plebei — che una composizione unitaria. Genova è una delle poche città italiane di
origine romana che non serbò — o quasi — traccia del
quadrillage originario e nella quale, a differenza di quanto
riscontriamo nei quartieri medievali degli altri centri italiani,
non esistano strade che prendano il nome dall'attività artigiana e di mestiere che un tempo vi era concentrata: sintomo
l'uno e l'altro di una frammentazione della vita associata e
di una struttura cittadina a compartimenti stagni. Quanto
ciò abbia pesato sulla proverbiale instabilità politica della
città e sulla sua stessa storia è cosa sulla quale avremo ripe-
tute occasioni di tornare.

Tra i comuni della Valle padana Milano, che era stata
l'alfiere della lotta contro il Barbarossa, si presenta alla fine
del secolo XIII come il più autorevole e il più prospero.
Naturale punto di raccordo tra i traffici provenienti da Genova e quelli provenienti da Venezia, alimentata da una campagna che già allora era tra le più fertili d'Italia, la città
lombarda si avvantaggiò considerevolmente della apertura,
avvenuta attorno al 1270, del nuovo valico alpino del Got-
tardo che convogliava su di essa una porzione cospicua degli
scambi con il mondo tedesco. Il ritratto che di essa nel 1288
ci offre il cronista Bonvesin de la Riva nel suo *De Magna-*
libus urbis Mediolani è veramente quello di una metropoli:
200 mila abitanti, 11.500 case, 200 chiese, 150 « ville con

castelli nel contado », 10 ospedali, 300 forni, più di mille botteghe e un numero altissimo di mercanti e di artigiani. Si tratta naturalmente di cifre assai scarsamente attendibili, per non dire fantasiose. Più attendibile invece è la sensazione che se ne ricava di un'economia cittadina differenziata e disseminata. A differenza di Firenze, della quale parleremo tra breve, Milano è infatti una città in cui l'attività produttiva e manifatturiera è maggiormente caratterizzata da un più alto grado di polivalenza e di versatilità artigiana, ma anche, di conseguenza, di dispersione. Accanto alla tessitura della lana, al cui sviluppo concorse in modo preponderante l'ordine religioso degli Umiliati, e alla lavorazione dei panni, accanto cioè a quell'industria tessile che, come è stato più volte rilevato, costituisce l'industria pesante dell'epoca, la capitale lombarda ospita anche numerose altre attività artigianali: anzitutto la fabbricazione delle armi, per la quale veniva utilizzato il ferro della Val Trompia e del Bresciano, nella quale gli armaioli milanesi acquisirono rapidamente una rinomanza vastissima. Le dimensioni delle aziende attive in tutti questi mestieri rimasero però quelle della bottega, così come il fiorente commercio milanese rimase in gran parte un commercio al dettaglio. Non si ha notizia per questo periodo di compagnie e di dinastie commercianti milanesi paragonabili per ampiezza e continuità di giro d'affari a quelle fiorentine o anche di altre città minori. Questa minor larghezza di orizzonti e queste più ridotte capacità organizzative valgono forse a spiegare (ma si tratta soltanto di una ipotesi) perché i ceti mercantili e artigianali milanesi e le loro organizzazioni corporative — rispettivamente il Consolato dei mercanti e la Credenza di Sant'Ambrogio — non riuscirono — il punto di riferimento è sempre costituito da Firenze — a produrre un proprio personale politico e perché alla fine il governo della città e l'arbitrato delle fazioni sia stato assicurato da esponenti di famiglie della vecchia nobiltà cavalleresca inurbata. Tali furono i Torriani, feudatari guelfi originari della Val Sassina, che, sostenuti dalla Credenza di Sant'Ambrogio, furono arbitri della vita cittadina dal 1247 al 1277; e

.tali furono i Visconti (basterebbe il nome a provare la loro illustre ascendenza) che, impadronitisi del potere ai danni dei Torriani, ottennero nel 1294 l'investitura a vicari imperiali e governarono la città come « signori » sino alla metà del secolo XV. Così già agli inizi del secolo XIV Milano aveva cessato di essere un comune per divenire una « signoria », termine con il quale si è soliti designare quel tipo di reggimento cittadino in cui, con la forza o con il consenso, l'autorità di un « signore » e della sua famiglia si è sostituita o sovrapposta a quella degli organi collegiali preesistenti.

Del resto la città lombarda non fu la sola a seguire questa evoluzione. Press'a poco nello stesso torno di tempo si trasformarono in signorie a benefizio di questa o quella famiglia illustre la maggiore parte dei comuni della Valle padana. Signori di Verona furono gli Scaligeri, di Ferrara gli Este, di Treviso i da Camino, di Padova i Carraresi, di Urbino i Montefeltro: tutte casate illustri per antichità e tradizioni cavalleresche che avevano posto a disposizione delle città, nelle quali da tempo si erano stabilite, dei loro borghesi e dei loro commerci, quelle attitudini al comando che non avrebbero altrimenti avuto modo di esercitare in un mondo tanto poco feudale come quello dell'Italia cittadina.

In confronto e in contrapposto con questo processo di trasformazione che interessò la maggior parte dei comuni italiani tra la fine del secolo XIII e gli inizi del XIV acquista tanto maggior risalto il caso di Firenze, la sola tra le grandi città che, a parte Venezia, abbia saputo darsi degli ordinamenti e delle istituzioni pienamente corrispondenti alla sua organizzazione economica e alla sua stratificazione sociale. Firenze, rispetto ai comuni dell'Italia settentrionale, era nel XIII secolo un *newcomer*. Al tempo in cui Milano lottava vittoriosamente contro il Barbarossa, essa stentava ancora a imporre la sua legge ai feudatari del prossimo contado e il suo ruolo nella lotta contro Federico II fu lungi dall'essere pari a quello dei maggiori comuni dell'Italia settentrionale. Ma, come spesso capita con i nuovi venuti, una volta avvenuto il decollo e entrata in orbita, essa fece le sue scelte in grande beneficiando delle esperienze di coloro che l'avevano preceduta. Firenze fu tra le prime città a coniare nel 1252 una moneta d'oro — il fiorino — e a fornire ai propri mercanti e ai propri finanzieri operanti su tutte le piazze d'Europa uno strumento monetario di altissimo pregio e prestigio, mettendoli così in condizione di acquisire delle posizioni di primato nel mercato internazionale delle merci e dei capitali. Come si è visto, già poco dopo la metà del secolo XIII i banchieri fiorentini erano in grado di concorrere al finanziamento dell'impresa di Carlo d'Angiò; ma questi non fu certo il solo tra i potenti della terra a essere loro debitore. L'unica città che contrastasse a Firenze il passo nelle grandi operazioni finanziarie internazionali era la vicina Siena, i cui banchieri svolgevano con enorme profitto la funzione di appaltatori e esattori per conto della curia romana. Ma la sconfitta che i fiorentini le inflissero nel 1269 a Colle Val d'Elsa e il clamoroso fallimento nel 1298 della maggiore compagnia bancaria senese, la Tavola dei Bonsignori, assicurarono a Firenze una posizione di assoluta preminenza nel commercio del denaro.

Ma non solo nel commercio e nella banca Firenze aveva fatto le cose in grande. Anche nell'industria essa aveva operato una politica di concentrazione degli sforzi, puntando decisamente sull'industria tessile e su quella della lana in particolare. Anche a Firenze le dimensioni dell'azienda erano quelle artigiane della bottega, ma il rifornimento delle varie botteghe in materia prima e lo smercio dei loro prodotti finiti era assicurato assai spesso da un unico mercante « lanaiolo », il quale assumeva così la figura e la funzione di un imprenditore e regolava la produzione secondo le necessità del mercato. Di qui a promuovere un'ulteriore concentrazione e razionalizzazione della produzione ricorrendo per certe fasi della lavorazione al lavoro a domicilio di cittadini o di abitanti del contado o, anche, alla mano d'opera salariata concentrata in grandi *ateliers*, il passo non era lungo e esso fu compiuto relativamente presto.

Attraverso i loro viaggi, attraverso i loro contatti con i potenti della terra, attraverso le loro esperienze di *managers*

di complicate operazioni commerciali e finanziarie, i borghesi
e i mercanti fiorentini, oltre ad accumulare ingenti ricchezze
e capitali, vennero progressivamente acquisendo una conoscenza del mondo e degli uomini, una larghezza di orizzonti,
delle capacità dirigenti e, soprattutto, una consapevolezza delle
loro risorse e possibilità quali solo eccezionalmente potevano
svilupparsi nelle condizioni e nel mondo dell'epoca. Ciò spiega
perché, a differenza di quanto avvenne nella maggior parte
delle città italiane, essi non si limitarono a darsi un'organizzazione corporativa e di mestiere, ma rivendicarono per sé e
conquistarono il diritto di assicurarsi la direzione degli affari
cittadini. Ciò avvenne nel 1282 con la riforma degli ordinamenti comunali in base alla quale il governo della città fu
affidato ai Priori delle Arti medie e maggiori e queste ultime
si trovarono di fatto ad essere le arbitre della vita cittadina.
Qualche anno dopo, nel 1293, gli *Ordinamenti di giustizia*
sanzionarono con la esclusione dei magnati non iscritti alle
Arti dalle cariche pubbliche e la creazione della nuova magistratura del Gonfaloniere di giustizia, la vittoria del nuovo
ordine borghese. Non ha molta importanza infatti che nelle
alte magistrature cittadine figurassero non di rado uomini
appartenenti a famiglie di tradizioni e di origini cavalleresche
o feudali; ciò che conta è che questi uomini governavano la
città a nome, per conto e negli interessi delle Arti. In nessun'altra città italiana l'autogoverno cittadino era, alla fine
del Duecento, realizzato in forme così integrali e « larghe »,
così aderenti al tessuto sociale di una collettività operosa.
E in nessun'altra città la civiltà comunale cittadina italiana
raggiungerà i traguardi che essa raggiunse a Firenze.

Venezia, Genova, Milano e Firenze sono le quattro grandi,
ciascuna dotata di una sua inconfondibile personalità, del-
l'Italia comunale. Con esse il panorama di quest'ultima è
peraltro lungi dall'essere esaurito: accanto alle grandi capitali
vi è infatti tutta una serie di « piccole capitali », anch'esse
con una propria particolare fisionomia e caratterizzazione.
Siena ha i suoi banchieri, Lucca le sue sete, Massa Marittima
le sue miniere, S. Gimignano le sue torri e il suo zafferano,

Cremona i suoi fustagni, Piacenza le sue fiere, Asti i suoi
« lombardi », tutte il loro palazzo comunale e il loro orgoglio
di libere città.

Ma per quanto divise da rivalità economiche e politiche,
per quanto rette da ordinamenti diversi, le « città d'Italia »
erano pur sempre e tutte città. Ne derivava perciò alla società
comunale italiana nel suo complesso, pur nel suo policentrismo
e nel suo particolarismo, un certo grado di omogeneità, quello
appunto proprio di un'area intensamente urbanizzata, la più
urbanizzata, tenuto conto delle sue dimensioni, dell'intera
Europa. Ciò non poteva non favorire a lungo andare la formazione, al di sopra delle fratture e dei particolarismi, di una
sorta di *koiné* panitaliana, quale appunto si venne lentamente
enucleando e organizzando a partire dal secolo XIII. Per
seguire gli sviluppi del suo processo formativo è ora necessario rivolgere la nostra attenzione alla storia religiosa e intellettuale del Duecento.

Il « revival » francescano.

La storia religiosa italiana nei secoli XI e XII non diffe-
risce sostanzialmente da quella degli altri paesi dell'Europa
cristiana. Anche nella penisola infatti i primi fermenti ereticali ebbero la loro culla nell'ambiente agitato e ricettivo
delle città in via di sviluppo e di trasformazione. Milano in
particolare, che più tardi si meritò l'appellativo di « fossa
degli eretici », ebbe sin dal secolo XI i suoi « patari » e i
suoi eretici. Ma anche in Italia il movimento per la riforma
della Chiesa riuscì in buona parte a riassorbire temporaneamente le istanze di rinnovamento religioso e sociale che si
esprimevano attraverso il fermento rinnovatore ed ereticale.
Nel corso del secolo XII quest'ultimo conobbe però un nuovo
potente rilancio. La stessa Roma, dalla quale una sollevazione
cittadina aveva temporaneamente cacciato il pontefice, fu teatro negli anni tra il 1145 e il 1154 della predicazione di
Arnaldo da Brescia, un inquieto allievo dell'inquieto Abelardo.

Come in tutti i movimenti ereticali medievali, il motivo principale era quello della rampogna contro la degenerazione e la corruzione degli ecclesiastici e l'ottica quella della restituzione della Chiesa alla sua primitiva purezza. Arnaldo catturato dal Barbarossa e da questi consegnato al papa, finì coraggiosamente e virilmente i suoi giorni sul rogo, ma ciò non valse ad arrestare i progressi dell'eresia e delle istanze rinnovatrici. Nell'evoluta società urbana della fine del secolo XII e degli inizi del secolo XIII questi pullulavano dovunque: nell'Italia settentrionale si diffusero largamente, con diversi nomi e con diverse ramificazioni, il movimento dei valdesi e quello, più intransigente e manicheo, dei càtari; dalle campagne della Calabria veniva la predicazione millenaristica dell'abate Gioacchino da Fiore, un cistercense staccatosi dal suo ordine per formare un proprio monastero, autore di scritti profetici che avranno larga risonanza e forza di suggestione su intere generazioni di fedeli. Certo, dal punto di vista dottrinale, questi movimenti presentavano sensibili differenze ed è estremamente difficile stabilire ove veramente passasse il confine tra eresia e ortodossia. Essi erano però tutti insieme la testimonianza di una diffusa inquietudine, del disagio di una società nuova o in via di rapida trasformazione nei confronti di una fede e di una liturgia che stentavano a tenere il passo coi tempi.

È noto che anche questa volta la Chiesa reagì, sotto il papato di Innocenzo III, e che la sua reazione fu diretta da una parte a reprimere, dall'altra ad assorbire e a incanalare verso l'ortodossia le agitazioni e le istanze rinnovatrici del movimento ereticale. Abbiamo così da una parte la crociata contro gli albigesi (1209) e l'istituzione dell'Inquisizione, dall'altra l'approvazione dei nuovi ordini mendicanti con le nuove forme di devozione da essi introdotte.

Ma i modi e l'efficacia di questa duplice reazione, fatta di riforma e di controriforma, non furono gli stessi dovunque ed è appunto a partire di qui che la storia religiosa italiana comincia a divergere da quella degli altri paesi dell'Occidente europeo. Mentre infatti fuori d'Italia la complessa azione antiereticale del papato non riuscì né a reprimere né ad assorbire completamente le virtualità eretiche della religiosità popolare e queste seguiteranno a vivere sotterraneamente per affiorare di volta in volta nel corso dei secoli successivi sotto questa o quella forma e per confluire infine nel grande moto della Riforma, in Italia invece l'operazione poté dirsi riuscita. Certo le ragioni di questo *décalage* sono molte e complesse e investono un arco di tempo che va ben oltre il XIII secolo. Non bisogna, tra l'altro, dimenticare che l'Italia era e continuò ad essere, salvo la parentesi avignonese, la sedia e la sede del papato. Ma essa fu anche — e ciò ci riporta nel cuore del secolo XIII — la culla della rivoluzione francescana, la quale vi ebbe un seguito e un'influenza in profondità che difficilmente possono essere sopravvalutate. Ad essa perciò, ai suoi sviluppi e alle sue forme, noi siamo ricondotti se vogliamo renderci ragione della particolarità che la storia religiosa italiana (e non solo quella religiosa) presenta a partire dal secolo XIII.

La figura di Francesco d'Assisi (n. 1182) presenta elementi comuni sia con quella del lionese Pietro Valdo sia con quella di Domenico di Guzman. Come il primo egli era figlio di un ricco mercante che, dopo una giovinezza vissuta e goduta, aveva voltato le spalle ai beni del mondo per votarsi alla povertà, e come il secondo egli fu soprattutto un predicatore itinerante dotato di un'eccezionale capacità di comunicativa con le folle dei fedeli, alle quali egli si rivolgeva nel loro « volgare ». A differenza dei seguaci di Valdo, Francesco non inveiva però contro la corruzione del clero e della Chiesa e a differenza dei domenicani egli non predicava la necessità e la santità della lotta contro l'eresia. Mancava nelle sue parole ogni residuo di una concezione dottrinale e controversistica del fatto religioso. L'ideale che egli predicava e del quale egli stesso con la sua vita raminga e pittoresca sembrava una vivente incarnazione era quello di una religione fatta di naturalezza e di spontaneità, più vissuta che meditata. Il cristianesimo era per lui essenzialmente la religione di Cristo, di un uomo cioè che aveva vissuto tra gli uomini e con essi

aveva diviso le sofferenze e la morte, che aveva spiegato le
sue verità eterne in forma di parabole piane e accessibili,
che aveva adorato i fanciulli e ammirato la bellezza dei gigli
dei campi. L'imitazione del Cristo della quale la vita di san
Francesco, quale la raffigurò la leggenda e la iconografia francescana, rappresenta l'esempio più perfetto e riuscito sino ad
essere anch'essa coronata dal martirio delle stigmate, è perciò
amore anch'essa di tutto ciò che è umano, perché tutto ciò
che è umano partecipa in qualche modo della divinità: non
solo i santi, ma anche i peccatori, non solo l'agnello, ma
anche il lupo, non solo la vita, ma anche la morte.

Nasceva così una forma di religiosità nuova, meno inti-
midente e più familiare, alla misura di una società laboriosa
e estroversa, una religiosità « volgare » che dava al borghese
e all'artigiano della città italiana la possibilità di rimanere
cristiano senza essere né eretico, né clericale. Inoltre, per
quanto ciò possa sembrare paradossale detto di uno dei più
grandi santi della cristianità, vi era nel realismo religioso
francescano qualcosa che veniva incontro a un antico sottofondo pagano delle popolazioni italiane, a una tradizionale e
istintiva concezione domestica e rustica della divinità, per
cui questa è immaginata compagna quotidiana della vita del-
l'uomo, della gioia, del dolore, del lavoro. Se ne ha almeno
la sensazione leggendo il celebre *Cantico delle Creature*: in
esso il coro delle creature — l'acqua, il fuoco, le stelle —
che si uniscono nel celebrare le lodi del Signore, evoca l'immagine di un universo in cui ogni cosa e ogni elemento è
manifestazione e segno della divinità. E fu forse anche questa
adesione a uno strato profondo dell'anima popolare italiana
che contribuì al successo della predicazione francescana.

Questo fu comunque enorme e si espresse soprattutto in
quegli autentici episodi di *revival* religioso del quale è costellata la storia italiana del secolo XIII. Il primo ebbe luogo
nel 1233 quando, sotto lo *choc* della predicazione del domenicano Giovanni di Vicenza e del francescano Antonio da Padova, dilagò nelle città e nelle campagne dell'Italia settentrionale il movimento che fu detto dell'« alleluia », e, nel

clima di emozione collettiva da esso suscitato, numerose città si impegnarono a un'effimera « pacificazione ». Né si trattò di un episodio isolato: « devozioni generali » accompagnate da un'astensione generale dal lavoro e dalle armi, per giorni e a volte per settimane, ebbero luogo in varie città d'Italia e a varie riprese. L'acme fu però raggiunto nel 1260 — un anno vaticinato dalle profezie gioachimitiche —: processioni di flagellati dilagarono da Perugia attraverso tutta l'Italia centrale.

Ma per avere un'idea della rilevanza e dell'imponenza che il fenomeno francescano ebbe nella società italiana del secolo XIII è soprattutto all'arte e alla letteratura che bisogna guardare. Esiste, come è noto, una letteratura francescana della quale i celebri *Fioretti* sono la manifestazione più tardiva e anche la più stilizzata. Ma prima di essi vi era stata la rovente poesia di Jacopone da Todi e prima ancora le « laude » (un genere di composizione poetica derivato dalla poesia amorosa) e le sacre rappresentazioni di anonimi autori umbri, marchigiani, toscani. Non si può dire invece, se non si vuole incorrere in una facile semplificazione sociologica, che esista una pittura francescana. La grande arte dei maestri dugenteschi italiani è un fenomeno troppo cospicuo per essere esaurito con una formula e, per quanto concerne Giotto, occorre ricordare che prima di venire a lavorare ad Assisi, egli era stato a Roma e che con lui inizia quel graduale recupero del naturalismo classico che culminerà con Masaccio. Tuttavia non è men vero che Giotto ebbe un ruolo considerevolissimo nella formazione di una leggenda e di un'iconografia francescana, e che francescani furono i principali suoi committenti: la basilica di Assisi e Santa Croce a Firenze, in cui egli ci ha lasciato due dei suoi principali cicli di affreschi, sono entrambe chiese francescane. Il godimento estetico che oggi ci procura la vista dei capolavori della pittura dugentesca non deve d'altra parte farci dimenticare la funzione eminentemente pedagogica e illustrativa che essi avevano in un mondo di analfabeti per i quali la raffigurazione di un miracolo costituiva quasi una prova della sua realtà.

Di fronte a questo *revival* così originale e così imponente la Chiesa si rese rapidamente conto che esso costituiva un'occasione e un tramite unici per non isolarsi da un mondo in via di rapida trasformazione e per mettervi anzi più profonde radici. Per questo era però necessario mantenere il movimento francescano nell'alveo dell'ortodossia e, pur rispettando i suoi tratti originali, conferirgli un crisma di ufficialità. Finché fu vivo Francesco questo tentativo procedette lentamente e non fu senza perplessità ch'egli cedette alle pressioni del cardinale Ugolino da Ostia (il futuro Gregorio IX) e acconsentì che il cenacolo dei suoi « fratelli » venisse trasformato nell'ordine dei frati minori.

Ma dopo la sua morte (1226), i suoi seguaci, e in particolare il primo generale dell'ordine, Elia da Cortona, bruciarono rapidamente le tappe. Francesco nel suo testamento aveva ribadito che ai frati minori non era lecito possedere chiese e abitazioni « se non siano quali convengono alla santa povertà », ma una volta che egli, nel 1228, era stato proclamato santo, vennero immediatamente iniziati i lavori per la costruzione della basilica d'Assisi, la madre di tutta una serie di chiese francescane che vennero sorgendo rapidamente nel corso del secolo attraverso tutta la penisola. Alcune di esse — come la fiorentina Santa Croce — sono degli esempi insigni del nuovo stile gotico. Un'altra « novità » del secolo era costituita, come vedremo, dalle università e anche qui la presenza francescana divenne ben presto assai autorevole: basti pensare a Bonaventura di Bagnorea, che fu per diversi anni generale dell'ordine, e a Guglielmo d'Ockham. Certo questo processo di istituzionalizzazione e di inserimento nel sistema delle gerarchie cattoliche non mancò di suscitare resistenze e perplessità, e furono molti coloro che in esso scorsero una deviazione e una degenerazione dalla primitiva regola francescana e dal suo precetto della povertà assoluta. Per tutto il secolo XIII e oltre fu viva all'interno stesso dell'ordine la disputa tra i « conventuali », fautori di un'interpretazione più larga della Regola, e gli « spirituali », più rigoristi e più intransigenti. A questi ultimi appartenne anche Jacopone da Todi. L'acme di tali contrasti fu raggiunto in coincidenza con l'episodio del papato di Celestino V, ma i loro strascichi e le loro conseguenze durarono ancora a lungo.

Tuttavia queste dispute interne non intaccarono che assai parzialmente e marginalmente la presa del messaggio francescano sulle grandi masse dei fedeli. Troppo profondo era infatti il segno ch'esso aveva lasciato in loro. Francesco, per primo, aveva definitivamente rotto la barriera tra la religione dei chierici e quella del volgo e aveva intuito e appagato l'antico e inespresso bisogno di una fede più corposa e vissuta, più moderna e, al tempo stesso più antica, borghese e popolare, cristiana e pagana. Con lui il cattolicesimo era divenuto la religione della Madonna e del Bambino, la religione del Cristo sofferente sulla croce, la religione, anche, di san Francesco e della sua vita umile e miracolosa. Raffigurate sulle tele dei grandi maestri dugenteschi, simboli e compendio della vicenda della vita in ciò che essa ha di essenziale — l'amore, la morte, la pietà — queste immagini con la loro presenza confortavano l'uomo lungo tutto il corso della sua esistenza, lungo tutto il corso della sua giornata, lo aiutavano a vivere. Questo sottofondo di vitalità e di rassegnazione costituirà d'ora in poi una nota dominante e comune della *koiné* religiosa italiana.

Gli intellettuali e il volgare.

Una società ricca, articolata e evoluta quale era quella dell'Italia comunale aveva bisogno per funzionare di un personale intellettuale numeroso e qualificato, di giuristi e di tecnici dell'amministrazione cui affidare i compiti della cancelleria e del governo della cosa pubblica, di oratori per le ambascerie, di notai per redigere i vari tipi di contratto stipulati tra i cittadini, di maestri che insegnassero a leggere a scrivere e a far di conto ai figli dei mercanti e dei borghesi, di medici. Furono le università a formare questo personale e a soddisfare questa richiesta. La loro storia e il loro sviluppo è infatti parallelo a quello della civiltà comunale. La

prima e la più celebre delle università italiane fu quella di
Bologna, le cui origini risalgono agli inizi del secolo XI e che
si acquistò rapidamente una grande rinomanza nel campo
dello studio c dell'insegnamento del diritto. Tra la fine del
secolo XII e gli inizi del secolo XIII, al momento cioè del-
l'esplosione della civiltà cittadina italiana, ad essa se ne aggiunsero in rapida successione delle altre: nel 1222 iniziò
i suoi corsi l'università di Padova che diverrà una cittadella
dell'aristotelismo e dell'averroismo, inaugurando così una tradizione di naturalistica spregiudicatezza che arriverà, attraverso Marsilio e Pomponazzi, sino a Galileo. Nel 1224 Federico II fondava, come si è visto, lo studio di Napoli e nello
stesso torno di tempo università si aprivano anche a Vercelli,
a Modena, a Siena e in numerose altre città. Anche Roma
ebbe la sua, la curia romana, fondata nel 1244.

L'università era, sotto tutti i punti di vista, una scuola
nuova. Nuova per la sua ubicazione cittadina, che rompeva
definitivamente con le tradizioni di isolamento e di segrega-
zione delle scuole monastiche, e che poneva professori e
scolari a stretto contatto con un ambiente sociale ricco di
fermenti e sensibile a ogni novità. Nuova per la sua organizzazione esemplata sul modello della corporazione di mestiere, che faceva di essa una libera comunità, nella quale la
necessaria gerarchia di rapporti tra maestri e scolari era tem-
perata da un comune spirito di corpo, facendo sì che il
rapporto tra docente e discente divenisse meno arcigno e più
comunicativo. Nuova soprattutto — e ciò si applica in particolare alle università italiane — per gli indirizzi e i contenuti dei suoi insegnamenti. A differenza della Sorbona e
di altre illustri università oltremontane, i maggiori studi italiani, e quello di Bologna in particolare, riuscirono, sino a
una data assai inoltrata, a mantenere la propria autonomia
nei confronti dell'autorità ecclesiastica, e in essi lo studio
delle scienze e delle arti umane — il diritto e la medicina —
rimase prevalente rispetto a quello della teologia, o comunque da essa indipendente. Parlando di diritto si intende parlare naturalmente e in primo luogo del diritto romano, del

quale Bologna fu la maestra per eccellenza e del quale la
Chiesa aveva proibito l'insegnamento a Parigi, autentica
« scienza nuova » della società comunale e cittadina alla ricerca di una sua legittimazione. Quanto alla medicina, è quasi
superfluo ricordare che attraverso il tramite del suo studio
e del suo esercizio la lezione del naturalismo greco e arabo,
che già era conosciuta dai dottori della scuola salernitana
e che nel corso del secolo XIII, a mano a mano che gli
ateliers di Toledo e di Palermo sfornavano le loro traduzioni
dei commenti arabi di Aristotele, non aveva cessato di affermarsi, entrò nel circolo della cultura dell'epoca. Fino al Rinascimento e oltre, tra le varie figure di intellettuali quella del
medico fu probabilmente la più avanzata e la più rappresentativa di uno spirito di ricerca e di indagine che tende a
prescindere da ogni autorità precostituita. Si tenga poi presente che lo studio dell'arte medica era strettamente legato
a quello della filosofia: Taddeo Alderotti, il più grande medico del secolo XIII e professore a Bologna, fu anche uno
dei primi traduttori di Aristotele.

Fu da questa università che uscirono le maggiori personalità della vita culturale e intellettuale del Duecento. Pier
delle Vigne, protonotario dell'imperatore Federico II e nel
suo secolo maestro ineguagliabile di retorica e di *ars dictandi*,
si era formato a Bologna e quivi aveva imparato a trasfon-
dere nei documenti di cancelleria, che egli era chiamato a
redigere in ragione del suo ufficio, i modi e le movenze della
prosa classica. Studenti dello studio di Bologna e giurisperiti
furono Guido Guinizelli e Cino da Pistoia, due dei maggiori
poeti del secolo. E pare che anche Dante sia stato per qualche
tempo scolaro dello studio bolognese. Accanto a questi nomi
illustri, uscirono dalle università italiane uno stuolo di personaggi minori e sconosciuti dai quali la società comunale
trasse i « quadri » e le competenze di cui aveva urgente
necessità. Nasceva così un personale intellettuale nuovo, profondamente diverso dai chierici della società feudale, profes-
sionalmente e tecnicamente preparato a inserirsi nella nuova
realtà politica e sociale cittadina, più aperto intellettualmente

e più legato ai negozi e alle lotte politiche di una società inquieta e vitale.

Per quanto integrato nella società del suo tempo il nuovo intellettuale non partecipava però interamente della dispersione cittadina e municipalistica di quest'ultima. Per la sua formazione intellettuale egli non cessava infatti di far parte di una *élite*, dotata di una preparazione e di una formazione comune, con propri specifici abiti mentali e proprie caratteristiche. Inoltre in molti casi egli era ben lungi dall'essere un sedentario: cominciava infatti a formarsi nell'Italia cittadina del secolo XIII quello che potremmo chiamare un mercato dei talenti e delle qualificazioni, e le città e le corti più prestigiose, con i loro impieghi e le loro occasioni e stimoli di carriera, esercitavano un forte potere di attrazione. Si pensi ad esempio a quanto un istituto quale quello del podestà forestiero, che nel corso del secolo si venne diffondendo e generalizzando, abbia potuto contribuire ad animare una maggiore circolazione degli uomini, delle idee, delle esperienze.

L'intellettuale italiano dell'età comunale presenta insomma una doppia natura e una doppia funzione. Da un lato egli è un esponente « organico » della civiltà comunale e cittadina, dall'altro esso è un membro di una casta che, al di sopra dei municipalismi, si viene gradatamente costituendo come una nuova aristocrazia. Egli si trova, per così dire, all'intersezione di due circuiti, quello che, al di sopra delle frontiere, unisce i dotti e gli spiriti eletti e quello che unisce tutti i componenti di una determinata collettività.

Il problema che gli si poneva innanzitutto era perciò quello di mettere in comunicazione questi due circuiti dando vita ad una produzione letteraria che fosse accessibile sia al pubblico tradizionale dei dotti sia a quel più largo e differenziato pubblico che l'evoluzione e lo sviluppo della società comunale aveva creato, un pubblico non soltanto composto di chierici e di dotti, ma anche di borghesi, di mercanti, di popolani; non soltanto di uomini, ma anche di donne che, come la Francesca dantesca, avevano anch'esse imparato a leggere e si dilettavano delle romanzesche avventure amorose

che venivano di Francia. A costoro non ci si poteva rivolgere
che in volgare, nella lingua cioè di tutti i giorni. Ma i volgari
italiani erano molti e tutti con un carattere di idiomi scarsamente definiti e formati. Una letteratura in volgare rischiava
perciò di rimanere confinata nell'ambito della produzione minore lasciando al latino il privilegio di continuare a fungere
da lingua letteraria delle classi colte. Occorreva trovare, se
ci è lecito un accostamento non del tutto appropriato, un
anello di congiunzione tra una sorta di esperanto e il dialetto,
un volgare nobilitato e illustre, che unisse ai vantaggi della
comunicatività in profondità quelli della perspicuità e del
nitore del linguaggio dei dotti e sapesse trascorrere dallo stile
piano e familiare della « commedia » a quello sublime della
« tragedia ». Naturalmente questo processo di formazione di
una lingua letteraria italiana non poteva essere che lungo e
graduale ed è valido anche per la storia della lingua e della
letteratura italiana quanto si è detto per la storia politica:
occorre stare in guardia dal concepire la sua unità come un
dato di partenza e non come la resultante di un processo
laborioso.

Tuttavia rimane indubbio che è nel secolo XIII che vanno
ricercate le origini della lingua letteraria italiana. L'avvio fu
dato — come tutti sanno — da un gruppo di poeti che si
raccolse nella prima metà del secolo attorno alla splendida
corte palermitana di Federico II, gruppo del quale facevano
parte il cancelliere Pier delle Vigne, il « notaio » Iacopo da
Lentini, lo stesso Federico II con suo figlio Enzo e altri.
Il tema pressoché esclusivo delle loro composizioni poetiche
era quello dell'amore cortese caro alla poesia provenzale e
trovadorica e la loro lingua un dialetto siciliano ripulito e
dirozzato con apporti provenzali e latini.

Nella seconda metà del secolo, dopo la morte di Federico II e la definitiva sconfitta di suo figlio Manfredi, i maggiori centri di attività letteraria divennero alcuni grandi comuni dell'Italia settentrionale, Bologna, e più ancora, Firenze.
Fu tra queste due città che con Guido Guinizelli, Guido
Cavalcanti, Cino da Pistoia e infine Dante Alighieri fiorì la

scuola poetica del « dolce stil novo ». La « novità » di questa
scuola rispetto a quella siciliana consistette essenzialmente
in una decantazione e raffinamento dello strumento linguistico
e nell'arricchimento dei contenuti poetici che, pur rimanendo
strettamente legati al tema dell'amore e della donna, si
« materiarono » anche di discussioni filosofiche e morali at-
tinte dalla cultura dell'epoca. Era insomma un chiaro passo
avanti sulla via della conquista di un volgare più ricco, più
duttile e più autorevole. Ma toccherà a Dante di scrivere e
lanciare il manifesto della nuova lingua e della nuova letteratura. Nel *Convivium* e nel *De vulgari eloquentia*, composti
tra il 1304 e il 1307, egli rivendicò al « volgare illustre » che
si era venuto formando attraverso le esperienze e i tentativi
di tutto un secolo, dai siciliani allo Stilnovo, a lui stesso, il
diritto di essere impiegato anche nella « trattazione dei più
alti argomenti: amore, armi e virtù » (Sapegno).

Destinato ad appagare la sete di sapere degli indotti e
di coloro che non hanno potuto frequentare le scuole e, al
tempo stesso, depurato com'è dai residui dialettali e dotato
di una rigorosa struttura grammaticale e sintattica, lingua
eminentemente letteraria, il volgare illustre di Dante è l'immagine e lo specchio stesso della funzione che gli intellettuali
italiani tendevano ad attribuirsi nella società panitaliana e
che, di fatto, essi avrebbero in parte esercitato a cominciare
proprio dall'Alighieri. Esso — egli postillava — era la lingua
che, se in Italia fosse esistita una *curia regis* simile a quella
che esisteva in Germania, sarebbe stata parlata dai dotti e
dai notabili di quella corte. E prevenendo l'obiezione di chi
faceva presente che una siffatta corte o *aula* in Italia appunto
non esisteva, Dante proseguiva rilevando che, anche se nella
penisola non esisteva un principe unico, una *curia* esisteva
egualmente « perché la corte l'abbiamo, per quanto appaia
materialmente dispersa ». E chi erano i componenti e i digni-
tari di questa dispersa e ideale corte italiana se non gli intellettuali e i letterati, l'*intellighenzia* disseminata attraverso
le città e le corti della penisola? Il processo formativo di una
coscienza, se non nazionale, panitaliana, ha dunque origine

sul terreno letterario e per protagonisti gli intellettuali. A mano a mano infatti che venivano prendendo coscienza di sé e dei legami che li univano, della comunità ideale che formavano, gli intellettuali venivano anche scoprendo che la loro funzione e il loro servizio erano delimitati a un determinato tipo di società e che questa società era la *koiné* italiana con l'intensità dei rapporti civili ed economici che la caratterizzavano, con le sue fazioni guelfe e ghibelline, con le sue città, con il suo diritto romano, con la sua cultura. In Petrarca questa consapevolezza panitalia apparirà ben presto compiutamente formata: per lui l'Italia è il paese cinto dal mare e dalle Alpi e gli italiani gli eredi più legittimi della tradizione romana: *sumus non graeci, non barbari, sed itali et latini*.

Potremmo dire, nel tentativo di condensare in una formula il complicato processo del quale siamo venuti sin qui discorrendo, che in una società articolata, varia e dispersa come quella italiana dell'età comunale gli intellettuali costituiscono il solo ceto sociale che possegga una qualche visione d'insieme della medesima, un germe di consapevolezza nazionale. O meglio: che il primo embrione di una coscienza panitaliana nasce con l'emergere da essa di un nuovo ceto intellettuale e come consapevolezza che questo ha della sua funzione. Basti pensare al posto che la lingua di Dante occupa nella storia della società, e non soltanto della letteratura italiana.

Dante Alighieri.

Tutti, o quasi tutti, i paesi hanno un loro poeta nazionale, ma, crediamo, nessuno di essi ha nella cultura e nella storia della rispettiva nazione un rilievo e uno spazio pari a quelli che Dante ha nella storia letteraria e civile dell'Italia. A lui intere generazioni, specie nel secolo scorso, hanno guardato come al padre e al profeta dell'Italia ancora non nata, e la sua poesia e la sua persona sono state fatte oggetto di un

autentico culto. Non c'è praticamente città d'Italia che non
abbia dedicato a Dante une delle sue vie o piazze principali,
o non gli abbia eretto un monumento. Anche la prima corazzata italiana venne battezzata *Dante Alighieri*. Certo questo
mito, almeno nella sua forma più paludata e retorica, è di
origine abbastanza recente e, nel complesso, inconsistente.
Una semplice lettura scolastica della *Divina Commedia* basta
infatti a far risultare con tutta chiarezza che la pacificazione
della penisola che Dante invoca ha un senso solo se inquadrata nel suo ideale di una restaurazione della monarchia
universale dell'impero e che, attraverso la condanna delle
sette e delle fazioni italiane, egli finiva per condannare la
società italiana nel suo complesso e il fermentare di forze
nuove che la agitava e la sospingeva. Non inveisce infatti
Dante contro « la gente nova e i subiti guadagni » e non
esalta egli la Firenze « sobria e pudica » dei tempi del comune, delle « torri », contrapponendola a quella florida e
trionfante della fine del secolo?

Eppure, malgrado queste fondate e giuste considerazioni,
resta vero che il posto e la funzione di Dante nella storia
letteraria e civile della penisola, seppure in un senso diverso
da quello retoricamente patriottico di parte della cultura ottocentesca, rimane quella di un « padre », come già il Machiavelli lo chiamava. Ma, appunto, in che senso? Ricollegandoci
a quanto si è detto più sopra ci sembra si possa affermare
che attraverso Dante venne per la prima volta posta in evi-
denza e resa esemplare la particolare funzione pedagogica e
civile assolta dagli intellettuali nella formazione di una *koiné*
italiana e che, leggendo la *Divina Commedia*, il pubblico
colto italiano ebbe per la prima volta la netta sensazione di
appartenere a una civiltà che, pur nella sua varietà e nel
suo policentrismo, possedeva dei fondamenti comuni.

III

CRISI E VITALITÀ DI UN'ETÀ DI TRANSIZIONE

L'Italia e la crisi del secolo XIV.

La dinamica della crisi generale che investì la società europea nel corso del secolo XIV ci è nota, almeno nelle sue linee generali. Anch'essa, come tutte le ondate di fondo che sconvolsero l'economia e la società medievale, prese origine dalle campagne. Tra la fine del secolo XIII e gli inizi del XIV, la fase di espansione iniziatasi in esse attorno all'anno Mille raggiunse il suo punto di saturazione e di rottura. Fino ad allora era stato infatti possibile eludere o attutire la pressione demografica di una popolazione in costante aumento, ricorrendo al dissodamento o alla messa a cultura di sempre nuove aree in precedenza incolte e allargando continuamente i confini dell'insediamento umano sul suolo. Ma con il passare del tempo i margini di questa possibilità si erano venuti facendo sempre più ristretti e agli inizi del secolo XIV in molte parti d'Europa il limite di quelle che potremmo chiamare le terre « marginali » era già stato raggiunto, se non oltrepassato. Senza contare che stavano venendo al pettine i nodi provocati da uno sfruttamento della terra condotto spesso in maniera irrazionale e di una agricoltura che in più di un caso non differiva molto da una rapina del suolo. Ne risultava che l'equilibrio alimentare dell'umanità dell'epoca, che rimaneva malgrado tutto il suo problema numero uno, se ne trovò sbilanciato e turbato. La

carestia era sempre stata una minaccia incombente per la
società medievale, ma a partire dai primi decenni del secolo
XIV, per la frequenza delle sue apparizioni e per l'ampiezza
delle zone interessate, essa lo divenne ancor più. Terribile
ad esempio fu quella che raggiunse la fase più acuta negli
anni 1315-17.

Quello degli inizi del secolo XIV era insomma un mondo
sovraffollato e le generazioni che ebbero la sventura di viverci
erano generazioni sottoalimentate e, come tali, più vulnerabili
da parte dei flagelli cui periodicamente era esposta l'umanità
di allora. Ciò spiega l'estrema virulenza con cui dilagò attraverso tutta l'Europa, dall'Italia alla Scandinavia, la grande
peste del 1348, la terribile « morte nera ». Si è calcolato, per
quanto siffatti calcoli possano essere attendibili, che circa un
terzo della popolazione dell'Italia, della Francia e dell'Inghilterra perisse a causa di essa. Tali drastiche riduzioni nel
numero degli uomini e delle bocche non valsero ad alleggerire
granché, almeno in un primo tempo, la situazione alimentare
delle popolazioni superstiti, accompagnata come fu dall'abbandono di intere aree coltivate. In conseguenza della « morte
nera » il paesaggio agrario e lo stesso insediamento umano
di larghe zone dell'Europa risultò letteralmente sconvolto e
in molte parti di essa le culture tornarono a retrocedere di
fronte al bosco e alla palude. Per decenni gli uomini del
secolo XIV continuarono a vivere nella terribile spirale del
circolo vizioso tra carestia ed epidemia e la peste tornò a
visitare a più riprese ora questa, ora quella regione.

Il nuovo equilibrio alimentare, sociale e politico che alla
fine venne faticosamente e gradualmente raggiunto dovette
esser pagato al prezzo di gravissimi sconvolgimenti e crisi.
In nessun altro periodo della storia europea le manifestazioni di instabilità sociale, le rivolte cittadine, le *jacqueries*
e guerriglie nelle campagne, il banditismo dei nobili ridotti a
vivere all'avventura, o quello degli eserciti smobilitati che
vivevano di saccheggi presentano un carattere così endemico.
In nessun periodo soprattutto la guerra divenne un fenomeno
pressocché permanente, la cornice entro la quale si iscrive-

vano tutte le incongruenze e tutte le contraddizioni di una società in disgregazione e alla disperata ricerca di un nuovo assestamento. Che altro è la guerra dei Cento anni se non la fenomenologia delle contraddizioni e delle crisi, che per un secolo attanagliarono la società inglese e quella francese?

Questo lo schema generale della crisi del secolo XIV e XV. Che posto ha in essa l'Italia? E come, con che incidenza e con che scarti, essa vi si colloca? Sono interrogativi cui il difetto di ricerche e di dati a nostra disposizione non facilitano certo una risposta. Cerchiamo tuttavia di fornirne almeno una approssimativa, ripensando, sulla base dello schema testé tracciato, le grandi linee della storia della penisola nel periodo in questione.

L'Italia alla fine del Duecento era tornata ad essere un paese densamente popolato e con un insediamento umano molto fitto: tale è il quadro della penisola che si ricava del resto dalle *rationes decimarum*. Un calcolo necessariamente approssimativo permette di fissare la popolazione totale della penisola tra i sette e i nove milioni. Nella parte settentrionale e centrale del paese una porzione cospicua, e in certi casi assai cospicua, di questa popolazione viveva nelle città. A Bologna ad esempio su 17.000 anime che risiedevano nel contado ve ne erano 12.000 entro le mura della città, in una proporzione cioè di sette cittadini per dieci campagnoli. A Padova tale proporzione era di due a cinque, a Perugia di cinque a otto, a Pistoia di uno a tre; in talune zone addirittura il rapporto fra città e campagna si invertiva ed esso a San Gimignano era di tre a due e a Prato di tredici a dieci.

Questa densità dell'insediamento umano e di quello urbano in particolare (si pensi che la produzione del suo territorio bastava ad esempio a sfamare Firenze soltanto per cinque mesi all'anno e che città come Venezia e Genova dovevano essere approvvigionate prevalentemente dall'estero e per via mare) si risolveva naturalmente in una forte pressione, esercitata sull'agricoltura e sulla terra, alla quale si richiedeva spesso di produrre più di quanto essa fosse in grado di dare. Certo non erano mancati, come si è visto, nell'età

comunale esempi ed episodi di progresso e di razionalizzazione agraria e non è certo un caso che la regione in cui le
opere di bonifica e di irrigazione avevano avuto un carattere
più intenso e più programmatico — la Lombardia — sia
stata quella che, come vedremo, uscì non solo indenne, ma
anche più prospera dalla crisi dei secoli XIV e XV. Tuttavia
nel complesso l'agricoltura italiana dell'età comunale era rimasta un'agricoltura di sussistenza, caratterizzata da una
grande diffusione della cultura promiscua, da uno scarso sviluppo dell'allevamento e quindi della concimazione e da un
livello tecnico che, tranne alcune zone della pianura padana,
rimaneva in sostanza ancora quello descritto dagli agronomi
romani. A ciò si aggiungano le limitazioni del clima che,
con le sue estati secche, rendeva difficili o poco redditizie
nella maggior parte della penisola le semine primaverili, con-
dizionando così il ritmo delle rotazioni, e i guasti delle alluvioni autunnali e primaverili. Di queste ultime erano però
responsabili anche gli uomini, che praticavano già allora dei
disboscamenti indiscriminati. Oltre che di cereali le città italiane erano infatti delle divoratrici di legno. Si pensi che
Milano alla fine del secolo XIII consumava 150.000 some
di legna da ardere all'anno, e che Pisa e Genova furono costrette a importare assai per tempo il legno necessario alla
costruzione delle loro navi, dopo aver esaurito le risorse
disponibili nelle montagne vicine.

Un sovraccarico di uomini su di una terra sfruttata fino
all'ultima caloria e fino all'ultima zolla: anche in Italia, e
forse in Italia più che altrove, vi erano dunque le premesse
perché l'aggressione della peste producesse larghissimi vuoti
e operasse profondi sconvolgimenti. E infatti così fu.

Valutazioni complessive sono — come si è visto — assai
problematiche. Gli unici dati attendibili sono quelli circoscritti. Sappiamo così ad esempio che a San Gimignano i
censimenti successivi alla peste ci rivelano una riduzione del
numero dei fuochi dell'ordine di due terzi; che a Pistoia i
36.000 abitanti della città e del contado del 1300-10 si erano
ridotti nell'ultimo decennio del secolo a 19.000; che a Or-

vieto, dai 2.816 fuochi del 1292, se ne contavano, nel 1402, solo 1.381; che a Firenze infine, una delle grandi metropoli dell'epoca, l'epidemia avrebbe, a quanto ci riferiscono i cronisti, ridotto la popolazione cittadina a un quarto di quella preesistente. È lecita infine l'ipotesi che in una società urbanizzata quale era quella italiana i vuoti creati dal contagio dovettero essere più sensibili che altrove.

Ma anche la campagna non fu certo risparmiata. Una testimonianza di Matteo Villani, confermata del resto dai più recenti studi sul contado fiorentino, ci fa sapere che i contadini desideravano coltivare le terre migliori e abbandonavano il resto. La conseguenza di questo fenomeno in misura diversa si manifestò attraverso tutta la penisola e, con maggiore acutezza, nel Mezzogiorno e nelle isole. Anche l'Italia ebbe così i suoi *villages désertés* e le sue *Wüstungen*. È nel corso del secolo XIV infatti che ha origine quel processo di diserzione e di degradazione per cui intere plaghe un tempo popolate e coltivate diverranno nei secoli successivi il regno della malaria: è questo il caso della maremma senese, che perse negli ultimi decenni del secolo XIV l'80 per cento della sua popolazione e della vicina maremma e campagna romana. Molte di queste zone abbandonate vennero successivamente riconvertite, anche per sopperire alle richieste di materia prima dell'industria della lana, in pascoli invernali per bestiame transumante. La dogana delle pecore di Foggia, le cui origini risalgono alla metà del secolo XV, non è la sola istituzione del genere dell'epoca; dogane delle pecore erano state già create a Siena attorno al 1402 e a Roma attorno al 1419. Anche larghi tratti delle campagne pisane erano stati trasformati, tra la fine del secolo XIII e gli inizi del secolo XIV, in pascoli per le pecore, con il risultato che le opere di drenaggio e di sistemazione idraulica esistenti si vennero deteriorando, e Pisa agli inizi del secolo XV era una città assediata dalle paludi e dalla malaria e continuamente esposta al pericolo di alluvioni e il suo porto andò progressivamente interrandosi a causa dei detriti trasportati dalle piene dell'Arno. Ma quello di Pisa è soltanto un esem-

pio limite di come la crisi sociale in atto potesse ripercuotersi
sino a provocare la decadenza di un *milieu* umano un tempo
prospero. In misura diversa quasi tutti i centri e le località
della penisola furono in qualche modo colpiti e dovettero
passare molti anni e decenni prima che le ferite si rimargin-
assero. Dopo quella terribile del 1348 anche l'Italia dovette
conoscere altre ondate d'epidemia che interessarono ora l'una
ora l'altra delle sue regioni. E a lungo la carestia rimase
l'incubo delle sue agglomerazioni cittadine e quella dell'esaurimento delle scorte la loro principale preoccupazione.

Un autentico terremoto, come quello che a mezzo il secolo
XIV si era abbattuto sulla società italiana, non poté non
provocare profondi sconvolgimenti, oltre che nel suo equilibrio alimentare ed economico, anche nelle sue strutture sociali e politiche. Anche da questo punto di vista la storia
della penisola in questo periodo manifesta un notevole paral-
lelismo con quella del resto d'Europa. Come le città fiam-
minghe e la Parigi di Etienne Marcel, anche le città italiane
furono teatro in questi decenni di sommosse e di sollevazioni
popolari. Il tumulto dei Ciompi del 1378, del quale avremo
modo di trattare con una certa ampiezza più avanti, è solo
la più conosciuta di esse. Sette anni prima, nel 1371, episodi
analoghi si erano verificati a Perugia e a Siena, e neppure
mancarono, per quanto assai più circoscritti di quelli della
Francia dei Jacques e dell'Inghilterra di John Bull, episodi
di *jacquerie* e di guerriglia contadina. Di essi il più consistente
fu quello che insanguinò le campagne della Calabria sotto
gli Aragonesi, del quale pure avremo occasione di fare nuovamente cenno. Ma anche le campagne del Parmense attorno
al 1385 e quelle del Pistoiese attorno al 1455 conobbero i
loro momenti di agitazione.

Dalle fondamenta la crisi investiva anche i vertici della
società e all'esasperazione che commoveva e sommoveva gli
strati più profondi di essa facevano riscontro le difficoltà
o le ristrettezze in cui, presi anch'essi nella morsa della crisi,
si dibattevano i ceti privilegiati e dominanti. Là dove, come
nel Mezzogiorno, una nobiltà feudale esisteva, essa non mancò

di sfogare nell'anarchia e nell'avventurierismo la propria rabbia per l'impoverimento e il declassamento cui la falcidia
delle sue rendite l'aveva costretta. Nel resto del paese la
crisi dei ceti dominanti assunse forme più ovattate, ma non
meno ricche di conseguenze. A volerle riassumere in una
formula potremmo dire, ricollegandoci alle considerazioni
svolte più sopra, che i tempi difficili dei secoli XIV e XV
risvegliarono e rinfrancarono nei mercanti e nei borghesi
italiani quell'« anima » redditiera che era del resto presente
in loro sin dalle origini. L'investimento immobiliare, sia che
si realizzasse in terre, in titoli del debito pubblico o in fabbricati, apparve ogni giorno di più ai loro occhi come l'unico
mezzo per mettere al riparo dai colpi della congiuntura e
della « fortuna » le ricchezze accumulate attraverso i traffici
e le speculazioni. Sorgono così in città i primi palazzi gentilizi e, in campagna le prime ville. Ai nostri occhi queste
ville e questi palazzi rappresentano soprattutto la testimonianza di una civiltà e di un gusto giunto alla sua piena
maturazione, ma per coloro che le costruivano esse rappresentavano anche e in primo luogo un investimento o, come
è stato detto, un *conspicuous investment*. Non sempre e non
necessariamente questa corsa all'investimento fondiario si accompagnava con un parallelo disinvestimento dalle attività
mercantili e produttive. Talvolta accadeva anzi il contrario:
tanto più frenetico e azzardoso era il giro degli affari e delle
speculazioni, tanto più desiderabili e rassicuranti apparivano
le certezze dell'immobilizzo fondiario. Nessuna famiglia costruì tanto ed ebbe tanta passione di murare quanto quella
dei Medici, i più intraprendenti banchieri della storia italiana.
Speculazione e pietrificazione sono fenomeni che procedono
congiunti lungo tutta la storia italiana, dai comuni fino ai
giorni nostri.

A questo punto, al punto cioè in cui la sua ricchezza si
trasformava in opulenza, il borghese e il mercante di questa
o quella città italiana si trasformava in « patrizio », prendeva
cioè coscienza della sua condizione privilegiata e del suo
rango. Nello stesso momento egli era naturalmente indotto

a tradurre le proprie ricchezze in potere e ad usare di quest'ultimo in funzione delle proprie ricchezze. In misura e con caratteristiche diverse, tale tendenza alla formazione di regimi oligarchici si riscontra infatti, come vedremo, in tutte le maggiori città italiane.

La grande crisi in atto investiva insomma tutto il tessuto dei rapporti sociali e tra le classi concorreva a determinare una situazione di diffuso disagio e di generale instabilità. Nell'età della guerra dei Cento anni e del grande scisma la guerra diventa un fenomeno pressoché permanente e costituisce la cornice e la ricapitolazione di tutti gli attriti e di tutte le contraddizioni di una società disgregata e alla affannosa ricerca di un nuovo equilibrio, qualcosa di simile alla febbre di un organismo umano, manifestazione della malattia e reazione contro la medesima. In essa confluiscono tutti i rancori e lo spirito di rivalsa di una piccola nobiltà per cui il mestiere delle armi è divenuto ormai l'unica fonte di reddito, lo spirito di avventura dei *déracinés*, le ambizioni degli uomini nuovi e — *last but not least* — l'inveterato particolarismo cittadino.

Anche da questo punto di vista la storia della penisola tra il 1350 e il 1450 non si discosta sostanzialmente da quella dell'Europa nel suo insieme. Anch'essa è insomma una storia di guerre pressoché ininterrotte. Enumerarle, senza rischiare qualche omissione, è praticamente impossibile. La maggior parte di esse ebbero carattere « locale » e sarà solo in seguito all'avvento di Gian Galeazzo Visconti e, ancor più, nella prima metà del secolo XV che le guerre « locali » confluiranno in guerre generali nelle quali furono coinvolti tutti gli Stati della penisola. In una società in cui la guerra costituiva un fenomeno permanente, l'esercizio delle armi tendeva naturalmente a divenire un mestiere ed è infatti in quel periodo che sorgono e si affermano le « compagnie di ventura ». Le prime furono degli spezzoni degli eserciti che si erano affrontati sui campi di battaglia delle guerre dei Cento anni e delle Fiandre; ricordiamo tra le altre quella dell'inglese John Hawkwood che militò al servizio di Firenze nella guerra degli Otto Santi e al quale, in segno di riconoscenza, la città toscana dedicò, mentre era ancora in vita, un monumento funebre in Santa Maria del Fiore; quella del bretone Jean de Montréal (Fra Moriale), che accompagnò Cola di Rienzo nel suo ritorno a Roma e fu da lui messo a morte; quella del tedesco Gualtieri di Urslingen, « nemico di Dio, di pietà, di misericordia ». Rapidamente però l'esempio di questi avventurieri transalpini fece scuola e la penisola divenne anzi ben presto la terra di elezione dei « condottieri », autentici « signori della guerra » che, originari per lo più delle regioni dell'Appennino centrale e delle Romagne, arruolate delle « bande » tra i montanari delle loro valli e ingrossatele con quanti *déracinés* incontravano per via, formavano una « condotta » e la mettevano all'appalto delle ricche ma disarmate città della pianura. L'avvento delle compagnie di ventura e del professionismo militare contribuì ad acclimatare anche in Italia nuove forme di guerra, non più basate sulla battaglia campale ma su di una tattica di logoramento, di scaramucce, di assedi nella quale fecero la loro comparsa le prime armi da fuoco e le prime fortificazioni campali, un tipo di guerra insomma « totale » estenuante ed estremamente costosa. Si pensi, per citare un esempio preso a caso, che la sola guerra degli Otto Santi costò a Firenze due milioni e mezzo di fiorini d'oro, una cifra rilevantissima anche per le cospicue finanze della città del giglio.

Se si tiene conto del suo costo, delle sue nuove forme, della sua durata e soprattutto della sua natura di epifenomeno di una più generale crisi sociale, si comprende come la guerra abbia potuto contribuire a modificare profondamente l'assetto politico stesso della penisola. L'indipendenza diveniva ogni giorno più costosa e anche città illustri, come Pisa, come Padova e come Bologna dovettero rinunciarvi definitivamente. La stessa superba Genova fu costretta a più riprese, come vedremo, a porsi temporaneamente sotto la protezione ora dei Visconti, ora della Francia. Per contro altri Stati e altre città uscirono territorialmente ingranditi e politicamente rafforzati dalla lunga vicenda di guerre della seconda metà del

secolo XIV e della prima del secolo XV. Alla data della pace
di Lodi (1454) la carta della penisola ci appare notevolmente
semplificata rispetto ai primi del Trecento e la vita politica
italiana è ormai dominata da un sistema di Stati di dimensione regionale. Allora soltanto, anche sul piano politico,
l'Italia, dopo un secolo di sconvolgimenti e di guerre, avrà
ritrovato un nuovo provvisorio equilibrio.

Venezia tra il mare e la terraferma.

Nel 1421 il doge Tomaso Mocenigo indirizzava ai suoi
concittadini una lettera-testamento nella quale egli tracciava
un quadro impressionante della ricchezza e della potenza cui
era pervenuta la sua città. Venezia, secondo il Mocenigo,
avrebbe contato 195.000 abitanti, i quali consumavano ogni
anno 355.000 staia di grano. Il valore delle sue case, tutte
costruite in pietra, sarebbe asceso a 7.050.000 ducati e a
10.000.000 di ducati le somme impiegate nel commercio,
con un utile di 4.000.000 l'anno. Quanto alla flotta, tra
navigli, navi e galee, la Serenissima schierava sui mari più
di 3.000 legni di ogni tipo, con quasi 20.000 uomini di
equipaggio. Vi era certo della compiaciuta esagerazione nelle
valutazioni statistiche del doge Mocenigo e, per quanto riguarda il dato primario della popolazione, stime più recenti
e più realistiche assegnano a Venezia 110.000 abitanti agli
inizi del secolo XIV, che la grande peste ridusse a 70.000.
Successivamente il numero degli abitanti ritornò ad aumentare, ma non superò mai la cifra raggiunta in precedenza.
Tuttavia, pur dando per scontata una naturale tendenza alla
amplificazione, il quadro tracciato dal Mocenigo rimane impressionante e costituisce un riepilogo assai significativo dei
progressi fatti dalla Serenissima nel corso degli ultimi secoli
della sua storia.

Nel corso del secolo XIV il ritmo di questo sviluppo,
malgrado la difficile prova cui, come vedremo tra breve, la
repubblica era stata sottoposta, non si era mai interrotto.

L'aumentata stazza delle grandi navi da carico (che raggiungeva ormai in media le 700 tonnellate), l'allacciamento a partire dagli inizi del secolo di regolari comunicazioni marittime con le Fiandre e con l'Inghilterra — dopo che, a causa dell'imperversare della guerra dei Cento anni, quelle di terra erano divenute insicure —, e soprattutto l'aumento, in quantità e in varietà, della richiesta di merci orientali da parte del mercato europeo contribuirono a consolidare considerevolmente la funzione di grande emporio internazionale che Venezia deteneva sin dai tempi della quarta crociata. Ai mercanti europei in attesa sulle sue banchine, Venezia, oltre alle spezie e ai tradizionali prodotti dell'Oriente, forniva gli schiavi impiegati nelle dimore di un patriziato sempre più raffinato, il rame per la fabbricazione delle nuove armi da fuoco, il cotone, un genere il cui consumo si veniva sempre più diffondendo, lo zucchero che, relegato fino allora in farmacia, cominciava a far la sua comparsa in cucina, l'olio dell'Italia meridionale e della Grecia. Quanto alla seta, un altro prodotto il cui consumo nella esigente buona società del secolo XIV non cessava di salire vertiginosamente, Venezia stessa se ne era fatta produttrice e la sua industria aveva raggiunto abbastanza rapidamente proporzioni rispettabili. Particolarmente intense erano le relazioni commerciali con il mondo tedesco, per il quale la Serenissima rappresentava il più vicino e il più naturale punto di incontro con l'Oriente. Sin dal 1228 i tedeschi vi avevano un loro fondaco, che serviva da magazzino alle merci e da alloggio ai mercanti, e nel corso del secolo XIV la loro presenza nella città della laguna non cessò di farsi sempre più robusta. Vani agli inizi del secolo XV risultarono i tentativi dell'imperatore Sigismondo e dei Visconti di dirottare lungo l'asse Milano-Genova quelle correnti commerciali che dal mondo tedesco gravitavano per la via del Brennero su Venezia, e quest'ultima rimase sino all'età moderna, prima dell'avvento e della fortuna di Trieste, la porta della Germania verso l'Oriente. Ma i commercianti tedeschi non erano certo i soli a frequentare le banchine e le calli di Venezia: nessuna città del-

l'Europa cristiana e forse del mondo di allora, aveva, come
essa aveva, un'impronta e un carattere così accentuatamente
cosmopoliti. Ce ne fanno testimonianza del resto la stessa
architettura e arte veneziane così ricettive nei confronti della
lezione continentale e settentrionale del gotico come lo erano
state nei confronti di quella orientale. La Ca' d'oro — l'esempio più illustre del gotico veneziano — fu costruita tra il
1421 e il 1440.

Un posto del tutto particolare e naturalmente assai cospicuo occupavano nel complesso della mercatura veneziana
le relazioni commerciali con i maggiori Stati italiani. Sempre
secondo le stime del doge Mocenigo, ben 48.000 pezzi di
panno e 40.000 di fustagno giungevano ogni anno a Venezia
dalle città della Lombardia, mentre la sola Firenze inviava
16.000 pezze di varie qualità di panno. Nel senso inverso
una voce importantissima nel commercio veneziano con le
città italiane dell'entroterra era costituita dal sale e dal grano.
Del primo la Serenissima si era da tempo assicurata quasi
il monopolio, mentre per il secondo essa aveva una larghissima parte nella redistribuzione delle importazioni pugliesi
e siciliane.

Se non pari alla entusiastica descrizione fattacene dal Mocenigo, il quadro della prosperità veneziana appare comunque
assai imponente. E lo è tanto più se si considera che lungo
tutto il corso della seconda metà del secolo XIV la Serenissima non cessò praticamente di trovarsi in guerra con la sua
grande rivale, Genova, e che in questa lotta essa si trovò,
dal punto di vista delle operazioni militari ad essere spesso
soccombente. Dopo che una prima fase del conflitto, nel
quale Venezia ebbe l'appoggio dei catalani, si era conclusa
nel 1353 praticamente senza né vinti né vincitori, le ostilità
ripresero nel 1378, essendo i genovesi riusciti a porre sotto
il loro controllo le posizioni-chiave di Cipro e di Tenedo.
Vittoriosa nelle acque di Pola, la flotta genovese pose il
blocco a Venezia, ma nell'ora del pericolo questa seppe far
appello a tutte le sue energie e la sua disperata resistenza
fece sì che il duello potesse terminare con una pace di com-

promesso, con alcune concessioni da parte dei veneziani. La guerra che fu detta « di Chioggia » (1378-81), e che era parsa dover segnare la fine di Venezia, dette invece, come vedremo, l'avvio alla decadenza di Genova, la quale, anche se militarmente vittoriosa, uscì da essa letteralmente stremata e più che mai lacerata all'interno dalle tradizionali divisioni esistenti nel suo patriziato. Anche per Venezia, l'onere della guerra era stato altissimo e si era dovuti ricorrere a forme di prestiti forzosi, ma la compattezza della sua classe dirigente le aveva permesso di superare la difficilissima prova.

La minaccia genovese si era appena dileguata, quando quella turca cominciò a farsi consistente. Anche questa volta Venezia fu però all'altezza della situazione: usando accortamente le risorse della diplomazia e delle armi, riuscì ad assicurarsi il controllo, che aveva provvisoriamente perduto, delle isole e delle coste dalmate, a conquistare nuovi avamposti in Grecia e nell'Eubea e, infine, a rintuzzare la controffensiva dei turchi sconfiggendone la flotta a Gallipoli (1416). Cinque anni dopo il doge Mocenigo poteva sciogliere il suo peana, irto di cifre e di fatti, alla gloria della sua città.

A lui successe Francesco Foscari, la cui elezione a doge, trascinatasi per dieci ballottaggi, fu forse la più contrastata e drammatica dell'intera storia della città. E la cosa si spiega: Venezia, dopo aver avuto ragione dell'attacco genovese e aver respinto la prima ondata turca, si trovava infatti nuovamente di fronte a una scelta difficile e gravida di conseguenze. Alla morte di Gian Galeazzo Visconti (1402) molte delle città della terraferma veneta a lui sottomesse e già facenti parte della signoria degli Scaligeri — Verona, Vicenza, Padova — avevano accettato più o meno di buon grado la sua protezione, e la repubblica, che sin dai primi decenni del secolo XIV aveva un piede sulla terraferma nelle terre del Trevigiano, vi si trovò ora saldamente e improvvisamente installata. Successivamente una fortunata campagna militare contro l'impero l'aveva resa padrona anche di parte del Friuli e delle zone settentrionali dell'attuale Veneto. Occorreva — come sosteneva Francesco Foscari — proseguire su questa strada della conquista della terraferma sfidando la presumibile violenta reazione del vicino e potente Stato di Milano e accettando di lasciarsi coinvolgere nell'imbroglio delle rivalità e delle guerre che imperversavano sul continente, oppure era meglio rinunciare? L'elezione, nel 1423, del Foscari ebbe perciò il valore di un'autentica svolta nella storia veneziana: da allora la repubblica di San Marco, pur continuando ad essere una grande potenza marittima, avrebbe ulteriormente sviluppato la sua nuova vocazione continentale e terrestre. Nella prima metà del secolo XV Venezia partecipò con alterna fortuna a quasi tutte le varie guerre delle quali la penisola fu teatro ed ottenne nel complesso cospicui aumenti territoriali: Bergamo e Brescia nel 1433, Ravenna nel 1441 e nel 1454, con la pace di Lodi, le terre lungo l'Adda con l'*enclave* di Crema.

Vi erano certo dei fondati motivi per cui questa svolta della politica veneziana non debba essere considerata una inversione di marcia rispetto al corso precedentemente seguito. Assicurarsi il controllo della terraferma significava tra l'altro mettere fine una volta per tutte alle contese che erano sorte con i comuni dell'interno a proposito della regolamentazione dei corsi d'acqua che sfociavano nell'Adriatico e assicurare così la laguna dai pericoli di un suo interramento e di una perturbazione delle condizioni ambientali. A sua volta il possesso dei contrafforti alpini assicurava a Venezia un regolare approvvigionamento del legno, necessario alla costruzione delle sue navi e alla continuazione della sua politica marinara. Inoltre, in una età di carestie, Venezia aveva tutto l'interesse a sottrarsi all'alea di un rifornimento alimentare attuato quasi esclusivamente per via mare. Tuttavia la conquista della terraferma significava anche altre cose: attraverso di essa si apriva per la prima volta al patriziato veneziano la possibilità dell'investimento fondiario e, con essa, quella di un'alternativa alla propria antica vocazione mercantile. Quella terraferma che al doge Francesco Foscari era apparsa come il trampolino necessario per la continuazione della grande avventura marinara e imperialistica di Venezia, apparirà ai suoi successori come un riparo e un rifugio dalle tempeste. Dopo la conquista di Costantinopoli da parte dei turchi la campagna veneta inizierà a costellarsi di ville. La più celebre di esse, una vera corte frequentata da patrizi e da letterati illustri, sarà quella edificata nella quiete delle colline di Asolo da Caterina Cornaro nella seconda metà del secolo XV. Prima di ritirarvisi, la sua signora era stata regina di Cipro.

Genova: una città-azienda.

L'impero genovese nel Levante nella prima metà del secolo XIV non era certo da meno di quello veneziano. Con le loro vittorie su Venezia nel 1261 e nel 1298 i genovesi si erano, come si è visto, assicurati una posizione dominante nel Bosforo e nel Mar Nero. Le colonie che la città ligure aveva stabilito, su quelle coste, Caffa (il cui acquisto risale al 1266) e Tana, la rendevano padrona delle vie di sbocco fluviali attraverso le quali erano trasportati i prodotti della Russia meridionale. Non meno importante dal punto di vista commerciale era per Genova il possesso della colonia di Focea con le sue miniere di allume che la mettevano in grado di detenere praticamente il monopolio di questa indispensabile materia colorante. Inoltre i genovesi erano presenti anche nell'Egeo, a Chio e a Lesbo, della quale era signora la famiglia dei Gattilusio che dopo il 1247 s'impadronì anche delle isole di Lemno e di Thaso.

Solidissime erano poi, malgrado la concorrenza dei catalani prima e dei fiorentini poi, le posizioni dei genovesi nel Mediterraneo occidentale. Se i veneziani erano stati i primi ad allacciare regolari comunicazioni via mare con le Fiandre e con l'Inghilterra, essi dominavano il mercato spagnolo (a Siviglia essi possedevano un intero quartiere) e dalla Spagna si spingevano a frequentare le piazze e gli empori dell'Africa settentrionale. Fu un genovese, Lanzarotto Malocello, che approdò per primo nell'arcipelago delle Canarie. Per quanto concerne infine il Settentrione, se a Venezia confluiva il com-

mercio tedesco per la via del Brennero, anche Genova, attraverso la vicina Milano, vi partecipava attivamente. Quanto
a Barcellona e Marsiglia esse non erano soltanto delle rivali,
ma anche dei *partners*. Attraverso quest'ultima città in par
ticolare le mercanzie orientali sbarcate a Genova potevano
proseguire per la via del Rodano verso l'interno della Francia, evitando così l'alea della traversata alpina. Nel viaggio
di ritorno da Marsiglia o da Aigues-Mortes le navi genovesi
trasportavano il grano della Provenza o il sale di Hyères,
destinato sia al consumo cittadino sia a successive riesporta-
zioni.

Il sistema mercantile genovese non aveva dunque molto
da invidiare a quello veneziano e per ciò che concerne la
flotta abbiamo già visto che in varie occasioni quella genovese
risultò militarmente superiore.

Eppure, mentre Venezia riuscì ad attraversare relativamente indenne la grave crisi del secolo XIV, altrettanto non
si può dire per Genova. Le ragioni di questa difformità vanno
ricercate, come si è già avuto occasione di accennare, nella
particolare struttura della società e della convivenza genovese.
Il patriziato della città ligure mantenne infatti inalterata nel
corso della sua storia l'impronta delle proprie origini feudali
e magnatizie e non arrivò mai a costituirsi in una corporazione solidale e unitaria quale quella suggellata dalla serrata
del Maggior Consiglio. Esso rimase sempre e soltanto un agglomerato di « alberghi » (una sorta di confraternita di famiglie illustre che venne costituendosi appunto nel corso del
secolo XIV) e di clan familiari e clientelari tra loro rivali,
ciascuno dei quali mirava ad assicurarsi la maggior influenza
possibile sugli affari politici della città. Ciò gli tolse agli
occhi degli strati inferiori della popolazione gran parte del
prestigio che è richiesto a un'autentica classe politica e contribuì a incoraggiare nella nobiltà minore e nel popolo la
speranza di poter riuscire con la forza ad allargare le maglie
del potere costituito. Di fronte al pericolo della vittoria della
fazione avversa, o a quello di una sovversione popolare, i

signori del momento non esitarono, in più di un'occasione, a porre la città sotto la protezione di qualche potente vicino. La storia di Genova nel secolo XIV ci appare così come un susseguirsi incessante di rivolte, di lotte di parte e di interventi stranieri. Essendo nel 1339 la fazione popolare riuscita a prevalere e a imporre l'elezione di un doge nella persona di Simone Boccanegra, la grande nobiltà oligarchica non esitò a porre la città sotto la protezione dell'arcivescovo Giovanni Visconti, signore di Milano. Dopo la morte di quest'ultimo, Genova, dopo nuove e tormentate vicende interne, si dette nel 1396 alla Francia, sotto la quale rimase sino al 1409, per poi, tra il 1421 e il 1436, ritornare ancora sotto la signoria viscontea e, tra il 1459 e il 1461, nuovamente sotto quella francese. Questa irrequietezza politica non è d'altronde che il paravento di una sostanziale immobilità sociale: malgrado i tentativi di rinnovamento operati dal basso, la vita politica genovese continuò sempre ad essere il monopolio di una ristretta oligarchia di grandi famiglie.

Gli stessi caratteri presenta anche la vita economica. Le finanze dei privati erano infatti assai più floride di quelle della repubblica e quest'ultima, impegnata com'era nella sua grande politica marittima, era costretta, dopo aver spremuto sino all'osso mediante gabelle, dazi e ogni genere di imposte dirette e indirette i redditi dei ceti meno abbienti, a contrarre forti debiti o obbligazioni ricorrendo a « compere » e prestiti con i privati e specialmente con i cittadini più facoltosi. Il sistema era lo stesso in uso nelle altre città italiane e a Venezia in particolare. Esso funzionò bene finché i profitti realizzati con il commercio e, più in generale, le buone fortune della città misero l'erario pubblico in grado di corrispondere puntualmente agli interessi verso i propri creditori. Quando però le cose incominciarono a mettersi al peggio e si profilò addirittura il rischio che, oltre agli interessi, potesse andar perduta anche parte del capitale, allora sarebbe stato necessario da parte dei cittadini che avevano investito i loro averi in titoli di Stato un grande spirito di dedizione alla cosa pubblica per continuare a concedere allo Stato la propria fiducia. Era questo il caso di Venezia, ma non quello di Genova.

Quando, dopo la guerra « di Chioggia », la quale, a Genova come a Venezia, aveva ingoiato somme enormi, si cominciò a profilare sulle finanze cittadine l'ombra del dissesto (nel 1408 il debito dello Stato era salito alla cifra enorme di 2.938.000 lire genovesi), i creditori pretesero il massimo delle garanzie. Essi si riunirono in un consorzio — il Banco di San Giorgio — e ottennero che ad esso fosse devoluta l'amministrazione del debito pubblico. Ma come i nuovi amministratori avrebbero potuto garantire un più regolare pagamento degli interessi? La soluzione venne trovata inasprendo ulteriormente il carico fiscale e affidando al Banco la gestione di alcuni dei proventi fiscali dello Stato. In tal modo, facendosi essi stessi amministratori delle entrate dei loro debitori e assumendo il ruolo di, per così dire, curatori fallimentari, i creditori consorziati nel Banco avevano in mano una solida garanzia. Quando però il prestigio e il commercio genovese in Oriente iniziarono la parabola declinante, allora questa garanzia non era più sufficiente. Ciò accadde appunto nel corso della prima metà del secolo XV: la caduta di Costantinopoli nel 1453, che tagliò fuori Genova dalle sue fiorenti colonie nel Mar Nero, non fu che l'ultimo e definitivo colpo vibrato a un prestigio politico già seriamente compromesso.

In tali condizioni gli amministratori del Banco pretesero di più e cioè di amministrare direttamente alcuni territori della repubblica — colonie in Oriente, castelli e terre sulla riviera, la Corsica — con ampia facoltà di sfruttarli a loro piacimento, sino anche a venderli. Fu questo il caso di Livorno che nel 1421 fu ceduta ai fiorentini per moneta sonante. « S. Giorgio — scriveva il Machiavelli — si ha posto sotto la sua amministrazione la maggior parte delle terre e città sottoposte allo imperio genovese, le quali governa e difende e... vi manda i suoi rettori senza che il comune in alcuna parte se ne travagli. Da questo è nato che quelli cittadini

hanno levato l'amore del Comune... e postolo a S. Giorgio ».
Difficilmente si può immaginare una illustrazione più efficace
di che cosa si debba intendere quando si parla — come si è
parlato — del consolidamento delle posizioni corporative e
privilegiate del patriziato urbano: a Genova noi vediamo una
città, una « repubblica », alienare ai suoi cittadini più ricchi
le sue finanze e la sua stessa sovranità territoriale; vediamo
uno Stato trasformarsi praticamente in un'azienda della quale
sono azionisti le sue grandi famiglie.

Queste ultime furono infatti le principali beneficiarie del-
l'operazione. A mano a mano che in seguito al declino del
commercio genovese in Oriente le difficoltà economiche vennero aumentando, i piccoli risparmiatori che avevano investito
il loro denaro nei « luoghi » di San Giorgio furono costretti
a liberarsene e questi finirono per concentrarsi nelle mani di
una ristretta e potente oligarchia di creditori. Da questa usci-
ranno le grandi dinastie dei banchieri genovesi finanziatori
di Carlo V e di Filippo II.

Firenze dalla repubblica al principato.

Agli inizi del secolo XIV la stella di Firenze era al suo
zenit. Essa, secondo la descrizione che ce ne ha lasciato lo
storico Giovanni Villani, era una città di 100.000 abitanti,
con 110 chiese e 30 ospedali, la quale, nelle sue 200 botteghe produceva ogni anno dalle 70 alle 80.000 pezze di
panno e le cui 40 banche maneggiavano somme enormi e
estendevano il loro campo di azione a tutta la cristianità e a
tutto il Levante. Si pensi che una sola di esse, la potente
compagnia dei Bardi, impiegava nei primi decenni del secolo
XIV ben 346 « fattori », distribuiti in venticinque filiali sparse
un po' dovunque. Firenze consumava ogni anno dalle 55.000
alle 60.000 fiasche di vino, 4.000 vitelli, 30.000 maiali; era,
in una parola, in un mondo in cui la fame era un fenomeno
permanente, una città ben nutrita. Soprattutto però era una
città istruita: è sempre il Villani a farci sapere che gli

8-10.000 bambini fiorentini sapevano tutti leggere e scrivere, che da 1.000 a 1.500 avevano imparato l'« algorismo » e 350-600 frequentavano le scuole di tipo superiore. Ne risultava un grado di alfabetizzazione e di livello culturale di base assolutamente eccezionale nell'Occidente cristiano di allora. Ne va tenuto conto se si vuole comprendere come mai la Firenze del Trecento produsse una letteratura volgare e « borghese » così ricca e così genuina. Tra quei fanciulli che sui banchi delle scuole fiorentine avevano imparato la grammatica, la retorica e l'algebra vi erano stati gli storici Dino Compagni e Giovanni Villani, il novelliere Franco Sacchetti e il grande Giovanni Boccaccio. Questi, figlio illegittimo di un mercante ed agente della famiglia dei Bardi a Parigi, era stato inviato, dopo aver frequentato le scuole a Firenze, a far pratica negli affari a Napoli. Il celebrato realismo del *Decameron* avrebbe potuto affermarsi senza questo tirocinio e questi *Wanderjahre* del suo autore?

Per quanto concerne l'ordinamento interno della repubblica, esso rimaneva regolato dalle forme stabilite dalla riforma del 1282 e dagli Ordinamenti di giustizia del 1293 e basato sul principio della partecipazione collegiale delle Arti maggiori e medie alla gestione del potere e su un ritmo serrato di rotazione delle cariche. Ma la prosperità e la libertà fiorentine avevano però anch'esse il loro tallone d'Achille nella debolezza militare d'una città i cui abitanti erano troppo ricchi e troppo attratti dalle vicende interne del comune e delle sue « parti » per essere dei buoni soldati. I tempi di Montaperti e di Campaldino quando i popolani fiorentini scendevano in campo personalmente con le loro « cavalcate », erano ormai passati: il mestiere delle armi non si addiceva a popolazione di artigiani e di mercanti e Firenze fu tra le prime città italiane a far ricorso alle milizie mercenarie. D'altra parte il contado era troppo ristretto per fornire gran copia di uomini d'arme. Le conseguenze di questa inferiorità militare si videro nel 1315, quando il pisano Uguccione della Faggiuola sconfisse le truppe fiorentine a Montecatini, e nel 1325 quando Castruccio Castracani, un *self-made man* del secolo XIV divenuto signore di Lucca, le batté nuovamente ad Altopascio. In entrambe le circostanze si ricorse all'espediente di invocare la protezione del più potente alleato di Firenze, il regno angioino di Napoli, giungendo, dopo la disfatta di Altopascio, ad affidare la signoria della città a Carlo di Calabria, figlio del re Roberto. Passato il pericolo in seguito alla improvvisa morte di Castruccio (1327), la città ritornò però rapidamente al suo reggimento consueto. I lavori per la costruzione del duomo interrotti nel 1323 poterono essere ripresi e di lì a qualche anno l'aereo campanile di Giotto si elevava a contemplare il panorama di una città prospera e libera come non mai.

Ma il secondo quarantennio della storia fiorentina del secolo XIV sarebbe stato ben altrimenti drammatico. I segni premonitori della crisi che si sarebbe abbattuta sulla città non erano mancati: nel 1327 gli Scali, una casa bancaria che, come molte altre, era impegnata nel sostenere l'ambiziosa e velleitaria politica degli Angioini di Napoli, aveva dovuto dichiarare fallimento. Ma nell'euforia del momento, la cosa non aveva prodotto grande impressione e i banchieri fiorentini avevano continuato a prestare somme enormi sia ai re di Napoli sia a quelli d'Inghilterra. Quando però quest'ultimo decretò la sospensione dei pagamenti (1339), la situazione divenne catastrofica e ad una ad una le grandi case bancarie fiorentine si trovarono a versare in una situazione disperata. La gravità della crisi finanziaria e economica abbattutasi sulla città e la sua coincidenza con un nuovo clamoroso scacco nel campo della politica estera — la perdita di Lucca acquistata nel 1341 per 150.000 fiorini d'oro e ora caduta sotto la dominazione pisana — suscitarono una vera e propria reazione a catena nella comunità cittadina. Per meno di un anno la signoria fu nelle mani di un avventuriero, Gualtieri di Brienne, detto il duca di Atene. Naufragato tra lo scontento generale questo esperimento di governo signorile, gli attriti di classe e di parte che fermentavano da tempo nella città e che la recente crisi aveva accentuato, emersero in piena luce. Nel 1343 le Arti minori, che sino ad allora erano state

escluse dalla partecipazione al governo della città, si videro
riconosciuto il diritto di essere associate alle loro consorelle
maggiori nella gestione della cosa pubblica, ma la loro vittoria lasciò negli anni successivi un forte strascico di contestazione e di proposito di rivincita da parte del « popolo
grasso » e della sua organizzazione politica, la parte guelfa.
La terribile pestilenza del 1348 che operò una drastica riduzione nella popolazione cittadina, esasperò naturalmente al-
l'estremo il malessere e le inquietudini sociali preesistenti e
ne creò delle nuove. Dietro agli artigiani e i piccoli bottegai
delle Arti minori cominciavano ora infatti a scendere in
campo anche le masse diseredate, composte in parte notevole
di immigrati dal contado, degli operai della lana, i Ciompi,
che promuovevano saltuariamente tentativi di coalizione. Inoltre la guerra non cessava di battere alle porte della città e a
più riprese in questi anni di crisi e di irrequietezza interna
Firenze fu costretta a prendere le armi: una prima volta nel
1351 per respingere l'assalto dei Visconti di Milano, la seconda nel 1362-64 contro Pisa e infine tra il 1375 e il 1378
contro il papa in procinto di ritornare a Roma e desideroso
di estendere il più possibile il suo dominio sulle zone del-
l'Italia centrale. Nel corso di quest'ultima guerra, che fu
detta degli Otto Santi e che, come si è visto, costituì un
autentico salasso per le già dissestate finanze cittadine, su
Firenze venne lanciato l'interdetto.

Fu in questa congiuntura di profonda crisi sociale, di
depressione economica e di esasperazione psicologica e religiosa che i fermenti e le tensioni accumulati nel corso di un
terribile trentennio esplosero in uno dei pochi episodi della
storia italiana che possano reggere il paragone con le grandi
rivolte urbane di Fiandra o d'Inghilterra: il tumulto dei
Ciompi. Il 19 luglio 1378 il popolo minuto sceso a tumul-
tuare in piazza, arse le case dei maggiori cittadini, impiccò
il bargello e costrinse i signori rinchiusi in Palazzo Vecchio
a uscirne e insediò in loro luogo degli uomini provenienti
dalle file delle Arti minori e dal proletariato della lana. Ma
il loro trionfo fu di breve durata: il gonfaloniere da essi

eletto, lo scardassiere Michele di Lando si fece egli stesso complice della controffensiva dei popolani grassi, salvo a esser messo da parte subito dopo. Neppure il nuovo governo, composto in prevalenza di rappresentanti delle Arti minori, ebbe vita lunga. Sull'onda del riflusso verso la conservazione che quasi sempre segue i sommovimenti rivoluzionari, la parte guelfa e l'oligarchia mercantile che ad essa faceva capo, riuscirono nel 1382 a ritornare da soli in sella. Così la lunga crisi politica e sociale che aveva travagliato la città per quasi un quarantennio dall'epoca dei grandi fallimenti bancari, si risolveva nel senso più favorevole al patriziato e ai ceti più privilegiati e iniziava un nuovo ciclo della tormentata storia fiorentina, quello del consolidamento di un reggimento oligarchico e del suo approdo nella signoria.

Le famiglie che contano nella vita cittadina sono ormai ridotte a uno stretto manipolo: i Ricci, gli Albizi, gli Alberti, i Medici e poche altre. Esse sono divise da feroci rivalità e si alternano, a seconda delle circostanze e delle fortune, nel predominio sulla città. Tuttavia, a prescindere dalle varie fluttuazioni politiche e familiari e dalle alterne fortune dei vari clan contendenti, il reggimento di Firenze a partire dal 1382 non cessò mai di essere il monopolio di una ristretta oligarchia di patrizi e di banchieri. Così, dopo decenni di irrequietezze e di sconvolgimenti, Firenze aveva ora un governo relativamente stabile e socialmente omogeneo, e i governi stabili, si sa, sono anche i più efficienti. Le realizzazioni infatti non mancarono, né all'interno, né nei rapporti con gli altri Stati. Nelle guerre che si susseguirono nella penisola tra la fine del secolo XIV e la pace di Lodi e nelle quali di norma essa ebbe per alleata Venezia e per avversaria Milano, Firenze si destreggiò, nonostante la sua cronica debolezza militare, abbastanza abilmente, riuscendo ad ottenere nel complesso importanti ingrandimenti territoriali. L'acquisto più cospicuo fu quello di Pisa, realizzato nel 1406, che assicurò alla repubblica l'agognato sbocco sul mare e la liberò dalla più irriducibile delle sue antagoniste. Altre conquiste (o recuperi) furono quelle di Arezzo (1384), di Cortona (1411) e

di Livorno, ceduta, come si è detto, dai genovesi nel 1421.
Prendeva così forma quello che sarebbe stato il futuro granducato di Toscana: per il momento però più che a uno Stato
esso rassomigliava a una federazione di città poste sotto la
tutela di una « dominante ». All'interno l'*exploit* di gran
lunga più importante fu la redazione tra il 1427 e il 1429
di un catasto che costituì la base per una più equa e produttiva distribuzione del carico fiscale e per un risanamento
della situazione finanziaria; quel catasto di cui Machiavelli
scriverà che era stato fatto in modo che « non gli uomini
ma la legge le gravezze ponesse ». Da esso emerge il quadro
dettagliatissimo della nuova prosperità fiorentina e, in essa,
della opulenza della oligarchia. Le grandi famiglie vi sono
infatti iscritte per dei redditi che si distaccano di gran lunga
dalla media generale. Ad esempio nel quartiere di San Giovanni, 3 sole famiglie figurano per un capitale imponibile
superiore a 50.000 fiorini e sono quelle dei Panciatichi, dei
Borromei e, in testa a tutti, dei Medici con 79.472 fiorini.

Prosperità, dunque, ed opulenza. Come nel passato, il
loro fondamento era costituito dalle tradizionali attività bancarie e mercantili.

Se le vecchie case bancarie dei Bardi e dei Peruzzi non
si erano riavute dal dissesto del 1342, al loro posto ne erano
sorte delle nuove, prima fra tutte quella potentissima dei
Medici, un autentico modello di organizzazione aziendale sul
piano internazionale. Se la vecchia e gloriosa industria della
lana era in decadenza e la sua produzione dalle 90.000 pezze
dell'inizio del secolo XIV si era ridotta ora a sole 30.000,
era invece in piena fioritura la nuova industria della seta.
La conquista di Pisa aveva poi aperto a Firenze la via del
mare e, almeno nei primi decenni del secolo XV, il tentativo
di divenire una potenza marinara in grado di rivaleggiare sui
mercati d'Oriente con Genova e con Venezia dette dei risultati notevoli. In questa felice congiuntura riprese il fervore
edilizio che aveva caratterizzato la Firenze dei primi del
Trecento. Nel 1401 venne bandito il concorso per le porte
del Battistero, del quale sarà vincitore il Ghiberti, nel 1421

il Brunelleschi iniziò i lavori per la costruzione della cupola del duomo, dello stesso artista e dello stesso periodo sono la Cappella dei Pazzi e la stupenda chiesa di S. Lorenzo. Accanto all'edilizia pubblica l'edilizia privata: il Palazzo Rucellai, opera ineguagliata di Leon Battista Alberti, fu costruito tra il 1446 e il 1451 e le ville medicee di Careggi e di Cafaggiola furono rinnovate da Michelozzo rispettivamente nel 1434 e nel 1451. L'elenco potrebbe agevolmente continuare. L'imponente presenza dei nuovi palazzi patrizi nelle vie e nelle piazze della città imprimeva nella mente e nei cuori dei cittadini il rispetto e il timore dell'oligarchia dominante.

L'avvento dei Medici che con Cosimo divennero nel 1434 di fatto i signori e gli arbitri della vita cittadina, più che aprire una nuova fase della storia di Firenze, costituì il coronamento e il suggello di un processo di formazione e di organizzazione del regime oligarchico iniziatosi vari decenni prima. Certo d'ora in poi i cancellieri e gli umanisti fiorentini più difficilmente avrebbero potuto, come al tempo della guerra con il « tiranno » Gian Galeazzo Visconti, tessere le lodi della *florentina libertas*.

Lo Stato di Milano dai Visconti agli Sforza.

Tra gli Stati della penisola il ducato di Milano fu quello che emerse dalla lunga serie di guerre della seconda metà del secolo XIV e della prima del XV più ingrandito e più irrobustito. Per tutto il secolo XIV la sua era stata infatti una politica di espansionismo verso tutti i punti cardinali: verso nord, in direzione dei cantoni svizzeri, per assicurarsi il controllo dei valichi alpini attraverso i quali passavano le cospicue correnti di traffico con l'Europa settentrionale; verso il sud e verso il mare, con l'obiettivo del possesso di Genova; a est verso il Piemonte e a ovest verso il Veneto; a sud-est infine verso Bologna e, più volte, verso l'Italia centrale. Iniziata sotto l'arcivescovo Giovanni (1349-54), il quale fra

l'altro riuscì ad impadronirsi di Bellinzona, dei possedimenti
angioini del Piemonte, di Bologna e, per qualche anno, della
stessa Genova, e interrotta dalla crisi dinastica che seguì la
sua morte e nel corso della quale molte delle conquiste recentemente realizzate andarono perdute, questa politica espansionistica fu ripresa in grande stile da suo nipote Gian
Galeazzo. Tra il 1378 e il 1402, anno della sua morte, egli
riuscì, con una serie di guerre e di audaci colpi di mano, ad
assicurarsi il controllo, oltre che della Lombardia e della
maggior parte dell'Emilia con la città di Bologna, anche di
Verona e Vicenza, tolte agli Scaligeri, di Novara e Vercelli,
di Pisa, di Siena e di Perugia. Il ducato di Milano (il titolo
ducale era stato formalmente riconosciuto a Gian Galeazzo
nel 1395 dall'imperatore Venceslao) appariva come il più
potente e temibile tra gli Stati italiani, l'unico in grado di
aspirare al dominio della penisola. Si comprende perciò come
l'obiettivo primo delle altre grandi potenze italiane, e di
Firenze e di Venezia in particolare, fosse quello di ridimen-
sionare le sue ambizioni. La repentina morte di Gian Galeazzo
e la nuova crisi dinastica che la seguì ne offrirono l'insperata
occasione: Venezia iniziò, come si è visto, la sua penetrazione
nella terraferma, mentre Firenze s'impadronì di Pisa. Dal
canto suo il papa riacquistò Bologna e le altre città dell'Italia
centrale perdute, mentre Siena recuperò la sua libertà. Nelle
guerre della prima metà del Quattrocento Filippo Maria
Visconti, che nel 1412 era riuscito ad aver ragione degli altri
pretendenti al ducato, non arrivò a conseguire ingrandimenti
sostanziali; anzi nel 1433 dovette, come si è visto, cedere a
Venezia Bergamo e Brescia. La linea di minor resistenza era
costituita da Genova e infatti nel 1421 la città ligure tornò
nuovamente sotto la protezione viscontea. Ma anche questa
volta si trattò di un possesso provvisorio, durato solo fino
al 1435.

Così, dopo un secolo di guerre, lo Stato di Milano si
trovava limitato ai territori lombardi tra l'Adda e il Ticino,
con l'appendice delle città di Parma e di Piacenza a sud e
della Valtellina e della contea di Bellinzona a nord. Entro

questi più ristretti, ma pur sempre ragguardevoli confini esso rimaneva uno dei più forti e dei più compatti Stati italiani. Lo si potette constatare quando, alla morte del duca Filippo Maria, il quale non aveva lasciato eredi maschi, la successione toccò al genero Francesco Sforza, un condottiero di provato valore, ma di oscuri natali. Sembrò in un primo tempo che le catastrofiche previsioni che erano state avanzate da molti e dallo stesso Filippo Maria dovessero avverarsi: mentre nella capitale il patriziato cittadino coglieva l'occasione per restaurare le antiche libertà comunali e per proclamare la repubblica, le altre città dello Stato facevano anch'esse parte per se stesse. Bastarono però, in questa nuova e più grave crisi dinastica, soltanto due anni a Francesco Sforza, malgrado la tenace opposizione veneziana, per rientrare in possesso dei territori dello Stato nella loro integrità. La durezza del collaudo era servita a rendere evidente la solidità dell'organismo politico creato dai Visconti.

Ma quali erano le cause e i fattori di questa riuscita? I contemporanei — fossero essi detrattori o apologeti dei Visconti — erano concordi nell'attribuire le loro fortune alle strutture politiche dello Stato che essi avevano forgiato, al fatto cioè che Milano era per eccellenza una « signoria ». Per i primi i Visconti — e Gian Galeazzo anzitutto — non erano che dei tiranni ispidi e guerrieri che avevano ridotto al rango di servi i loro soggetti e che ad altro non aspiravano che a conculcare la libertà italiana, e Milano, di conseguenza, una sorta di Sparta o di Macedonia di quell'Italia di cui Firenze era l'Atene. Per i secondi invece lo Stato di Milano era la sola parte d'Italia in cui regnassero la giustizia e la « pace » e in cui le vecchie fazioni e i vecchi particolarismi e gelosie locali fossero stati messi a tacere dall'azione energica e illuminata dei suoi signori.

Di fatto, qualunque fosse la loro angolatura e il loro segno, questi giudizi coglievano un aspetto importante della questione. Non vi è dubbio infatti che parallelamente alla loro politica espansionistica e in concomitanza con essa i Visconti si sforzarono anche di creare e di consolidare delle

strutture amministrative e fiscali efficienti e centralizzate e
che in questo tentativo essi si trovarono nella necessità di
limitare e di comprimere i privilegi e le autonomie delle
varie comunità e collettività, ivi compresi quelli della capitale.
Quest'ultima, come si è visto, tentò di riacquistare le sue
antiche prerogative approfittando della crisi seguita alla morte
di Filippo Maria, ma la breve e non gloriosa vita e il fallimento della « aurea repubblica ambrosiana » dimostrano
quanto questo soprassalto di orgoglio e di particolarismo cittadino fosse anacronistico.

Tuttavia, se è giusto sottolineare il maggior grado di
coesione che caratterizza la signoria viscontea rispetto agli
altri Stati italiani, e il diverso rapporto tra la capitale e le
altre città dello Stato, non bisogna tuttavia dimenticare che
essa non cessò mai di essere uno Stato sostanzialmente patri-
moniale e, in quanto tale, come provano le numerose crisi
dinastiche che si succedettero regolarmente dalla morte del-
l'arcivescovo Giovanni sino all'avvento di Francesco Sforza,
minato anch'esso da particolarismi e da rivalità di uomini e
di città. Le ragioni della sua potenza (e anche quelle della
sua compattezza), le ragioni stesse del successo del governo
signorile vanno ricercate anche altrove.

Esse vanno ricercate nella larga disponibilità di uomini e
di mezzi finanziari che permetteva ai duchi di Milano di as-
soldare i migliori capitani di ventura e i più sperimentati
uomini d'arme e a Gian Galeazzo di dare inizio a un'avventura edilizia colossale quale la costruzione del pretenzioso
duomo di Milano (1389) o della Certosa di Pavia (1396),
un Saint-Denis lombardo destinato ad accogliere le salme
della famiglia ducale, senza per questo rinunciare alle sue
ambiziose e costosissime imprese militari, anzi nel bel mezzo
di esse. Esse vanno ricercate in definitiva nella floridezza e
ricchezza della società e dell'economia.

Ricchezza, come è nella regola della storia italiana, anzitutto cittadina. La Milano dei secoli XIV e XV rimane infatti
una città ricca di risorse e di vitalità. Risparmiata miracolo-
samente dalla grande pestilenza del 1348, essa sormontò vit-

toriosamente anche le epidemie — terribile quella del 1361 — da cui fu visitata in seguito. La sua attività principale, dopo la crisi che aveva investito la produzione dei fustagni, era, oltre a quella tradizionale delle armi, l'industria della lana, le cui dimensioni e la cui organizzazione aziendale si erano venute modificando sul modello fiorentino, nel senso cioè di una maggiore concentrazione e di una maggiore subordinazione al mercato del processo di lavorazione. Compare infatti anche a Milano la figura del mercante imprenditore « faciens laborare lanam » e anche a Milano l'attività bancaria e finanziaria tendono sempre più a innestarsi su quella mercantile e manifatturiera. E fu da questi banchieri che i Visconti ricevettero l'appoggio necessario alla loro ambiziosa politica. Per procurarselo essi non sdegnarono di contrarre con essi dei legami di parentela.

Ma la prosperità della Lombardia non si esauriva in quella di Milano e degli altri centri maggiori dello Stato; essa era anche, e forse in misura prevalente, frutto delle campagne e dei cospicui processi di miglioria e di trasformazione di cui queste erano state teatro nel corso dei secoli XIV e XV, processi che, nel quadro di una crisi così acuta quale fu quella che sconvolse la società europea in questo periodo, rappresentano, come è stato rilevato, una splendida eccezione.

Per la verità, come già abbiamo avuto modo di rilevare, le premesse per la grande avventura di progresso agrario della quale le campagne lombarde saranno teatro pressoché ininterrottamente sino al secolo XIX, erano state già poste nell'età comunale. Al secolo XII risalgono le prime grandi opere idrauliche e di irrigazione — i canali della Muzza e il Naviglio Grande — e del 1138 è la prima menzione delle « marcite », i prati artificiali caratteristici della Bassa lombarda. Già allora dunque l'agricoltura delle zone più fertili della Lombardia si distingueva da quella delle altre regioni italiane per un suo più accentuato carattere di impresa collettiva e per un superiore livello tecnico; ma fu solo a partire dalla metà del secolo XIV, sotto lo stimolo della crisi e della mutata congiuntura economica e alimentare, che ebbe inizio nelle campagne lombarde un processo di adeguamento e di riconversione che per la sua ampiezza e per la sua riuscita non trova riscontro nel resto della penisola. Quel ritorno alla terra che altrove assunse il carattere di un ripiegamento ebbe infatti in Lombardia quello di un'impresa economica di grande respiro e di un investimento produttivo.

Fu tra il secolo XIV e il XV che in vaste zone delle campagne lombarde venne introdotta la coltura del riso e che, attorno a Voghera, si diffuse la coltivazione del guado, i cui semi venivano utilizzati per la tintoria; data pure da questo periodo la acclimatazione del gelso, nelle zone della pianura asciutta e collinari. Nel frattempo, sorretta dall'azione pianificatrice della signoria, proseguiva e si intensificava l'opera di canalizzazione e di irrigazione: nel 1365 venne aperto il Naviglio da Milano a Pavia, sotto il ducato di Filippo Maria il canale di Bereguardo, sotto quello di Francesco Sforza vennero aperti i canali di Binasco e della Martesana e si iniziarono i lavori per il Naviglio Sforzesco. Più tardi alla progettazione di nuove opere idrauliche lavorò anche Leonardo da Vinci. La bassa Lombardia veniva così assumendo quel volto che ci è familiare, di terra di argini, di canali, di marcite: tale essa appariva alla fine del secolo XV al Commines, un paesaggio « tout fossoié comme est Flandre ». I progressi così realizzati nell'irrigazione e la diffusione del prato artificiale permisero agli agricoltori lombardi e padani di sviluppare l'allevamento del bestiame bovino e la sua stabulazione molto al di là dei livelli consentiti, in tutto il resto della penisola, da un'agricoltura di sussistenza in cui il bestiame era considerato soprattutto come uno strumento di lavoro. E di ricavarne i frutti: nel secolo XV il parmigiano prodotto nelle campagne di Parma, di Reggio e di Lodi era già uno tra i più ricercati formaggi italiani e il burro delle pianure lombarde veniva esportato sino a Roma.

Protagonisti di questo processo di riconversione e di trasformazione agricola furono in gran parte degli *homines novi*, usciti dai ranghi della borghesia cittadina o dello stesso mondo rurale. Si comprende perciò facilmente come anche il regime e la distribuzione della proprietà ne risultassero profondamente modificati nel senso di una sempre maggiore riduzione delle posizioni di rendita feudale e signorile. Attraverso il meccanismo di contratti di affitto che imponevano al concedente di rifondere all'affittuario le spese per le migliorie da lui effettuate, molte terre di grandi proprietari finirono per cambiare padrone. Particolarmente colpite furono le terre della Chiesa e degli ordini religiosi: nel 1434 Enea Silvio Piccolomini, il futuro Pio II, ne lamentava l'abbandono e il dissesto.

Con le sue marcite, con le sue stalle, con i suoi « fittabili » intraprendenti la Lombardia, con le zone contigue della pianura padana, costituiva dunque già alla metà del secolo XV la zona di maggior progresso agrario della penisola. Quanto ciò abbia contribuito alle sue successive fortune e al suo primato economico non mancheranno certo le occasioni per sottolinearlo.

Il regno di Napoli e la Sicilia.

Con la pace di Caltabellotta il regno di Sicilia aveva perduto l'unità politica dei tempi normanni e svevi: mentre infatti a Napoli e nel Mezzogiorno continentale dominavano ancora gli Angioini, sulla Sicilia regnavano gli Aragonesi, i quali nel 1323 si impadronirono anche della Sardegna. Se però l'Italia meridionale e insulare avevano cessato di essere un organismo politicamente unito, esse, specie se messe a confronto con il resto della penisola, rimanevano dal punto di vista economico e sociale un'area relativamente omogenea e con caratteristiche ambientali comuni; come tali noi ne tratteremo in questo capitolo.

Omogeneità innanzitutto di base economica. Come abbiamo già avuto occasione di rilevare, l'agricoltura costituiva la risorsa essenziale e di gran lunga prevalente dell'economia meridionale. Una parte notevole del grano, che veniva consumato nelle popolose e affamate città dell'Italia settentrio-

nale e centrale veniva dalle Puglie o dalla Sicilia, che continuò
ad essere ancora a lungo uno dei granai d'Italia; e una parte
ancora più notevole del vino consumato sulle mense della
penisola era « vino greco » o « vino latino », proveniente
cioè dalla Campania o dalle regioni vicine. Dalla Sicilia venivano poi notevoli quantitativi di cotone e di zucchero e dagli
Abruzzi la lana e i formaggi dei pascoli e lo zafferano del-
l'Aquila.

Ma omogeneità anche di strutture sociali e politiche: in
un'economia largamente agricola le istituzioni e i rapporti
feudali si erano conservati relativamente intatti e con essi
l'organizzazione politica di una monarchia di tipo feudale.
Soprattutto l'Italia meridionale si caratterizzava nel panorama
generale della penisola — ed anche questo abbiamo già avuto
modo di rilevarlo — per la minore densità dell'insediamento
umano sul suolo e per il minor tasso di urbanizzazione. Palermo, pur conservando una notevole importanza come centro
e emporio mediterraneo, non era più la trionfante metropoli
dei tempi arabi e normanni. Quanto a Napoli essa era certo
la capitale di un regno illustre e la sede di una corte dispendiosa, ma con i suoi 30.000 abitanti essa era ben lontana
dalle dimensioni delle maggiori città del Centro e del Settentrione; e con la sua struttura a quartieri, ciascuno dei quali
abitato da una diversa « nazione », essa era più simile a una
città orientale che alle altre sue consorelle italiane. L'attività
mercantile e le esportazioni del regno erano infatti prevalentemente nelle mani di mercanti forestieri, di ebrei, di catalani,
di genovesi, di fiorentini, persino di tedeschi, che monopolizzavano praticamente il mercato dello zafferano dell'Aquila.
Lo stesso si dica delle finanze, nelle quali dominavano le
grandi case bancarie fiorentine. Non si dimentichi che sin dai
tempi della discesa di Carlo, queste ultime si erano acquistate
non poche benemerenze nei confronti dei re angioini in cambio
delle quali esse si erano assicurate l'appalto dei principali
cespiti fiscali e un ampio potere di controllo sulla gestione
stessa degli affari politici del regno. Niccolò Acciaiuoli, che
fino al 1365, anno della sua morte, fu la più influente per-

sonalità a corte e l'autentico arbitro della vita politica del regno dopo la morte di re Roberto, apparteneva a una famiglia di banchieri fiorentini.

Una società siffatta, ancorata alla sua base agricola e povera di risorse alternative o compensative, non poteva non risentire profondamente e gravemente delle ripercussioni della crisi generale del secolo. In nessun altra parte d'Italia le diserzioni di terre in precedenza coltivate interessarono aree così vaste come nel Mezzogiorno: si calcola che nel regno di Napoli un terzo dei villaggi venisse abbandonato; in Calabria ancora nella seconda metà del secolo XVI l'insediamento umano era ben lungi dall'essere ritornato sui livelli del secolo XIV; in Sardegna la proporzione dei villaggi abbandonati fu ancora più alta, pari circa alla metà, e in Sicilia, essa non fu molto diversa. Per spiegare l'ampiezza del fenomeno di spopolamento (e della degradazione del paesaggio agrario che ne fu la conseguenza), oltre che dei guasti dell'epidemia e della carestia, occorre tenere conto della caduta dei prezzi agricoli che le seguì e si protrasse per lunghi decenni, e della concorrenza che taluni prodotti dell'agricoltura meridionale — lo zucchero siciliano, lo zafferano abruzzese — vennero sempre più incontrando sul mercato italiano. Ciò spiega anche l'ampiezza del processo di riconversione culturale per il quale intere zone, in cui, a livelli verosimilmente marginali, si praticava la cerealicoltura, vennero trasformate in pascoli. Il caso più cospicuo fu, come già abbiamo avuto occasione di ricordare, quello del tavoliere pugliese, un autentico pezzo di *meseta* spagnola trasferito in Italia.

Quanto la crisi iniziatasi nel secolo XIV abbia inciso sulla società meridionale e quali profondi sconvolgimenti essa vi abbia determinato, lo si può del resto desumere dal fatto che le sue ripercussioni e i suoi riflessi si possono avvertire anche sul piano della storia politica.

Sino alla morte di Roberto d'Angiò (1343) il regno di Napoli, per quanto il suo prestigio fosse stato notevolmente scosso dallo smacco subito nella guerra del Vespro, seguitò ad essere uno dei protagonisti più autorevoli della vita poli-

tica italiana. Re Roberto non perse occasione per riaffermare
la sua funzione di campione del guelfismo e non vi fu calata
imperiale nella penisola — da quella di Enrico VII a quella
di Ludovico il Bavaro — contro la quale egli non scendesse
in campo, né pronunciamento ghibellino contro il quale egli
non corresse ai ripari. La stessa Firenze non esitò, di fronte
alla minaccia di Castruccio, ad invocare, come si ricorderà,
la sua protezione. Il prestigio di cui la monarchia angioina
continuava a godere si misurava al lustro della sua corte e
della sua capitale. La Napoli dei primi del Trecento, quella
in cui visse il giovane Boccaccio e della quale egli ci ha lasciato una viva testimonianza nella sua novella *Andreuccio da
Perugia*, era certo, come si è detto, una città diversa dalle
altre capitali italiane, ma non per questo meno brillante e
illustre. I contatti che la corte angioina intratteneva con
Firenze e con i suoi banchieri, la presenza nella città di
una facoltosa colonia fiorentina avevano attirato in essa molti
artisti toscani. Tra gli altri lo stesso Giotto che attorno al
1330 dipinse nel Castel dell'Ovo un ciclo di pitture ora
perduto e Tino da Camaino, che eresse nella trecentesca
chiesa di Santa Chiara il monumento sepolcrale di Carlo di
Calabria.

Dopo la morte di Roberto la scena cambia però radicalmente: per tutto il resto del secolo la storia del regno di
Napoli è un susseguirsi di lotte senza quartiere, costellata
di episodi truculenti, tra i vari rami della dinastia angioina,
quello ungherese, quello durazzesco e quello di Taranto. La
dissolutezza della regina Giovanna, che, nei quaranta anni del
suo regno, prima di morire essa stessa di morte violenta,
aveva trovato il tempo per sotterrare tre mariti tutti periti in
circostanze tragiche e misteriose, non basta certo da sola a
renderci conto di questo radicale mutamento di scena. Le
contese dinastiche non sono in ultima analisi che il riflesso
delle divisioni e della disgregazione del ceto baronale, e queste
a loro volta la conseguenza della crisi economica e sociale
in atto. Colpito nelle proprie rendite, il feudatario del Napoletano si trasforma anch'egli in *adventurer* o addirittura in

bandito, ricerca nella guerra e nel saccheggio i profitti che
ha perduto, dimentica i suoi obblighi di fedeltà verso il re
ed esige anzi da lui concessioni sempre maggiori. Le imprese
militari del re Ladislao (1400-14) e i successi da lui conseguiti (per dieci anni egli tenne la signoria di Roma, abbandonata dal papa) riuscirono per qualche tempo a convogliare
verso l'esterno gli appetiti dei baroni e a tenere a freno la
loro riottosità. Ma alla sua morte, sotto il regno di Giovanna
II (1414-35), il regno ripiombò nell'anarchia feudale. Non
diverso è il panorama che nello stesso torno di tempo presenta la Sicilia aragonese: dopo la morte di Federico III
(1377) la storia dell'isola è anch'essa una vicenda di lotte
e dissidi senza fine tra i nobili aderenti alla fazione aragonese
e quelli aderenti alla fazione angioina.

Angioini contro Durazzeschi; Aragonesi contro « siciliani »,
troni rivendicati da opposti pretendenti: il quadro non è
diverso da quello delle grandi monarchie feudali continentali,
della Francia al tempo di Carlo VI e delle lotte tra Arma-
gnacchi e Borgognoni, o dell'Inghilterra della guerra delle
Due rose: un quadro di disgregazione, di dissanguamento e
di imbarbarimento. Con la differenza però che al termine di
queste sanguinose vicende non vi fu nessun Carlo VII e
nessun Enrico VII. Alfonso d'Aragona, il principe che alla
fine emerse vincitore dalla estenuante lotta e che riunificò
nella sua persona le due corone di Napoli e di Sicilia, è passato alla storia con il nome di Magnanimo. Di fatto sotto di
lui e sotto il suo successore Ferrante il regno di Sicilia tornò
a inserirsi onorevolmente nel concerto degli Stati italiani e
la sua corte divenne, come vedremo, uno dei centri del-
l'umanesimo italiano, illustrato dai nomi del Pontano e del
Sannazaro. Napoli si abbellì di nuovi monumenti, a cominciare da quell'arco trionfale del Castelnuovo che Luciano
Laurana, l'architetto del palazzo ducale di Urbino, eresse tra
il 1452 e il 1460 in onore della nuova dinastia. Più tardi,
nel 1485, Giuliano da Maiano edificherà la superba Porta
Capuana. Ma la magnanimità di Alfonso fu soprattutto tale
nei confronti dei baroni, con i quali, all'inizio del suo regno,

stipulò un accordo che costituiva una vera e propria sanatoria
di tutte le usurpazioni e di tutti i fatti compiuti nel corso di
cento anni di anarchia feudale. Si pensi che, a quella data,
delle 1.550 « università » o comunità locali esistenti nel regno, solo 102 appartenevano al fisco e alla corona; tutte le
altre erano cadute sotto la giurisdizione baronale ed erano
terre « feudali ».

Per compensare la diminuzione delle entrate derivanti da
questa massiccia alienazione di diritti e di giurisdizioni che
in precedenza erano appartenuti al demanio reale (tra l'altro
Alfonso aveva rinunciato anche alla riscossione dell'*adoa*,
un'imposta personale percepita in sostituzione del servizio
militare), la monarchia aragonese fu costretta a inasprire
l'onere dei balzelli e dei tributi gravanti sulla popolazione
contadina. Questa non mancò di reagire, e tra il 1469 e il
1475 le campagne della Calabria furono teatro di insurrezioni contadine di un'ampiezza e di una consistenza incon-
suete nella storia italiana. Esse furono naturalmente represse
con il ferro e con il fuoco. Così il regno, dopo un secolo di
lotte intestine e di disordini, ritrovava infine la sua pace
interna. Ma, come vedremo, non si dovette attendere molto
tempo perché essa fosse nuovamente turbata. Questa volta
la minaccia non verrà dal basso, ma dall'alto, in forma di
sedizione e non di ribellione: sarà la cosiddetta congiura dei
baroni del 1484. Anch'essa venne sconfitta e repressa; ma
la potenza dei baroni, il loro spirito di corpo e di fronda
costituiranno d'ora in poi una minaccia permanente alla stabilità e alla stessa integrità del regno.

La nascita dello Stato pontificio.

Strana città la Roma del Medioevo! Il suo aspetto era
quello di un grosso agglomerato tra urbano e campagnolo,
ben lontano dalle dimensioni e dalla densità di insediamento
umano delle grandi città dell'Italia settentrionale e centrale,
per non parlare di quelle dell'antica metropoli imperiale che

pur era stata, come attestavano le rovine di cui il suo modesto paesaggio era costellato. Dal punto di vista dell'organizzazione politica Roma aveva anch'essa i suoi organi e le sue magistrature di autogoverno cittadino, che si fregiavano anzi di nomi illustri; ma chi in essa effettivamente deteneva il potere erano le potenti casate e fazioni feudali, prime fra tutti quelle dei Colonna e degli Orsini che, con le loro masnade, spadroneggiavano nelle vie cittadine e in più di un'occasione costrinsero il papa ad abbandonare la città. Eppure da questa città partivano le scomuniche e alla volta di essa calavano gli imperatori in cerca della corona. E vi erano giornate in cui i cittadini romani avevano la sensazione che la loro città fosse tornata ad essere veramente il centro del mondo: al giubileo del 1300, indetto da Bonifacio VIII, migliaia e migliaia di pellegrini vi si erano riversati, sino a gremire le sue strade al punto che sotto il peso della folla un ponte era crollato. Poi vi era stata la calata del Bavaro, con il suo pittoresco seguito e la inconsueta cerimonia in Campidoglio di cui abbiamo parlato. Si direbbe quasi che Roma medievale vivesse una doppia vita, quella umile e plebea di tutti i giorni e quella delle grandi occasioni e delle solennità.

Figlio di questa Roma e partecipe della sua doppia natura fu Cola di Rienzo, uno dei personaggi più singolari della storia italiana. Figlio di un oste e di una lavandaia, allevato tra i contadini della Ciociaria, egli fu uomo di gusti plebei e istintivi e tale rimase anche al culmine della sua singolare carriera. Quando, giunto al termine della sua fortuna, fu impiccato per i piedi, tutti rimasero colpiti dalla sua smisurata grassezza. «Pareva uno smisurato bufalo ovvero vacca a macello» — scriveva un anonimo cronista romano. Gli è che il potere era stato per lui anche un mezzo per sanare la sua antica fame popolana: «e prese colore e sangue — ci informa ancora l'anonimo romano — e meglio manicava e meglio dormiva». Eppure quest'uomo nutriva un affetto genuino per la sua città ed era sinceramente e appassionatamente convinto che la sua missione fosse quella di restituirle quella dignità che essa aveva perduto. Da giovane egli si era nutrito di

letture classiche e si era aggirato irrequieto tra le vestigia dei
monumenti romani invocando le ombre dei grandi del passato:
« Dove sono questi buoni romani? Dove enne loro summa
iustizia?... poterame trovare in tiempo che questi fussi »

Questa singolare mistura di estroversione e di allucina-
zione, questo suo sonnambulismo, questa sua dotta ignoranza
che piacque tanto agli intellettuali, questa combinazione di
ingenuità e di megalomania spiegano, assieme alla presa che
continuava a esercitare sugli animi il mito di Roma, la sua
straordinaria ed effimera avventura. Recatosi in Avignone nel
1343 come legato del popolo, egli ne ritornò con il titolo di
Notaro della Camera municipale di Roma e con la promessa
che nel 1350 sarebbe stato bandito un nuovo giubileo. Ciò
accrebbe notevolmente la sua popolarità e lo mise in condizione di aspirare a divenire l'arbitro della vita cittadina; il
che avvenne nel maggio 1347 quando, in seguito a un tumulto
popolare da lui stesso organizzato e provocato, gli venne conferito il titolo di Tribuno della repubblica romana. In questa
sua nuova veste Cola non si accontentò di riportare l'ordine
nella città, mettendo fine alle risse e alle fazioni baronali.
Roma era ai suoi occhi la capitale del mondo, e il « liberator
urbis » che egli era non poteva venir meno alla sua missione
universale. Eccolo perciò indirizzare messaggi a tutti i principi e a tutte le città italiane e indire per la Pentecoste del
1348 una solenne riunione nella quale i rappresentanti delle
città e degli Stati italiani avrebbero dovuto designare essi la
persona del nuovo imperatore. Era tempo infatti che l'elezione venisse sottratta ai barbari tedeschi e l'Italia tornasse
ad essere il « pomerio », il giardino dell'impero. Erano idee
che avevano ancora una profonda risonanza, e non solo presso
gli intellettuali come il Petrarca.

Ma il solenne consesso dell'agosto 1348 non si tenne:
inviso ai nobili, privato dell'appoggio del papa che vedeva
con preoccupazione le sue ambizioni, Cola nel dicembre 1347
fu costretto a lasciare la città. La sua avventura era così per
il momento finita; ma essa non era passata senza lasciare una
traccia, e il primo a rendersene conto fu appunto il papato.

Quest'ultimo, nella sua cattività avignonese, aveva badato principalmente a mettere a punto la macchina amministrativa e finanziaria della curia. Si trattava ora di ancorarla a uno Stato. Questo, almeno teoricamente, esisteva da quando Pipino aveva fatto donazione al papa dei territori che i longobardi avevano strappato ai bizantini. Certo i limiti territoriali del patrimonio di San Pietro erano rimasti a lungo indeterminati e solo in tempi relativamente recenti, sotto il pontificato di Innocenzo III, essi si erano venuti identificando con la parte centrale della penisola. Alla metà del secolo XIV quei territori costituivano una autentica terra di nessuno o di tutti, un autentico mosaico di Stati cittadini, di signorie, di comunità montanare o monastiche. Una di queste, la repubblica di San Marino, è sopravvissuta fino ai nostri giorni. Se però a questo coacervo di giurisdizioni e di Stati in miniatura si fosse riusciti a dare una capitale prestigiosa, allora si poteva sperare di farne qualcosa di più compatto e organico. E perché questa capitale non avrebbe potuto essere quella Roma al cui appello, lanciato da un oscuro popolano megalomane, tanti signori avevano risposto e il cui mito, come era stato dimostrato da Cola, conservava tanta forza? E non sarebbe stato questo appello tanto più ascoltato quando partisse da un pontefice che, come era sollecitato a fare da tante parti, ritornasse in Italia e fissasse per sempre la sua dimora nella capitale del mondo romano e cristiano, e la riportasse al suo rango di un tempo? Erano questi i progetti coltivati alla curia avignonese, quando, dopo che precedenti tentativi erano falliti, venne inviato in Italia Egidio Albornoz, un tetragono cardinale spagnolo, con l'obiettivo di restaurare l'autorità temporale dei pontefici. Al suo fianco vi era anche Cola, reduce da un soggiorno a Praga alla corte di Carlo IV che lo aveva rispedito in Avignone; e a lui fu conferito il titolo di Senatore di Roma. Ma questa volta la sua avventura fu ancora più breve: entrato a Roma il 1° agosto 1354, l'8 ottobre egli veniva trucidato nel corso di un tumulto popolare. Ma la missione dell'Albornoz ebbe diverso esito: fruttando abilmente i dissidi che dividevano le signorie e le città dell'Italia centrale e facendo leva sulla stanchezza delle popolazioni provate dalla recente peste e dalle continue guerre e guerriglie, egli riuscì a creare l'intelaiatura di uno Stato centralizzato. Le cosiddette Costituzioni egidiane, che egli proclamò nel corso di un Parlamento tenutosi in Fano nel 1357, stabilivano la divisione dello Stato in sette province, ognuna delle quali era governata da un rettore. Lo Stato pontificio assumeva così quelle strutture che avrebbe conservato per secoli, e sulle città dell'Italia centrale — a Narni, a Spoleto — si profilava la sagoma massiccia delle rocche che l'Albornoz vi aveva fatto costruire per sventare eventuali tentativi di ribellione. Il battagliero legato pontificio morì nel 1367: dieci anni dopo il papa Gregorio XI poteva far ritorno a Roma e prendere possesso di uno Stato che comprendeva, ad esclusione dei domini di Firenze e di Siena e di qualche altra *enclave*, l'intera Italia centrale.

Il repentino sopraggiungere del Grande Scisma e le complicazioni che esso suscitò nei rapporti fra gli Stati italiani non permisero però a Gregorio XI e ai suoi successori di godersi in pace l'accresciuto patrimonio di San Pietro. Per vari decenni lo Stato pontificio, ora attaccato dal nord dai Visconti, ora dal sud dagli Angioini di Napoli, ritornò ad essere in preda all'anarchia che vi aveva regnato prima della venuta dell'Albornoz e ad essere il campo di azione preferito dei capitani di ventura. La maggior parte di essi era del resto originaria proprio di queste regioni: Braccio da Montone e Nicola Piccinino erano di Perugia, il Gattamelata di Narni, lo Sforza e Alberico da Barbiano romagnoli. Non vi è quindi da meravigliarsi se a queste terre essi guardassero come a quelle sulle quali più legittimamente si esercitava il loro diritto di conquista e se a qualcuno di essi riuscì persino per qualche tempo di dar corpo a queste aspirazioni. È il caso di Braccio da Montone che, tra il 1410 e il 1424, tenne la signoria di Perugia, Assisi e Jesi.

Fu solo a partire dai primi decenni del secolo XV che, con la morte di Braccio da Montone e il riacquisto di Bologna e, soprattutto, con la composizione del Grande Scisma, lo

Stato pontificio venne gradualmente ritrovando la sua unità e la sua pace interna e la macchina amministrativa e fiscale messa a punto dall'Albornoz poté cominciare a funzionare regolarmente. Il suo meccanismo era dei più semplici e si riduceva in sostanza a garantire ai *beati possidentes* e al patriziato delle varie città e province il godimento pacifico delle loro rendite e dei loro privilegi, e a drenare verso la curia romana il massimo possibile di entrate fiscali. A una provincia sempre più sonnacchiosa si sovrapponeva così una capitale sempre più vorace, a mano a mano che il mecenatismo dei papi della Rinascenza si sforzerà di resuscitare in essa gli splendori e le glorie della Roma reppublicana che avevano popolato le allucinazioni di Cola di Rienzo. E così, mentre Roma si accingeva a iniziare la sua grande avventura urbanistica e monumentale, le città dello Stato pontificio — Perugia, Assisi, Todi, Ascoli Piceno, Spoleto — si avviavano a divenire delle città morte o, se si vuole, delle *villes d'art* e a conservare, come sotto una campana di vetro, la testimonianza della loro vitalità comunale e della loro presente stagnazione.

Gli intellettuali e la crisi: Petrarca e Boccaccio.

Il quadro complessivo che abbiamo appena terminato di tracciare della vita e delle vicende degli Stati italiani tra i primi decenni del secolo XIV e la metà del secolo XV, corrisponde — ci sembra — alla caratterizzazione che di esso avevamo anticipato come un'età di crisi. Abbiamo visto infatti come in questo periodo la spinta e le occasioni che avevano contribuito nel corso dei secoli precedenti a fare delle città e degli Stati italiani l'area più prospera e più evoluta dell'intero Occidente cristiano comincino a essere frenate e controbilanciate, e come questo fenomeno dia luogo all'interno dei singoli Stati a una situazione in cui, in diversa misura e con diversa intensità, gli elementi di perdurante vitalità si intrecciano con la tendenza a un ripiegamento.

Questa ambiguità e instabilità del periodo storico di cui
ci occupiamo non sfuggirono del resto alle generazioni che
in esso si susseguirono, prima fra tutte quella che era stata
testimone e vittima della grande peste nera. Furono gli intellettuali, quel ceto sociale che, per le ragioni che ormai
conosciamo, era il solo a disporre di antenne abbastanza lunghe e sensibili per captare il vario fermentare della realtà
politica e sociale, coloro che più e meglio di ogni altro fiutarono il cambiare del vento e variamente espressero l'irrequie
tezza generalmente diffusa.

Il pensiero corre naturalmente a Francesco Petrarca. Nato
ad Arezzo nel 1304 e morto ad Arquà nel 1374, egli si trovò
ad essere testimone e spettatore appassionato della discesa
del Bavaro, della singolare avvenuta di Cola di Rienzo (del
quale fu sincero ammiratore e corrispondente), della terribile
epidemia del 1348 e di guerre senza numero. Viaggiatore
irrequieto e amministratore senza pari della fama di cui godette presso i contemporanei, egli fu di volta in volta l'ospite
delle maggiori corti italiane ed europee, da quella avignonese
dei papi a quella angioina di re Roberto (dalle mani del
quale egli ricevette l'alloro poetico), a quella milanese del-
l'arcivescovo Giovanni, a quella infine della Serenissima repubblica di Venezia. Appassionato di escursioni alpinistiche
e innamorato dei paesaggi impervi, egli non lo fu meno delle
delicatezze e delle oziose « piume » delle dimore signorili
e delle ville di campagna. Nessuno più di lui e con maggior
lustro di lui ci appare, per questa sua vita di ambizioni e di
delusioni, di viaggi e di soste, di inquietudini e di meditazione, la personificazione stessa del male del secolo in cui egli
si trovò a vivere. E che altro è il suo *Canzoniere*, l'opera che
forse più di ogni altra concorrerà a formare il gusto di generazioni di letterati sino al Rinascimento e oltre, se non la
fedele trascrizione e il diario di questa esistenza lunga e can-
giante, con la baldanza e con lo sconforto dei suoi amori,
con la sua sensualità e con le sue crisi religiose, percorsa
lungo tutto il suo arco dal tarlo del dubbio? Il compatto e
organizzato universo delle certezze dantesche non è infatti

nel Petrarca che un ricordo. La filosofia scolastica, con il suo enciclopedismo e il suo aristotelismo, sulla quale Dante aveva fondato l'edificio della sua *Commedia*, appare anch'essa come qualcosa di vecchio e di desueto. Ad Aristotele, il filosofo della logica e della fisica, Petrarca preferisce Platone, il filosofo delle idee e dei miti; alla *Summa* di san Tommaso le *Confessioni* di Agostino. Quest'ultimo anzi è l'interlocutore che egli si scelse nel *Secretum*, un'altra sua opera di inflessione tutta introspettiva e tutta autobiografica. A differenza di Dante, il poeta del *Canzoniere* avverte, sia pure confusamente, che il male del secolo non consiste in una deviazione, in un tralignamento rispetto ai valori e alle « guide » che dovrebbero regolarne il corso, ma, appunto, nell'inadeguatezza e nel deperimento di questi stessi valori e di queste stesse guide. Ma quali certezze e quali ideali sostituire a quelli che sono armai tramontati? Il Petrarca non lo sa, e sa di non saperlo. Di qui la sua naturale tendenza non a evadere, ma a cercare rifugio e conforto entro se stesso, nello studio e nella poesia, nel desiderio della gloria e della morte.

> Qual grazia, qual amore o qual destino
> mi darà penne in guisa di colomba
> ch'i' mi riposi e levimi da terra?

Accanto a Francesco Petrarca, l'altro grande trecentista è, come è noto, Giovanni Boccaccio, suo coetaneo e ammiratore al punto da adoperarsi perché egli fosse chiamato come maestro di greco nello studio fiorentino. Parrebbe che, oltre a queste coincidenze, non vi fossero tra i due grandi trecentisti italiani altri elementi comuni. Per lunga tradizione si è soliti infatti scorgere nel Boccaccio soprattutto il pittore della nuova borghesia cittadina, della sua spregiudicatezza spinta sino alla miscredenza, delle sue beffe, della sua vitalità. In realtà Boccaccio fu un borghese, cioè un laico, anche in un senso meno immediato e più alto, nel senso cioè che egli rifiuta ogni travestimento e ogni mimetizzazione della realtà, ma la contempla e la analizza per quello che essa realmente

è. Attraverso le dieci giornate che compongono il suo *Decameron*, sfila davanti ai nostri occhi un'umanità varia e dif-
forme: nobili patetici e *blasés* come Federico degli Alberighi,
mercanti truffaldini sino alla morte come ser Ciappelletto o
mercanti fatalmente e giustamente gabbati come Andreuccio
da Perugia, popolani accorti come Masetto di Lamporecchio,
o popolani sciocchi come Calandrino, beffeggiatori e beffati,
profittatori e vittime della « fortuna ». Di fronte a questo
« teatro del mondo » l'autore riesce quasi sempre a mantenere
la propria imperturbabilità di spettatore e di testimone, partecipe a un tempo e distaccato, e a imporre al suo racconto
l'andamento e il respiro di un'epopea laica e borghese, sottolineata dal periodare elaboratissimo e ciceroniano. Ma lo
può fare e riesce a farlo proprio perché egli non si fa più
alcuna illusione sulla reale possibilità degli individui di essere i fabbri della propria sorte e dei propri destini. Questi
sono affidati ai capricci e ai casi della « fortuna », nuova e
conturbante divinità di un universo laico e disincantato e
signora di un secolo di pestilenze e di guerre. A volte l'intelligenza o la virtù dell'individuo riesce a prevalere, e allora
il Boccaccio registra compiaciuto questa vittoria; ma altre
volte esso è sopraffatto e travolto, e allora dietro l'impassibilità del narratore ci è dato di cogliere un senso di sbigottimento di fronte a questo universo orfano e vedovo di ogni
provvidenza. Questa lucida impassibilità di storico delle vicende e dei casi umani è un esercizio difficile e spossante, un
atteggiamento mentale nuovo che richiede tensione e coraggio. Vi è da meravigliarsi se, nella sua precoce vecchiaia, il
Boccaccio cercherà anche egli conforto e rifugio nello studio
e nella pietà religiosa?

Ma Petrarca e Boccaccio si trovarono a vivere negli anni
più oscuri e più drammatici di tutto il periodo storico di cui
ci stiamo occupando. Al momento della grande peste essi
avevano rispettivamente 44 e 35 anni e mai più essi avrebbero potuto dimenticare la perdita della donna amata o le
cataste dei morti ammassate nelle vie di Firenze in quei giorni
terribili. Il tema della morte, che costituisce uno dei motivi

dominanti della pittura e dell'iconografia del secolo (si pensi agli affreschi del Camposanto di Pisa), non cesserà mai di esser loro presente e con esso quello della caducità e della vanità delle cose umane. Ma, superato l'avvallamento dei decenni che seguirono l'epidemia e passato il capo del 1378, l'anno del tumulto dei Ciompi e della guerra di tutti contro tutti, si entra in una nuova e intensissima fase della storia degli intellettuali e della cultura italiana: inizia la grande stagione dell'Umanesimo.

IV

1450-1550: GRANDEZZA E DECADENZA

L'Umanesimo.

Il posto che gli intellettuali e i dotti come ceto sociale e come casta occupano nella società italiana della fine del XIV e della prima metà del XV secolo è ancora maggiore di quello, già rilevante, che essi occupavano nell'età comunale e ai tempi di Dante. La formazione di organismi territoriali considerevolmente estesi, dotati di un apparato amministrativo complesso, la necessità, data la complicazione dei rapporti tra gli Stati, di intrattenere una diplomazia numerosa e un nutrito corpo di rappresentanti, la nascita infine presso i vari signori di vere e proprie corti, concepite come strumenti di prestigio e centri di propaganda politica, sono altrettanti elementi che contribuiscono ad aumentare la richiesta del personale intellettuale qualificato e a farne salire la già alta quotazione.

A questa accresciuta domanda le università stentavano ormai a corrispondere. E non solo perché esse non fossero sufficienti, ché anzi nel corso del periodo del quale ci occupiamo ne sorsero delle nuove, a Ferrara, a Firenze e altrove; ma soprattutto perché, ancorate com'erano nei programmi e nelle impostazioni didattiche all'enciclopedismo scolastico e aristotelico sotto il segno del quale esse erano sorte e cresciute, cominciavano a non essere più in grado di fornire un tipo di preparazione moderna e adeguata alle mutate necessità dei tempi. Sorsero così nuove scuole a carattere privato, presso le corti o nelle dimore stesse dei dotti, accademie in cui sul modello socratico, il rapporto tra maestro e allievo era ancora più diretto e comunicativo e gli insegnamenti profondamente rinnovati. La più celebre, ma non la sola, fu quella Casa Giocosa di Mantova che, diretta dall'umanista Vittorino da Feltre con criteri pedagogici nuovi, ospitò un'intera generazione di studiosi e di futuri maestri.

I più celebri e i più accreditati tra i nuovi intellettuali e umanisti erano letteralmente corteggiati dalle varie città e dai vari signori e la loro carriera si configurava come un continuo peregrinare attraverso i maggiori centri della penisola. Era stato questo del resto già il caso del Petrarca che, per molti aspetti, può essere considerato il padre degli *studia humanitatis*. Lorenzo Valla, ad esempio, nella sua non lunga esistenza (visse infatti cinquantadue anni) trovò il tempo per fare il periplo di quasi tutti i maggiori centri e corti italiani. Nato a Roma e trasferito giovinetto a Firenze, dove compì i suoi studi, si recò quindi a Pavia a insegnare all'università. Costretto ad abbandonare quella città per essersi inimicato i suoi colleghi della facoltà di diritto, si rifugiò a Milano presso i Visconti e quindi passò a Napoli al servizio di Alfonso d'Aragona, per poi finire i suoi giorni nella natia Roma. Movimentato è anche il *curriculum vitae* di Leon Battista Alberti, forse la personalità più compiuta dell'Umanesimo italiano. Membro di una famiglia che i Medici avevano bandito da Firenze, egli si addottorò a Bologna e nel 1429 poté tornare in patria. Ma non vi dimorò a lungo stabilmente, e tra il 1431 e il 1441 egli seguì la curia pontificia nei suoi spostamenti attraverso le varie città che furono sede del laborioso concilio apertosi a Basilea e fu successivamente a Roma, nuovamente a Bologna e a Firenze, a Ferrara, dove strinse amicizia col duca Leonello d'Este. Ad altri viaggi e ad altri soggiorni lo costrinse, prima che nel 1472 concludesse la sua operosa giornata, la fama che si era guadagnata come architetto. Tra le sue opere maggiori il Palazzo Rucellai si trova a Firenze, il Tempietto malatestiano a Rimini, la chiesa di Sant'Andrea a Mantova. E che dire infine dell'avventurosa e scapestrata vita di Francesco Filelfo o di Antonio Beccadelli detto il Panormita, i più cortigiani e i più costosi tra gli umanisti italiani?

Da questi viaggi, da queste varie esperienze, dalle amicizie e dalle corrispondenze cui essi davano luogo e che continuavano ad esser coltivate attraverso gli epistolari, i vincoli di solidarietà e di colleganza che già esistevano nell'ambito dell'*intellighenzia* italiana si vennero rinsaldando, infittendo e rinserrando sino a divenire piena consapevolezza della funzione particolare riservata ai dotti e ai letterati nella *koiné* italiana. E da questa consapevolezza prese l'avvio la grande avventura intellettuale dell'Umanesimo. Bisognerà aspettare l'Illuminismo per ritrovare una stagione così intensa, una coralità così ricca, un entusiasmo così generale, un amore così tenace alla ricerca del vero.

Generalmente — è questa almeno la nozione più scolastica e più corrente — quando si pensa agli umanisti, l'immagine che si presenta alla nostra mente è quella di un esercito di dotti instancabili ricercatori e collezionatori di codici, il cui merito storico essenziale fu quello di arricchire e restaurare le nostre conoscenze del patrimonio culturale della classicità. Se fossero stati solo questo (ma non furono solo questo), il debito della cultura e della civiltà moderna verso gli umanisti sarebbe egualmente inestimabile. Senza le loro scoperte, i loro ritrovamenti, la loro opera di restauro, gli sviluppi successivi della cultura europea non sarebbero neppure pensabili. Si pensi soltanto a quello che significò nella storia della cultura moderna l'avvio dato dagli umanisti allo studio della filosofia greca: attraverso i dotti greci che dalla fine del secolo XIV alla caduta di Costantinopoli, vennero sollecitati a venire in Italia per insegnare nelle scuole e nelle accademie della penisola, tutto il grande patrimonio che l'erudizione e la filosofia bizantina, da Psello in poi, avevano elaborato veniva acquisito alla cultura dell'Europa occidentale. Si pensi ancora a quello che significò poter leggere i grandi classici greci negli originali e in edizioni attendibili. O ancora all'importanza della riscoperta di Platone nella sua integrità, forse il maggiore tra gli eventi culturali dell'età umanistica, o a quella del *De rerum natura* di Lucrezio che Poggio Bracciolini scoprì trepidante, assieme ad altri grandi testi della classicità, nelle cantine di un monastero svizzero. Ognuno di questi testi ritrovati o restaurati veniva diligentemente copiato e i vari esemplari così ricavati divenivano spesso oggetto di un vero e proprio commercio: tra le varie figure di operatori culturali dell'età dell'Umanesimo quella del mercante di codici, del « libraio », non è tra le meno significative. Uno di essi, il fiorentino Vespasiano da Bisticci, ci ha lasciato nelle sue *Vite* la testimonianza del rispetto e dell'ammirazione che egli nutriva per i suoi dotti clienti e della responsabilità con cui egli esercitava il suo mestiere. Nascevano così le prime biblioteche: a Firenze, per opera dell'umanista Niccolò Niccoli, quella del convento di San Marco nella quale confluì la biblioteca personale del Boccaccio; a Venezia, la Marciana che ebbe origine da un lascito del cardinale Bessarione, uno dei maggiori umanisti dell'epoca, e nella quale si conservano i libri che Francesco Petrarca lasciò alla repubblica; a Roma, infine, la Vaticana la cui prima formazione risale al pontificato di Niccolò V (1447-55). Ma neppure tali modificazioni avvenute nella produzione e nella distribuzione del libro erano sufficienti ad appagare le esigenze di un pubblico sempre più vasto: l'invenzione della stampa, se di invenzione si trattò, giunse a buon punto.

Se — ripetiamo — l'Umanesimo fosse stato soltanto questa immensa opera di recupero del patrimonio della classicità, il suo contributo alla cultura e alla civiltà moderna sarebbe già considerevolissimo. Ma esso non fu soltanto questo.

Attraverso il lavoro di restauro, di edizione di testi, di commento si vennero infatti gradualmente formando — e fu questa l'acquisizione più importante e più duratura — alcuni dei criteri di metodo che ancora oggi presiedono alla ricerca scientifica. Primo fra tutti quello del carattere disinteressato della ricerca stessa: nessun idolo politico, religioso o passionale, nessuna considerazione esterna deve guidare il dotto nel suo lavoro. Guai a chi manomette un testo o altera la sua autenticità! La filologia è la base e la chiave di ogni sapere, l'edizione critica il presupposto per la lettura di qualsiasi testo. L'esempio classico di questo nuovo metodo e stile di lavoro degli umanisti è senza dubbio quello costituito dall'esemplare dimostrazione che Lorenzo Valla dette della falsità della celeberrima donazione di Costantino, il documento medievale che la Chiesa invocava per giustificare la legittimità delle sue aspirazioni temporali, dimostrazione che è tutta fondata su elementi di carattere testuale e filologico. Ma intendere e comprendere un testo significava anche collocarlo nella sua età, assegnargli un posto ben individuato nel *corpus* letterario di cui esso era parte. La dimensione della filologia generava quella della storicità. Non si trattava di contrapporre Platone a Aristotele, ma di comprendere l'uno e l'altro, l'uno con l'altro. *Aletheia*, la verità — affermava Leon Battista Alberti nel suo *Philodoxeos* — è figlia di Cronos, il tempo, e il suo compatriota Matteo Palmieri gli faceva eco sentenziando « veritati profecto cognitionem dant tempora ». Da questa coniugazione del metodo della filologia con la categoria della storicità nasceva un abito mentale di saggezza e di tolleranza, che troverà la sua personificazione e la sua esaltazione nella grande figura di Erasmo da Rotterdam, maestro di filologia e di tolleranza. Ma era alla lezione dell'Umanesimo che egli si era formato.

Gli umanisti ebbero piena consapevolezza della novità e dell'importanza di questa loro scoperta. Essi si resero conto che il loro merito storico non consisteva soltanto nell'aver riscoperto e restaurato i testi degli antichi autori, ma nell'averne compreso la lezione più profonda, nell'aver cioè ritrovato il metodo con cui i classici lavoravano, la loro assenza di idoli e di pregiudizi, la loro mente sgombra e serena. Nutriti di questa consapevolezza, essi guardavano con commiserazione alla *media aetas* (il termine è forgiato dagli umanisti stessi), al Medioevo con i suoi pregiudizi e con la sua incapacità di appurare filologicamente e di ragionare storicamente, e per contro esaltavano i propri tempi e la rivolu-

zione intellettuale della quale era loro toccato di essere protagonisti. La passione degli antichi generava così l'orgoglio
di essere moderni. Imitare gli antichi non significava ripetere ciò che essi avevano detto, ma porsi di fronte al proprio
mondo, al proprio tempo con la stessa curiosità, la stessa
passione, la stessa lucidità di giudizio con cui i classici si
erano posti di fronte al loro mondo, al loro tempo; significava ricercare e scoprire nuove verità e nuovi cammini;
significava costruire. La scienza pura generava così la scienza
applicata.

Scrive Leon Battista Alberti nel suo trattato *Della pittura*
che sino al suo rientro a Firenze dal suo esilio egli era stato
convinto che mai la natura umana ormai « stracca » sarebbe
stata in grado di ritrovare la prolificità e la potenza creativa
di « que' virtuosissimi passati antiqui ». Ma, dopo che egli
era ritornato nella sua patria e vi aveva ammirato le opere
di Brunelleschi (« Pipo architecto »), di Donatello, di Masaccio e degli altri grandi artisti fiorentini dell'epoca, egli
si era reso conto che i moderni avevano superato gli antichi
« se noi senza preceptori, senza exemplo alcuno troviamo
arti e scienze non udite e non vedute ». Non si potrebbe
trovare testimonianza più eloquente dell'itinerario intellettuale dell'Umanesimo.

« Arti e scienze non udite e non vedute »: ed ecco gli
architetti e gli ingegneri del Quattrocento ricavare dallo studio di Vitruvio i modelli di una nuova e originalissima architettura civile e militare; eccoli poi passare dalla progettazione di un singolo edificio a quella di un'intera città,
razionalmente disposta e organizzata. Ecco geografi e carto-
grafi (il maggiore fu Paolo Del Pozzo Toscanelli, un amico
del Brunelleschi) delineare nuove *imagines mundi*, delle quali
si serviranno i navigatori e gli esploratori del nuovo mondo.
Ecco Leonardo da Vinci (1452-1519) tradurre in scienza applicata le sue intuizioni nel campo dell'ottica, della meccanica, della fisica in generale. Certo incorreremmo in un grave
errore di prospettiva storica se, sulla scia di queste considerazioni e di questi cenni, volessimo scorgere nell'Umanesimo

le origini del pensiero scientifico moderno. Questo si formò
più tardi e per altri e più complessi tramiti e ciò che vi è
forse di più rimarchevole nella personalità di Leonardo, pro-
gettatore di macchine avveniristiche e pittore di volti scon-
certanti, è appunto la sua eccezionalità, per non dire il suo
isolamento. Dopo di lui, nella cultura del Rinascimento italiano, non si avranno acquisizioni di grande rilievo e portata
nel settore della scienza e del pensiero scientifico. Tuttavia
la maggiore scoperta dell'Umanesimo, quella del carattere
disinteressato e puro della ricerca, si applica a ogni forma
del sapere umano.

Gli umanisti nella società italiana.

Abbiamo cercato nel paragrafo precedente di mettere in
rilievo quanto grande e quanto decisivo sia stato l'apporto
della cultura umanistica al pensiero e alla civiltà moderni.
Dobbiamo ora porci il problema più limitato e più storicamente circoscritto, ma non meno importante in un'opera che
tratta della storia italiana, del rapporto che gli umanisti ebbero con la società e con l'ambiente sociale delle città e degli
Stati italiani dei quali essi erano i figli e nei quali essi operavano. Quale fu, se possiamo esprimerci in termini sempli-
ficativi, il loro pensiero politico e quale, soprattutto, il loro
comportamento collettivo di intellettuali nella società? Non
si tratta di un problema astratto, ma di un problema che gli
umanisti stessi si posero e cercarono di risolvere. Il dibattito
circa la superiorità della vita attiva o di quella contempla-
tiva fu da Coluccio Salutati in poi uno dei grandi temi che
percorsero tutta la letteratura umanistica. La maggior parte
di coloro che vi parteciparono, e specialmente gli umanisti
fiorentini, sostennero in generale la preminenza della prima
sulla seconda. Il dotto, lo studioso non doveva rinchiudersi
nell'isolamento del proprio studio, ma doveva dedicare le
proprie cure alla famiglia, agli amici, alla città: vivere insomma una vita « civile » in mezzo al consorzio umano.

Della vita civile s'intitola appunto una celebre opera del-
l'umanista fiorentino Matteo Palmieri. Del resto, per uomini,
come era il caso di molti umanisti, che erano impegnati nella
vita politica e che detenevano cariche pubbliche, il problema
non si poneva neppure. Coluccio Salutati, oltre ad adoperarsi
per chiamare a Firenze i primi maestri greci di Bisanzio,
impiegò anche tutte le risorse del suo ingegno e della sua
abilità letteraria per difendere la repubblica, della quale egli
era cancelliere, contro gli argomenti degli umanisti al servizio dei Visconti e per esaltarne la libertà. A lui successe
nella stessa carica Leonardo Bruni, altra grande figura di
umanista, che nelle sue *Storie fiorentine* e nella sua *Laudatio
florentinae urbis* ci ha lasciato la testimonianza dell'amore
profondo ch'egli nutriva per la sua città. Altri umanisti spinsero il loro impegno « civile » sino a farsi congiurati: è il
caso di Stefano Porcari che nel 1453 morì sul patibolo per
aver partecipato a una congiura contro il pontefice Niccolò
V, che pure era anch'egli un cultore e un protettore degli
studia humanitatis, oppure del milanese Cola Montano che
fu l'ispiratore della congiura della quale cadde vittima nel
1476 il duca Galeazzo Maria Sforza e che pagò anche egli
con la morte il proprio ardimento. Sospettati, e con fondamento, di aver cospirato contro il pontefice furono anche
Pomponio Leto, la figura più rappresentativa del circolo umanistico che costituì l'accademia romana, e Bartolomeo Pla-
tina, che Sisto IV fece poi prefetto della biblioteca vaticana.
Non tutti naturalmente gli umanisti condivisero le . convinzioni repubblicane dei cancellieri fiorentini o gli ardori tirannicidi dei congiurati delle varie congiure. Alcuni, come il
vicentino Antonio Lusco, furono al servizio di signori e
difesero contro gli apologeti della libertà fiorentina le ragioni
del principato. Ma tutti o quasi vissero mischiati alle lotte
e ai contrasti del loro tempo, accumularono esperienze di
vita « civile », furono indotti a riflettere sulle vicende del
loro tempo.

È perciò — ci sembra — perfettamente lecito chiedersi
se l'impegno civile dei singoli umanisti si concretò e si tra-

dusse, come avverrà con l'Illuminismo, in una coscienza e in un'azione politica collettiva e rinnovatrice, sia pure, naturalmente, articolata e complessa. Ma per poter rispondere a questa domanda è necessario chiederci preliminarmente se e come era possibile un'azione politica e riformatrice degli intellettuali nella società dei secoli XIV e XV. La risposta ci è offerta dalla storia: Wycliff e Huss, i due maggiori riformatori dell'età dei grandi concili e della lotta per la riforma della Chiesa, erano entrambi degli intellettuali, dei professori universitari, ma ciò non impedì loro o ai loro seguaci di divenire agitatori politici e suscitatori di grandi movimenti collettivi. Armati di una profonda e integrale fede religiosa essi erano fermamente convinti che, se era vero che la società doveva essere ordinata secondo la legge di Dio, da essa andavano estirpati tutti gli abusi, le prepotenze dei grandi, la corruzione dei vescovi e dei prelati, le sofferenze degli umili. Forti di questa convinzione essi non esitarono a trarne le conseguenze che per la « riforma » che essi auspicavano era necessario lottare, chiamando alla buona lotta tutti i fedeli, perché questo era il comandamento di Dio. Noi sappiamo oggi che in un mondo in cui la religione era considerata la base e l'essenza stessa della vita sociale e in cui le strutture mentali delle grandi masse umane erano in larga parte strutture religiose, questa era l'unica via per poter sperare di riuscire veramente a modificare gli istituti e i costumi di una società. La riforma di quest'ultima era pensabile soltanto come riforma della religione e della Chiesa e la sollevazione degli umili come risveglio e rivoluzione dei credenti. Sarà questa del resto la via sulla quale cammineranno Lutero e, in pieno secolo XVII, i rivoluzionari puritani inglesi.

Ma difficilmente gli umanisti avrebbero potuto agire e comportarsi in questo modo. E non solo perché la società italiana era diversa e diversamente conformata da quella boema o inglese, ma anche perché il loro universo e la formazione intellettuale, la loro stessa posizione nella società erano profondamente diverse da quella di un Wycliff e di un Huss. Essi — come già sappiamo — avevano elaborato

un tipo di cultura estremamente moderna, libera da pregiudizi
e da idoli, e avevano maturato una esperienza intellettuale
estremamente ricca e raffinata. Ma proprio questa loro superiorità intellettuale e la piena consapevolezza che, come si è
visto, essi avevano maturato della medesima, li condizionava
e li induceva a concepire la politica come un monopolio dei
letterati e dei dotti e il rapporto fra governanti e governati
come un rapporto pedagogico, da maestro a allievo. L'ottimo
loro Stato era quello che si avvicinava all'ideale della repubblica di Platone, quello in cui il principe o i magistrati fossero dei filosofi o si avvalessero del consiglio dei filosofi.
Certo poteva darsi il caso di un cattivo principe, di un tiranno e allora Bruto aveva il diritto di ucciderlo, ma solo
Bruto o chi avesse la sua nobiltà d'animo e la sua educazione
di patrizio romano.

Nulla era loro più estraneo di una concezione del mondo
ispirata ad un integralismo religioso; il loro fastidio verso la
superstizione dei bigotti e verso la corruzione della Chiesa
era pari a quello che essi nutrivano verso le intemperanze e
i fanatismi degli eretici; e se Poggio Bracciolini, assistendo
al supplizio di Girolamo da Praga a Costanza, avrà parole
di profonda ammirazione per questo « secondo Catone » e di
implicita condanna per i suoi persecutori, Enea Silvio Piccolomini parlando di Huss e dei suoi seguaci, definirà « follie »
le loro affermazioni e le loro azioni. Ritroviamo in questo
atteggiamento mentale *in nuce* quella che sarà la reazione di
alcuni umanisti di fronte al Savonarola e al suo tentativo di
riforma della vita religiosa e civile fiorentina e di Erasmo
nei confronti del movimento luterano. Analogamente nulla
era più estraneo alla maggioranza degli umanisti dell'idea che
un miglioramento e la « riforma » della convivenza e della
società dovessero passare attraverso una vicenda di rivolgimento totale in cui tutti gli strati sociali, dai vertici alla base,
fossero coinvolti e della quale fossero protagonisti sia i dotti
che gli indotti. Quel popolo in cui i riformatori religiosi
vedevano il portavoce della volontà di Dio (« popolo di Dio »
si erano definiti anche i Ciompi) rimaneva ai loro occhi il

volgo degli scrittori classici, irretito nei suoi pregiudizi e schiavo delle sue passioni. Era questo un abito mentale che certo non favoriva il sorgere di un movimento collettivo e corale di « riforma ». L'impegno civile degli umanisti rimaneva confinato nei termini di una nobile scelta individuale e la società italiana si trovava così privata delle sue naturali « guide ». Tutte le grandi rivoluzioni, anche quelle intellettuali, hanno un loro prezzo.

L'Italia nella seconda metà del secolo XV.

Nel brevissimo giro di pochi anni, tra il 1449 e il 1453, la cristianità occidentale si trovò ad essere spettatrice di tre grandi eventi: la composizione definitiva dello scisma che da quasi un secolo travagliava la Chiesa cattolica, la fine della estenuante guerra dei Cento anni e, infine, la caduta dell'impero d'Oriente con la conquista turca di Costantinopoli. La prossimità, la contemporaneità quasi di questi eventi maggiori sembra fatta apposta per creare in noi l'impressione di una raggiunta pienezza dei tempi, del concludersi di un ciclo storico e dell'apertura di un altro. Di fatto l'Europa che, dopo il lungo travaglio apertosi con la depressione del secolo XIV, viene emergendo alla metà del secolo XV è, in misura considerevole, un'Europa nuova. In essa la superstite reverenza verso l'istituto sovranazionale del Papato, uscito esautorato dalle vicende dello scisma e dalla *querelle* conciliare, conta sempre di meno e la massiccia realtà dei nuovi Stati nazionali, dell'Inghilterra di Enrico VII e della Francia di Luigi XI, usciti rigenerati dal lungo collaudo della guerra dei Cento anni, conta sempre di più. È un'Europa che, esposta sul suo fianco orientale alla minaccia turca, comincia già a gravitare sull'Atlantico, e nella quale la fortuna di Lisbona, di Anversa, di Londra e di Siviglia si accinge a succedere a quella di Venezia, di Genova e delle altre città italiane. Un'Europa, insomma, in cui vi è sempre meno posto e minor giustificazione per quella posizione pri-

vilegiata, che, sul piano economico come nella sfera delle
relazioni internazionali, l'Italia vi aveva fino allora detenuto
e sulla quale aveva edificato le proprie fortune.

Ma occorre stare in guardia nei confronti della tendenza
a voler forzare troppo il passo della storia. La nuova costellazione europea e mediterranea che si delinea verso la metà
del secolo XV, se era gravida di incognite e di pericoli per
l'avvenire della società italiana, non era meno prodiga di
occasioni e di opportunità per il suo presente. Certo la
minaccia turca non poteva essere sottovalutata e lo *choc* provocato dalla caduta di Costantinopoli risultò tanto più forte
quanto più chiara, con il passare degli anni, apparve l'impotenza dell'Europa cristiana a reagire, malgrado le accorate
esortazioni papali e i reiterati appelli per resuscitare lo spirito della crociata. Ma sul piano più contingente dei rapporti
politici e commerciali le conseguenze dell'ingresso in forze
della potenza ottomana nel Mediterraneo non furono così
repentine e così drammatiche come si è indotti a pensare,
o almeno non lo furono per tutti. Se Genova, che si era
trovata ad un tratto tagliata fuori dalle sue fiorenti colonie
sul Mar Nero, aveva subito un colpo assai grave che la indusse, come vedremo, ad accelerare il processo di riconversione della sua economia da mercantile a finanziaria, già iniziato con la costituzione del Banco di San Giorgio, Venezia
riuscì a trovare un *modus vivendi* anche con i nuovi signori
del Levante. La perdita di Negroponte e di altri avamposti
nell'Egeo e nella penisola balcanica venne compensata in
parte dalla conquista di Cipro realizzata a spese dei catalani
e dei genovesi, e soprattutto dal mantenimento di notevoli
franchigie e privilegi ai mercanti veneziani operanti a Costantinopoli. Dopo la stipulazione di tali accordi (1479-80), ogni
ostilità tra Venezia e la Porta cessò momentaneamente, ché
anzi la squadra veneziana osservò una perfetta neutralità e
assistette impassibile al tentativo turco di effettuare uno
sbarco a Otranto nel 1480.

Se a Oriente dunque nulla di irreparabile era ancora avvenuto, in Occidente la congiuntura internazionale succeduta

alla fine della guerra dei Cento anni e alla composizione dello scisma si presentava ricca di opportunità e di stimoli. L'eliminazione dei maggiori antagonismi che da più di un secolo caratterizzavano e complicavano la scena politica europea aveva significato innanzitutto una maggior distensione nei rapporti internazionali, che non mancò di riflettersi anche all'interno del sistema degli Stati della penisola. Il quarantennio che va dalla pace di Lodi (1454) alla discesa di Carlo VIII in Italia (1494) fu per gli Stati italiani un periodo di pace all'insegna dell'equilibrio e le poche guerre che vi si produssero ebbero nel complesso il carattere di guerre locali. Tale quella che tra il 1482 e il 1484 oppose Venezia al duca di Ferrara e che si concluse con la conquista veneziana di Rovigo e delle saline del Polesine. In tale condizione il meccanismo generatore della ricchezza italiana riprendeva a funzionare a pieno regime e le oligarchie mercantili e finanziarie delle varie città non mancarono, nel complesso, di approfittare delle opportunità che una situazione internazionale meno pesante e meno irta di imprevisti e un'Europa in fase di ricostruzione e di sviluppo economico loro offrivano.

Il mondo germanico che, come è noto, attraversava nella seconda metà del secolo XV una fase di generale espansione, costituiva più che mai un mercato dal quale gli uomini d'affari milanesi e veneziani potevano ricavare e ricavavano cospicui profitti: quando, nel 1508, un incendio distrusse il fondaco dei tedeschi a Venezia, ci si affretterà a ricostruirlo più spazioso e più funzionale di prima. Quanto alla Francia, malgrado le limitazioni e le velleità vincolistiche di Luigi XI, essa offriva con le sue fiere di Lione un vasto campo di azione ai mercanti e ai finanzieri fiorentini e di altre città e i documenti francesi dell'epoca, a cominciare dai verbali degli Stati Generali di Tours del 1484, sono pieni di lamentele per la « sortie de l'argent hors du royaume » in direzione dell'Italia. Fra le voci principali del commercio estero delle città italiane del Quattrocento figuravano la seta, nella produzione della quale un posto importante era tenuto dalla città di Lucca, e l'allume, la cui esportazione dopo la

perdita delle miniere genovesi di Focea, era ora alimentata
dai giacimenti recentemente scoperti a Tolfa presso Civitavecchia, controllati in buona parte dalla potentissima casa
bancaria dei Medici e dai banchieri genovesi. Questi, a di-
spetto della concorrenza dei loro colleghi d'oltralpe, dei Fugger di Augusta, degli Artavelde di Anversa, rimanevano le
maggiori potenze finanziarie dell'Europa, agli occhi della quale
essi apparivano come la personificazione stessa della ricchezza
e dell'ingegnosità italiana.

Anche se la sua ricchezza era per una larga parte divenuta ormai il riflesso della nuova fase di sviluppo in cui era
entrata l'economia dei maggiori Stati europei, l'Italia rimaneva dunque alla fine del secolo XV un paese prospero, altamente « sviluppato ». « E chi non sa — scriverà Francesco
Guicciardini nella sua *Storia d'Italia*, rievocando gli anni
felici della pace e dell'equilibrio — che cosa sia l'Italia?
Provincia di tutte le altre regina per l'opportunità del sito,
per la temperie dell'aria, per la moltitudine e ingegni degli
uomini attissimi a tutte le imprese onorevoli, per la fertilità
di tutte le cose convenienti al genere umano, per la grandezza
e la bellezza di tante nobilissime città, per la sedia della religione e per l'antica gloria dell'impero, per infiniti altri rispetti », la terra insomma più ricca, più colta, più popolata,
più prestigiosa dell'Occidente cristiano.

Di una ricchezza e di una cultura, è necessario aggiungere,
che si vedevano e che si toccavano. Come le precedenti,
anche la nuova fase di euforia e di dinamismo economico
della seconda metà del secolo XV ha il suo termometro e la
sua spia nel fervore e nello slancio della grande edilizia monumentale pubblica e privata, promossa dal mecenatismo delle
corti o delle oligarchie cittadine. È quasi impossibile, se non
vogliamo che la nostra esposizione si trasformi in un reper-
torio di storia dell'arte, enumerare gli edifici e le opere di
cui il già cospicuo patrimonio artistico italiano si arricchì
nel corso della seconda metà del Quattrocento. La costruzione dell'Ospedale Maggiore di Milano, ad opera del Filarete, e quella del Palazzo dei Diamanti di Ferrara, il com-

pimento del Palazzo ducale di Venezia e la decorazione, ad opera del Mantegna, della « Camera degli sposi » del Palazzo Gonzaga di Mantova cadono, per limitarci a citare degli esempi familiari a ogni persona colta, in questi decenni. Nella sola Firenze, tra il 1450 e il 1478, furono costruiti più di trenta palazzi e ville, e nel 1489 venne iniziata la costruzione dell'imponente mole di Palazzo Strozzi. Ancora più spetta-colare il *boom* edilizio di Roma la quale, sotto l'impulso dei papi della Rinascenza, cessò definitivamente di essere quel-l'agglomerato di rovine auguste e di catapecchie che essa era stata lungo il Medioevo e cominciò a divenire quella città unica al mondo, sviluppatasi all'insegna di una munificenza intelligente e di un mecenatismo pianificatore, che oggi tutti conoscono. Palazzo Venezia, quando nel 1455 vennero ini-ziati i lavori per la sua costruzione, era ancora un luogo suburbano, ma ben presto le grandi opere di *aménagement* urbano, iniziate da Sisto IV e proseguite da Giulio II con il taglio delle grandi arterie del Corso e di Via Giulia, ne fecero uno dei centri monumentali della città. In prossimità di esso, sul Campidoglio, Michelangelo disegnerà tra non molto una delle più scenografiche piazze italiane. Prima di lui però altri artisti fiorentini avevano già preso la via della città eterna, per impararvi la lezione degli antichi e lasciarvi la testimonianza della loro opera di moderni. Fra gli altri, Bernardo Rossellino, l'architetto di Palazzo Venezia, Dona-tello, Antonio Pollaiolo cui dobbiamo la tomba di Sisto IV, l'Angelico e Sandro Botticelli che lavorarono entrambi in Vaticano.

Ma più che Firenze, più forse che la stessa Roma, è la testimonianza delle piccole città e delle corti minori quella che meglio ci aiuta a comprendere come per un potente della seconda metà del secolo XV il *conspicuous investment* con-tinuasse a rappresentare il segno distintivo e l'emblema del rango sociale e della ricchezza: si pensi al piccolo ducato dei Montefeltro di Urbino e al suo grande palazzo, nel cui can-tiere, sotto la direzione del Laurana, lavorarono, tra i molti, artisti come Piero della Francesca e il fiammingo Giusto di

Gand; si pensi al piccolo villaggio di Corsignano, nella campagna senese, che la munificenza di papa Pio II, che vi era nato, volle trasformare in una città. Di questo suo ambizioso progetto sono rimasti una piazza e un nome — Pienza — che da soli valgono a rievocare la grandezza del mecenatismo rinascimentale.

Il meccanismo di formazione e di accumulazione della opulenza italiana tornava dunque a funzionare. In termini di storia sociale ciò significava, come sappiamo, un ulteriore consolidamento di quelle oligarchie del potere e del denaro che erano venute emergendo nei secoli precedenti e che dell'opulenza italiana erano le beneficiarie e le conservatrici. Di fatto la storia degli Stati italiani, di Genova con il suo Banco e di Roma con la sua curia, è una storia di stabilità e di stabilizzazione degli ordinamenti interni esistenti e delle oligarchie dominanti. Anche a Firenze, la storia della seconda metà del secolo XV, dal Parlamento del 1458 sino alla creazione, nel 1481, del Consiglio dei Settanta, è caratterizzata dal rapido susseguirsi di una serie di giri di vite intesi a consolidare definitivamente la vittoria della signoria medica e il predominio della ristretta oligarchia che ad essa faceva capo. La politica di equilibrio tra gli Stati della penisola, inaugurata dalla pace di Lodi e perseguita nei decenni successivi, e la pace che ne derivava, favorirono questa tendenza e contribuivano a rendere più arduo ogni tentativo di rivolgimento interno. Non che questi ultimi mancassero: Roma fu teatro nel 1453 della già ricordata congiura del Porcari contro papa Niccolò V; Milano, nel 1476, della congiura, pure essa già menzionata, dell'umanista Cola Montano; Napoli, nel 1484, della sollevazione dei baroni contro l'autorità centrale della dinastia aragonese. Ma la più importante e la più spettacolare di queste congiure quattrocentesche fu quella ordita nel 1478 dalla famiglia fiorentina dei Pazzi, con la connivenza e l'appoggio del papa Sisto IV, contro il dominio mediceo sulla città. Essa, come è noto, venne perpetrata nella chiesa di Santa Maria del Fiore di Firenze: Lorenzo, signore della città, riuscì a scampare al pugnale dei congiurati, ma non suo fratello Giuliano. Sia che raggiungessero l'obiettivo della morte del tiranno, come la congiura milanese del Montano, sia che lo fallissero, come a Firenze e a Roma, tutte le congiure quattrocentesche non conseguirono alcun risultato politico, né del resto si può dire che se lo proponessero. Dopo il loro successo o il loro scacco gli ordinamenti politici della città e dello Stato rimasero sempre gli stessi e il prestigio del signore, vittima o scampato che fosse all'attentato, ne risultò accresciuto. A Firenze il popolo infierì contro i congiurati del 1478 e uno di essi, l'arcivescovo di Pisa, venne impiccato alle mura del Palazzo. Gli è che per il loro individualismo e il loro settarismo le congiure costituivano — la cosa sarà messa in luce dal Machiavelli — una forma di lotta politica senza prospettive, priva di ogni capacità di attrazione verso più larghi ceti sociali. Agli occhi di questi ultimi il fatto che alcuni privati cittadini, per lo più appartenenti a grandi famiglie, nutriti di rancori e di ubbie umanistiche e repubblicane, decidessero da soli di uccidere il signore, non poteva apparire che come un tentativo di sostituirsi al medesimo e, in definitiva, come una conferma della insostituibilità del reggimento oligarchico. Se le cose stavano così, meglio non permettere che alcuni ambiziosi e alcuni esaltati mettessero a repentaglio, senza alcun costrutto, quei benefici e quella tranquillità che il mantenimento dello *statu quo* interno infine garantiva. Senza contare che ogni perturbazione interna rischiava di compromettere il delicato sistema degli Stati italiani e di mettere in forse quell'equilibrio e quella pace e « libertà » d'Italia nei confronti degli stranieri, al cui mantenimento tutti erano interessati.

Firenze capitale dell'equilibrio e del Rinascimento.

Quello che abbiamo delineato nel capitolo precedente è il quadro di un *establishment*, di un mondo di Stati « arrivati » che cercano, attraverso un sistema di garanzie e di concessioni reciproche, di conservare la loro rispettiva sfera di influenza

e i rispettivi interessi, e di uomini « arrivati », di oligarchie
soddisfatte della propria opulenza e desiderose di mantenere
lo *statu quo*. Si pone a questo punto il problema di vedere
se e in quale misura siffatta situazione abbia contribuito a
modificare la situazione che gli intellettuali, questi eterni
protagonisti della storia italiana, avevano nella società del
tempo, accentuando in essi quegli elementi di distacco aristocratico e di « disimpegno » che abbiamo creduto di poter
individuare nella stessa grande cultura dell'Umanesimo. È su
Firenze, capitale al tempo stesso dell'equilibrio e della Rinascenza italiana, che dobbiamo concentrare la nostra attenzione
se vogliamo, sia pure in maniera approssimativa, lumeggiare
questo importante problema.

Che la Firenze di Lorenzo il Magnifico (1469-92) sia stata
l'ago della bilancia dell'equilibrio tra gli Stati italiani e la
conservatrice della pace e della « libertà » italiana è nozione
acquisita da tutti i manuali di storia patria. A più riprese
— nel 1478, quando in seguito al fallimento della congiura
dei Pazzi parve profilarsi concretamente la minaccia di un
conflitto tra Firenze e il papa, sostenuto dagli Aragonesi di
Napoli, e nel 1482, al momento della già ricordata guerra
tra Venezia e Ferrara — l'azione mediatrice di Lorenzo riuscì
a dissipare le nuvole che si erano accumulate sull'orizzonte
e a scongiurare il ripetersi di un conflitto generale italiano
sul tipo di quelli che si erano susseguiti nella prima metà
del secolo.

Ma l'egemonia politica di Firenze era anche il fatto e il
corrispettivo del suo primato intellettuale. Questo peraltro
non deve essere inteso né come un predominio assoluto né
come un monopolio. Il panorama artistico e intellettuale del-
l'Italia nella seconda metà del secolo XV è anzi, come già
nel passato, caratterizzato da una estrema varietà e vivacità
di espressioni e di esperimenti. Il padano Mantegna, che operò
principalmente a Mantova, è un pittore certo più interessante
di Benozzo Gozzoli, il fantasioso illustratore della cappella
del Palazzo Medici, e forse, per quanto simili paragoni possono avere un senso, del notissimo Sandro Botticelli, con la

sua leggiadria leggermente sofisticata. La musa un po' provinciale di Matteo Maria Boiardo, un nobile disceso dal suo castello sull'Appennino emiliano alla corte estense di Ferrara, per rallegrarla con le storie un po' *démodées* del suo *Orlando innamorato*, non ha certamente la tersità di accenti e l'altezza di espressione di quella del Poliziano, il poeta principe e il maggiore ornamento letterario della corte medicea; tuttavia ha certamente maggiore genuinità e verità poetica dei poemi villerecci dei quali, con l'affettazione tipica del dotto e dell'aristocratico quando si avvicina al mondo popolare, si dilettava Lorenzo il Magnifico. Infine, per quanto concerne gli studi filosofici, l'aristotelismo e l'averroismo padovano, che influenzò profondamente la personalità di Pico della Mirandola e dal quale alla fine del secolo uscirà l'ardita speculazione del Pomponazzi, non era certo da meno, per robustezza di impianto e fecondità di sviluppi, del neoplatonismo fiorentino. Artisti di talento, ingegni vivaci, università prestigiose e accademie illustri non mancavano in nessuna delle corti e delle città italiane, dalla Milano sforzesca in cui troverà ospitalità e lavorerà Leonardo, alla Ferrara estense, alla Urbino dei Montefeltro, alla Napoli aragonese. Ma solo a Firenze la vita artistica ed intellettuale aveva avuto ed aveva un tale spessore e un tale grado di intensità collettiva da divenire consapevolezza e orgoglio di se stessa, della propria continuità, della propria originalità e della propria forza di attrazione.

Quale città — troviamo scritto nell'invettiva del Salutati contro il Loschi — non soltanto in Italia, ma in tutto il mondo, è più salda nella cinta delle sue mura, più superba di palazzi, più adorna di templi, più bella di edifici... dove il commercio più ricco di varietà di scambi, più abile per sottili accorgimenti? Dove uomini più illustri... dove Dante, dove Petrarca, dove Boccaccio?

L'amore per le lettere diveniva in queste righe parte integrante del sentimento patrio e dell'orgoglio di essere fiorentini ed è appunto questa consapevolezza, quella stessa che prorompe dalle pagine della *Laudatio florentinae urbis* del Bruni, che conferì alla cultura fiorentina una dimensione, se l'espressione è lecita, imperialista e contribuì ad accrescere le sue capacità di dilatazione e di attrazione. Esiste nel corso del Quattrocento una vera e propria diaspora degli artisti fiorentini attraverso le città e le corti della penisola, e già abbiamo avuto occasione di vedere come da Firenze venissero i maestri che iniziarono ad affrescare la Cappella Sistina. Quanto all'architettura, il matematico Luca Pacioli, che scriveva verso la fine del secolo, affermava che chiunque desiderasse erigere un edificio doveva rivolgersi a Firenze; e dalla città del giglio vennero infatti il Rossellino, costruttore di Palazzo Venezia e di Pienza, Giuliano da Maiano, che elevò per gli Aragonesi di Napoli la Porta Capuana e lavorò al santuario di Loreto, e il Filarete cui si deve, come si ricorderà, l'imponente fabbrica dell'Ospedale Maggiore di Milano. Ma forse ancor più che la sua arte e i suoi artisti, lo strumento più efficace dell'egemonia culturale fiorentina sulla penisola fu costituito dalla lingua e dalla letteratura. La consuetudine degli umanisti fiorentini — si pensi soprattutto a Leon Battista Alberti — di servirsi sia del latino sia del volgare nei loro trattati aveva certo contribuito a conferire a quest'ultimo in misura assai maggiore che a ogni altro volgare italiano quei caratteri di perspicuità, di coerenza e di controllo che ne facevano una lingua eminentemente letteraria, la lingua della *koiné* intellettuale italiana. Ed è appunto nel corso del Quattrocento che questa vittoria del fiorentino, che sarà definitivamente sancita dai teorici della questione della lingua ai primi del Cinquecento, comincia nettamente a delinearsi.

Già il Filelfo, marchigiano di nascita, affermava che « ex universa Italia ethrusca lingua maxime laudatur », mentre Bernardino da Feltre, venuto a predicare a Firenze, sentiva il bisogno di scusarsi con il suo auditorio per la sua incapacità a esprimersi « secondo l'arte del dir che sta a Fiorenza » ma solo « secundum Evangelium ». Se dei non fiorentini si esprimevano in questi termini, ben si comprende come Lorenzo il Magnifico potesse esaltare nella sua «materna lingua» l'«idioma comune a tutta Italia» e come Poliziano potesse tessere l'elogio della lingua toscana «abbondante e politissima». Non era stato del resto il fiorentino la lingua di Dante, di Petrarca e di Boccaccio? Per chi, come gli umanisti e i dotti dell'epoca, concepisse la lingua come un fatto prevalentemente letterario, uno strumento di comunicazione tra i dotti, questo era un argomento decisivo, e il primato linguistico fiorentino appariva una naturale conseguenza del corrispondente primato letterario. Non è un caso che tra le primissime opere a stampa uscite dalle tipografie italiane tra il 1470 e il 1472 le edizioni dei tre grandi classici della letteratura italiana fossero assai numerose. La «rivoluzionaria» invenzione di Gutenberg contribuiva così anch'essa a ribadire l'egemonia della cultura fiorentina.

Con la lingua e con la letteratura passavano e si diffondevano anche le idee dell'Umanesimo fiorentino. Queste non erano però più quelle dei tempi di Coluccio Salutati e di Leonardo Bruni, le idee cioè dell'Umanesimo «civile» fiorentino. Qualcosa da allora era mutato nella situazione culturale fiorentina, così come in quella politica.

La figura più interessante della cultura fiorentina della seconda metà del Quattrocento è certo quella di Giovanni Pico della Mirandola. Uomo di sterminata dottrina, ma anche di formazione culturale diversa e complessa, in cui l'esperienza giovanile dell'aristotelismo e dell'averroismo padovano si mischiava con quella del platonismo fiorentino, egli fu una personalità combattuta e irrequieta, di un'inquietudine che si riflette nella sua stessa vicenda umana e intellettuale. Autore nel 1486 di una *Oratio de hominis dignitate*, un passo della quale è tra le testimonianze e i luoghi classici della prosa e del pensiero umanistico («non ti ho fatto celeste né terreno, né mortale né immortale perché di te stesso libero e sovrano artefice ti plasmassi e ti scolpissi nella forma che avevi prescelto»), egli finì i suoi giorni, come vedremo, seguace del Savonarola. Più lineare, meno ricca e complessa di quella di Pico, ma anche più rappresentativa di una deter-

minata stagione culturale è invece la figura di Marsilio Ficino,
l'animatore dell'accademia platonica fiorentina. Egli fu infatti
una delle maggiori autorità del suo tempo, in relazione con
i più grandi dotti d'Europa e i suoi scritti erano ansiosamente
attesi da un vastissimo pubblico di lettori. Traduttore e
studioso appassionato di Platone, di un Platone filtrato attraverso Plotino, egli elaborò un sistema filosofico in cui
platonismo e cristianesimo confluivano, assieme ad elementi
di derivazione ermetica e magica, nell'ideale irenico di una
pia philosophia, di una *Theologia platonica* (è questo il
titolo della maggiore tra le sue opere filosofiche), per la quale
il dotto si riconciliava e si identificava con il cristiano e,
più ancora, il cristiano con il dotto. Solo chi sa è in comu-
nione con Dio, che è sapienza infinita, e il sapere è un'iniziazione che è riservata a pochi. Si veniva così delineando
l'ideale di una cultura aristocratica e di un abito intellettuale
distaccato, incline alla contemplazione; il primato della vita
attiva, rigorosamente affermato dai primi umanisti fiorentini,
era messo in forse dal Ficino e dalla sua scuola e, a tratti,
decisamente oppugnato: è quello il caso delle *Disputationes
camaldulenses* di Cristoforo Landino. Liberato dai suoi vincoli e obblighi « civili », l'intellettuale tendeva sempre più
a sottolineare la propria lontananza dal « volgo » e a concepire la propria posizione sociale non come una responsabilità,
ma come un sacerdozio e la propria attività non come un
lavoro, ma come un « ozio » nel senso classico del termine.
Del resto l'esempio più eloquente di un siffatto disimpegno ci è
offerto proprio dalla vita e dalla carriera dello stesso Ficino:
in buoni termini coi Medici e coi loro oppositori, sostenitore
del Savonarola al momento della sua fortuna e suo ingene-
roso detrattore nell'ora della disgrazia, egli seppe sempre ma-
scherare di imperturbabilità il proprio sostanziale disinteresse
per le vicende dello Stato, se non il proprio opportunismo.

È dunque nel senso del disimpegno, di un'accentuazione
cioè degli elementi aristocratici già presenti nella cultura umanistica che operò nel complesso la lezione del neoplatonismo
fiorentino. Conservatrice dell'*establishment* politico della peni-

sola, Firenze lo fu anche, in qualche misura, di quello intellettuale. L'influenza e il prestigio del neoplatonismo furono infatti estesissimi e non limitati soltanto allo specifico settore degli studi e del pensiero filosofico. Senza di esso una parte notevole della letteratura, del gusto e delle stesse « mode » del Cinquecento italiano e, anche, europeo risulterebbero difficilmente comprensibili e ci mancherebbe un anello importante per giudicare delle origini di fenomeni letterari quali la fortuna poetica del petrarchismo o del successo di libri quale *Il Cortegiano* di Baldassarre Castiglione, nelle cui pagine ritornano, assieme ad altri temi, le disquisizioni sulla natura dell'amore che erano state care ai neoplatonici fiorentini. Più in generale non è forse azzardato affermare che il neoplatonismo fu la prima consistente manifestazione di una cultura di tipo accademico e mondano e che, come tale, esso segnò una tappa importante nella storia della crisi dell'*intellighenzia* umanistica italiana, l'inizio cioè della sua rinuncia a un impegno « civile » e riformatore. Ma non bisogna, ancora una volta, forzare troppo il passo della storia, specie quando si tratti di una storia così complessa e contraddittoria come quella degli intellettuali italiani nei loro rapporti con la società e con il secolo. La vicenda della quale ci dovremo occupare nel paragrafo seguente ci svela l'altra faccia della complessa realtà del Quattrocento fiorentino e italiano, quella di una società ancora ricca di risorse e di vitalità e di una cultura impegnata ad assecondarne i fermenti rinnovatori. Anche di questa Italia Firenze fu, ancora una volta, la capitale.

Savonarola e Carlo VIII.

La fine di un secolo — si pensi alle profezie duecentesche sul papa Angelico e all'episodio di Celestino V — non fu mai un evento il cui approssimarsi lasciasse indifferenti gli uomini del Medioevo. L'idea di origine millenaristica che un secolo nuovo dovesse portare con sé anche un ordine nuovo (la ritroveremo anche in Campanella) e annunciare una rige-

nerazione della condizione umana nella sua integrità fu a
lungo corrente. Ma — come già sappiamo — una siffatta
palingenesi non poteva essere concepita dagli uomini di allora
che in termini religiosi, come una « riforma » cioè di quella
Chiesa i cui insegnamenti costituivano l'essenza stessa del
vincolo sociale.

L'immedesimazione tra pensiero e fede nelle masse dei
fedeli era talmente radicata che solo l'appello di un credente
e di un uomo verosimilmente ispirato da Dio poteva rivestire
ai loro orecchi un carattere imperativo e integrale. Ecco perché il concetto di ciò che oggi noi chiamiamo una « rivoluzione » o un rinnovamento della società appariva ed era
strettamente associato a quello di una restaurazione degli
eterni valori religiosi, ed ecco perché i rivoluzionari medievali e dei primi secoli dell'età moderna possono essere così
facilmente scambiati con dei profeti e, al tempo stesso, con
dei *laudatores temporis acti*. A questa fenomenologia della
fine secolo non fa eccezione neppure il raffinato Quattrocento
italiano; non si dimentichi del resto che nella prima metà
del secolo l'esigenza, anzi la necessità di una riforma della
Chiesa era apparsa evidente alle generazioni che avevano vissuto i concili di Costanza e di Basilea. Ora, nell'atmosfera di
attesa degli ultimi anni del secolo, questa idea ripullulava e
tornava ad occupare le menti e gli animi degli uomini.

Manifestazioni di una religiosità carica di aspettative e di
timori si possono rintracciare negli ultimi anni del secolo XV
un po' dovunque, attraverso la penisola, attorno ai molti
predicatori infervorati che la percorrevano di piazza in piazza.
Ma toccò proprio a Firenze, la più dotta e la più colta tra le
città italiane, di essere il teatro della più vistosa e della più
sconvolgente tra esse. La cosa può sorprendere, ma non si
deve dimenticare che, oltre ad essere la capitale dell'equilibrio
e dell'Umanesimo, la città toscana covava, sin dai tempi dei
Ciompi, all'interno delle sue mura, dei profondi fermenti di
religiosità ed animosità popolare, che assumevano a tratti una
forte intensità di espressione collettiva. Il più cospicuo di

questi episodi di *revival* fu quello suscitato dalla predicazione
e dall'attività caritativa del vescovo Antonino negli anni tra
il 1445 e il 1459, al quale è in parte legata l'esperienza artistica dell'Angelico; ma nessuno eguagliò in intensità e in
ricchezza di implicazioni quello del quale fu animatore sulla
fine del secolo Gerolamo Savonarola.

Nato a Ferrara nel 1452, appartenente anch'egli, come
Antonino, all'ordine domenicano, si era stabilito a Firenze
negli ultimi anni della signoria di Lorenzo e vi aveva iniziato
la sua carriera di predicatore incontrando un sempre crescente
successo. La sua era infatti un'oratoria sacra inconsueta, sia
per la vivezza e la violenza delle immagini e del linguaggio,
sia per l'arditezza delle affermazioni. Il mondo — egli predicava ad esempio nell'avvento del 1493 — era corrotto, cor-
rotta la Chiesa, i cui prelati preferivano la lettura dei classici
a quella del Vangelo, e non attendevano se non a « poesie
ed arte oratoria » e, « laddove nella Chiesa primitiva erano
li calici di legno e li prelati d'oro, oggi la Chiesa ha calici
d'oro e li prelati di legno »; corrotti i principi, i cui palazzi
e le cui corti erano divenuti ricovero di ribaldi e di scellerati
che ad altro non pensavano che « a nuovi balzelli per suc-
ciare il sangue del popolo »; corrotti i dotti, « i quali con
molte favole e bugie fanno cominciare dagli dei la genealogia
di questi principi malvagi »; corrotte le leggi e i costumi.
Quale rimedio invocare contro il dilagare di tanta scellera-
tezza? Il Savonarola anche su questo punto parlava estremamente chiaro:

O Signore Iddio, tu hai fatto come il padre adirato, tu ci hai
scacciato da te. Accelera almeno le pena e il flagello perché presto ci sia dato ritornare a te. *Effunde iras tuas in gentes.* Né vi
scandalizzerete, o fratelli, di queste parole, ma anzi, quando
vedete che i buoni desiderano il flagello, egli è perché essi desiderano che sia scacciato il male, e prosperi nel mondo il regno
di Gesù Cristo benedetto. A noi oggi non resta a sperare altro,
se non che la spada del Signore s'avvicini presto alla terra.

Difficilmente si potrebbe trovare enunciazione più perspicua di quella contenuta in queste parole dell'idea dell'apocalisse rigeneratrice, del lavoro purificatore che, in quella fine di secolo, assillava tante menti e tante sensibilità.

E « la spada del Signore », invocata dal Savonarola, il « diluvio » da lui minacciato, il « Ciro novello » vendicatore e riparatore da lui atteso, vennero. Nel settembre del 1494, a poco più di un anno di distanza dalle veementi prediche dell'avvento, le armate di Carlo VIII coi loro quadrati di svizzeri e le loro formidabili artiglierie facevano irruzione nella penisola senza incontrarvi praticamente resistenza. In pochi mesi apparve chiaro che l'Italia aveva perduto la « pace » della quale per quarant'anni aveva goduto e con essa quell'equilibrio e quella « libertà » che ne erano stati i più dolci frutti. La riapparizione dei « barbari » sul territorio della penisola aveva scatenato i rancori e i propositi di vendetta covanti da tempo, provocando un · autentico sconvolgimento nella situazione esistente: i baroni napoletani, domati nel 1484, rialzavano la testa, i veneziani si affrettavano a mettere le mani sui porti della Puglia, Ludovico il Moro, duca di Milano, si sbarazzava del suo nipote Gian Galeazzo cogliendo così l'occasione per eliminare un concorrente al ducato, Pisa si sottraeva alla signoria fiorentina e a Firenze, infine, i Medici venivano espulsi dalla città e la repubblica proclamata.

Chi se non il Savonarola, colui che ne aveva previsto la catastrofe e aveva predicato la necessità della riforma e dell'espiazione, avrebbe potuto esserne il legislatore? Ed egli non si lasciò pregare a lungo, e delineò un progetto di costituzione modellata in parte sulle antiche istituzioni comunali fiorentine e in parte su quelle veneziane, contribuendo in tal modo a far pendere la bilancia dalla parte dei sostenitori di un governo largo o, come diceva il Savonarola, « universale » piuttosto che da quella dei partigiani dell'oligarchia. Questo intervento del frate domenicano negli affari pubblici e la successiva supervisione politica che egli esercitò nei primi anni di vita della repubblica fiorentina non debbono meravigliarci: a che valeva proclamare il Cristo signore della città, se poi la sua legge non investiva tutti i rapporti della vita associata, non si concretava in ordinamenti e in costumi? La legge di Dio non tollerava eccezioni e compromessi e il riformatore religioso non poteva esimersi dall'essere anche un legislatore.

E se avete udito — obiettava il Savonarola ai suoi contraddittori — che gli Stati non si governano coi paternostri rammentatevi che questa è la regola dei tiranni... la regola per opprimere e non per sollevare e liberare la città. Bisogna, se voi volete un buon governo, che voi lo riduciate a Dio. Certamente *io non vorrei impacciarmi dello Stato se non fosse così.*

Ma il comandamento di Dio, che vuole che i governi siano pii e giusti e misericordiosi, non è soltanto imperativo, ma universale. La « riforma » integrale che aveva avuto inizio a Firenze doveva perciò propagarsi a tutta Italia.

E tu popolo di Firenze, incomincerai in questo modo la riforma di tutta Italia, espanderai le tue ali nel mondo, per portarvi la riforma di tutti i popoli. Rammentati che il Signore ha dato segni evidenti che esso vuole rinnovare ogni cosa e che tu sei il popolo eletto a cominciare questa grande impresa, purché tu segua i comandi di lui che ti chiama.

Per quasi quattro anni — dal settembre 1494 al maggio 1498 — la Firenze di Savonarola visse così, in un'atmosfera di esaltazione collettiva, un'esperienza sconvolgente di riforma « integrale » e integralmente vissuta, che coinvolse tutto e tutti, qualcosa cioè di nuovo e di insolito nella storia d'Italia. Occorre partire da questa constatazione per comprendere la forza dell'impatto che la figura e la vicenda del Savonarola esercitarono sui contemporanei, a Firenze e fuori di Firenze, e per rendersi ragione di come non soltanto gli umili, ma anche i dotti e i grandi se ne sentissero attratti al punto da volervi essere partecipi. Abbiamo già ricordato il nome di Giovanni Pico della Mirandola, ma adesso potremo aggiungere quelli di suo nipote Gian Francesco, che del domenicano di San Marco fu discepolo e biografo, del celebre medico

Antonio Benivieni e dei suoi fratelli Domenico e Girolamo,
teologo l'uno e l'altro autore di versi platoneggianti e, tra
gli artisti, di Giovanni Della Robbia, di fra Bartolomeo e
infine dello stesso Botticelli. Quanto a Luca Signorelli, sembra
provato che il suo grande ciclo di affreschi nella cattedrale
di Orvieto sia stato anch'esso ispirato dall'episodio del
Savonarola.

Ciò che nel frate di San Marco interessava e affascinava
uomini di tanta levatura non era certo la sua cultura (quando
si era provato a scrivere di filosofia e di dottrina, egli era
riuscito soltanto un compilatore abbastanza scolastico) ma
proprio il suo estremismo e la sua sanguigna e istintiva immediatezza, la sua, se vogliamo, « dotta ignoranza », al fascino della quale nessuno è più sensibile degli intellettuali.
Attraverso le sue parole e le sue azioni essi iniziavano a
prendere coscienza del proprio isolamento e della impotenza
di una cultura aristocratica a corrispondere alle istanze di
una società in crisi. Più tardi, quando la breve avventura
savonaroliana sarà ormai un ricordo del passato, ciò apparirà
ancora più chiaramente e non è certo un caso se, tra gli
uomini della generazione successiva, furono proprio Michelangelo e Machiavelli, coloro cioè che forse più d'ogni altro
ebbero la percezione della decadenza italiana, a nutrire un
vivo interesse alla figura del Savonarola. Il primo era un
assiduo lettore delle sue opere; il secondo, che pure nella sua
giovinezza era stato tra i suoi ascoltatori più smaliziati e
più distaccati, individuerà in lui la stoffa del principe nuovo,
del « legislatore », di colui che, se non fosse stato « disar-
mato », sarebbe riuscito a introdurre a Firenze « ordini
nuovi ».

L'esperimento riformatore e repubblicano del Savonarola
si chiuse infatti con un fallimento. L'abbandono della penisola da parte degli eserciti francesi nel luglio 1495, privando
la repubblica del suo più potente alleato e protettore, la lasciò
esposta alle insidie dei suoi molti nemici. Nemici interni tra
i quali primeggiavano i partigiani dei Medici, che a più riprese congiurarono nel tentativo di riprendere il potere, e

nemici esterni dei quali il più accanito era il pontefice Alessandro VI, uno dei papi passati alla storia in minor odore di santità. Questi non perdonava a Firenze la sua fedeltà alla Francia e al Savonarola, contro il quale nel maggio del 1497 egli finì per lanciare la scomunica, le sue intemperanze riformatrici. Tuttavia per quasi due anni il frate di San Marco riuscì a mantenere alta la temperatura morale e politica della città e a confermarvi il proprio ascendente. Nel carnevale del 1497, in luogo delle tradizionali festività, Firenze fu teatro di una insolita cerimonia, il « bruciamento » delle vanità: vesti, libri, pitture finirono nelle fiamme purificatrici.

Ma troppi erano i fattori che ormai concorrevano a erodere la popolarità del frate di San Marco: le lentezze e gli insuccessi della guerra per il riacquisto di Pisa (la città si arrenderà solo nel 1509), le preoccupazioni dei banchieri fiorentini legati alla curia romana, la mancata realizzazione di quegli eventi straordinari che egli non si stancava di pronosticare. Invano egli cercò di riacquistarla con un gesto spettacolare *in extremis*, dichiarandosi disposto ad accettare la sfida dei suoi nemici francescani che lo invitavano a sostenere la prova del fuoco. Quando il 7 aprile 1498 nella civilissima e laica Piazza della Signoria tutto era apparecchiato per l'inconsueto spettacolo, il Savonarola, adducendo vari pretesti, finì per sottrarsi alla prova. Era la fine; ed essa fu, come per tutti gli idoli caduti, vertiginosa. Il giorno dopo egli veniva arrestato, e il 22 maggio era impiccato e arso sul rogo.

Dopo la sua tragica fine la repubblica sopravvisse ancora quattordici anni, ma la sua fu una vita appena meno ingloriosa della sua caduta. Irresoluta nella politica estera, divisa all'interno dalla lotta tra le varie fazioni, essa non oppose praticamente nessuna resistenza quando nel 1512 le truppe del Gran Capitano Consalvo si approssimarono alla città e vi restaurarono la signoria dei Medici.

La discesa di Luigi XII. Venezia all'ora di Agnadello.

L'avventura italiana di Carlo VIII era stata, come si è visto, di breve durata. Dopo aver percorso la penisola dalle Alpi a Napoli senza incontrare resistenza, il cavalleresco re francese si era trovato prigioniero dell'intrigo diplomatico italiano, e di fronte al pericolo di vedersi tagliato fuori dagli eserciti dei principi italiani collegati, si era visto costretto ad aprirsi con la forza la via del ritorno. Il suo successore, Luigi XII, prima di tentare nuovamente l'impresa italiana, ritenne opportuno farla precedere da una preparazione diplomatica accordandosi con Venezia e con gli svizzeri a danno del ducato di Milano, del quale egli rivendicava la successione quale erede di Valentina Visconti, e con Ferdinando il Cattolico di Spagna a danno degli Aragonesi di Napoli; inoltre egli lasciò via libera a Cesare Borgia, detto il Valentino, figlio di Alessandro VI, nei territori dell'Italia centrale. Tuttavia una volta sceso nella penisola, malgrado le vittorie militari e le conquiste territoriali ottenute, anch'egli si trovò ben presto irretito nel ginepraio della diplomazia italiana. Dopo essere stato espulso dal Napoletano dagli spagnoli, che posero così definitivamente piede nell'Italia meridionale, e dopo aver incautamente — come gli sarà rimproverato dal Machiavelli — preso parte alla Lega di Cambrai promossa da Giulio II contro Venezia (1509), anch'egli si trovò infine a dover fronteggiare una lega di tutti gli Stati italiani, con la partecipazione del re di Spagna e di Inghilterra. Fu questa la cosiddetta Lega santa, promossa da papa Giulio II, il cui grido di battaglia (« fuori i barbari ») aveva pur sempre una certa risonanza in una generazione educata dagli umanisti. Anch'egli si vide perciò costretto a svincolarsi con le armi dalla trappola italiana (battaglia di Ravenna, 1512) e a riguadagnare la Francia, dove poco dopo egli morì.

A differenza dell'effimera e avventurosa impresa di Carlo VIII, la più che decennale battaglia sostenuta dalla Francia di Luigi XII per mettere saldamente piede nella penisola e il suo fallimento stesso apportarono profonde modificazioni nell'assetto politico italiano. Nel 1512, all'indomani della sua partenza dall'Italia, la situazione si presentava infatti profondamente mutata rispetto a dieci anni prima. L'Italia meridionale e le isole erano ormai definitivamente acquisite alla sfera d'influenza e alla sovranità spagnola, nell'Italia centrale la repubblica fiorentina era stata abbattuta e, come si è visto, i Medici, sostenuti dalla Spagna, erano ritornati a dominare la città, mentre lo Stato pontificio si era, come vedremo, ingrandito e irrobustito. Nell'Italia settentrionale, infine, lo Stato di Milano aveva cessato praticamente di esistere come organismo politico autonomo: dopo esser stato per dodici anni soggetto alla Francia, ora esso si trovava in balia degli svizzeri e tra breve sarebbe stato nuovamente occupato dai francesi, per passare infine, e questa volta definitivamente, anche esso sotto il dominio spagnolo. Solo Venezia, che da sola aveva restitito contro una lega che raggruppava tutti i principi italiani e le maggiori monarchie oltramontane, poteva ancora legittimamente ergersi a paladina e a rappresentante della « libertà » d'Italia o, almeno, di quanto di essa rimaneva.

Ai contemporanei tale orgoglio pareva pienamente giustificato: sconfitta militarmente sul campo di Agnadello (14 maggio 1509), la Serenissima era riuscita non solo a evitare quella catastrofe che molti osservatori giudicavano inevitabile, ma, manovrando con estrema abilità l'arma affilata della sua diplomazia, era riuscita a staccare dalla Lega prima il papa e poi la Spagna, e a conservare così, con la eccezione delle recenti conquiste nelle Puglie e nelle Romagne e della città di Cremona, l'integrità dei suoi domini di terraferma. Di più: nel corso delle ostilità i contadini della terraferma e i popolani delle maggiori città non avevano cessato, come ci è attestato da tutte le fonti, ivi compreso il Machiavelli, di proclamarsi « marcheschi » e di contribuire, come nel caso del Friuli, con le loro armi rusticane, alla resistenza e al ritorno di Venezia. Questo attaccamento dei sudditi e dei « villani » alla loro dominante era troppo inusitato perché i contemporanei non vi vedessero un'ulteriore conferma della coesione interna e della vitalità della repubblica, e perché il mito di Venezia, già fiorente, non ne ricevesse nuovo alimento.

Questo, ripetiamo, il giudizio dei contemporanei e della storiografia cinquecentesca. Ma il nostro? Se ci è lecito anticipare il giudizio conclusivo, ci sembra che si possa dire che Agnadello e la guerra della Lega di Cambrai costituirono per Venezia soprattutto una grande occasione perduta. Ma cerchiamo di approfondire la questione. Si tratta, in definitiva, di uno dei nodi della storia italiana del Cinquecento.

Immediatamente dopo la disfatta di Agnadello i patrizi e i maggiorenti delle varie città della terraferma non persero tempo per scuotersi di dosso il giogo della dominazione veneziana e per restaurare a proprio vantaggio le precedenti libertà municipali. Essi guardavano con particolare simpatia all'imperatore Massimiliano e al mondo tedesco, con le sue città libere e autonome. Perché anche Padova, Venezia, Brescia, Udine non avrebbero potuto tornare ad essere libere città signoreggianti sul contado come lo erano rimaste Norimberga, Augusta o Ratisbona? Fu contro questa velleità, abbastanza anacronistica, di restaurazione patrizia e municipale, che reagirono i ceti inferiori della popolazione cittadina e delle campagne. Essi intuivano istintivamente, ma chiaramente, che siffatta restaurazione si sarebbe risolta in un consolidamento dei privilegi del patriziato e del dominio della città sul contado e, con un innato buon senso, essi si rendevano conto che tra un padrone vicino e un padrone più lontano, tra un dominio personale e diretto e uno più impersonale e indiretto, il secondo era sempre da preferire. La loro fedeltà a Venezia e la loro ostinazione nel proclamarsi « marcheschi » era perciò innanzitutto una reazione contro i loro oppressori più vicini e la loro azione di resistenza e di guerriglia una autentica *jacquerie*. Ne è prova del resto il fatto che tra i castelli assaliti dai contadini friulani insorti figurarono non solo quelli dei nobili di parte imperiale, ma anche alcuni appartenenti a nobili rimasti fedeli a Venezia. Il cronista Priuli, che pure è una delle principali fonti e pezze d'appoggio del mito di Agnadello, riconosceva tutto ciò esplicita-

mente quando dichiarava che « tamen cum veritade questa
hera la cauxa di questa sublevatione rustica in favore veneto,
perché li citadini de tute le citade dela terraferma herano
contrari et inimici del nome venetto et, essendo li citadini et
vilani contrari sempre l'uno a l'altro, per questo rispetto li
contadini herano favorevoli al nome venetto ».

A esasperare ancor più gli animi dei contadini e a sospin-
gerli dalla parte di Venezia contribuì la amara esperienza
della guerra e dell'occupazione da parte di eserciti stranieri,
con il suo strascico di saccheggi, di arbitri, di crudeltà. Il contrasto tra il « villano », che vive della pace, e il soldato, che
vive della guerra — quello stesso che costituisce uno dei
temi di fondo delle commedie rusticane che proprio in questo torno di tempo compose in dialetto padovano Angelo
Beolco detto il Ruzzante —, giocò anch'esso a favore di
Venezia. Quest'ultima, agli occhi delle plebi contadine taglieg-
giate dalle soldatesche tedesche e francesi, finì per rappresentare il ritorno alla normalità e alla pace.

I moventi psicologici che avevano indotto i contadini del
Friuli e del resto della terraferma veneta a rimanere fedeli
a Venezia e a impugnare le armi contro i fautori degli imperiali erano dunque assai semplici e immediati: non un
patriottismo, per il quale del resto non si vede quali avrebbero potuto essere i fondamenti e gli addentellati, ma la
« carità del natio loco »; non la riconoscenza verso Venezia,
ma la paura del feudatario e l'odio verso lo sfruttatore più
tangibile e vicino. Tuttavia, per quanto sprovvisto di quegli
elementi di coscienza che una storiografia interessata ha voluto attribuirgli, il movimento contadino del 1509 e degli
anni immediatamente seguenti costituiva oggettivamente una
sollecitazione e una spinta nel senso di una liquidazione dei
molti e cospicui residui di particolarismo cittadino e familiare che caratterizzavano l'organizzazione e la struttura del
dominio veneto in terraferma, un invito e un'occasione per
Venezia ad avviarsi sulla via della trasformazione dei suoi
domini da un conglomerato di giurisdizioni e di privilegi
sovrapposti in uno Stato assoluto di tipo moderno.

Ma questa occasione non venne colta e in questo senso, malgrado la tenace resistenza e la brillante ripresa, Agnadello segna l'inizio della lunga parabola discendente veneziana. Una volta infatti tornata in possesso delle città e dei territori di terraferma, la repubblica si limitò a colpire severamente quegli individui e quelle famiglie che si erano maggiormente compromesse a favore degli imperiali, ma rinunciò di proposito a ogni tentativo di riforma degli ordinamenti e delle gerarchie sociali preesistenti. Di più: con il consenso e l'appoggio dei governanti veneziani le maglie del potere e delle aristocrazie locali si rinserrarono ancor più. Tipico è il caso di Udine, la capitale del Friuli, della regione cioè in cui più aspro negli anni di Agnadello era stato lo scontro tra la nobiltà austriacante e i contadini « marcheschi », dove nel 1513 venne attuata una « serrata » del Consiglio comunale in seguito alla quale la vita cittadina si trovò ad essere sempre più il monopolio di quelle famiglie di nobili e di quei maggiorenti che nell'ora della crisi erano stati i primi ad abbandonare la barca dello Stato veneziano e a schierarsi nel campo opposto. La stessa cosa accadde, con modalità e tempi diversi, anche a Padova, a Verona e nella maggior parte delle altre città della terraferma. Passata la crisi, insomma, lo Stato veneto tornò ad essere ciò che in precedenza era stato: una sorta di federazione e di conglomerato tra città e giurisdizioni diverse, unite solo dalla comune soggezione alla Dominante ed alla aristocrazia locale, oppure, se si vuole, una sorta di condominio tra aristocrazia veneziana e aristocrazia di terraferma, nella quale, se la prima deteneva una netta posizione di preminenza nella gestione degli affari politici, la seconda manteneva non pochi dei suoi privilegi locali, e tutt'e due badavano a premunirsi contro la possibilità di sommovimenti dal basso e di lacerazioni dell'equilibrio e dell'immobilismo esistenti. A mano a mano che, seguendo una tendenza le cui origini abbiamo potuto rintracciare già nel secolo XV, il patriziato veneziano verrà sempre più convertendo in investimenti fondiari le ricchezze accumulate col commercio e si accentuerà il movimento di riflusso dell'economia veneziana dal mare alla terraferma, il carattere conservatore e le conseguenze paralizzanti della soluzione adottata dopo la crisi di Agnadello risulteranno sempre più evidenti. E il decantato « equilibrio » della costituizione veneziana, parte integrante ed essenziale del mito di Venezia, non sarà che il travestimento e la nobilitazione di questa stagnazione e di questa decadenza.

L'età di Leone X.

Ma se Venezia era uscita stremata dalla crisi di Agnadello e se a Firenze era fallito il tentativo di rinnovamento e di riforma cittadina propugnato dal Savonarola, vi era tuttavia in questo stesso torno di tempo uno Stato italiano che si trovava sulla cresta dell'onda. Intendiamo riferirci allo Stato pontificio.

Giulio II, il successore di Alessandro VI, se non occupa un posto di rilievo nella storia della Chiesa come istituto universale, ne occupa però uno di importanza maggiore nella storia dello Stato della Chiesa. Con lui infatti quell'opera di ingrandimento e di consolidamento dei territori dell'Italia centrale soggetti alla dominazione pontificia che, come si è visto, si era iniziata con l'Albornoz ed era proseguita non senza difficoltà, pause e insuccessi, nel corso del secolo XV, può considerarsi definitivamente compiuta e stabilizzata. Per la verità la strada gli era stata aperta dal Valentino che, con l'appoggio francese, era riuscito a unificare e a costituirsi un solido dominio nelle Romagne e nell'Italia centrale. Alla sua morte Giulio II, nemico giurato della famiglia Borgia, ne raccolse le eredità e le ambizioni. Espugnata Perugia e sottomessa Bologna egli si fece, come si è visto, promotore della lega contro Venezia prima e di quella antifrancese poi e da entrambe uscì con un prestigio accresciuto.

Parallelamente alle iniziative militari e all'opera di estensione dei confini dello Stato, Giulio II, seguendo anche in questo il suo aborrito predecessore, provvedeva a corroborarne le strutture amministrative e finanziarie. Le entrate fiscali della curia aumentarono continuamente (nel 1525 esse risulteranno raddoppiate rispetto al 1492), rendendo così possibile la prosecuzione della politica di mecenatismo e di grandi lavori pubblici già iniziata, come si è visto, dai papi della seconda metà del secolo XV. Nella storia di Roma monumentale nessun periodo, eccettuato gli anni del principato di Augusto, ha lasciato un segno tanto profondo e concentrato quanto il decennio del pontificato di Giulio II. Nel 1506, su progetto e sotto la direzione del Bramante, cominciarono i lavori del nuovo San Pietro, che si sarebbero protratti per oltre un secolo, mentre nel 1508 Raffaello dava il primo colpo di pennello al ciclo pittorico delle Stanze e nel 1512 Michelangelo iniziava ad affrescare la volta della Sistina. Né mancarono, accanto ai capolavori della nuova Roma rinascimentale, i ritrovamenti di quella antica: celeberrimo quello, che ebbe luogo nel 1506, del gruppo statuario del Laocoonte: uno dei grandi eventi dell'avventura archeologica di cui la capitale del mondo cristiano fu teatro dal Rinascimento sino ai giorni nostri. Ci sembra che la qualità e la notorietà di questi riferimenti ci dispensi, come pure si potrebbe, dal continuare.

La fortunata politica estera di Giulio II, l'accresciuto prestigio dello Stato pontificio e lo splendore della sua capitale (Roma contava ormai quasi 100.000 abitanti) costituivano altrettante premesse perché la curia romana potesse divenire il maggior polo di attrazione della vita politica e culturale italiana. E tale essa divenne sotto il pontificato del successore di Giulio II, Leone X.

Questi era ben lungi dal possedere il temperamento bellicoso e impulsivo del suo predecessore e, quando Francesco I irromperà nuovamente in Italia, egli non tarderà a ricercare con lui un accordo retrocedendogli i recenti acquisti di Parma e di Piacenza e negoziando con lui un concordato che dava cospicue soddisfazioni al tradizionale gallicanismo del clero e della monarchia francese. Ma questa sua arrendevolezza, lungi dal giocare a suo sfavore, contribuì anzi a rafforzare il suo

prestigio presso una generazione che di guerre ne aveva viste
sin troppe. Egli era inoltre un Medici, apparteneva cioè alla
più ricca e alla più colta famiglia italiana, quella stessa che
con Lorenzo il Magnifico aveva fatto di Firenze la capitale
incontrastata dell'Umanesimo e dell'equilibrio italiano e che
proprio allora, dopo la tormentata parentesi repubblicana,
faceva il suo ritorno nella città del giglio. L'avvento al soglio
di Leone X sembrò così agli occhi dei contemporanei suggellare un felice sposalizio tra Firenze e Roma, tra le lettere
e la cristianità, tra l'Umanesimo e la pietà e, come tale, esso
non poté non apparire un evento faustissimo a tutti coloro
che gli umanisti avevano educato al culto di Cristo e di Platone. Di fatto la corte e la curia di Roma divennero sotto
Leone X il luogo di raduno e il punto di riferimento di gran
parte dell'Italia dotta, quelle che davano il tono all'intera
vita intellettuale della penisola. Segretario del papa Medici
fu dal 1512 al 1520 il veneziano Pietro Bembo, una delle
massime autorità intellettuali del tempo, autore tra l'altro di
quelle *Prose della volgar lingua* che possono essere consi-
derate la prima grammatica della lingua italiana. Nel collegio
dei cardinali sedevano uomini come Bernardo Dovizi, anch'egli
letterato assai noto e autore di una delle più licenziose commedie dell'epoca. A Roma, in qualità di ambasciatore del
duca di Urbino, soggiornò a lungo Baldassare Castiglione,
l'autore del *Cortegiano*, forse il maggiore successo letterario
del Cinquecento. A Roma, appena saputo dell'elezione del
cardinale dei Medici, venne anche Ludovico Ariosto che proprio in quegli anni stava portando a termine il suo *Orlando
furioso*, e fu uno dei pochi che dovette partirsene deluso.
Praticamente non vi fu intellettuale di qualche rilievo di
questa generazione la cui vita non sia stata in qualche modo
legata alla Roma trionfante di Leone X e che non abbia
risentito della sua attrazione. E non parliamo degli artisti:
sotto il papato mediceo Roma continuò a essere il cantiere e
il laboratorio artistico di gran lunga più attivo della penisola.

Nell'età di Leone X, anzi, come la chiamerà Voltaire,
nel secolo di Leone X, la vita intellettuale e artistica italiana

raggiunse così un grado di intensità collettiva e di omogeneità quale mai aveva raggiunto. Pochi poeti come l'Ariosto (la prima edizione dell'*Orlando furioso* è del 1516) e pochi pittori come Raffaello (la sua *Scuola di Atene* è del 1510), furono così generalmente e immediatamente compresi e amati dai propri contemporanei. Segno, certo, della loro eccellenza e del loro genio, ma anche dell'altissimo grado di coesione e di amalgama della cultura e dei gusti di una generazione e della loro profonda rispondenza agli ideali artistici dell'epoca. Per noi le Stanze di Raffaello sono soltanto un capolavoro, ma per i contemporanei, che non avevano difficoltà a trovarvi i riferimenti alla cultura e alla situazione dell'epoca di cui sono piene, esse erano anche un compendio del proprio mondo e delle proprie aspirazioni. Analoghi sono i motivi che valgono a spiegare l'eccezionale successo che arrise al *Cortegiano* di Baldassarre Castiglione, la cui composizione risale agli anni 1508-16: nell'ideale di compiutezza cortese e cortigiana che esso proponeva, nel suo platonismo rarefatto il pubblico colto dei primi del Cinquecento, riconosceva una sua comune aspirazione e un suo comune modello di vita, quello di una cultura tradotta in uno stile di compostezza e di autocontrollo intellettuale.

Ma una cultura e un gusto comuni presuppongono e postulano una lingua comune. La pubblicazione ad opera del letterato vicentino Gian Giorgio Trissino del testo del *De vulgari eloquentia* di Dante giunse però a proposito per rilanciare il concetto dantesco di una lingua curiale. Nelle discussioni che si accesero tra i dotti intorno alla cosiddetta « questione della lingua », emersero posizioni contrastanti: chi, come il Bembo, sostenne il primato del fiorentino e della lingua del Petrarca; chi, come il Castiglione, quello di un linguaggio più composito e più regionalmente equilibrato, più « cortigiano ». Il sottinteso del dibattito e delle diverse posizioni assunte in esso dai numerosi partecipanti era comunque la convinzione che una soluzione del problema della lingua letteraria italiana era ormai matura e possibile e la consapevolezza del grado di fusione e di omogeneità che la *koiné* intellettuale italiana, dopo secoli di affinamento, aveva raggiunto.

Ma a questo punto non sarà inopportuno richiamare alla memoria del lettore le considerazioni che si sono svolte più sopra circa il posto che gli intellettuali della generazione dell'Umanesimo avevano occupato nella società del loro tempo e circa la funzione che essi vi avevano (o non vi avevano) esercitato. Quelle considerazioni — ci sembra — valgono anche e soprattutto per la cultura dell'età di Leone X. Nulla è più estraneo agli esponenti di essa dell'idea di una responsabilità e di una missione collettiva dei dotti nei confronti della società in cui vivono, ché anzi la stessa esigenza di un impegno individuale, così fortemente avvertita dai primi umanisti, si viene in essi attenuando. La lingua italiana, quale essi la concepiscono e la auspicano, è innanzitutto ed esclusivamente uno strumento di comunicazione tra i dotti, la poetica dominante quella eminentemente letteraria e riflessa del petrarchismo.

Il banco di prova di questa generazione di intellettuali fu il concilio lateranense (1513-17), convocato da Leone X e illustrato da Raffaello in forma allegorica nei dipinti della stanza detta dell'*Incendio*. Nelle intenzioni di chi lo aveva indetto e nelle speranze di molti di quelli che lo seguirono, esso avrebbe dovuto estirpare gli abusi e le superstizioni che deturpavano il corpo della Chiesa e realizzare quella « riforma » della medesima, della quale si parlava sin dal tempo dei grandi concili di un secolo prima. Il momento sembrava propizio: l'anelito verso forme di pietà più schive e più soccorrevoli, espresso nel vario fermento religioso di fine secolo, non si era spento. Risalgono a questi anni talune di quelle imprese caritative nelle quali si è soliti vedere le prime manifestazioni della Riforma cattolica. La più nota è la Compagnia del Divino Amore, sorta a Genova nel 1497 e poi operante a Roma e in altre città.

Ma queste speranze furono deluse. Non solo il concilio non introdusse alcuna riforma sostanziale, ma, per certi aspetti, esso mostrò di essere più sensibile a esigenze di conserva-

zione che di rinnovamento. Tra le sue decisioni più importanti vi furono tra l'altro quelle di condannare le teorie del
Pomponazzi sulla dottrina dell'anima, e di cautelarsi contro
le conseguenze perturbatrici che la predicazione penitenziale
poteva provocare, limitandone l'esercizio. Il ricordo recente
del Savonarola non cessava di assillare il pontefice mediceo
e i suoi eletti collaboratori.

La prova era così fatta che la riforma della Chiesa non
poteva essere operata dall'alto, per consiglio e sotto la guida
dei dotti, e senza l'intervento emotivo e perturbatore delle
folle dei fedeli. Nello stesso anno in cui il concilio poneva
termine ai propri lavori, Lutero affiggeva le sue novanta-
cinque tesi sulla porta della cattedrale di Wittenberg.

Niccolò Machiavelli.

Più volte nel corso delle pagine precedenti abbiamo avuto
occasione di fare il nome di Niccolò Machiavelli. Nella sua
qualità di segretario e, si direbbe oggi, di ambasciatore vo-
lante della repubblica fiorentina, il futuro autore del *Principe*
ebbe infatti modo di trovarsi spettatore e testimone appassionato di alcuni dei più importanti eventi di cui abbiamo
fatto riferimento nelle pagine precedenti. Ascoltatore impertinente delle prediche del Savonarola nella sua giovinezza (era
nato nel 1469), egli si trovava a Roma nel 1503, quando vi
morì papa Alessandro VI e il successivo e contrastato conclave
designò per suo successore il bellicoso Giulio II. Nel 1509
lo troviamo, come si è visto, sul teatro della guerra veneta
e testimone della crisi dello Stato veneziano. Ma l'esperienza
forse più decisiva ai fini della sua formazione venne dai
ripetuti viaggi e ambascerie che egli fece in Francia. A differenza di molti suoi contemporanei e conterranei, che non
sapevano liberarsi di un complesso di superiorità nei confronti della rozzezza dei costumi francesi rispetto alla raffinata
civiltà italiana, e che attribuivano le vittorie degli eserciti
di Carlo VIII e di Luigi XII solamente alla potenza delle

artiglierie e alla « furia » di una nobiltà e di un popolo prigionieri di tramontati miti cavallereschi, il Machiavelli seppe
rendersi immediatamente conto della superiorità politica e
sociale della compatta e efficiente monarchia assoluta francese
sugli organismi compositi ed eterogenei degli Stati italiani.
Questa sua geniale intuizione egli seppe esprimere con grande
lucidità nel suo *Ritratto delle cose di Francia*. Quando, nel
1512, il dominio mediceo venne restaurato a Firenze, il
Machiavelli, che della repubblica testé abbattuta era stato
uno dei segretari, e che aveva attivamente collaborato al-
l'organizzazione delle sue milizie e della sua « ordinanza »,
si trovò ad essere naturalmente messo da parte e, sospettato
anzi di connivenza in una cospirazione antimedicea, venne
imprigionato e torturato. Liberato in seguito alla elezione
al soglio di Leone X, egli si trovò messo al bando della vita
pubblica e si ritirò nella sua casa di campagna di San Ca-
sciano. Fu da quest'ozio forzato e corrucciato, interrotto
dalle gite e dai soggiorni a Firenze per partecipare alle dotte
conversazioni che si svolgevano negli orti della famiglia Rucellai, che nacquero il *Principe* e i *Discorsi*, due opere senza
le quali la storia del pensiero politico moderno sarebbe in-
concepibile.

Il materiale di studio e di meditazione è fornito, per
usare la pregnante espressione del Machiavelli nella introduzione ai *Discorsi*, dalla lezione delle cose antiche e dalla
esperienza delle moderne. Da questa sterminata collezione di
fatti, che abbracciano tutta la storia dall'antichità alla contemporaneità, si trattava di estrarre quelle leggi o « massime
generali » che — è sempre il Machiavelli che parla — « raro
fallano » e che permettono una visione ragionata e organica
delle vicende degli Stati e della società umana. Il metodo,
come si vede, è quello delle scienze naturali, che era stato
di Leonardo, che sarà di Bacone, applicato alle scienze umane
e alla politica. Quest'ultima non è più la contemplazione del
perfetto Stato e dell'ottimo principe, ma lo studio sperimentale dell'organismo sociale, nelle sue forme sane e in quelle
corrotte, così come la medicina è fisiologia e patologia del

corpo umano. Basterebbe questo approccio empirico e naturalista per mettere in risalto la funzione profondamente innovatrice che Machiavelli ebbe nella storia del pensiero politico moderno, e per giustificare come, malgrado gli anatemi di lettori superficiali, la sua opera abbia esercitato un'influenza sotterranea e profonda su pensatori quale Jean Bodin, Bacone, James Harrington e lo stesso Jean-Jacques Rousseau, che definirà il *Principe* il libro « dei repubblicani ».

Ma la bontà di un metodo si misura soprattutto per i risultati e le certezze cui esso perviene o si avvicina e anche sotto questo punto di vista il contributo del Segretario fiorentino fu cospicuo e rivoluzionario. Schematizzando al massimo, come non possiamo non fare in questa sede, il vario e complesso suo argomentare, ci sembra che si possa affermare che, a suo giudizio, due sono gli attributi e i requisiti che si richiedono a uno Stato per essere veramente tale. Da un lato la potenza, la capacità cioè di difendersi contro eventuali aggressori, e ove sia necessario, di « ampliare » i propri confini; dall'altro la coesione interna, la corrispondenza cioè fra « ordini » e « costumi », tra il momento del consenso dal basso e il momento della costrizione che viene dall'alto. Vi sono stati nella storia organismi politici che hanno posseduto solo il primo di questi requisiti, e tali ad esempio sono stati nell'antichità i grandi imperi asiatici, e, nella contemporaneità, l'impero turco. Ma, per il difetto di coesione interna e il loro carattere dispotico, essi erano e sono dei colossi dai piedi d'argilla. Una grande saldezza e compattezza interna hanno avuto invece le libere città-Stato greche e, nei tempi moderni, le comunità montanare svizzere, le città tedesche e la stessa Venezia. Ma la simpatia con la quale il Machiavelli, da buon segretario di repubblica, guarda ad esse non gli impedisce di rendersi conto di come, per la angustia dei loro confini, esse rischiassero continuamente di essere travolte dai vicini più potenti o di sopravvivere a prezzo di un isolamento provinciale e geloso. La stessa Venezia non aveva rischiato — e Machiavelli ne era stato testimone — di perdere in un giorno le sue conquiste di secoli, e non era stata costretta infine a rannicchiarsi nel suo splendido isolamento? Per non parlare poi di Firenze, la quale in tutto il corso della sua storia non aveva mai cessato di essere lacerata all'interno dalle sette e di offrire all'esterno un penoso spettacolo di insipienza militare e politica. Il solo tra gli Stati, succedutisi nel corso della storia, che avesse cumulato la potenza militare con la coesione interna, l'esercizio delle armi con quello delle civili libertà, rimaneva dunque la grande repubblica romana prima dell'avvento di Cesare e della decadenza imperiale. Ma, per quanto figlio dell'Umanesimo e ammiratore anch'egli della classicità repubblicana, Machiavelli sapeva fin troppo che anche Roma repubblicana, come tutti gli organismi politici, era condizionata dai tempi e dalle circostanze e che la legge inflessibile dei cicli storici non risparmiava neppure i più augusti tra gli Stati. Il problema non era perciò quello di attardarsi in una riesumazione e in un'ammirazione della classicità, ma piuttosto quello di guardare avanti e di tentare di delineare i tratti di uno Stato moderno, di un « principato nuovo », che non fosse né uno Stato-città, né un impero di tipo orientale e turchesco. Era una ricerca difficile, specie per un italiano degli inizi del secolo XVI. L'esempio della grande monarchia francese, che il Machiavelli contrappone a quello del Turco, costituiva già un'indicazione e un termine di riferimento possibile, ma non sufficiente a permettere una soluzione del problema. Questa era riservata alla storia e solo ad essa, e il Machiavelli non poteva certo prevederne il corso. La sua non è infatti la grandezza, spesso dubbia e fallace, del profeta e del precursore, ma quella, ben più autentica e reale, del ricercatore e dello scienziato.

Tuttavia in questa ricerca egli non cessò un solo istante di sentirsi impegnato e il *Principe* e i *Discorsi* sono là a testimoniarci dell'intensità e della complessità del suo impegno. Qualche anno più tardi, tra il 1519 e il 1521, egli tentò di approfondire la sua analisi prendendo in esame, nell'*Arte della guerra*, il problema specifico degli ordinamenti militari e giunse alla conclusione che ogni Stato che si rispetti (non si dimentichi che egli era stato l'organizzatore dell'« ordi-

nanza » fiorentina del 1506) deve disporre di armi « proprie »,
essere cioè in grado, senza ricorrere alle malfide truppe mercenarie, di arruolare dei fedeli soldati tra i propri « regnicoli ».
Ma, se è vero — come attestava l'esempio di Roma repubblicana — che i buoni soldati sono soltanto coloro che com-
battono *pro aris et focis* e per i quali la patria è veramente
una madre, quali innovazioni e quali istituzioni era necessario introdurre nei rapporti civili e sociali perché i « sudditi »
dei grandi Stati si trasformassero in « cittadini » e combat-
tessero anch'essi con lo stesso accanimento e la stessa « religione » degli antichi spartani e dei montanari svizzeri? Ancora una volta il problema militare rinviava a quello politico,
e questo a quello sociale. La questione dei caratteri dello
Stato moderno rimaneva, né avrebbe potuto essere altrimenti,
aperta.

Un solo punto, che costituisce da solo un'autentica scoperta politica, era ben chiaro. Laddove, come in Italia, il
processo di disgregazione politica e di corruzione aveva raggiunto il suo punto più basso, il « principato nuovo » non
era concepibile al di fuori di un processo di rigenerazione
totale e di un'atmosfera di tensione rivoluzionaria. Era necessario, in una parola, rompere ogni addentellato con il
passato e instaurare ordini del tutto nuovi, agire con la
determinazione, e ove occorresse, con la crudeltà di un chi-
rurgo e di un rivoluzionario. « Che uno principe nuovo, in
una città o provincia presa da lui, debbe fare ogni cosa
nuova » è il titolo di uno dei capitoli dei *Discorsi*. Nell'ultimo
capitolo del *Principe*, che forse è la più celebre pagina del
Machiavelli, tale tensione rivoluzionaria tocca il suo diapason.
L'appello alla liberazione d'Italia dai « barbari » coincide con
quello per una rigenerazione radicale della vita politica, degli
ordini e dei costumi della vita italiana. Tocchiamo qui il
punto di rottura della mentalità tradizionale dell'intellettuale
italiano: l'autocompiacimento del dotto e del civilizzato si
trasforma in sofferta coscienza dei propri limiti, il distacco
in impegno militare. Niccolò Machiavelli non appartiene al
secolo di Leone X.

Ma i Medici, cui il *Principe* era dedicato, non erano certo interessati, né capaci di comprenderne lo spirito e, tanto meno, di metterne ad effetto i propositi. Per vari anni essi lasciarono il Machiavelli inoperoso affidandogli soltanto missioni secondarie e, a volte, umilianti. Fu solo nel 1521 che egli ebbe l'incarico di scrivere la storia di Firenze ed egli lo assolse giungendo con la sua narrazione sino al 1492 e riversandovi tutta l'amarezza di chi, rievocando un grande passato, è ormai convinto che da esso non germinerà nessun avvenire. Morì il 21 giugno 1527.

L'Italia nell'impero di Carlo V e il sacco di Roma.

Nel 1519, dopo una campagna elettorale spettacolare e combattuta, Carlo d'Asburgo era eletto imperatore del Sacro Romano Impero. Erede per via paterna dei possedimenti absburgici in Austria e nelle Fiandre e per via materna della corona di Spagna, sostenuto dalla grande potenza bancaria dei Fugger e da quella militare della invitta fanteria spagnola, il nuovo imperatore, uomo taciturno e riservato, era fortemente compreso della missione che i destini sembravano affidargli e si deve anche alla sua forte personalità, fatta di energia e di *self-control*, di passione borgognona e di senso della regalità spagnolo, di serietà fiamminga e di laconicità tedesca, se, in un'Europa ormai divisa dai conflitti e dagli interessi dei vari Stati, una restaurazione imperiale sembrò possibile.

Ma un Impero, quale era quello di Carlo V, che era costituito da un coacervo di popoli diversi e di province disgiunte, poteva sussistere solo a condizione di sottolineare costantemente il carattere universale della sua missione. Questa universalità — l'idea medievale di una *Republica christiana* conservava ancora una sua risonanza nelle menti degli uomini del secolo XVI — poteva venire soltanto da Roma e le chiavi del primato europeo si trovavano in Italia. Una buona armonia tra l'impero e la Chiesa, alla testa della quale

dopo la morte di Leone X si trovava Adriano VI, già vescovo
di Utrecht e precettore dello stesso Carlo V, e l'egemonia
della penisola apparivano quindi come i presupposti di ogni
politica autenticamente imperiale. E fu infatti al raggiungimento di entrambi questi obiettivi che fu informata nei suoi
esordi, anche per l'influenza esercitata sull'imperatore da uno
dei più fidi dei suoi consiglieri, il piemontese Mercurino da
Gattinara, la politica di Carlo V. Inoltre il possesso del ducato di Milano, con la sua naturale appendice di Genova, era
essenziale al fine di stabilire un collegamento più rapido e
più sicuro tra la parte spagnola dell'Impero e il mondo
tedesco. Ma Milano era dal 1515 nuovamente in mano ai
francesi dopo che Francesco I, sceso in Italia sulle orme dei
suoi precedessori, aveva sgominato gli svizzeri nella battaglia
di Marignano. Il possesso della Lombardia costituì perciò
il pomo della discordia da cui scaturì il conflitto per l'egemonia europea tra Carlo V e Francesco I, conflitto che si
prolungò per quasi trent'anni e del quale la penisola si trovò
a essere il principale teatro.

Gli inizi furono travolgenti per l'imperatore: il 24 febbraio 1525 sul campo di Pavia, l'esercito francese era annientato e il suo stesso re fatto prigioniero. Sembrò che di
un sol colpo il predominio spagnolo sull'Italia fosse definitivamente stabilito. E questa prospettiva indusse gli Stati italiani, come già al momento della discesa di Carlo VIII e di
quella di Luigi XII, a riunirsi in una lega cui, oltre a Francesco I, tornato dalla prigionia di Madrid, aderiva anche il
nuovo pontefice Clemente VII, anch'egli della famiglia dei
Medici. La nuova fase di guerra guerregiata che seguì fu
una delle più ricche di colpi di scena e di imprevisti di tutta
la tormentata storia del secolo XVI. Le truppe imperiali
calate in Italia contro le forze della Lega persero per ben
due volte il proprio comandante, prima nella persona del
Frundsberg, un cavaliere tirolese morto di apoplessia, poi in
quella del Connestabile di Borbone, il transfuga di Francesco I, il quale venne ucciso quando l'esercito imperiale,
superata facilmente la resistenza dei discordi capitani della

Lega, stringeva dappresso Roma. Rimasta senza capo (e senza denari), l'armata di Carlo V si trasformò in una soldatesca informe che, senza alcun ordine imperiale, entrò in Roma e, tra l'esterrefatto stupore della cristianità, mise a sacco la città eterna, mentre Clemente VII, chiuso in Castel Sant'Angelo, si trovava praticamente nella condizione di un prigioniero (1527).

Il sacco di Roma, che appare a noi oggi come il risultato di una serie di accidenti e vicende imprevedibili e in parte fortuiti, sembrò invece a molti dei contemporanei come un evento fatale e segnato, quasi un giudizio di Dio e la manifestazione della collera divina contro la corruzione e la degenerazione della sua Chiesa. Che poi, a mille anni di distanza da quello operato dai visigoti, fosse toccato proprio ai lanzichenecchi luterani del Frundsberg, di rinnovare il sacco della città eterna, non poteva egualmente non apparire come una testimonianza della lacerazione della cristianità e un ammonimento a por fine ad essa. Già prima che le truppe imperiali entrassero in Roma era stata ventilata nell'*entourage* di Carlo V l'idea di utilizzare la pressione militare da esse minacciosamente esercitata per costringere il papa a convocare il concilio. La cosa rimase allo stato di progetto e di auspicio, ma d'ora in poi, come vedremo, l'idea di un concilio che ponesse fine allo scisma protestante accogliendo le sue più giustificate istanze di riforma dominò le menti di molti uomini. In questa nuova temperie le glorie dell'età di Leone X apparivano di colpo avvizzite e lontane.

Fu a Firenze, la patria di Savonarola, di Leone X e del pontefice regnante, che i contraccolpi politici dello *choc* psicologico provocato dai memorabili eventi del 1527 furono più acuti e spettacolari. Alla notizia del sacco di Roma i Medici vennero cacciati, la repubblica venne nuovamente instaurata e nella città tornò a regnare l'atmosfera di *revival* religioso e repubblicano degli anni di Savonarola. Il Cristo venne nuovamente proclamato signore della città, l'« ordinanza » ricostituita e, nel clima di esaltazione e di entusiasmo collettivo che pervase la città, le fazioni popolari e intransigenti, ostili all'oligarchia delle grandi famiglie, presero rapidamente il sopravvento. Ma l'avventura dell'ultima repubblica fiorentina sarebbe stata anche essa di breve durata. Il fallimento sotto le mura di Napoli della spedizione francese del Lautrec e il passaggio, per iniziativa di Andrea Doria, della repubblica genovese, con la sua flotta e i suoi capitali, dal campo della Lega a quello imperiale, spostarono definitivamente i rapporti di forze in favore di Carlo V e annullarono il vantaggio psicologico che Francesco I si era assicurato sfruttando abilmente il tema propagandistico di Roma saccheggiata e del pontefice oltraggiato.

Nel 1529 la pace era nuovamente fatta tra il re di Francia e Carlo V e quest'ultimo si affrettò a venire personalmente nella penisola per imporvi il suo ordine e la sua legge. Nel corso di un solenne congresso che si svolse a Bologna e a cui parteciparono, con l'eccezione di Firenze, i rappresentanti di tutti gli Stati italiani, venne definito il nuovo assetto della penisola: Milano veniva assegnata a Francesco II Sforza con il patto che alla sua morte il ducato sarebbe passato sotto la sovranità imperiale; Genova conservava un'indipendenza più nominale che reale sotto la signoria di Andrea Doria, e gli altri Stati si trovavano di conseguenza anch'essi a gravitare nell'orbita spagnola. A suggello del congresso di Bologna Carlo V ricevette dalle mani di Clemente VII la corona imperiale, dopo essersi dal canto suo impegnato a restaurare a Firenze il dominio dei Medici. Divenuta l'unico focolaio di perturbazione in una situazione che si era rapidamente stabilizzata, la repubblica fiorentina si trovò di colpo isolata e stretta d'assedio. Le fortificazioni al cui apprestamento aveva lavorato Michelangelo non valsero neppur esse ad impedire che la città cadesse nelle mani degli imperiali. Con la sua caduta e conseguente restaurazione dei Medici il predominio imperiale sulla penisola era definitivamente consolidato e si chiudeva un periodo drammatico della storia d'Italia, quello aperto dalla discesa di Carlo VIII e nel corso del quale molte speranze e molti audaci progetti erano caduti: da quello savonaroliano di una restaurazione comunale e religiosa, a quello coltivato alla corte di Leone X di un'alleanza tra le lettere e la pietà e di un ritorno alla felice stagione dell'equilibrio e dell'Umanesimo, a quello infine di una rigenerazione totale della vita italiana sul modello delle grandi monarchie straniere intravisto dal Machiavelli.

Di questo quarantennio di vicende italiane si farà storico Francesco Guicciardini, un fiorentino che aveva avuto parte attiva negli eventi dell'epoca e si era battuto dalla parte di coloro che avevano tentato di arginare l'avanzata imperiale nella penisola. La sua *Storia d'Italia* inizia infatti nel 1492 e termina, significativamente, con la morte di Clemente VII nel 1533. Essa la nobiltà e la mestizia di un grande epitaffio classico e da ogni pagina traspira la dolente consapevolezza del suo autore di scrivere una vicenda ormai definitivamente conclusa. Di 14 anni più giovane del Machiavelli, del quale era stato amico e corrispondente, il Guicciardini era vissuto abbastanza per essere spettatore del sacco di Roma e degli eventi del terribile anno 1527, del congresso di Bologna e della fine della seconda repubblica fiorentina e per ricavare da questi eventi la amara e definitiva lezione di essere ormai un sopravvissuto. I suoi *Ricordi politici e civili*, cui egli attese dopo il suo ritiro dalla vita politica e che, al pari delle altre sue opere, egli non si curò di pubblicare, sono appunto la testimonianza di questo stato d'animo e della nobiltà e della lucidità con cui un grande figlio della tradizione intellettuale dell'Umanesimo fiorentino seppe affrontare il cambiamento della fortuna. Vi sono in questa opera delle pagine e delle sentenze che hanno fatto pensare a una sorta di disimpegno e, anche, di cinismo. Quando il Guicciardini scrive ad esempio « pregate Dio di trovarvi dove si vince », noi sentiamo però che affermazioni come questa, così scoperte e, al fondo, così ingenue, può farle solo chi ha vissuto intensamente e fortemente condiviso le convinzioni e le aspirazioni della sua età.

Gli intellettuali e il concilio.

Dopo il 1530 il panorama generale europeo continuò ad essere dominato per più di un ventennio dal conflitto franco imperiale. La pace che Carlo V e Francesco I avevano stipulato nel 1529 fu ben presto rotta (1535), ricomposta (1538) e poi nuovamente rotta (1542) e le ostilità che ne derivarono ebbero uno dei loro teatri principali nella penisola italiana. Esse non dettero però luogo ad alcuna modificazione sostanziale del sistema inaugurato a Bologna. Tuttavia, se il conflitto franco-absburgico seguitò ad essere il *leitmotiv* della grande politica europea, esso non dominò più incontrastato la scena come nel decennio precedente. Altri elementi e altri problemi erano infatti venuti a complicare il panorama politico europeo e a rendere più complesso il gioco diplomatico e i rapporti tra le grandi potenze.

A oriente la Turchia di Solimano il Magnifico è all'offensiva: occupata Rodi nel 1522 e vittoriosa nel 1526 a Mohacs essa minaccia ormai Vienna e, con l'aiuto dei corsari barbareschi dell'Africa del Nord, aspira chiaramente al predominio marittimo nel Mediterraneo. In Germania lo scisma religioso luterano è ormai divenuto un grande movimento che si batte per l'autonomia e la libertà della nazione tedesca e i principi protestanti collegati nella Lega di Smalcalda (1531) costituiscono ormai per Carlo V un interlocutore politico del quale egli non può più ignorare l'esistenza.

In questa costellazione politica complessa e contraddittoria si fa strada alla corte imperiale di Carlo V l'idea di quello che potremmo chiamare un grande rilancio imperiale ed ecumenico. Il pericolo turco fa risorgere l'antico e mai dimenticato mito della crociata, ad ecco Carlo V espugnare Tunisi (1535) o tentare con molta sfortuna l'impresa di Algeri (1542). Lo scisma protestante a sua volta riporta all'ordine del giorno l'idea del concilio, di un concilio però che, a differenza di quello lateranense indetto da Leone X, non fosse una mera riaffermazione di prestigio, ma un tentativo serio e impegnato, con la collaborazione di tutte le parti interessate, di ricostituire sulla base di una riforma dall'interno l'unità della Chiesa e la pace della cristianità. Occorreva perciò far pressione sia sul papato, sia sui collegati di Smalcalda, ed è appunto in questo senso che, facendo leva sugli elementi più moderati di parte cattolica e di parte riformata, si mosse la politica di Carlo V nel decennio tra il 1530 e il 1540.

Ovunque in Europa, ma in Italia forse più che altrove, questa prospettiva di rilancio ecumenico e imperiale suscitò speranze e attese. Tutto infatti contribuiva a renderla esaltante e credibile. Una cristianità riformata e riconciliata, pronta a riprendere il vessillo della crociata, avrebbe potuto restituire all'Italia la sua funzione di ombelico d'Europa, alla Chiesa e al clero la loro autorità e la loro pietà, all'*intellighenzia* umanistica la sua funzione cosmopolita e il suo prestigio. A noi, che giudichiamo a distanza di secoli, queste speranze e queste aspettative appaiono delle illusioni: il Mediterraneo stava cessando di essere ciò che per secoli era stato, l'unità della Chiesa aveva ormai scarse probabilità di sopravvivenza in un'Europa strutturata secondo un sistema di Stati nazionali. Ma non era così per gli uomini dell'epoca. Non tutti gli intellettuali italiani possedevano la ludicità di un Machiavelli o di un Guicciardini e molti di essi profusero nel tentativo di operare una riforma e una riconciliazione della Chiesa tesori di energia, di pietà e di intelligenza.

L'« evangelismo italiano » — tale è il nome collettivo col quale si sogliono designare le diverse correnti e i diversi gruppi che operarono in vista di una riforma della Chiesa e di una riconciliazione con il mondo protestante — ebbe vari centri e vari indirizzi. A Napoli abbiamo un circolo che si formò attorno al dotto spagnolo Juan de Valdés che nel 1540 pubblicò il suo *Alfabeto cristiano*, un trattatello il cui motivo di fondo era quello della indifferenza verso ogni formulazione dogmatica e verso ogni esteriorità del culto. Di esso furono assidui frequentatori il protonotario apostolico Piero Carnesecchi, gli umanisti Marc'Antonio Flaminio e Aonio Paleario, Caterina Cybo duchessa di Camerino, il mar-

chese Gian Galeazzo Caracciolo, il vescovo salernitano Seri-
pando e Bernardino Ochino, principe tra i predicatori del-
l'epoca e generale dei cappuccini, un nuovo ordine formatosi
per filiazione dei francescani. Altri centri importanti del-
l'evangelismo e dell'Irenismo italiano furono la repubblica di
Lucca, dove operò il teologo Pier Martire Vermigli; Ferrara
con la duchessa Renata di Francia, una figlia di Luigi XII
e di Anna di Bretagna andata sposa a Ercole II d'Este, alla
cui corte trovarono ospitalità Rabelais e Calvino e si raccolse
un nutrito circolo di simpatizzanti per la riforma; Verona
con il suo vescovo Giberti; Modena con gli umanisti Molza
e Castelvetro, due autorità nella cultura dell'epoca. Ma il
focolaio più importante delle nuove idee e delle nuove tendenze religiose fu probabilmente Venezia: nella città della
laguna la presenza di una forte colonia tedesca e la tolleranza
della repubblica avevano infatti facilitato la circolazione delle
idee e dei libri oltremontani. Di qui venne all'evangelismo
italiano una delle più eminenti figure, quella del patrizio
Gaspare Contarini, qui dimorò a lungo l'inglese Reginald Pole
che sino a che non si compromise con le persecuzioni religiose di Maria la Cattolica venne universalmente considerato
un sincero e convinto fautore della riconciliazione religiosa.
Sempre nell'ambiente veneto, ma questa volta nella terraferma,
va ricordata l'opera del vescovo di Capodistria, Pier Paolo
Vergerio, già nunzio in Germania, che si dette a un concreto
lavoro di organizzazione di chiese luterane. Infine come non
ricordare il nome di Vittoria Colonna, vedova del marchese
di Pescara, il vincitore di Pavia, poetessa sensibile e inquieta
che fu amica e confidente di alcuni tra i principali riformatori
italiani? Come si vede — e ci siamo limitati a fare soltanto
alcuni nomi — il campo dell'evangelismo e del protestantesimo italiano è lungi dall'essere sguarnito. Vescovi e pastori
di fedeli, dotti che avevano meditato la grande lezione di
Erasmo, predicatori illustri, uomini di curia, esponenti del-
l'aristocrazia, nobildonne, non vi era settore o provincia del-
l'*intellighenzia* e del personale dirigente italiano in cui le
aspirazioni alla riforma e alla pace religiosa non fossero pene-

trate. Ma si trattava appunto di un'*élite* priva di collegamenti
con i focolai e i fermenti di radicalismo religioso e popolare
che pure esistevano in varie zone della penisola; di un'*élite*
che aveva ereditato dalle precedenti generazioni di intellettuali italiani un abito di vita e uno stile in cui l'avversione
e il fastidio nei confronti delle esteriorità e delle pompe
del culto erano altrettanto radicati quanto quelli nutriti nei
confronti dello zelo e della intolleranza dei nuovi riformatori
e del fanatismo delle folle che li seguivano. L'ideale di questi
intellettuali, salvo qualche eccezione, non poteva essere che
quello di una riforma introdotta dall'alto e di una pietà
aristocratica.

Eppure, quando nel 1534 il cardinale Alessandro Farnese
venne eletto pontefice col nome di Paolo III, sembrò che
l'ora dell'evangelismo italiano fosse suonata. Le sue prime
nomine cardinalizie, nelle quali furono compresi uomini come
il Contarini, il Pole, il napoletano Carafa e i francesi Du
Bellay e Sadoleto, parvero un chiaro indizio del suo indirizzo
riformatore e ancor più incoraggiante parve la decisione di
formare una commissione, nella quale i cardinali di nuova
nomina erano largamente rappresentati, incaricata di studiare
un piano di possibili riforme della Chiesa. Questa commissione assolse il suo compito nel 1537 con il *Consilium de
emendanda Ecclesia*, che può esser considerato la carta della
riforma cattolica italiana, sia per le sue proposte di estirpa-
zione degli abusi, sia anche per le sue limitazioni e la sua
timidezza: tra le altre cose si proponeva anche di istituire
una censura sui libri e di bandire i *Colloquia* di Erasmo dalle
scuole. Nello stesso anno Paolo III, accogliendo l'invito e le
pressioni di Carlo V, decideva infine di convocare il concilio.
Dovettero passare però cinque anni prima che la relativa bolla
venisse pubblicata, essendo sorte delle divergenze sulla città
che avrebbe dovuto ospitarlo. Fu scelta infine Trento, città
cattolica ma situata nel territorio dell'impero e vicina ai
confini del mondo protestante. Nel frattempo però molte cose
erano cambiate.

Nel 1536 Francesco I aveva ripreso le ostilità in Italia,

e per vari anni la situazione nella penisola ritornò ad essere
fluida; nel Mediterraneo la flotta turca aveva sconfitto quella
cristiana nelle acque della Prèvesa (1538); in Germania la
Lega di Smalcalda non accennava a disarmare e era ormai
chiaro che Carlo V, impegnato su tre fronti, si trovava nella
necessità di operare un raggiustamento della sua ambiziosa
politica imperiale. Ma l'evento che forse più di ogni altro
concorse a modificare la situazione e a introdurre un elemento di radicalizzazione fu il successo della predicazione
calvinista a Ginevra e fuori di Ginevra. A questa più radicale ondata riformatrice il papato reagì irrigidendo la sua
posizione e l'impero si trovò ben presto nella condizione di
dover assecondare questo suo nuovo orientamento. Molte
delle speranze ireniche e conciliari degli anni precedenti erano
così destinate a dissolversi rapidamente e molte illusioni di
intellettuali a cadere.   .

Il punto di rottura fu raggiunto negli anni 1541-42. Al
fallimento del colloquio di Regensburg tra rappresentanti
cattolici e protestanti (vi parteciparono da una parte il Contarini e il Pole, dall'altra Melantone) fece seguito da parte
pontificia l'istituzione del Sant'Uffizio. L'ormai imminente concilio si annunciava così sotto cattivi auspici e, prima ancora
che esso iniziasse le sue sessioni, la caccia alle streghe della
Controriforma era già iniziata e molte coscienze si erano
trovate al bivio tra il rientrare nell'ortodossia e l'uscirne definitivamente. Vi fu chi scelse arditamente la seconda strada:
tra gli altri Pier Martire Vermigli, Bernardino Ochino e
l'umanista Celio Curione che furono tra i primi a prendere
la via della fuga dall'Italia. Molti negli anni successivi li
avrebbero seguiti. Ma vi furono anche abiure e taciti ma
sofferti ripiegamenti di coscienza. Per gli uni e per gli altri,
per gli « eretici » e i fuggitivi, come per coloro che erano
rientrati nell'ortodossia, o almeno ostentavano di averlo fatto,
la crisi degli anni 1541-42 rappresentò la fine di tante generose e nobili illusioni.

Tra coloro che avevano avuto contatti con i circoli evangelici italiani vi era stato anche Michelangelo, tornato a Roma

reduce dalla esaltante, ma amara avventura dell'assedio fiorentino. Certo le discussioni attorno a un suo preteso e occulto protestantesimo hanno fatto il loro tempo, ma di fronte al suo *Giudizio universale*, che egli dipinse tra il 1536 e il 1541, riesce pur sempre difficile sottrarsi all'impressione che il tema di questo strano capolavoro è lo stesso da cui si era mossa l'angosciosa meditazione di Lutero e di Calvino: quello del Dio giudice che, con un cenno della sua mano, traccia tra tanta carne umana ignuda una linea di separazione tra i dannati e i beati, tra l'estasi e la disperazione. Vi è comunque in questo affresco il segno del tempo e degli anni, gli anni della difficile e tormentata vecchiaia del suo pittore e dell'ultima grande avventura degli intellettuali italiani della Rinascenza e della loro ultima battaglia perduta. Con la dissoluzione e la diaspora di quel gruppo di uomini, che tra il 1530 e il 1540 avevano cercato di tradurre in realtà l'insegnamento e il messaggio del grande Erasmo da Rotterdam, finisce anche davvero la grande stagione rinascimentale, e gli intellettuali, come corpo e come *élite*, cesseranno con questo fallimento di esercitare nella storia italiana quella funzione agglutinante e esemplare che vi avevano avuto sin dagli inizi dell'età comunale.

Il consolidamento del predominio spagnolo e l'avvento della Controriforma.

Tra il 1530 e il 1540, malgrado le continue guerre, non si ebbero, come si è visto, modificazioni sostanziali nell'assetto territoriale e politico della penisola stabilito a Bologna, ove si eccettui il formale e scontato incameramento del ducato di Milano nell'impero di Carlo V. Se ne ebbero invece nel periodo compreso tra il 1544 e il 1559, nel quindicennio cioè che intercorre tra la pace di Crépy e quella di Cateau-Cambrésis che pose definitivamente un termine alle guerre d'Italia e al duello franco-absburgico per il predominio europeo. Tali mutamenti si riassumono nella nascita di un nuovo

Stato — il ducato di Parma e di Piacenza — e nella scomparsa di uno vecchio, la repubblica di Siena.

Si è già visto come quel lembo di terra costituito dai territori di Parma e di Piacenza, posto al confine tra Emilia e Lombardia, fosse più volte, dai tempi dei Visconti a quelli di Leone X, passato di volta in volta dalla soggezione allo Stato di Milano a quella dello Stato della Chiesa. La quesione venne definitivamente risolta nel 1545 quando Paolo III riuscì a convincere Carlo V a erigere le due città in un ducato autonomo a favore di suo figlio Pier Luigi Farnese e ad arricchire così la carta politica italiana di uno staterello in più. Quanto a Siena, che nell'ultima fase della guerra franco-spagnola si era dichiarata apertamente per la Francia e aveva consentito ai repubblicani fiorentini di usare il suo territorio come trampolino per un tentativo di rivincita sui Medici, essa venne sconfitta dall'azione congiunta di Firenze e della Spagna e dal 1555 cessò di essere una libera repubblica per divenire parte integrante del dominio fiorentino, eccettuata la fascia costiera del cosiddetto « Stato dei presidi » che venne poi assegnata alla Spagna. Ciò avvenne col trattato di Cateau-Cambrésis che sancì definitivamente in Italia la dominazione spagnola (1559). Al momento dell'abdicazione di Carlo V e della divisione del suo impero, i possedimenti italiani erano stati infatti assegnati a Filippo II, il quale nel 1563 si affrettò a istituire un Consiglio d'Italia incaricato di sovrintendere e coordinare l'azione dei vari viceré e governatori insediati a Palermo, a Napoli e a Milano.

Episodi di resistenza, oltre a quello della guerra di Siena, a questa progressiva ispanizzazione della penisola non erano mancati, ma si trattò di fenomeni abbastanza circoscritti e attuati per giunta in forme spesso equivoche. Sotto questo rispetto gli anni più caldi furono il 1546 e il 1547 quando, oltre ai moti di Napoli contro la ventilata introduzione dell'Inquisizione di Spagna, dei quali avremo modo di far cenno più avanti, si susseguirono ben tre congiure: a Genova, dove la famiglia dei Fieschi, appoggiata dalla Francia, tentò di scalzare il dominio dei Doria, a Lucca e a Parma. Di queste congiure quella lucchese, il cui il gonfaloniere Francesco Burlamacchi tentò di trascinare la sua e altre città toscane nel tentativo di rovesciare il governo mediceo, è la più interessante e significativa per la sua chiara intonazione repubblicana e cittadina e per l'ambiente da cui essa scaturì: non si dimentichi infatti che Lucca era stata una delle capitali dell'evangelismo italiano e una delle città ai cui fermenti ereticali guardavano con maggiore preoccupazione i custodi dell'ortodossia. A Parma infine, il che dimostra la reversibilità di questa forma di lotta politica, a fomentare la congiura che portò all'uccisione del duca Pier Luigi Farnese furono gli spagnoli, messi in allarme dalle sue ambiguità e velleità di indipendenza.

Così a uno a uno, gli ultimi focolai della « libertà » degli Stati italiani si venivano spegnendo. Padrona di Palermo, di Napoli e di Milano, strettamente collegata al papato che a sua volta dominava una cospicua parte della penisola, la Spagna esercitava di fatto una sorta di protezione e di controllo su quasi tutti gli altri governi italiani e in particolare su quello di Genova e, anche, di Firenze: essa era insomma l'arbitra della vita politica della penisola.

Contemporaneamente al consolidamento dell'egemonia spagnola procedeva anche l'opera della restaurazione religiosa. Sin dalle prime battute del concilio che iniziò i suoi lavori a Trento nel 1545 apparve chiaro che la pattuglia di coloro che vi si erano recati nella speranza che esso potesse costituire ancora l'occasione per una riconciliazione col mondo della Riforma sarebbe stata facilmente battuta dalla compatta falange dei vescovi italiani e spagnoli con la loro ortodossia e con il loro zelo antiereticale. Quanto a papa Paolo III, egli fu pronto a cogliere la prima occasione (una pestilenza scoppiata nella città di Trento) per trasferire la sede del concilio nella più fidata e vicina Bologna (1547), città della Chiesa. Questa decisione irritò profondamente Carlo V e determinò nuovamente una tensione tra la Chiesa e l'impero e una paralisi dei lavori conciliari che, dopo una breve sessione durata dal settembre 1551 all'aprile 1552 non sarebbero stati ripresi che nel 1562. Frattanto però la repressione dell'« eresia » non conosceva soste e sotto il pontificato di Giulio III (1550-55) e, soprattutto, sotto quello di Paolo IV (1555-59), il cardinale napoletano Giampiero Carafa, essa venne anzi sempre più intensificando i suoi tempi e la sua asprezza, mentre i poteri del Sant'Uffizio e il campo d'azione della nuova e potentissima Compagnia di Gesù venivano estendendosi ogni giorno di più. Si giunse al punto che persino dei membri del Sacro Collegio dei quali erano note le opinioni temperate e conciliatrici, furono colpiti dal Sant'Uffizio: fu il caso del cardinal Morone, dello stesso cardinal Reginald Pole, cui nel 1557 venne tolto l'incarico di delegato pontificio al concilio, pur avendo riscattato con la collaborazione alle repressioni di Maria la Cattolica i suoi precedenti erasmiani ed evangelici. L'anno successivo venne pubblicato il primo *Indice dei libri proibiti*; e quale colpo dovette essere per i superstiti della generazione del secolo di Leone X scoprire che tra le opere la cui lettura era vietata a un buon cattolico vi erano, a prescindere dal famigerato Machiavelli, il *Decameron* e perfino il *De Monarchia* del padre Dante!

Il successore di Paolo IV, Pio IV (1559-65), era, almeno rispetto al suo zelante predecessore, un moderato. Ma ormai l'opera di repressione e di intimidazione era stata portata tanto avanti che egli poté riaprire il concilio e, nel dicembre 1563, chiuderlo definitivamente con la solenne approvazione della *Professio fidei tridentinae* inaugurando così, anche ufficialmente, l'età della Controriforma.

Di fronte alla tempesta che si abbatté su di esso, il campo già debole e provato dell'evangelismo italiano non resse: si operò ben presto una scissione tra coloro che optarono decisamente per la rottura con la Chiesa e quelli che si sottomisero, per paura o per un sottile calcolo intellettuale, all'ortodossia tridentina e le fughe si succedettero con un ritmo altrettanto frequente delle abiure.

Tra coloro che lasciarono l'Italia in quegli anni (l'elenco completo sarebbe troppo lungo) troviamo ad esempio il vescovo Pier Paolo Vergerio, che varcò i confini nel 1549, il marchese napoletano Galeazzo Caracciolo che lo seguì due anni dopo, il Castelvetro la gentildonna Olimpia Morata, il lucchese Diodati, del quale è nota la traduzione della Bibbia, il senese Lelio Sozzini con il suo nipote Fausto, il medico saluzzese Biandrata e molti altri. Alcuni di questi emigrati divennero — come il Caracciolo — membri autorevoli e rispettati delle Chiese di Ginevra e di Zurigo, ma altri, probabilmente la maggioranza, proseguirono le loro peregrinazioni verso terre più lontane e verso idee più radicali. Un peso determinante in questo senso ebbe l'intransigenza dottrinale di Calvino e l'episodio del rogo del Serveto. Come si poteva — argomentava uno degli esuli italiani, il Castellione, nel suo *De haereticis an sint persequendi*, scritto appunto in occasione del martirio di Serveto — deplorare i papisti se poi se ne adottavano gli stessi metodi? Ed ecco molti tra gli eretici italiani lasciare Ginevra e cercare rifugio in Inghilterra, in Polonia, in Transilvania, dove alcuni di essi ebbero una parte di rilievo nelle vicende religiose di quelle contrade nella seconda metà del secolo. Ma il loro distacco da Ginevra e dal calvinismo è anche e soprattutto un distacco ideale; molti aderirono alle idee antitrinitarie del Serveto, altri, come il già ricordato Fausto Sozzini, si spinsero anche più lontano giungendo a prospettare e a propugnare l'esigenza di una religione libera da ogni costrizione dogmatica e reggimentale, tutta interiore. Era, per molti aspetti, la concezione del fatto religioso che sin dai primi decenni del secolo era stata avanzata, come si ricorderà, da Juan de Valdés e dal suo circolo, ma era anche, per le nuove mutate circostanze in cui veniva proposta, un invito alla tolleranza. Per questi suoi aspetti al socinianesimo si riconosce tradizionalmente un'influenza non trascurabile nelle origini del liberalismo moderno.

Ma se le pratiche e le esteriorità del culto erano cose indifferenti, allora perché non accettarle e sottomettersi ad esse badando soprattutto a praticare nel proprio foro interiore una religiosità genuina e priva di orpelli? Era questa la conclusione cui arrivarono molti di coloro che non si erano sentiti la forza di lasciare la loro terra e i loro affetti e che d'altronde riluttavano profondamente ad aderire alle nuove formulazioni del cattolicesimo tridentino. Prima di scegliere definitivamente la via dell'emigrazione, lo stesso Fausto Sozzini era vissuto del resto a lungo in Italia mimetizzando le proprie convinzioni radicali sotto la maschera di un ossequio formale ai costumi e ai riti del tempo. Calvino non poteva certo condividere questo atteggiamento e anzi fu proprio lui a coniare per esso il termine con il quale esso doveva passare alla storia: nicomedismo, dal nome di « colui che era andato da Gesù di notte ». Al suo zelo di apostolo e alla sua struttura mentale di giurista sfuggivano forse tutti i meandri e tutte le risorse mentali di un personale intellettuale che aveva dietro le spalle una storia molto complessa e una tradizione di una estrema raffinatezza cerebrale. Ma, se fosse vissuto qualche anno di più, egli avrebbe potuto constatare come, oltre le vie del compromesso con gli altri e con se stessi, gli ultimi figli della civiltà rinascimentale conoscessero anche quelle della coerenza, portata fino alle ultime conseguenze. Nel 1567 saliva sul rogo (e altri lo avrebbero seguito) il protonotario apostolico Piero Carnesecchi. Recandosi al supplizio egli indossava una camicia immacolata, un paio di guanti nuovi e reggeva in mano un fazzoletto bianco.

V

1550-1600: DECADENZA E GRANDEZZA

L'estate di San Martino dell'economia italiana.

Il secolo XVI segna l'inizio del decollo dell'Europa verso quella posizione di predominio tecnologico, intellettuale e politico nei confronti del resto del mondo che essa vanterà e eserciterà nei secoli successivi. Il primo e più appariscente aspetto di questo decollo è, come è noto, costituito dall'impulso che la navigazione e il commercio europeo ricevettero dalle grandi scoperte geografiche e dalla nascita di consistenti correnti di scambio tra l'Europa e quelle che sarebbero state (o già erano) le sue colonie. È stata per lungo tempo nozione tradizionalmente acquisita che tale sviluppo del commercio atlantico e coloniale avrebbe ridimensionato drasticamente la funzione mediatrice tra Oriente e Occidente che gli itinerari marittimi mediterranei avevano detenuto per secoli, contribuendo così alla decadenza delle attività mercantili delle città italiane, già messe a dura prova dalla supremazia marittima che le flotte turche e barbaresche si erano assicurata nella prima metà del secolo. Recentemente però questa nozione tradizionalmente accettata è stata a sua volta ridimensionata e gli storici vanno oggi molto più cauti nel parlare di una decadenza del traffico mediterraneo nel corso del secolo XVI.

Si è scoperto ad esempio che l'antica via delle spezie attraverso il Mar Rosso e il Mediterraneo, che era stata quasi

interamente abbandonata da quando i navigatori portoghesi
avevano trovato il modo di accedere direttamente, aggirando
l'Africa, ai mercati delle Indie orientali, tornò ad essere largamente praticata negli anni compresi tra il 1550 e il 1570,
permettendo a Venezia di tornare a rivaleggiare con Lisbona
nel rifornire i mercati europei di questo essenziale e prezio-
sissimo prodotto. E si è accertato altresì che a partire circa
dal 1578, a una data cioè in cui la Francia era in preda alle
guerre di religione e il conflitto tra la Spagna e i ribelli di
Olanda era divenuto acutissimo, Genova divenne il porto di
sbarco e il centro di smistamento dei galeoni spagnoli carichi
di metalli preziosi provenienti dalle Americhe, che da Barcellona la monarchia spagnola spediva per alimentare le sue
guerre e finanziarie la sua ambiziosa politica estera. Nell'ultimo quarto del secolo fanno la loro comparsa nel Mediterraneo le navi inglesi e olandesi e la sistematica guerra da
corsa cui esse si dettero costituì per le città marinare italiane
un pericolo e un inconveniente non minore della concorrenza
commerciale che esse esercitarono. Tuttavia anche questa nuova
pagina della avventurosa storia del Mediterraneo nel secolo
XVI non si risolse del tutto in perdita per il commercio e la
prosperità italiana: alla penetrazione commerciale inglese e
olandese nel Mediterraneo è legata in parte rilevante la fortuna del porto toscano di Livorno.

Certo il ruolo e il posto che il commercio mediterraneo
nel secolo XVI occupa nel quadro complessivo dei traffici
marittimi non è più quello di un tempo, ma si avrebbe torto
a scambiare questa diminuzione relativa con una diminuzione
assoluta. La verità invece è che l'aumento del volume complessivo degli scambi e delle opportunità di commercio verificatosi nel corso del secolo si riflette anche, seppure in misura
minore, sul Mediterraneo e contribuisce a determinare un'animazione che non ha nulla da invidiare a quella dei secoli
precedenti. L'Italia e le sue città si trovano così anch'esse,
malgrado tutti gli *handicaps* e le difficoltà del momento, a
beneficiare della prosperità della congiuntura e a partecipare
alla ricchezza della nuova Europa atlantica.

Ma lo sviluppo del commercio e della navigazione non è che uno degli aspetti del decollo europeo del secolo XVI. Un altro, altrettanto gravido di conseguenze, è costituito dalla cosiddetta « rivoluzione dei prezzi » che, originata dagli arrivi sempre più massicci dell'argento americano, operò come uno stimolo e un tonico delle iniziative economiche europee e come un coefficiente di un generale processo di espansione. Anche la penisola, a partire circa dagli anni settanta ne fu toccata e anch'essa risentì del generale clima di euforia. Gli ultimi decenni del secolo XVI e i primi del XVII furono per l'economia degli Stati italiani un periodo di effervescenza e non a caso, a proposito di essi, si è potuto parlare di un'estate di San Martino (Cipolla). In questi anni i banchieri genovesi raggiungono il vertice della loro potenza finanziaria, l'industria della seta e quelle specializzate nella produzione di altre merci pregiate e di lusso lavorano a ritmo sostenuto, la speculazione assume aspetti frenetici sino a divenire pura e semplice scommessa: nasce in questo periodo il gioco del lotto; e, infine, un nuovo e spettacoloso *boom* edilizio ha luogo attraverso le città della penisola: non si contano le chiese, i palazzi cittadini e le ville di campagna costruite in questo periodo. Come sempre speculazione e pietrificazione procedevano di pari passo. La generale animazione dell'ora è riflessa anche del resto dalla curva demografica che, malgrado le epidemie che afflissero ora questa ora quella città o regione italiana, manifesta un andamento chiaramente ascendente. Non si dimentichi a questo proposito che la seconda metà del secolo XVI fu, dopo vari decenni di guerre e di sconvolgimenti, un periodo di pace e quindi di naturale recupero.

Ma nei paesi dell'Europa occidentale la rivoluzione dei prezzi, in quanto agì come stimolo di nuove iniziative economiche, operò anche come un solvente dei rapporti sociali preesistenti e come una levatrice, sia pure a lunga scadenza, di nuovi ceti sociali e di nuove classi. Si trattò certo di un processo lungo e contrastato, ma sembra probabile che senza lo *choc* e le lacerazioni provocati dalla rivoluzione dei prezzi, senza la promozione di nuovi ceti e nuovi uomini e l'esautorazione delle vecchie classi privilegiate che essa contribuì a provocare, né la vertiginosa ascesa dell'Olanda, né la rivoluzione inglese, né le vicende della borghesia francese in bilico tra integrazione nell'*ancien régime* e rivoluzione sarebbero comprensibili. In Italia tale azione dissolvente non ci fu che in parte e, nella misura in cui essa ci fu, operò soltanto negli strati più bassi della società. La mendicità di massa e il banditismo, manifestazioni tipiche della dissestata e fermentante società cinquecentesca, sono, e in larga misura, fenomeni anche italiani. Ma per ciò che concerne i termini tradizionali e i tratti fondamentali della struttura sociale italiana — il rapporto tra città e campagna, tra ceti privilegiati e ceti subalterni, il patricolarismo — ben poche furono le modificazioni. Certo anche l'estate di San Martino dell'economia italiana ebbe i suoi *parvenus* e i suoi nuovi ricchi, ma la loro integrazione nei ranghi dell'*establishment* fu relativamente rapida e completa. La società italiana conservò quella compattezza e, al tempo stesso, quella elasticità che le derivavano dal modo della sua formazione e delle sue origini. L'Italia (o almeno quella parte di essa che era stata teatro della civiltà comunale) non aveva mai avuto una vera feudalità, né un autentico terzo stato, ma un unico e solidale *establishment* di privilegiati, di « signori », come li chiamavano e li chiamano gli umili e i contadini designando con questo termine indifferentemente chi ha potere e chi ha denaro. La rivoluzione dei prezzi non inserì nessun cuneo in questo blocco di interessi e di ceti sociali collaudato da secoli, non ne incrinò la compatezza. Al contrario: la tendenza, già operante da tempo, a rinserrare le maglie dell'ordine costituito si rafforzò e divenne più evidente nel corso del secolo XVI, sia sul piano delle istituzioni politiche, sia, anche, su quello del costume. Le distanze sociali si approfondiscono, i rapporti sociali si cristallizzano nell'etichetta, le magistrature e il potere divengono sempre più il monopolio di un patriziato ristretto.

Ma queste considerazioni rischierebbero di apparire astratte e infondate, se non ci affrettassimo a scendere all'esame concreto delle singole situazioni locali. Nel corso di esso peraltro le linee generali di sviluppo che abbiamo ora anticipato potranno servire da utile inquadramento e da opportuna cornice.

I domini spagnoli.

I baroni napoletani che nel 1484 si erano ribellati contro il re Ferrante, nel corso delle guerre d'Italia dei primi decenni del secolo XVI avevano parteggiato per la Francia, la quale a sua volta non aveva mancato di coltivare in funzione antispagnola la loro tradizionale insofferenza verso il potere centrale. Di conseguenza la vittoria spagnola e l'incameramento del Napoletano nei domini della regina di Spagna era stato anche una vittoria dell'assolutismo contro le tendenze centrifughe della disgregazione feudale. Don Pedro de Toledo, che fu inviato da Madrid a Napoli pochi anni dopo la spedizione del Lautrec (1529), aveva il titolo di viceré, ma di fatto egli concentrava nelle sue mani una somma di poteri quale nessuno dei suoi predecessori coronati aveva avuto. E non mancò di esercitarli: quei baroni che avevano agevolato il tentativo di riconquista francese del Lautrec furono colpiti inesorabilmente con la morte o con l'esilio, i loro beni vennero confiscati e redistribuiti fra i fedeli del partito aragonese.

D'altra parte, se si era mostrata inflessibile contro i felloni, la monarchia di Spagna e i suoi viceré sapevano anche premiare coloro che gli erano rimasti fedeli e il loro assolutismo era tutt'altro che irrispettoso e animato da criteri punitivi nei confronti delle prerogative e dei diritti del baronaggio napoletano. In ben due occasioni, nel 1510, e nel 1574, di fronte alla violenta reazione, istigata e alimentata dai baroni della città di Napoli, essi rinunciarono a introdurre nel viceregno l'Inquisizione di Spagna accettando così di privarsi di uno strumento di controllo e di governo la cui efficacia era stata abbondantemente provata dall'esperienza della madrepatria. Per contro il Parlamento e l'assemblea degli Eletti di Napoli, gli organi rappresentativi esistenti nel regno entrambi composti quasi esclusivamente da nobili, conservarono tutte le loro prerogative, ivi compresa quella di essere interpellati in occasione della imposizione di nuove tasse. I principali uffici del viceregno — Consiglio di Stato, Consiglio collaterale, Regia Camera Sommaria — dovevano anch'essi, secondo quanto venne stabilito da una prammatica del 1550, essere composti in prevalenza di elementi « regnicoli » ed erano anch'essi in larga parte l'appannaggio della nobiltà. A quest'ultima infine erano aperte le vie della carriera militare e del servizio del re, e non furono pochi, specie a partire dalla fine del secolo, i nobili napoletani che si illustrarono nei campi di battaglia di Fiandra o della guerra dei Trent'anni. In tale modo, oltre che dei valorosi combattenti, la monarchia di Spagna si assicurava anche una valvola di sicurezza attraverso la quale smaltire i residui umori riottosi del baronaggio napoletano.

Il rafforzamento dei poteri del viceré non aveva portato dunque a un mutamento *qualitativo* della tradizionale struttura politica del regno. Questa seguitava in sostanza ad essere caratterizzata da una diarchia tra baronaggio e corona o, meglio, da un assolutismo monarchico temperato nel senso aristocratico. D'altronde a Madrid vigeva lo stesso principio e non vi era quindi da meravigliarsi se la provincia era governata con gli stessi criteri della madrepatria. Ma sino a quando una cosiffatta struttura politica sarebbe stata in grado di contenere lo sviluppo e la lievitazione di nuove forze e di nuovi rapporti sociali?

Dopo il terribile salasso provocato dalla crisi dei secoli XIV e XV il tessuto della società meridionale si veniva infatti ricomponendo e il tono generale della vita sociale ed economica veniva riprendendo vigore. A partire dal 1530 circa, dal momento in cui il suo territorio aveva cessato di essere teatro degli scontri fra francesi e spagnoli, anche il Napoletano conobbe la sua estate di San Martino e la migliore testimonianza ci è data dall'andamento della curva demografica. Tra il 1532 e il 1599 il numero dei « capi » soggetti alle tasse crebbe da 315.000 a 540.000 esclusa la città di Napoli. Quest'ultima dal canto suo iniziava proprio in questi decenni la sua carriera di grande metropoli. Alla fine del secolo essa aveva raggiunto i 200.000 abitanti ed era la più popolosa e animata città d'Europa. Il suo stesso aspetto urbanistico ne risultò profondamente modificato: fino a non molto tempo prima la principale via della città prendeva il nome da Pedro de Toledo, il viceré spagnolo che l'aveva fatta tagliare.

La regola per cui uno sviluppo demografico impetuoso e un processo di urbanizzazione accelerato coincidono con periodi di congiuntura favorevole e di euforia produttiva non è smentita nel caso del viceregno napoletano del Cinquecento. La parte di esso che, grazie ai recentissimi studi, meglio conosciamo è la Calabria e i dati che essa ci offre sono sostanzialmente concordi nell'attestarci una concomitanza fra incremento della popolazione e espansione economica. Ad un raddoppio del numero dei fuochi tra i due rilevamenti del 1505 e del 1561 (rispettivamente 50.669 e 105.493) corrisponde infatti una produzione della seta — la principale risorsa della regione — anch'essa raddoppiata e un sostanziale incremento della cerealicoltura, dell'olivicoltura e dell'allevamento. Se, come appare l'ipotesi più probabile, queste cifre corrispondono a una generale tendenza dell'economia cinquecentesca meridionale, si comprende facilmente come il regno di Napoli abbia potuto continuare ad assolvere in maniera accresciuta la sua tradizionale funzione di esportatore di derrate agricole verso i mercati dell'Italia settentrionale. Di fatto le cifre e le testimonianze di cui disponiamo sono concordi, pur nella diversità delle valutazioni, nel presentarci il quadro di un commercio estero attivo, largamente attivo. E non si dimentichi che ci troviamo in un periodo di prezzi in ascesa, anzi di rivoluzione dei prezzi. In una congiuntura siffatta e in una società almeno provvisoriamente liberata dagli incubi del bisogno e dell'anarchia feudale in cui essa era vissuta così a lungo, si offrivano per le forze sociali intermedie occupate

nei commerci, nella finanza e nelle professioni, maggiori possibilità di sviluppo e di promozione sociale. Certo il settore
della mediazione commerciale e del credito seguitava, come
già ai tempi dei primi Angioini, ad essere dominato da elementi stranieri al regno, con la sola differenza che ai fiorentini e agli ebrei, cacciati da Pedro de Toledo (che anche in
questo si rivelò un puntuale esecutore degli ordini del suo
re cattolico), si erano sostituiti i genovesi i quali, in compenso
dell'appoggio che Andrea Doria aveva dato alla Spagna al
momento critico della spedizione del Lautrec, avevano largamente beneficiato della distribuzione di terre e di favori
seguita alla repressione contro quella parte del baronaggio
che aveva appoggiato la Francia. Tuttavia, malgrado la posizione privilegiata dei genovesi, rimanevano dei margini di
sviluppo anche per la borghesia indigena, sia nel campo
del commercio che in quello delle professioni, specie nella
capitale, se essa non si fosse imbattuta nell'ostacolo costituito dalle strutture politiche che già conosciamo. Si pensi
ad esempio che nel consiglio degli Eletti del popolo di
Napoli figurava contro cinque rappresentanti dei Sedili
della nobiltà un solo Eletto del popolo e che Ferdinando il
Cattolico, imitato da tutti i suoi successori, si era recisamente
opposto a che i voti di quest'ultimo fossero parificati ai
quattro di cui disponeva la nobiltà.

Nel maggio del 1585, a una data in cui l'impressione e
il fermento suscitati dalla rivolta dei Paesi Bassi erano assai
vivi in tutti i possedimenti spagnoli, alcuni settori della borghesia napoletana non esitarono a prendere la testa di un
vasto movimento insurrezionale scoppiato nella città in seguito al rincaro del prezzo del pane e a riproporre la rivendicazione di una parificazione fra gli Eletti della nobiltà e
quelli del popolo. Ma senza successo: la rivolta fu infatti
repressa sistematicamente e ben 12.000 cittadini — segno
della sua ampiezza — furono costretti ad abbandonare la
città.

Né la sorte avrebbe potuto essere ritentata. Ormai i tempi
stavano nuovamente cambiando e la breve estate di San Mar-

tino volgeva al suo termine. I segni di un appesantimento
e di un deterioramento della situazione economica si adden-
sano infatti nello scorcio del secolo XVI: dopo che la peste
tornò a fare la sua comparsa massiccia con la grande epidemia
del 1576, le annate di carestia si succedettero a un ritmo più
rapido e la stessa pressione demografica si venne attenuando
e venne appianandosi il tono di euforia economica che la
rivoluzione dei prezzi aveva contribuito ad alimentare. In
questa nuova congiuntura i ceti privilegiati erano naturalmente indotti a consolidare le proprie posizioni di rendita
e noi vediamo infatti sempre più frequentemente i baroni
muovere all'attacco delle prerogative dell'« università » e la
Chiesa, la nuova attivistica Chiesa della Controriforma, svolgere un'azione sistematica al fine di ricostituire e riorganizzare
il proprio patrimonio terriero. Lo Stato dal canto suo inacer-
biva la già forte pressione fiscale.

Il peso congiunto di queste diverse pressioni non poteva
alla fine non determinare alla base della società un diffuso
senso di disagio e di irrequietezza. Non mancano infatti in
questa fine di secolo napoletano episodi di sollevazione e di
rivolta. Il più celebre è quello che ebbe per animatore Tommaso Campanella, il quale nel 1599 si pose alla testa nella
sua Calabria di un eterogeneo schieramento di forze sociali
e politiche tenute insieme dal suo millenaristico annuncio
che il « secolo nuovo » avrebbe portato una nuova « muta-
zione di Stato ». Il tentativo venne sgominato e per Campanella iniziavano i lunghi anni della prigionia napoletana. Ma
la manifestazione più consistente del disagio e dell'irrequietezza che fermentava nel mondo contadino è quella del banditismo. Si trattava, è vero, di un fenomeno endemico e già
il viceré Pedro de Toledo, nel tentativo di venirne a capo,
si era visto costretto a mandare a morte 18.000 persone
senza, per sua stessa ammissione, riuscire a riportare interamente l'ordine e la tranquillità nel viceregno. Ma le dimensioni e le forme con cui esso si manifestò negli ultimi due
decenni del secolo XVI sono cosa nuova e inusitata. Come
nel vicino Stato pontificio, il banditismo napoletano degli

anni tra il 1585 e il 1592, e il 1596 e il 1600 è veramente
un fenomeno di massa che coinvolge strati estesissimi della
popolazione rurale: non solo gli elementi più disperati e sra-
dicati, ma anche i più agiati strati dei « massari » e larghi
settori del clero minore. Le operazioni contro i principali
capibanda, come Marco Sciarra che operava negli Abruzzi,
presero ben presto l'aspetto di vere e proprie guerre, con
prese di città dall'una parte e dall'altra, battaglie, assedi e
riuscirono vittoriose solo quando tra il viceré di Napoli e il
governo pontificio si riuscì a attuare un certo coordinamento
degli sforzi.

In un contesto sociale caratterizzato da un inizio di depressione economica e da una tensione che favoriva il pola-
rizzarsi degli atteggiamenti e degli orientamenti politici ai
due estremi della conservazione e della sovversione, il margine di azione delle forze intermedie veniva sempre più re-
stringendosi e le loro istanze di « riforma » avevano sempre
minore possibilità di trovare accoglimento. In tali condizioni
la voce di Antonio Serra, un calabrese che trascorse gran
parte della sua vita in carcere e in carcere scrisse un trattato
di economia nel quale individuava la causa delle difficoltà
del regno nella scarsa consistenza della classe mercantile e
manifatturiera indigena e nella corrispondente arretratezza
delle sue strutture politiche, non poteva che rimanere ina-
scoltata. E il tentativo di taluni *milieux* borghesi di Napoli,
che ebbero nel giurista Giulio Genoino il loro rappresentante più autorevole, di compromettere il viceré, duca di
Ossuna, in una politica di riforme difficilmente avrebbe potuto risolversi altrimenti che in un fallimento. Accusato di
fellonia dai baroni presso la corte di Madrid, il duca di
Ossuna venne infatti richiamato in patria (1618). Da allora,
come vedremo, la società meridionale procederà su di un
piano inclinato verso la grande crisi del 1647.

Le grandi linee della storia del viceregno di Sicilia, nel
corso del secolo XVI non sono gran che diverse da quelle
testé tracciate del Napoletano. Anche qui il quadro costituzionale è quello di una diarchia e, se vogliamo, di una spar-

tizione di sfere di influenza tra il viceré e i baroni. Questi ultimi, che erano praticamente gli arbitri del Parlamento isolano, sollevandosi per ben due volte nel giro di due anni, nel 1516 e nel 1517, contro il primo viceré spedito nell'isola da Ferdinando il Cattolico, il Moncada, misero in chiaro fin dall'inizio che essi non tolleravano intrusioni nel campo di quelli che essi consideravano i loro diritti e le loro prerogative. I successori del Moncada ne presero buona nota e si dice che lo stesso duca di Olivares si incaricasse di ricordare loro che « in Sicilia coi baroni siete tutto, senza di loro siete nulla ». E laddove l'assolutismo imperiale di Carlo V aveva dovuto segnare il passo, altrettanto fu costretto a fare, malgrado gli sforzi compiuti, anche l'assolutismo burocratico di Filippo II.

Eppure anche la Sicilia aveva conosciuto la sua breve estate di San Martino. Tra il 1501 e il 1583 gli abitanti dell'isola, esclusi quelli della capitale e di Messina, erano cresciuti da 502.761 a 801.401 e le esportazioni e i prezzi del grano, principale risorsa dell'isola, si erano mantenuti a un livello sostenuto. Ma la congiuntura favorevole era oltre tutto durata anche qui troppo poco per far breccia nel sistema dei rapporti sociali e della organizzazione politica esistente. Gli anni 1575-77 furono per l'isola un triennio di carestia e inaugurarono una stagione di tempi difficili e di declino economico. Alla fine del secolo, anche in conseguenza dell'incremento demografico, la Sicilia aveva praticamente cessato di essere una grande esportatrice di cereali; effetto, certo, della concorrenza del grano proveniente dal Nord e dall'Oriente, ma anche probabilmente dell'impoverimento di un suolo cui si era chiesto troppo e di un'agricoltura che i rapporti sociali esistenti nelle campagne inchiodavano a una condizione di arretratezza.

Tra i possedimenti spagnoli in Italia la Lombardia, come si è già avuto occasione di dire, aveva, per la sua posizione geografica, un'importanza particolare. Il controllo di essa permetteva infatti rapidi collegamenti tra il Mediterraneo e il mondo tedesco e ne faceva perciò un anello essenziale del

sistema absburgico. Per questo tra le varie province italiane
essa era senza dubbio quella che aveva maggiormente sofferto delle guerre combattute nei primi decenni del secolo
XVI: Marignano e Pavia, per citare i nomi di due celebri
battaglie, si trovano in Lombardia. Questa stessa situazione
si ripeterà nella prima metà del secolo XVII quando si ac-
cenderanno le ostilità della guerra dei Trent'anni e la Valtellina e il Monferrato diverranno posizioni-chiave aspramente
contese tra le due parti in lotta. Ma nel lungo periodo intermedio, negli anni cioè della « preponderanza spagnola », la
Lombardia ricavò invece da questa sua posizione non pochi
vantaggi. La vicinanza di Genova e la funzione di primaria
importanza che l'oligarchia bancaria genovese aveva assunto,
come vedremo, nell'impero di Carlo V, contribuirono a fare
di essa una zona nevralgica dell'economia europea. Milano
divenne così nella seconda metà del secolo XVI una delle
piazze preferite dai grandi banchieri genovesi, alcuni dei quali
vi fissarono la propria residenza e vi costruirono le loro son-
tuose dimore. La più nota è il Palazzo Marino (1558), ma
altre se ne potrebbero ricordare. La città lombarda conobbe
infatti in questo periodo, che vide la sua popolazione aumentare dagli 80.000 abitanti del 1542 ai 112.000 del 1592, un
grande fervore edilizio. A differenza però di quanto succe-
deva a Napoli, tale aumento demografico poggiava sulla solida
base di un'attività artigianale rigogliosa. Le tradizionali industrie milanesi della lana, della seta, della piccola metallurgia, dei drappi pregiati, lavorarono in questo periodo a
pieno ritmo. E così pure quella più recente e promettente
della tipografia.

Ma, come ben sappiamo, la principale e meno aleatoria
risorsa dell'economia lombarda era costituita dall'agricoltura
della fertile pianura padana. Anche per essa la seconda metà
del secolo XVI fu una stagione felice, nel corso della quale,
rimarginate le ferite provocate dalla guerra, la vicenda di
progresso iniziata nell'età comunale riprese a un ritmo ancora
più intenso. Non è un caso che i due maggiori agronomi del-
l'epoca — Agostino Gallo e Camillo Tarello, — siano en-

trambi bresciani, di una provincia cioè contigua allo Stato di
Milano e tipicamente « padana », e che nelle loro opere essi
facciano spesso riferimento agli evoluti sistemi agrari della
Bassa lombarda.

In una società la cui ricchezza era prevalentemente fon·
diaria, la proprietà — recente o lontana che fosse — non
poteva non essere un contrassegno della rispettabilità e del
prestigio politico. Il patriziato lombardo, cui le nuove Costituzioni emanate da Carlo V nel 1541 assicuravano una congrua partecipazione alle alte cariche e all'amministrazione del
governatorato, che aveva il suo fortilizio nel Senato, istituito
sul modello dei Parlamenti francesi da Luigi XII, era innanzitutto un ceto di proprietari fondiari e tale esso stesso si considerava. Ne è prova il fatto che nel 1593 il Collegio dei nobili
giureconsulti, vera e propria *pépinière* dei quadri dello Stato,
escluse dal proprio seno coloro che esercitavano la mercatura.
Si trattava però, nel caso del patriziato lombardo, di una
classe sociale e politica radicalmente diversa dal baronaggio
napoletano o siciliano. E non solo per la consistenza di gran
lunga maggiore dei suoi patrimoni, ma anche per il modo e
per lo stile con cui esso concepiva la propria funzione di
classe privilegiata e dominante.

A formarlo e dargli coscienza di se stesso contribuì certo
in maniera decisiva il cardinale Carlo Borromeo, una delle
maggiori personalità della storia religiosa italiana, che dal
1565 al 1584 fu arcivescovo di Milano.

Nipote di papa Pio IV, anch'egli un milanese, alla morte
di quest'ultimo lasciò Roma e la curia e si trasferì a Milano,
deciso a fare della sua città una capitale della Controriforma,
e in tempo per consacrare il nuovo duomo i cui lavori, ini-
ziati quasi due secoli prima, solo allora si erano conclusi.
Nessuno più di lui, per quel misto di intransigenza e di
attivismo, di energia e di pietà che ne faceva la personificazione vivente del cattolicesimo post-tridentino, avrebbe potuto accingersi a questa impresa con maggiori probabilità di
successo. Il suo governo della Chiesa milanese lasciò infatti
una traccia profonda nella vita intellettuale e religiosa della

città e dello Stato. Egli volle innanzitutto un clero a sua immagine e somiglianza, zelante, operoso, austero e dinamico, e a questo fine procedette a un'autentica riforma *in capite et in membris* della sua diocesi, non arrestandosi davanti ad alcuna posizione costituita e non tollerando alcuna resistenza anche a costo, come di fatto avvenne, di provocare attriti e frizioni con il governo spagnolo. Anche l'antico ordine degli Umiliati, al quale, come si ricorderà, erano legate le origini dell'industria lombarda della lana, venne sciolto. Al suo posto subentrò la nuova e potente compagnia dei gesuiti, insediati più tardi nel Palazzo di Brera, ai quali vennero affidate importanti responsabilità nel campo dell'insegnamento. Anche la lotta contro l'eresia venne naturalmente condotta a fondo senza risparmio di colpi. Ma l'azione di Carlo Borromeo e di suo nipote Federico, che gli successe nel 1595, dopo l'interregno dell'arcivescovo Gaspare Visconti, nel governo della diocesi, non si limitò all'opera di riordinamento interno della Chiesa e di restaurazione dell'ortodossia, ma investì coraggiosamente e tumultuosamente tutti i settori della vita pubblica e associata: da quello della vita culturale (la biblioteca ambrosiana, una delle grandi istituzioni culturali milanesi, fu istituita da Federico) a quello — importantissimo in un'età di mendicità dilagante — delle opere caritative e assistenziali. A parte infine va ricordata l'opera dei Borromeo come restauratori del cospicuo patrimonio fondario e immobiliare della Chiesa ambrosiana. L'impronta che questa multiforme e prorompente attività lasciò nella vita religiosa e sociale lombarda fu duratura; risale in definitiva ai Borromeo quella vena di cattolicesimo operoso, fatto sì di paternalismo, ma anche di senso di responsabilità sociale, che ha caratterizzato a lungo il patriziato milanese e lombardo e che potremmo definire come il senso della « missione del ricco ». Attivismo e paternalismo sono rimasti a lungo, e ancor oggi rimangono, tratti caratteristici dello spirito e del costume ambrosiano. All'origine di essi vi è anche l'arcivescovo Carlo Borromeo, colui che, restaurando il culto di sant'Ambrogio, era stato il primo a infondere nei suoi concittadini e nei suoi fedeli la consa-

pevolezza e l'orgoglio di essere, a un tempo stesso, lombardi
e solerti operai della vigna del Signore.

Il granducato di Toscana.

Nel corso delle guerre del ventennio 1537-59 Cosimo dei
Medici era riuscito, come si è visto, a estendere notevolmente
i confini del suo Stato fino a farli quasi coincidere con quelli
dell'attuale Toscana. Delle città e dei territori che oggi costituiscono questa regione solo la repubblica di Lucca, il ducato
di Massa Carrara, che era sottoposto alla famiglia dei Cybo,
e le città costiere dello Stato dei presidi rimanevano infatti
escluse dal dominio mediceo. L'acquisto più importante era
stato, come si ricorderà, quello di Siena e del suo territorio.

Un siffatto ingrandimento territoriale sollecitava una trasformazione delle strutture e del carattere stesso della signoria
medicea, un suo riequilibramento. Occorreva in particolare
rompere con la tradizionale politica della repubblica fiorentina che considerava i territori e le città soggette come ap-
pendici e integrazioni della capitale, un *hinterland* della Dominante e dar vita a un organismo territoriale e politico più
equilibrato e omogeneo. Era questa del resto la strada su
cui aveva cominciato a muoversi Lorenzo il Magnifico e su
cui proseguirono Alessandro dei Medici (1530-37), Cosimo
(1537-74) e Ferdinando (1587-1609).

Le vecchie magistrature e collegi cittadini, per quanto
continuassero formalmente ad esistere, vennero in pratica
esautorati e il potere effettivo passò nelle mani della cosiddetta « pratica segreta », una ristretta *équipe* di grandi funzionari dello Stato che lavorava sotto il costante controllo
del signore. Ad essa faceva capo una burocrazia in cui gli
elementi provinciali tendevano sempre più a prevalere su
quelli fiorentini, e la cui importanza politica e le cui dimensioni numeriche andavano sempre crescendo. Per ospitare i
suoi uffici centrali si rese necessaria la costruzione di un ap-
posito edificio: sorsero così tra il 1560 e il 1580, ad opera

dell'architetto Giorgio Vasari, gli Uffizi, a pochi passi da
Palazzo Vecchio. Nulla forse più che il contrasto tra il carattere di questi due edifici, tra la compostezza burocratica del
primo e la spavalda e rigogliosa elevazione del secondo riesce
a rievocare ai nostri occhi l'intero arco della storia fiorentina
tra i due poli delle sue origini comunali e borghesi e del suo
approdo granducale. Del resto Palazzo Vecchio stesso non
era più quello di un tempo, la dimora cioè e il simbolo della
libertà fiorentina: nel suo interno, sempre ad opera del
Vasari, architetto ufficiale del principato, erano stati siste-
mati gli appartamenti granducali e il severo aspetto esterno
dell'edificio contrastava con la preziosità e la ricercatezza dei
suoi interni.

Lo Stato di Firenze si veniva così trasformando sotto la
spinta dell'azione unificatrice e livellatrice dei Medici e della
loro burocrazia, nel granducato di Toscana. Nel corso di tale
trasformazione esso perdeva però la sua antica vitalità cittadina più di quanto non acquistasse i caratteri di uno Stato
assolutistico di tipo moderno. Se più che alle istituzioni e alle
strutture burocratiche e amministrative dello Stato, si guarda
infatti alle forze e alle classi sociali che ne condizionavano il
funzionamento, la situazione di Firenze e della Toscana tra
la fine del Cinquecento e gli inizi del secolo XVII ci appare
caratterizzata da una netta tendenza al ripiegamento e alla
stagnazione. In termini generali si può dire anzi che è sul
finire del secolo XVI che Firenze si avvia a trasformarsi da
grande centro finanziario e produttivo, quale era stata ancora
agli inizi del secolo, in una città residenziale di *rentiers* e di
funzionari quale essa è ancora oggi. E si può aggiungere che
questa sua metamorfosi è a sua volta il riflesso della crisi e
della stanchezza di quel patriziato mercantile che era stato
il creatore della sua opulenza e della sua grandezza.

Certo, anche in questo caso, occorre guardarsi dal concepire in termini drammatici e repentini quello che fu un
processo di estenuazione di lunga durata. Sino agli inizi del
secolo XVII le esportazioni di sete fiorentine rimasero consistenti, e sulla piazza di Lione i banchieri della città del

giglio continuarono a occupare posizioni di grande rilievo.
Nel corso delle guerre di religione molti di essi si trasferi-
rono a Parigi, e i legami contratti con la corte di Caterina
dei Medici indussero buona parte di essi a trasformarsi da
operatori economici indipendenti in appaltatori di imposte
e agenti fiscali al servizio della corona di Francia, quando
addirittura non in cortigiani, e a sollecitare infine la natu-
ralizzazione. Il matrimonio di Maria dei Medici, figlia del
granduca Ferdinando, con Enrico IV non fece che accentuare
questa tendenza e così una nuova ondata di emigrati fiorentini si stabilì in Francia dopo quella « repubblicana » che vi
aveva trovato ospitalità nella prima metà del secolo. È superfluo ricordare a questo punto il ruolo che questa emigrazione
di un personale intellettuale altamente qualificato ebbe nella
storia politica francese: il cardinale di Retz, come è ben noto,
era un Gondi.
  Nello stesso torno di tempo in cui molti mercanti e
finanzieri fiorentini si naturalizzavano francesi, altri, come i
Corsini di Londra e i Gerini e i Torrigiani di Norimberga,
facevano invece e definitivamente ritorno in patria. Ma si
trattava nell'un caso e nell'altro di diverse e opposte manifestazioni di un medesimo processo, della conversione cioè
del patriziato mercantile e bancario fiorentino e toscano in
un ceto di redditieri e di proprietari fondiari in patria e fuori.
La terra costituiva infatti nella Toscana della fine del secolo
XVI la forma di investimento più ricercata e più ambita.
Si formarono così grossi patrimoni fondiari: patrimoni di
privati che avevano investito in campagna i capitali accumulati con la mercatura; di chiese e stabilimenti ecclesiastici
che i solerti amministratori dell'età della Controriforma non
cessavano, con il compiacente appoggio delle autorità, di accrescere; di ordini cavallereschi e militari quali quello dei
cavalieri di Santo Stefano istituito nel 1561 da Cosimo con
il compito della guerra contro i barbareschi; patrimoni infine
— e assai cospicui — della famiglia granducale. In concomitanza con questo processo di concentrazione fondiaria, i
fidecommessi, i maggioraschi e la manomorta ecclesiastica

venivano vincolando quantità sempre più estese di terreni,
mentre si assisteva a una vera e propria corsa ai titoli e ai
privilegi nobiliari. Né, come accadde invece in altri Stati
italiani (in Lombardia o nella terraferma veneta), questa corsa
alla terra si accompagnò con una ricerca di miglioramento
delle colture. Per quanto manchino sull'argomento ricerche
approfondite, non sembra che il panorama dell'agricoltura
toscana nella seconda metà del Cinquecento possa essere
caratterizzato altrimenti che con il termine di « stagnazione ».
Nella loro nuova veste di proprietari fondiari, i ceti dominanti fiorentini e toscani si rivelarono altrettanto poveri di
iniziativa e di inventiva quanto ricchi di fantasia e di risorse
si erano dimostrati i loro maggiori nella banca e nel commercio. La loro fu in generale un'amministrazione ordinata,
ma gretta, diligente, ma taccagna. E laddove i loro avi avevano avuto il gusto e l'orgoglio dell'opulenza, essi ebbero
quello della parsimonia e della misura. Forse in nessun altra
città italiana come a Firenze si costruì e si murò così poco
nel corso del secolo XVII. Gli edifici barocchi della capitale
toscana si contano sulle dita di una mano.

Unica, ma cospicua eccezione in questo quadro generale
di ripiegamento, quella costituita dalla travolgente ascesa e
fortuna che conobbe nell'ultimo ventennio del XVI e per
tutto il XVII secolo la città e il porto di Livorno. Proclamata città da Ferdinando nel 1577 e da lui dotata di convenienti attrezzature portuali, Livorno si riempì presto di
una popolazione cosmopolita e operosa, di ebrei, di bizantini,
di inglesi. La tolleranza, anzi il favore dimostrato dai gran-
duchi nei confronti di questa varia immigrazione e la successiva costituzione del porto franco contribuirono certamente
a fare di essa uno degli scali più attivi del Mediterraneo,
particolarmente frequentato da inglesi e olandesi, la cui concorrenza fu risentita sia da Genova che da Marsiglia. Livorno
era inoltre uno dei grandi centri della guerra da corsa e anche
ciò contribuì alla sua animazione e alla sua prosperità.

Ma si trattava, appunto, di un'eccezione: per il suo carattere di scalo di merci e di porto di transito, Livorno aveva

scarsi legami economici e commerciali con il suo *hinterland*
toscano e non senza fondamento la sua posizione rispetto al
proprio retroterra è stata paragonata a quella odierna di Sin-
gapore e di Hong Kong nei confronti della Malesia o della
Cina. Nel suo complesso la Toscana granducale e tardocin-
quecentesca ci appare come uno Stato che vive di rendita,
amministrando non senza oculatezza e sagacità le ricchezze
accumulate nel corso dei secoli. E non solo le ricchezze materiali, ma anche quelle dello spirito e della cultura.

La cultura fiorentina della seconda metà del Cinquecento
è *ancora* qualcosa che incute rispetto e ammirazione. Basti
pensare che ad essa è legata la formazione e l'attività scientifica di Galilei, il cui padre, Vincenzo, studioso di musica
e musicista insigne, era stato con altri l'animatore di quella
Camerata fiorentina cui tradizionalmente si ascrive il merito
di aver rinnovato il costume musicale italiano e di aver dato
vita al melodramma. E non è escluso che nel genio matematico del figlio vi fosse anche qualche cosa del talento musicale
del padre, lo stesso amore per l'ordine, per la misura, per
le proporzioni, per l'armonia, così delle note come delle sfere
celesti. Tuttavia a chi la consideri nel suo insieme e più che
alle vette e alle eccezioni guardi alla normalità e alla gene-
ralità, la cultura fiorentina della fine del Cinquecento non
potrà non apparire caratterizzata da una perdita di slancio
e da una sempre più pronunciata tendenza a ripiegarsi nella
contemplazione del proprio passato. Le accademie che, favo-
rite dall'interessato e paternalistico mecenatismo granducale,
vennero sorgendo in questo periodo, quella fiorentina ai tempi
di Cosimo e quella della Crusca sotto Ferdinando, furono
appunto il luogo e il tramite di questo ripiegamento. Fin
dagli inizi il loro compito precipuo e la loro missione fu
individuata nella valorizzazione a oltranza del patrimonio culturale della città, della sua letteratura, dei suoi
autori e della sua lingua. Carlo Lenzoni scrisse una difesa della lingua fiorentina, imitata più tardi dal Salviati
con la sua *Orazione in lode della fiorentina lingua*; Vincenzo
Borghini, forse il primo dantista nella storia dell'erudizione

e della cultura italiana, dedicò appassionati studi alla letteratura fiorentina; gli accademici della Crusca, pubblicando nel 1612 la prima edizione del loro *Dizionario*, si sforzarono di porre con esso un punto fermo alla questione della lingua dibattuta per tutto il corso del secolo, canonizzando in maniera definitiva il primato del fiorentino. Accanto a questi nomi si può ricordare anche quello dell'aretino Giorgio Vasari: costui infatti non fu solo l'architetto ufficiale del granducato mediceo, ma anche l'autore di quelle *Vite dei più eccellenti architetti pittori e scultori italiani* che, oltre a costituire il primo tentativo organico di una storia dell'arte italiana da Cimabue al Cinquecento, rappresentano anche, specie nella loro prima edizione del 1550, una più o meno esplicita teorizzazione della supremazia dell'arte fiorentina. Vi era certo in questa compiaciuta contemplazione del proprio passato l'orgoglio di esserne gli eredi e i prosecutori, ma anche, e forse più, la sensazione che la grande stagione della civiltà e della vitalità fiorentina si avviava a chiudersi, un senso di nostalgia e di impotenza. E vi era anche del provincialismo, la tendenza cioè a chiudersi in se stessi, in un atteggiamento di sufficienza e di sussiego che era esattamente il contrario dell'atteggiamento di apertura mentale dei grandi intellettuali e artisti fiorentini del passato. Il « fiorentinismo » nasceva così quando Firenze cessava ormai di essere una delle grandi capitali intellettuali d'Europa per divenire una provincia italiana.

Il Piemonte sabaudo.

Il lettore avrà forse tratto motivo di sorpresa per il fatto che sino a questo punto in questa nostra storia non si sia fatta che assai raramente e fuggevolmente menzione del Piemonte e dei suoi signori, quella casa di Savoia che un giorno avrebbe cinto la corona del regno d'Italia. Desideriamo rassicurarlo dicendogli che questa omissione è stata fatta di proposito e a ragion veduta.

Il termine Piemonte, che risale al secolo XII, designava originariamente la ristretta area compresa tra l'arco alpino e il corso superiore del Po, e solo successivamente si estese a indicare tutta la fascia pedemontana e collinare del versante italiano delle Alpi, da Aosta a Nizza, con l'esclusione di Saluzzo e del suo territorio che costituivano un marchesato autonomo e che saranno poi annessi al Delfinato francese. È assai difficilmente sostenibile che la storia di questo lembo estremo della penisola possa esser considerata, anteriormente al secolo XVI, parte integrante di quella italiana, dato e non concesso che di storia italiana si possa parlare. Esso infatti era parte di un organismo territoriale che aveva in Chambéry la sua capitale e in una famiglia di lontane origini borgognone i suoi signori, e i cui confini si spingevano sino al corso del Rodano e alle rive del Lemano. Anche Ginevra, fino ai primi decenni del secolo XVI e alla vigilia della rivoluzione calvinista, era stata terra dei duchi di Savoia. Per contro non facevano allora parte dei loro domini alcuni territori che oggi siamo abituati a considerare non solo ed ovviamente italiani, ma anche piemontesi, quali le fertili pianure a est della Sesia con le città di Novara e di Vercelli e la zona collinosa del Monferrato che da secoli costituiva un ducato autonomo, la sovranità del quale venne nel 1536 riconosciuta da Carlo V ai Gonzaga di Mantova. In tale occasione la sola città di Asti, già fiorente comune e patria di intraprendenti uomini d'affari, entrò a far parte dei domini sabaudi.

Posto a cavaliere della catena delle Alpi occidentali, il ducato sabaudo fu pertanto per secoli uno di quegli Stati cuscinetto o marche di frontiera dei quali (si pensi ai casi della Navarra e della Lorena) non è povera la carta politica dell'Europa medievale. Esso era, se vogliamo adottare il linguaggio dell'epoca, la « porta dell'Italia », ma non ancora l'Italia. L'uso della lingua italiana vi si alternava, a seconda dei luoghi e delle vallate, con quello della lingua francese, al punto che, quando Emanuele Filiberto, ispirandosi all'ordinanza di Villiers Cotterets di Francesco I, decise di rendere obbligatorio l'uso del volgare negli atti giudiziari e notarili, ebbe cura di specificare che ciò valeva per entrambe le parlate correnti, l'italiano e il francese. Possiamo scorgere in ciò le origini di quel bilinguismo che, con una netta propensione per il francese, caratterizzerà le classi dirigenti sabaude sino a Cavour e a Vittorio Emanuele II.

Ma non erano soltanto ragioni di ordine territoriale e linguistico a fare del Piemonte una periferia d'Italia. Quest'ultima, e in particolare le sue regioni settentrionali e centrali, era l'area geografica più densamente urbanizzata dell'intera Europa. Ciò non si poteva certamente dire del Piemonte, per quanto il gesuita piemontese Botero affermasse orgogliosamente che la sua patria era tutta una città « di trecento miglia di giro », il che era un modo elegante per riconoscere — e infatti egli lo riconosceva — che in essa non esistevano « città di straordinaria grandezza ». Torino era agli inizi del secolo XVI poco più di un borgo fortificato e ancora alla fine del secolo, dopo che Emanuele Filiberto ne aveva fatto la capitale della parte italiana dei suoi Stati, essa non contava che 40.000 abitanti, una cifra notevolmente inferiore a quella di tutti gli altri grandi centri della penisola. Povero di città, il Piemonte era invece ricco di piccoli agglomerati e di castelli (« non v'è parte d'Italia — scriveva sempre il Botero — dove le terre e i castelli siano più numerosi e più grossi »), di libere comunità montanare e di feudatari grandi e piccoli che conservavano sui loro « uomini » forti poteri di giurisdizione e di costrizione. Invano Emanuele Filiberto tenterà di abolire i cospicui residui di servitù della gleba ancora esistenti nei suoi Stati: i contadini o non erano in grado o addirittura non si curavano in molti casi di pagare il riscatto loro richiesto e fu necessario giungere sino alla vigilia della rivoluzione del 1789 perché in Piemonte la servitù della gleba fosse definitivamente abolita. Come esimersi a questo punto dal riandare col pensiero al bolognese *liber paradisus* e alle altre affrancazioni collettive delle quali fu teatro l'Italia comunale fin dal secolo XIII? È un riferimento che ci permette, certo approssimativamente, di misurare in termini cronologici le distanze sociali che a metà del secolo XVI separavano il Piemonte dalle zone più precoci e più evolute della penisola.

Ma i tempi lavoravano a ridurre queste distanze. Mentre per gli Stati italiani l'avvento del predominio spagnolo segnò, come si è visto e come vedremo, l'inizio di una fase di stagnazione e di senescenza, l'arretrato e immaturo Piemonte conservava, proprio in ragione della sua arretratezza e della sua immaturità, un notevole margine di sviluppo e di dinamismo. E se ne videro ben presto i segni. Tra gli Stati della penisola della seconda metà del secolo XVI il ducato di Savoia è certamente tra quelli che riuscirono a conservare un maggior margine di autonomia e di iniziativa politica. Destreggiandosi abilmente tra la Spagna impegnata nel tentativo di riconquista dei Paesi Bassi e la Francia dilaniata all'interno dalle guerre di religione e facendo leva sul desiderio di entrambe queste potenze di evitare, dopo il regolamento dei conti di Cateau-Cambrésis, una ripresa delle ostilità sull'eterno teatro di guerra italiano, il duca Emanuele Filiberto, il vincitore di San Quintino, tornato in possesso dei suoi Stati nel 1559 dopo venti anni di occupazione francese, riuscì rapidamente a consolidare la sua posizione e a ottenere anzi il ritiro delle guarnigioni francesi, che occupavano varie piazzeforti del ducato, tra le quali la stessa Torino. Il suo successore, Carlo Emanuele I, proseguì per la stessa strada e, in coincidenza con la fase più acuta delle guerre di religione, riuscì ad impadronirsi nel 1588 del marchesato di Saluzzo e a mantenerne quindi il possesso contro il ritorno offensivo francese negoziando con Enrico IV sulla base della cessione alla Francia delle vallate alpine del Bugey, del Gex e della Bresse. Sfortunato fu invece il tentativo, operato di sorpresa nel 1602, di ritornare in possesso di Ginevra e più sfortunato ancora il successivo tentativo di impadronirsi del Monferrato contro la volontà spagnola. Ma di ciò parleremo a suo luogo. Per ora limitiamoci a constatare che tra la fine del secolo XVI e gli inizi del secolo XVII il ducato sabaudo appariva a non pochi osservatori come il solo Stato italiano che avesse conservata intatta la propria indipendenza nei confronti dell'on-

nipresente tutela spagnola. Tra questi vi fu il poeta Alessandro
Tassoni, che dedicò nel 1614 le sue *Filippiche contro gli
Spagnoli* a Carlo Emanuele I.

I fatti si incaricheranno di dimostrare che vi erano molte
amplificazioni e molte illusioni in questi panegirici, del resto
abbastanza occasionali. A prescindere però dalla assai ipotetica possibilità, cui non pensavano seriamente neppure i suoi
reggitori, che il ducato sabaudo potesse svolgere una funzione
di primo piano sullo scacchiere politico dell'Italia spagnola,
rimaneva però il fatto che una nuova e relativamente efficiente formazione territoriale e politica si fosse affermata e
consolidata in un angolo d'Italia che per tutta la prima metà
del secolo era stato un campo di battaglia tra eserciti stranieri
e che, come tale, sembrava predestinato a rimanere ciò che
per secoli esso era stato, una terra cioè di elezione del particolarismo e della disgregazione di tipo feudale.

Sotto questo profilo, dal punto di vista cioè della politica
interna e del consolidamento delle strutture statuali, l'opera
di Emanuele Filiberto aveva davvero lasciato un segno duraturo. Per la verità già sotto l'occupazione francese si erano
fatti dei sensibili progressi in questo senso con la creazione
di due Parlamenti, rispettivamente a Chambéry e a Torino, e
con un notevole sforzo di unificazione legislativa. Non si
dimentichi che tra i governatori francesi di Torino vi era
stato un uomo illuminato e moderno quale Guillaume du
Bellay. Ma Emanuele Filiberto, che pure aveva passato la
sua giovinezza a combattere contro i francesi, ebbe l'intelligenza, una volta tornato in possesso dei suoi Stati, di proseguire l'opera iniziata dai suoi nemici di ieri sulla via di un
rafforzamento del potere ducale nei confronti delle giurisdizioni e dei particolarismi feudali e locali. Non era stato del
resto un savoiardo, Claude de Seyssel, che era stato per
qualche tempo arcivescovo di Torino, colui che sul limitare
del secolo XVI aveva tessuto le lodi della *grande monarchie
de France?*

In effetti riesce difficile prospettare la politica interna di
Emanuele Filiberto sotto una luce che non sia quella di uno

sforzo metodicamente perseguito di introdurre e rafforzare nei suoi Stati quel principio della subordinazione degli interessi e dei privilegi dei singoli al potere centrale, che aveva fatto della Francia appunto una *grande monarchie*. La visione delle lacerazioni e delle confusioni in cui le parzialità politiche e religiose avevano gettato il suo potente vicino nell'età delle guerre di religione contribuiva certo a confermarlo in questa persuasione, e a dare il crisma dell'ortodossia tridentina alle sue propensioni assolutistiche. I Parlamenti istituiti dai francesi vennero conservati (ci si limitò a cambiare il loro nome in quello di Senato) e di essi il duca si avvalse come di un efficace strumento per far progressivamente trionfare il diritto comune e la giustizia reale sulle varie consuetudini locali. Si pensi che taluni istituti locali prevedevano ancora la composizione degli omicidi con lo sborso di una somma da parte dell'uccisore, il che equivaleva, data la svalutazione della moneta avvenuta dai tempi remoti in cui quelle composizioni erano state fissate, a un incoraggiamento dato, anzi a un'impunità concessa, alla notoria tendenza dei potenti a farsi giustizia da soli. Contemporaneamente alla valorizzazione dei nuovi Parlamenti di tipo francese, venivano esautorati i vecchi corpi rappresentativi di tipo feudale, basati, sul modello degli Stati Generali e Provinciali francesi e sulla rappresentanza per ordini, e venivano gettate le basi di una più razionale e moderna intelaiatura amministrativa, mediante la creazione di province o prefetture e la creazione del Consiglio di Stato. Con le riforme giudiziarie e amministrative procedevano di pari passo anche quelle monetarie e finanziarie, attuate con l'emissione di una nuova e unica moneta reale e con la riorganizzazione della Camera dei conti, la quale nel 1577 venne sdoppiata in due organismi paralleli aventi rispettivamente sede a Torino e a Chambéry.

Ma la più importante delle riforme promosse da Emanuele Filiberto fu quella militare che portò alla costituzione di una milizia di 20.000 fanti reclutata sulla base di una coscrizione territoriale e inquadrata su base locale. Essa ebbe anche una notevole importanza politica: costituiva infatti un nuovo colpo

portato ai privilegi dei ceti nobiliari e feudali, che cessavano
con essa di essere gli arruolatori dai quali il duca si trovava
necessariamente a dipendere in caso di guerra. Non mancarono infine nel quadro del nuovo assolutismo sabaudo provvedimenti di politica annonaria ed economica, quale il già
ricordato tentativo di abolire la servitù della gleba, la creazione di una banca per la gestione degli affari commerciali, la
cui direzione fu affidata a finanzieri genovesi, l'incoraggiamento dato ai commerci del porto di Nizza e alle manifatture
della seta, della tipografia e del vetro. A questo fine quello
stesso Emanuele Filiberto che aveva perseguitato la minoranza valdese delle vallate alpine del Pellice e del Chisone,
non esiterà a favorire lo stabilimento nei suoi Stati di colonie
di mercanti e di banchieri ebrei, non senza disappunto della
Chiesa romana. I due volti dell'assolutismo monarchico di
tipo francese, quello tutorio e repressivo e quello innovatore
e dinamico, si ritrovano dunque anche nello Stato sabaudo.
Per il momento però, con Emanuele Filiberto, il secondo
prevaleva sul primo.

Venezia dopo Agnadello.

La storia di Venezia dopo Agnadello è, malgrado tutto,
la storia di una decadenza. Diciamo malgrado tutto perché
le più recenti tendenze degli studi storici si muovono nel
senso di reagire alle precedenti pitture catastrofiche derivate
dalla storiografia del Settecento e dell'Ottocento, e di sottolineare invece gli elementi di vitalità e di recupero dei quali
indubbiamente l'organizzazione politica ed economica della
repubblica dette prova nel corso del secolo. L'elemento correttivo contenuto in questa interpretazione storica va senz'altro accettato, ma non al punto da capovolgere il precedente
giudizio. Vista in una prospettiva secolare di lunga durata,
la storia della repubblica veneta nel Cinquecento si svolge
in definitiva sotto il segno di una parabola discendente e ciò

non può sfuggire soprattutto a chi si collochi al termine di
essa ed esamini retrospettivamente il corso degli eventi.

Cominciamo infatti con una constatazione generale: agli
inizi del secolo XVII Venezia non è più una grande potenza
mediterranea. Non solo la sua presenza nel Mediterraneo è
drasticamente ridotta e assottigliata dalla nascente e vigorosa
concorrenza olandese e francese, ma anche nell'Adriatico, in
quello cioè che la repubblica considerava orgogliosamente il
suo « golfo », la sua libertà di movimento conosce serie limitazioni. Annidati nelle isole dell'arcipelago dalmata, incoraggiati e protetti dagli Absburgo di Austria, i pirati uscocchi
riescono a disturbare notevolmente i traffici della repubblica
e l'incapacità di quest'ultima di porre un termine alle loro
scorrerie provoca le rimostranze della Porta e la sua non
infondata pretesa di assumersi essa stessa quel compito di
polizia marittima che la Serenissima non sembrava in grado
di svolgere. Presa tra l'incudine ottomana e il martello absburgico Venezia si veniva a trovare in una situazione estremamente delicata e tale da compromettere definitivamente il
suo prestigio di grande potenza marinara. A ciò si aggiunge
la minacciosa presenza della Spagna, padrona di Milano e
arbitra della vita della penisola, sulla sua frontiera occidentale. Naturalmente a questa situazione non si era giunti d'un
tratto, ma per tappe successive e attraverso un processo drammatico e non privo di giornate di gloria. Lo scacco subito
nella guerra con i turchi del 1538-40, che aveva portato alla
perdita di Nauplia, della Malvasia e di altre isole dell'Egeo,
e che per quasi trent'anni aveva consigliato alla repubblica
una politica di riservatezza e di isolazionismo, parve abbondantemente riscattato dopo la sfolgorante vittoria della Lega
santa sulla flotta turca nelle acque di Lepanto, vittoria cui
le navi veneziane contribuirono in maniera decisiva (1571).
Ma Lepanto fu, almeno per Venezia, una vittoria senza domani: le incertezze della Spagna le sue tergiversazioni a
proseguire la lotta nel Mediterraneo orientale indussero alla
fine la prudente diplomazia veneziana a cercare ancora una

volta la pace con la formidabile potenza ottomana (1573).
Fu una pace di compromesso: Cipro, che era stata occupata
dai turchi in precedenza dopo una lotta cruenta, andò definitivamente perduta e con essa altri possedimenti minori in
Albania e nell'Epiro e una rilevante indennità dovette essere
pagata.

Il principale motivo che, a prescindere dall'esuberante
onere finanziario che la guerra comportava, aveva spinto
Venezia a cercare un accordo che, ai suoi alleati parve un
tradimento, va ricercato nella preoccupazione di mantenere
le proprie posizioni commerciali nel Mediterraneo orientale,
quelle stesse su cui si era edificata la fortuna della città.
Giocavano nel senso di questa decisione il peso della tradizione e della consuetudine, ma anche elementi di concreta
opportunità e considerazioni assai realistiche. Non è vero
infatti, come si è a lungo detto e creduto, che le grandi
scoperte geografiche e l'apertura di nuove vie marittime e
commerciali che ne fu la conseguenza, abbiano provocato un
tracollo del lucroso commercio veneziano con l'Oriente e di
quello delle spezie in particolare. È vero piuttosto che tale
commercio conobbe nel corso del secolo degli alti e bassi, a
seconda delle cangianti congiunture economiche e politiche.
Se già nel 1504 le galere veneziane tornavano vuote di spezie
da Alessandria e da Beirut, e se nel 1515 Venezia stessa era
costretta ad approvvigionarsi di pepe a Lisbona, più tardi,
tra il 1550 e il 1570 i tradizionali itinerari delle spezie attraverso il Mediterraneo e il Mar Rosso ritornarono in onore
e la Serenissima non mancò di profittarne. Successivamente,
dopo che il Portogallo venne conquistato dalla Spagna, essa
si vide offrire da Filippo II il monopolio del commercio e
della distribuzione delle spezie in arrivo a Lisbona, ma anche
questa volta la considerazione dei loro interessi prevalentemente orientali indusse i veneziani a rifiutare. Bisognerà attendere i primi decenni del secolo XVII perché le spezie vengano classificate tra le mercanzie provenienti da Ponente e
non tra quelle del Levante. Solo allora, nello stesso torno
di tempo in cui Venezia cessava di essere la grande potenza

marinara che era stata, veniva meno anche la funzione di
mediatrice nel commercio tra Occidente ed Oriente che per
secoli essa aveva esercitato.

Non si deve peraltro pensare che il patriziato veneziano,
per quanto comprensibilmente attaccato alle proprie tradizionali attività mercantili e orientali, non si venisse gradatamente
rendendo conto, almeno nei suoi settori più vigili e più av-
vertiti, che era fatica vana rimpiangere i tempi gloriosi della
crociata e che occorreva piuttosto affrontare il presente e i
suoi angosciosi interrogativi rinnovando metodi e mentalità.
Ne sono prova le varie iniziative economiche che si svilupparono nella Venezia cinquecentesca, le quali pur nella loro
varietà convergono tutte nell'obiettivo di operare una certa
riconversione della vita e della funzione economica della città
e di trasformare Venezia da città-mercato e città-magazzino
quale essa era in un centro di produzione, sul modello delle
altre città italiane. La più importante di queste nuove iniziative economiche cinquecentesche veneziane fu senza dubbio
l'industria della lana, la quale acquistò ben presto dimensioni,
anche a detrimento di quella dei centri della terraferma, veramente cospicue raggiungendo nel 1602 una produzione di
28.729 pezze all'anno. Più di quella della lana, industrie
tipicamente veneziane furono quelle dei vetri di Murano e
degli altri prodotti di lusso dei quali l'Europa raffinata con-
tinuerà a lungo ad essere debitrice alla Serenissima. E come
non ricordare infine il grande sviluppo della tipografia veneziana cinquecentesca? In essa, al momento della sua massima
espansione, erano attive, tra grandi e piccole, ben 113 aziende,
talune delle quali, a cominciare dai Manuzio sino al Giolito,
occupano un posto di rilievo non solo nel campo dell'arte
della stampa, ma in quello della cultura cinquecentesca.

Tutte queste iniziative economiche contribuirono a mantenere a Venezia il carattere di grande metropoli, anzi ad
accrescerlo. Nel 1565 la sua popolazione raggiunse la cifra
ragguardevolissima di 175.000 abitanti e anche dopo la terribile pestilenza del 1576-77 essa si mantenne attorno ai
140.000. Di pari passo allo sviluppo demografico procedeva

lo sviluppo edilizio e monumentale della città. Molti dei più celebri palazzi veneziani, tra i quali quello della famiglia Corner, risalgono al secolo XVI e a quest'epoca risale anche la sistemazione di Piazza San Marco nella sua forma attuale. Alla costruzione della Loggetta del Sansovino (1537-40) seguirono ad opera dello stesso artista, quella della Libreria (1536-54) e della Zecca (1537-45). Infine il perimetro architettonico della Piazza fu completato con la costruzione ad opera dello Scamozzi delle Procuratie nuove (1586). Si direbbe quasi che, alla vigilia della sua decadenza, Venezia si preoccupasse di consegnare ai posteri l'immagine di se stessa all'ora del suo estremo splendore.

Ma il *boom* dell'industria veneziana e l'animazione che esso certo contribuì a dare alla vita economica della città era più l'effetto di quella congiuntura favorevole e di quella breve stagione di euforia che fu, come si è visto, l'estate di San Martino dell'Italia cittadina che l'inizio di un effettivo processo di conversione. Come tale esso ebbe una durata relativamente breve: attorno al 1570 l'industria della lana manifestò già i primi segni di stanchezza e l'industria cantieristica dei privati e dell'arsenale, ancorata alla costruzione di modelli di navi ormai superati, cominciò anch'essa a entrare in panne. In queste condizioni l'investimento più sicuro, e per certi aspetti, forse anche il più redditizio, rimaneva quello immobiliare, soprattutto mediante l'acquisto di possedimenti fondiari in terraferma.

Il continuo aumento della popolazione cittadina e di quella della terraferma rendeva infatti sempre più acuto il problema del rifornimento alimentare della città. Ne è prova il fatto che a partire dalla metà del secolo cominciò a diffondersi nelle campagne venete la cultura del mais, un cereale la cui resa era maggiore del frumento e il cui costo minore, e che grandi lavori di bonifica vennero intrapresi e condotti a termine. Una stima forse eccessivamente ottimistica parla di mezzo milione di campi trevigiani in precedenza incolti recuperati alla cultura. Ad ogni modo, quali che fossero le dimensioni del fenomeno, è certo comunque che la tendenza, già

manifestatasi nella secondà metà del secolo XV, da parte del
patriziato veneziano a farsi acquirente di possedimenti fondiari nella terraferma, ne risultò fortemente incoraggiata, al
punto di trasformarsi in un'autentica corsa alla terra. Ben
257, il quadruplo che nel secolo precedente, furono le ville,
in gran parte appartenenti a patrizi veneziani, di cui si costellò
la campagna veneta nel corso del secolo XVI. Tra di esse si
annoverano capolavori del neoclassicismo palladiano quali la
Malcontenta presso la Mira (1560), la Rotonda presso Vicenza,
la Badoera presso Rovigo e la stupenda villa Barbaro di Maser
che fu affrescata dal Veronese. Nel 1588 — secondo una stima
del patrizio Piero Badoer — un terzo delle terre del Padovano e, rispettivamente, il 18 per cento e il 3 per cento di
quelle del Trevigiano e del più lontano Veronese, erano pos-
sedute da cittadini veneziani. Nel frattempo l'introito della
decima, un'imposta fondiaria che veniva percepita sia sulle
terre di proprietà laica che su quelle di proprietà ecclesiastica,
era salito dai 33.000 ducati del 1510 a 134.000 del 1582:
un balzo notevole, anche tenendo conto degli effetti dell'in-
flazione provocata dalla rivoluzione dei prezzi.

È difficile allo stato attuale della nostra conoscenza stabilire con relativa esattezza chi fossero i maggiori protagonisti
e beneficiari di questa corsa all'investimento fondiario nella
terraferma. L'ipotesi più probabile ricavabile dai dati a nostra
disposizione è che il loro numero fosse limitato a una cerchia
abbastanza ristretta di grandi famiglie e che di conseguenza
la trasformazione del patriziato veneto in un'aristocrazia fondiaria procedette di pari passo (e anzi lo suggellò) con un
processo di restringimento delle sue file a profitto di una
sempre più ristretta *élite* di privilegiati. Di questa tendenza
si erano già avute del resto delle probanti manifestazioni anche sul piano politico, sin da quando, nel 1538-40, al momento della guerra turca, si erano ammessi nel Maggior Consiglio anche quei giovani delle maggiori famiglie che, pur non
avendo la prescritta età di 25 anni, fossero disposti a sborsare
una somma di 20.000 ducati, e da quando il Consiglio dei
Dieci, con l'assistenza di una ristretta *zonta* in cui sedevano

i rappresentanti delle famiglie più cospicue, si era reso sempre più arbitro della vita pubblica cittadina e della stessa politica estera. Non erano mancate reazioni da parte di quei settori della nobiltà che in tal modo si venivano a trovare confinati ai margini del potere, ché anzi nel 1582 il partito detto dei « giovani » riuscì a imporre la soppressione della *zonta* e il ridimensionamento delle competenze del Consiglio dei Dieci. Ma non si trattò, né si poteva trattare, che di una rivincita temporanea, di una battuta d'arresto di un processo inarrestabile: la decadenza economica raramente va dissociata dalla sclerosi politica.

Decadenza, dunque, di Venezia cinquecentesca. Ma anche grandezza. Grandezza della sua economia, che, come si è visto, conserva notevoli capacità di recupero e di adattamento, grandezza della sua classe dirigente che darà ancora prova — e lo vedremo più avanti — di vitalità e di coraggio nei giorni dell'interdetto, della sua marina vittoriosa a Lepanto, ma grandezza soprattutto della sua cultura e della sua arte. La Venezia della metà del secolo non è soltanto la patria di elezione del Palladio e del Veronese, questi due sommi decadenti, ma anche quella tra le città italiane che nell'età della Controriforma è riuscita a conservare il maggior margine di libertà intellettuale. Non a caso dalle file del suo patriziato era uscito quel cardinale Giuseppe Contarini che nel 1537 era stato l'estensore del *Consilium de emendanda ecclesia* e uno degli esponenti più in vista della riforma cattolica; e non a caso dalle sue tipografie era uscita nel 1532 la prima traduzione italiana della Bibbia. Venezia, per gli intensi scambi commerciali e contatti umani che essa intratteneva con il mondo tedesco, era la città italiana più esposta alla penetrazione delle nuove idee e del nuovo credo riformato e, per la consistenza e per la vivacità della sua tipografia e del suo mercato librario, per la vicinanza del prestigioso ateneo patavino, un naturale punto di riferimento e di raccolta di forze e di fermenti intellettuali. Tra gli spiriti illustri della Venezia colta del Cinquecento spicca la sconcertante figura di Pietro Aretino, che vi dimorò dal 1527 al 1556 e la gra-

tificò nelle sue lettere del titolo di « papessa di ogni cittade ».
Ma la sua traboccante personalità non deve farci dimenticare
la folla di personaggi minori, di esuli, di randagi, di perse-
guitati che trovarono asilo nella città della laguna e contribuirono a conferire alla sua vita intellettuale una impronta
di vivacità cosmopolitica. Tra i tipografi operanti a Venezia
nel XVI secolo vi erano uomini provenienti da ogni parte
d'Italia, fiorentini, napoletani, senesi, bergamaschi e persino
francesi, ognuno dei quali aveva una sua rete di collaboratori
e di corrispondenti. Anche nel campo delle arti Venezia non
peccava certo di esclusivismo: Jacopo Sansovino, colui che
possiamo considerare il creatore di Piazza San Marco, veniva
da Firenze. Questa vivacità e questa ricettività della vita intellettuale veneziana, che la repubblica riuscì in parte a conservare anche dopo la conclusione del Concilio di Trento
resistendo a lungo e vittoriosamente all'introduzione dell'Indice, contribuì non poco ad alimentare e a rinvigorire quel
mito di Venezia che aveva già radici profonde nell'opinione
pubblica italiana del tempo. Alla fine del secolo XVI esso è
più che mai attuale e florido e a consolidarlo contribuirono
non soltanto dei veneziani, come lo storico Paolo Paruta,
ma anche degli stranieri naturalizzati veneziani, come Francesco Sansovino, figlio di Jacopo, autore nel 1581 di un trattato *Venezia città nobilissima* che ebbe grande diffusione.
Grazie a questi scritti e ai molti altri che ad essi si collegano
e si ispirano, la città della laguna apparirà a intere generazioni come l'ultimo asilo di quel governo « largo » e di quella
libertà che le altre città e Stati della penisola o non avevano
mai conosciuto, o avevano perduto. Vi era per la verità in
questo mito e in questo vagheggiamento un tanto di patriottismo nostalgico e commemorativo ed esso costituiva d'altra
parte una nuova manifestazione di quel provincialismo che,
a Firenze come a Venezia, a Napoli come a Milano, caratterizzava in misura e in forme diverse l'ambiente culturale di
tutti gli Stati italiani sul finire del secolo. Ma vi era anche
la percezione e la consapevolezza di una tradizione che continuava e di uno stile e di una dignità che non venivano meno.

I giorni dell'interdetto e della battaglia politica e intellettuale di Paolo Sarpi contro Roma e la Controriforma non erano lontani. Avremo occasione di parlarne tra non molto.

Genova e i suoi banchieri.

Tra gli Stati italiani del Cinquecento Genova fu la prima e la più pronta ad operare le proprie scelte nei confronti delle alternative che il grande duello franco-absburgico protrattosi sino a Cateau-Cambrésis poneva a tutti gli Stati della penisola. Nel 1528, all'indomani del sacco di Roma, mentre erano ancora in corso nella penisola le ostilità fra gli eserciti di Carlo V e quelli di Francesco I, Andrea Doria, impadronitosi del potere, rompeva i tradizionali vincoli di alleanza che per il passato avevano legato la repubblica alla Francia e passava dalla parte dell'Impero e della Spagna. Fu una scelta definitiva: a differenza di Venezia, che cercherà di mantenere con una prudente politica di isolazionismo quel tanto di libertà e di iniziativa che era compatibile con la sua crescente debolezza, Genova accetterà d'ora in poi di far parte incondizionatamente dell'area di influenza imperiale prima, spagnola poi. E come era stata la prima a operare questa drammatica scelta, così essa ne seppe ricavare il massimo dei vantaggi e dei profitti, speculando sulla propria posizione geografica, che ne faceva il naturale punto d'incontro fra i territori mediterranei e quelli continentali dell'impero. Il possesso di Genova significava per Carlo V e per Filippo II la possibilità di rapidi collegamenti tra Barcellona e Milano, tra Mediterraneo e l'Europa centrale. I genovesi se ne rendevano ben conto e della loro fedeltà agli Absburgo seppero fare un lucrosissimo affare.

Già nei secoli precedenti gli uomini d'affari genovesi avevano frequentato assiduamente i porti e gli itinerari commerciali spagnoli. Ma ora la loro presenza si venne facendo più massiccia e più capillare: sono essi che noleggiano a Carlo V le loro navi, si assicurano il monopolio dell'impor-

tazione della lana spagnola o quello della fabbricazione e for-
nitura del sapone; sono essi soprattutto che prestano i loro
capitali alla corona di Spagna e ne ricavano in cambio appalti
d'imposte, investiture di signorie e di terre in Ispagna e nel
Napoletano, cariche onorifiche e posti di alta responsabilità.
Andrea Doria, ad esempio, ebbe l'investitura del principato
di Melfi e Ambrogio Spinola il titolo di generalissimo del-
l'esercito spagnolo alla testa del quale egli sconfisse nei Paesi
Bassi il grande Maurizio d'Orange.

Ma fu a partire dalla metà del secolo che l'associazione
politica e economica di Genova con la Spagna di Filippo II
dette i suoi frutti più cospicui. Usciti, se non indenni, meno
provati dei loro grandi concorrenti tedeschi, e dei Fugger in
particolare, dalla prima della serie di bancarotte cui la corona
di Spagna andò incontro nel 1557, i banchieri genovesi videro
rafforzata la loro posizione sul mercato internazionale del
denaro. Un'altra fortunata coincidenza fu per essi lo scoppio
dell'insurrezione dei Paesi Bassi e la conseguente decadenza
di Anversa. Ne conseguì infatti una rivalutazione degli itinerari mediterranei e Genova divenne a partire dagli anni settanta il maggior centro di raccolta e di smistamento dell'argento americano che da Siviglia e Barcellona prendeva la via
dell'Europa centrale e settentrionale. Attraverso la città ligure
e i suoi banchieri passavano così le ingentissime quantità di
numerario necessarie al mantenimento degli eserciti che combattevano in Fiandra e al finanziamento della *Weltpolitik*
absburgica. Ciò offriva loro nuove e insperare possibilità di
speculazione e di profitto. Nell'attesa dei carichi d'argento
americano provenienti da Siviglia, i banchieri genovesi erano
infatti ben disposti ad anticipare somme ingentissime, salvo
a rifarsi coi dovuti interessi al momento del loro arrivo e
del pagamento. Genova prendeva così il posto di Lione e di
Anversa nel ruolo di maggior centro finanziario dell'Occidente e di arbitra del mercato internazionale degli scambi.
Quest'ultimo aveva avuto fino ad un'epoca recente il suo centro e la sua camera di compensazione nelle fiere trimestrali
che si tenevano a Besançon, in Franca Contea. A partire dal

1579 le fiere di Besançon vennero però spostate a Piacenza,
in una città cioè relativamente vicina a Genova, e quivi continuarono a svolgersi per tutto il secolo e oltre sotto controllo
genovese. Vi si trattavano somme e cifre ingentissime: secondo alcune stime necessariamente approssimative 37 milioni
di scudi nel 1580 e 48 qualche anno dopo. Certo vi era sempre il rischio dell'insolvenza da parte dell'indebitatissima corona di Spagna, e di fatto altre bancarotte si susseguirono,
con una periodicità allarmante, dopo quella spettacolare del
1557. Ma i banchieri genovesi sapevano, come si è visto, ga-
rantirsi contro siffatti rischi e ciò che essi perdevano come
speculatori lo recuperavano, almeno in parte, assicurandosi
nuovi appalti di imposte o nuove concessioni fondiarie. Nessuna città italiana approfittò dunque come Genova dell'ondata di euforia e di slancio provocata dalla sferzata della
rivoluzione dei prezzi sull'economia europea. Sulla scia della
banca altre attività artigianali e manifatturiere minori — come
quelle della lavorazione del corallo, della seta e della produzione della carta — vi si svilupparono e vi raggiunsero un
notevole grado di prosperità. Ma nessun'altra città italiana
ci fornisce egualmente una dimostrazione di come questa
euforia e questo slancio non abbiano scalfito o modificato i
rapporti preesistenti, se non nel senso di accentuare la tendenza già da lungo tempo in atto a una loro definitiva cristallizzazione. La fortuna di Genova nella seconda metà del
secolo XVI è infatti in primo luogo la fortuna della sua oligarchia finanziaria arroccata attorno al Banco di San Giorgio,
ed essa si accompagna palesemente a un processo di accentuazione del carattere aristocratico della organizzazione sociale
e politica della città e del suo dominio. Già il colpo di Stato
di Andrea Doria nel 1528 fu per certi aspetti un nuovo passo
innanzi sulla via di un rafforzamento dell'oligarchia. Dietro
il paravento di una macchinosa riforma costituzionale, in cui
il sistema dell'elezione si combinava con quello del sorteggio,
esso attribuì di fatto al Doria stesso un ruolo di arbitro e di
moderatore della vita cittadina e alla « nobiltà vecchia », cui
egli naturalmente apparteneva e tra i cui membri si annove-

ravano le grandi famiglie e dinastie di banchieri legati al
Banco di San Giorgio, una netta prevalenza sulla «nobiltà
nuova», formata in buona parte da elementi dediti al commercio e all'industria. Quest'ultima non mancò di reagire e
si giunse così, anche con l'incoraggiamento della Francia, al
secondo colpo di scena della storia genovese del secolo XVI:
la congiura ordita dalla famiglia dei Fieschi nel 1547 e l'eccitazione popolare cui essa dette luogo. Ma il suo fallimento
fornì all'implacabile e insostituibile Andrea Doria il pretesto
per un nuovo giro di vite nel senso oligarchico degli ordinamenti cittadini. Si stabilì infatti che un quarto dei membri
del Consiglio Maggiore, anziché per sorteggio, venisse designato dai governatori della Casa di San Giorgio, e che il più
ristretto Consiglio Minore fosse non più anch'esso sorteggiato
tra tutti i nobili della città, ma eletto dal Consiglio Maggiore
riformato. Fu solo nel 1576 che la «nobiltà nuova» ebbe
una parziale rivincita e riuscì a ottenere in proprio favore
una nuova revisione dell'organizzazione costituzionale dello
Stato e un alleggerimento del carico fiscale che su di essa
veniva fatto gravare. Ma, malgrado questo ultimo e non irrilevante ritocco costituzionale, la vita politica della città era
ormai troppo condizionata dagli interessi costituiti e dal predominio economico della grande oligarchia finanziaria facente
capo al Banco di San Giorgio. Dopo il 1576 e fino alla fine
della repubblica la costituzione genovese non subì altri cambiamenti sostanziali e le lotte politiche interne vennero via
via cessando: segno non tanto di un raggiunto equilibrio
quanto della conclusione di un processo di cristallizzazione
avviato da secoli.

Più che mai la Genova della fine del secolo XVI evoca
ai nostri occhi l'immagine singolare di una città retta dai suoi
governanti più con i criteri di un'azienda che con quelli di
uno Stato, e ciò che in essa ci colpisce di più è la spropor-
zine esistente fra il prestigio europeo dei suoi finanzieri e del
suo Banco e la sua debolezza ed esiguità come organismo politico. Quella stessa città, i cui maggiorenti prestavano al re di
Spagna somme ingentissime, stentava negli stessi anni a do-

mare la ribellione dei montanari còrsi e, se non fosse stato
per la protezione spagnola, difficilmente ci sarebbe riuscita.
La più municipale forse e la più impermeabile a influenze
esterne tra le città italiane era quella stessa che, dopo aver
inviato i suoi navigatori su tutte le rotte del mondo, era
divenuta la patria di una delle prime internazionali del denaro della storia moderna. È troppo azzardato scorgere in
questa tradizione un simbolo e un emblema di tutta la storia
d'Italia nella seconda metà del secolo XVI?

Roma e lo Stato della Chiesa.

Centro del rinnovato, ambizioso e attivistico cattolicesimo
della Controriforma, capitale di uno Stato di considerevole
estensione i cui confini settentrionali, con l'acquisto di Ferrara realizzato nel 1598, raggiungevano ormai il corso del
Po, Roma proseguì sotto i papi della seconda metà del secolo
la vertiginosa carriera verso le dimensioni di una metropoli
che aveva iniziato sotto il pontificato di Giulio II e di Leone
X. Nessuna città italiana o europea, né Venezia, né Parigi,
né Londra conobbe nel corso del secolo XVI un così radicale
processo di accrescimento e di ristrutturazione urbanistica,
quale quello di cui fu oggetto e teatro la città eterna. 54
chiese costruite *ex-novo* o rifatte, 60 nuovi palazzi gentilizi,
20 ville, case di abitazione per 50-70.000 abitanti, due nuovi
quartieri, 30 nuove vie aperte, tre acquedotti restaurati e
messi in condizione, attraverso le 35 fontane pubbliche, di
assicurare un regolare approvvigionamento idrico della città
anche nelle sue parti più alte: queste sono le nude cifre del
boom edilizio romano del XVI secolo. Quando si aggiunga
che tra questi monumenti vi era la cupola di San Pietro — la
cui ultima pietra, salutata dagli spari dei cannoni di Castel
Sant'Angelo, fu posta in opera il giorno di Natale dell'anno
1589 —, e i palazzi del Vaticano, del Laterano, di Monte-
cavallo (oggi Quirinale), e del Collegio Romano, chiunque
abbia una qualche familiarità con la topografia della odierna

Roma monumentale non metterà certo in dubbio la testimonianza di quei viaggiatori cinquecenteschi che, ritornati nella capitale della cristianità dopo un'assenza prolungata, assicuravano di non riconoscerla più. Essi infatti non solo rimanevano ammirati di fronte ai nuovi edifici, alle nuove strade rettilinee che si dipartivano a raggera dalle grandi piazze, ma spaesati e, talvolta, anche addolorati per la scomparsa di una via, di un angolo, di un paesaggio urbano che erano loro familiari e cari. La febbre edilizia si accompagnava, come sempre, con quella della demolizione. Per costruire il Collegio Romano, casa madre dei gesuiti, un intero quartiere fu raso al suolo tra il 1581 e il 1582. Né il piccone demolitore si arrestava di fronte ai resti di Roma antica e medievale: le pietre di Ponte Sisto vengono dal Colosseo e una parte dei marmi del Palazzo Vaticano dalla chiesa di Sant'Adriano, la quale a sua volta era un rimaneggiamento medievale — nientemeno — della vecchia curia romana, la sede augusta del Senato. Comprendiamo così le proteste di Raffaello per le indiscriminate demolizioni operate dal Bramante, « maestro ruinante », e l'amarezza di Rabelais quando, nel 1536, si trovò ad essere spettatore· dei grandi lavori di demolizione e di ristrutturazione urbana eseguiti in occasione della gloriosa entrata di Carlo V nella città. Anche nel secolo XVI era vero che « la forme d'une ville change hélas plus vite que le coeur des mortels ».

In una città eccezionale una popolazione eccezionale. Non intendiamo tanto riferirci al suo ammontare complessivo — con i suoi 115.000 abitanti Roma rimaneva indietro soltanto a Napoli e a Venezia — quanto alla sua composizione. La città eterna, con i suoi preti, con i suoi pellegrini, con i suoi celibatari, è la sola città italiana in cui il numero degli uomini superi largamente quello delle donne, il che spiega, tra l'altro, il grande sviluppo della prostituzione e la notorietà delle cortigiane romane, seconde solo alle veneziane; in cui, specie in occasione dei giubilei, la popolazione provvisoria — di turisti, di pellegrini, di avventurieri — superi quella stabile e in cui infine gli immigrati di data più o meno

recente superino i nativi di Roma e del Lazio. Su 3.495
abitanti — un campione della popolazione romana — dei
quali una descrizione del 1576 ci rivela il luogo di provenienza, ben 2.922 erano forestieri di recente inurbati, provenienti da tutte le regioni d'Italia e dall'estero, spagnoli, francesi, polacchi, turchi e via dicendo. Non sono compresi in
questo campione di censimento gli ebrei che, relegati da
Paolo IV nel ghetto, erano contati a parte. La loro colonia
era peraltro abbastanza nutrita — 1.750 persone — e si accrebbe nella seconda metà del secolo sino a raggiungere una
cifra verosimilmente vicina alle 3.500 unità. Vero è che,
salvo ad Ancona, agli ebrei era proibito di risiedere in qualunque altra città dello Stato pontificio. Ma a Roma, tra la
sua umanità cosmopolita, la loro presenza, a prescindere da
concrete considerazioni di utilità economica, non faceva
scandalo.

Con la sua curia, i suoi cardinali, con i suoi innumerevoli
alberghi, con le sue cortigiane, con le folle di « clienti » attorno alle varie corti, Roma era certamente tra le città italiane quella che produceva meno e che consumava di più.
Più che di consumo si trattava anzi di spreco, di una ricchezza che esauriva se stessa pietrificandosi in chiese e in
palazzi e volatilizzandosi in feste e nell'ostentazione del lusso,
di un'economia tutta — o quasi — parassitaria, che viveva,
se l'espressione è lecita, mordendosi la coda. Gran parte del
denaro che si spendeva a Roma e che alimentava l'ambiziosa
politica internazionale dei pontefici romani, il loro mecenatismo e la loro dispendiosissima politica urbanistica (la sola
fabbrica di San Pietro costò 1.500.000 scudi d'argento, una
somma pari alle entrate dello Stato per un anno) veniva dal
di fuori: se gli oboli e le collette effettuate in tutte le province della cattolicità non assicuravano più i cespiti di un
tempo, era pur sempre possibile far ricorso alle casse e al
credito dei banchieri fiorentini prima, e genovesi poi e, soprattutto, fare un assegnamento sempre crescente sugli introiti
fiscali dello Stato. Nel corso di tutto il secolo infatti le en-

trate della Camera Apostolica non cessarono di manifestare una progressione costante: fra il 1526 e il 1600 l'ammontare complessivo del carico fiscale, tenendo naturalmente conto della svalutazione della moneta, risultò per il complesso dello Stato più che raddoppiato. Nella spesso celebrata opera di centralizzazione assolutistica attuata dai pontefici della Controriforma e da Sisto V in particolare con la creazione delle Congregazioni e il riordinamento generale dell'amministrazione centrale e periferica, l'aspetto fiscale fu certo il prevalente e quello che dette i più tangibili risultati. Per il resto sembra difficile poter parlare di « assolutismo » se, come si suole, con questo termine si designa un'opera di governo intesa non solo a realizzare un maggior grado di centralizzazione e di efficienza amministrativa, ma anche a favorire una promozione sociale dei ceti borghesi e popolani e delle loro attività. Di tutto questo infatti non vi è traccia — o ve ne è scarsa — nello Stato della Chiesa della seconda metà del secolo XVI.

Certo alcune grandi casate nobiliari, fra le più antiche e le più riottose, furono costrette a rinunciare a molti dei privilegi e delle prerogative che facevano di esse degli autentici potentati indipendenti, e i loro redditi, presi tra le forbici della rivoluzione dei prezzi e del nuovo fiscalismo pontificio, subirono drastiche falcidie sino talvolta a provocarne la rovina. Ma i nuovi ricchi e i nuovi nobili che subentrarono al loro posto e i « mercanti di campagna » cui essi affittarono le loro terre non furono da meno di essi nel tentare di scaricare sui loro « uomini » e sui loro contadini le loro difficoltà economiche. Ché anzi la seconda metà del secolo XVI fu teatro nello Stato pontificio di diffuse manifestazioni di « reazione signorile », di una sistematica offensiva cioè contro le superstiti piccole libertà del mondo rurale, gli usi collettivi dei villaggi e delle comunità sui boschi e sui pascoli, le tradizionali forme di patrocinio e di rappresentanza. Tale offensiva si accompagnava spesso con una tendenza sempre più accentuata a sostituire i coltivatori stabilmente insediati

sui campi con la manodopera avventizia a carattere stagionale
fornita dalle correnti migratorie dalle zone depresse della
montagna.

La pressione sempre più accentuata che la città consumatrice e l'apparato dello Stato esercitavano sulle campagne
non poteva alla lunga non generare uno stato di profondo
disagio e di acuta tensione. Rancore di nobili riluttanti alla
disciplina dell'assolutismo e del fiscalismo pontificio e disperata protesta delle plebi confluirono insieme, sommati agli
effetti di alcune terribili e ricorrenti carestie, a dar vita a
una delle più formidabili esplosioni di banditismo della storia
italiana. Da un lato Alfonso Piccolomini, duca di Monte-
marciano presso Ancona e imparentato con la grande famiglia
degli Orsini e dall'altro Marco Sciarra, uomo di bassa estrazione (che si faceva chiamare « flagellum dei missus a deo
contra usurarios et detinentes pecunias otiosas ») e del quale
si diceva che rubasse al ricco per donare al povero, rappresentano le due anime, quella feudale e aristocratica e quella
protestataria e contadina, dell'ondata di brigantaggio che, fra
il 1577 e il 1595, dilagò attraverso tutta l'estensione dello
Stato, giungendo a minacciare più volte da vicino la stessa
capitale. Alle porte della città la tomba di Cecilia Metella
fu a lungo un covo di banditi. Contro l'audacia e la disperazione delle migliaia e migliaia di persone che si erano date
alla macchia non valsero né le esecuzioni in massa (se ne
contarono 5.000 soltanto tra il 1590 e il 1595), né la politica del pugno di ferro adottata da Sisto V, né l'azione con-
certata promossa da questo stesso papa d'intesa con le potenze confinanti. Alla sua morte (1590), dopo un periodo di
regresso, il brigantaggio divampò più forte che mai e fu solo
a partire dal 1595 che, cessati gli effetti più acuti delle
carestie, esso cominciò a decrescere. Non mai però sino a
scomparire: il fuoco continuò sempre a covare sotto la cenere.

Il circolo vizioso tra fiscalismo, reazione signorile, carestia e banditismo in cui si dibatté la società dello Stato della
Chiesa negli ultimi decenni del secolo XVI incise profondamente sulle sue strutture economiche e sulla sua stessa capa-

cità produttiva. È infatti alla fine del Cinquecento che si delinea in talune zone dello Stato un autentico processo di degradazione, che verrà accentuandosi nel corso del secolo successivo. È il caso in primo luogo dell'Agro romano: le sue distese, che nel secolo XIX apparivano ai visitatori quasi completamente deserte e devastate dalla malaria, erano nel secolo XVI ancora relativamente popolate e in grado di contribuire al rifornimento annonario della capitale. Lo stesso si dica della Maremma attorno a Tarquinia, che era anzi considerata uno dei granai dello Stato. Ma a partire dalla fine del secolo XVI il processo di decadenza e di spopolamento, già in atto del resto dagli ultimi secoli del Medioevo, si viene trasformando in una autentica e repentina degradazione. Per la verità, oltre alle cause di carattere generale cui si è accennato, concorsero ad accelerarlo anche altre di natura più contingente e locale e, in particolare, la tendenza sempre più accentuata da parte dei grandi proprietari della campagna romana a trasformare in pascoli le terre già adibite alle culture. Roma già nel secolo XVI era una grande divoratrice di carne d'agnello e di formaggio pecorino e rifornire di « abbacchi » le mense dei romani che se lo potevano permettere poteva essere un affare più vantaggioso che assicurare il pane più a buon mercato sulla tavola della plebe. Anche nelle campagne attorno a Roma, come in quelle dell'Inghilterra dei tempi di Tommaso Moro, le pecore cacciavano gli uomini dalla terra! ma, laddove gli uomini e le culture retrocedevano, là dove retrocedeva il bosco, avanzava la malaria. Nel complesso, inadeguati risultarono i tentativi del governo pontificio di ovviare a questa situazione con l'emanazione di provvedimenti intesi a incoraggiare la coltura cerealicola e con l'avvio — sotto Sisto V — della bonifica delle paludi pontine. La sorte della campagna romana era ormai segnata.

Certo il quadro di dissoluzione offertoci dall'agricoltura romana e dalla Maremma laziale è un caso limite e non mancarono nello Stato pontificio del secolo XVI, specie nelle province settentrionali la cui economia gravitava verso l'Italia padana, zone di progresso agrario. Una di queste fu ad esempio il Bolognese, dove si diffuse, e con tecniche notevolmente avanzate, la cultura della canapa. Ma nel complesso il panorama generale è quello di una stagnazione che confina da vicino con la decadenza: là dove arrivarono il fiscalismo, il banditismo, le carestie e la reazione signorile arrivarono anche prima o poi la penuria e le strettezze. E se le prime passavano o si attenuavano, queste rimanevano. Non è certo un caso se lo Stato pontificio, che ancora attorno al 1570 era un esportatore di grano, si trovò nei decenni successivi sempre più frequentemente costretto a ricorrere all'importazione dalle altre regioni e, anche, dall'estero. Attorno al 1590-94, in un momento cioè di grave carestia, sono segnalati a Civitavecchia i primi arrivi di grano provenienti dai paesi nordici.

« Il principe non solo carica la mano addosso ai popoli e loro toglie il sangue, [...] havendo loro tolto il sangue con le impositioni, lor toglie lo spirito con levargli ogni comodità di guadagno e modo di pagar esse impositioni. » Lo scritto da cui abbiamo tolto questa citazione si chiude con la celebre citazione di Plinio: *latifundia Italiam perdidere*. La fonte non è certo sospettabile di prevenzione: si tratta infatti del gesuita Giovanni Botero.

Gli intellettuali nell'età della Controriforma.

Drammatica, come si è visto, era stata l'esperienza e il destino di quella generazione di intellettuali italiani che si era trovata a vivere e a operare negli anni compresi tra il pontificato di Leone X e quello di Paolo IV. Le speranze che l'avvento al soglio di un papa uscito dalla più colta città italiana e da una famiglia di mecenati avevano fatto concepire, e che i primi anni e i primi atti del pontificato di Paolo III avevano contribuito ad alimentare e a corroborare, erano bruscamente cadute di fronte alla realtà della lacerazione della Chiesa e del ripullulare delle opposte intolleranze. Nel clima della Controriforma e del cattolicesimo post-tridentino ogni proposito irenistico e ogni rimpianto erasmiano si rivelavano ogni giorno di più come atteggiamenti anacronistici e nostalgici: la scelta ora si poneva tra la rottura aperta con l'ortodossia e la piena sottomissione, comunque motivata o mascherata, alla medesima, tra una difficile emigrazione e un'altrettanto difficile permanenza.

Ma non si trattava soltanto del dramma di una generazione, quella del Contarini, del Pole, dello stesso Michelangelo, quella che sino all'ultimo aveva coltivato la speranza del concilio. Si trattava del fallimento degli intellettuali come classe, del tramonto della funzione agglutinante ed esemplare che essi avevano esercitato e rivendicato nei confronti della dispersa società italiana, della fine, in una parola, del prestigio e della missione del dotto. Si trattava, ancora più esplicitamente, della crisi più profonda che l'*intellighenzia* e la cultura italiana avessero sino allora conosciuto.

Naturalmente sarebbe ingenuo e semplicistico pensare che questa crisi si traducesse a breve scadenza in un abbassamento del tono e della « classe » della vita intellettuale e artistica italiana. L'eredità del Rinascimento era troppo grande e troppo vicina perché essa non continuasse a esercitare una potente attrattiva e un'influenza profonda. Tuttavia la crisi esisteva egualmente, anche se essa si manifestava non attraverso l'esaurimento di una vena creativa, ma piuttosto attraverso la sua dissipazione e dispersione, nella forma dell'irrequietezza e non in quella — impossibile — della paralisi. Assistiamo così a un processo di frantumazione dell'unità, della fusione e della coralità che avevano caratterizzato la grande cultura rinascimentale.

Frantumazione geografica in primo luogo: abbiamo già avuto modo di far cenno del fiorentinismo degli accademici della Crusca, del « rilancio » ambrosiano che ebbe luogo nella Milano dei Borromeo, del « venezianismo » dei Paruta e dei Sansovino. Potremmo continuare citando il caso di Napoli e della storiografia del Di Costanzo, anch'essa intesa a individuare e ad illustrare una tradizione di glorie locali. Si tratta in tutti questi casi di un analogo fenomeno di ripiegamento

provinciale e dialettale che verrà accentuandosi nel corso del
secolo seguente e del quale la nascita delle varie maschere
cittadine, operanti sui palcoscenici della Commedia dell'Arte,
costituisce la manifestazione estrema. Mancava naturalmente
a questo municipalismo di ritorno, nato nel chiuso delle accademie e protetto e incoraggiato dal mecenatismo dei principi il vigore e la genuinità della tradizione municipale e
policentrica italiana Nulla vi è di più lontano dall'autentica
fiorentinità del fiorentinismo dei letterati della fine del Cinquecento.

Ma la nascita di varie culture municipali non è che uno
dei sintomi del più generale processo di frantumazione e di
dissipazione dell'*intellighenzia* italiana. In nessun campo forse
ciò è altrettanto evidente quanto in quello delle arti figura-
tive, così esposto alla suggestione delle varie sperimentazioni
e così gravato dalla persistenza delle varie tradizioni regionali. Il termine stesso di « manierismo », con il quale si
sogliono designare le correnti e le espressioni artistiche di
questo periodo storico, per quanto comprensivo esso sia,
non riesce ad esaurire una realtà artistica estremamente varia
e irrequieta: si va dai dipinti di soggetto religioso alle prime
nature morte, dai grandi cicli pittorici illustranti la gloria di
questa o quella casa principesca al ritratto in miniatura, dai
colossi in pietra dell'Ammannati e del Bandinelli alle sta-
tuette quasi cesellate del Cellini e del Giambologna, dallo
stile accigliato della chiesa del Gesù del Vignola alla grazia
delle ville palladiane, dal luminismo di Tintoretto alla raffinatezza un po' patinata dei dipinti del Veronese. In realtà
ciò che prevale è una diffusa tendenza allo sperimentalismo,
in cui la ricerca è sovente fine a se stessa e dà luogo a un
variopinto ventaglio di soluzioni. Tipica di questo sperimentalismo è la cura, spinta sino allo scrupolo, del particolare e
del dettaglio e la conseguente tendenza delle arti maggiori
a mutare le tecniche e i modi delle loro consorelle minori:
la pittura si fa sovente decorazione (si pensi ai *trompe-l'oeil*
di Giulio Romano nel mantovano Palazzo del Tè, vero e
proprio tempio del manierismo italiano), la scultura si fa

oreficeria, l'architettura stessa scenografia di giardini e regia di feste, di gloriose entrate, di cerimonie funebri. Il barocco è ormai alle porte: la prima opera del prolificissimo Bernini è del 1625.

Anche in letteratura ciò che domina è la varietà delle espressioni e la ricercatezza degli esperimenti. Tutti i vari generi letterari vengono coltivati, e ciascuno fino al limite delle sue capacità espressive, con un gusto estremistico tipico dello sperimentalismo, che anch'esso preannuncia il barocco. La commedia, con il napoletano Giambattista Della Porta, raggiunge i limiti del grottesco e prelude già ai modi e alle forme della Commedia dell'Arte; la tragedia con Giambattista Girardi Cinzio, un autore cui attingerà largamente Shakespeare, tende al truculento e la novella al romanzesco e all'esotico. L'autobiografia stessa — è il caso della celebre *Vita* del Cellini — si fa romanzo di avventura. La poesia infine si allea e si sposa con la musica e nasce il melodramma. Il primo fu la *Dafne* rappresentata a Firenze nel 1595.

Il panorama, come si vede, è estremamente vario e lussureggiante, ma mancano in esso quei punti fermi e quegli *exploits* che avevano caratterizzato l'età di Leone X. Tra le opere letterarie della seconda metà del secolo XVI la sola che abbia resistito validamente all'offensiva e all'usura del tempo è la *Gerusalemme liberata* di Torquato Tasso. Ma quanta fatica e quanta angoscia era costato al suo autore padroneggiare e ridurre a unità e disciplina l'irrequieto mondo dei suoi affetti e delle sue inclinazioni, la sua pietà e la sua sensualità, la compunzione della Controriforma e la sua natura estroversa! Proprio nella difficoltà della fatica poetica del Tasso e nella sua vita difficile e irrequieta troviamo la conferma della dispersione e della dissipazione intellettuale dell'età in cui egli visse.

Dopo aver tentato di tracciare un sommario panorama della condizione intellettuale italiana nell'età della Controriforma, ci resta ora da vedere in che modo l'azione di quest'ultima vi si inserì e in quale direzione essa operò. L'aspetto più tradizionalmente sottolineato è quello della reazione con-

tro il razionalismo e l'immanentismo della cultura rinascimentale. Episodi quali quello della censura esercitata dall'Inquisizione sulla festevole rappresentazione che dell'Ultima Cena
aveva dato Paolo Veronese, oppure come quello della spietata battaglia condotta dai gesuiti contro la esecrata memoria
del Machiavelli, per non parlare del supplizio di Giordano
Bruno o della prigionia del Campanella, sono sin troppo noti.
È utile piuttosto sottolineare a questo punto che l'azione
repressiva e poliziesca non fu il solo aspetto della politica
culturale della Controriforma, ché anzi questa non si preoccupò soltanto di infierire su di un nemico già prostrato, ma
anzi di recuperare la sua eredità e di ricostituire così, a
proprio beneficio e sotto il proprio controllo, una nuova
koiné intellettuale. Tipica in questo senso è l'azione culturale
della Compagnia di Gesù, il suo tentativo di dar vita a un
nuovo e omogeneo personale intellettuale che avesse assorbito la lezione e le tecniche della filologia e della pedagogia
umanista, e che proprio per questo fosse in grado di sostituirsi agli umanisti nelle corti e nelle scuole, e di esercitare
sulla società nel suo insieme quell'influenza e quell'ascendente che questi ultimi avevano esercitato. La stessa esecrata
politica machiavelliana, una volta che fosse stata ridotta a
mera tecnica del potere, poteva essere recuperata e noi vediamo infatti il Botero e altri trattatisti della Compagnia e
della Controriforma impegnarsi nella difficile impresa di elaborare una « ragion di Stato » a beneficio del principe cristiano.
   Lo sforzo prodotto dalla Controriforma in questa direzione, nel tentativo cioè di riprendere a proprio vantaggio il
retaggio culturale dell'Umanesimo, e di devolvere così ai
propri intellettuali il prestigio e la funzione di cui avevano
goduto gli intellettuali di formazione laica e umanistica, fu
ingente e si estese a tutte le discipline e le province della
scienza. Nel campo della filologia basterà ricordare l'edizione
sistina della *Volgata*, in quello dell'arte l'avvio dato alla ar-
cheologia sacra in seguito alla scoperta delle catacombe romane, nel campo della storiografia la pubblicazione, avvenuta
tra il 1588 e il 1607, degli *Annales ecclesiastici* del Baronio

e infine, nel campo della scienza, la riforma del calendario giuliano promossa e condotta a termine sotto il pontificato di Gregorio XIII. Si trattò in quest'ultimo caso di un'operazione scientifica complessa e laboriosa, che impegnò una commissione assai autorevole e fu resa possibile da una larghissima consultazione nelle università e negli ambienti scientifici internazionali, e che fu difesa contro i suoi critici da Tiho Brahe e da Keplero. A parte infine, e con particolare rilievo, va ricordata la riforma della musica polifonica, alla quale è legato il nome e l'opera di Pier Luigi da Palestrina, colui che seppe dare voce e suono al fervore religioso più autentico e schivo che animò le maggiori personalità della Controriforma.

Il quadro di queste iniziative è, come si vede, davvero imponente. Tuttavia la spregiudicatezza della Controriforma era troppo trasparente e strumentale, la sua autonomia culturale troppo limitata, le sue ambizioni troppo spesso velleitarie e il suo dinamismo troppo spesso semplice attivismo, perché essa potesse veramente ambire a riuscire nell'ambizioso progetto che perseguiva. Né i rappresentanti più accreditati della cultura controriformistica — i Sirleto, i Baronio, i Possevino, i Botero — erano personalità di rilievo tale da esercitare un forte potere di attrazione. Eruditi scrupolosi o abili polemisti, essi rimanevano in definitiva degli uomini di Chiesa e di parte.

Partendo da questi presupposti, l'ambizione di far coagulare attorno alla Chiesa e al rinnovato cattolicesimo posttridentino le varie e disperse correnti intellettuali, e di risolvere e pacificare così nell'ortodossia le contraddizioni di una stagione intellettuale irrequieta, non solo non aveva probabilità di successo, ma il suo sostanziale fallimento contribuiva anzi ad accrescere il disorientamento e la dispersione dell'ora e ad accrescere quel senso di disagio e di disponibilità che la caratterizzava. Più che mai la *koiné* intellettuale italiana si veniva frammentando e disintegrando e gli ultimi decenni del secolo XVI e i primi del secolo XVII traboccano di personaggi e di vite singolari, di « libertini », di avventurieri intellettuali, di viaggiatori, di progettisti e utopisti. Tale fu

Giulio Cesare Vanini, che concluse a Tolosa sul rogo nel 1619 un'esistenza di peregrinazioni, di apostasie, di arditezze intellettuali; oppure il fiorentino Francesco Pucci il quale, dopo aver viaggiato dai Paesi Bassi alla Transilvania, morì mentre era in viaggio per Roma dove si recava per sottoporre al papa un suo progetto di riconciliazione tra le Chiese; o ancora Marc'Antonio De Dominis, l'editore della *Storia* del Sarpi, vescovo apostata morto in grembo alla Chiesa e condannato al rogo *post mortem*. E come non ricordare Caravaggio, il più grande pittore dell'epoca, e la sua vita errabonda e avventurosa?

In un'età di disorientamento e di conformismo, di provincialismo e di cosmopolitismo, il prezzo dell'indipendenza intellettuale era assai spesso la bizzarria o l'eccentricità. Ma occorre stare in guardia dal non scambiare con i molti eccentrici i pochi autentici eroi di questa età difficile. Caravaggio non fu il solo.

Giordano Bruno e Tommaso Campanella.

Giordano Bruno nacque a Nola nel 1548 ed entrò diciottenne nell'ordine dei domenicani a Napoli. Ma il chiostro non era certo il luogo più adatto per uno spirito irrequieto e per un ingegno fervido come il suo, incline a mettere in dubbio le più sacrosante verità della fede. Ben presto egli suscitò infatti i sospetti dell'Inquisizione; di qui la sua fuga da Roma e l'inizio del lungo pellegrinaggio che sarà la sua vita, prima attraverso l'Italia, da Roma, a Nola, a Savona, a Venezia, poi attraverso l'Europa, da Ginevra, a Tolosa, a Parigi, a Oxford, a Wittenberg, a Praga, a Helmstädt e a Francoforte. Fu solo nel 1591 che varcò nuovamente le Alpi per ritornare in patria: chiamato dal patrizio veneziano Giovanni Mocenigo, egli si stabilì a Venezia, ma questo fu il più sfortunato dei suoi molti soggiorni. Denunziato dal Mocenigo stesso all'Inquisizione fu arrestato e tradotto a Roma dove, dopo un lungo e drammatico processo, venne condannato al rogo. Il supplizio fu consumato nella Piazza del Campo dei Fiori il 17 febbraio 1600.

A esporla così per sommi capi la vita del Bruno può assomigliare a quella di molti altri avventurieri e spiriti forti di questa età torbida, e tale, per certi aspetti esterni, essa è. Calvinista a Ginevra, luterano a Wittenberg, desideroso al momento del suo ritorno in patria di una riconciliazione con la Chiesa cattolica, egli rimase, attraverso tutte queste varie esperienze, ciò che egli stesso si era definito, un « accademico di nulla accademia », un temperamento ribelle e imprevedibile. Ma a chi guardi più a fondo ed esamini, oltre che il corso avventuroso della sua vita, quello tormentato del suo pensiero, ciò che in altri appare bizzarria ed eccentricità in lui apparirà autentico eroismo intellettuale, attinto dalla fermezza e dal rispetto delle proprie convinzioni.

Esiste infatti, fra le congerie di stratificazioni e di apporti di cui si nutrì la sua inquieta meditazione, un punto fermo nel pensiero del Bruno; esso è costituito dal suo rifiuto della concezione dell'universo aristotelico e tolemaico, dal suo accoglimento delle teorie copernicane e dallo sviluppo che a queste ultime egli dette sul piano filosofico. In un mondo infinito e popolato di infiniti mondi, non vi sono cieli né sfere concentriche, ma ogni punto può esserne il centro. E come la nostra terra non è il perno dell'universo, così l'uomo si dissolve nell'eterna vicissitudine della natura, dove ogni nascere è morire e ogni passato è presente. È celebre il suo motto:

> Quid est quod est? Ipsum quod fuit
> Quid est quod fuit? Ipsum quod est
> Nihil sub sole novi.

In questa visione cosmica e tragica della realtà, che a molti è parsa un preannuncio di Spinoza, il vecchio Dio cessa di essere il creatore o il motore immobile dell'universo per divenire anima del mondo, tutta riversata e diffusa nelle

cose, per divenire natura. Che importanza possono avere in
questa cornice le sfumature delle varie sette e confessioni?
Dalla contemplazione dell'unità infinita del mondo il saggio
attinge il senso della caducità delle cose e delle opinioni
umane e, al tempo stesso, un senso come di vertigine, fatto
di scoramento sì, ma anche di entusiasmo, di « eroico furore », analogo a quello provato da colui che per primo scopra
ed esplori nuovi territori sconosciuti. « Il tempo — scrive
Giordano Bruno — tutto toglie e tutto dà; ogni cosa si muta.
Nulla si annichila: è uno solo che non può mutarsi, un solo
è eterno e può perseverare eternamente uno simile e medesimo. Con questa filosofia mi si aggrandisce l'animo e mi si
magnifica l'intelletto ».

Vi era in una siffatta visione del mondo la radice sia dello
scetticismo che quella dello storicismo, dell'opportunismo come
dell'eroismo, ma fu questa seconda che prevalse in Giordano
Bruno. Tratto davanti ai suoi giudici, egli ritrattò in un primo
tempo i presunti errori che gli venivano rinfacciati, ma poi
ritornò a protestare la propria innocenza, cioè il proprio
diritto alla libertà di pensiero e accolse la sentenza di morte
con parole che ci ricordano quelle di Socrate: « Con maggiore
timore forse voi pronunciate contro di me il giudizio di quanto
io non lo ascolti ».

Per molti aspetti simile a quella di Giordano Bruno è la
vita del suo contemporaneo e conterraneo Tommaso Campanella. Nato a Stilo in Calabria nel 1568, anch'egli entrò nel-
l'ordine domenicano e anch'egli lasciò ben presto il chiostro
per una vita raminga e avventurosa. Processato una prima
volta dal Sant'Uffizio fu rispedito nella natia Calabria. Cor-
reva l'anno 1599 e la presunzione che la congiunzione degli
astri e l'avvento del « secol novo » rendessero maturo il
mondo per una rigenerazione totale indussero il Campanella,
come si è visto, a farsi promotore e capo di un tentativo
insurrezionale che fu naturalmente sgominato. Arrestato nuovamente, riuscì a sfuggire alla morte fingendosi pazzo, ma non
ad evitare una prigionia che si protrasse per ben ventisette

anni, finché nel 1626 essa non venne tramutata in una sorta di libertà vigilata. Coinvolto in nuovi maneggi e in nuove congiure, emigrò nel 1634 in Francia, dove morì nel 1639 in tempo, egli che già aveva auspicato il trionfo della monarchia di Spagna, per dedicare a Richelieu una delle sue opere e per cantare la nascita del futuro Re Sole.

Bizzarra e strana vita anche quella del Campanella, di una stranezza e di una bizzarria che a volte sembrano sconfinare nella pazzia. Dai propri studi e dalle proprie convinzioni astrologiche, egli, che asseriva che la sua fronte era, come quella di Mosè, adorna di sette protuberanze o monti, e che traduceva il proprio prosaico nome in quello aulico di Squilla, aveva tratto la ferma convinzione di essere un profeta di un nuovo secolo e il protagonista designato di una generale pacificazione e rinnovamento universali. Armato di questa certezza, offrì di volta in volta i suoi servigi di mago e di messia al re di Spagna, al papa e al re di Francia, quando non pensò di realizzare egli stesso alla testa degli insorti calabresi la generosa utopia della Città del sole. Ma occorre saper vedere la lucidità di questa pazzia e occorre anche ricordarsi di quanto il Campanella stesso affermava: « Il mondo diventò pazzo per lo peccato, e gli savi, pensando a sanarlo, furono forzati a dire e fare e vivere come gli pazzi, se ben nel loro segreto hanno altro avviso ».

In realtà l'astrologia del Campanella era anche il tentativo di ridurre le vicende religiose a un prodotto di mere vicende di natura, un presentimento di quella concatenazione di leggi che l'universo apparirà alla nuova scienza moderna e il suo profetismo la consapevolezza della modernità del proprio tempo e della sua « gravidanza » di nuovi sviluppi. « Queste novità di verità antiche, di novi mondi, novi sistemi, nove nazioni son — egli scriveva — principio di secol novo. » Di fatto questi residui e questi rigurgiti di una cultura e di una mentalità medievale convivevano nel pensiero del Campanella con un atteggiamento estremamente moderno e scientifico nella considerazione della realtà. Dal suo maestro Bernardino Telesio aveva appreso che la realtà era natura e che solo il senso e l'esperienza potevano aprire le porte dei suoi misteri. Il fastidio verso coloro che continuamente invocano l'« autorità » dei classici, e di Aristotele soprattutto, era pari in lui alla persuasione che solo leggendo coi propri occhi il gran libro della natura ci si potesse accostare alla verità. « Io imparo — egli affermava — più dalla anatomia di una formica o d'un'erba... che non da tutti i libri che sono scritti dal principio dei secoli. » E non è certo un caso che un uomo che si esprimeva in questi termini abbia preso nel 1616, quando ancora languiva in carcere, le difese di Galileo, che proprio in quegli anni era stato sollecitato dal Sant'Uffizio ad abbandonare la sua difesa delle teorie copernicane.

VI

UN SECOLO DI STAGNAZIONE

L'Italia ai margini dell'Europa.

Con il suo oro, con le sue fanterie, con il suo prestigio di grande potenza internazionale, con la sua ortodossia cattolica la Spagna di Filippo II non solo incuteva rispetto ai principi e agli Stati italiani, ma la sua presenza nella penisola appariva alla maggior parte di essi, dopo tanti decenni di guerre e di rivolgimenti, l'unica garanzia di stabilità e di tranquillità. All'ombra della sua protezione i banchieri genovesi avevano trafficato e prosperato, il papato aveva potuto celebrare la vittoria di Lepanto, i Medici consolidare definitivamente il proprio dominio su Firenze e sulla Toscana e infine la penisola nel suo complesso godere di alcuni decenni di pace. « L'Italia — scriveva lo storico fiorentino Scipione Ammirato — non ha sentito quell'oppressione di che temeva, ma da molti anni in qua si trova nella maggior felicità che mai fosse stata. » E non era il solo a pensarla così.

Verso la fine del secolo XVI la situazione internazionale appariva però mutata e il prestigio spagnolo accennava ormai a entrare in una fase di declino. All'insurrezione delle province olandesi era seguita la clamorosa sconfitta dell'Invincibile Armada e a questa l'ascesa al trono di Enrico IV e il ritorno in grande stile della Francia alla sua funzione di antagonista degli Absburgo di Madrid e di Vienna. Di questa nuova congiuntura alcuni principi italiani cercarono di ap-

profittare per allentare i vincoli di soggezione e di protettorato che li legavano alla Spagna e per riconquistare un margine di autonomia e di iniziativa politica più ampio. Ferdinando de' Medici, negoziando il matrimonio di sua figlia
Maria con Enrico IV e facendo presso il pontefice Clemente
VIII opera di persuasione a favore del riconoscimento del
nuovo re di Francia, dava chiaramente a vedere che, nella
misura in cui le circostanze e la presenza spagnola nella
penisola lo permettevano, egli non era alieno dal riprendere
la tradizionale linea di amicizia francese che era stata perseguita dalla repubblica fiorentina. Dal canto suo Carlo Emanuele I di Savoia andrà più lontano e nel 1610 stipulerà con
Enrico IV una lega che lo impegnava a un'azione comune
contro la Lombardia, la cui realizzazione venne peraltro frustrata dalla improvvisa morte del re Borbone. Nel frattempo
pubblicisti e letterati provvedevano ad alimentare nella opinione pubblica colta una ventata di antispagnolismo. « La
monarchia di Spagna — scriveva nel 1614 Alessandro Tassoni nelle sue *Filippiche contro gli Spagnoli* — è un orco che
dorme, un grande corpo flaccido e vulnerabile, un colosso di
stoppa » e i suoi formidabili capitani altro non erano che dei
« cavalieri erranti, avvezzi a pascersi di pane cotto al sole,
e di cipolle e radici e a dormire al sereno con le scarpe di
corda e la mantella da pecoraio ». Accenni non dissimili
troviamo anche negli scritti di Traiano Boccalini, il più brillante « giornalista » dell'epoca.

    In nessuna città più che a Venezia — e in essa infatti il
Boccalini aveva trovato rifugio — questi argomenti e queste
aspirazioni antispagnole potevano trovare risonanza e consenso. Insidiata nel « suo » mare dai pirati uscocchi protetti
dagli Absburgo, disturbata dalla concorrenza delle città adriatiche dello Stato della Chiesa, chiusa nella terraferma nelle
tenaglie dei territori degli Absburgo d'Austria e della Lombardia spagnola, la Serenissima aveva sempre subito più che
accettato il predominio spagnolo sulla penisola e, se per il
passato aveva mantenuto, come si è visto, un atteggiamento
di prudenza, se non di passività, ora essa comprendeva che

ulteriori concessioni non erano più possibili. Quando perciò
nel 1605 il nuovo pontefice Paolo V, incoraggiato dalla
Spagna, traendo pretesto dall'avvenuto arresto di due ecclesiastici, lanciò l'interdetto contro la città della laguna e il
governatore di Milano mobilitò sulle frontiere, essa rispose
espellendo i gesuiti e riaffermando con decisione la sua sovranità in materia di politica ecclesiastica. Nella lotta che ne
seguì Venezia seppe tener duro finché la mediazione francese, accettata e sperata ma non sollecitata, impose una soluzione della controversia che riconosceva nella sostanza il suo
buon diritto. Animatori della resistenza veneziana furono il
doge Leonardo Donà, già ambasciatore straordinario a Roma
ed eminente rappresentante di quel partito dei « giovani »
che, come si è visto, da tempo aveva assunto una posizione
critica nei confronti dell'attesismo della politica estera veneziana, e il servita Paolo Sarpi. Questi, nella sua qualità di
teologo della repubblica, diresse la controffensiva alla viru-
lenta campagna propagandistica antiveneziana scatenata da
Roma e dalla Spagna (anche il Campanella con gli *Antiveneti*
vi aveva portato il suo contributo) utilizzando a questo fine
le vaste relazioni che possedeva nella repubblica dei dotti
di tutta Europa, ivi compresi gli ambienti gallicani e riformati. La sua grande dottrina e curiosità umana gli avevano
infatti procurato l'amicizia di politici e letterati, dell'ambasciatore inglese a Venezia Henry Watton, un devoto adepto
della Riforma, dello storico francese Jacques De Thou, e dello
stesso Galilei. Ma soprattutto lo soccorreva la sua avversione
verso il cattolicesimo della Controriforma e la sua simpatia
per le istanze di rigenerazione e di pacificazione espresse dal
mondo riformato. L'una e l'altra sono largamente presenti
nella sua opera maggiore, la *Istoria del Concilio tridentino*,
pubblicata a Londra nel 1619. Anche in questo egli era un
degno e fedele figlio della sua patria, la più tollerante e la
più larga di ospitalità, verso gli uomini e verso le idee, delle
città italiane del secolo XVI.

Il successo di prestigio ottenuto da Venezia nella *querelle*
dell'interdetto non rimase isolato. Nella difficile congiuntura

succeduta all'assassinio di Enrico IV, la Serenissima riuscì,
giocando di audacia e di astuzia, a infliggere un nuovo scacco
al fronte degli Absburgo imponendo loro il ritiro della protezione accordata ai pirati uscocchi, che cessarono così di
minacciare le sue rotte marittime. Negli stessi anni la Spagna
dovette rinunciare ad ogni proposito di rivincita nei confronti
di Carlo Emanuele I di Savoia che, con altrettanta avventatezza che fortuna, non aveva esitato a scendere in campo
contro il governatore di Milano per rivendicare un proprio
diritto alla successione del Monferrato, parte integrante dei
territori dei Gonzaga di Mantova.

Questi successi conseguiti da Venezia e da Carlo Emanuele I furono peraltro le ultime consistenti manifestazioni
di iniziativa autonoma da parte degli Stati italiani nei confronti della Spagna. Ormai la costellazione internazionale andava infatti nuovamente cambiando. Già la morte di Enrico
IV aveva segnato un'eclissi della presenza e del contrappeso
francese in Europa. Ora l'avvento al trono di Vienna di Ferdinando II, l'allievo dei gesuiti, segnava il ritorno offensivo
della Controriforma e l'inizio della guerra dei Trent'anni.

La prima fase di quest'ultima fu anche in Italia favorevole al fronte absburgico. Il colpo di mano operato dalla
Spagna sulla posizione-chiave della Valtellina ottenne il duplice effetto di assicurare il collegamento tra la Lombardia e
i territori degli Absburgo d'Austria e di completare l'isolamento territoriale di Venezia. La reazione di quest'ultima,
appoggiata ancora una volta da Carlo Emanuele I e dalla
Francia, non valse a mutare nella sostanza la situazione e
vani riuscirono pure i tentativi dei Savoia di impadronirsi,
promuovendo delle congiure all'interno della città, di Genova, la più filospagnola tra le città italiane.

Ma neppure le successive vicende della guerra dei Tren-
t'anni, caratterizzate, come è noto, dalla controffensiva francese sino alla vittoriosa pace di Westfalia, introdussero modificazioni di rilievo nello scacchiere politico e territoriale della
penisola, con l'eccezione del Piemonte sabaudo, che, passato
nel campo absburgico, si trovò invaso dagli eserciti di Riche-

lieu e praticamente ridotto per molti anni nella condizione di protettorato francese. Le rivolte antispagnole di Sicilia e di Napoli furono, come vedremo, represse e la penisola alla data del trattato di Westfalia si trovò a gravitare ancora sostanzialmente nell'orbita di influenza spagnola. La differenza era che la Spagna aveva cessato ormai di essere una grande potenza e, di conseguenza per quanto concerne i territori e gli Stati italiani, gli svantaggi della dipendenza o semidipendenza politica non erano neppure compensati dai vantaggi di un efficace protettorato. A mano a mano che nella seconda metà del secolo il declino dell'impero spagnolo si farà sempre più evidente, l'Italia apparirà agli occhi del nuovo astro sorgente della politica europea, la Francia di Luigi XIV, come uno dei punti più vulnerabili di esso e come uno dei terreni più propizi per delle dimostrazioni di forza o delle diversioni militari relativamente impegnative. Tale può considerarsi la spedizione francese in soccorso di Messina insorta (1674), conclusasi con l'abbandono della città alla feroce repressione spagnola, una volta manifestatasi l'opposizione inglese. Una dimostrazione di forza fu invece il cannoneggiamento di Genova del 1684 ad opera della squadra francese.

In quanto a Venezia, anche per essa i giorni di gloria dell'interdetto erano ormai passati da un pezzo. Il ritorno offensivo della Porta che, dopo una estenuante guerra durata più di venti anni, si concluse con la conquista dell'isola di Candia (1669), finì per indurre il patriziato veneziano, non senza lunghe esitazioni, a ricercare l'appoggio di Vienna in vista di una assai problematica rivincita e ad aderire, all'indomani della clamorosa vittoria di Sobieski sotto le mura della capitale austriaca, alla Lega santa e a affiancarsi in tal modo alla nuova politica di « inorientamento » degli Absburgo. I vantaggi territoriali ricavati da questa alleanza (tra il 1699 e il 1718 Venezia riuscì a tornare in possesso della Morea) furono effimeri. Un dato permanente fu invece d'ora in poi l'accresciuta pressione di Vienna sulla penisola balcanica e sull'Adriatico e la sempre più forte concorrenza che il commercio veneziano dovette subire da parte dell'emporio di

Trieste. Campoformio e la fine della repubblica non avrebbero dovuto farsi attendere molto a lungo.

Per completare il quadro della situazione italiana nello scacchiere europeo del secolo XVII è opportuno concludere con un breve cenno al papato. Nulla infatti più del suo esautoramento come organo di arbitrato internazionale e dell'eclissi del suo prestigio può essere assunto come simbolo e come riepilogo del ruolo marginale cui nella nuova Europa degli Stati l'Italia e i suoi Stati erano ridotti. Le proteste elevate da papa Innocenzo X contro le clausole religiose del trattato di Westfalia non vennero prese in considerazione alcuna dalle potenze europee, mentre nella seconda metà del secolo nessuno si stupì troppo nel vedere Luigi XIV dettare legge nei conclavi. « Alcuni diritti — scriverà Voltaire nel suo *Siècle de Louis XIV* —, molte pretese, una tradizione politica, un po' di pazienza: ecco ciò che resta oggi a Roma dell'antica potenza che nei secoli fa aveva voluto sottomettere l'impero e l'Europa alla tiara. »

La crisi economica del secolo XVII.

A partire dai primi decenni del secolo XVII il tono e il ritmo delle iniziative economiche italiane è caratterizzato da una brusca caduta e da un successivo ristagno che si prolunga per tutto il secolo. Lo si può tranquillamente affermare perché tutti gli indici di cui disponiamo convergono in questo senso.

Venezia, che ancora nel 1602 produceva 29.000 pezze di lana all'anno, ne produce alla fine del secolo soltanto 2.000; Milano, che agli inizi del secolo contava da 60 a 70 aziende attive nell'industria della lana, ne contava 5 nel 1682; Genova nello stesso torno di tempo aveva visto ridursi il movimento del suo porto da 9 a 3 milioni di tonnellate e il numero dei telai impiegati nell'industria della seta da 18.000 a 2.500; Firenze, che tra il 1560 e il 1580 produceva 20.000 pezze di lana l'anno, era ridotta alla metà del Seicento a produrne 5.000. Analoga è la storia dei fustagni di Cremona, delle sete di Calabria e dell'allume di Tolfa, che a partire dal 1620 non trovò praticamente più esito sui mercati europei. E ci si potrebbe dilungare ancora con altri esempi.

Il ristagno delle attività produttive ed esportatrici si accompagnò naturalmente a quello dei traffici e dei commerci. L'assottigliamento, sino all'estinzione, del commercio delle spezie, che i veneziani erano riusciti a difendere contro portoghesi e spagnoli, ma non contro gli olandesi installati nelle Indie orientali, non è che l'esempio più vistoso e più classico. In realtà tutto il commercio marittimo delle città italiane, salvo l'eccezione di Livorno, subì i contraccolpi della crisi. Alla fine del secolo XVII la flotta dei vari Stati italiani non ammontava che al 7-8 per cento del totale dei navigli europei, contro il 26 per cento dell'Inghilterra e il 17 per cento dell'Olanda: i tempi del primato marinaro italiano erano davvero passati per sempre. Un altro indice difficilmente equivocabile del ristagno economico italiano nel secolo XVII ci è poi fornito dall'andamento della curva dei prezzi: i non molti indici elaborati e attendibili a nostra disposizione sono peraltro, per la loro concordanza, sufficienti a farci intravedere con chiarezza una tendenza decrescente, più pronunziata nel settore dei manufatti che in quello dei prodotti agricoli e delle materie prime. Infine, a guisa di riepilogo di tutta la situazione, vi sono i dati relativi alla evoluzione demografica del secolo. Nel complesso tra gli ultimi decenni del secolo XVI e i primi del secolo XVIII sembra che la popolazione italiana sia rimasta stazionaria o sia aumentata in misura scarsamente rilevante. In Sicilia ad esempio dai 1.070.000 abitanti del 1570 si passò ai 1.123.000 abitanti del 1714; altrove, ad eccezione del Piemonte che conobbe — a quanto sembra — un ritmo di incremento demografico assai più intenso, si rimase a un dipresso nello stesso ordine di variazioni. Certo va tenuto conto, per spiegare questa relativa stagnazione, delle pestilenze che, a ondate successive e con diversa localizzazione, si abbatterono sulla penisola. Quella del 1630-31, della quale Manzoni ci ha dato una vivida rie-

vocazione nei *Promessi Sposi*, interessò, oltre alla Lombardia,
il Piemonte, il Veneto, l'Emilia e la Toscana; quella del
1656-57 si abbatté invece sulle regioni meridionali, sulla
Sardegna e la Liguria. La sola regione italiana che uscì relativamente indenne da questa impressionante successione di
flagelli fu la Sicilia, ma ad essa — e più precisamente alla
sua parte orientale — toccò di essere sconvolta dal terribile
terremoto del 1693, di cui guasti sono ancora oggi testimonianza i numerosissimi edifici ricostruiti in stile tardo barocco
di Catania, di Siracusa, di Noto. Ma epidemie, catastrofi naturali, carestie (quella del 1680 in Sardegna ridusse, secondo le
cifre del censimento, di un quarto la popolazione dell'isola)
si erano verificate anche nel secolo XVI, senza peraltro incidere profondamente, nell'ambito del lungo periodo, sulla tendenza all'incremento della popolazione. Il fatto che nel secolo
XVII questa reazione e questa compensazione non si verifi-
chino ci induce a pensare che le radici più profonde della
stagnazione demografica vadano ricercate nelle condizioni generali della vita economica e nella gravità della sua depressione. Occorrerebbe a questo proposito accertare quando esattamente la tendenza a siffatta stagnazione si sia manifestata.
Se, come sembrano indicare alcune cifre parziali, essa risul-
tasse anteriore all'epidemia del 1630, questa ipotesi ne risul-
terebbe confermata e le teorizzazioni malthusiane che si possono ritrovare in certa letteratura del tardo Cinquecento
(Serra, Botero), acquisterebbero maggiore senso e rilievo.

Brusca caduta delle attività manifatturiere, contrazioni dei
traffici, fenomeni di deflazione e di stagnazione demografica,
dilagare della mendicità e del pauperismo: il quadro del Seicento economico italiano è troppo compatto e massiccio per
non generare in chiunque se ne faccia osservatore l'impressione che la crisi che esso illustra e denuncia costituisca qualcosa di cospicuo e di decisivo e che in essa vada individuato
uno dei grandi nodi della storia italiana. Così è infatti. Cerchiamo perciò, nella misura in cui ciò è possibile a una disciplina sperimentale quale è la storia, di sciogliere appunto
questo nodo.

Occorre innanzitutto tenere presente che nel secolo della guerra dei Trent'anni tutta l'area dell'Europa fu, in diversa misura, interessata da fenomeni di recessione economica e di instabilità sociale. La crisi italiana rientra perciò nel quadro più generale della crisi europea, ma a renderla più acuta contribuì probabilmente il fatto che, come si è visto, la penisola occupava nell'Europa di allora una posizione marginale, e non solo sotto il punto di vista politico, ma anche sotto quello economico. La soggezione alla Spagna comportava infatti, per quella cospicua parte del territorio italiano che ad essa era soggetta, l'imposizione di un carico fiscale che, come vedremo nel prossimo capitolo, raggiungeva e spesso superava il limite delle capacità contributive. Napoli e Milano furono chiamate infatti in una misura esorbitante a contribuire all'ambiziosa politica del duca di Olivares e alla cronica bancarotta che ne derivava per le finanze della corona di Spagna. D'altra parte l'inserimento nell'area di influenza spagnola contribuì certo a tagliare fuori l'Italia dalle grandi correnti di traffico atlantico e coloniale. Restava — è vero — il Mediterraneo, ma anche in questo mare i navigli inglesi, francesi e, soprattutto, olandesi, erano i soli in grado di affrontare i rischi della guerra da corsa e di sfidare vittoriosamente la potenza turca. Gradatamente essi vennero perciò sostituendosi alle flotte delle città italiane nella tradizionale funzione di mediazione commerciale fra l'Europa e l'Oriente. E si giunse al punto che molti mercanti veneziani preferivano noleggiare navi battenti bandiera inglese piuttosto che armarne delle proprie. La sola città di mare italiana a profittare di questa nuova congiuntura fu lo scalo di Livorno, la cui fortuna culminò nella sua trasformazione in porto franco avvenuta nel 1675.

I riferimenti alla congiuntura economica e alla costellazione politica europea non bastano peraltro a renderci ragione della crisi dell'economia e della società italiana. Quest'ultima, oltre che il riflesso di fattori esterni e generali, è anche l'effetto di ragioni interne, della incapacità cioè dell'iniziativa economica italiana di adeguarsi al nuovo contesto internazionale, della sua, per così dire, lentezza di riflessi.

A voler compendiare il nostro discorso in una .formula, correndo così consapevolmente il rischio di una semplificazione, potremmo dire che è nel secolo XVIII che quel meccanismo della prosperità e dell'opulenza italiana, sulle cui caratteristiche si è avuto occasione di ritornare più volte nel corso delle pagine precedenti, si inceppa e cessa di funzionare. In un'età in cui i prodotti coloniali e le « pannine » inglesi cominciavano a invadere i mercati e la produzione e il commercio acquistavano sempre più accentuatamente un carattere estensivo e di massa, gli alti profitti realizzati dai mercanti e dai produttori italiani sfruttando la rarità o addirittura il monopolio delle loro merci, non erano più possibili. Né era possibile un' tipo di produzione manifatturiera incapsulato nei limiti angusti dell'organizzazione corporativa e basato quasi esclusivamente sulla ricerca della qualità e sulla richiesta di una clientela relativamente ristretta. Gli sgarcianti tessuti importati dall'estero costavano assai meno dei pregiati tessuti veneziani e fiorentini con la loro austerità fuori moda. Del resto sul piano stesso dell'industria del lusso e del consumo di qualità, le manifatture reali della Francia di Colbert diverranno nella seconda metà del secolo dei temibili concorrenti grazie anche all'apporto di esperienza ad esse recato dall'emigrazione di maestranze e di tecnici italiani. Questi erano infatti ricercatissimi e, come è stato rilevato, la storia, ad esempio, dei tentativi fatti per attirare gli operai delle vetrerie di Murano in Francia ha il sapore di un romanzo poliziesco (Braudel).

In queste condizioni i residui capitali disponibili erano incoraggiati più che mai a prendere la via tradizionale dell'immobilizzazione fondiaria e del *conspicuous investment*. Non è forse un caso che la più parassitaria e la più redditiera tra le città italiane — Roma — sia anche quella in cui la grande architettura barocca dei Bernini e dei Borromini ha colto le sue più belle vittorie artistiche. Essa non è comunque la sola e, con l'eccezione di Firenze e di Venezia, città sussiegose e gelose delle proprie tradizioni artistiche, il barocco, il più costoso tra gli stili architettonici succedutisi nella storia dell'arte italiana, trionfa a Napoli, a Torino, a Genova, trionfa nelle zone della Sicilia devastate dal terremoto, trionfa nelle ville fuori porta e di campagna. Il numero di queste ultime non cessò di accrescersi nel corso del secolo XVII: nel solo Veneto se ne sono contate ben 332. Talune di esse — l'esempio estremo è quello della villa della famiglia Palagonia a Baghcria presso Palermo il cui spettacolo da « ospedale da matti » suscitò l'indignazione dell'olimpico Goethe — sono una testimonianza di come presso i loro costruttori e proprietari il gusto dello spreco potesse talvolta diventare ossessione e megalomania.

Imboscata nei consumi di lusso, pietrificata, la ricchezza del patriziato e dei privilegiati si rigenerava naturalmente con maggiore difficoltà e risultavano accentuati gli elementi di polarità e di parassitismo che già in misura notevole caratterizzavano il tessuto della società italiana, specie nelle città. Il pauperismo, il vagabondaggio, la prostituzione sono nel Seicento italiano fenomeni di massa. L'unica maniera per molti di sfuggire alla degradazione era quella di inserirsi a vario titolo, come « clienti », nel ristretto circuito di una corte, di una corporazione, di una grande casata. Quella del servitore opportunista e perennemente affamato che trionfa sui palcoscenici della Commedia dell'Arte o quella del prete di estrazione plebea o contadina che, come il manzoniano Don Abbondio, abbraccia la carriera ecclesiastica più per vocazione di quieto vivere che di carità umana sono figure tipiche della realtà italiana dell'epoca. Come pure quella del « bravo », che solo la protezione di cui gode da parte dei potenti distingue dal bandito.

Il quadro del Seicento economico italiano è dunque compattamente oscuro, ma non privo di spiragli di luce. Non è infatti sempre vero che l'immobilizzo fondiario fosse in ogni caso una sorta di disinvestimento rispetto ad attività più dinamiche e più redditizie quali il commercio e l'attività manifatturiera. Non è questo ad esempio il caso di quelle

aziende agricole della pianura lombarda che nel corso del
secolo attesero a razionalizzare la propria assise produttiva
aumentando l'area coltivata a foraggi (né dovette trattarsi
di una tendenza circoscritta se si è potuto calcolare che agli
inizi del secolo XVIII tale area era aumentata di più del 200
per cento rispetto alla metà del secolo XVI), o di quegli agricoltori emiliani che, come scriveva un agronomo bolognese
nel 1644, seppero portare la coltura della canapa « a una
esatta e singolare perfetione » e introdussero importanti innovazioni nella tecnica e nell'attrezzatura agricola, o, ancora,
di quei proprietari della terraferma veneta che trasformarono
le loro ville da luoghi di villeggiatura in centri di efficienti
aziende agrarie. Così facendo costoro contribuivano a rompere con una tradizione per la quale l'attività agraria era
considerata dal punto di vista esclusivamente annonario o
speculativo e a dare vita a un tipo di investimento più a
lungo termine, di profitto più differito e di impresa economica più sana e più moderna. Certo, si tratta di elementi
troppo tenui e troppo scarsamente conosciuti per autorizzare
conclusioni troppo generali o troppo affrettate. Ci sembra
tuttavia che essi siano sufficienti per consentirci di affermare
che già nel secolo XVII comincia a delinearsi in Italia quel
processo di trasformazione e di rinnovamento che nel secolo
successivo investirà le campagne italiane e che costituisce
nella storia di un paese per tanti aspetti dominato dalla presenza e dal primato delle città un'autentica inversione di
tendenza. È vero anche che le zone di progresso agrario, nei
limiti in cui esse si possono isolare con una certa sicurezza,
rimasero circoscritte all'Italia settentrionale e padana. Ma ciò
non è che un preannuncio del modo in cui, come avremo
occasione di constatare ripetutamente più avanti, storicamente
è nata e si è sviluppata l'Italia moderna, attraverso cioè una
sempre più accentuata differenziazione delle regioni più ar-
retrate da quelle più evolute, del Mezzogiorno dal Settentrione. Il dislivello esistente tra le due parti del paese era,
come ben sappiamo, un retaggio dei secoli passati, ma nel
corso del secolo XVII la forbice si allargò ancora. Gli svi-

luppi e gli eventi dei quali ci occuperemo nel paragrafo seguente potranno contribuire a spiegarci il perché.

Le rivolte antispagnole nell'Italia meridionale.

Tra tutti i domini spagnoli della penisola il Mezzogiorno
fu quello che venne chiamato in maniera più massiccia a contribuire allo sforzo finanziario della monarchia di Madrid,
impegnata nella estenuante guerra dei Trent'anni. Se Milano
era l'« antemurale » del regno e se, come tale, essa risentiva
direttamente e sul proprio territorio le conseguenze e le rovine
della guerra, Napoli doveva pagare il privilegio di aver la
guerra lontana dalle proprie frontiere fornendo il maggior
numero possibile di soldati e di mezzi finanziari. Fu questa
una direttiva costante della politica spagnola e del suo grande
regista del momento, il conte duca di Olivares. Essa venne
applicata integralmente. Vere e proprie razzie vennero organizzate nelle campagne del Mezzogiorno per procurare i soldati e i combattenti necessari alle armate degli Absburgo.
Gli uomini così raccolti venivano condotti spesso in catene ai
luoghi di imbarco e quindi avviati ai fronti della Germania,
della Valtellina, della Fiandra. Ma ancor più che di uomini
la monarchia di Spagna aveva bisogno di denaro, di enormi
somme di denaro. E anche queste riuscì a procurarsele. Secondo le attendibili valutazioni di un banchiere di discendenza
genovese, Cornelio Spinola, i soccorsi di guerra assorbivano
ogni anno l'ingentissima somma di 3 milioni e mezzo di ducati
e soltanto nel primo anno e mezzo del suo viceregno il duca
di Medina riuscì a mettere insieme 7 milioni di ducati. Di
queste *asistencias* una parte notevole era esportata in direzione di Milano e costituiva così una perdita secca per l'economia meridionale.

Per procurarsi le somme di cui aveva bisogno, il potere
centrale ricorreva naturalmente allo strumento fiscale e non
esitava a farlo in misura massiccia. Tra il 1636 e il 1644
furono istituite ben dieci nuove imposte indirette e nume-

rose contribuzioni straordinarie. A mano a mano però che il numero dei balzelli cresceva e si moltiplicava, diminuiva il cespite di ciascuno di essi. In una situazione economica generale caratterizzata, come sappiamo, da una perdurante stagnazione delle attività produttive, vi era infatti un limite alla capacità contributiva del regno che non poteva essere superato. In tali condizioni non restava al viceré altra via che quella di trovare dei banchieri privati che fossero disposti a correre i gravi rischi di un'operazione finanziaria assai aleatoria, purché invogliati dalla prospettiva di profitti di carattere altamente speculativo. Un personaggio di tal fatta era Bartolomeo D'Aquino, un ex-mercante e — come scriveva un contemporaneo — «uomo poco curante di Dio e di santi» e a lui e agli altri finanzieri con lui associati il potere centrale andò debitore se riuscì a produrre lo sforzo finanziario che gli veniva richiesto.

Il meccanismo della speculazione era il seguente: in cambio delle somme che essi anticipavano, il D'Aquino e i suoi soci ricevevano in gran parte titoli di rendite costituite sulle varie gabelle e sui diritti fiscali dello Stato. Queste, a causa della progressiva contrazione del gettito fiscale, erano svalutate e la massa dei loro possessori non riusciva a realizzare che una parte talvolta irrisoria del loro valore nominale, quando non era addirittura costretta a disfarsene. Ma il D'Aquino e i suoi consorti, grazie alle entrature e al prestigio di cui disponevano, riuscivano invece a farsele scontare al loro valore nominale. Ciò apriva loro, come facilmente si comprende, colossali margini e possibilità di speculazione. La rovina di migliaia e migliaia di piccoli risparmiatori e redditieri si trasformava nella ricchezza di una ristretta cerchia di speculatori e di privilegiati e un'immensa operazione di spoliazione e di trasferimento della ricchezza poteva così essere portata a termine.

Ma non basta. Una parte dei profitti realizzati dal D'Aquino e dalla sua clientela di privilegiati era investita nell'appalto o addirittura nell'acquisto di quelle stesse gabelle e dazi sul consumo e sul commercio sui cui redditi essi avevano abbon-

dantemente lucrato. Ciò offriva naturalmente loro nuove possibilità di speculazione: come percettori fiscali essi si dimostrarono infatti altrettanto severi quanto disinvolti si erano
dimostrati come amministratori del denaro pubblico. Un'altra
destinazione dei profitti realizzati nel corso dell'operazione
finanziaria che abbiamo descritto fu costituita naturalmente
dall'investimento fondiario e dall'acquisto di titoli e diritti
di giurisdizione feudale. Per quanto concerne questi ultimi,
la cosa ancora una volta venne agevolata dalle difficoltà finanziarie del potere centrale, il quale non esitò a consentire,
malgrado la resistenza delle « università », che molte località
e terre demaniali venissero trasformate in feudali e sottoposte
in tal modo alla giurisdizione privata. Si assistette così alla
formazione di una nuova, più numerosa e più rapace, nobiltà
titolata e a una proliferazione di titoli nobiliari. I genealogisti
— un'altra professione tipica del Seicento italiano — ebbero
il loro lavoro per costruire genealogie illustri a questi *parvenus*.
Per il D'Aquino non ci si peritò a scomodare san Tommaso.

Per riassumere in una formula ciò che ci siamo forzati
di illustrare sin qui, potremmo dire che, pur di far fronte
agli impegni finanziari sollecitati da Madrid, i viceré spagnoli che si succedettero tra il 1620 e il 1648 non esitarono
ad alienare quella parte di sovranità che era di loro spettanza
e a porre all'incanto a profitto dei privilegiati la stessa macchina dello Stato. Il massimo di fiscalismo coincideva così
con il massimo di disgregazione e il massimo di oppressione
con il massimo di disordine. Un ulteriore deterioramento della
situazione e la disgregazione e il disordine si sarebbero trasformati in anarchia.

Sintomi e allarmi in questo senso non erano del resto
mancati già in precedenza. In taluni settori più inquieti e
più riottosi del baronaggio era tornato ad affiorare il tradizionale spirito di dissidenza che si era manifestato nelle forme
ormai consuete delle congiure nobiliari (congiura del Pigna-
telli, 1634) e delle « aperture » e « intelligenze » verso la
Francia, nemica giurata della Spagna e degli Absburgo e protettrice da lunga data della fronda baronale nel Mezzogiorno.

Ma questi tentativi erano stati abbastanza facilmente repressi
o riassorbiti: per quanto forte potesse essere in taluni settori
della nobiltà il risentimento e la stizza verso la promozione
di *parvenus* in atto, nel suo complesso il baronaggio aveva
largamente profittato della congiuntura e delle speculazioni
del momento e si era anzi ritagliato una parte importante
nel lotto di diritti, favori e concessioni cui lo Stato era stato
costretto a vantaggio degli interessi privati.

Ma a partire dal 1646 gli eventi ormai vennero precipitando
e il controllo della situazione sfuggì ogni giorno di più al
governo spagnolo. Il viceré, sull'orlo della bancarotta, si vide
costretto ad arrestare il D'Aquino, nel tentativo di farne un
capro espiatorio dell'indignazione generale. Ma la manovra
non riuscì che parzialmente e poco dopo lo stesso viceré,
rendendosi conto dell'estrema precarietà della situazione, ras-
segnò le dimissioni e il suo successore si trovò a fronteggiare
una situazione ormai esplosiva. Il 17 luglio 1647, in seguito
all'imposizione di una nuova gabella sulla frutta, il popolo
napoletano scendeva in piazza. Dalla capitale l'insurrezione
dilagò nelle province e aveva così inizio quello che forse può
essere considerato il più cospicuo tra i non molti episodi
rivoluzionari della storia italiana.

Come sempre accade nei rivolgimenti di una certa ampiezza, le forze e gli interessi messi in movimento erano vari
e i loro obiettivi non sempre coincidenti. Vi era innanzitutto
la plebe della capitale, con i suoi duci e tribuni improvvisati,
con il suo radicalismo disperato, ma inconcludente, con le
sue collere e i suoi sbandamenti. Vi era poi la borghesia
cittadina con la sua azione e direzione politica più cosciente.
Essa si era orientata in un primo tempo, sotto l'influenza
del vecchio Giulio Genoino, quello stesso che, come si è
visto, era stato a suo tempo il consigliere del duca di Ossuna,
verso l'obiettivo di una « riforma del regno » in senso popolare e antibaronale e si era mostrata disposta su questa base
a giungere a un compromesso con la Spagna. Ma l'intransigenza di Madrid e il conseguente radicalizzarsi della situazione

la consigliarono successivamente ad assumere, sotto la guida dell'armaiolo Gennaro Annese, posizioni più avanzate sino a giungere nell'ottobre alla proclamazione della repubblica. Vi era ancora l'azione diplomatica della Francia di Mazzarino per la quale la rivolta non era che un episodio e un fronte della ben più vasta lotta antispagnola e, all'interno di quest'ultima, vi erano infine le scriteriate iniziative del duca Enrico di Guisa. Questi, dopo la proclamazione della repubblica, era giunto a Napoli ed era riuscito a farsi riconoscere il titolo di « duca » della repubblica stessa. Ma le sue inopinate *avances* verso il baronaggio e il suo dilettantismo diminuirono ben presto la sua effimera popolarità e contribuirono anch'esse al disorientamento del campo rivoluzionario e alla sua sconfitta finale. Nell'agosto 1648 gli spagnoli, al comando di Giovanni d'Austria, riuscirono a riprendere il controllo di Napoli e a soffocare la rivolta.

Un quadro, come si vede, estremamente complesso e un intreccio di forze assai intricato e articolato. Ma esso si semplifica se guardiamo ai due estremi del ventaglio delle forze e delle classi sociali in lotta: da una parte il baronaggio che, lasciata cadere ogni velleità di fronda, si era schierato compatto a difesa del re e dei propri privilegi e, dall'altra, il movimento antifeudale e contadino nelle province. Furono questi — baroni e contadini — le « ali » marcianti dei contrapposti schieramenti della conservazione e della rivolta e fu dal loro scontro frontale che dipese in gran parte e in ultima analisi l'esito della lotta.

Questa fu asprissima. I contadini, inquadrati e guidati da elementi reduci dai campi di battaglia della guerra dei Trent'anni, dettero prova non soltanto della loro esasperazione, ma anche della loro determinazione a combattere e a vincere. La loro non fu soltanto una *jacquerie*, ma anche una guerra contadina. Terre e città vennero espugnate, intere province mantenute sotto controllo e gli stessi contingenti militari baronali furono sconfitti in numerosi scontri e scaramucce. Lo sgomento che questi successi provocarono nelle file dei baroni traspare chiaramente dalle parole del più potente e temibile di essi, il conte di Conversano: « Yo estoy desperado — egli scriveva nel gennaio 1648 — estamos perdidos ». Alla fine peraltro, dopo la repressione napoletana, anche la guerriglia contadina dovette chinare la testa e la macchina della repressione feudale poté entrare in azione. La vendetta fu terribile e spietata. Essa fu soprattutto esemplare, intesa com'era a dimostrare che nulla era cambiato, che nulla avrebbe potuto cambiare. E così infatti sarebbe stato: ancora per lungo tempo, tra i due poli dell'alterigia baronale e della rassegnazione contadina, le campagne meridionali sarebbero rimaste ancorate a un destino di stagnazione e la società che su di esse si fondava si sarebbe trovata così defraudata di ogni effettiva possibilità di progresso e di ammodernamento. La sconfitta dei moti rivoluzionari del 1647-48 segna una data importante nella preistoria della questione meridionale.

Anche la storia del vicereame di Sicilia nella prima metà del secolo XVII è, come quella del Napoletano, soprattutto una storia di balzelli, di donativi, di « arrendamenti », in una parola di fiscalismo, e, di conseguenza, anche una storia di rivolte. Queste però, a differenza di quanto era avvenuto sul continente, rimasero prevalentemente circoscritte alla città e coinvolsero esclusivamente gli elementi popolari e borghesi che vi risiedevano. La prima fu quella di Palermo dell'agosto 1647, una tipica rivolta da carestia, che venne schiacciata nel giro di un mese dall'azione congiunta del baronaggio e del viceré. La seconda, quella di Messina del 1674, affonda le sue radici nel tradizionale risentimento che la città nutriva nei confronti di Palermo e nelle rivalità che dividevano i maggiorenti e le famiglie più in vista della città. Essa, come si è avuto occasione di accennare, fornì il pretesto per un nuovo intervento francese, che, per il modo in cui fu effettuato e in cui, soprattutto, ebbe termine, contribuì a rendere inevitabile la resa della città e il suo ritorno sotto la dominazione spagnola.

Da Galilei a Vico: le due culture del Seicento italiano.

Ci pare superfluo ricordare chi fosse Galileo Galilei e rievocare le vicende della sua vita, dall'insegnamento nelle università di Pisa e di Padova, al processo e alla condanna del 1633, alla solitudine infine degli ultimi anni e della morte, avvenuta nel 1642. E superfluo ci pare anche ricordare quale posto la sua personalità e le sue scoperte occupino nell'avvio della rivoluzione scientifica moderna e nel passaggio, per adoperare la felicissima formula di Alexandre Koyré, « dal mondo del pressappoco all'universo della precisione ».

Nutrito di letture e di influenze neoplatoniche e pitagoriche, anch'egli, come Bruno e come Campanella, era partito dall'accoglimento della ipotesi copernicana e dal rifiuto della fisica e della cosmologia aristotelica. Ma, là dove Bruno si arrestava nella contemplazione sbigottita dell'infinito dell'universo, egli vi penetrava addentro per organizzarlo e misurarlo e, là dove Campanella ricorreva all'astrologia e al gioco della congiunzione degli astri per spiegare le regole della concatenazione dei fenomeni, egli la ricercava nella matematica. La sola conoscenza possibile della realtà era, a suo giudizio, quella offerta dalle scienze esatte e naturali e il filosofo non poteva essere che uno scienziato e un matematico.

La filosofia — egli scriveva — è scritta in questo grandissimo libro che continuamente ci sta aperto innanzi agli occhi (io dico l'universo), ma non si può intendere se prima non si impara a intedere la lingua e conoscere i caratteri in quali è scritto. Egli è scritto in lingua matematica, i caratteri sono triangoli, cerchi e altre figure geometriche, senza i quali è impossibile intenderne umanamente parola; senza questi è un agitarsi vanamente per un oscuro labirinto.

A loro volta però il matematico e lo scienziato, nella misura in cui erano consapevoli della portata teorica delle loro scoperte, non potevano non essere dei filosofi e noi

vediamo infatti Galilei pretendere dal granduca di Toscana,
che aveva sollecitato il suo ritorno da Padova sulla cattedra
di Pisa, oltre che il titolo di matematico anche quello di
« filosofo » « professando... di avere studiato più anni in filosofia che mesi in matematica pura ». Non si trattava certo
di una ripicca né di un'ambizione fuori luogo, ma del fatto
che Galilei non concepiva la matematica come un'integrazione
di un'enciclopedia già esistente, ma come il fondamento di
un nuovo sapere. Inversamente l'aristotelismo, contro il quale
egli combatteva, non era soltanto un'ipotesi scientifica sulla
struttura dell'universo superata e smentita dall'osservazione,
ma anche, in chi si ostinava a rimanergli supinamente fedele,
una manifestazione di pigrizia mentale e di talmudismo. La
lotta per una scienza nuova non poteva perciò andare disgiunta
da quella più generale per un rinnovamento della cultura e
del pensiero. Non si poteva in altre parole essere « moderni »
nello studio e nell'esercizio delle scienze esatte e naturali, e
passatisti in altre manifestazioni del pensiero. La cultura
moderna, fondata sulle nuove « scienze » della natura, doveva
avere la stessa coerenza e unità della grande cultura classica
e umanistica, della quale Galilei si era del resto così largamente nutrito.

In questo appello all'unità del sapere risiedeva in definitiva l'implicazione e l'istanza più ricca di conseguenze del
suo pensiero e della sua stessa vita difficile. E fu per questo
che la Chiesa lo condannò, mentre i maggiori tra i suoi contemporanei, da Bruno a Sarpi, salutarono in lui un pioniere
e (si tratta di un *topos* nella pubblicistica dell'epoca) un
nuovo Colombo.

Malgrado l'ammonizione ricevuta nel 1616, egli pubblicò
nel 1632 il suo *Dialogo dei massimi sistemi*, vero e proprio
manifesto del pensiero scientifico moderno, scritto nella stessa
lingua cristallina e trionfante con la quale quattro anni dopo
sarà scritto il *Discours de la méthode* di Cartesio. Se — così
suona una delle sue affermazioni più celebri e più citate —
per quanto riguarda l'*estensione* il sapere dell'uomo è infinitamente inferiore a quello di Dio,

pigliando l'intendere *intensive*... cioè perfettamente, dico che l'intelletto umano ne intende alcune [proporzioni] così perfettamente e ne ha così assoluta certezza, quanto se n'abbia l'istessa natura; e tali sono le scienze matematiche pure... delle quali l'intelletto divino ne sa bene e infinite proposizioni di più, perché le sa tutte, ma di quelle poche intese dall'intelletto umano credo che la cognizione agguagli la divina nella certezza obbiettiva, perché arriva a comprendere la necessità, sopra la quale non par che possa essere sicurezza maggiore.

Frattando però l'insegnamento galileiano aveva incominciato a dare i suoi frutti concreti. Per opera di Federico Cesi, uno studioso e un mecenate provvisto di singolari doti di organizzatore di cultura, era sorta a Roma l'accademia dei Lincei, della quale dal 1613 fece parte lo stesso Galilei, e il cui programma consistette essenzialmente nella valorizzazione e nella continuazione pianificata del programma scientifico galileiano e del suo antiaristotelismo. Quella del Cesi non fu certo una fatica sprecata: attorno ai Lincei, o comunque in corrispondenza con essi, venne progressivamente organizzandosi un collettivo di cervelli e di competenze veramente notevole. Ne facevano parte il matematico Bonaventura Cavalieri, milanese, il fisico Evangelista Torricelli, faetino, il matematico Benedetto Castelli, bresciano, nomi tutti ben noti ai cultori di storia delle scienze. Il processo di Galilei e la cessazione dell'attività dell'accademia dopo la morte del Cesi (1630) segnarono certo una battuta d'arresto, ma la tradizione galileiana e lincea fu successivamente ripresa e sviluppata dall'accademia fiorentina del Cimento (fondata nel 1657) e da quella napoletana degli Investiganti (fondata nel 1663). A una generazione di grandi matematici ne successe una di grandi medici, quella resa illustre dai nomi dei fiorentini Viviani e Redi e dei bolognesi Bellini e Malpighi. È superfluo ricordare a questo punto il contributo di quest'ultimo alla biologia e all'embriologia come scienze.

Nel campo degli studi e delle esperienze scientifiche la lezione di Galileo era stata dunque compresa e messa a frutto. Ma, come si è visto, per Galilei le scienze esatte e naturali non erano una specializzazione, ma il fondamento di una « filosofia » e di tutta una nuova cultura. In quanto tali il loro progresso era a lungo andare condizionato dalla misura in cui esse sarebbero riuscite a operare un profondo rinnovamento dell'ambiente intellettuale italiano nel suo complesso. Ma su questa strada gli ostacoli erano molti e consistenti. Troppo forti erano la pressione e la vigilanza esercitate dallo spirito e dalle autorità della Controriforma, troppo accentuato l'isolamento e la frammentazione provinciale della cultura italiana, troppo consistenti i suoi residui retorici e gli « idoli » del passato.

Ciò era naturalmente soprattutto vero per le scienze umane e umanistiche, le quali peraltro — non lo si dimentichi — rimanevano agli occhi di molti la cultura per eccellenza. La scienza politica ad esempio seguitava ad essere intesa e coltivata nello spirito di un aristotelismo controriformistico, come una scolastica e astratta precettistica della corretta arte di governo ad uso dei principi. Così facendo i numerosi trattatisti secenteschi sulla « ragion di stato » ritenevano, attraverso il filtro e lo schermo di Tacito, di mettere in circolazione, debitamente mimetizzati, gli spregiudicati consigli del Machiavelli. In realtà nulla era più lontano della loro arida casistica dal realismo e dal naturalismo politico del Segretario fiorentino, dal suo tentativo di conferire alla politica la dignità e la certezza di una scienza sperimentale. Analogamente i teorici e trattatisti di questioni letterarie seguitavano a ragionare in termini di « generi » e a coltivare una concezione essenzialmente retorica e aristocratica del fatto letterario. Ciò corrispondeva del resto largamente al gusto e alla prassi prevalente: molta prosa e molta poesia italiana del Seicento sono infatti essenzialmente un esercizio di tipo retorico e oratorio, anche se di un'oratoria a volte tenuta a un livello altissimo di sperimentazione e di affinamento. L'*Adone* del Marino (1623), un autentico capolavoro di raffinatezza e di preziosismo, aveva fatto largamente scuola e la lezione di semplicità e di modernità impartita dalla prosa galileiana non era stata compresa da molti che non fossero scrittori e espositori di cose scientifiche.

Tra cultura scientifica e cultura umanistica tradizionale si determinava così un iato che si risolveva in definitiva in un relativo isolamento della prima e in ottundimento della sua forza di rottura e della sua carica rinnovatrice. Sarà soltanto, come vedremo a suo luogo, nel corso del secolo XVIII e con l'irruzione dei « lumi » nella penisola che questo fossato sarà in parte colmato. Già ora peraltro da oltre le frontiere filtravano degli stimoli che operavano nel senso di un rinnovamento e di una riunificazione culturale. Ma la loro avanzata era anch'essa assai lenta e contrastata.

Tra questi stimoli il più efficace e suggestivo era senza dubbio quello fornito dalla nuova filosofia cartesiana. Attraverso di essa, oltre tutto, le implicazioni filosofiche e il messaggio contenuti nell'insegnamento galileiano divenivano espliciti, « chiari e distinti », e la loro virtualità rinnovatrice interamente liberata. È naturale quindi che i primi cartesiani o, come si disse, « renatisti » d'Italia, fossero degli uomini di scienza che, in modo più o meno diretto, erano stati legati alla scuola galileiana. Un professore di matematica era il cosentino Tommaso Cornelio, membro dell'accademia napoletana degli Investiganti, e tale fu anche Giovanni Alfonso Borelli, autore di un *De motu animalium*, in cui si riprendevano le note tesi meccanicistiche del filosofo transalpino. Un medico invece fu Leonardo da Capua, anch'egli membro degli Investiganti, il quale non fu peraltro il solo tra i suoi colleghi di professione a sentirsi attratto verso le novità della filolosofia cartesiana. Lo fu anche, secondo una testimonianza di Ludovico Antonio Muratori, il grande Malpighi. Accanto ai matematici e ai medici figurano però tra i cartesiani italiani anche intellettuali di estrazione umanistica, quali l'avvocato napoletano Francesco d'Andrea, il poeta sardo Carlo Buragna e il filosofo calabrese Gregorio Caloprese, che fu maestro del maggiore poeta e arcade del primo Settecento italiano, Pietro Metastasio. Un nobile siciliano, Tommaso

Campailla, ebbe infine addirittura l'idea di scrivere un poema filosofico per illustrare la nuova filosofia « renatista ».

Il fatto che il campo del cartesianismo italiano venisse allargandosi e guadagnando in estensione non implicava e non significava però necessariamente un parallelo crescere e precisarsi, in intensità e profondità, della originaria funzione di avanguardia e di rottura delle dottrine cui esso si richiamava. Anzi come spesso accade in casi del genere, avveniva il contrario. Con sempre più accentuata insistenza si fa luce infatti tra i cartesiani italiani la tendenza a battere l'accento maggiormente sugli aspetti più tradizionali e più recuperabili della dottrina del loro maestro che su quelli più innovatori e radicali. Cartesio appariva ormai a non pochi di essi sempre meno il teorico della *res extensa* che quello della *res cogitans*, meno l'assertore delle idee chiare e distinte che quello delle idee innate, meno, in altre parole, un fisico che un metafisico. In tal modo, attraverso l'accostamento a Platone e alla metafisica dell'innatismo, il filosofo francese veniva in qualche modo recuperato nella tradizione e nella scia del pensiero classico e rinascimentale e reso certamente più assimilabile, ma anche più inoffensivo. Ciò che in questa operazione andava offuscato o addirittura perduto era l'aspetto più rivoluzionario del suo pensiero, la sua fiducia cioè nelle scienze e nella ragione come chiavi per una comprensione senza residui della realtà umana. Ancora una volta la vecchia cultura umanista mal si rassegnava a essere detronizzata dalle scienze « nuove ». Senza contare che, a voler essere cartesiani sino in fondo, si rischiava un giorno di risvegliarsi nelle braccia dell'« empio e temerario Spinoza ».

Da Cartesio, dunque, a Platone: fu questo il viaggio di ritorno che, tra gli altri, percorse il filosofo napoletano Paolo Matteo Doria il quale, dopo aver coltivato in giovinezza studi di fisica e di matematica e aver subito fortemente l'influenza cartesiana, passò in età più matura a occuparsi di materie civili e più propriamente filosofiche e a tessere la palinodia del suo « renatismo » giovanile. Sua è la caratterizzazione di Spinoza che abbiamo citato più sopra. Ma fu questo soprattutto l'itinerario intellettuale che compì Giovanbattista Vico, una delle menti più robuste e più corrusche della storia della cultura filosofica italiana.

Coetaneo e amico del Doria, anch'egli in gioventù si era accostato a Cartesio per poi distaccarsene gradualmente. In una delle sue prime opere, il *De antiquissima italorum sapientia* del 1710, egli rilevava sì che le matematiche, per essere integralmente un prodotto della mente umana, possedevano un valore di certezza, ma lo faceva essenzialmente al fine di sottolineare il loro carattere arbitrario e convenzionale, la loro astrazione. Di qui a capovolgere l'ordine di priorità stabilito da Cartesio nella scala delle scienze e ad affermare il primato delle solide discipline umane — la storia, la poesia, l'oratoria — sulle astrazioni matematizzanti delle nuove scienze, il passo non era poi così lungo e il Vico stesso lo aveva già in parte compiuto quando, nella orazione universitaria *De nostri temporis studiorum ratione* (1708), aveva affermato che « il più grave danno del nostro tipo di studio è che, tutti volti a studiare le scienze naturali, diamo scarso valore alla morale, e soprattutto a quella parte di essa che tratta dell'ingegno umano e delle sue passioni, in quel che riguarda la vita civile e l'eloquenza » e che « presso di noi è quasi del tutto negletto quel mirabile ed egregio studio delle cose politiche ». Non erano del resto le leggi, i costumi, i miti e le favole dei poeti, le concrezioni cioè della sfera di attività politica, morale e immaginativa, anch'esse un prodotto dello spirito umano e non si applicava perciò anche ad esse quel principio della conversione del vero con il fatto che, come si è visto, era stato applicato alle matematiche? Di più: l'unico mondo che l'uomo poteva pretendere di conoscere a fondo e senza residui non era quello che egli stesso aveva costruito, il mondo cioè della storia? In quanto al mondo naturale esso poteva esser conosciuto solo da Dio, che ne è il creatore, e l'uomo doveva accontentarsi di quella conoscenza approssimativa e convenzionale che gli fornivano le scienze esatte.

La morale, la politica, l'eloquenza, le scienze « civili »

insomma divenivano sempre più l'oggetto di considerazione
prevalente, se non esclusiva, degli interessi del Vico. Nella
Scienza nuova, la sua opera maggiore composta di getto tra
il 1729 e il 1730 e quindi più volte rielaborata, egli tentò
di tracciare un grande e affascinante affresco dello sviluppo
storico dell'umanità attraverso le sue varie « età », dalla primitiva barbarie dei « bestioni » alla età « eroica » dei guerrieri e dei poeti a quella dei filosofi. Ma anche il mondo della
storia e degli uomini non era autosufficiente e la sua conoscenza non si esauriva dall'interno. Anche esso come il mondo
della natura era regolato in corsi e ricorsi dalla provvidenza
divina e lo storicismo del Vico si imbatteva in definitiva nello
stesso limite che egli aveva posto alle audacie rinnovatrici
delle scienze naturali.

La scoperta di Vico avvenne, come è noto, in età romantica ad opera soprattutto del Michelet. Le affermazioni e le
folgorazioni contenute nella *Scienza nuova* circa l'origine storica del linguaggio e della poesia e il significato storico-
collettivo dei grandi poemi epici (il Vico fu tra l'altro tra i
primi a impostare la questione omerica in termini di correttezza storica) e il generale impianto storicistico del suo pensiero troveranno infatti allora un pubblico sensibilizzato e
preparato a riceverli e valorizzarli. Si parlò così di un Vico
incompreso dal suo tempo e rivendicato dai posteri.

Vi è però da chiedersi se negli entusiasmi di questa scoperta non siano andati perduti altri e forse più reali e organici
aspetti del pensiero del filosofo napoletano, l'anticartesianismo
che ne costituisce il punto di partenza e la riaffermazione della
trascendenza che ne costituisce, in definitiva, il punto di approdo. Più volte nel corso delle pagine precedenti ci è capitato di rilevare come, in un mondo che ignorava ancora l'idea
del progresso, la figura del rivoluzionario possa talvolta essere scambiata con quella del passatista. Ma nei primi decenni
del secolo XVIII, quando il Vico lavorava alla sua *Scienza
nuova*, la fiducia illuministica nel progresso cominciava già
a circolare in Europa. Al suo ritmo si scandiscono gli eventi
dei quali parleremo nella parte seconda.

PARTE SECONDA

I

L'ITALIA E I LUMI

L'Italia e l'Europa.

Dai tempi del trattato di Cateau-Cambrésis fino agli inizi del secolo XVIII la carta politica della penisola non aveva subito delle modificazioni di rilievo. Nell'Italia settentrionale il ducato di Savoia era riuscito ad annettersi alcuni lembi del Monferrato, e in quella centrale lo Stato pontificio, dopo l'acquisto di Ferrara nel 1598, aveva incamerato i superstiti principati indipendenti di Urbino (1631) nelle Marche, e di Castro nell'Alto Lazio (1649). Questo era tutto o quasi. Nel complesso perciò per quasi centocinquant'anni l'assetto politico e le frontiere interne della penisola erano rimasti immutati e la pesante tutela spagnola era riuscita a tenere a freno ogni ambizione e iniziativa dei singoli Stati. Nello stesso senso agì nella seconda metà del secolo XVII il predominio francese in Europa. Non si dimentichi che in seguito ai trattati di Cherasco nel 1631, il Piemonte, il più dinamico e guerriero degli Stati italiani, era ridotto a poco più che un protettorato francese.

Tale situazione mutò radicalmente agli inizi del secolo XVIII. La guerra di successione spagnola (1700-13), riducendo la Spagna a una potenza di rango secondario e ridimensionando le ambizioni della Francia di Luigi XIV, riaperse nuovamente le porte dell'Italia al gioco delle più diverse influenze. La penisola, con il suo mosaico di piccoli

Stati e di dinastie senescenti e esautorate, divenne, nel-
l'ambito della politica di « equilibrio » europeo inaugurata
dai trattati di Utrecht e di Rastadt, uno dei campi di azione
preferiti dalla diplomazia delle grandi potenze nel suo incessante lavoro di rimaneggiamento e di compensazione degli interessi dei vari Stati. Se una determinata potenza era
costretta a fare delle concessioni o a rinunciare alla candidatura di un suo protetto a questo o a quel trono d'Europa in favore del candidato di altri, vi era sempre un ducato o uno Stato italiano in cui il pretendente sconfitto
potesse essere collocato. Non vi fu così praticamente conflitto internazionale, dalla guerra di successione spagnola, a
quella polacca e austriaca, che non producesse qualche mutamento nell'assetto politico italiano. Accadde così che nel
giro di pochi decenni alcuni Stati o province italiani si trovassero a passare più volte da una sovranità all'altra. La
Sicilia ad esempio fra il 1714 e il 1734 passò dai Savoia
all'Austria ai Borboni di Napoli, mentre il ducato di Parma,
dove nel 1731 si era estinta la dinastia dei Farnese, passò
tra il 1734 e il 1748 dalla signoria dei Borboni a quella
dell'Austria e nuovamente a quella dei Borboni. Sarebbe
troppo lungo ricostruire nei suoi dettagli e nella sua successione cronologica la serie di questi mutamenti e di questi trapassi e, del resto, avremo modo di accennarvi più
avanti a mano a mano che parleremo della storia dei singoli Stati italiani nel corso del secolo. Per ora basterà constatare che alla data del trattato di Aquisgrana (1748), che
concluse la guerra di successione austriaca, la maggior parte
degli Stati italiani si trovava ad essere soggetta a una dominazione o a una dinastia diversa da quella dalla quale era
governata agli inizi del secolo. Lo Stato di Milano era passato dalla dominazione spagnola a quella austriaca; Mantova aveva perduto la sua indipendenza ed era stata in-
globata anch'essa nella Lombardia austriaca; Parma era passata dalla signoria dei Farnese a quella dei Borboni; Firenze da quella dei Medici, la cui dinastia si era anch'essa
estinta nel 1737, a quella dei Lorena; il Napoletano e la

Sicilia, dopo due secoli di soggezione alla Spagna, avevano recuperato l'indipendenza sotto la dinastia dei Borboni e la Sardegna infine non era più un possedimento spagnolo, ma una parte del regno sabaudo. I soli Stati che continuassero a reggersi sotto le stesse dinastie di prima erano il ducato estense di Modena, le repubbliche di Venezia, Genova e Lucca, il Piemonte dei Savoia e, naturalmente, lo Stato pontificio. Dopo questo totale rimaneggiamento, nella seconda metà del secolo, sino alla discesa di Napoleone Bonaparte, l'Italia godette di un lungo periodo di pace e il suo assetto non subì altre modificazioni rispetto alla sistemazione di Aquisgrana.

Il risultato più importante dei rivolgimenti, cui l'Italia era stata soggetta nella prima metà del secolo XVIII, non consistette però soltanto nelle modificazioni territoriali e dinastiche e nel mutamento che queste ultime produssero nei rapporti di forza tra i vari Stati, e nemmeno nel restringimento dell'area sottoposta alla dominazione straniera, ridotta ora alla sola Lombardia, ma anche e soprattutto nel fatto che era stata posta fine all'isolamento e al provincialismo in cui due secoli di dominazione spagnola avevano mantenuto il paese. Le nuove dinastie che si insediarono sui troni di Firenze, di Napoli e di Parma erano sì straniere ai paesi loro assegnati, ma proprio per questo assai più europee e meno provinciali delle vecchie casate indigene. Quanto ai funzionari austriaci in Lombardia, essi erano, come vedremo, infinitamente più capaci e dotati di una mentalità moderna dei precedenti governatori e viceré spagnoli. E non è un caso che gli Stati italiani che presentano nel corso del secolo un quadro di maggiore animazione e vitalità furono proprio quelli, oltre alla già ricordata Lombardia austriaca, governati dalle nuove dinastie straniere. Gli altri, quelli che conservarono i precedenti reggitori e ordinamenti — Venezia, Genova, lo stesso Piemonte, per non parlare dello Stato pontificio — continueranno, quali in maggiore, quali in minore misura, a percorrere la strada della decadenza e dell'isolamento provinciale.

Ma non si trattava soltanto per l'Italia settecentesca di un maggior inserimento politico nell'Europa dell'età dell'equilibrio e dei patti di famiglia, ma anche di un'integrazione economica in un mercato percorso dalle grandi correnti del commercio dell'epoca.

Anzitutto attraverso il mare. Il primo porto franco della penisola, era stato, come si è visto, quello attivissimo di Livorno. Anche Venezia si era messa nel 1661 su questa strada, ma la timidezza e le limitazioni con cui la decisione era stata attuata contribuirono a ridurne di molto gli effetti e i risultati. Ma fu nel corso del secolo XVIII che l'istituto del porto franco conobbe una straordinaria fortuna. L'esempio venne nel 1717 dall'emporio di Trieste, città dell'Impero, ma successivamente altre città della penisola imitarono l'esempio di Livorno e di Trieste. Ad Ancona il porto franco venne istituito nel 1732 e anche in questo caso i risultati non si fecero attendere: da una media di 57 arrivi negli anni 1727-31 si passò nel quinquennio 1732-36 a una media di 108 e, sia pure con oscillazioni, il numero delle navi giunte nel porto non cessò di aumentare per tutto il corso del secolo fino a toccare una media di 169 nel quinquennio 1792-96. Altri porti franchi istituiti nel corso del secolo furono quelli di Civitavecchia (1748) e di Messina che si vide restituire da Carlo di Borbone le prerogative perdute in seguito alla rivolta del 1674. Allo sviluppo dei porti e delle comunicazioni marittime corrispose anche un parallelo sviluppo delle strade e delle comunicazioni terrestri. L'evento più importante nella animatissima storia stradale italiana del secolo XVIII fu probabilmente la costruzione, condotta a termine nel 1771 dal governo di Maria Teresa, di una prima carrozzabile alpina che, attraverso il passo del Brennero, raggiungeva la pianura padana e di qui, attraverso Modena e il valico appenninico dell'Abetone, raggiungeva Firenze. Questa nuova dorsale che, passando quasi interamente su territori della casa d'Austria o di principi ad essa imparentati (i Lorena di Toscana) o alleati (gli Este di Modena), non poteva non esercitare una forte attrazione e numerosi furono i tentativi e i progetti intesi a raccordare ad essa altri centri e porti della penisola. Massa, ad esempio, fu unita con Modena da una carrozzabile realizzata da Francesco III d'Este e Livorno fu collegata con Pistoia attraverso un canale navigabile. Non venne realizzato invece il progetto del matematico e letterato milanese Paolo Frisi di collegare la capitale lombarda alla nuova strada attraverso la via d'acqua del Po.

L'Italia rinsaldava così i suoi legami economici con l'Europa, entrava definitivamente attraverso i suoi porti e le sue carrozzabili alpine a far parte del circuito e del mercato europeo. Ma ciò che merita soprattutto di essere sottolineato è il fatto che questo reinserimento nell'economia europea coincide con una delle fasi di più impetuosa espansione della medesima. Col secolo XVIII siamo, come è ben noto, nel pieno della « rivoluzione agricola », che trasformò il volto di larga parte delle campagne del continente, e alla vigilia della grande rivoluzione industriale inglese; siamo nel secolo della fisiocrazia e di Adam Smith e nell'età in cui la scienza pura dei Galilei e dei Newton si trasforma nella scienza applicata dei Watt e degli Arkwright. Siamo in una parola nel secolo dei « lumi »: dopo la lunga e travagliata crisi del secolo XVII, l'Europa moderna, l'Europa borghese, è ormai lanciata al predominio e alla conquista del mondo.

Ed è di questa Europa che l'Italia è ogni giorno di più parte integrante ed è di questa prosperità che essa si trova a beneficiare. Rimane però da vedere in che misura agli stimoli e sollecitazioni esterne corrisposero dei fermenti e delle spinte dall'interno.

Agricoltura e riforme.

Il settore dell'economia e della società italiana che si trovò più direttamente investito dalle conseguenze dell'inserimento dell'Italia nel mercato europeo fu senza dubbio quello dell'agricoltura. Non si vede del resto come avrebbe potuto essere diversamente: i tempi in cui l'Italia riforniva l'Europa di prodotti pregiati e di merci orientali erano — e lo abbiamo illustrato — definitivamente tramontati. Ciò che l'Europa del secolo XVIII chiedeva all'Italia erano i prodotti agricoli necessari per nutrire la sua popolazione sempre crescente e le materie prime necessarie per alimentare le proprie manifatture.

L'Italia fornì gli uni e le altre. La seta greggia innanzitutto: buona parte della materia prima impiegata nelle fiorenti tessiture di Lione proveniva dal Piemonte e dalla Lombardia. Esportatrici di cospicui quantitativi di seta erano anche le regioni del Mezzogiorno e in particolare la Calabria, per quanto nel corso del secolo, a giudicare dai non molti dati a nostra disposizione, sembra che tale commercio abbia subito una drastica riduzione. Un notevolissimo incremento, sempre nel Mezzogiorno, conobbe invece l'esportazione dell'olio, che, oltre che per l'alimentazione, era richiesto in quantità sempre maggiori dalle prospere manifatture di sapone marsigliesi. Da una media quinquennale di 51.974 salme esportate negli anni 1760-64 si passò, attraverso un processo di progressione quasi costante, alle 95.648 degli anni 1790-94. Oltre alla seta del Piemonte e della Lombardia e agli oli del Mezzogiorno, altre voci del commercio di esportazione degli Stati italiani erano, negli anni in cui il raccolto era stato abbondante, il grano e il vino. La fortuna di taluni vini tipici italiani ha inizio proprio nel secolo XVIII: ricordiamo il caso del Marsala siciliano, il cui lancio sul mercato internazionale fu dovuto essenzialmente all'iniziativa di un inglese, John Woodhouse.

La crescente richiesta da parte del mercato europeo di prodotti e di materie prime agricoli, congiunta a quella di un mercato interno anch'esso in fase di espansione, non poteva naturalmente non esercitare sull'agricoltura italiana un forte stimolo nel senso di una sua mercantilizzazione e rianimazione e tutti gli indici a nostra disposizione, da quello dei prezzi dei prodotti a quello del valore dei terreni e del livello dei redditi, sono concordi nel testimoniarcelo. Nel Mantovano i prezzi del grano, del mais, del fieno, del riso e del vino mostrano, in varia misura e con la discontinuità tipica dei prodotti agrari, una netta tendenza all'ascesa e altrettanto si ricava dall'analisi dei dati sui prezzi del Vercellese. In quest'ultima regione, che era già allora la maggior produttrice di riso italiana, tra il 1761 e il 1790 il prezzo dei terreni risultò triplicato: segno evidente che la coltura della terra diveniva ogni giorno di più un affare. Potremmo continuare ancora nell'esemplificazione, ma la concordanza dei dati a nostra disposizione ci dispensa dal farlo. Varrà piuttosto la pena di segnalare il sostanziale isocronismo che l'andamento dei prezzi italiani manifestò nei confronti di quelli europei nel loro complesso, sintomo anche questo di un'avvenuta e non reversibile integrazione dell'economia italiana in quella europea.

Si venne così gradualmente determinando una vera e propria corsa alla terra, sulla cui portata nulla ci può meglio ragguagliare che la storia demografica della penisola nel corso del secolo. Come nel resto d'Europa anche in Italia (ancora un caso di isocronismo), il movimento della popolazione è nel corso del secolo XVIII nettamente ascendente e nel complesso si è calcolato che tra gli inizi e la fine di esso la popolazione della penisola passò da 13-14 milioni a 18. Ciò che però vale la pena di esser particolarmente notato è il fatto che le campagne beneficiarono nel complesso in misura maggiore che non le città di questo incremento e che nella storia demografica di un paese fortemente urbanizzato come l'Italia ciò rappresentava una sintomatica inversione di tendenza.

Certo alcune città italiane videro accrescersi nel corso del secolo la loro popolazione: è il caso di Napoli — la più popolata metropoli europea dell'epoca — che sul finire del secolo aveva raggiunto i 400.000 abitanti, di Palermo che raggiunse i 140.000, di Roma che contava nel 1740, 162.000 abitanti. Eccezionali sono i casi di Torino, promossa a capitale di un regno bellicoso e di una amministrazione fortemente centralizzata, la cui popolazione raddoppiò, tra le date del 1702 e del 1761, da 43.000 a 92.000 abitanti, e di Catania, un altro tra i porti italiani che più profittarono della favorevole congiuntura economica, i cui abitanti alla data del 1798 risultarono triplicati rispetto a quelli del 1713: 45.000 in luogo di 16.000. Ma vi furono anche delle città in cui la popolazione rimase stazionaria e altre addirittura in cui essa diminuì: tra le prime la stessa operosissima Milano (114.000 abitanti nel 1714 e 131.000 nel 1796); tra le seconde Venezia (da 138.000 nel 1702 a 137.000 nel 1797), Firenze e Genova. Nell'insieme, a una data che approssimativamente possiamo fissare attorno al 1770, esistevano in Italia 26 centri con popolazione superiori a 20.000 abitanti dei quali 5 al di sopra dei 100.000: una situazione sostanzialmente non modificata rispetto al secolo XVI.

Tutt'altro discorso deve invece essere fatto per le campagne. In Piemonte nel breve periodo compreso tra il 1700 e il 1734 la densità della popolazione passò da 44,18 per km^2 a 56,40, e nella terraferma veneta fra il 1776 e il 1790 da 68,7 a 73,5, mentre in Lombardia tra il 1749 e il 1766 si ebbe un aumento di popolazione assoluta del 25 per cento, da 900.000 a 1.122.000 abitanti. Assai rilevante è pure l'incremento demografico che si può registrare nel regno di Napoli e, come del resto risulta dalle cifre complessive fornite più sopra, nelle altre regioni della penisola.

Ritorno alla terra dunque: il fenomeno è talmente profondo e generale che la coscienza di esso non tarda a manifestarsi. L'agricoltura è di moda nel Settecento italiano. I poeti ambientano le loro favole in Arcadia e qualcuno giunse a scrivere dei poemi sulla coltivazione del riso o della canapa. Le accademie e le società agrarie si moltiplicano attraverso tutta la penisola: la più celebre fu quella fiorentina dei Georgofili fondata nel 1753, vero e proprio sinedrio della possidenza toscana. Gli scritti dedicati all'agricoltura non si contano e tra i maggiori esponenti della cultura settecentesca non furono pochi coloro che si occuparono in qualche modo di problemi connessi con la questione del rifiorimento dell'agricoltura. Tra gli altri il grande Genovesi, autore di una prefazione al trattato *L'agricoltore sperimentato* del toscano Cosimo Trinci, nella quale possiamo leggere quest'elogio dell'agricoltura che da solo può valere a rievocare efficacemente gli entusiasmi del secolo:

Questa sol'arte esercita il corpo, ne ricrea le forze, fa respirare un'aura più elastica, allunga la vita. ... Questa nutrisce le dolci speranze, i semplici e onesti amori, genera l'umanità e la dolcezza di una vita compagnevole, ma senza maschera. Nemica della furberia, dell'alterigia, della guerra. Se Dio medesimo n'avea fatto lo studio dell'uomo innocente perché credere che non possa essere l'amabile occupazione del reo? Son tentato a credere che appunto quest'essersene distaccato ed aver tirato dietro a pensamenti voti, sia una delle pene a cui la nostra stoltezza è quaggiù condannata.

Parlando di ritorno alla terra non si è peraltro esaurito l'argomento. Occorre ancora precisare di quale tipo di ritorno si trattasse e in quali forme esso venisse attuato; se cioè in quelle di un'agricoltura tradizionale e estensiva, intesa a strappare alla terra — a quanta più terra possibile — il massimo dei prodotti e gli uomini che vi faticavano il massimo di lavoro con il minimo di spesa e di retribuzione, oppure in quelle di un'agricoltura intensiva e razionale, fondata su di un calcolo economico degli investimenti e della rendita, più moderna e più borghese. Di fatto, come ci sforzeremo di dimostrare nei paragrafi successivi, l'una e l'altra tendenza furono operanti e spesso si intrecciarono, anche nell'ambito di uno stesso Stato. La storia agraria del Settecento italiano è storia sì di bonifiche e di opere idrauliche, ma anche di disboscamenti indiscriminati e di altrettanto indiscriminati assalti ai terreni comuni e ai pascoli collettivi. In essa vi è posto sia per le illuminate iniziative dei fittabili lombardi che per la « reazione » signorile e la rapacità dei proprietari meridio-

nali; sia per l'introduzione di nuove colture che per una
estensione irrazionale della cerealicoltura a terre povere e
marginali; sia per la nascita di aziende agrarie di tipo capitalistico che per la sopravvivenza del vecchio latifondo assenteista. Ché anzi se non si tengono presenti queste contraddizioni e questi contrasti, si rischia di comprendere ben
poco dell'evoluzione dell'agricoltura settecentesca; e non soltanto di essa.

Gli uomini e le forze sociali che premevano nel senso
di favorire il progresso agrario e operavano ai fini di una
trasformazione capitalistica dell'agricoltura non tardavano infatti a rendersi conto che non ci si poteva limitare a promuovere bonifiche, a introdurre nuove colture e migliorie
tecniche e neppure a decretare la libera circolazione dei
grani. La questione fondamentale era quella di colpire alla
radice tutto un sistema di *ancien régime* economico e di
liberare in tal modo le forze più dinamiche e più moderne.
Si trattava di ridurre e di castigare le posizioni di rendita assenteista e parassitaria della nobiltà e del clero, di
porre fine agli istituti anacronistici del fidecommesso e della
manomorta, che vincolavano vastissime estensioni di terreno a un'assurda condizione di inalienabilità. Si trattava
di farla finita con i privilegi vincolistici e calmieristici dei
grandi centri urbani. Ma per questo occorreva essere disposti ad affrontare ed abbattere la sin troppo prevedibile
opposizione dei privilegiati, a scalzare le loro posizioni di
potere all'interno dello Stato, a diminuirne il prestigio e
l'ascendente. Occorreva togliere ai nobili ogni residua giurisdizione privilegiata, limitare l'influenza del clero negli affari dello Stato e la sua funzione nella formazione dell'opinione pubblica, occorreva sopprimere le corporazioni cittadine. Occorrevano in una parola delle « riforme ».

Il problema della terra rinviava così a quello dello Stato:
se voleva essere vittoriosa o anche soltanto efficace, la lotta
contro l'*ancien régime* doveva necessariamente trasferirsi dal
piano economico a quello politico e far leva su una mobilitazione generale dell'opinione pubblica illuminata nella bat-

taglia per le riforme. Ma, nel secolo dei lumi, le guide naturali dell'opinione pubblica erano i « philosophes », gli intellettuali. Ancora una volta ci imbattiamo così nell'eterno problema del ruolo di questi ultimi nella storia d'Italia.

Gli intellettuali italiani nell'età dell'Illuminismo.

Inserita politicamente e economicamente nell'Europa, l'Italia partecipa anche della « rivoluzione culturale » illuminista. Il termine potrà sembrare scarsamente pertinente o addirittura « impertinente » e in una certa misura lo è. Ma non si dimentichi che la storia della cultura settecentesca non si esaurisce nel catalogo dei suoi *leaders* intellettuali e delle vette da essi raggiunte, ma è anche la storia della prima promozione culturale di massa di cui sia stata teatro l'Europa moderna. E questo intendevano dire gli uomini dell'epoca quando parlavano dei « lumi » e della loro avanzata vittoriosa e del loro incontenibile progresso.

L'Italia, lo ripetiamo, non fa eccezione alla regola e anch'essa si trovò a fronteggiare le esigenze di un consumo culturale in rapida espansione. Basta dare un'occhiata a quanto accade nel mercato del libro per convincersene. Esso attraversa infatti una fase di autentico *boom*. Gli editori e gli stampatori si moltiplicano, i loro cataloghi si arricchiscono, le tirature aumentano in misura cospicua, le pubblicazioni a carattere periodico sono sempre più numerose e assumono un carattere sempre più specializzato: riviste letterarie, riviste di « agricoltura arte e commercio », di medicina, riviste femminili, « novelle », « memorie », « magazzini », « gazzettini », « giornali enciclopedici », « mercuri » e via dicendo. Le opere straniere vengono tradotte in gran copia e con notevole tempestività. La mole della grande *Encyclopédie* di Diderot e D'Alembert non spaventò gli stampatori italiani; al punto che se ne procurarono ben due edizioni, la prima a Livorno e la seconda a Lucca. L'*Histoire de Charles XII* di Voltaire fu tradotta nel 1734, a soli tre

anni dalla sua pubblicazione in Francia, e la *Nuova Eloisa*
di Rousseau nel 1764, due anni dopo la prima edizione gi-
nevrina. Molte di queste traduzioni vennero pubblicate in
edizione pirata, con la indicazione di luoghi di stampa fittizi
o immaginari (Filadelfia, Amsterdam, Cosmopoli) per sfuggire ai rigori della censura. Ove neppur questo fosse possibile, rimaneva sempre la possibilità di procurarsi l'opera
nell'originale: nel secolo XVIII erano infatti ormai molti
gli italiani colti che conoscevano il francese ed erano addirittura in grado di scriverlo. In questa lingua Goldoni e
Casanova scrissero le loro memorie, il Galiani scrisse di
economia e il Baretti di critica letteraria. Questa larga conoscenza del francese e, in misura minore, dell'inglese, favoriva naturalmente la circolazione delle opere straniere nella
penisola e procurava nuovo lavoro alla censura. Tra il 1758
e il 1794 i deputati veneziani alle dogane fermarono per
dodici volte degli invii di opere di Rousseau e per nove
volte quelli di opere di Helvétius. Ma la loro non era una
fatica molto efficace.

Al *boom* del libro si accompagna quello degli spettacoli teatrali. Tra i grandi teatri italiani la maggior parte
ha origini settecentesche. Tra di essi la Scala di Milano,
che venne inaugurata nel 1778, e la Fenice di Venezia inaugurata nel 1790. Accanto a questi nomi illustri una pleiade
di teatri minori. Nella sola Venezia se ne contavano varie
decine. Agli scrittori di teatro non mancava certo il lavoro
e si comprende come potesse accadere che un autore particolarmente fortunato — Carlo Goldoni — potesse assumere e rispettare con il suo pubblico l'impegno di scrivere
sedici commedie nuove per una sola stagione.

La nascita e la crescita di un nuovo largo pubblico
di consumatori costringeva i produttori di cultura, gli intellettuali, ad uscire dal loro isolamento, poneva loro nuovi
problemi e nuove responsabilità. Come comunicare con questo nuovo pubblico? E innanzitutto con quale linguaggio?
Come in tutte le stagioni di intensa vita collettiva della
cultura e dell'*intellighenzia* italiane la vecchia questione della

lingua tornava a riproporsi. Sulla necessità di depurare la lingua letteraria italiana dai sovraccarichi e dalle amplificazioni secentesche e di rompere con la tradizione cruscante di un purismo e di un fiorentinismo grettamente conservatori tutti, tranne pochi retrivi, erano d'accordo. Alcuni, come Pietro Verri e Cesare Beccaria e i collaboratori della rivista milanese « Il Caffè », si spingevano più lontano sino a sostenere che la lingua italiana si sarebbe sicuramente avvantaggiata da un giudizioso adattamento al lessico e alle forme della trionfante lingua francese.

Perché — essi scrivevano — se italianizzando le parole francesi, tedesche, inglesi, turche, greche, arabe, sclavone noi potremmo rendere meglio le nostre idee, non ci asterremo di farlo per timore o del Casa, o del Crescimbeni, o del Villani, o di tant'altri, che non hanno mai pensato di erigersi in tiranni delle menti del XVIII secolo ... Protestiamo che useremo ne' fogli nostri di quella lingua che s'intende dagli uomini colti da Reggio Calabria sino alle Alpi.

Un italiano moderno, anche se francesizzato, sarebbe stato insomma uno strumento di comunicazione più funzionale, più fruibile e, in definitiva, più nazionale di una lingua pedissequamente letteraria. Era, se vogliamo, una posizione estremista ma, appunto in quanto tale, aveva il merito di rendere evidenti i dati fondamentali del problema, la necessità cioè di colmare il fossato esistente tra la lingua dei chierici e quella dei semplici, tra l'italiano letterario e quello parlato.

Ma tale impresa non poteva essere condotta a termine che attraverso un lungo processo di esercizio e di affinamento e il secolo passò senza che essa avesse raggiunto un definitivo grado di maturazione. Nell'attesa, anche scrittori chiaramente consapevoli della loro responsabilità verso il loro pubblico continuarono a ricorrere a dei ripieghi. Goldoni, ad esempio, ricorse spesso nelle sue commedie a un dialetto veneziano ingentilito e « civile », come ad una soluzione in definitiva più soddisfacente e più ricca di comunicativa di quanto non fosse un italiano letterariamente stereotipo.

Ma se il problema del *come* parlare e comunicare con i lettori e con gli spettatori non poté essere risolto o dette luogo a soluzioni controverse e approssimative, il problema di *cosa* dire non lasciava adito a molti dubbi. Ciò che il nuovo pubblico dell'età dei lumi chiedeva agli uomini di lettere, ai compilatori di « magazzini » ed ai librai era di essere edotto e di essere tenuto al corrente delle acquisizioni e dei progressi realizzati dalla nuova cultura illuminista in tutti i campi del sapere. Esso esigeva una cultura moderna, aggiornata, politecnica, premeva nel senso di un superamento del tradizionale iato esistente tra cultura umanistica e cultura scientifica. Gli illuministi italiani si sforzarono di corrispondere a queste esigenze e una rapida carrellata attraverso gli argomenti e i titoli della loro produzione potrà valere in qualche modo a farsi un'idea della estensione e della serietà del loro impegno.

Vi troviamo innanzitutto un cospicuo numero di opere dedicate a quella che è per eccellenza la « scienza nuova » del secolo dei lumi: l'economia. Degli *Elementi di economia politica* scrisse Cesare Beccaria, delle *Meditazioni sull'economia politica* il suo amico Pietro Verri, un *Dell'economia nazionale* il bizzarro e geniale monaco veneziano Gian Maria Ortes, delle *Lezioni di commercio e di economia civile* il napoletano Genovesi. Ma l'economia, per quanto nuova, era una scienza vasta: di qui la pubblicazione di opere dedicate a illustrare singoli aspetti e problemi di essa, dalle monete e il loro « disordine » (Verri, Beccaria, Galiani), al commercio dei grani (Bandini e ancora Galiani) o addirittura del pesce (Pagano), per non parlare della lunga serie di scritti dedicati all'agricoltura dei quali abbiamo già fatto cenno. Apparentata all'economia era la geografia: ed ecco la copiosa letteratura di viaggi, di descrizioni: viaggi in Russia (Algarotti), a Costantinopoli (Casti), nelle lontane e libere Americhe (Mazzei); descrizioni di terre esotiche e lontane, ma anche di terre che, per essere vicine, non erano meno sconosciute, come quelle che delle regioni dell'Italia meridionale dettero Giuseppe Maria Galanti e Francesco Longano e altri illuministi napoletani, gettando per primi un fascio di luce su un mondo di miserie e di arretratezza. E poi ancora opere di scienza, come quelle del fisico Lazzaro Spallanzani, o di volgarizzazione della scienza come il celebre *Newtonianesimo per le dame* dell'Algarotti; opere di statistica, di tecnologia e di arti applicate, e ogni genere di scritti intesi insomma a contribuire alla « pubblica felicità ». Quest'ultima fra le espressioni ricorrenti nei titoli delle opere settecentesche è probabilmente la più frequente: un *Della pubblica felicità* scrisse Ludovico Antonio Muratori, delle *Riflessioni sulla pubblica felicità relativamente al regno di Napoli* Giuseppe Palmieri, un *Della felicità pubblica considerata nei coltivatori di terre proprie* il piemontese Giambattista Vasco. E si potrebbe agevolmente continuare.

La quantità e il carattere utilitario e di attualità della letteratura settecentesca della quale ci siamo limitati per necessità di cose a dare un semplice ragguaglio, senza nemmeno tentare di entrare nel merito delle questioni trattate e delle diverse posizioni emerse nel corso del dibattito, non deve indurci a pensare a una produzione di second'ordine, ripetitoria, destinata, come oggi si direbbe, a un consumo di massa. Tra le opere che abbiamo citato ve ne sono alcune — pensiamo agli scritti di economia del Galiani e dell'Ortes — che per la loro originalità e vigore di pensiero occupano un posto di rilievo nella cultura illuministica nel suo complesso. E non appartiene a questo tipo di letteratura quel *Dei delitti e delle pene* di Cesare Beccaria che sin dal suo titolo nitidamente classico annuncia il rigore con cui fu pensato e scritto? Questa perorazione in favore dell'abolizione della pena di morte fu uno dei grandi successi letterari dell'epoca: tradotta in numerosissime lingue essa suscitò vivaci dibattiti e valse al suo autore persino l'offerta di un impiego da parte di Caterina di Russia.

E neppure si deve pensare che la passione per le « scienze nuove » da cui è pervasa la cultura dell'Illuminismo italiano si sia risolta in un accantonamento o addirittura in un abbandono delle discipline tradizionali e umanistiche, né oi vede del resto come ciò avrebbe potuto accadere in un secolo in cui la poligrafia era pressocché la regola. Ma, anche a prescindere da questa considerazione, è un dato di fatto che anche nelle discipline tradizionali e nell'erudizione il lavoro svolto in Italia nel corso del secolo XVIII è imponente.

Prendiamo ad esempio la storia. Non è un'esagerazione affermare che il lavoro dei grandi eruditi settecenteschi e, primo fra tutti, di Ludovico Antonio Muratori — al quale dobbiamo la compilazione del *corpus* dei *Rerum Italicarum Scriptores*, ancor oggi lo strumento di lavoro principale per gli storici del Medioevo —, ha segnato una tappa fondamentale nello sviluppo degli studi storici italiani. Ma non ci si limitò alla sola erudizione e al censimento delle fonti: opere quali la *Storia civile del regno di Napoli* del Giannone, la *Storia di Milano* di Pietro Verri e le *Antiquitates italicae medii aevi* dello stesso Muratori sono dei lavori eccellenti. Quella del gesuita Tiraboschi è la prima storia organica della letteratura italiana e quella del Lanzi è, dopo il Vasari, la prima storia della pittura italiana. La loro compilazione era anch'essa stata resa possibile da un gigantesco lavoro di erudizione e di scavo al quale dobbiamo tra l'altro il recupero di autori e di testi che la cultura precedente aveva ignorato, se non condannato: l'esempio più cospicuo è quello del Machiavelli, autore proscritto e esecrato, le cui opere uscirono per la prima volta in un'edizione quasi integrale a Firenze negli anni ottanta.

Il lavoro di ricerca storica continua dunque con immutata, anzi accresciuta lena. Ciò che muta profondamente è invece l'*animus* con il quale esso viene concepito e coltivato. Il Muratori, per riferirci alla figura maggiore e più rappresentativa dello sforzo erudito del secolo, non è, come accade sovente agli storici, un *laudator temporis acti*, ché anzi egli non perde occasione per dichiarare il suo orgoglio di essere un figlio del colto e illuminato secolo XVIII. Proprio per questo egli non cerca nel passato la consolazione delle glorie e della grandezza perduta, ma le radici di quei mali e di quegli abusi contro i quali egli combatte: gli appetiti temporali della Chiesa e la superstizione delle folle, i privilegi dei pochi e la sofferenza dei molti. Ciò che lo interessa non è perciò la storia romana con le sue guerre e con i suoi fasti letterari, ma la storia oscura e faticosa del Medioevo con le sue fazioni guelfe e ghibelline, il particolarismo cittadino e municipale, le lotte tra magnati e popolani. Di qui è nata, per quello che ha di buono e per quello che ha di cattivo, la comunità e la civiltà italiana e a nulla serve costruirle dei natali illustri. Quella del Muratori, come quella del Verri e del Giannone, è insomma una storia civile, che rinnova la grande tradizione del Machiavelli e del Guicciardini.

Un cenno infine dobbiamo dedicare anche alla letteratura del secolo XVIII. E non solo per completare il quadro sin qui tratteggiato, ma perché anch'essa è una letteratura essenzialmente civile, che avverte cioè profondamente e severamente la propria responsabilità nella formazione dell'educazione e del gusto di un pubblico di lettori nuovi e entusiasti. Non è certamente un caso che due dei « padri » della letteratura italiana del Settecento — Alfieri e Goldoni — siano stati principalmente scrittori di teatro, abbiano scelto cioè un genere letterario eminentemente pubblico. L'Alfieri lo svolse più violentemente e programmaticamente: aristocratico di nascita, viaggiatore e amatore impenitente, lettore disordinato, ma dotato di una violenta capacità di immedesimazione nei suoi testi (Plutarco, Machiavelli), egli popolò le sue tragedie di personaggi fatti a sua immagine e somiglianza, di tirannicidi e di tiranni accomunati da un medesimo senso di irrequietezza, di superuomini e di ribelli, dando così vita a un teatro anticonformista fino alla provocazione, che era la negazione di ogni concezione dello spettacolo come intrattenimento. Un carattere di intrattenimento conserva invece in misura notevole il teatro di Carlo Goldoni, ma non per questo la sua funzione civile è, anche se più sottile, meno efficace. Si è notato come gli eroi « positivi » (se questo termine può essere impiegato per gli antieroici personaggi goldoniani) delle sue commedie sono per lo più dei mercanti e dei borghesi veneziani, che attendono a esercitare onoratamente il loro mestiere con la stessa affettuosa saggezza con cui amministrano la propria famiglia e che per contro i nobili, con la loro vacua alterigia, sono sempre presentati come i rappresentanti di un mondo e di un sistema di valori sorpassato, in decomposizione. Ma non si tratta solo di questo: ciò che più conta è che Goldoni concepì e attuò la sua opera di scrittore di teatro in funzione di un pubblico « italiano », del quale facevano parte i veneziani come i non veneziani, i borghesi come i popolani, i dotti come i meno dotti. In questo consiste la novità e l'originalità della sua riforma teatrale, mediante la quale, come è noto, egli si propose di innestare sul vecchio filone istintivo e popolaresco della commedia dell'arte la disciplina del teatro come fatto colto e letterario, nel tentativo cioè di creare e di educare un nuovo gusto teatrale del « maggior numero ». Il tentativo riuscì e il suo successo, che dura ancor oggi, costituisce forse una delle più belle vittorie dell'Illuminismo italiano.

Il terzo grande del Settecento letterario italiano è l'abate Giuseppe Parini, la cui fama è legata soprattutto a un poema satirico, *Il giorno*, in cui egli descrive l'inutile giornata di un giovane patrizio lombardo. Il Parini è un letterato con un solido bagaglio di letture classiche, sensibilissimo ai problemi della forma e della proprietà del linguaggio letterario, insofferente di ogni avanguardismo, naturalmente portato dalla severa disciplina letteraria che egli s'impone, alla misura e all'autocontrollo. Ma è proprio questa sua ritenutezza che conferisce alla sua satira della nobiltà un'alta efficacia persuasiva e civile.

Cerchiamo a questo punto di radunare le fila del discorso, necessariamente disperso e sommario, fatto sin qui per tornare al punto dal quale eravamo partiti, dal problema cioè della funzione che gli intellettuali dell'età dei lumi ebbero o non ebbero nel favorire il processo di formazione e di sviluppo di un'opinione pubblica illuminata e di assecondare la sua battaglia per le riforme. Dopo quanto siamo venuti esponendo, ci sembra che la risposta non possa essere che affermativa. Sotto il segno dell'Illuminismo gli intellettuali italiani ritornarono cioè ad essere quella *koiné* che erano stati in passato e, con questa unità essi ritrovarono anche quella vocazione all'impegno civile e quel senso di responsabilità collettiva nei confronti della società che era andato in gran parte smarrito. Nella misura in cui essi riuscirono effettivamente ad essere europei, essi si ritrovarono ad essere anche italiani, quando esserlo significava soprattutto prendere coscienza della arretratezza italiana e della necessità di recuperare il terreno perduto.

II

L'ETÀ DELLE RIFORME

Il riformismo absburgico: la Lombardia.

Che la Lombardia — e la sua parte pianeggiante e irrigua in particolare — fosse tra le regioni italiane quella in cui l'agricoltura aveva raggiunto un maggiore sviluppo e un carattere più moderno è cosa che già sappiamo. E ci è anche noto che ciò era stato il risultato di una lunga vicenda di progresso agrario che, iniziatasi nell'età dei Comuni, era continuata quasi ininterrottamente sino alle soglie del secolo XVIII, superando indenne, o con danni minori che altrove, le due grandi depressioni della storia economica italiana, quelle del XIV e del XVII secolo. Nel Settecento, e nella sua seconda metà in particolare, tale vicenda non solo prosegue ancora, ma entra anzi nella sua fase più impetuosa. Non ci sembra un'esagerazione affermare che è nella seconda metà del Settecento che inizia a delinearsi nettamente quel primato economico della Lombardia che si è conservato, attraverso tutto l'Ottocento, sino ai giorni nostri.

Ancora una volta la zona che più profittò di questa nuova ondata di progresso agrario fu la Bassa irrigua, la patria del riso, delle « marcite », dei prati artificiali e dell'allevamento su vasta scala del bestiame. La favorevole congiuntura economica e il rialzo dei prezzi agricoli non mancarono anche qui di far sentire i loro effetti stimolanti e l'intraprendenza dei possidenti e dei fittabili della Bassa si trovò ancora una volta spalleggiata dalle iniziative statali nel campo della costruzione delle infrastrutture. Tutto ciò concorse a fare della Bassa padana quel modello di agricoltura moderna e razionale che all'inglese Arthur Young, un intenditore, viaggiando alla fine del secolo tra Milano e Lodi, evocava il ricordo delle campagne più evolute della sua patria. Nella pianura non irrigua, nelle zone di collina e nel Mantovano di recente incorporato nello Stato di Milano il tono della vita e della produttività agraria è più consuetudinario e meno sostenuto. Un elemento nuovo e di · grande avvenire è però costituito dal diffondersi su scala sempre più vasta della coltura del gelso e dalla congiunta nascita di una industria domestica specializzata nei primi processi di trasformazione della seta grezza che, come già sappiamo, costituiva la voce principale delle esportazioni lombarde. In tal modo anche i settori meno progrediti dell'agricoltura lombarda si trovarono ad essere inseriti e integrati in un circuito mercantile e a partecipare della favorevole congiuntura.

A questo generale sviluppo produttivo non corrispondeva, o corrispondeva solo in parte, una maggiore elasticità e fluidità dei rapporti sociali e delle strutture politicoistituzionali. La parte più cospicua delle terre era occupata dalla grande proprietà e quest'ultima era in gran parte l'appannaggio del patriziato e degli ordini ecclesiastici. Nell'insieme dello Stato il 75 per cento delle proprietà superiori ai 40 ettari e il 100 per cento di quelle sopra i 200 apparteneva infatti alla nobiltà o al clero. Nel Mantovano 437 grandi proprietari e 543 istituzioni religiose si spartivano il 50 per cento della terra coltivabile, mentre il resto era polverizzato tra ben 24.000 piccoli e medi proprietari, questi ultimi in numero relativamente ridotto. La presenza borghese, di un'autentica borghesia agraria, nelle campagne rimaneva dunque piuttosto limitata ed essa si concretava essenzialmente nella figura del fittabile delle fertili terre della Bassa. Questi, pur disponendo di larghi margini di iniziativa nella conduzione del fondo e di cospicue possibilità di guadagno e di accumulazione, rimaneva pur sempre alle di-

pendenze della possidenza e si trovava inserito in un sistema
di relazioni e di condizionamenti sociali che rendevano assai
problematica la sua promozione sociale a « borghese ». Lo
stesso si può dire degli elementi borghesi della città, i più
facoltosi tra i quali — i « fermieri » o appaltatori di imposte per conto dello Stato — avevano accumulato le loro
fortune profittando di un sistema fiscale che taglieggiava gli
umili e favoriva, quando non esonerava del tutto. i privilegiati, ed erano quindi dei tipici rappresentanti di un Terzo
stato integrato nel sistema dell'*ancien régime*. Il problema
era dunque quello di adeguare il sistema dei rapporti sociali
al livello raggiunto dalle forze produttive e a ciò si accinse
l'amministrazione austriaca sotto Maria Teresa e Giuseppe II.

Si trattò davvero di uno sforzo imponente che si prolungò per l'arco di cinquant'anni e che si avvalse del concorso di un'*équipe* di collaboratori di prim'ordine. Ne fecero parte il toscano Pompeo Neri, che diresse i lavori
per la compilazione del catasto di Maria Teresa, l'istriano
Gian Rinaldo Carli, che fu presidente del Consiglio superiore dell'economia, i milanesi Pietro Verri e Cesare Beccaria, che ricopersero varie e delicate funzioni nell'amministrazione dello Stato. Anche il Parini dette il suo contributo di collaborazione; direttore della « Gazzetta di Milano » sotto Maria Teresa, egli tenne, sotto Giuseppe II,
la carica di soprintendente delle scuole pubbliche che avevano sostituito quelle rette dai gesuiti. Al coraggioso sforzo
innovatore del dispotismo illuminato absburgico partecipò
dunque il meglio dell'intelligenza lombarda e non soltanto
lombarda.

Il punto di partenza per tutte le successive riforme
fu costituito dal già ricordato catasto di Maria Teresa che,
già avviato sotto il regno di Carlo VI e lasciato quindi
cadere per le resistenze manifestatesi da parte dei ceti privilegiati, fu portato a termine da un'apposita giunta tra il
1748 e il 1755 ed entrò definitivamente in vigore nel 1760.
Con esso il governo absburgico acquisì uno strumento sicuro, nonostante le limitazioni e le esenzioni che continua-

rono a sussistere, per operare un massiccio spostamento del carico fiscale sui beni immobili e sulla propria fondiaria e un alleggerimento delle imposte personali e sul commercio. D'altra parte la stima del valore delle proprietà terriere era fatta una volta per tutte e i proprietari erano così garantiti contro eventuali aumenti delle imposte gravanti sui loro beni nel caso che il loro reddito fosse aumentato in seguito all'esecuzione di migliorie. Ciò contribuì a far sì che numerosi terreni in precedenza incolti fossero messi a coltura negli anni successivi: l'operazione fiscale si rivelò così, cosa che raramente accade, economicamente produttiva.

Impostata felicemente dalla base, l'attività riformatrice proseguì per tutto il trentennio 1760-90 a un ritmo intenso e non vi fu praticamente settore della vita pubblica e della compagine dello Stato che non ne fosse investito. Si procedette innanzitutto, sulla base di una divisione amministrativa del territorio in province e comuni, a una ristrutturazione dell'amministrazione locale intesa al doppio scopo di sopprimere i contrasti tra campagna e città mediante la loro inclusione in una stessa unità territoriale e di consegnare l'amministrazione degli enti locali a quei proprietari fondiari che erano stati chiamati, con il nuovo catasto, a concorrere in modo prevalente alle entrate dello Stato. Si stabilì infatti che i « deputati » che sedevano nei vari organismi locali dovessero essere scelti esclusivamente tra i contribuenti all'imposta fondiaria.

Dalla periferia il movimento rinnovatore guadagnò il centro, investendo soprattutto il settore dell'amministrazione finanziaria, con la creazione nel 1765 di un Consiglio superiore dell'economia, sostituito poi nel 1771 da un magistrato camerale affiancato da una Camera dei conti. Sempre nel settore finanziario, dopo la riforma dei tributi diretti, si provvide anche a quella degli indiretti e delle « regalie » riscosse sino ad allora dai « fermieri ». La lotta contro costoro, che godevano di protezioni nella stessa Vienna, fu dura e vi ebbe una parte di primo piano Pietro Verri. Alla fine essa riuscì vittoriosa e nel 1770 i « fermieri » dovettero rinunciare alla loro lucrosa attività in favore dell'erario. Fin qui la preoccupazione principale che aveva presieduto alle riforme era stata quella del riordinamento fiscale e, come condizione del primo, di un riassetto amministrativo. A partire però dal 1771 una nuova ondata di provvedimenti riformatori investì anche gli altri settori e livelli della società e dello Stato. Innanzitutto quello delle relazioni tra lo Stato stesso e l'organizzazione della Chiesa e quello, ad esso apparentato, dell'istruzione e della scuola. Numerosi conventi vennero soppressi e i proventi delle loro rendite, incamerati dall'erario, vennero impiegati per riorganizzare le scuole pubbliche; la Compagnia di Gesù venne sciolta e le sue scuole chiuse. Per contro venne potenziata l'università di Pavia, una delle cittadelle del giansenismo italiano, nella quale tra gli altri professarono Alessandro Volta e Lazzaro Spallanzani. E ancora: abolizione, con una serie di provvedimenti a catena, delle corporazioni, limitazione del regime dei fidecommessi, soppressione del tribunale dell'Inquisizione, riforme della moneta. A parte va infine ricordato il grande impulso dato ai lavori stradali e allo sviluppo delle comunicazioni: nel 1776 Milano venne collegata all'Adda per via d'acqua mediante il canale di Paderno. Né mancò, per completare il quadro degli ultimi anni del governo di Maria Teresa, l'*agrément* del mecenatismo e della cultura. Nel 1778 aprì i suoi battenti il neoclassico teatro della Scala e qualche anno dopo quello della Cannobiana. Il milanese — scriveva Pietro Verri — fu sotto Maria Teresa tanto felice « quanto è possibile esserlo sotto il governo assoluto ».

Ma la stagione del dispotismo illuminato non era ancora giunta al termine in Lombardia, ché anzi, con l'avvento sul trono di Vienna dell'insonne Giuseppe II (1780-1790), essa entrò nella sua fase più piena. Nel 1786 un vero « torrente di innovazioni » (l'espressione è dello storico Custodi) si abbatté sul Milanese: nuovi e più severi provvedimenti di tipo giurisdizionalistico, rimaneggiata la circoscrizione territoriale delle province, riformate le tariffe dei dazi e sancita la libera circolazione delle merci all'interno dello Stato, soppressi tutti gli antichi « corpi » costituiti dello Stato, compreso il venerando Senato; il tutto nel quadro di un accentramento burocratico minuzioso. A mano a mano che si avvicinava al termine della sua parabola il dispotismo illuminato austriaco si faceva sempre più illuminato, ma anche sempre più dispotismo. I milanesi ne ebbero la sensazione e Giuseppe II non fu presso di loro popolare quanto lo era stata Maria Teresa. Ce lo attesta lo stesso Pietro Verri nel suo scritto *Riflessioni sullo Stato di Milano nell'anno 1790*. Colui che era stato uno dei protagonisti del moto riformatore ci appare in questo scritto sfiduciato e preoccupato.

Questo senso e questa atmosfera di disagio trova probabilmente la sua spiegazione nel fatto che l'amministrazione, malgrado il suo imponente sforzo rinnovatore, non era riuscita a far lievitare dall'interno della società che aveva riformato delle forze sociali sufficientemente consistenti e coscienti per subentrare alla sua azione riformatrice e farsene esse stesse le continuatrici. Ci si può chiedere se, malgrado la sua intensità, l'azione riformatrice dispiegata non abbia peccato di timidezza circoscrivendo la propria sfera prevalentemente al settore finanziario e amministrativo e travalicando raramente in quello economico. È significativo ad esempio che la più incisiva e borghese delle riforme, quella sulla libertà di circolazione mercantile all'interno dello Stato, sia stata tra le ultime a essere realizzata. Ma converrà anche battere l'accento sulle difficoltà oggettive del successo, sulla immaturità cioè di un ceto borghese da troppo tempo abituato a integrarsi nel sistema, sulle forze di resistenza di un patriziato disposto sì ad accettare una razionalizzazione della sua supremazia, ma non a rinunciarvi, in tutto o anche in parte. Una rivoluzione dall'alto ha possibilità di successo soltanto se ad un determinato momento essa raggiunge quel punto di rottura per cui essa viene assecondata e ripresa dall'iniziativa autonoma dal basso e dall'emergere di forze sociali nuove. In Lombardia nel secolo XVIII ci si avvicinò certo più che in ogni altra parte d'Italia a questo punto di rottura. Esso tuttavia non fu raggiunto e, perché lo fosse, altri scossoni e altri sconvolgimenti sarebbero stati necessari.

Il riformismo absburgico: Toscana e Modena.

Dopo l'estinzione della dinastia dei Medici nel 1737, la Toscana, come si è detto, era stata assegnata a Francesco II di Lorena, marito di Maria Teresa. Questi non si mosse da Vienna e il paese venne governato fino al 1765 da un Consiglio di reggenza. Già in questo periodo l'orientamento riformatore della nuova dinastia venne però chiaramente delineandosi sia in campo economico, con l'autorizzazione alla libera esportazione dei grani della Maremma (1738), sia in campo amministrativo con provvedimenti che limitavano il regime dei fidecommessi e della manomorta, sia nel campo dei rapporti tra lo Stato e la Chiesa con l'abolizione della censura ecclesiastica sui libri e i favori concessi alla prospera colonia ebraica di Livorno. L'autentica stagione del riformismo toscano e lorenese iniziò però con l'avvento sul trono di Firenze di Pietro Leopoldo, anch'egli, come il fratello Giuseppe II, imbevuto di cultura illuministica e di fermenti religiosi giansenistici.

L'azione riformatrice di Pietro Leopoldo si avvalse anch'essa della collaborazione di una schiera di tecnici preparati e competenti, tra i quali spiccano i nomi di Francesco Gianni e di Pompeo Neri, quello stesso che aveva lavorato al catasto di Maria Teresa. Essa fu intesa innanzitutto a realizzare una piena liberalizzazione del mercato sia delle terre che dei loro prodotti. Tra il 1766 e il 1773 la circolazione del grano all'interno dello Stato e la sua esportazione vennero, con una serie di provvedimenti scaglionati nel tempo, rese assolutamente libere e fu abolita la rete di barriere e di pedaggi interni che ne ostacolavano il commercio. Contemporaneamente anche la terra fu liberata con una serie di misure che recarono un colpo mortale agli istituti del fidecommesso e della manomorta. Così

facendo il governo lorenese veniva incontro non solo ai
buoni princìpi della fisiocrazia trionfante, ma anche e soprattutto agli interessi dei proprietari che desideravano vendere, esportare e arrotondare i loro possedimenti a danno
dei beni degli ordini religiosi e cavallereschi. Da allora il
liberalismo comincerà ad essere uno dei dogmi del credo economico e politico dei proprietari toscani. Parallelamente a
quest'opera di liberalizzazione economica, Pietro Leopoldo
e i suoi collaboratori portarono a termine una completa
opera di ristrutturazione amministrativa e fiscale dello Stato.
La fine del vincolismo economico e dei privilegi annonari
della città sollecitava infatti un trasferimento e una disse-
minazione del potere dalla Dominante alle campagne. La magistratura dei *conservatori della giurisdizione del dominio
fiorentino*, che sino ad allora aveva soprasseduto agli affari
del contado, e le analoghe istituzioni esistenti nelle altre
maggiori città dello Stato vennero abolite e in loro luogo
si istituirono nelle singole comunità delle amministrazioni
locali, dotate di notevole autonomia e delle quali naturalmente furono *magna pars* i proprietari e gli *hobereaux* locali. Anche la struttura fiscale venne semplificata e decen-
trata con la istituzione di un'imposta fondiaria unica e con
l'abolizione delle immunità ancora esistenti. Il carico fiscale
risultava così più equamente distribuito. I bilanci furono resi
pubblici.

Anche in Toscana peraltro il terreno in cui si procedette più oltre fu quello della lotta contro i privilegi ecclesiastici. Sul modello di quanto faceva a Vienna Giuseppe II e con l'appoggio dei vivaci elementi giansenisti
dell'episcopato e del clero toscano, Pietro Leopoldo pro-
gettò addirittura negli ultimi anni del suo regno una riforma della Chiesa. Le innovazioni proposte da Scipione
de' Ricci, vescovo di Prato e di Pistoia, e le tesi di netta
ispirazione giansenistica da lui avanzate incontrarono prima
l'ostilità delle masse rurali, che si vedevano defraudate dei
simboli e delle credenze della loro fede tradizionale, poi
della maggioranza del clero che, riunito in concilio a Fi-

renze nel 1787, si pronunciò contro la continuazione dell'esperimento. Al granduca non rimase che di far buon viso a cattiva sorte e ai giansenisti toscani di scegliere tra la ritrattazione dei loro errori e la perseveranza nei medesimi sino ad abbracciare, alcuni anni dopo, idee apertamente democratiche e giacobine.

Malgrado questo insuccesso, il bilancio del riformismo e dell'assolutismo illuminato toscano appariva alla fine degli anni ottanta ricco di realizzazioni positive: oltre ai provvedimenti cui si è già accennato, esso poteva vantare al proprio attivo l'abolizione delle corporazioni cittadine, definitivamente sancita nel 1781, le opere di bonifica realizzata in Val di Chiana e altrove, una notevole politica di lavori pubblici e, *last but not least*, l'abolizione della pena di morte e della tortura. Gli strumenti di quest'ultima vennero bruciati pubblicamente e la Toscana poté menare il vanto di essere stata il primo paese d'Europa ad attuare le idee del Beccaria.

Vale però anche per la Toscana il discorso che si è fatto per la Lombardia. Certo l'agricoltura toscana non era quella della Bassa lombarda e, nelle condizioni di maggiore arretratezza che la caratterizzavano, il raggiungimento di quel punto di rottura di cui abbiamo parlato si presentava come un obiettivo raggiungibile soltanto a lungo termine. Non si trattava soltanto di liberare il passo e la strada a quelle forze che oggettivamente premevano nel senso di un rinnovamento delle strutture tradizionali e di una modernizzazione dell'agricoltura, ma di *creare* queste stesse forze. Comunque, per quanto lungo potesse essere il cammino, esso passava obbligatoriamente attraverso la modificazione dei contratti e dei rapporti agrari tradizionali e, in particolare, di quel contratto di mezzadria che dominava da secoli nelle campagne toscane.

Ne era consapevole Francesco Gianni quando nel 1769 presentò al granduca delle « istruzioni » con le quali si proponeva che le terre del Conservatorio di San Bonifacio, un grande istituto caritativo, fossero date a livello con una forma

di contratto quasi perpetuo per la quale il livellario, salvo
l'esborso di una somma iniziale e di un canone annuale
in favore del Conservatorio, acquistava la piena disponibilità della terra. L'obiettivo apertamente dichiarato dal Gianni
era quello di dare « la terra specialmente in mano a chi la
lavora » e di promuovere così la formazione di un ceto di
proprietari agricoli indipendenti. La proposta venne fatta
propria dal granduca e trasformata in un *motu proprio*, ma
i suoi promotori e sostenitori dovettero ben presto accor-
gersi che su questa strada le resistenze da superare non erano
poche né di poco conto.

Gli *hobereaux* e i proprietari fondiari, il cui peso specifico nella società toscana era stato notevolmente accresciuto dalle recenti riforme dell'amministrazione locale, desideravano sì che i cospicui patrimoni fondiari delle opere
pie laicali e ecclesiastiche fossero immessi nel mercato, ma
desideravano soprattutto di essere essi stessi i beneficiari di
questa operazione. Le terre in questione non avrebbero dovuto essere allivellate, ma vendute, e i loro nuovi proprietari le avrebbero gestite secondo il sistema tradizionale della
mezzadria. Questa era infatti il cardine della società toscana
e il segreto del suo equilibrio: guai a chi attentasse ad essa.
Questi interessi non mancarono di trovare avvocati illustri
nell'Accademia dei Georgofili, vero sinedrio della possidenza
toscana. Si senta come uno di essi, Ferdinando Paoletti, si
pronunciasse circa la ventilata possibilità che i pubblici poteri intervenissero a regolare i rapporti tra padrone e contadino:

Il diritto di proprietà non può sussistere senza libertà...
Qualunque stabilimento che offenda o alteri questa libertà, of-
fende e altera la proprietà... se si prenda a regolare le convenzioni del nostro contratto con le leggi positive, resterà subito
limitata e alterata la libertà e in conseguenza la proprietà ... le
leggi sociali debbono tendere unicamente ad assicurare i diritti
della proprietà, l'autorità tutelare debbe essere protettrice non
regolatrice di privati interessi... in ogni qualunque pubblica am-

ministrazione l'agricoltura e tutto ciò che ha relazione con essa
deve portare segnato in fronte il *noli me tangere...*

Ma il Paoletti non era il solo a sostenere punti di vista
analoghi. Anche Pompeo Neri non la pensava molto diversamente, e ciò spiega la sua opposizione al progetto di allivellazioni del Gianni.

Queste resistenze non impedirono che negli anni successivi l'esperimento facesse il suo corso e che altre terre
di opere caritative, di ordini ecclesiastici e, infine, della stessa
casa regnante, seguissero la sorte di quelle del Conservatorio di San Bonifacio. Esse riuscirono però a frenare lo
slancio e in parte a snaturare il carattere del provvedimento
e a far sì che in più di un caso, anziché procedere all'allivellazione in favore di coloro che coltivavano la terra con
le proprie braccia, si procedesse alle vendite in blocco, nelle
quali naturalmente rimanevano avvantaggiati coloro che disponevano di maggiori mezzi. Se a questo si aggiunge il
fatto che non pochi dei nuovi livellari furono probabilmente
indotti successivamente a disfarsi dei terreni loro assegnati,
si comprende come alla fine l'operazione avviata dal Gianni
non conseguisse che risultati trascurabili. Sulle stesse terre
del Conservatorio di San Bonifacio nel 1779 solo il 25 per
cento della rendita costituita dai canoni pagati proveniva
da livellari che in precedenza fossero stati dei mezzadri, mentre il 62 per cento proveniva da elementi della nobiltà, della
borghesia, da mediatori e trafficanti di campagna. Cinque
anni più tardi, nel 1784, il dislivello si era ancora accresciuto, rispettivamente al 19 contro il 69 per cento.

Gli è che ai proprietari toscani, oltre, in molti casi, ai
capitali, facevano difetto la lungimiranza e il coraggio per
intraprendere un'opera di rinnovamento agrario su vasta scala.
Essi scelsero perciò in definitiva la via più breve e agli incerti profitti di un investimento a lungo termine preferirono quelli più sicuri e più familiari ottenuti e da ottenersi
mediante la intensificazione delle pressioni esercitate sui loro
contadini, come è dimostrato dal fatto che l'indebitamento

di questi ultimi nei confronti dei concedenti non cessò di mantenersi a livelli molto elevati e, in molti casi, di aumentare. Pronti ad assecondare l'opera riformatrice del governo fino al punto in cui questa coincidesse con i loro interessi, gli *hobereaux* toscani la osteggiavano non appena essa accennava a scalfire quell'autentica *pierre de touche* della società toscana che era la mezzadria. Alla lunga l'effetto stesso della riforma realizzata non poteva che essere progressivamente attenuato.

In una società siffatta, in cui lo sviluppo quantitativo della produzione era stato contenuto nello schema di rapporti agrari tradizionali, se non arcaici, una costituzione come quella che Pietro Leopoldo nei suoi ultimi anni di regno aveva vagheggiato di introdurre e che prevedeva l'istituzione di un'assemblea incaricata di esercitare il proprio controllo sull'amministrazione finanziaria dello Stato, avrebbe potuto difficilmente riuscire qualcosa di diverso da un doppione dell'accademia dei Georgofili, più un intralcio che uno strumento all'azione del principe illuminato.

All'area del riformismo austriaco appartiene anche Modena. Il duca Francesco III d'Este era infatti legato da vincoli familiari e politici alla corte di Vienna e uomini di fiducia del governo austriaco erano i suoi principali collaboratori. Attraverso il suo Stato passavano poi le nuove strade dell'Abetone e in direzione di Massa e ciò ne faceva una posizione troppo importante perché l'Austria potesse rinunciare a controllarla. Anche a Modena perciò le direttive riformatrici di Maria Teresa e Giuseppe II non mancarono di trovare applicazione. Anche qui si ebbero provvedimenti contro la manomorta, soppressioni di conventi, lotta ai « fermieri » e, infine, un nuovo catasto portato a termine nel 1788, sulla base del quale si procedette a una revisione del sistema fiscale. Ma anche a Modena vi fu un limite che non fu superato: la lotta contro i « fermieri » non approdò che alla sostituzione della compagnia « milanese » con quella locale e i colpi portati alla proprietà e ai

privilegi nobiliari furono assai meno drastici di quelli che
ebbero a subire la proprietà e i privilegi ecclesiastici.

Il riformismo borbonico: Napoli, Sicilia, Parma.

Anche nel Napoletano l'agricoltura profittò della favorevole congiuntura del secolo. L'incremento demografico (alla
fine del secolo la popolazione del regno aveva raggiunto
quasi i 5 milioni di abitanti), la conseguente dilatazione del
mercato e il rialzo dei prezzi operarono anche nelle campagne meridionali come un fattore di sviluppo della produzione. Per quanto si debba lamentare in proposito una penuria di studi e di dati, riesce difficile pensare che ai cospicui
aumenti delle esportazioni agricole constatati in precedenza
non corrispondesse un analogo aumento della produzione e
un orientamento della medesima verso i tipi di coltura più
remunerativi e più commerciali, quali quelli degli oli e delle
sete.

Questi progressi costituivano indubbiamente uno stimolo
nel senso di una modernizzazione e di una razionalizzazione
delle strutture agrarie del regno e una spinta alla liquidazione delle pesanti incrostazioni feudali che gravavano sul
possesso fondiario; stimolo e spinta che, se fossero stati as-
secondati dal concorso delle forze sociali più interessate a
una trasformazione di questo tipo, avrebbero potuto forse
incidere profondamente nel tessuto della realtà meridionale
nel suo complesso. Ma, come ci accingiamo a mostrare, essi
non lo furono che in parte, in piccola parte.

Anzitutto è praticamente escluso che una siffatta funzione propulsiva potesse essere fatta propria dal ceto baronale. A differenza dei possidenti lombardi e degli stessi
hobereaux toscani, i feudatari del Mezzogiorno, privi co-
m'erano di ogni tradizione mercantile imprenditoriale e abituati da tempo a vivere nella capitale e alla corte, apprez-
zavano le loro rendite solo in funzione del prestigio che
loro procuravano e del consumo, anzi dello spreco, che loro

permettevano. Non vi è perciò da stupirsi se a lungo andare non pochi di essi si trovarono a versare in difficoltà
e furono costretti a alienare parte dei loro feudi a dei *parvenus* di varia estrazione, contadini di qualche consistenza
o « massari », commercianti, professionisti. Di fatto i documenti ci mostrano che la proprietà di questi gruppi sociali
non cessa di avanzare lungo tutto l'arco del secolo.

Questi *parvenus* costituivano indubbiamente un ceto più
dinamico e meno paralizzato da tabù e da idoli sociali nelle
sue iniziative economiche, ma gli ostacoli che si frapponevano a una sua ulteriore promozione erano tali che spesso
le loro energie si perdevano e si dissipavano per strada. In
primo luogo occorre tener presente che il possesso fondiario
cui essi erano pervenuti era raramente libero da censi e da
servitù di tipo feudale e che di conseguenza la maggior parte
di essi si trovava impegnata in una lotta su due fronti, da
un lato contro le pretese del barone locale che accampava
i titoli del suo diritto eminente su tutte le terre della sua
giurisdizione, dall'altro contro l'« università » e comunità degli abitanti che rivendicava la continuazione di quegli « usi
civici » di cui godeva da tempo immemorabile. Seppure da
questa difficile lotta il proprietario borghese usciva vincitore e, come di fatto avvenne in vari casi, riusciva a imporre il suo diritto alla piena e libera disponibilità della
propria terra sino magari a recingerla, tuttavia con questo
le sue difficoltà non erano certo finite.

A differenza dei nobili e degli ecclesiastici i proprietari *roturiers* erano tenuti al pagamento delle tasse, e queste non erano né poche né lievi. La nuova dinastia borbonica, con le sue ambizioni regali e monumentali, non era
meno dispendiosa della passata amministrazione spagnola e
il sistema di percezione fiscale che quest'ultima aveva istituito non era stato nella sostanza modificato.

Certo il settore della vita economica ad essere maggiormente oppresso dal carico fiscale era quello del commercio. Altissimi ad esempio erano i dazi di esportazione sul-

l'olio e sulle sete, per non parlare delle « tratte » sul grano.
Ma in definitiva anche questi balzelli ricadevano sull'agricoltura: i commercianti erano infatti indotti a rifarsi delle de-
falcazioni che il fisco aveva operato sui loro guadagni a spese
dei produttori da cui acquistavano le merci. Una delle forme
in cui questa rivalsa avveniva più di frequente era quella
del « contratto alla voce », in forza del quale, mediante
un'anticipazione in denaro, il commerciante si assicurava il
diritto di comperare al momento del raccolto sulla base del
prezzo ufficiale che sarebbe stato fissato stagionalmente dalle
autorità locali, a un livello cioè normalmente inferiore a
quello del prezzo di mercato.

Impacciata dalle circostanti strutture feudali, gravata dalle
tasse, taglieggiata dalla mediazione commerciale, la proprietà
dei borghesi si trovava così pregiudicata nella propria possibilità di sviluppo e molti titolari di essa si trovavano in
più di un caso ridotti a battere la via tradizionale dello sfruttamento a oltranza del lavoro contadino. Anziché combattere
col baronaggio, essi finivano così per integrarsi in esso e
con l'ereditarne la mentalità e, a lungo andare, l'assenteismo.
Veniva così ad ottundersi nelle campagne meridionali quella
demarcazione e quel contrasto fra le classi che avrebbe potuto costituire l'elemento risolutore della crisi. Ché anzi in
una società siffatta, disgregata e gelatinosa, i rapporti tra i
diversi ceti sociali tendevano anch'essi a frantumarsi in un
pulviscolo di attriti locali, di personalismi, di litigi, sui quali
prosperava la fortissima schiera degli avvocati, dei notai, dei
leguleî. Come la sua immensa e dolorosa capitale, nelle cui
strade si affaccendava, in un'animazione vorticosa e inconcludente, un'umanità varia e contraddittoria di principi e di
« lazzaroni », di privilegiati e di paria, anche la società meridionale girava insomma a vuoto, non riusciva cioè a esprimere dal proprio interno le energie capaci di operare nel
senso del suo rinnovamento.

Ma ciò che non riusciva ad emergere per forza propria
dall'interno, avrebbe potuto essere sollecitato e provocato dal-

l'esterno se l'azione del governo fosse stata più incisiva e la
sua audacia riformatrice maggiore. Ma, come ci accingiamo
a vedere, non fu così.

Il nuovo re, Carlo di Borbone, che nel 1734 si insediò sul trono di Napoli, aveva un alto concetto della sua
funzione di monarca. Non per nulla era un Borbone e un
discendente di Luigi XIV. Da quest'ultimo egli aveva ereditato il gusto della costruzione monumentale e dell'urbanistica: a lui si deve l'iniziativa della costruzione delle
regge di Caserta — un'autentica Versailles meridionale —
e di Capodimonte e a lui si deve l'impulso dato agli scavi
archeologici di Pompei, uno dei grandi eventi culturali del
secolo. Ma Carlo di Borbone aveva anche sufficiente intelligenza politica per comprendere che nell'illuminato secolo
XVIII la gloria di un monarca si misurava dall'ampiezza e
dalla profondità della sua opera riformatrice. Per questo egli
si circondò di collaboratori capaci e illuminati, tra i quali
emerge la figura del toscano Bernardo Tanucci il quale, quando
nel 1759 il re dovette lasciare il trono di Napoli per quello
di Spagna, divenne l'esponente più in vista del Consiglio di
reggenza incaricato di governare lo Stato durante la minore
età del nuovo re, Ferdinando IV.

Il settore in cui il riformismo borbonico e tanucciano
operò con maggiore incisività e con più cospicui risultati
fu quello dei rapporti tra lo Stato e la Chiesa. L'immunità fiscale dei beni ecclesiastici venne ridotta, l'Inquisizione
e il diritto di asilo soppressi, incamerati i beni di numerosi
monasteri, circoscritta la manomorta e stipulato infine un
concordato che poneva i rapporti tra la monarchia e Roma
su di un piano di maggior eguaglianza. Questo indirizzo riformatore improntato a un severo anticurialismo corrispondeva del resto ampiamente alla formazione giuridica e alla
mentalità avvocatesca prevalente in quell'intellettualità napoletana della quale Pietro Giannone, l'autore della *Storia
civile del regno di Napoli* perseguitato dalla Chiesa e da essa
costretto all'esilio e alla prigionia, era stato il maestro.

Ma, a Napoli come e più che altrove, i privilegi del

clero e degli ordini ecclesiastici, per quanto ingenti e ingombranti (i religiosi del regno erano 75.000 e possedevano da 2 milioni e mezzo a 6 milioni e mezzo di ducati
di rendita), non costituivano che una parte del « sistema ».
Accanirsi esclusivamente o quasi contro di essi poteva significare — e di fatto significò — scegliere la direttrice
di minor resistenza, infierire sull'avversario più debole e
più esposto, quando invece le principali cittadelle e fortezze
dell'*ancien régime* rimanevano indenni e inespugnate.

Ben poco fu intrapreso infatti per smantellare i privilegi e gli « abusi feudali » del baronaggio, per riformare
l'apparato fiscale e amministrativo, per colpire il parassitismo della capitale nei confronti delle province. Il catasto
generale del regno cui Carlo di Borbone dette l'avvio nel
1741, che avrebbe potuto costituire la base per questa complessa opera riformatrice, riuscì invece, per la approssima-
tività dei metodi con i quali fu condotto e, soprattutto,
per la consistenza delle resistenze che esso incontrò al centro
e alla periferia da parte dei privilegiati, uno strumento molto
imperfetto. Altri provvedimenti isolati e disorganici non produssero che dei successi parziali e scarsamente significativi
e nel complesso l'opera riformatrice intrapresa da Carlo e
dai suoi collaboratori si concluse senza aver intaccato le strutture dell'*ancien régime* e aver alleviato, nonché estirpato, i
suoi « abusi ».

Quanto questi ultimi fossero intollerabili e incancreniti
lo si vide al momento della terribile carestia del 1764,
quando folle di affamati si riversarono su Napoli, portan-
dovi la testimonianza di quali fossero le condizioni di vita
in cui versava la grande maggioranza della popolazione del
regno, condizioni, come dirà il Genovesi, degne degli otten-
totti e non di abitanti della civilissima Europa. Questo tra-
gico spettacolo costituì un vero e proprio trauma e un'esperienza importante per la più brillante, forse, tra le generazioni di intellettuali della lunga storia della cultura meridionale, quella dei Genovesi, dei Palmieri, dei Galanti, dei Fi-
langieri, dei Pagano. A differenza della generazione prece-

dente, la quale era cresciuta nello spirito dell'anticurialismo giannoniano e con una cultura prevalentemente giuridica, gli intellettuali napoletani della seconda metà del Settecento si erano formati sui testi degli illuministi e nutriti di studi economici e politici. Il loro caposcuola, il Genovesi, fu il titolare della prima cattedra di economia politica, anzi più esattamente « commercio e meccanica », istituita in Italia. Partendo da queste premesse essi non tardarono a maturare la convinzione che la soluzione dei problemi e della crisi del regno passasse attraverso una lotta senza quartiere contro gli abusi feudali nel loro complesso, del clero, dei baroni e della capitale, e attraverso una rigenerazione della società dalla sua base, dall'agricoltura.

La loro ora sembrò giungere a partire dagli anni settanta quando a corte divenne preponderante l'influenza della nuova regina Maria Carolina, una dinamica figlia di Maria Teresa che si era affiliata a una loggia massonica e si atteggiava a protettrice degli uomini e delle idee nuove. Alcuni di essi, come Giuseppe Palmieri, che fu nominato direttore del Supremo Consiglio di finanza, si videro assegnati degli incarichi e delle consulenze pubbliche. Ben presto però essi dovettero constatare che la resistenza dei ceti privilegiati e le difficoltà finanziarie in cui versava la monarchia avevano facilmente la meglio sui propositi o sulle velleità di riforma. Il Palmieri fu forse colui che ebbe le delusioni più amare: il suo progetto per la riforma dei dazi sull'esportazione dell'olio e della seta non passò, dopo lunghe discussioni, alla fase di realizzazione e il provvedimento inteso a favorire la censuazione dei demani feudali, con diritti di prelazione da parte dei coltivatori più disagiati, che egli riuscì a far emanare nel 1791, non ebbe anch'esso pratica e concreta attuazione. Il riformismo napoletano degli anni ottanta e novanta era del resto, a prescindere dalle sue scarse realizzazioni, un frutto in ritardo: ormai non erano pochi coloro che cominciavano a guardare oltre le frontiere del regno e della penisola, alla Francia e alla sua rivoluzione.

Un caso a parte è quello della Sicilia, che godeva di

un regime particolare nell'ambito del regno, essendo governata da un viceré e avendo conservato il suo Parlamento. Il ceto baronale, per quanto anch'esso fosse stato in molti casi costretto ad appaltare i suoi feudi a dei *parvenus* di estrazione contadina (i cosiddetti « gabellotti »), vi conservava una compattezza ben maggiore che nel continente ed era per tradizione avvezzo a considerarsi il solo rappresentante dell'isola e delle sue radicate prerogative autonomistiche. Lo scontro tra i baroni siciliani e i propositi riformatori della monarchia napoletana ebbe perciò carattere frontale. La sua fase più acuta fu toccata negli anni 1781-86 quando fu inviato nell'isola in qualità di viceré il marchese Caracciolo, un allievo del Genovesi che aveva frequentato i salotti di Parigi e ne era tornato profondamente imbevuto dello spirito dei lumi. Egli riuscì a ottenere qualche successo specie nella lotta contro i privilegi della Chiesa e gli abusi più patenti del sistema feudale. Tuttavia alla fine fu costretto ad abbandonare la partita senza esser riuscito a realizzare un suo progetto di catasto che avrebbe dovuto costituire il presupposto e la base per un'autentica eversione feudale. Il suo successore, il principe di Caramanico, che rimase nell'isola sino al 1794, seguì una linea di azione più moderata con il risultato che anche in Sicilia la stagione del riformismo passò senza aver prodotto notevoli risultati. Il più importante, forse, e il più ricco di conseguenze fu di ordine negativo, e cioè il nuovo alimento dato al tradizionale autonomismo siciliano. Ancora una volta i baroni avevano infatti avuto buon gioco nel fare comparire la loro battaglia in difesa dei propri interessi come una difesa a oltranza della Sicilia dall'invadenza straniera.

Il ducato di Parma era stato anch'esso assegnato nel 1748 ai Borboni nella persona di Filippo, un figlio di Elisabetta Farnese e genero di Luigi XV. Questi affidò l'educazione di suo figlio al Condillac e lasciò la gestione degli affari dello Stato a un francese, il du Tillot, il quale avviò una politica di riforme intesa essenzialmente a colpire i pri-

vilegi del clero e a promuovere l'impianto di « manifatture »,
favorendo a questo fine l'immigrazione di operai e di tecnici
stranieri. Ciò suscitò peraltro il risentimento di larghi strati
popolani che, fomentati dalla nobiltà e dalla corte — nella
quale dopo la morte di Filippo era dominante l'influenza
della duchessa Maria Amalia, una figlia di Maria Teresa,
nettamente ostile al partito francese —, esplosero nel 1771
in violente dimostrazioni a seguito delle quali il du Tillot
fu costretto a ritirarsi. Anche a Parma dunque l'esperimento
riformatore si concludeva prematuramente con un sostanziale
fallimento.

Gli Stati senza riforme.

Abbiamo parlato sin qui degli Stati italiani che furono
investiti dall'ondata del riformismo settecentesco. Ma esiste
anche un'Italia che da questa ondata non fu toccata affatto
o ne fu solo parzialmente o superficialmente lambita. E
non si tratta di una porzione irrilevante, ma di una parte
cospicua della penisola.

A questa Italia senza riforme appartengono innanzitutto
quegli Stati che avevano sostanzialmente conservato una struttura di tipo tradizionale, caratterizzata, come sappiamo, dalla
netta divisione tra la città dominante e il suo territorio e
dalla subordinazione amministrativa e economica di quest'ultimo alla prima. È questo, a prescindere dalla minuscola
repubblica di Lucca con i suoi 120.000 abitanti, il caso di
Genova. Privata del possesso della Corsica, che, dopo aver
tentato invano di venire a capo della guerriglia guidata da
Pasquale Paoli, si risolse nel 1768 a cedere alla Francia,
essa era ridotta, anche dal punto di vista territoriale, alle
dimensioni di uno Stato-città, rimanendole solo la giurisdizione, talvolta contestata, sulla ristretta zona costiera della
riviera. Uno Stato-città Genova era però soprattutto per i
suoi ordinamenti interni, rimasti sostanzialmente fermi alla
riforma del 1576 e tuttora caratterizzati dall'assoluto pre-

dominio dell'oligarchia bancaria arroccata attorno a San Giorgio. I suoi quadri si erano molto assottigliati sino a conferirle i caratteri di una casta, ma la sua enorme potenza finanziaria le permetteva di mantenere il controllo della repubblica lasciando alla nobiltà impoverita e al ceto dei « civili » le cariche minori e gli impieghi nel settore della diplomazia, dell'amministrazione e dell'esercito, e servendosene così per tenere a freno le eventuali turbolenze popolari.

Come a Genova, anche a Venezia, ridotta ormai l'ombra della grande potenza mercantile che era stata, la crisi delle strutture politiche tradizionali si manifestò anzitutto attraverso un restringimento e una sclerosi dei quadri dell'oligarchia dominante. Ormai le famiglie che monopolizzavano praticamente la somma dei poteri erano ridotte a una cinquantina o poco più, mentre il rimanente della nobiltà — i cosiddetti « Barnabotti » — versavano in grandi angustie e si dovevano accontentare dei magri proventi di un piccolo cabotaggio mercantile o dei modesti stipendi di qualche carica nella terraferma, magari integrata da qualche mancia più o meno lecita. Gli organi collegiali di governo, e in particolare il Maggior Consiglio, subivano parallelamente un processo di esautorazione e vani risultarono i tentativi, quale quello promosso dal nobile Angelo Querini nel 1761-62 con l'appoggio dei Barnabotti, di ridar loro una qualche vitalità. Tuttavia, a differenza di Genova, Venezia possedeva un cospicuo e vasto dominio territoriale e le era perciò almeno teoricamente aperta la strada verso una correzione ed un riequilibramento del rapporto tra la Dominante e la terraferma. Ma il condizionamento del passato era troppo forte e l'oligarchia veneziana continuò a considerare la terraferma come un'appendice della città e a subordinarne agli interessi di questa ogni possibilità di sviluppo. Sprovvista di strade, isolata dall'esterno e divisa all'interno in una serie di circuiti chiusi da un sistema doganale concepito a suo tempo in funzione di assicurare il rifornimento annonario della capitale e lo smercio delle sue importazioni, la terraferma non costituiva nemmeno un'autentica unità territoriale, ma una federazione di città, ognuna signoreggiante sul proprio contado e a sua volta dominata da una ristretta oligarchia locale, unite soltanto dal comune rancore verso l'assolutismo burocratico e inefficiente cui erano soggette. In un'età in cui la razionalizzazione e il livellamento amministrativo del territorio apparivano sempre più come il presupposto per l'esistenza di uno Stato moderno, tale struttura a compartimenti stagni rappresentava un autentico anacronismo e si risolveva in una generale asfissia della vita economica. Non vi è da stupirsi se, in una situazione siffatta, delle tendenze centrifughe cominciarono a manifestarsi: a Brescia e a Bergamo verso la Lombardia, nel Friuli verso l'Austria.

Erano questi i presagi di una crisi non lontana e lo stesso patriziato veneziano sembrava rendersene conto o quanto meno esso si comportava come se se ne rendesse conto. La sua politica estera sembrava non aver altra preoccupazione che quella di mimetizzare l'esistenza della repubblica e tutti i suoi atti sembravano dominati da quella *terreur de l'avenir* che, a detta di un osservatore straniero, si era impadronita della città nota in tutta Europa per il suo conturbante carnevale e per la libertà dei suoi costumi.

Terreur de l'avenir dunque: ma non fino al punto di smarrire l'attaccamento per la propria città. Un profondo amore per Venezia è presente nei dipinti di un Guardi, di un Canaletto e degli altri « vedutisti », nella musica dell'Albinoni e nello stesso teatro di Goldoni. Di esso sono anche testimonianza quei « murazzi » che la repubblica nei suoi ultimi anni di vita costruì per proteggersi contro quel mare da cui essa aveva tratto la vita e dal quale, ora, non poteva attendersi che tempeste. Sono essi che hanno protetto Venezia dalla recente alluvione del novembre 1966.

Ci rimane da far cenno dello Stato pontificio. Mai come nel secolo XVIII il prestigio internazionale del papato toccò un punto tanto basso. Pio VII, che Napoleone Bonaparte, dopo averlo cacciato dai suoi Stati, costrinse alla prigionia e all'esilio, non fu il primo dei pontefici di que-

sto periodo storico a dover subire le umiliazioni dei potenti del momento. Prima di lui Clemente XVI era stato
costretto nel 1773 a decretare lo scioglimento della Compagnia di Gesù e Pio VI si era recato nel 1782 in pellegrinaggio a Vienna nel tentativo, pienamente fallito, di far
recedere Giuseppe II dall'indirizzo anticurialista della sua
politica. A ciò bisognerebbe aggiungere la lunghissima se-
quela di provvedimenti limitativi delle prerogative e dei privilegi del clero che i papi settecenteschi dovettero subire
da parte di tutti o quasi i governi d'Europa e d'Italia e che,
tra l'altro, avevano contribuito notevolmente ad aggravare
la già cronica crisi finanziaria dello Stato pontificio. Privato
del suo residuo prestigio internazionale, quest'ultimo era praticamente ridotto alla stregua di uno degli Stati in cui si divideva la penisola e tra questi esso passava universalmente
per uno dei più arretrati e per il peggio governato.

Il panorama che, a cominciare dalla sua capitale, esso
offriva al visitatore forestiero sembrava la negazione incar-
nata di ciò che agli occhi dell'opinione illuminata del secolo XVIII avrebbe dovuto essere una società « civilizzata ».
A Roma — scriveva Montesquieu — « tout le monde est à
son aise, excepté ceux qui travaillent, excepté ceux qui ont
de l'industrie, excepté ceux qui cultivent les arts, excepté
ceux qui ont des terres, excepté ceux qui font du com-
merce ». La descrizione era certo *haute en couleurs*, ma non
era poi del tutto inadeguata per una città che su 140.000
abitanti contava migliaia di mendicanti e migliaia di religiosi. Il resto dello Stato era, in gran parte, a immagine
e somiglianza della sua capitale. Proseguendo da Roma verso
il Nord, il viaggiatore settecentesco incontrava dapprima le
distese desolate e devastate dalla malaria della campagna romana e della Maremma laziale per inoltrarsi poi nell'Umbria
e nelle Marche con le loro campagne sonnacchiose e le loro
città e cittadine in cui il tempo sembrava essersi fermato
ai giorni dell'Albornoz. Solo ad Ancona, il più attivo porto
dello Stato, il panorama accennava a cambiare per migliorare poi decisamente a mano a mano che ci si addentrava

nel territòrio delle cosiddette «legazioni». Qui la campagna, con le sue «alberate», i suoi campi coltivati a canapa, con le sue opere idrauliche, aveva un aspetto ben diverso da quello dell'agricoltura romana o, anche, delle altre provincie della Stato. Al centro di essa stava Bologna, una città di 70.000 abitanti, che oltre ad essere la sede di una prestigiosa università e di una non disprezzabile attività manifatturiera, veniva considerata il «porto di terra» dello Stato, situata com'era all'incrocio o in prossimità d'importanti arterie stradali e fluviali. Ma la relativa prosperità delle province settentrionali era quasi esclusivamente il riflesso della generale prosperità dell'Italia padana e, come tale, essa costituiva per lo Stato pontificio un punto di debolezza più che di forza. Non appena l'occasione favorevole si fosse presentata, vi era infatti da attendersi, come di fatto avvenne, che anche qui delle tendenze centrifughe si sarebbero fatte luce. Per quello che può sembrare, ma non è, un curioso paradosso, esse iniziarono a manifestarsi proprio quando il papato accennò a voler intraprendere una politica di riforma dello Stato, sotto il pontificato cioè di Pio VI (1775-98).

Questi era un uomo di ben altra energia e temperamento da quelli dei suoi predecessori e vi era in lui qualcosa delle ambizioni mecenatesche e monumentali dei papi della Rinascenza. Risalgono al suo pontificato, tra l'altro, la costruzione del Palazzo Braschi, l'apertura del Museo Pio Clementino e la ripresa dei lavori per il prosciugamento delle paludi pontine. Ma le sue iniziative riformatrici non ebbero altrettanta fortuna. La riforma tributaria intesa a semplificare l'esazione dei tributi e a limitare le immunità esistenti naufragò di fronte alle molte e prevedibili resistenze manifestatesi e il suo regista, il cardinale Ruffo, fu costretto a dimettersi dalla carica di tesoriere generale. In quanto al catasto cosiddetto «piano» del 1777 esso recava in sé il germe del fallimento, essendo basato sulle dichiarazioni di «assegna» dei proprietari. Solo nella legazione di Bologna, sotto l'energica guida del cardinale Ignazio Boncompagni Ludovisi, la rilevazione catastale venne eseguita sulla base di un'accurata stima peritale suscitando le gelosie e i pruriti municipali di coloro che nel pregiudizio portato ai loro privilegi vedevano un attentato alle prerogative e libertà della città e dando così la prima occasione di manifestarsi a quelle tendenze centrifughe cui accennavano poco sopra.

Che ciò accadesse sotto il segno di un misoneismo gretto e conservatore, non è cosa che debba meravigliarci molto. Ai *beati possidentes* il fatto che un governo, che aveva fatto per secoli del *quieta non movere* la sua divisa politica, intraprendesse ora una politica riformatrice non poteva non apparire un autentico tradimento. Quanto agli altri, a coloro che *possidentes* non erano, la loro sfiducia nel governo era troppo antica e troppo profonda perché potesse esser modificata dall'improvvisa apparizione di un papa con velleità riformatrici.

Un caso a parte: il Piemonte sabaudo.

Tra gli Stati italiani del Settecento il Piemonte fu il solo che seppe inserirsi attivamente e proficuamente nelle complicate vicende diplomatiche e militari della prima metà del secolo. La guerra di successione spagnola offrì infatti al duca Vittorio Amedeo II l'occasione che egli da tempo cercava per rompere il vassallaggio cui da decenni il suo Stato era ridotto nei confronti della Francia. Alleato con quest'ultima in un primo tempo, egli ruppe l'alleanza nel bel mezzo del conflitto (1703) passando dalla parte austriaca e contribuendo così ad accrescere l'isolamento di Luigi XIV. Fu una spregiudicatezza ben impiegata. Alla fine del conflitto i trattati di Utrecht e di Rastadt gli riconobbero il titolo reale e gli assegnarono il Monferrato, Alessandria e la Sicilia. Quest'ultima conquista dovette peraltro sette anni dopo essere permutata con la più povera e arretrata Sardegna. Il successore di Vittorio Amedeo II, Carlo Emanuele III ne continuò la politica spregiudicata e fortunata. Alleato della Francia nella guerra di successione polacca e dell'Austria in quella

per la successione austriaca, egli seppe in entrambi i casi
scegliere l'alleato giusto e il risultato fu che alla data del
1748 il Piemonte era riuscito a incorporare una parte notevole dei ricchi territori della vicina Lombardia raggiungendo il confine del Ticino. Il baricentro dello Stato si trovava così spostato ancora più a est, verso la pianura padana,
verso l'Italia. Bisogna però guardarsi dallo scorgere nell'espansionismo sabaudo settecentesco una sorta di anticipazione
della politica nazionale di Cavour e di Vittorio Emanuele II.
Gli obiettivi di Vittorio Amedeo II e di Carlo Emanuele III
non furono nazionali, ma territoriali e dinastici, e la loro
condotta dettata da considerazioni esclusivamente di opportunità. Lo prova il fatto che, al momento della guerra di
successione austriaca, essi preferirono l'alleanza di Maria Teresa e i limitati vantaggi territoriali che questa loro assicurava a quella francese e al piano d'Argenson che, antici-
pando in un certo qual modo le linee future della politica
di Napoleone III nella penisola, garantiva loro la Lombardia
nel quadro di una generale rimanipolazione dell'equilibrio
italiano.

Contemporaneamente a quest'opera di espansione e di
consolidamento del prestigio militare e diplomatico dello
Stato, procedeva quella di modernizzazione delle sue strutture interne. Vittorio Amedeo II era stato di volta in volta
un alleato o un nemico di Luigi XIV, ma sempre ne fu un
ammiratore e un imitatore. Eccolo infatti nel 1717, appena
cinta la corona reale, riformare con una serie di editti l'intera amministrazione dello Stato, modellandone le strutture
su quelle centralizzate della Francia di Colbert: un Consiglio di Stato cui facevano capo le varie « aziende », un Consiglio generale delle finanze e una rete di intendenti disse-
minati nelle varie province per assicurare su di esse il controllo del potere centrale. Forte di questi strumenti, egli
poteva dar libero corso alla sua azione politica tesa ad affermare la preminenza della monarchia e il suo ruolo di
arbitro tra i vari « ordini » dello Stato. Il clero vide ridotti
e ristretti i cospicui privilegi e immunità di cui godeva e

circoscritta la propria presenza nei tradizionali settori del-
l'assistenza pubblica e dell'educazione: gli ospizi e gli ospedali gestiti dallo Stato si vennero sostituendo alle disperse
iniziative caritative del clero, mentre il potenziamento del-
l'università di Torino si accompagnò al disegno di rinnovarne
il corpo insegnante escludendo gli elementi tradizionalisti e
preferendo quelli imbevuti di idee gallicane e, magari, gian-
seniste. Anche la nobiltà vide notevolmente ridotti i suoi
privilegi, e le sue terre, incluse nel catasto voluto da Vittorio Amedeo II, si trovarono di conseguenza sottoposte a
una più regolare e puntuale pressione fiscale. Ne risultò così
accelerato il processo di trasformazione della nobiltà stessa
da classe di *hobereaux* e di feudatari semindipendenti in
classe di funzionari impiegati nell'esercito, nella diplomazia
e nell'amministrazione. In quest'ultima peraltro l'elemento
borghese e *parvenu* era di gran lunga predominante.

Non mancò, per completare il quadro delle analogie con
la Francia di Luigi XIV e di Colbert, una notevole politica di lavori pubblici. Nuove strade e canali furono aperti
e il porto di Nizza, che costituiva allora l'unico sbocco sul
mare del regno, venne ampliato. Particolarmente intenso, il
che spiega il fortissimo incremento demografico già consta-
tato, fu lo sviluppo della capitale dello Stato. Fu infatti nel
corso del secolo XVIII che Torino assunse quei caratteri di
città simmetrica e regale che ancor oggi conferiscono al suo
centro storico un aspetto così diverso da quello delle altre
città italiane. La maggior parte degli edifici elevati in questo periodo — dalla basilica di Superga, eretta per celebrare
la vittoria del 1706 sui francesi, al Palazzo Madama, a molti
altri — sono opere di un architetto siciliano, Filippo Juvara,
che Vittorio Amedeo II condusse a Torino e che fu un
poco un Mansart subalpino.

La complessa opera di governo della nuova monarchia
sabauda ha il suo periodo più intenso nel primo trentennio
del secolo ed è quindi cronologicamente in anticipo rispetto
a quella degli altri principi riformatori italiani: quando Vittorio Amedeo II riformava l'amministrazione del suo Stato,

potenziava l'università di Torino, lottava contro gli abusi
del clero e della nobiltà, a Firenze regnavano ancora i Medici, Napoli non era stata ancora restituita all'indipendenza
e la felice stagione del riformismo teresiano non era ancora
cominciata in Lombardia.

La differenza tuttavia non è soltanto cronologica, ma
anche e soprattutto qualitativa. L'azione dei monarchi sabaudi s'inquadra infatti, come si è visto, più nello schema
di un assolutismo di tipo classico, alla Luigi XIV, che non
in quello del dispotismo illuminato dei principi settecenteschi, alla Giuseppe II. Ciò appare evidente soprattutto se
si prende in considerazione il settore della politica economica: il Piemonte non conobbe nulla di simile a quel processo di liberalizzazione del mercato delle terre e delle merci
che fu invece attuato in Lombardia e in Toscana e la sua
vita economica continuò in sostanza a svilupparsi all'insegna del mercantilismo e del vincolismo cittadino. Ciò non
contribuì certo a favorire il libero sviluppo delle pur consistenti fortune e iniziative borghesi, soprattutto nelle province già appartenenti alla Lombardia, nelle quali era largamente praticata la cultura del riso e diffuso il sistema del-
l'affittanza di tipo capitalistico. La stessa esportazione della
seta greggia, che costituiva la maggior risorsa di larga parte
dell'agricoltura piemontese, trovò numerosi intralci nella politica del governo intesa a favorire lo sviluppo delle manifatture nazionali e dei ristretti gruppi ad esse collegati. Il
risultato fu, come si è detto, che si trovò incoraggiata la
tendenza dei ceti borghesi a « integrarsi », attraverso gli uffici e l'acquisizione di titoli nobiliari, nel sistema della monarchia assoluta e che la struttura centralizzata e burocratica
dello Stato venne così gradualmente prendendo il sopravv-
vento sui germi di rinnovamento e di rottura che fermentavano nel tessuto stesso della società. A lungo andare lo
stesso dinamismo riformatore della monarchia non poteva
a sua volta non esserne frenato e di fatto dagli ultimi anni
di regno di Vittorio Amedeo II tale processo involutivo
comincia a delinearsi. Del 1727 è la stipulazione di un con-

cordato che significò praticamente una rinuncia alla prosecuzione della politica anticurialista intrapresa in precedenza; del 1736 l'arresto e l'imprigionamento dell'esule Pietro Giannone e il licenziamento di alcuni professori dell'università di idee più avanzate. Nei decenni seguenti la tendenza al ripiegamento si profila sempre più netta, sino a toccare il suo punto più basso sotto il regno di Vittorio Amedeo III (1773-96). Mentre a Milano, a Firenze, a Napoli il movimento riformatore entrava nella sua stagione più piena, in Piemonte ogni proposito rinnovatore veniva lasciato cadere e Torino diventava la più grigia tra le capitali italiane, quella meglio protetta contro il dilagare dei « lumi » dalla barriera della censura e del misoneismo, la caserma e la Beozia dell'Italia illuminata.

Una certa forza d'urto l'assolutismo sabaudo conservava soltanto nei confronti di una struttura sociale arcaica quale era quella della Sardegna, ma anche. in questo caso la sua azione, discontinua e disorganica, finì più con il provocare il risentimento dei ceti privilegiati che essa aveva disturbato che con l'attirarsi il consenso e il favore degli altri ceti sociali.

Non vi è da meravigliarsi se gli spiriti più irrequieti cercavano di evadere da un ambiente chiuso quale era quello del Piemonte della seconda metà del secolo XVIII. Il primo illustre rappresentante dell'emigrazione intellettuale piemontese fu Alberto Radicati di Passerano, un aristocratico che, dopo un'adolescenza e una giovinezza turbinose (sposo a 17 anni, a 19 era già vedovo e a 23 rimaritato) e scialacquatrici, si era buttato anima e corpo al servizio di Vittorio Amedeo II, nella convinzione di collaborare a una grande opera di riforma politica e religiosa dello Stato. Il concordato del 1727 venne però a disilluderlo e le sue proteste e intemperanze lo costrinsero ad abbandonare lo Stato e a farsi viaggiatore e avventuriero prima in Inghilterra, poi in Olanda, dove morì nel 1737 dopo aver consegnato nei suoi scritti il suo sogno di una religione restituita alla purezza di un deismo naturale e di una società ricondotta allo stato di natura. Ma il principe dei ribelli e degli emigrati piemontesi fu certo il conte Vittorio Alfieri, per quanto la sua ribellione rimanga confinata nei limiti di un atto individuale, di una protesta anarchica. Ombroso come lo sono gli aristocratici e i letterati, l'Alfieri rivolge oggi la sua protesta contro il misoneismo della corte di Torino, domani contro gli eccessi della rivoluzione parigina, sempre contro la volgarità della « plebe » e della « sesquiplebe », l'epiteto con cui egli stigmatizzava il ceto dei borghesi e dei *parvenus*. Ma non era necessario possedere il temperamento di un Alfieri o di un Radicati per trovare poco propizia l'atmosfera del Piemonte sabaudo: all'esilio, alla prigione o al silenzio furono costrette anche fibre meno eccezionali e intelletti meno corruschi, quali quelli dell'astronomo Lagrange, che era stato tra i fondatori dell'accademia delle Scienze, di Dalmazzo Francesco Vasco, autore di scritti di economia e politica, e dell'abate Carlo Denina, candida figura di erudito e di studioso.

Nell'Italia settecentesca il Piemonte era insomma dal punto di vista politico e intellettuale un'area depressa e riesce assai difficile conciliare questa constatazione con quella del ruolo che esso svolgerà nel secolo successivo nelle vicende della storia italiana. Non va però a questo proposito dimenticato che tra gli Stati italiani il regno sabaudo era pur sempre quello più stagionato e più collaudato. La sua nobiltà, a differenza di quella degli altri Stati italiani, non era una nobiltà di « ritorno », formata di patrizi e borghesi tornati alla terra nei secoli della stagnazione e della decadenza economica, ma una nobiltà antica che dalle sue origini cavalleresche traeva l'abitudine al comando e all'obbedienza. Il suo re era anch'egli un antico feudatario che, come i suoi confratelli d'oltralpe, era riuscito a imporre con un lungo lavoro di secoli la sua autorità di sovrano assoluto. Torino non era mai stata una città all'italiana, dominante e signoreggiante sul contado, ma un antico luogo fortificato trasformatosi relativamente di recente in capitale. In altre parole lo sviluppo storico del Piemonte era stato, in una certa misura, una ripetizione in piccolo di quello dei grandi Stati d'oltralpe, una trasformazione cioè della monarchia feudale in monarchia assoluta attuata all'insegna delle continuità delle istituzioni e dei costumi. Non vi erano state nella storia della formazione dello Stato sabaudo né le precoci primavere, né i prolungati autunni che avevano caratterizzato quella delle città e degli Stati italiani dell'area comunale. Tra gli Stati della penisola del Settecento esso era il più vecchio e il più stagionato, ma, in un certo senso, anche il più giovane e il più disponibile.

III

LA RIVOLUZIONE FRANCESE E L'ITALIA

L'Italia giacobina.

Dall'analisi che abbiamo fatto nel capitolo precedente della vita dei vari Stati italiani nel Settecento è apparso chiaramente che l'area del riformismo illuminato fu circoscritta soltanto ad alcuni di essi, alla Lombardia austriaca, a Parma, alla Toscana lorenese e al regno di Napoli. Tutto il resto della penisola ne rimase sostanzialmente escluso. Di più: a Napoli, a Parma, nella stessa Firenze, il movimento riformatore era attorno agli anni ottanta già nella sua fase discendente e mostrava segni di stanchezza e di ripiegamento. Solo in Lombardia, per impulso di Giuseppe II, esso manteneva ancora una notevole forza d'urto.

Non è vero quindi, come è stato sostenuto da storici di indirizzo nazionalista, che la Rivoluzione francese dell'89 venne a interrompere con i suoi « eccessi » un ordinato moto di progresso, che senza questo incidente di proporzioni macroscopiche sarebbe facilmente giunto a raggiungere il traguardo del rinnovamento civile e politico della penisola. Alla data del 1789 il ciclo del riformismo illuminato era già sostanzialmente chiuso e taluni degli uomini che lo avevano sostenuto si venivano orientando verso soluzioni più radicali e non esitavano perciò a far propri gli immortali principi della Rivoluzione. È questo il caso di quella che potremmo chiamare la « sinistra » dei riformatori napo-

letani, oppure quello della maggior parte del clero gianseni-
sta. Lo stesso Pietro Verri, che pure era ben lungi dall'essere
un temperamento di rivoluzionario, si rammaricava che
il luminoso esempio francese non fosse compreso, anzi osteg-
giato, dai suoi compatrioti e commentava con un moto di
amarezza:

> Le idee francesi servono di modello agli altri popoli... che
> accadrà dell'Italia? Siamo immaturi e non ancora degni di vivere
> sotto il regno della virtù. A forza di voler esser furbi siamo, al
> pari dei greci, il rifiuto d'Europa dopo esserne stati i maestri.

Ma naturalmente coloro che più rapidamente e più incondizionatamente sposarono la causa dei rivoluzionari francesi
furono i giovani delle ultime generazioni. Furono costoro
gli organizzatori e i protagonisti dei vari tentativi e moti rivoluzionari che tra il 1794 e il 1795, con molto entusiasmo
e con molta improvvisazione, furono attuati e repressi san-
guinosamente in Piemonte, a Bologna, a Palermo, in Sardegna. Luigi Zamboni, uno studente in legge, che fu tra i promotori dei moti bolognesi, aveva ventitré anni quando nel
1795 venne giustiziato e ventidue ne aveva Emanuele De Deo
impiccato nel 1794 a Napoli per attività cospirativa. L'orientamento ideale di questi giovani si può, con qualche approssimazione, definire « giacobino »: Rousseau era il loro autore
preferito, la Costituzione dell'anno I il loro modello politico.
Il fatto che nella Francia del Direttorio i giacobini stessero
passando dei brutti momenti non impediva però loro di guardare alla sorella latina come alla sola possibile liberatrice
della penisola.

Del resto la Francia aveva già un piede in Italia. Le
vicende della Corsica, della sua lotta per la libertà, erano
state seguite appassionatamente dall'opinione illuminata italiana e Pasquale Paoli era stato presso di essa uno degli uomini
più popolari del secolo. Ora che la Corsica, terra italiana per
lingua e per tradizioni, era divenuta francese e che la Francia era divenuta rivoluzionaria, l'idea di fare dell'isola un

trait d'union tra l'avvenuta rivoluzione francese e la futura rivoluzione italiana si presentava abbastanza naturalmente. Nel 1790 Filippo Buonarroti, un discendente di Michelangelo e studente « giacobino » dell'università di Pisa, si trasferì in Corsica e vi iniziò le pubblicazioni di un periodico — il « Giornale patriottico di Corsica » — che può considerarsi l'incunabolo della stampa risorgimentale italiana. Più tardi, nel 1794, quando la Francia, che già da due anni si trovava in guerra con il Piemonte alleato all'Austria e che già in precedenza si era annessa Nizza e la Savoia, occupò il territorio di Oneglia, egli vi fu assegnato come commissario e approfittò dell'occasione per trasferire il suo quartier generale dall'isola al continente e stringere più saldi contatti con gli altri elementi e centri del patriottismo italiano. Il suo giacobinismo e il suo robespierrismo gli valsero però il richiamo a Parigi e alcuni mesi di arresto. Liberato egli ritornò a tessere le fila della rivoluzione italiana e cercò di guadagnare alla sua causa, con gli scritti e con l'azione cospirativa, i membri del Direttorio e gli esponenti più in vista dell'Armata d'Italia, tra i quali il nuovo comandante della medesima, anch'egli un corso, Napoleone Bonaparte. Nel frattempo partecipava attivamente alla preparazione della congiura babouvista degli Eguali: la causa della rivoluzione italiana faceva per lui tutt'uno con quella del giacobinismo francese. I suoi tentativi fallirono però sia in Francia che in Italia: quasi contemporaneamente la cospirazione degli Eguali era scoperta e a Cherasco era firmato l'armistizio tra la Francia e il re di Sardegna. Il Buonarroti venne arrestato e i suoi amici italiani, i quali, seguendo le sue istruzioni, avevano costituito una municipalità rivoluzionaria nella cittadina piemontese di Alba e di lì avevano lanciano un appello alle forze rivoluzionarie piemontesi e lombarde, furono costretti a rinunciare ai loro progetti. Alba stessa, secondo i termini dell'armistizio, venne riconsegnata al re di Sardegna.

Sembrava dunque — e il Buonarroti era stato il primo a sperimentarlo — che non vi fosse conciliazione possibile tra la causa della rivoluzione italiana e gli interessi della nuova Francia termidoriana, tra le ansie di una rivoluzione non ancora iniziata e le preoccupazioni di stabilità e rispettabilità di una rivoluzione « arrivata ». Nei confronti dell'Italia la politica estera della nuova Francia non sembrava mutata rispetto a quella dell'*ancien régime*: una volta raggiunte le « frontiere naturali » con l'acquisto di Nizza e della Savoia sancito dall'armistizio di Cherasco, e dopo essersi assicurato il controllo militare del Piemonte, il Direttorio sembrava orientato a produrre su altri fronti lo sforzo militare necessario a costringere l'Austria alla trattativa. Ed era logica previsione che da quella trattativa l'assetto della penisola sarebbe stato modificato solo in funzione del raggiungimento di un nuovo equilibrio tra le due maggiori potenze continentali.

Ma in periodi di rivoluzioni e di guerre civili le previsioni più logiche risultano spesso smentite e il corso degli eventi prende strade impensate, specie quando ad essi si mischi una personalità di eccezione quale quella di Napoleone Bonaparte. Il nuovo comandante dell'armata d'Italia non era un uomo da contentarsi del ruolo secondario che i piani del Direttorio gli assegnavano. Tra il maggio del '96 e l'aprile del '97, in meno di un anno, egli aveva conseguito una serie di vittorie militari senza precedenti, occupata tutta l'Italia settentrionale, si era spinto sino alle porte di Vienna costringendo l'Austria ai preliminari di Leoben e aveva acquisito nei confronti del Direttorio una libertà di movimenti e d'iniziativa della quale si avvalse per svolgere nella penisola una propria e personale politica.

Sostanzialmente le linee di quest'ultima non si discostavano, come vedremo, da quelle del Direttorio e furono sempre e comunque subordinate agli interessi statali della Francia. Ma, a differenza dei direttori parigini, Napoleone intuiva che una stabile influenza francese in Italia non avrebbe potuto mettere radici se, in una certa misura, non avessero avuto soddisfazione le aspirazioni di rinnovamento e di indipendenza coltivate dalla parte della popolazione italiana che aveva salutato nelle sue armate le liberatrici della penisola.

Pare che fosse su suo consiglio che l'amministrazione generale della Lombardia, da lui insediata in sostituzione del precedente regime di occupazione militare, bandì nel settembre 1796 un concorso per una dissertazione sul tema *Quale dei governi liberi meglio convenga alla felicità d'Italia*. Ad essa partecipò il fior fiore dell'intelligenza italiana, dal piacentino Melchiorre Gioia (che risultò il vincitore), ai piemontesi Ranza e Botta, al veneto Fantuzzi, al fiorentino Ristori, al romano Lattanzi, al napoletano Galdi. Né mancarono dei francesi, tra i quali il Rouher, e un poeta titolato, Giovanni Fantoni. Le soluzioni proposte erano le più varie, tra i due poli della repubblica unitaria sul modello di quella francese « una ed indivisibile » e della repubblica federativa. Comune però a tutte le dissertazioni presentate era il tono di speranza e di fiducia. Ma dal delineare piani di indipendenza e di unità al mandarli ad effetto il passo era lungo e la matassa italiana si dimostrò alla prova dei fatti molto più aggrovigliata di quanto pensavano i giacobini e i patrioti del 1796.

Le « repubbliche sorelle » e la reazione del 1799.

In un primo tempo le speranze di quegli italiani che avevano salutato in Napoleone il liberatore d'Italia sembrarono trovare una conferma, almeno parziale, nel decorso degli eventi. Tra l'ottobre 1796 e il marzo 1797 una serie di congressi, cui parteciparono i rappresentanti delle città dei ducati e delle legazioni, che Bonaparte aveva sottratto alla sovranità pontificia, approdarono alla costituzione di una Repubblica cispadana, la quale assunse come propria bandiera il tricolore. Nel giugno la neonata Repubblica cispadana fu assorbita nel più vasto organismo politico della Repubblica cisalpina, che ebbe per propria capitale Milano, e nella quale furono incorporati anche i territori veneti di Brescia e Bergamo, la Valtellina, il ducato di Massa Carrara e la Romagna. Così per la prima volta dai tempi di Gian Galeazzo Visconti, un forte Stato, che disponeva di una propria bandiera e di un proprio esercito (la cosiddetta « legione italiana ») si era formato nell'Italia settentrionale e centrale e si poteva ragionevolmente sperare che esso avrebbe potuto costituire un centro di attrazione e di agglomerazione per i territori che sarebbero stati successivamente liberati. Ma ogni speranza in questo senso fu ben presto frustrata. Genova, nella quale la Cisalpina avrebbe trovato il suo naturale sbocco sul mare, fu eretta nel giugno 1797 in una repubblica a sé stante, la Repubblica ligure, e venne in tal modo ancorata al suo vecchio municipalismo. Venezia e la terraferma veneta a est dell'Adige vennero invece con il trattato di Campoformio dell'ottobre 1797 assegnate all'Austria, ad onta delle aspirazioni e delle proteste del patriottismo veneto e cisalpino. Il Piemonte infine ai primi del 1799 fu annesso alla Francia.

Ma anche contenuta nei suoi confini originari la Cisalpina, con i suoi 3 milioni e mezzo di abitanti, avrebbe potuto costituire un campo d'azione sufficientemente vasto per un esperimento di rinnovamento politico e civile di rilevanza nazionale, se su di essa non si fosse pesantemente esercitata la _mainmise_ francese. Essa non cessò mai un istante di essere, come del resto tutte le altre repubbliche « sorelle », un paese, malgrado la sua formale indipendenza, soggetto a un regime di occupazione militare, con tutte le conseguenze che ne derivavano: requisizioni continue, imposizione di elevatissime contribuzioni che finirono per gettare nel dissesto le finanze del giovane Stato, razzie di opere d'arte. I suoi governanti, che erano stati del resto personalmente scelti da Napoleone, non disposero mai di un'effettiva libertà di movimento nei confronti degli inviati e dei commissari del Direttorio e quelli di loro che cercarono di procurarsene un po', rifiutando ad esempio di ratificare un trattato di alleanza con la Francia che prevedeva tra l'altro il pagamento di una fortissima indennità, furono tempestivamente estromessi. Ma non si trattava soltanto di questo: la costituzione della Cisalpina era stata ricalcata su quella francese dell'anno terzo, con il suo bicameralismo e il suo suffragio a base censitaria.

In un paese in cui il Terzo stato aveva una consistenza e una consapevolezza relative e in cui nessuna rivoluzione aveva proceduto a una certa ridistribuzione e rimescolamento delle ricchezze, ciò significava consegnare il potere a un ceto so-ciale ristretto, formato in prevalenza di patrizi e di profes-sionisti, di elementi cioè per i quali, salvo eccezioni, il ti-more del nuovo era in definitiva più forte dell'insofferenza nei confronti del vecchio. Ciò corrispondeva pienamente ai piani e ai desideri di Napoleone e dei governanti di Parigi, i quali guardavano con fastidio e diffidenza all'unitarismo e all'estremismo dei giacobini e degli *anarchistes,* ma corrispon-deva assai meno alle profonde, anche se inconsapevoli, istanze di rinnovamento che fermentavano nella società italiana.

Tuttavia, anche con questi limiti, i due anni di vita della Cisalpina contano qualcosa nella storia dell'Italia moderna. Per la prima volta la barriera del municipalismo era stata rotta e italiani di diverse regioni si erano trovati associati nelle assemblee e negli organi di governo cisalpini. Per la prima volta una città italiana, quella Milano di cui Stendhal amava definirsi cittadino, aveva assolto con il suo giornali-smo, con i suoi *clubs,* con la sua vita intellettuale, le funzioni di una autentica capitale e aveva costituito il punto di con-vegno della dispersa *intellighenzia* italiana. Questo fervore politico e intellettuale non si tradusse che in parte, per le ra-gioni cui si è accennato, in concreta attività di governo. Tut-tavia alcune realizzazioni ci furono, quali la definitiva aboli-zione dei fidecommessi e delle manomorte, l'istituzione del matrimonio civile, la devoluzione ai comuni delle funzioni di stato civile, la secolarizzazione di numerosi ordini e con-gregazioni religiose. Era troppo per un governo di ordinaria amministrazione e troppo poco per un governo rivoluzionario. Per questo la Cisalpina non arrivò a mettere profonde radici nel paese.

Analoghi rilievi si possono fare per le altre due repub-bliche — la Romana e la Partenopea — che furono costi-tuite quando già Napoleone aveva lasciato l'Italia per l'Egitto,

in seguito alla riapertura delle ostilità contro il papa e i
Borboni di Napoli. La Repubblica romana cominciò a vivere nel febbraio 1798 ed ebbe una costituzione anch'essa
modellata su quella dell'anno terzo e interamente dettata da
una commissione francese. Fu sino alla fine sostanzialmente
un protettorato e i soli suoi atti di rilievo furono l'abolizione dei fidecommessi e la parificazione degli ebrei agli altri
cittadini. Vita ancor più breve ebbe la Repubblica napoletana: proclamata nel gennaio 1799, dopo che le-truppe del
Championnet avevano travolto la resistenza borbonica, essa
visse soltanto cinque mesi e la cosa più notevole della sua
brevissima esistenza fu, come vedremo, la sua fine gloriosa.

   Dopo tante vittorie le sorti della campagna d'Italia stavano infatti volgendo sfavorevolmente per i francesi. Nella
primavera del 1799 le armate austro-russe al comando del
Suvorov dilagavano nella pianura padana, mentre dalla Calabria il cardinale Ruffo si accingeva a muovere alla testa
delle sue bande sanfediste alla riconquista di Napoli. Pochi
mesi dopo i francesi erano cacciati da tutta la penisola e
conservavano soltanto la piazzaforte di Genova. La vittoria
degli eserciti della coalizione antifrancese non avrebbe potuto peraltro essere così rapida se non fosse stata agevolata dall'interno. Un po' dovunque infatti nelle campagne
italiane, in Piemonte, nell'Italia centrale, nel Mezzogiorno,
si sviluppò nel corso del 1799 una guerriglia e un'insorgenza
antifrancese a carattere popolare e contadino. Si illustrarono
in questa guerra rustica e spietata personaggi singolari: banditi come il celeberrimo Fra Diavolo che operò in Terra di
lavoro, ufficiali sbandati e agenti stranieri come rispettivamente
quel Lorenzo Mori e quel Waugham che, assieme alla loro
comune amante, Alessandra « pulzella » del Valdarno, furono
alla testa di quell'armata aretina che al grido di « viva Maria! »
si riversò sulle città della Toscana e dell'Umbria, facendo
strage di giacobini e di ebrei. Cardinali infine come quel
Fabrizio Ruffo che, sbarcato in Calabria con pochi uomini,
giunse a Napoli alla testa di un esercito di contadini e di
lazzaroni, l'esercito della Santa Fede.

Così l'Italia aveva la sua Vandea senza aver avuto una sua autentica rivoluzione. Ma forse proprio per questo la reazione del '99 fu così ampia e così feroce. Nel fanatismo delle bande contadine che si accanivano contro i francesi, i giacobini e gli ebrei, vi era anche la disperazione e la rabbia di chi ancora una volta era stato deluso e che ora si sfogava come poteva, contro chi poteva. I principi avevano parlato di « pubblica felicità », i giacobini avevano evocato la legge agraria, ma nel complesso il secolo dei lumi e della rivoluzione era passato senza che nulla sostanzialmente fosse cambiato nelle loro condizioni. Ora essi ne celebravano la fine in un clima di tragedia e prendevano su di esso un'effimera vendetta.

La città sulla quale l'ondata della reazione si abbatté con maggiore ferocia fu Napoli. Stretti per terra dalle bande del cardinale Ruffo e per mare dalla flotta inglese al comando di Nelson, i patrioti e i repubblicani napoletani resistettero validamente per vari giorni asserragliati nei forti della città, fino a che venne loro offerta una capitolazione onorevole. I termini dell'accordo, che prevedeva la loro incolumità, non vennero accettati da Nelson ed ebbe così inizio un autentico massacro. Caddero vittime della reazione del 1799 alcuni degli esponenti migliori della cultura e dell'aristocrazia napoletana, l'ammiraglio Francesco Caracciolo, la nobildonna Eleonora Fonseca de Pimentel, lo scienziato Domenico Cirillo, il giurista Francesco Conforti, gli scrittori politici Mario Pagano e Vincenzio Russo. Quest'ultimo, un medico, era l'autore di una raccolta di *Pensieri politici* in cui, con la passione e la lucidità del rivoluzionario, aveva delineato il piano di una società fondata sull'agricoltura e sull'uguaglianza e restituita alla virtù e alla democrazia: il programma di una rivoluzione che non era stata nemmeno tentata.

L'Italia napoleonica.

Quando, nella primavera del 1800, Napoleone con la
risicata vittoria di Marengo si aperse nuovamente la via per
la riconquista della penisola, egli non era più, come nel 1796,
un giovane e sconosciuto generale con un passato giacobino,
ma l'uomo più rispettato e più temuto di Francia, Primo
console e tra qualche anno imperatore. Egli non prometteva più la libertà, l'eguaglianza e la rivoluzione, ma la stabilità e l'ordine di un'amministrazione moderna e efficiente.
Era questa una prospettiva che, in Italia come in Francia,
non poteva mancare di incontrare consenso e favore in un'opinione pubblica che era stata spettatrice di sin troppi rivolgimenti e colpi di scena. Gli entusiasmi e le speranze giacobini si erano letteralmente bruciati nel triennio 1796-99 e,
in quanto ai reazionari e ai nostalgici dell'*ancien régime*,
pochi mesi di occupazione austro-russa e di reazione sanfe-
dista erano stati sufficienti per screditarli. La tranquillità e la
stabilità apparivano alla grande maggioranza degli italiani
come il presupposto primo del progresso e del rinnovamento e per quasi quindici anni Napoleone Bonaparte riuscì
ad assicurarle, garantendo così alla penisola le possibilità di
uno sviluppo ordinato, ma intenso.

Il più importante degli Stati italiani durante il periodo
napoleonico fu senza dubbio la Repubblica italiana che, proclamata solennemente a Lione nel gennaio 1802 da un'assemblea di notabili italiani convocativi da Napoleone, si trasformò, dopo che questi assunse il titolo imperiale, in un
regno. Il Regno italico che, all'atto della sua fondazione,
comprendeva i territori della vecchia Cisalpina, si estese poi
in seguito alle fortunate campagne militari di Napoleone anche al Veneto (1806), alle Marche (1807) e al Trentino
(1809), raggiungendo così dimensioni territoriali più che rispettabili. Come la Cisalpina, anch'esso non cessò mai di
essere nella sostanza uno Stato satellite: Napoleone, che a
Lione si era fatto attribuire il titolo di presidente della re-

pubblica, ne fu anche il re e vani furono i tentativi del viceré da lui insediato a Milano, il suo figliastro Eugenio Beauharnais, di convincerlo a concedergli una effettiva autonomia di decisione. Se Milano bruciasse — gli scriveva Napoleone — bisognerebbe attendere i miei ordini e nel frattempo lasciarla bruciare. E quando nel 1805 il corpo legislativo del regno si azzardò a chiedere una riduzione della tassa di registro recentemente introdotta, l'onnipotente imperatore dei francesi non esitò un istante a scioglierlo per mai più convocarlo. La politica finanziaria e fiscale del regno continuava infatti ad essere subordinata alle esigenze militari francesi: su 86 milioni di spesa del bilancio del 1802 ben 49 andarono alle spese di guerra e ai contributi alla Francia. Oltre che denaro, la Francia napoleonica chiedeva anche uomini e si ricorse alla coscrizione obbligatoria, una novità non certo popolare in un paese di scarse tradizioni militari.

L'organizzazione interna del Regno italico venne anch'essa esemplata su quella centralizzata della Francia napoleonica: il territorio dello Stato venne diviso in dipartimenti e in ciascuno di essi venne inviato un prefetto. I codici naturalmente furono quelli napoleonici.

Trapiantate in Italia, in un paese cioè sul quale l'ondata rivoluzionaria era passata senza lasciare tracce profonde, le istituzioni e le leggi dell'*establishment* napoleonico conservavano però una forte carica di rottura e di rinnovamento e la centralizzazione autoritaria e il livellamento amministrativo costituivano pur sempre un passo avanti rispetto al precedente frazionamento e municipalismo. Da parte sua il codice civile napoleonico, lungi dal rappresentare, come in Francia, una cristallizzazione conservatrice dei rapporti borghesi già formati, assolveva invece alla funzione di levatrice di questi stessi rapporti.

Sotto il profilo dello sviluppo economico la vita del Regno italico fu perciò ben lungi dall'essere stagnante. Le difficoltà dell'erario oberato dalle spese di guerra avevano costretto i governanti a fare ricorso su vasta scala al vecchio espediente rivoluzionario della vendita dei beni nazionali, costituiti in gran parte da patrimoni di enti e corporazioni ecclesiastiche incamerati dallo Stato. Inoltre l'abolizione dei vincoli feudali sulla terra, delle primogeniture e dei fidecommessi, sancita definitivamente dal codice napoleonico, aveva scongelato un'altra cospicua aliquota di terre favorendo così un'ulteriore rianimazione del mercato fondiario. I beneficiari maggiori del processo di redistribuzione della proprietà che ne conseguì furono gli uomini nuovi della borghesia. Nel Bolognese, ad esempio, nel 1804 le proprietà dei borghesi risultavano aumentate rispetto al 1789 dal 24 al 40 per cento della superficie messa a cultura, mentre quelle dei nobili erano calate dal 73 al 58 per cento. Non mancarono però tra gli acquirenti dei beni nazionali anche esponenti di famiglie patrizie e dal nome illustre: tra le altre quella dei Cavour che, dopo gli acquisti fatti nel periodo dell'occupazione francese, rilevarono nel 1822 dai principi Borghese le terre di Lucedio, con la famosa tenuta di Leri.

Per tutti comunque — borghesi o patrizi — si trattò di investimenti redditizi: lungo tutto il periodo napoleonico i prezzi dei prodotti agricoli non cessarono di salire e di consentire cospicui guadagni. Ma per chi desiderasse far fortuna e migliorare il proprio rango sociale vi erano poi, oltre a quella dell'acquisto dei beni nazionali, anche altre opportunità. Gli eserciti di Napoleone avevano bisogno di essere vestiti, calzati, armati e la strategia continentale di Napoleone esigeva, in Italia come altrove, l'esecuzione di grandi opere pubbliche e stradali, la principale (ma non la sola) delle quali fu la nuova via del Sempione che congiungeva Milano alla Svizzera. Nelle forniture militari e nei lavori pubblici si aprivano così nuovi campi di affari e di speculazione per le nascenti attività imprenditoriali e industriali della borghesia italiana. Certo il blocco continentale contro l'Inghilterra, inaugurato da Napoleone nel 1806, danneggiò gravemente taluni settori produttivi, e in particolare quello dell'esportazione delle sete gregge, alla decadenza del quale peraltro contribuì anche la concorrenza delle manifatture lionesi. Ma, per altri settori, quali quello dell'industria laniera, delle telerie, dei cuoi, dell'industria mineraria e delle fabbriche d'armi, gli effetti del blocco furono meno gravi di quanto comunemente si è ritenuto e non è escluso anzi che in alcuni casi essi abbiano agito da stimolante e da barriera protettiva. Fu probabilmente in questi anni che nelle zone più evolute dell'Italia padana fu raggiunto quel punto di rottura cui accennavamo più sopra: da allora i ceti borghesi cominciarono a camminare con le proprie gambe.

I territori dell'Italia settentrionale e centrale che non facevano parte del Regno italico — il Piemonte, la Liguria, il ducato di Parma, la Toscana, l'Umbria, il Lazio — furono, con una serie di annessioni successive scaglionate tra il 1800 e il 1808, incorporati direttamente alla Francia e trasformati in dipartimenti francesi. Per essi valgono a un dipresso le stesse considerazioni che si sono fatte per il Regno italico: la subordinazione (anzi in questo caso la dipendenza assoluta) rispetto alla Francia e le conseguenze del blocco continentale (che a Genova e a Livorno furono particolarmente gravi e risentite) ebbero una contropartita, più o meno adeguata a seconda dei casi, nella maggior modernità e dinamismo, rispetto ai precedenti governi, dell'amministrazione e legislazione francesi. Si tenga presente poi che, con l'eccezione della Toscana e di Parma, tutti i territori annessi alla Francia non erano stati praticamente toccati dal riformismo settecentesco. Più che mai perciò la dominazione napoleonica dovette rappresentare per essi una sorta di cura d'urto sconvolgente, ma salutare.

Più complessa e più ricca di motivi originali fu invece la vicenda del regno di Napoli. La dinastia dei Borboni restaurata dalla reazione del 1799 non aveva fatto gran che per mantenersi la fiducia di coloro che per essa avevano combattuto e per riguadagnarsi le simpatie di coloro che l'avevano avversata, limitandosi a una politica di ordinaria amministrazione. Perciò quando, all'inizio del 1806, Napoleone, vincitore ad Austerlitz, ne proclamò la decadenza, nessuno si levò a difenderla e questa volta l'ingresso dei francesi in

Napoli fu assai meno contrastato che nel 1799. La persuasione che le riforme di cui si parlava da decenni fossero ormai indilazionabili, la consapevolezza che il nuovo regime napoleonico aborriva il disordine e gli eccessi giacobini, il rimpianto, in alcuni, della repubblica del '99 e il timore, in altri, di una sua reincarnazione, tutto concorse a spianare la strada ai francesi e a far concepire molte speranze dal loro ritorno.

Queste non andarono nel complesso deluse. Il decennio francese, nel corso del quale si succedettero sul trono di Napoli Giuseppe Bonaparte e, dal 1808, Gioacchino Murat, è rimasto nella memoria e nella tradizione storica napoletana come un'età felice, colorita quasi dei colori del mito, come una parentesi di buon governo in mezzo a secoli di cattiva amministrazione. A differenza della repubblica del '99, il regno dei napoleonidi non fu infatti sentito estraneo al paese: Gioacchino Murat in particolare svolse una politica coerente intesa a utilizzare nell'amministrazione le competenze locali e a limitare l'ingerenza nella stessa dei funzionari francesi. Ma soprattutto i napoleonidi dettero ai « galantuomini » del regno esattamente ciò che essi chiedevano e nulla di più: un'amministrazione e un apparato statale più efficiente e moderno e delle riforme alla misura dei loro interessi. La principale di queste ultime fu la legge del 2 agosto 1806 detta della « eversione della feudalità », in base alla quale le giurisdizioni feudali esistenti in tutto il regno vennero abolite e affermata ovunque la sovranità dello Stato. Se, dal punto di vista giuridico e amministrativo, si trattava effettivamente di una rivoluzione, dal punto di vista dei rapporti sociali nelle campagne le cose non cambiarono gran che. Se avevano cessato di essere « signori », i feudatari erano divenuti proprietari *pleno jure* delle loro terre e questa nuova condizione conferiva loro spesso una libertà di movimenti e di iniziativa maggiore di quella precedente. Inoltre essi erano stati indennizzati per la perdita di alcuni diritti e preminenze feudali che erano state loro tolte. L'eversione della feudalità non apportò perciò modifiche di grande rilievo al regime di distribuzione fondiaria esistente, né del resto questo era stato il suo obiettivo. Né modificazioni sostanziali in questo senso vennero dalla vendita su vasta scala che anche nel regno di Napoli venne fatta dei beni nazionali costituiti dai terreni ecclesiastici incamerati dallo Stato. Recenti ricerche hanno accertato che il 65 per cento dei beni venduti finirono nelle mani di circa 250 compratori, nella quasi totalità nobili, alti funzionari dello Stato (tra i quali non pochi francesi) e grossi borghesi. Neppure la legge sui demani comunali emanata immediatamente dopo quella sull'eversione della feudalità — e che prevedeva, tra l'altro, la quotizzazione di parte di essi tra i contadini — valse a modificare sensibilmente la situazione esistente nelle campagne del regno. Essa rimase infatti praticamente lettera morta. La grande proprietà dei « galantuomini » e la proprietà particellare e autoconsumatrice dei piccoli proprietari continuarono così ad essere i due poli di una generale condizione di arretratezza e le distanze sociali tra i privilegiati e i « cafoni » continuarono ad essere abissali. Nell'Italia meridionale il processo di formazione di strati sociali intermedi, di borghesia agraria e cittadina, fu infatti anche in questo periodo assai più lento che nelle altre regioni della penisola. Le iniziative industriali e manifatturiere furono poche e, in molti casi, dovute a stranieri, per lo più svizzeri. Inoltre in un paese marinaro gli effetti del blocco continentale non potevano non essere più sensibili e essi concorsero di fatto in maniera notevole ad accrescere il prestigio, già altissimo, degli investimenti fondiari. Anche se la feudalità era stata abbattuta, il possesso della terra, di molta terra, costituiva per ogni arrivato il passaporto verso la rispettabilità. Dal decennio francese il regno di Napoli usciva così rammodernato nelle sue strutture statali, amministrative e fiscali, ma il tessuto sociale era rimasto sostanzialmente lo stesso e la sua arretratezza risultava ancora più evidente se messa a confronto con i progressi realizzati nelle regioni settentrionali.

Le due sole regioni italiane che rimasero fuori dall'area della dominazione e dell'influenza napoleonica furono la Sardegna e la Sicilia, in cui si rifugiarono rispettivamente i Savoia di Torino e i Borboni di Napoli. Questi ultimi dovettero però fare i conti con l'occupazione militare inglese dell'isola, soprattutto a partire da quando, nel 1811, venne inviato a Palermo, in qualità di ministro plenipotenziario e di comandante militare, lord Bentinck, un *whig* fermamente convinto che la lotta contro Napoleone dovesse essere condotta non solo sul piano militare, ma anche su quello politico e della propaganda. A questo fine, sfruttando il loro tradizionale autonomismo e la loro avversione verso i Borboni, riuscì a convincere i baroni siciliani ad accettare una versione attenuata della legge napoletana sull'eversione della feudalità e un regime costituzionale sul modello inglese, con una Camera dei pari e una Camera dei comuni. Si trattava di un'operazione assai intelligente, intesa com'era a convincere gli italiani che la caduta degli usurpatori napoleonici non avrebbe necessariamente coinciso con una restaurazione pura e semplice e a contrapporre il modello del costituzionalismo e del parlamentarismo inglese a quello della centralizzazione e del cesarismo napoleonico. Essa contribuì notevolmente, come vedremo, a far sì che i regimi napoleonici italiani non sopravvivessero alla sconfitta del loro fondatore.

La fine della dominazione napoleonica.

Prima dell'avvento dei francesi e del Codice napoleonico era difficile in Italia per chi non fosse nobile o di condizioni assai agiate fare una carriera intellettuale. La strada relativamente più facile era, per quanto ciò possa sembrare paradossale, quella della carriera ecclesiastica. Ciò spiega perché il Settecento italiano, al pari di quello francese, sia ricco di abati e di preti le cui idee non erano certo ortodosse e che si segnalarono anzi per l'arditezza novatrice dei loro scritti e dei loro atteggiamenti. Un abate era stato Ludovico Antonio Muratori, che nelle sue opere storiche aveva ripresa la concezione machiavelliana del papato come ostacolo al progresso d'Italia; un abate il Parini, autore di un'ode in cui si stigmatizzava come una barbarie l'uso di evirare i fanciulli-cantori della Cappella Sistina; un abate Gian Battista Casti, avventuriero e autore di versi erotici. Poi, negli ultimi anni del secolo, vi era stata tutta una serie di vescovi e di preti giansenisti e giacobineggianti: alcuni di essi, come i vescovi Serrao e Natale e i preti Pacifico e Falconieri, caddero vittime della reazione del 1799. Nei confronti della carriera ecclesiastica, quella militare e quella universitaria erano assai più chiuse e corporative. Per chi non fosse dunque disposto a prendere gli ordini, non rimaneva che la strada, tipicamente italiana, anzi meridionale, dell'avvocatura.

Dopo il 1796 le cose cambiarono radicalmente. Ai cadetti della nobiltà e ai figli delle famiglie borghesi si aperse innanzitutto la via gloriosa della carriera militare nelle armate napoleoniche, assieme alla possibilità di acquisire una cultura più moderna nelle numerose accademie militari che Napoleone venne istituendo in Italia. Furono numerosissimi, come vedremo del resto più avanti, i patrioti del Risorgimento che fecero il loro apprendistato politico e militare nelle file degli eserciti napoleonici. Ma, oltre a quella militare, si aprivano agli ingegni e alle menti più vive anche altre possibilità di carriera: nelle università che furono accresciute e potenziate, nelle accademie di belle arti, nei conservatori, nelle scuole specializzate, nei licei istituiti sul modello francese, nell'amministrazione e, infine, nel giornalismo. Ugo Foscolo, senza dubbio la più interessante e inquieta figura di intellettuale italiano di questo periodo, percorse tutte queste carriere: soldato, giornalista, professore universitario senza affettazioni di accademismo, la sua vita è un po' il compendio della storia degli intellettuali italiani nell'età napoleonica.

Si veniva così formando, al di sopra delle frontiere fra gli Stati, un personale intellettuale nuovo, fresco, inserito attivamente nella vita civile, la cui funzione risultò determinante nel processo formativo di un'opinione pubblica nazionale. Abbiamo già fatto il nome di Ugo Foscolo: il suo romanzo epistolare *Jacopo Ortis* fu uno dei libri *de chevet*

delle nuove generazioni italiane tra rivoluzione e restaurazione. Ma, più che alla letteratura, si pensi a quel fatto
nuovo e sconvolgente che fu il giornalismo. Uno dei periodici
più autorevoli pubblicati nel periodo napoleonico si intito-
lava il « Giornale italiano », redatto da Vincenzo Cuoco, un
napoletano autore di un saggio sulla rivoluzione del 1799
emigrato successivamente a Milano. Il suo non era un titolo
usurpato: sia che trattasse di politica, di letteratura, di economia o di problemi scolastici, il « Giornale italiano » si indirizzava effettivamente a un'opinione pubblica nazionale.

Ma un'opinione pubblica, oltre che esprimersi nella letteratura e nel dibattito culturale, tende naturalmente a darsi
un'organizzazione politica. Questa peraltro, nelle condizioni
generali dell'epoca, non poteva, e in Italia più che altrove,
che concretarsi nelle forme, tipiche dell'epoca, della società
segreta e della setta. E così infatti fu. Al nord operava l'Adel-
fia, tra i cui adepti erano particolarmente numerosi gli ufficiali e della quale fu membro Filippo Buonarroti. Nel regno
di Napoli era invece attiva la Carboneria, i cui proseliti,
oltre che nell'esercito, si reclutavano anche nelle file della
borghesia provinciale, nel clero e, in qualche caso, anche tra
gli elementi popolari. Un'altra società segreta fu la Guelfia,
diffusa negli Stati pontifici e nelle Romagne. È difficile dire
quali fossero esattamente gli orientamenti politici di queste
associazioni: in esse vecchi giacobini operavano e cospira-
vano a fianco di nostalgici dell'*ancien régime*, partigiani di
Napoleone a fianco dei suoi oppositori, agenti francesi a fianco
di agenti inglesi e borbonici provenienti dalla Sicilia. La struttura stessa dell'organizzazione settaria, fatta a compartimenti
stagni e articolata secondo diversi e successivi gradi di iniziazione, la rendeva permeabile alle più diverse infiltrazioni
e l'alone di mistero di cui essa si circondava rendeva plausibili anche per gli adepti dei gradi inferiori le più diverse
interpretazioni. Si spiega così come poté trovar credito una
falsa bolla di Pio VII, nella quale il pontefice, esule e umiliato dai francesi, invitava i fedeli ad aderire alla Carboneria.
Con una certa approssimazione si può certo dire che le so-

cietà segrete e le sette del periodo napoleonico furono soprattutto un tramite di sentimenti indipendentistici e di aspirazioni costituzionali. La conclusione più sensata ci sembra però quella che attraverso di esse si manifestava un confuso e talvolta indifferenziato desiderio di partecipazione alla vita pubblica e politica da parte di un'opinione pubblica ancora alle sue prime esperienze e di formazione relativamente recente. Come tali le sette e le società segrete non riuscirono, al momento del crollo del regime napoleonico in Italia, che a influire in piccola parte sul corso degli eventi.

Quando sulla fine del 1812 giunsero in Italia le notizie della disastrosa ritirata di Russia e delle gravi perdite subite dalle truppe italiane che avevano partecipato alla campagna, cominciò a esser chiaro a molti che i giorni di Napoleone erano ormai contati. La battaglia di Lipsia fugò ogni dubbio in proposito. A partire da questo momento l'azione politica e diplomatica dei napoleonidi italiani, di Eugenio Beauharnais a Milano e di Gioacchino Murat a Napoli, fu esclusivamente intesa a operare uno sganciamento nei confronti di Napoleone, nella speranza di assicurare così la sopravvivenza delle loro corone e dei loro regni e di ripetere in Italia l'operazione che permetterà a Bernadotte di conservare la corona di Svezia. D'altro canto la sensazione che Napoleone avesse i giorni contati dava ansa alle aspirazioni indipendentiste e costituzionali del mondo settario e dell'opinione pubblica italiana. Erano due linee, quella dei governi e quella del patriottismo italiano, che forse avrebbero potuto incontrarsi e intrecciarsi. Ma ciò non avvenne e il risultato di questo mancato congiungimento fu la vittoria della restaurazione.

A Milano l'agitazione promossa dal partito dei cosiddetti Italici puri, che sfociò il 20 aprile 1814 nell'eccidio del ministro delle Finanze del Regno italico, Prina, compromise definitivamente i tentativi di Eugenio Beauharnais, che si era staccato da Napoleone e aveva firmato un armistizio, di conservare l'unità del regno e di assicurarne l'indipendenza. Il risultato non fu quello sperato dai suoi promotori, ma la pura e semplice restaurazione del dominio austriaco in Lombardia.

A Napoli invece fu Gioacchino Murat che, rifiutandosi di concedere la costituzione che i carbonari richiedevano pressantemente, e affidandosi esclusivamente alle arti della diplomazia, si privò dell'*atout* più favorevole al suo gioco, quello del consenso e del sostegno dell'opinione pubblica del regno. A ciò si aggiunga la sua impulsività che, al momento dei Cento giorni, lo riportò a fianco di quel Napoleone che aveva abbandonato a Lipsia. Fidando in un'impossibile rivincita, egli si spinse alla testa di un esercito in Italia settentrionale, ma ne fu ricacciato dagli austriaci. Solo allora, *in extremis*, si decise a concedere una costituzione, ma era ormai troppo tardi. Costretto a lasciare il regno, nel quale ritornarono i Borboni, egli, in un ultimo disperato tentativo, cercò di rientrarvi sbarcando con un piccolo manipolo di fedeli in Calabria nell'ottobre 1815, ma fu catturato e fucilato. La sua morte coraggiosa contribuì senza dubbio alla sua popolarità postuma: una corrente « murattista » fu sempre presente nel Napoletano sino all'unificazione nazionale e anche oltre. In essa si esprimeva la consapevolezza degli effetti rinnovatori che il decennio francese aveva prodotto nel regno.

IV

RESTAURAZIONE E ROMANTICISMO

La Restaurazione e i moti del 1820-21.

Il principio di legittimità proclamato dal Congresso di
Vienna fu applicato alla penisola italiana con puntualità zelante e burocratica. Tutte le dinastie spodestate vennero rein-
sediate, salvo qualche modifica di frontiera di non grande
rilievo, nella integrità dei loro domini territoriali, i Savoia
in Piemonte e in Sardegna, i Borboni a Napoli e in Sicilia
e i Lorena in Toscana. Non si fece neppure eccezione per
quegli Stati in miniatura che erano i ducati della Valle padana: Francesco IV d'Este ritornò a Modena e Parma venne
assegnata a Maria Luisa, futura vedova non inconsolabile
di Napoleone, con l'intesa che alla sua morte lo Stato sarebbe stato restituito al precedente ramo dei Borboni. Nel-
l'attesa questi ultimi divenivano sovrani dell'ex-repubblica di
Lucca, la quale, al momento del loro trasferimento a Parma,
sarebbe stata incorporata, come di fatto avvenne nel 1847,
nel granducato di Toscana. Assieme a Lucca gli altri Stati
italiani che si trovarono ad essere le vittime della nuova sistemazione della penisola furono le due repubbliche di Genova e di Venezia. Il fatto di essere costituite in repubblica
qualche secolo prima della Rivoluzione francese e di avere
quindi maggiori titoli di legittimità di tutte le dinastie italiane, eccetto il papa, non poteva certo valere a evitare loro
la sorte cui da tempo le destinava la loro interna debolezza.

Genova fu consegnata al Piemonte sabaudo, che realizzava
così finalmente una delle sue principali direttive espansionistiche, e Venezia costituì con la Lombardia il regno del Lombardo-Veneto, retto da un viceré nominato da Vienna e integrato a tutti gli effetti nella compagine plurinazionale del-
l'impero absburgico.

Nel complesso, se il nuovo assetto territoriale della penisola risultava semplificato rispetto a quello preesistente
alla prima calata del Bonaparte in Italia, esso costituiva d'altra parte un notevole passo indietro nei confronti della situazione del periodo napoleonico, specie per ciò che riguardava le terre della pianura padana, la parte cioè più pro-
gredita del paese. Quelli che erano stati i territori del Regno
italico tornavano infatti ad essere smembrati fra quattro Stati,
il Lombardo-Veneto, i due ducati di Modena e di Parma e
lo Stato pontificio. Le conseguenze si possono facilmente immaginare.

La ricostituzione delle vecchie frontiere politiche procedeva infatti sovente di pari passo con quella delle barriere doganali. Le merci che discendevano il corso del Po
dalla Lombardia al mare o la strada del Brennero verso
Modena e la Toscana erano costrette a pagare altrettanti
dazi di entrata e di uscita quanti erano gli Stati che esse
attraversavano. Ad eccezione della Toscana, rimasta fedele
al liberismo dei tempi leopoldini, tutti gli altri Stati, in misura naturalmente diversa, praticavano una politica di vincolismo economico in funzione degli interessi della capitale,
della corte e delle coalizioni di interessi che facevano capo
all'una e all'altra. Ne conseguiva, tra l'altro, che su tutte le
frontiere, intrecciandosi spesso con il banditismo cronico di
alcune regioni, infieriva il contrabbando. Particolarmente grave
da questo punto di vista era la situazione sui confini settentrionali dello Stato pontificio.

Ma le frontiere economiche non esistevano soltanto tra
Stato e Stato, ma anche all'interno di alcuni tra i maggiori
di essi. Fino al 1822 una barriera doganale posta sul Mincio
divideva i territori della Lombardia da quelli del Veneto

e un'altra i territori italiani dell'impero da quelli a nord
delle Alpi. La loro eliminazione non significò peraltro la fine
della condizione di *handicap* e di subordinazione in cui si
trovava il commercio veneto e lombardo nei confronti della
concorrenza austriaca e boema, ché anzi le sue difficoltà furono in seguito aumentate dalla costituzione dello *Zollverein*.
Analoga a quella del Lombardo-Veneto era la situazione del
regno sardo: qui una barriera doganale divideva il Piemonte
dalla Savoia e un'altra il Piemonte stesso dai territori di
nuovo acquisto della repubblica ligure. L'abolizione di quest'ultima, realizzata nel 1818, non giovò anche in questo
caso gran che ai traffici del grande emporio ligure, uscito
duramente provato dal blocco continentale e sottoposto alla
severa concorrenza di Trieste e di Livorno. La politica della
corte di Torino continuò infatti a essere improntata a criteri di rigido protezionismo e vincolismo. Non vi è da meravigliarsi se in queste condizioni il risentimento antipiemon-
tese fosse a Genova assai forte e si comprende agevolmente
come la capitale ligure, assieme all'altro grande scalo marittimo di Livorno, sia stata nel corso del Risorgimento una
delle roccaforti del repubblicanesimo. Genova — è appena
il caso di ricordarlo — fu la patria di Giuseppe Mazzini.

Restaurazione politica dunque, ma anche economica. Tuttavia anche la possibilità di restaurare aveva un limite. Se
era possibile reinsediare sul trono perduto le dinastie spodestate e ricostituire le vecchie frontiere, se era possibile
riaprire nuovamente le porte delle scuole e della corte alla
Compagnia di Gesù (alcuni governi, come quello granducale
di Firenze, si rifiutarono però di farlo), era praticamente
impossibile o perlomeno molto arduo passare un colpo di
spugna sulle profonde modificazioni che vent'anni di predominio francese avevano introdotto nel tessuto stesso della
società, nei rapporti tra gli uomini e tra le classi. Il solo tra
i principi e i governi italiani che abrogò *sic et simpliciter* i
codici napoleonici rimise in vigore la confusa e arretrata legislazione preesistente fu quello di Torino, che fu anche il
primo a richiamare con gran pompa i gesuiti e che si segnalò

per la ripresa delle discriminazioni a danno delle minoranze
religiose ebrea e valdese. Altrove però si procedette con
maggiore cautela. Uomini quali Vittorio Fossombroni, che
fu a capo del governo toscano nel periodo della restaurazione,
come Luigi de' Medici, il principale collaboratore della casa
dei Borboni di Napoli o, anche, come il cardinale Ercole
Consalvi, segretario di Stato di Pio VII, per non parlare
dei funzionari absburgici nel Lombardo-Veneto formatisi alla
scuola di Giuseppe II, si rendevano conto che una restaurazione *in pristinum* era cosa impossibile e pericolosa. Laddove, come nel Lombardo-Veneto e in Toscana, i Codici napoleonici furono abrogati, si ebbe cura di sostituirli con dei
nuovi codici largamente permeati dalla tradizione riformi-
stica settecentesca e dalla stessa legislazione napoleonica. A
Napoli l'abrogazione dei Codici napoleonici ebbe un carattere ancor più formale.

Alla stessa maniera si procedette con molta cautela nella
questione dei beni nazionali venduti durante il periodo napoleonico. Solo una parte, e non la più cospicua, poté esser
recuperata dai loro antichi proprietari, in prevalenza comunità religiose e opere pie. Perfino nello Stato pontificio, questi dovettero in molti casi accontentarsi di un indennizzo
lasciando così definitivamente il possesso dei loro vecchi patrimoni a coloro che essi consideravano degli usurpatori. Alla
stessa maniera andranno le cose con i privilegi e i diritti
feudali aboliti. Anche in questo caso era ben difficile tornare
indietro e annullare i fatti compiuti. In particolare nessuno
avrebbe potuto pensare di riannodare gli infiniti e intricati
nodi che l'eversione feudale del 1806 nel Mezzogiorno aveva
recisi e, di fatto, nessuno ci pensò. Non solo, la legislazione
antifeudale dei napoleonidi venne estesa anche alla Sicilia,
la quale si trovò così a subire in piena restaurazione e a effetto ritardato i contraccolpi della rivoluzione e dell'occupazione francese.

L'azione politica dei governi della Restaurazione procedeva così oscillante tra i due estremi di un'intransigenza legittimista di principio e di un accomodantismo e di una tran-

sigenza di fatto, tra il tentativo velleitario di governare *contro* le nuove classi e gruppi sociali emersi dalla crisi e dalla rottura degli *anciens régimes* e il tentativo, altrettanto velleitario, di guadagnarsi la fiducia e l'appoggio di essi. Nell'un caso e nell'altro, reprimendo o blandendo, essi riuscirono soltanto a dare prova della propria debolezza e a incoraggiare la nutrita opposizione covata nelle conventicole e nei *réseaux* dell'organizzazione settaria. « Agli occhi della gente incollerita — scriveva Stendhal nelle sue *Promenades* — le concessioni non sono che prove della debolezza del governo che le accorda. »

Il caso di Napoli è forse il più illuminante al proposito. Il mantenimento di quelle che potremmo chiamare le conquiste borghesi del Decennio non era stato senza una contropartita. Concessioni importanti dovettero esser fatte alla Chiesa al momento della stipulazione del concordato del 1818, e altrettante alla corte e ai circoli finanziari ad essa legati nel campo della politica fiscale e doganale. La contraddittorietà e l'ambiguità di questa linea di governo, sommata alle difficoltà e alle strettezze della congiuntura economica e del mercato dei prodotti agricoli, finirono per creare vaste zone di malcontento e bastò che, nel marzo 1820, giungesse la notizia che il re di Spagna era stato costretto a concedere la costituzione, perché questa rivendicazione divenisse il punto di raccordo e la parola d'ordine di ingenti forze politiche e sociali.

Con la complicità, anzi l'appoggio, dell'esercito, nelle cui file numerosi erano gli ufficiali murattisti, l'insurrezione iniziata a Nola nella notte tra il 1° il 2 luglio, dilagò rapidamente nelle province, raggiunse la capitale e costrinse, nel giro di pochi giorni, il re Ferdinando a concedere e a giurare la costituzione di Spagna. La rapidità della vittoria era peraltro più il frutto della debolezza delle forze della « resistenza » che dell'unità e dell'incisività di quelle del « movimento ». Le divisioni all'interno del campo rivoluzionario vittorioso non avrebbero tardato a manifestarsi e a affrettarne, se non determinarne, la sconfitta. Divisioni di carat-

tere politico tra gli ufficiali affiliati alla Carboneria e la vecchia guardia murattista dei notabili e funzionari del Decennio; divisioni sociali e di classe, delle quali i contrasti politici erano in gran parte il riflesso, tra la borghesia agraria
delle province e la borghesia delle professioni e degli uffici,
tra la borghesia nel suo complesso e i contadini; divisione
infine a carattere territoriale, tra il continente e la Sicilia.
Nell'isola infatti il movimento rivoluzionario aveva preso
sin dagli inizi uno spiccato indirizzo autonomista e indipendentista e su questo terreno esso non tardò a entrare in conflitto anche con il nuovo governo costituzionale al punto
che, nell'ottobre 1820, il nuovo Parlamento riunito in Napoli denunciò l'accordo raggiunto in precedenza con la Giunta
siciliana e inviò nell'isola il generale Pietro Colletta, con
compiti essenzialmente repressivi.

La somma di queste contraddizioni contribuì naturalmente a minare la compattezza del campo rivoluzionario,
a paralizzarne l'azione e costituì in definitiva la ragione
più profonda del suo fallimento. A ciò contribuì certo anche la doppiezza del re, il quale, dopo aver concesso la costituzione e tergiversato con il nuovo governo, inviato da
quest'ultimo a Lubiana per scongiurare la minaccia di un
intervento austriaco, se ne fece invece sollecitatore. Bastò
però che nel marzo 1821 un corpo di spedizione austriaco
si presentasse alle frontiere, perché l'esercito costituzionale
si dissolvesse aprendo così la via alla piena vittoria della Restaurazione.

L'intervento austriaco nel Napoletano indusse le organizzazioni settarie piemontesi, che avevano anch'esse il loro
principale punto di forza tra l'ufficialità, ad affrettare le trame
di preparativi rivoluzionari che da tempo venivano concer-
tando e a bruciare le tappe. Il 9 marzo la guarnigione di
Alessandria, una roccaforte della cospirazione settaria, alzava
il tricolore sulla propria caserma e il suo esempio era imitato nei giorni successivi da altri distaccamenti, ivi compresi
quelli della capitale. La principale rivendicazione degli insorti, o almeno della maggiore e più consapevole parte di

essi era, come a Napoli, quella della costituzione di Spagna, ma ad essa si aggiungeva la pressione esercitata sulla monarchia perché si facesse iniziatrice della ricostituzione di un regno dell'Alta Italia, non esitando per questo a scendere in campo contro l'Austria. Ma se il programma del movimento era più impegnativo e meno municipale di quello degli insorti napoletani, il ventaglio delle forze messo in movimento era più ristretto e i moti piemontesi del 1821 rimasero più che nel Mezzogiorno circoscritti nell'ambito del pronunciamento militare e della cospirazione settaria. Né mancò, come in molte cospirazioni, una certa ingenuità; prima di dare il via al movimento insurrezionale, i suoi promotori avevano avuto contatti e colloqui con il principe ereditario Carlo Alberto, del quale si sapeva che non condivideva l'indirizzo retrivo prevalente a corte. Ma questi, che aveva tenuto un atteggiamento ambiguo e elusivo già prima dell'inizio dei moti, deluse pienamente le aspettative dei patrioti quando, avendo il re Vittorio Emanuele I abdicato, si trovò investito della funzione di reggente. Stretto tra le pressioni degli insorti che il 15 marzo erano riusciti a fargli giurare la costituzione di Spagna, e quelle dello zio Carlo Felice, rigido sostenitore dei principi legittimisti, egli finì, dopo molte esitazioni, per cedere alle intimazioni di quest'ultimo e per lasciargli il potere. Con l'appoggio dell'Austria, Carlo Felice riuscì rapidamente ad aver ragione dell'esercito costituzionale e a rientrare nella capitale nella pienezza dei suoi poteri di monarca assoluto.

Alla sconfitta seguì la repressione e una serie di processi venne celebrata in molte capitali italiane. Particolarmente spettacolari per il numero e la qualità degli imputati quelli milanesi contro gli associati alla setta della Carboneria e dei Federati, che erano stati strettamente in contatto con gli insorti piemontesi. Tra i condannati figuravano i nomi di Federico Confalonieri, un brillante patrizio milanese già segnalatosi per la sua partecipazione al movimento degli Italici puri e per le sue iniziative economiche e mecenatesche, di Silvio Pellico, di Pietro Borsieri, entrambi

collaboratori del « Conciliatore », di Alessandro Filippo An-
dryane, emissario dell'infaticabile Buonarroti, e del colon-
nello Silvio Moretti, energica figura di ufficiale napoleonico.
Militari di carriera furono in gran parte anche i condannati
dei processi napoletani, trenta dei quali alla pena capitale.
    Numerosi furono però coloro che riuscirono a sfuggire
al processo o alle condanne riparando all'estero. Tra gli
altri, in questa prima ondata di emigrazione politica italiana, troviamo il nome dell'economista lombardo Giuseppe
Pecchio, del generale napoletano Guglielmo Pepe, uno dei
protagonisti dei moti del '20, del poeta Giovanni Berchet.
La maggior parte di essi continuarono all'estero la loro attività politica nella cospirazione o combattendo sui campi
di battaglia di Spagna e di Grecia. Tra questi il conte piemontese Annibale Santorre di Santarosa, uno dei promotori del pronunciamento piemontese, che trovò la morte
in Grecia nel 1825. Altri come Raffaele Rossetti, il padre
del poeta preraffaellita, e il modenese Antonio Panizzi, futuro direttore del British Museum, finirono per integrarsi nei
paesi di emigrazione.
    La Restaurazione trionfava dunque e, nell'ambito di essa,
le forze retrive prendevano il sopravvento. A Napoli il Medici era costretto ad abbandonare il governo ed al suo posto
subentrava il principe di Canosa, un autentico campione del
legittimismo più intransigente. A Roma la vittoria dei cardinali « zelanti » nel conclave del 1823, da cui uscì eletto
Leone XII, ebbe per conseguenza il licenziamento del Consalvi. Certo, questo infierire sui vinti e questo desiderio me-
schino di rivincita costituivano un'ulteriore conferma della
debolezza della Restaurazione, della sua miopia e della sua
grettezza. Ma anche lo schieramento ad essa opposto, quello
delle organizzazioni settarie e dei movimenti liberali, era debole. Non solo perché giaceva ora prostrato dalla sconfitta
e depauperato delle sue menti migliori, ma anche per l'in-
consistenza e contraddittorietà dei propositi di cui aveva dato
prova al momento della battaglia, per la sua tendenza all'improvvisazione e la sua mancanza di profonde radici.

Il prodotto di due debolezze non poteva essere che la stagnazione ed è in effetti il quadro di una società stagnante quello che ritroviamo, per non parlare di altri testi, nelle *Promenades dans Rome* di Stendhal; il quadro di un'umanità fatta di cardinali scettici, di popolani generosi ma rassegnati, di ministri di polizia *blasés* e di giovani liberali che, reduci dall'aver ascoltato un concerto di Giuditta Pasta alla Scala, si radunano in un caffè a parlare di « musica, d'amore e di Parigi ». In attesa che le cose cambiassero, si poteva ben profittare di quella *douceur de vivre* di cui, come tutti gli antichi regimi, anche la Restaurazione non era avara. Ma sarebbero veramente cambiate? A differenza del suo compatriota Lamartine, Stendhal conosceva troppo bene la storia, il carattere e le risorse degli italiani, per dubitarne e per ignorare che essi non avrebbero consentito indefinitamente ad essere — come gli diceva il suo barbiere romano — « governati dai preti ». « Non credo — leggiamo ancora nelle sue *Promenades* — di fare dell'utopia se asserisco che in Italia la rivoluzione si scatenerà verso il 1840 e il 1845. »

La cultura nell'età della Restaurazione. Manzoni e Leopardi.

Del resto che la stagnazione della Restaurazione non fosse destinata a durare a lungo era dimostrato anche dal fatto che, come osservava sempre Stendhal, ogni persona anche « minimamente colta » era all'opposizione. Chi ci ha pazientemente seguiti sin qui e sappia qual è stata la funzione dell'*intellighenzia* nella storia d'Italia sarà, speriamo, in grado di rendersi conto dell'importanza di questa opposizione. Vi sono infatti nella storia delle permanenze che difficilmente si cancellano e nel corso del Risorgimento il posto e il ruolo degli intellettuali nella società italiana rimase quello che era sempre stato. Si può dire anzi che senza lo stimolo e la funzione agglutinante che essi esercitarono difficilmente una borghesia debole come quella italiana, in cui le ristrettezze corporative e l'insensibilità verso la dimensione politica avevano radici profonde, sarebbe riuscita vincitrice. Vale anche per essa infatti la regola che ha presieduto alla nascita e allo sviluppo del movimento socialista moderno: il germinare di una coscienza politica dalla mentalità corporativa e rivendicativa non è sempre un fenomeno spontaneo, ma spesso, al contrario, esso deve essere promosso o quanto meno sollecitato dall'esterno. È da questo punto di vista che conviene affrontare i problemi della storia culturale italiana nell'età del Risorgimento.

Il fatto nuovo nella cultura europea dei primi decenni del secolo XIX è, come tutti sanno, il Romanticismo. In Italia esso fa il suo ingresso ufficiale con la pubblicazione, nel 1816, di una lettera di Madame de Staël in cui si invitavano i letterati italiani a prendere conoscenza delle nuove correnti letterarie oltremontane e a tradurre le opere dei maggiori scrittori del momento. L'invito fu accolto e anche in Italia si scrissero « ballate » e romanzi storici ambientati nel Medioevo, si discusse della poesia come espressione dell'animo popolare, si rivendicarono i diritti della fantasia e della spontaneità contro quelli dell'intelletto e della disciplina letteraria e quelli della storia e della tradizione contro l'arbitrario imperio dei « lumi » e della ragione. « Romantici » si proclamarono i collaboratori alla rivista milanese « Il Conciliatore », molti dei quali, dopo aver sperimentato i rigori della censura austriaca, dovettero conoscere, dopo gli eventi e i processi dell'anno 1821, anche quelli delle carceri imperiali. La grande maggioranza infatti dei romantici italiani militò politicamente nelle file dell'opposizione liberale e patriottica ai regimi restaurati e si comprende perciò come le loro simpatie non potessero andare a quegli aspetti del Romanticismo per cui quest'ultimo finiva per identificarsi con l'ideologia della Restaurazione. Il senso della storia non divenne mai presso di essi, o assai raramente, contrapposizione del passato al presente, dell'*ancien régime* alla rivoluzione, del Medioevo all'età moderna; né l'elogio della immediatezza e della spontaneità popolare idoleggiamento dell'ignoranza e giustificazione del paternalismo. Insomma non vi fu tra i romantici italiani nessun Friedrich Schlegel e neppure nessun Chateaubriand. In un'Italia dominata dalla grettezza e dalla bigotteria della Restaurazione le idee e le istanze del razionalismo e dell'utilitarismo settecentesco conservavano infatti molta della loro forza d'urto e di persuasione e nei confronti di esse la nuova scuola romantica non poteva certo assumere un atteggiamento di opposizione, ma sottolineare soltanto la necessità di un correttivo e di un approfondimento. Non bastava essere contro l'antico regime e per il progresso, ma bisognava anche individuare le forze capaci di essere le levatrici del nuovo ordine e gli ostacoli che si ponevano sul loro cammino e concertare un piano di lotta adeguato alle reali possibilità della società italiana. Era stata questa la lezione di Vincenzo Cuoco nel suo già citato saggio sulla rivoluzione napoletana del 1799, ed essa fu ascoltata. La generazione romantica fu una generazione di intellettuali politici, non solo nel senso che essa fornì alla cospirazione e al movimento politico risorgimentale gran parte dei suoi quadri, ma anche e soprattutto nel senso che essi ebbero consapevolezza delle responsabilità e dei condizionamenti che un'azione politica comportava e che agirono da politici. A ciò va peraltro aggiunto che non sempre, per parafrasare un notissimo passo del Manzoni, la responsabilità e la moderazione possono essere divise con un taglio così netto che la divisione risulti perfetta. Ciò si applica sia alla borghesia italiana nel corso del secolo XIX, sia ai suoi intellettuali.

Non abbiamo citato a caso Alessandro Manzoni. Oltre ad essere l'esponente più illustre della generazione romantica, l'autore dei *Promessi Sposi* fu anche colui che, con maggior ricchezza e consapevolezza, anche se non militò espressamente nella scuola romantica, ne rappresentò l'evoluzione e gli atteggiamenti mentali. Illuminista e anticlericale in gioventù (era un nipote di Cesare Beccaria), egli, sotto l'influenza del Fauriel, si venne gradualmente avvicinando alla nuova cultura romantica e nel 1810 tornò a professarsi cattolico, di un cattolicesimo peraltro venato di gian-

senismo, sentito e praticato più come una morale che come
un culto.

Nello stesso anno egli rientrò in Italia dal suo lungo
soggiorno parigino e nella sua Milano seguì, senza pur par-
tecìparvi direttamente, o incoraggiò la battaglia dei romantici e del « Conciliatore ». Nel 1821, al momento dei moti
piemontesi, compose un'ode in cui auspicava la loro vittoria
e l'avvento d'un'Italia « una d'armi, di core, d'altar ». Ma
non è certo per questa o altre prese di posizione letterarie e di circostanza, che Manzoni svolse una funzione di
tanto rilievo nel processo formativo di un'opinione pubblica
nazionale, bensì per la sua opera complessiva di scrittore e,
soprattutto, di romanziere. Il romanzo, in quanto genere
letterario nuovo e destinato a un nuovo e più largo pubblico di utenti letterari, riproponeva, a chi intendesse ci-
mentarvisi, l'eterna questione della lingua, la necessità cioè
di colmare il fossato esistente tra la lingua letteraria e la
lingua parlata e di fornire un linguaggio che, per adoperare
le parole dello stesso Manzoni, fosse « un mezzo di comunicazione d'ogni sorta di concetti tra tutti gli italiani ». Non
si trattava di una cosa facile se un vecchio patriota giacobino, quale Luigi Angeloni, avendo deciso di scrivere un'opera
per incitare gli italiani alla lotta rivoluzionaria per la democrazia, non aveva trovato di meglio che redigerla in un italiano affettatamente trecentesco e purista, e se due autentici
poeti, quali il milanese Carlo Porta e il romano Gioacchino
Belli, non potevano che ricorrere ai rispettivi dialetti, se volevano rendere plausibili poeticamente il mondo e i personaggi popolari e plebei verso i quali essi erano attratti.

Manzoni non soltanto si pose questo problema, ma lo
risolse. La lingua dei *Promessi Sposi*, il che spiega tra l'altro il loro enorme successo, è appunto quell'italiano « per
tutti » di cui il loro autore era andato sulle tracce e che
era riuscito a elaborare attraverso un improbo e prodigioso
lavoro di vaglio, di lima e di disciplina letteraria; un italiano efficace senza essere dialettale e provinciale, comuni-

cativo senza essere stereotipo, nutrito dall'uso della conversazione civile e borghese.

Alla forma corrispondeva il contenuto. Come è noto, la vicenda dei *Promessi Sposi* è costituita da una storia personale — quella di Renzo e di Lucia, due fidanzati cui una serie di circostanze avverse impediscono sino alla fine di unirsi in matrimonio — innestata su di un grande affresco storico, quello della Lombardia spagnola del secolo XVII. l'epoca delle guerre di Valtellina e di Monferrato e della grande peste di Milano. Più esattamente: il capolavoro del Manzoni è un romanzo storico, di una storia però capovolta, vista dalla parte degli umili, di coloro che sono le vittime delle ambizioni e delle soperchierie dei potenti, delle sottigliezze della « ragion di Stato », delle guerre e delle carestie. A tutti questi flagelli essi oppongono le loro immense risorse umane, il loro lavoro, il loro coraggio, la loro sfiducia nella giustizia dei potenti e la loro fiducia in quella di Dio. Ritroviamo nelle pagine del Manzoni il respiro corale e collettivo dell'umanità italiana, così come essa è stata formata e plasmata dai secoli, con la sua rassegnazione certo, ma anche con la sua vitalità. Si è parlato a proposito del Manzoni di un suo « paternalismo » o, più esattamente, di un suo « populismo ». Anche se ciò dovesse essere vero, occorre però aggiungere che nessuno prima di lui si era posto — e tanto meno aveva risolto — il problema del « popolo » e di una letteratura popolare. E che pochi dopo di lui, in circostanze storiche mutate, se lo posero con altrettanta consapevolezza e nessuno lo risolse a un livello di così alta e nobile espressione artistica.

Il successo dei *Promessi Sposi*, che dura ancor oggi, fu, come si è detto, immediato e larghissimo. Esso costituisce una persuasiva testimonianza della grande forza di espansione e di attrazione della nuova cultura romantica e ci aiuta a renderci ragione della funzione storica che essa esercitò e del peso che essa ebbe nel processo formativo di un'opinione pubblica nazionale. Tra quelli che a questa in-

fluenza si sottrassero e che comunque la contestarono e di-
scussero, non tutti però erano dei retrivi con l'occhio rivolto al passato. Vi erano anche degli uomini di mente estremamente lucida e aperta e di idee assai avanzate. Tra questi
Giacomo Leopardi, uno dei maggiori poeti italiani di tutti
i tempi.

Nato nel 1798 in una sonnacchiosa cittadina dello Stato
pontificio da una famiglia nobile e reazionaria (suo padre,
il conte Monaldo, era noto per aver scritto uno dei più ag-
gressivi *pamphlets* legittimisti), infelice per natura (era gob-
bo), consumò la sua adolescenza in uno studio « matto e
disperatissimo » dei classici della biblioteca paterna. Accanto
agli autori antichi furono compagni della sua giovinezza stu-
diosa anche i testi degli illuministi e materialisti francesi
del Settecento, Rousseau, Voltaire, d'Holbach. La lezione degli uni, così come il Leopardi la intendeva, non era del
resto molto diversa da quella degli altri e entrambe conver-
gevano nell'ideale di un'umanità magnanima e libera da superstizioni, vicina alla schiettezza della natura, repubblicana.
Sono infatti questi gli orientamenti ideali — profondamente
diversi da quelli della scuola romantica — che con maggiore frequenza emergono dalla produzione poetica leopar-
diana anteriore al 1819. Dall'alto di essi il Leopardi con-
templava e giudicava il suo mondo e la sua età meschina.
Nessuno avvertì con la sua stessa intensità la « noia » di
vivere nella Restaurazione.

Ma era lecito sperare che il « secol morto » in cui gli
era toccato in sorte di vivere si scuotesse di dosso il suo
torpore e — come egli auspicava nella canzone *Ad Angelo
Mai* — « sorgesse » ad « atti illustri » o si vergognasse di se
medesimo? La sconfitta dei moti del 1821, la dolorosa e
aggravata esperienza della propria infelicità e malattia, il suo
isolamento contribuirono tutti a far inclinare sempre più decisamente il Leopardi verso il rifiuto di ogni illusione e di
ogni consolazione. L'infelicità umana non era appannaggio
soltanto del secolo XIX, ma di tutte le età e di tutte le
condizioni e la « noia » era la compagnia sgradita e fedele

di ogni essere vivente, del pastore errante nelle solitudini
dell'Asia e del civilizzatissimo parigino. Solo la morte poneva termine alla noia e solo dalla morte l'uomo perseguitato da una natura cieca e matrigna poteva sperare pace.

In una visione del mondo così integralmente materia-
lista e pessimista rimaneva evidentemente ben poco spazio
per gli interessi di carattere politico. A ridestarli, dopo vari
anni di attenuazione e quasi di latitanza, contribuì però l'avvento sulla scena politica italiana e europea del cattolicesimo liberale. Che, come sostenevano i «nuovi credenti»,
la causa del progresso civile dell'umanità non potesse andar
disgiunta da quella della religione, era affermazione che non
poteva non ripugnare profondamente al Leopardi. Non dalla
consolazione dei miti e delle superstizioni, ma al contrario
della contemplazione virile e spietata della propria condizione
di infelicità, gli uomini potevano attingere la forza e la solidarietà necessarie per combattere l'unica battaglia che, a
giudizio di Leopardi, valesse la pena di essere combattuta:
quella comune del genere umano «confederato» nella lotta
contro le offese e i flagelli della natura. È questo il messaggio della *Ginestra*:

> Nobil natura è quella
> Ch'a sollevar s'ardisce
> Gli occhi mortali incontra
> Al comun fato, e che con franca lingua,
> Nulla al ver detraendo,
> Confessa il mal che ci fu dato in sorte,
> [...]
> Tutti fra sé confederati estima
> Gli uomini; e tutti abbraccia
> Con vero amor, porgendo
> Valida e pronta ed aspettando aita
> Negli alterni perigli e nelle angosce
> Della guerra comune.

È un messaggio altissimo e duraturo, che noi, uomini
dell'età atomica, intendiamo, e dal quale siamo profonda-

mente turbati. Ma i contemporanei, impegnati com'erano
nei brevi e non dilazionabili compiti che loro imponeva la
loro età, difficilmente potevano intenderlo e raccoglierlo. Ma
di essi, del loro faticoso progredire, dobbiamo ora tornare
ad occuparci.

La rivoluzione di luglio e l'Italia.

La situazione politica e diplomatica dell'Europa degli
anni venti era dominata dal sistema legittimista instaurato
a Vienna e dalla Santa Alleanza. Lo si era visto in occasione dei moti spagnoli e italiani del 1820-21. I governi
costituzionali che essi avevano espresso si trovarono infatti
nel più completo isolamento politico, e ai convegni di Trop-
pau e di Lubiana l'Austria non aveva dovuto faticare molto
per piegare le perplessità e le resistenze inglesi e francesi
e per strappare il consenso a un'azione di repressione con-
certata. Sino a che questa solidarietà legittimista tra le grandi
potenze rimaneva operante, le prospettive del movimento nazionale italiano non potevano rimanere che estremamente
incerte. Ma non appena una delle sue maglie si fosse rotta,
allora tutto ritornava possibile e le speranze più audaci potevano essere coltivate. Si comprende perciò come la notizia
della vittoria della rivoluzione di luglio a Parigi producesse
nella penisola l'effetto di una bomba. Essa aveva infatti appena finito di trionfare e già il movimento patriottico italiano si risvegliava e riprendeva l'iniziativa.

Questa volta teatro del nuovo tentativo furono gli Stati
pontifici e i ducati, quei territori cioè che, con un'espressione oggi corrente, potremmo chiamare l'anello più debole
della catena del legittimismo italiano. Ciò spiega la rapidità
con cui il movimento insurrezionale prese il sopravvento.
La prima città ad insorgere fu Bologna, dove il 5 febbraio
1831 il prolegato pontificio fu costretto a rimettere il proprio potere a una commissione provvisoria. Pochi giorni
dopo, il 9 febbraio, un'assemblea di cittadini proclamava a

Modena la decadenza del duca Francesco IV che, già ai primi segni di agitazione, aveva abbandonato lo Stato. Pochi giorni ancora e fu la volta di Parma, dove venne costituito un governo provvisorio. Successivamente il movimento guadagnò rapidamente tutta la Romagna, le Marche e l'Umbria e in pochi giorni i territori effettivamente controllati dal governo e dalle truppe pontificie si erano ridotti al solo Lazio, mentre nei territori liberati si era costituito un governo delle « Province unite italiane », con sede a Bologna. Quest'ultimo però ebbe vita brevissima e fu spazzato via dall'intervento austriaco, cui la diplomazia di Luigi Filippo aveva lasciato via libera. Alla fine di marzo lo *statu quo* si era ristabilito sia nei ducati che nello Stato pontificio.

L'intervento austriaco e il mancato appoggio francese non bastano neppure questa volta a spiegare il repentino collasso di un movimento dagli inizi così promettenti. Anche in questo caso, come già per la rivoluzione napoletana del 1820, l'accento va posto sui limiti e le debolezze interne del movimento e, innanzitutto, sulla sua eterogeneità e sulle sue divisioni interne. Queste ultime opponevano innanzitutto la vecchia generazione di notabili del Regno italico, con il suo attesismo nei confronti di Parigi e la sua sfiducia nelle possibilità autonome del movimento del quale si era trovata ad essere il capo, senza esserne stata l'iniziatrice, e la giovane generazione dei carbonari. Anche tra gli esuli, che avevano costituito a Parigi una Giunta liberatrice italiana, non vi era identità di punti di vista: alcuni seguivano infatti il Buonarroti e ne condividevano le teorie decisamente repubblicane, altri erano fautori di tendenze più moderate. Infine vi erano le discordie di origine municipale tra le varie città, ognuna, specie nei ducati, gelosa del suo ruolo di capitale: a Parma in un primo tempo gli insorti giunsero a sollecitare Maria Luisa a rimanere nello Stato. A ciò si aggiunga che nella preparazione del moto non erano mancate manovre abbastanza ambigue: una parte dei suoi promotori, e in particolare i modenesi Enrico Misley e Ciro Menotti, oltre che con gli ambienti settari italiani e parigini,

mantenevano da tempo contatti anche col duca di Modena
Francesco IV, un fior di reazionario, che essi, facendo leva
sulle sue ambizioni e sul suo desiderio di succedere sul trono
piemontese a Carlo Felice in luogo del sospetto Carlo Alberto, speravano di compromettere nella progettata insurrezione. Fu questa la cosiddetta « congiura estense », un episodio ancora oscuro, che, se non si fosse concluso con l'im-
piccagione di Ciro Menotti da parte di Francesco IV, pre-
senterebbe più i tratti dell'operetta che quelli della tragedia,
e che comunque rimane un documento del dilettantismo e
del provincialismo dei cospiratori e dei rivoluzionari del 1831.

Ma se i contraccolpi immediati della rivoluzione di luglio sulla penisola erano rimasti privi di effetto, essa non
mancò tuttavia di esercitare sugli eventi italiani un'influenza
profonda. Il ritorno della Francia a una politica estera di
piena autonomia, e, anzi, di brillante iniziativa aveva modificato radicalmente il quadro politico e diplomatico europeo.
Nello stesso senso agì la vittoria *whig* nelle elezioni inglesi
del 1832. Al blocco delle potenze legittimiste si contrap-
poneva infatti ora un blocco di potenze liberali e costituzionali, e in questa nuova situazione, caratterizzata dal risorgere dei conflitti e dei contrasti tra le grandi potenze,
ritornava ad essere realistica, come già nel corso del Settecento, la prospettiva di una modificazione dell'assetto territoriale della penisola nel senso di una sua maggiore indipendenza dall'Austria e di una sua maggiore unità.

A questo fine si poteva sfruttare la secolare preoccupazione francese verso l'ingerenza e la preponderanza austriache nella penisola, oppure quella dell'Inghilterra, divenuta con l'acquisto di Gibilterra e di Malta una potenza
mediterranea, nei confronti della Russia che premeva sugli
stretti, o ancora le ambizioni mediterranee della Francia che,
con l'appoggio concesso a Mehemed Alì, aveva ripreso la
vecchia politica napoleonica verso l'Egitto. Naturalmente, dopo
il clamoroso voltafaccia di Ferdinando a Lubiana e la sua
resa senza condizioni ai principi del legittimismo, lo Stato
italiano più qualificato e più in grado di operare in questo

senso appariva quel Piemonte che già nel corso del Settecento aveva saputo mirabilmente volgere a proprio profitto
gli antagonismi tra le grandi potenze. Attraverso la trattativa diplomatica e l'accorto inserimento nell'equilibrio europeo era forse ancora possibile realizzare dei progressi sulla
via dell'indipendenza e dell'unità, anche senza guerra al-
l'Austria. L'idea che quest'ultima potesse esser compensata
dell'eventuale cessione dei suoi possedimenti e della sua influenza italiana con vantaggi territoriali nei Balcani e che la
situazione italiana potesse esser risolta assieme alla questione
d'Oriente, già espressa da Gioberti in una sua lettera del
1840 a Mamiani, verrà svolta con ricchezza d'argomenti da
Cesare Balbo, patrizio e patriota piemontese, nel suo libro
Le speranze d'Italia, pubblicato nel 1844, e accolto con vivissimo interesse in tutta la penisola. Due anni più tardi,
scrivendo su una rivista parigina attorno al problema delle
ferrovie in Italia, il giovane Camillo di Cavour affermava:

> Si l'avenir réserve à l'Italie des destinées plus heureuses, si
> cette belle contrée, ainsi qu'il est permis de l'espérer, est destinée
> à reconquérir un jour sa nationalité, ce ne peut être que par
> suite d'un remaniement européen ou par l'effet d'une de ces
> grandes commotions, de ces événements en quelque sorte pro-
> videntiels sur lesquels la facilité de faire mouvoir plus ou moins
> vite quelques régiments que procurent les chemins de fer, ne
> saurait excercer aucune influence.

Espressa da colui che sarà l'artefice maggiore dell'unità d'Italia, l'idea della correlazione tra quest'ultima e un rimaneggiamento dell'assetto europeo, per quanto controbilanciata
dall'altra e meno probabile ipotesi di una commozione rivoluzionaria, acquista un'efficacia particolare. Al di fuori della
nuova costellazione politica europea sorta nel 1830 e con-
solidatasi nei decenni successivi la vicenda storica del Risorgimento italiano non sarebbe neppure pensabile.

LE SCONFITTE DEL RISORGIMENTO

Giuseppe Mazzini e la Giovine Italia.

Giuseppe Mazzini nacque a Genova nel 1805 e iniziò giovanissimo a pubblicare sull'« Antologia » e su altri periodici dell'epoca. Costretto ad emigrare in Francia perché coinvolto in una cospirazione carbonara, indirizzò di qui al nuovo re del Piemonte, l'amletico Carlo Alberto, succeduto a Carlo Felice nel 1831, una lettera in cui lo invitava a porsi a capo del movimento per la libertà e l'indipendenza italiane. Il contenuto di questo documento era ingenuo e perentorio, ma il suo tono appassionato e romantico dava la misura della personalità del suo autore. Mazzini portava infatti nella lotta politica un impegno morale, un'intransigenza, una concezione essenzialmente romantica della lotta politica come missione, e una serietà che le vecchie generazioni dei giacobini e dei rivoluzionari italiani, se mai avevano avuto, avevano perduto, e che il clima della Restaurazione non aveva certo favorito nelle nuove generazioni. Queste qualità tipiche dei giovani, egli seppe conservarle lungo tutto l'arco della sua lunga carriera di cospiratore e di patriota, ad onta di tutte le delusioni e amarezze: di qui il fascino che egli esercitò su generazioni di italiani. In un paese in cui il machiavellismo politico deteriore è spesso l'altra faccia dello scetticismo, l'ascetismo di Mazzini, la sua affermazione che « pensiero e azione » dovevano assolutamente coincidere,

incutevano rispetto negli avversari, suscitavano entusiasmo
nei seguaci e sollevavano il tono generale della vita politica a un grado di tensione e di serietà nuovi. In questo
senso l'influenza di Mazzini nella storia del Risorgimento
italiano può essere difficilmente sopravvalutata e va ben oltre
l'ambito del movimento politico da lui direttamente ispirato e diretto.

Questo si identificò in un primo tempo con la Giovine
Italia, la società che Mazzini fondò agli inizi del 1831 e la
cui istruzione generale redasse nel giugno dello stesso anno.
Per certi aspetti la Giovine Italia ricalcava il modello delle
precedenti organizzazioni settarie, in quanto i suoi membri
si distinguevano in due diverse categorie, ciascuna corrispondente a diversi gradi di iniziazione. Ma per altri e più cospicui aspetti, essa se ne distaccava radicalmente. L'insurrezione, che costituiva il fine ultimo dell'associazione e la
cui preparazione rimaneva segreta, era considerata come il
risultato e il coronamento di un'opera di educazione o « apostolato » (questi termini mutuati dal linguaggio religioso sono
frequenti nel vocabolario politico mazziniano) che, laddove
le circostanze lo permettevano, si doveva svolgere in forma
pubblica, attraverso la stampa e la parola. In tal modo la
cerchia degli aderenti si allargava molto al di là delle organizzazioni settarie precedenti e giungeva, come di fatto avvenne in numerose località e regioni, a includere anche dei
nuclei abbastanza consistenti di artigiani e di popolani. A
Milano ad esempio attorno al 1833-35 gli affiliati sarebbero
stati più di 3.000. La Giovine Italia era insomma qualcosa
di intermedio tra la vecchia forma organizzativa della setta
e della società segreta e quella, ancora di là da venire, del
partito politico.

Ma quali erano i contenuti e i cardini dell'« apostolato » mazziniano? Quale il programma politico della Giovine Italia? A volerlo condensare in una formula, si potrebbe dire che esso consisteva essenzialmente nell'indicazione di un obiettivo — la repubblica unitaria — e nel-

l'individuazione degli strumenti adeguati al raggiungimento, l'iniziativa popolare e insurrezionale.

Il primo punto non era nuovo: già nel celebre concorso del 1796, Melchiorre Gioia come si ricorderà, si era guadagnata la palma sostenendo la necessità di una repubblica unitaria. E più recentemente il vecchio Filippo Buonarroti, con il quale Mazzini fu in stretto contatto sin dai primi tempi del suo esilio e del quale subì senza dubbio l'ascendente morale e ideologico, nelle sue *Riflessioni sul governo federativo applicato all'Italia* si era schierato per la soluzione unitaria. Quel che di nuovo vi è in Mazzini è l'accento posto sul fatto che questa soluzione non aveva altre alternative e che era l'unica fondata nella storia e nella tradizione italiane, nell'averle cioè conferito il sigillo della necessità storica e nell'aver così trasformato quella che era un'ipotesi accanto alle altre in un'idea-forza. Una nazione — così egli argomentava — se veramente è tale, se cioè possiede unità di religione, di lingua, di costumi, un suo « genio », non può che essere un organismo unitario. Inoltre il federalismo — continuava Mazzini sviluppando un argomento già impiegato dal Buonarroti — favoriva la conservazione dei privilegi dell'aristocrazia, mentre l'unitarismo favoriva un maggior grado di livellamento e, di conseguenza, l'elevazione morale e sociale del popolo.

Eccoci dunque alle prese con il termine e con il concetto chiave del vocabolario politico mazziniano, quel « popolo » che deve essere il protagonista e il creatore della nuova unità nazionale. Se i precedenti tentativi erano falliti — su questo punto Mazzini era categorico — ciò era avvenuto solo perché avevano investito ristrette aristocrazie intellettuali e non avevano avuto il carattere di sommovimento popolare e perché avevano atteso il segnale dal di là delle frontiere e non avevano fatto affidamento sulle immense possibilità rivoluzionarie interne. La rivoluzione italiana invece sarebbe stata opera del popolo e sarebbe scaturita dall'interno della società italiana. Ma sarebbe stata sufficiente la prospettiva dell'unità nazionale e dell'instaurazione della repubblica a trascinare le « moltitudini » sulla via che la « classe media » e le « intelligenze » stavano già battendo? Su questo punto Mazzini è assai meno categorico e il suo pensiero presenta anni notevoli ambiguità. Se infatti da una parte egli ammette che è necessario « scendere nelle viscere della questione sociale » e prospettare al popolo dei miglioramenti concreti, dall'altra egli respinge la possibilità di ogni attentato alla proprietà e di ogni progetto di « legge agraria ». Ciò si iscriveva nella sua generale avversione a quella che egli chiamava la « guerra delle classi » e fu anche su questo terreno che maturò, attorno al 1833, il suo distacco dal Buonarroti, dal quale peraltro lo dividevano anche la sua concezione di un'iniziativa italiana nei confronti della Francia e la sua avversione alla nozione giacobina di un periodo iniziale di dittatura nel processo rivoluzionario. Ché anzi col passare degli anni egli venne accentuando questa sua avversione giustificandola con l'affermazione che a differenza della Francia, dove le distanze sociali tra l'opulenta e gaudente borghesia di Luigi Filippo e i tessitori affamati di Lione erano immense, e dell'Inghilterra, sconvolta dalla rivoluzione industriale, in Italia regnava una relativa eguaglianza. Nella penisola non esistevano grandi concentrazioni di ricchezze e tutti in definitiva, anche gli aristocratici, facevano parte del « popolo ». Così gonfiato e dilatato quest'ultimo diveniva una nozione nebulosa e generica, una massa gelatinosa in cui ogni funzione agglutinante finiva necessariamente per spettare alle « intelligenze ».

Su queste basi ideali e politiche, se era stato relativamente facile con la costituzione della Giovine Italia avviare un movimento dotato di una consistenza e di un'incisività ideale ben maggiori delle precedenti organizzazioni settarie, si rivelò ben presto difficile svilupparlo e irrobustirlo. I *réseaux* mazziniani nel Mezzogiorno e nel Piemonte furono rapidamente scoperti e decimati e un tentativo di realizzare attraverso la Savoia una spedizione di esuli politici italiani e stranieri a sostegno di moti rivoluzionari che avrebbero dovuto scoppiare a Alessandria e Genova (1834), abortì abbastanza ingloriosamente. Una nuova ondata di esuli politici fu costretta a varcare i confini e a disperdersi attraverso tutta Europa, in Spagna, in Francia, in Inghilterra, a Malta. Altri si recarono addirittura nell'America latina e costituirono una legione italiana che combatté in Brasile e in Uruguay. Tra di essi un giovane marinaro nizzardo, Giuseppe Garibaldi. Le file della Giovine Italia erano così scompaginate e lo stesso Mazzini all'inizio del 1837 riparava a Londra. Più tardi, attorno al 1839, egli lanciò la parola d'ordine della riorganizzazione della Giovine Italia su nuove basi, indirizzando l'azione di reclutamento specialmente in direzione delle numerose colonie di operai italiani emigrati all'estero e cercando in tal modo di accentuare il carattere popolare del suo apostolato. Contribuì certo a orientarlo in questo senso l'esperienza fatta in Inghilterra del movimento cartista. Ma il tentativo, cui la concezione interclassistica del Mazzini (« la parola operaio non ha per noi alcuna indicazione di classe nel significato comunemente annesso al vocabolo ») toglieva buona parte del suo mordente, non avrà sviluppi concreti di qualche consistenza e i moti mazziniani del decennio 1830-40 avranno in comune con quelli del decennio precedente il carattere di iniziative promosse da un'*élite* politica e intellettuale, destinate quasi fatalmente all'insuccesso. Fu il caso del colpo di mano (peraltro non autorizzato da Mazzini) tentato dai fratelli Bandiera in Calabria nel 1844, che si concluse con la morte di tutti i suoi pochi — diciannove — partecipanti. Il nuovo insuccesso segnò un'ulteriore perdita di prestigio per il movimento mazziniano e per Mazzini stesso, accusato di lanciare allo sbaraglio la gioventù che lo seguiva. Ma le ragioni della diminuita popolarità del radicalismo mazziniano erano anche altre e più profonde: volgeva infatti ormai in Italia l'ora dei moderati.

I moderati.

La formazione di un partito moderato, che sorgesse a
contrastare il campo ai mazziniani e a sottrar loro quelle
simpatie che essi avevano largamente mietuto ai loro esordi,
fu un processo che si svolse gradualmente e che occupò un
certo numero di anni. Le basi erano state gettate già dal
gruppo di intellettuali che si erano raccolti in un primo
tempo attorno al « Conciliatore » e, dopo la soppressione
di quest'ultimo, attorno alla rivista fiorentina l'« Antologia »,
la quale fu peraltro a sua volta costretta a cessare le sue
pubblicazioni nel 1833. Ma fu solo però dopo il 1840 che
il processo di coagulazione e di formazione di una corrente
di opinione moderata assunse forme più evidenti e un ritmo
più accelerato.

Lo *choc* di cui un settore dell'opinione pubblica italiana
aveva bisogno per prendere coscienza delle tendenze che già
da alcuni anni essa veniva variamente e confusamente ela-
borando, fu dato dalla pubblicazione, avvenuta a Bruxelles
nel 1843, di un libro — *Il primato morale e civile degli
Italiani* — del quale era autore un abate piemontese, già
simpatizzante per la causa mazziniana e da tempo emigrato,
Vincenzo Gioberti. La sua tesi, svolta con gran spreco di
digressioni storiche e filosofiche molto spesso assai scarsamente pertinenti, era già contenuta nel titolo. Si sosteneva
cioè che l'Italia, in quanto sede del papato, aveva detenuto
il primato tra le nazioni e che essa sarebbe tornata a fre-
giarsene quando la Chiesa, rinnovata e liberata dagli abusi,
avesse riassunto la sua funzione universale, e che di conseguenza il rinnovamento e il risorgimento dell'Italia era in-
scindibile da quello del papato. Questa enunciazione, nella
quale confluivano e si contaminavano la tradizione del guelfismo italiano e il nuovo cattolicesimo liberale francese alla
Lamennais, costituiva peraltro soltanto la cornice, diremmo
quasi la coreografia, del reale pensiero giobertiano. Il noc-
ciolo di quest'ultimo era piuttosto costituito da una propo-

sta politica assai concreta, quella di una confederazione di vari principi italiani sotto la presidenza del papa, che avrebbe avuto in Roma la sua « città santa » e nel Piemonte la sua « provincia guerriera ». La prospettiva era insomma quella dell'« unione » e non quella dell'« unità »; essa rappresentava comunque un concreto passo avanti.

Il Primato, come si è detto, venne accolto dal pubblico dei lettori italiani con vivissimo interesse. Non mancarono però, tra tante lodi ed esaltazioni, anche delle riserve e delle perplessità. Ci si chiedeva in particolare da parte di molti se il disegno giobertiano di una confederazione tra i principi italiani non fosse anch'esso irrealizzabile, data la scontata opposizione che l'Austria avrebbe manifestato verso ogni soluzione che sovvertisse lo *statu quo* nella penisola e pregiudicasse la larghissima influenza che essa ora esercitava sulle cose d'Italia. Il Gioberti era pienamente consapevole di questa obiezione e, se nel *Primato* non aveva discorso della sua speranza di vedere un giorno estromesso dall'Italia l'« aborrito austriaco », ciò era stato per mera opportunità. Peraltro egli giudicava di difficile realizzazione una lega di principi italiani contro l'Austria e perciò — come si è già avuto modo di accennare — accarezzava l'idea di una trattativa diplomatica mediante la quale l'Austria venisse indennizzata della perdita dei suoi possedimenti italiani con acquisti nei Balcani. Si è visto anche come quest'idea venisse, l'anno seguente alla pubblicazione del *Primato*, sviluppata da Cesare Balbo nelle sue *Speranze d'Italia*, le quali possono perciò considerarsi come un'integrazione della fortunata opera giobertiana.

Vi era però un altro punto sul quale il Gioberti aveva prudentemente e opportunisticamente taciuto nel suo *Primato*, pur essendone, a differenza del Balbo con il suo lealismo monarchico e savoiardo, pienamente consapevole: il problema delle riforme che i principi degli Stati italiani confederati e, in primo luogo, il papa, avrebbero dovuto introdurre nei loro Stati se volevano veramente accattivarsi l'appoggio dell'opinione pubblica. Per quanto riguardava in par-

ticolare lo Stato della Chiesa non era possibile che, se continuava ad essere il peggio governato e il più oppresso tra
i vari Stati italiani, esso potesse costituire quel centro di
attrazione che il Gioberti voleva. L'abate piemontese del resto
se ne rendeva conto e nel 1845 ruppe il suo precedente
riserbo pubblicando i *Prolegomeni del Primato*, in cui prendeva nettamente partito contro il malgoverno papale, attac-
cava i gesuiti e lasciava chiaramente trasparire la sua simpatia per una politica di riforme, giungendo sino a criticare
da questa visuale la timidezza e la riluttanza della monarchia piemontese. Un nuovo passo era così compiuto nella
delineazione di un programma moderato e italiano. Rimaneva soltanto da conferire al medesimo una maggior concretezza e articolazione.

È questo il compito che si assume Massimo d'Azeglio,
un brillante patrizio piemontese, il quale nel 1845 si era
acquisito una grande popolarità per il coraggio con cui aveva
denunciato — lui, un moderato e un uomo di fiducia di
Carlo Alberto — il malgoverno papale nelle Romagne, quando
nel 1847 pubblicò una sua proposta d'un *Programma per
l'opinione nazionale italiana* che può considerarsi un vero e
proprio manifesto del partito moderato alla vigilia del '48.
Del resto il d'Azeglio stesso aveva inteso dargli questo carattere consultandosi per la sua redazione con altri autorevoli esponenti del moderatismo italiano. In esso si sollecitava un accordo tra i principi della « parte italiana dell'Italia » su un concreto programma di riforme da introdursi di
comune accordo nei loro Stati: riforma dei codici, introduzione della giuria, maggiore libertà di stampa e, infine, abolizione delle barriere doganali e creazione di una sorta di
Zollverein italiano. Quanto infine alla questione dell'indipendenza, il d'Azeglio nelle conclusioni del suo opuscolo ne
ribadiva il carattere di principio, pur dichiarando la propria
avversione nei confronti di tentativi precipitati e predicando
la virtù della pazienza. Lo schema politico giobertiano acquistava così concretezza, deriva ai bisogni immediati di una

società incamminata sulla via dello sviluppo borghese, acquistava nuovi consensi e nuove simpatie.

Alla proposta del d'Azeglio e al partito moderato aderivano infatti sia il gruppo dei liberali toscani che già si era raccolto attorno all'« Antologia » e alla cui testa stava Gino Capponi, sia quello dei patrioti bolognesi e dei territori pontifici facenti capo a Marco Minghetti, sia numerosi patrioti siciliani e del Mezzogiorno continentale. Il nucleo fondamentale dei quadri del partito moderato era però costituito dal gruppo piemontese, cui appartenevano sia il Balbo, sia il d'Azeglio, sia lo stesso Gioberti (per tacere del giovane Cavour che proprio in questi anni faceva le sue prime prove politiche), da uomini cioè che, pur non nutrendo simpatie di sorta verso la rivoluzione, avevano rotto in maniera definitiva con il legittimismo oltranzista di Carlo Felice. Della vecchia classe dirigente sabauda essi conservavano invece le qualità migliori, lo spiccato senso dello Stato e del servizio pubblico, l'attitudine al comando e al governo. Solo il regno di Napoli, che per certi aspetti aveva avuto un'evoluzione storica analoga a quella del Piemonte, poteva vantare un personale politico dotato di questi requisiti e di questo « stile ». Essi mancavano invece sia al borghese e al patrizio lombardo da troppo tempo disabituati alla responsabilità politica, sia all'*hobereau* toscano, erede, malgrado tutto, di una tradizione municipalistica e cittadina a cui erano estranei ogni spirito militare e uno spiccato senso dello Stato. Attraverso il partito moderato e il suo nucleo dirigente il Piemonte di Carlo Alberto poneva così la propria seria candidatura alla guida del moto risorgimentale.

La situazione economica e politica alla vigilia del 1848.

Nel frattempo molte cose erano cambiate in Italia dai tempi della Restaurazione, soprattutto sotto il profilo economico.

Il simbolo e l'emblema della nuova economia capitalistica, del suo straordinario slancio e dinamismo, erano quelle ferrovie delle quali, come si è avuto modo di accennare, Cavour aveva tessuto l'elogio in uno dei suoi primi scritti. Anche l'Italia ebbe le sue: la Firenze-Pisa, ultimata nel 1848, la Torino-Moncalieri, primo tratto della Torino-Genova, inaugurata nel 1845, la Milano-Venezia, al cui completamento mancavano peraltro il tratto intermedio da Treviglio a Vicenza, e altre minori. Accanto alla ferrovia l'altra struttura portante del nuovo « industrialismo » era la banca e anche nel settore del credito non erano mancate delle importanti realizzazioni. Nel 1823 apriva i suoi sportelli la Cassa di risparmio delle province lombarde, nel 1844 la Banca di sconto di Genova e nel 1847 quella di Torino. A Firenze un'analoga Banca di sconto funzionava fin dal 1817. Ma la banca e la ferrovia rinviavano entrambe, da opposti versanti, alla manifattura con le sue macchine fragorose e rivoluzionarie. In questo settore i maggiori progressi erano stati realizzati in Italia nel campo dell'industria tessile. Nella sola Lombardia la produzione di seta era salita dai 2.200.000 chilogrammi del 1815 ai 3.500.000 del 1841, mentre i telai in funzione nell'industria cotoniera erano alla stessa data ben 15.000 e 101.644 i fusi attivi. Si tratta di indici sparsi, ma sufficienti a documentarci il ritmo di uno sviluppo economico e capitalistico ormai avviato, anche se non certamente generalizzato a tutto il paese, ma circoscritto alle sue zone più evolute. La sostenutezza del ritmo e del tono generale della vita economica trova del resto la sua rappresentazione più significativa nello sviluppo del commercio estero, che passò da un ammontare di 275 milioni di lire nel 1830 a quello di 650 milioni di lire nel 1850.

Certo lo sviluppo economico italiano non teneva il passo con quello degli altri paesi europei, la rete ferroviaria era ancora agli inizi, il commercio interno tra i vari Stati meno sviluppato di quello con l'estero, i residui e i vincoli feudali, specie nel Mezzogiorno, assai pesanti e ingombranti. Tuttavia lo sviluppo economico dell'Italia in senso borghese e

mercantile era ormai avviato e non si poteva più tornare
indietro: l'inserimento dell'Italia nel mercato internazionale
e nell'Europa del libero scambio si presentava ormai per essa
come una via obbligata.

Ciò significava peraltro anche che l'Italia si trovava ad
essere esposta ai rischi e alle fluttuazioni cicliche della congiuntura e dell'economia capitalistica, e che i settori più deboli e più arretrati della sua economia erano sottoposti alla
rude concorrenza di un mercato in cui l'arrivo del grano
russo, delle sete del Bengala o della lana australiana deter-
minavano bruschi contraccolpi. Era questo soprattutto il caso
dell'agricoltura, il cui andamento, per tutto il periodo compreso tra il 1818 e il 1846, fu caratterizzato da una curva
decrescente dei prezzi e in particolare di quello del grano.
A questa tendenza al ribasso le aziende di tipo capitalistico
o, comunque, più attrezzate e meglio ubicate, cercarono di
riparare operando una conversione colturale in favore di colture più remunerative e a carattere industriale e utilizzando
in misura sempre maggiore quella manodopera salariata che
la crisi della piccola proprietà rendeva largamente disponibile e a buon mercato. Ciò accadde soprattutto nelle fertili campagne della bassa Lombardia, dove l'allevamento su
vasta scala del bestiame e la trasformazione industriale dei
suoi prodotti si svilupparono in maniera assai considerevole,
e nell'Emilia. Nel solo Bolognese alla data del 1845 i « braccianti », salariati agricoli pagati a giornata, erano già 45.000,
altrettanti quanti i mezzadri e gli affittuari. Altrove invece,
come era già accaduto nel corso della seconda metà del Settecento, l'adeguamento alle nuove condizioni del mercato internazionale venne ricercato attraverso la via tradizionale del-
l'intensificazione dello sfruttamento e dell'accentuazione del
carattere di rapina che, nelle zone più povere della penisola
e particolarmente in quelle meridionali, l'agricoltura ancora
largamente conservava. Di qui l'assalto ai terreni comunali,
di qui la trasformazione di zone di pastorizia in zone di
cerealicoltura estensiva (è il caso del Tavoliere delle Puglie),
di qui soprattutto i massicci indiscriminati disboscamenti che,

sconvolgendo il sistema geoidrico, causarono all'economia del
Mezzogiorno un danno incommensurabile.

Ci troviamo dunque, alla vigilia del 1848, già in presenza dei caratteri fondamentali dello sviluppo economico
italiano o, perlomeno, del preannuncio di essi: uno sviluppo
economico caratterizzato, se non condizionato, da profondi
dislivelli tra i vari settori della vita economica e tra le varie
regioni e zone del paese, minato da profonde contraddizioni
e tensioni. Di quest'ultime i caratteri e la dinamica del moto
quarantottesco sono parzialmente il riflesso.

In esso confluirono infatti non soltanto le impazienze
e le aspirazioni progressive dei ceti borghesi e dell'intellettualità, ma anche i rancori dei contadini ridotti alla condizione di « braccianti » e di « pigionali » e il disagio di una
vasta fascia popolare, non ancora proletaria, ma neppure più
esclusivamente plebea in cui, sotto il pungolo della carestia
e della disoccupazione, balenavano a tratti fermenti e manifestazioni di rivolta e si facevano a tratti luce anche bran-
delli di un'elementare coscienza rivoluzionaria. Per quanto
la « paura del comunismo » che dilagò attraverso i ceti privilegiati italiani in questo torno di tempo avesse origine
più dalla loro angustia mentale che dalla realtà delle cose,
non erano mancati infatti in quegli anni dei sintomi in
questo senso. In Lombardia nel febbraio e nel marzo del
1847 si ebbero tumulti annonari e contadini, in Toscana le
idee socialiste e comuniste avevano fatto breccia sia nel-
l'eccitato e infuocato ambiente livornese sia, anche, in certe
limitate zone di campagna; a Roma si erano avuti episodi
di luddismo e nell'Italia meridionale la tradizionale pressione
contadina per la quotizzazione dei demani si era accentuata.
Né erano mancati, in varie zone, scioperi di operai e di braccianti. D'altronde perché gli operai e i popolani non avrebbero potuto agitarsi e scendere in piazza, quando i « signori »
non disdegnavano di farlo? La generale effervescenza politica del momento era propizia a ogni genere di protesta e
a ogni genere di speranza, anche a quelle degli umili e dei
frustrati di sempre. All'appuntamento europeo del 1848 l'Ita-

lia giungeva non solo con le agitazioni dei suoi borghesi e dei suoi intellettuali, ma anche coi rancori e con le attese del suo popolo.

Sotto l'azione congiunta dell'agitazione mazziniana e dell'azione dei moderati la temperatura politica del paese saliva infatti sino a determinare quel particolare stato di tensione collettiva, non infrequente nella storia delle folle rivoluzionarie, che è caratterizzato dalla persuasione della pienezza dell'ora e in cui ogni evento, che vada o sembri andare nel senso delle aspettative generali, viene interpretato come un segno dei tempi. Era questa l'atmosfera che regnava a Roma quando, nel giugno 1846, i cardinali si riunirono in conclave per designare il successore di Gregorio XVI. Due erano i candidati più quotati, il cardinale Lambruschini, che sarebbe stato un continuatore della politica reazionaria del suo predecessore, e il cardinale Gizzi, in fama di liberale. Nessuno dei due riuscì a prevalere e si ripiegò allora, con una soluzione di compromesso, sul nome del cardinale Mastai-Ferretti, vescovo di Imola e figura relativamente di secondo piano. La delusione per la sconfitta del candidato liberale, tanto maggiore in quanto ad un certo punto della notte tra il 16 e il 17 giugno si era sparsa ed era stata creduta la notizia della sua elezione provocando incontenibili manifestazioni di entusiasmo, non valse a dissipare la persuasione generale che qualcosa di straordinario *doveva* succedere. La concessione da parte del nuovo pontefice, a un mese di distanza dalla sua elezione, di una larga amnistia ai condannati politici — fatto che di per sé era abbastanza prevedibile e protocollare — parve appunto l'evento straordinario che si attendeva. Le dimostrazioni in favore di Pio IX, nel quale già si additava la personificazione del papa liberale e italiano invocato da Gioberti, dilagarono attraverso tutta l'Italia e si ebbero scene di entusiasmo indescrivibili.

Ben presto su questo stato d'animo di generica aspettativa e di euforia collettiva si innestò l'azione politica dei moderati e, soprattutto, quella dei mazziniani, decisi a forzare i tempi e convinti che le speranze che Pio IX aveva suscitato avrebbero finito per travolgerlo, quando fosse risultato chiaro che né il papa né gli altri principi italiani erano in grado di appagarle. Le manifestazioni in favore del nuovo papa assunsero così un carattere più organizzato, più politico. Di fronte all'imponenza del movimento le concessioni dovettero essere fatte: nel marzo del '47 Pio IX concesse una mitigazione della censura della stampa e poco dopo autorizzò la creazione di una Consulta di Stato composta di laici. Contemporaneamente anche a Firenze il governo lorenese aboliva la censura sulla stampa, dando così via libera alla nascita di un battagliero giornalismo politico. Sempre nella primavera del '47 Milano tributava al Cobden, l'apostolo del libero scambio, un'accoglienza trionfale, pari a quella che gli era stata tributata dalle altre città italiane. Nell'ottobre anche il governo di Torino seguiva l'esempio di quelli di Roma e di Firenze, annunciando una serie di riforme nell'amministrazione e attenuando sensibilmente i rigori della censura sulla stampa. Tali misure erano state precedute dal licenziamento del ministro degli Esteri Solaro della Margarita, del quale erano noti gli orientamenti reazionari e filoaustriaci. Nello stesso torno di tempo giungevano in porto le trattative per una lega doganale tra lo Stato pontificio, la Toscana e il Piemonte, avviata già dall'agosto, con la stipulazione di un accordo di principio che lasciava peraltro impregiudicate le modalità concrete della sua realizzazione. Il programma giobertiano di una confederazione di Stati sotto gli auspici di un papa italiano e riformatore sembrava dunque sulla via di una trionfale realizzazione. Nel frattempo però l'Austria, preoccupata dalla piega presa dagli eventi italiani, non era rimasta inoperosa e nel luglio '47 essa aveva inscenato un'azione dimostrativa facendo occupare da una propria guarnigione la cittadella di Ferrara. La risposta non si era fatta attendere e nel settembre '47 e nel gennaio del '48 si ebbero a Milano dimostrazioni antiaustriache funestate da incidenti, mentre in tutta Italia montavano i sentimenti antiabsburgici e si parlava ormai apertamente di guerra. In questo senso spingevano soprattutto i mazziniani, attivi come non mai. Mazzini stesso, che si sentiva nella condizione di un « destriero che fiuta la battaglia », non era del resto in quel torno di tempo alieno dal concedere il proprio appoggio a Carlo Alberto, purché questi si dichiarasse apertamente contro l'Austria e facesse propria la causa dell'unità e dell'indipendenza.

Gli eventi si succedevano dunque ormai con un ritmo talmente incalzante da far prevedere vicino lo scioglimento.

Il '48 italiano.

Il solo tra gli Stati italiani che fosse rimasto impermeabile all'ondata rinnovatrice degli anni 1846-47 era il regno di Napoli, il cui sovrano, Ferdinando II, dovette peraltro pagare ben presto lo scotto di questa sua intransigenza. Egli, che non aveva concesso le riforme, si trovò infatti ben presto a dover fronteggiare la rivoluzione. Questa prese le mosse da Palermo, dove un moto insurrezionale a carattere abbastanza improvvisato e popolaresco, iniziato nella giornata del 12 gennaio, venne ingrossando per via e coinvolgendo anche la borghesia e l'aristocrazia, unite, pur nell'antagonismo dei loro interessi e dei loro orientamenti, dalla comune propensione e tradizione autonomistica. Ai primi di febbraio tutta l'isola, tranne la fortezza di Messina, era controllata dagli insorti, un governo provvisorio siciliano costituito e proclamata la decadenza della dinastia dei Borboni. Frattanto il fermento rivoluzionario aveva passato lo stretto e si era comunicato alle province del Mezzogiorno continentale e in particolare alla penisola del Cilento. Il 29 gennaio Ferdinando II era costretto a sottoscrivere l'impegno di concedere la costituzione, sorpassando così largamente la misura delle concessioni fatte in precedenza dagli altri principi italiani. Sotto la pressione dell'opinione pubblica questi ultimi dovettero a loro volta ben presto allinearsi sulla nuova situazione determinatasi nel regno di Napoli e costituzioni o statuti furono concessi a Fi-

renze, a Torino e nella stessa Roma. Si trattò in tutti questi
casi di documenti esemplati sulla costituzione francese del
1830, che prevedevano un assetto dello Stato basato sul bicameralismo e su un suffragio censitario, e l'istituzione della
guardia nazionale come milizia borghese. Solo le più tarde
costituzioni siciliane e della repubblica romana, cui accen-
neremo più avanti, ebbero un carattere più radicale e democratico.

Ad accelerare le decisioni dei sovrani italiani avevano
contribuito certamente le notizie della rivoluzione parigina
del febbraio. Quelle che verso la metà di marzo giunsero
da Vienna e da Budapest determinarono una situazione nuova
e dettero un ulteriore fortissimo colpo di acceleratore alla
rivoluzione italiana. L'Ungheria in rivolta, Vienna stessa in
stato di agitazione, Metternich costretto alle dimissioni: la
grande occasione, quella « grande commotion » della quale
aveva parlato, senza troppo crederci, il Cavour, sembrava veramente giunta.

A Milano il fermento rivoluzionario da tempo tratte-
nuto eruppe nella giornata del 18 marzo e, travolgendo le
esitazioni e gli attesismi della municipalità, assunse ben presto il carattere di un'insurrezione generale, che trovò in un
Consiglio di guerra, del quale, tra gli altri, faceva parte
Carlo Cattaneo, il suo organo coordinatore. L'estrema decisione del popolo, l'aiuto dei contadini e degli abitanti delle
città vicine che, informati del decorso degli eventi milanesi
attraverso il lancio di palloni, erano confluiti in colonne
armate verso la città, ebbero ragione della guarnigione
austriaca forte di 14.000 uomini al comando del Radetzky.
Il 23 marzo, dopo cinque giornate di combattimenti di strada,
Milano era libera. Frattanto anche Venezia era insorta e il
22 marzo la guarnigione austriaca capitolava e un governo
provvisorio, con alla testa Daniele Manin, restaurava l'antica
Repubblica veneta.

Nello stesso giorno in cui l'insurrezione di Milano era
pienamente vittoriosa le truppe piemontesi al comando di
Carlo Alberto passavano, con il tricolore in testa, il con-

fine piemontese del Ticino e nei giorni successivi ad esso si aggiunsero contingenti provenienti dalla Toscana, dagli Stati pontifici e da Napoli. La prima guerra di indipendenza era cominciata e le speranze più audaci del guelfismo e del moderatismo italiano sembravano vicine alla meta. Ma le delusioni non tardarono a giungere e le difficoltà a manifestarsi. Il 29 aprile Pio IX, che due mesi prima aveva fatto delirare tutti i patrioti con la sua invocazione della benedizione divina sull'Italia, proclamò con un'allocuzione la sua estraneità, in quanto pastore di popoli, al conflitto in atto, facendo così crollare il mito neoguelfo di un riscatto italiano sotto gli auspici della Chiesa. Pochi giorni dopo, il 15 maggio, al seguito di una giornata confusa e ricca di colpi di scena, Ferdinando II di Napoli riprese il pieno controllo della situazione e inferse al movimento liberale un grave colpo.

Il peso della guerra gravava perciò ora praticamente sulle spalle del Piemonte e del governo provvisorio costituitosi a Milano, due *partners* cioè tra i quali era ben lungi dal regnare un perfetto accordo. Come il Cattaneo e i democratici lombardi avevano temuto, l'intervento di Carlo Alberto, che a molti era parso tardivo, era avvenuto più nello spirito della tradizionale politica dinastica sabauda che in quello dell'auspicata crociata comune per la liberazione d'Italia. Ciò apparve evidente dal modo in cui la diplomazia piemontese si mosse tra il maggio e il luglio presso il governo milanese e presso le altre corti italiane. Il suo obiettivo (che riuscì a realizzare nel maggio) consistette nell'indurre i governi provvisori sorti dai moti rivoluzionari milanesi e veneti a far decretare, mediante plebisciti, la annessione dei rispettivi territori al regno di Sardegna e, in secondo luogo, nel dilazionare a dopo la vittoriosa conclusione della guerra ogni decisione sull'assetto politico del nuovo Stato italiano che ne sarebbe emerso.

Quest'ultimo punto di vista era sostenuto con l'argomentazione che per il momento fosse necessario subordinare ogni cosa alla condotta della guerra, argomento che sarebbe

stato ineccepibile, se effettivamente da parte piemontese tale
guerra fosse stata condotta con risolutezza. Ma non era così.
In due occasioni infatti le truppe al comando di Carlo Alberto si lasciarono sfuggire dei momenti propizi: una prima
volta quando, appena varcato il confine, non si lanciarono
all'inseguimento delle truppe di Radetzky, impegnate in una
difficile ritirata attraverso un paese infido, da Milano verso
le fortezze del Quadrilatero; una seconda quando, dopo il
brillante successo di Goito (30 maggio) e la resa della piazzaforte austriaca di Peschiera, non seppero sfruttare la vittoria e permisero al Radetzky di riprendersi e di contrat-
taccare espugnando Vicenza. Fu questa anzi la svolta decisiva della guerra: da allora l'iniziativa passò in mano agli
austriaci, i quali il 25 luglio ottennero un'importante vittoria a Custoza. Carlo Alberto ripiegò su Milano non tanto
per assicurare la difesa della città, quanto per prevenire
un'eventuale iniziativa popolare in questo senso. Subito dopo
il suo ingresso nella capitale lombarda egli, suscitando l'indignazione dei milanesi, negoziò il cessate il fuoco con Radetzky, al quale seguì un armistizio firmato il 9 agosto dal
generale Salasco.

Dal punto di vista piemontese e dinastico dal quale
Carlo Alberto si poneva, l'unica soluzione che ormai si pro-
spettava era infatti quella di una pace che salvasse la faccia
al Piemonte assicurandogli modesti vantaggi territoriali in
Lombardia o nei ducati. A questo obiettivo lavorò nei mesi
successivi la diplomazia sabauda cercando di sollecitare una
mediazione franco-inglese e marcando sempre più le distanze
nei confronti del patriottismo italiano. Si spiega alla luce
di queste direttive il rifiuto che venne opposto all'offerta
della corona di Sicilia fatta al duca di Genova, secondoge-
nito di Carlo Alberto, da parte del Parlamento siciliano. Ma
anche questa prospettiva si rivelò illusoria e la sollecitata
mediazione franco-inglese non sortì alcun effetto.

Di fronte alla sconfitta, al riaffiorare del « municipalismo » piemontese e sabaudo e al fallimento del neoguel-
fismo, l'alternativa democratica, già avanzata fugacemente

dal Mazzini, di una Costituente italiana eletta a suffragio universale, cui sarebbe spettato di guidare la lotta contro l'Austria e di affrettare i tempi dell'unità italiana, tornava a riproporsi. Fu in Toscana che il movimento per la Costituente colse la sua prima affermazione con la costituzione, nell'ottobre 1848, di un nuovo ministero capeggiato dal livornese Guerrazzi e dal Montanelli, che si può considerare il vero e proprio teorico dell'idea di Costituente. Frattanto anche a Roma le cose evolvevano nel senso della democrazia: l'assassinio del ministro Pellegrino Rossi ad opera di settari (15 novembre) seguito a pochi giorni dalla fuga di Pio IX a Gaeta (dove sarà raggiunto poco dopo dal granduca di Toscana Leopoldo II), lasciò libero il campo agli uomini delle correnti più radicali della capitale e, soprattutto, delle province. Vennero indette elezioni dalle quali uscì un'assemblea costituente composta in prevalenza di democratici, la quale nel febbraio del '49 decretò la decadenza del papato e la proclamazione della Repubblica romana. L'ondata democratica, che aveva investito Firenze e Roma, toccò anche Torino dove, nel dicembre '48, l'incarico di formare un nuovo ministero venne affidato al Gioberti, che nei mesi precedenti aveva condotto un'aperta battaglia contro i « municipali », fautori di una politica di piede di casa, e si era alleato con le correnti democratiche. La sua azione di governo fu però lungi dall'essere cristallina. Dopo aver trattato con Firenze e con Roma per la convocazione di una Costituente italiana, egli si dette da fare per una restaurazione del granduca a Firenze, da attuarsi mediante un intervento armato piemontese, si pose in urto sia con Carlo Alberto, cui cercò di sottrarre il comando dell'esercito, sia con i democratici e si trovò infine costretto a dimettersi (febbraio '49). Pochi giorni dopo Carlo Alberto denunciava l'armistizio con l'Austria stipulato nell'agosto e riprendeva le ostilità. Si trattava di un'iniziativa con poche probabilità di successo, intrapresa com'era in una congiuntura diplomatica sfavorevole, quando la reazione aveva ormai vinto sia a Vienna che a Parigi e in un'atmosfera politica caratterizzata dal declino dei precedenti entusiasmi, quasi — si direbbe — assunta per punto d'onore. Le operazioni militari, condotte anche questa volta con incertezza, presero subito una piega estremamente sfavorevole per l'esercito piemontese che venne sconfitto irreparabilmente a Novara (23 marzo). Di fronte all'estrema gravità della sconfitta politica e militare, Carlo Alberto preferì abdicare in favore del figlio Vittorio Emanuele II, il quale intraprese subito le trattative di pace con l'Austria. Queste giunsero in porto il 6 agosto e sancirono la rinuncia da parte del Piemonte a qualsiasi acquisto territoriale e a ogni sostegno al movimento rivoluzionario italiano. Nel frattempo però il nuovo re aveva dovuto reprimere l'aperta sollevazione di Genova, vecchia roccaforte democratica, insorta per protestare contro le clausole del trattato.

All'inizio della primavera del '49, a un anno di distanza da quel marzo '48 che aveva dischiuso le vie delle più rosee speranze, la situazione appariva ormai irrimediabilmente compromessa per la causa italiana. Sconfitto il Piemonte, rioccupate dagli austriaci la Lombardia e la terraferma veneta, in Sicilia il potere borbonico venne restaurato dopo una lotta prolungatasi dal maggio del '48 al marzo del '49, e a Firenze, nel maggio, un corpo di spedizione austriaca reinsediò il granduca. Uniche cittadelle della libertà italiana rimanevano Roma e Venezia. Contro la capitale e il suo governo repubblicano la Francia di Napoleone III inviò un suo corpo di spedizione, sotto lo specioso pretesto di un tentativo di conciliazione tra i liberali romani e il papa. Esso si incontrò nella decisa resistenza di tutta una popolazione stretta attorno a Mazzini e agli altri « triumviri » e alla direzione militare di Garibaldi. Respinte una prima volta il 30 aprile, le truppe dell'Oudinot poterono entrare in Roma solo il 3 luglio, dopo aver incontrato un'accanita resistenza. Due giorni prima l'Assemblea aveva approvato la costituzione della repubblica, la più avanzata tra le costituzioni italiane e l'unica che contenesse degli articoli in cui si può ravvisare una certa sensibilità verso i problemi sociali.

Ultima a cadere fu Venezia, che invano Garibaldi, con una marcia di trasferimento che appartiene alla leggenda del Risorgimento, aveva tentato di raggiungere. La sua resa ebbe luogo il 24 agosto, alla fine di un lungo e estenuante assedio, che la vecchia repubblica sopportò degnamente e coraggiosamente.

Questa è la cronaca del '48 italiano. Forse il lettore l'avrà trovata confusa, ma si tratta di una confusione che non è solo nell'esposizione, ma anche nelle cose, quella stessa per cui l'espressione « fare un quarantotto » è divenuta in Italia sinonimo di disordine e di scombinamento. L'Italia rivoluzionaria del '48 assomiglia infatti a un mosaico le cui tessere non riescono a saldarsi: ancora una volta, smentendo le speranze del federalismo giobertiano, i vari principi, e in primo luogo Carlo Alberto, si erano mossi avendo prevalentemente in vista gli interessi dei loro rispettivi Stati; ancora una volta le vecchie rivalità regionali erano riaffiorate e si erano visti lombardi diffidenti nei confronti dei piemontesi, veneti della terraferma sospettosi di Venezia, siciliani insorti contro il dominio napoletano, l'antagonismo di Torino e di Genova, quello di Firenze e di Livorno. Ma soprattutto era mancato da parte delle classi dirigenti la capacità (o la volontà) di utilizzare e incanalare il fermento popolare in atto.

La partecipazione popolare ai moti del '48 era stata infatti notevole e comunque di molto superiore a quella verificatasi nel 1820 e nel 1831. Nelle città, a Milano, a Venezia, a Roma, a Livorno, a Palermo, il popolo aveva preso parte attivamente all'insurrezione e si era battuto con coraggio. Nelle campagne della Lombardia i contadini, come si è visto, si erano anch'essi largamente uniti al movimento generale, mentre nel Mezzogiorno e in Sicilia avevano assecondato il movimento accentuando in modo massiccio le loro rivendicazioni e agitazioni per la quotizzazione dei demani. Né vi furono, neppure nella fase calante della rivoluzione, ad eccezione che in Toscana, movimenti contadini di tipo sanfedistico, per quanto l'Austria, memore della recente esperienza galiziana, non avesse trascurato di attizzare il fuoco in questo senso. A questa partecipazione e, comunque, a questa disponibilità delle masse popolari non si era però risposto che con l'indifferenza o, in molti casi, con la paura. Le elezioni che si tennero nei vari Stati italiani avvennero tutte sulla base di una restrizione censitaria e, dove ciò non avvenne, come in Sicilia, il requisito di saper leggere e scrivere bastava da solo a costituire una barriera insormontabile per la grandissima maggioranza della popolazione. La guardia nazionale, laddove essa fu costituita, si comportò spesso come una vera e propria milizia di classe. Poco, pochissimo fu fatto per alleviare il peso della crisi economica e della carestia: qualche opera pubblica, qualche sgravio fiscale compensato però largamente dal deprezzamento della moneta. Solo la Repubblica romana, nel febbraio del '49, emanò un decreto che stabiliva che il cospicuo patrimonio dei beni ecclesiastici incamerati avrebbe dovuto essere redistribuito tra i contadini più poveri. Questi « decreti di ventoso » romani non potettero peraltro, per cause di forza maggiore, avere alcuna applicazione.

La sconfitta del movimento quarantottesco era certo un grave colpo per la causa dell'indipendenza e della libertà italiana; quest'ultima però era ormai proceduta troppo innanzi perché si potesse pensare di arrestarla.

VI

LE VITTORIE DEL RISORGIMENTO

La democrazia italiana dal 1849 al 1857.

L'esperienza del '48 non aveva modificato nella sostanza gli orientamenti politici e le convinzioni di Giuseppe Mazzini. Malgrado la sconfitta subìta egli rimaneva convinto che la situazione italiana continuasse ad essere in sommo grado esplosiva e che una ripresa del moto rivoluzionario — illusione del resto condivisa dalla maggioranza dei democratici italiani — fosse imminente. Perché anche questa volta non si ripetesse il fallimento del '48, occorreva soltanto che l'insurrezione delle varie nazionalità oppresse d'Europa, degli italiani, degli ungheresi, dei polacchi, fosse più generale e più coordinata, si costituisse insomma contro la Santa Alleanza dei principi la Santa Alleanza dci popoli. A questo fine costituì nel luglio 1850 a Londra un Comitato centrale democratico europeo del quale erano membri, tra gli altri, il Ruge per la Germania e il Darasz per la Polonia. La Francia era rappresentata da Ledru-Rollin, che Mazzini, suscitando non poche perplessità, aveva preferito al Blanc. Quest'ultimo infatti agli occhi dell'agitatore genovese appariva come l'incarnazione vivente di quei « sistemi » socialisti che, a suo giudizio, introducevano nel campo della democrazia nazionale un elemento di divisione e di puntiglio che ne minava le energie e ne diminuiva le capacità d'urto. La causa del popolo e della emancipazione delle nazionalità oppresse

non tollerava divisioni: e, più che sulla Francia, gli occhi
del tribuno genovese erano puntati sull'Ungheria, sulla Polonia, sulla Germania, oltre che, naturalmente, sull'Italia.

Ma non si rischiava per questa via di sottrarre al progettato movimento rivoluzionario quelle forze popolari che
solo avrebbero potuto assicurarne il successo e per le quali
la questione del « diritto al lavoro », sulla quale Mazzini sor-
volava, era in definitiva la sola che contasse? Ed era legittimo risolvere, come faceva in sostanza Mazzini, la questione sociale nella questione nazionale? A coloro che nutrivano queste perplessità e si ponevano questi interrogativi
giunse opportuna la lettura di un opuscolo — la *Federazione
repubblicana* — del quale era autore Giuseppe Ferrari, un
milanese, già professore all'Università di Strasburgo, noto per
le sue roventi polemiche contro i gesuiti e per la sua partecipazione all'insurrezione lombarda del '48, oltre che per
il suo ingegno, a volte bizzarro e paradossale, ma sempre
acuto. Nel *pamphlet* in questione si sosteneva che la rivoluzione nei singoli Stati avrebbe dovuto, a differenza di quanto
era accaduto nel 1848, precedere la lotta per l'indipendenza
e che questa rivoluzione avrebbe dovuto avere un'accentuazione francamente sociale, anzi socialista, sino a non esitare
a proclamare la necessità di una legge agraria. Il modello
era quello della rivoluzione parigina del '48, da febbraio a
giugno, e da Parigi ancora una volta sarebbe venuto il segnale della rivolta e il sostegno alla medesima. Il Ferrari
rigettava infatti come provinciale e utopistico il concetto mazziniano di una iniziativa italiana.

Il tentativo di costituire su questa base programmatica
un raggruppamento della democrazia italiana in concorrenza
con il movimento mazziniano non riuscì: le idee del Ferrari
per un verso o per l'altro suscitavano perplessità e diffidenza. Chi, come il suo amico e concittadino Cattaneo, che
tanta parte aveva avuto nel governo provvisorio milanese
del '48, respingeva, in coerenza con una visione tutta e con-
seguentemente borghese dello sviluppo della società italiana,
le sue istanze socialiste; chi, come Carlo Pisacane, un gio-

vane e brillantissimo ex-ufficiale napoletano distintosi nella difesa della Repubblica romana, osteggiava la teoria del primato rivoluzionario francese, come quella che condannava i rivoluzionari italiani a una posizione di attesismo. Per quanto concerneva invece il socialismo, non solo il Pisacane era d'accordo con il Ferrari, ma anzi rincarava la dose: proprio in quanto era un paese arretrato nei confronti della Francia, nel quale la questione contadina si poneva in termini di *ancien régime*, l'Italia avrebbe potuto con maggiore facilità scavalcare la fase borghese della rivoluzione; e proprio per questo la rivoluzione nella penisola avrebbe dovuto avere un carattere marcatamente indigeno e uno sviluppo autonomo. Così, se per un verso il Pisacane, per quanto concerneva la analisi delle forze motrici rivoluzionarie si sentiva intellettualmente attratto verso Ferrari, d'altra parte la sua persuasione che fosse necessario fare qualcosa e agire dall'interno della società italiana lo riportava, come di fatto lo riporterà, nelle braccia di Mazzini.

Questi infatti rimaneva, malgrado il « formalismo » del suo programma, il solo tra i democratici italiani che, per il fascino personale, le capacità di tattico e di politico e per il prestigio infine che gli derivava dal ruolo avuto nella gloriosa Repubblica romana, disponesse di un seguito tra gli emigrati e nel paese. Tra il 1850 e il 1853 era riuscito a riannodare molte delle file disperse dopo il '49, e a costituire un importante *réseau* organizzativo negli Stati pontifici, in Toscana, in Liguria, dove si era collegato con le prime società operaie di mutuo soccorso, e in Lombardia. A Milano in particolare i mazziniani erano riusciti a stabilire una saldatura con le Fratellanze operaie e artigiane e gli ambienti popolari della città. Solo nel Mezzogiorno e in Sicilia l'organizzazione mazziniana era scarsamente presente. Nel febbraio '53, malgrado la sua rete cospirativa in Liguria fosse stata di recente sconvolta e decimata dalla polizia, il Mazzini lanciò ancora una volta il segnale dell'insurrezione. Questa avrebbe dovuto aver luogo il 6 febbraio a Milano e ad essa avrebbero dovuto unirsi altre città e regioni italiane.

Una volta vittoriosa, la rivoluzione avrebbe dovuto premere
con la sua autorità su Torino, ai fini di una ripresa della
guerra per l'indipendenza. In realtà nella giornata indicata
i soli a scendere in piazza furono dei gruppi di popolani milanesi (i cosiddetti « barabba »), i cui conati insurrezionali
furono facilmente repressi.

Ancora una volta, malgrado le defezioni e le critiche
asprissime, Mazzini non si dette per vinto. Riparatosi nella
natia Genova, dove visse in clandestinità per tre anni, egli
costituì una nuova formazione politica, il Partito d'azione,
il compito del quale, come appare dal suo stesso nome,
avrebbe dovuto essere quello di un'organizzazione d'avanguardia, formata di professionisti dell'insurrezione e della
guerra per bande. Tagliato fuori dal contatto con le masse,
Mazzini ripiegava nuovamente sulle *élites* rivoluzionarie. Queste, con il loro esempio e la loro milizia, avrebbero trascinato con sé nuovamente il popolo. Su questa base si sviluppò in questo torno di tempo la collaborazione tra Mazzini
e il Pisacane.

Pisacane, come si è detto, nutriva un concetto e una
visione storico-politica della rivoluzione italiana ben diversa
e ben più avanzata di quella di Mazzini, ma con lui con-
cordava sulla necessità di un'azione militare e sul ripudio
di ogni attesismo. Bastava che l'attivismo politico mazziniano
si congiungesse con una precisa conoscenza della questione
italiana perché si trovasse il punto d'appoggio necessario
per far saltare tutto l'edificio. L'anello più debole della catena della reazione italiana non si trovava, come aveva ritenuto Mazzini, nelle città dell'Italia settentrionale, tra i popolani e i borghesi di Milano, di Genova e di Livorno, ma
nel Mezzogiorno, con i suoi contadini affamati di terra e
di giustizia. Questi erano le forze motrici della rivoluzione
italiana e questa — nasceva così un'idea che sarà cara a
Bakunin, e, dopo di lui, a molti uomini della democrazia
italiana — non sarebbe avvenuta attraverso una conquista
del Sud miserabile da parte del Nord borghese, ma al contrario attraverso un'esplosione rivoluzionaria nel Mezzogiorno,

che si sarebbe poi comunicata a tutto il paese: una rivoluzione insomma « dal basso », sia dal punto di vista geografico come da quello sociale. Da questo incontro tra Mazzini e Pisacane nacque quello che in un certo senso si può considerare l'ultimo dei tentativi rivoluzionari mazziniani, la spedizione di Sapri del giugno 1857. Salpato da Genova alla testa di un drappello di patrioti, cui poi si aggiunsero dei detenuti liberati nell'isola di Ponza, il Pisacane prese terra a Sapri, la sera del 28. La *jacquerie* contadina che egli aveva sperato di suscitare non ci fu, ché anzi i contadini del luogo dettero man forte ai Borboni e Pisacane e i suoi compagni trovarono così quasi tutti la morte. A pochi mesi dalla sua tragica fine venne reso pubblico dai giornali il testamento politico del Pisacane: da esso appariva l'estrema lucidità rivoluzionaria con cui egli era partito per la sua avventurosa impresa, pienamente consapevole dei suoi rischi e delle sue scarse possibilità di successo, ma convinto sin nell'intimo che il proprio dovere di rivoluzionario si dovesse comunque fare.

L'effetto immediato del disastro di Sapri fu quello di fare ancora una volta il vuoto attorno a Mazzini, cui troppe volte ormai — tale era il punto di vista di molti — si era perdonata la sua avventatezza. Questa volta però, a differenza di quanto era accaduto dopo il 1848, i transfughi del campo mazziniano non si orientarono verso posizioni più radicali, ma più moderate. Questa loro evoluzione era stata del resto propiziata dallo stesso Mazzini, che negli ultimi anni, come già aveva fatto nel '48, aveva delineato una linea politica (la cosiddetta « bandiera neutra ») intesa a subordinare tutte le questioni, ivi compresa quella della forma di governo, al raggiungimento dell'unità e dell'indipendenza. Se ai tempi del vacillante Carlo Alberto era difficile pensare che il Piemonte potesse dar piene garanzie e affidamento per la vittoria della causa italiana, ora le cose erano molto cambiate. Qualcosa di nuovo, di radicalmente e profondamente nuovo, stava nascendo nel vecchio Piemonte.

Cavour e il Piemonte.

Una delle leggende della storiografia risorgimentale italiana è che nel colloquio svoltosi dopo la sconfitta di Novara a Vignale tra il Radetzky e il nuovo re Vittorio Emanuele II, questi avesse rifiutato di impegnarsi ad abrogare lo Statuto e avesse per questo rinunciato a possibili compensi territoriali. In realtà questa proposta non venne mai fatta e si sa anzi per certo che Vittorio Emanuele s'impegnò con l'Austria a combattere il partito democratico, come del resto egli era personalmente incline a fare. Dopo aver represso la rivolta di Genova, non esitò infatti nel novembre '49 a sciogliere la Camera, che si era mostrata restia alla approvazione del trattato di pace, accompagnando il decreto di scioglimento con un proclama assai esplicito (che fu scritto dal primo ministro d'Azeglio), in cui si faceva balenare la possibilità di un'abrogazione dello Statuto, se le elezioni non avessero avuto un esito favorevole ai moderati. L'affermazione di questi ultimi e la fermezza del d'Azeglio riuscirono peraltro a scongiurare il pericolo di una restaurazione assolutistica e il Piemonte, unico tra gli Stati italiani, seguitò ad essere una monarchia costituzionale. Passato anzi il momento critico dell'immediato dopoguerra, il suo governo riprese, malgrado l'opposizione assai consistente dei « municipali » e dei conservatori e le perplessità dello stesso re, l'indirizzo riformatore che aveva caratterizzato i vari governi italiani negli anni tra il 1846 e il 1848. Nel febbraio '50, il Siccardi, ministro guardasigilli nel Gabinetto d'Azeglio, presentò infatti alla Camera un complesso di leggi tendenti a limitare i privilegi del clero (abolizione del foro ecclesiastico e dei residui del diritto d'asilo, limitazione delle giornate festive) e ad adeguare così la legislazione piemontese a quella di altri Stati italiani in un campo nel quale essa era particolarmente arretrata. Le leggi Siccardi passarono senza incontrare eccessive resistenze, ma non così avvenne del progetto di legge sul matrimonio civile presentato dal d'Azeglio il quale, per l'ostilità con cui la sua proposta venne accolta dalla Camera e, soprattutto, dal re, fu costretto nell'ottobre del 1852 alle dimissioni. Dopo una travagliata crisi, a formare il nuovo gabinetto venne chiamato il conte Camillo Benso di Cavour, che nel precedente ministero aveva ricoperto la carica di ministro dell'Agricoltura e che si era impegnato a non porre la fiducia sulla questione del matrimonio civile.

Saliva così al potere l'uomo al cui nome è legata la realizzazione dell'unità d'Italia, una tra le poche figure della storia italiana passata ai posteri con il fascino del vincitore e non con quello del vinto. Cadetto di una famiglia di vecchia nobiltà e indirizzato dal padre alla carriera militare, egli l'aveva ben presto abbandonata per una vita di viaggi, di affari, di speculazioni, di studi e di amori, e per dedicarsi in età più matura alla politica. In una società in cui molti erano gli aristocratici taccagnamente imborghesiti e molti i borghesi che ostentavano pose nobiliari, egli possedeva al tempo stesso tutte le virtù del borghese e tutte le virtù dell'aristocratico: l'irrequietezza intellettuale e l'abitudine al comando, il gusto di far denaro e quello di spenderlo, la freschezza di energie di una nuova classe sociale e lo stile di una vecchia. Di orientamenti politici moderati, alieno da ogni simpatia verso la rivoluzione e il romanticismo politico dei mazziniani, egli si rese conto peraltro della impossibilità di governare contro le diffuse aspirazioni democratiche fermentanti nei ceti borghesi e piccolo-borghesi e, prima ancora di assumere le redini del gabinetto, si assicurò una sicura maggioranza nel Parlamento, stringendo un'alleanza (il cosiddetto « connubio ») con le correnti più moderate della sinistra e con il loro esponente più in vista, Urbano Rattazzi. Essendosi in tal modo garantito contro l'impazienza dei mazziniani e le nostalgie retrive dei « municipali » della corte, poté svolgere con relativa tranquillità il programma di liberalizzazione e di ammodernamento della società piemontese che aveva in mente.

Innanzitutto nel campo economico: da buon lettore di

Adam Smith e da imprenditore agricolo illuminato e intraprendente quale egli era, il Cavour nutriva una concezione dello sviluppo economico essenzialmente liberista. La via del rinnovamento della società piemontese passava a suo giudizio attraverso la vittoria delle tendenze mercantili e capitalistiche già operanti in essa e questa a sua volta aveva per presupposto una radicale e tonificante liberalizzazione del mercato e l'inserimento pieno del Piemonte nel grande circuito dell'economia europea. Profondamente convinto della giustezza e della fecondità di questa prospettiva di sviluppo economico, il Cavour, già nei diciotto mesi durante i quali aveva occupato la carica di ministro dell'Agricoltura, aveva stipulato una serie di trattati commerciali — con la Francia, con l'Inghilterra, con il Belgio, con l'Austria — tutti improntati a un pronunciato liberismo. La visione che egli nutriva dello sviluppo capitalistico era essenzialmente fondata sulla prospettiva di una sua germinazione dal basso, attraverso l'iniziativa coraggiosa dei singoli produttori e agricoltori, così come era avvenuto nelle evolute società dell'Europa occidentale, in Inghilterra e in Francia. Ciò richiedeva peraltro dei tempi assai lunghi e Cavour, che non era un dottrinario e che aveva ben appreso dai testi che aveva letto la distinzione tra economia teorica e politica economica, non escludeva affatto che si potessero trovare delle scorciatoie e degli espedienti che consentissero all'economia piemontese, o italiana, di riguadagnare parte del tempo perduto. A questo fine, al fine cioè di sollecitare e agevolare il libero sviluppo dell'economia borghese, doveva esser diretta l'azione dello Stato. Ed ecco il Cavour progettare e promuovere nella sua azione di governo la costruzione in grande stile di opere pubbliche a carattere infrastrutturale: il canale che da lui prese nome e che consentì l'irrigazione razionale delle campagne novaresi e vercellesi, il traforo del Fréjus, le ferrovie. In questo quadro va anche vista la costituzione di un grande istituto centrale e statale di credito, la Banca nazionale, embrione della futura Banca d'Italia.

I frutti di questa politica economica non tardarono ad

apparire evidenti: al principio del 1859 il Piemonte contava 850 chilometri di ferrovie, tra private e statali, contro i 986 esistenti in tutti gli altri Stati d'Italia, e il suo commercio estero era notevolmente superiore a quello del vicino e florido Lombardo-Veneto. In un'Italia in cui il ritmo dello sviluppo economico, dopo la curva ascendente del periodo 1830-46, segnava il passo, il Piemonte era l'unico Stato che riuscisse a tener dietro in qualche modo alla vertiginosa crescita dell'economia capitalistica europea.

Ma la libertà economica non era concepibile senza la libertà politica, la libertà del borghese senza quella del cittadino. Cavour ne era pienamente consapevole e proseguì perciò con grande fermezza nell'opera di laicizzazione dello Stato già intrapresa dal d'Azeglio. Nel 1855, pur di non rinunciare a una legge che sopprimeva un cospicuo numero di conventi, egli non esitò a affrontare una difficile crisi di governo (la cosiddetta « crisi Calabiana ») e a tener testa al re, che si era impegnato con Pio IX ad adoperarsi perché la legge in questione non passasse. Sotto il governo di Cavour il Piemonte fu il solo tra gli Stati italiani in cui non solo la vita politica e parlamentare si svolgeva secondo le norme della monarchia costituzionale e dello Statuto, ma anche quello in cui vigeva un regime di effettiva libertà di stampa, di associazione e di insegnamento. Ciò finì per fare del regno subalpino un centro di attrazione per molti degli emigrati politici italiani, che sempre più numerosi vennero a stabilirsi a Torino e vi ottennero dal governo importanti incarichi nell'insegnamento e nell'amministrazione. Il loro numero raggiunse ben presto le varie decine di migliaia, al punto che il problema della loro convivenza con la popolazione piemontese si pose seriamente. Tra di essi vi erano uomini di grande prestigio e autorità, quali il romagnolo Luigi Carlo Farini, il lombardo Cesare Correnti, il modenese Manfredo Fanti, che divenne generale dell'esercito piemontese, il siciliano Francesco Ferrara, un economista di grande valore, cui si deve l'iniziativa della collana « Biblioteca dell'economista » che fece conoscere in Italia i classici dell'economia politica moderna, il napoletano Bertrando Spaventa, filosofo di scuola hegeliana e Francesco De Sanctis, pure napoletano, il più dotato critico e storico letterario dell'Ottocento italiano. Di diversa provenienza regionale, gli emigrati politici in Piemonte erano divisi anche per orientamenti politici: alcuni — come il Mamiani, il Bonghi, il Bianchi — erano più o meno vicini al moderatismo piemontese e cavourriano, altri — come il folto gruppo dei residenti a Genova, nel quale facevano spicco Rosolino Pilo, Agostino Bertani e lo stesso Pisacane — erano stati o erano ancora mazziniani. Dopo il fallimento dell'impresa di Sapri — come si è già avuto modo di accennare — una sempre più larga convergenza sulle posizioni cavourriane venne manifestandosi nelle file dell'emigrazione. Nacque così, per impulso del La Farina e di Daniele Manin, la Società nazionale che si proponeva di raccogliere attorno a sé e sotto la bandiera dell'unitarismo monarchico tutto il patriottismo italiano. Ad essa aderì anche Giuseppe Garibaldi. L'isolamento di Mazzini era così completo. Autorizzata tacitamente in un primo tempo, incoraggiata poi pubblicamente e ufficialmente, la Società nazionale fu, come vedremo nel paragrafo seguente, uno strumento di prim'ordine della politica estera e nazionale cavourriana.

La diplomazia di Cavour e la seconda guerra di indipendenza.

La nozione di un Cavour diplomatico e « tessitore » paziente della lunga tela dell'unità d'Italia è tra le più correnti. Sarebbe però errato interpretarla nel senso che sin dagli inizi lo statista piemontese avesse chiaro davanti agli occhi quell'obiettivo dell'unità d'Italia che egli poi effettivamente raggiunse e che il suo lavorio diplomatico fosse tutto in funzione di questo grande fine. In realtà, come vedremo, fino a una data assai avanzata, il Cavour considerò l'unità d'Italia sotto casa Savoia un obiettivo praticamente irrealizzabile e la sua abilità non consistette nell'inflessibilità di colui che sa attendere che le situazioni maturino e le giornate decisive giungano una buona volta, quanto nell'empirismo di colui che sa ricavare dalle situazioni e dalle contingenze che via via gli si presentano il massimo di risultati. Ciò egli poté fare perché pienamente consapevole del fatto che, come si è visto a suo tempo, l'esistenza di uno scacchiere politico europeo non cristallizzato era il presupposto ineliminabile di ogni iniziativa italiana.

Da questo punto di vista la situazione negli anni cinquanta si presentava assai più favorevole di quella stessa che si era aperta con le giornate di luglio. L'avvento del bonapartismo — e il Cavour fu uno dei primi a comprenderlo — non aveva significato affatto, malgrado il suo « l'empire c'est la paix », un ritorno della Francia a una politica estera isolazionista, o peggio, legittimista. Fermo restando il ruolo dinamico e progressivo della politica inglese sul continente, un nuovo *atout* a favore della diplomazia piemontese era dato dal peggioramento dei rapporti austro-russi, manifestatosi come strascico degli eventi del '48 e acuitosi sino a divenire aperta dissidenza con il nuovo insorgere della questione d'Oriente e la guerra di Crimea (1853-56). Quest'ultima, come è noto, fu l'occasione che permise al Piemonte, che inviò un proprio corpo di spedizione a combattere assieme alle truppe francesi e inglesi attorno a Sebastopoli, di inserirsi nel concerto delle grandi potenze e della grande politica europea e di partecipare al congresso di Parigi del 1856. Per la verità non fu tanto il Cavour, quanto Vittorio Emanuele II, a esercitare le maggiori pressioni per l'intervento, ma al primo spetta senza dubbio il merito di aver saputo trarre dal contributo militare piemontese un cospicuo frutto politico. Il congresso di Parigi — cui il Cavour partecipò come rappresentante del Piemonte — non dette al Piemonte stesso gli sperati vantaggi territoriali (si era pensato a un'annessione dei ducati di Modena e di Parma); la discussione sulla questione italiana, sollecitata dal Cavour, ebbe luogo soltanto nell'ultima seduta e si ridusse a una requisitoria del delegato inglese, lord Clarendon, contro il malgoverno di cui

erano vittima i sudditi dello Stato pontificio e del regno di
Napoli e non dette luogo ad alcun documento comune. Se
questi sono i limiti del congresso di Parigi relativamente alla
questione italiana, è vero però che il febbrile lavorio diplomatico del Cavour e in particolare il consolidamento dei già
buoni rapporti personali esistenti tra lui e Napoleone III
avrebbero dato ben presto risultati evidenti. Inoltre, proprio
in quanto non aveva prodotto alcun risultato pratico, il congresso di Parigi aveva fatto maturare nel Cavour la convinzione che la questione italiana non si potesse risolvere per
via diplomatica e che fosse necessario affrontare coraggiosamente l'ipotesi di una ripresa della lotta armata contro
l'Austria. « Le canon seul — scriveva Cavour a Emanuele
d'Azeglio — peut nous tirer d'affaire. »
    Ma chi sarebbe stato l'alleato del Piemonte nella nuova
guerra d'indipendenza? La fondata speranza che esso potesse
essere la Francia di Napoleone III parve dissolversi quando,
il 14 gennaio 1858, si sparse per l'Europa la notizia che l'imperatore era sfuggito fortunosamente a un attentato e che
l'attentatore era un italiano, Felice Orsini, che con il suo
gesto aveva inteso colpire l'uomo del 2 dicembre e l'affos-
satore della Repubblica romana. Ma accadde invece l'imprevedibile: la dignità dell'Orsini nell'affrontare il processo e
la morte, la lettera che dal carcere egli indirizzò a Napoleone esortandolo a liberare l'Italia, e la cui pubblicazione
venne autorizzata probabilmente dall'imperatore stesso, per-
suasero quest'ultimo della necessità e improrogabilità di una
soluzione della questione italiana. Sei mesi dopo l'attentato,
Napoleone III incontrava il Cavour a Plombières e nel corso
di questo loro colloquio vennero gettate le basi della futura
alleanza e dell'assetto che la penisola avrebbe avuto in caso
di vittoria. Il Piemonte avrebbe ceduto Nizza e la Savoia alla
Francia e avrebbe ottenuto tutta l'Italia settentrionale al di
qua degli Appennini; i territori dell'Italia centrale, eccetto
Roma e la regione circostante, avrebbero costituito un regno
dell'Italia centrale sotto un sovrano da designarsi, e l'Italia
meridionale avrebbe conservato la sua unità e i suoi confini,

ma sarebbe stata cambiata la dinastia regnante (Napoleone pensava forse al figlio di Gioacchino Murat). Questi tre Stati italiani avrebbero infine formato una confederazione sotto la presidenza del papa. Questi accordi, dei quali solo la parte relativa al costituendo regno dell'Alta Italia sotto la monarchia di Savoia e alla cessione di Nizza e della Savoia figurarono nel trattato stipulato nel gennaio 1859, furono suggellati dal matrimonio tra la principessa Clotilde, figlia di Vittorio Emanuele, e il principe Gerolamo Bonaparte.

Seguirono per Cavour dei lunghi mesi di snervante attesa trascorsi nel timore che l'intervento mediatore inglese pregiudicasse la riuscita del suo piano. Ma l'ultimatum austriaco del 19 aprile, costituendo quel *casus belli* che era previsto dal trattato, venne a toglierlo da queste angustie. Le ostilità ebbero inizio il 29 aprile e le operazioni militari presero subito un andamento favorevole all'esercito franco-piemontese: la vittoria francese di Magenta gli schiuse le porte di Milano e quelle di Solferino e di San Martino gli offrirono la possibilità di una rapida conclusione vittoriosa della campagna. Ma questa non venne colta per il sopraggiungere di nuovi e imprevisti (almeno per Napoleone III) avvenimenti.

Nel frattempo infatti nell'Italia centrale delle incruente insurrezioni avevano cacciato i rispettivi sovrani e, sollecitata dagli uomini della Società nazionale, vi si faceva sempre più strada l'idea di un'annessione al Piemonte. Furono questi sviluppi della situazione, oltre al timore di un possibile intervento prussiano, a indurre Napoleone a stipulare in tutta fretta a Villafranca dei preliminari di pace con l'Austria (11 luglio), i quali prevedevano la cessione al Piemonte della sola Lombardia, eccettuata la piazzaforte di Mantova, e per il resto, salva la costituzione di un'ipotetica federazione italiana, la conservazione dello *statu quo*. Di fronte a questo fatto compiuto, in base al quale l'Austria manteneva ancora saldamente il piede nella penisola, Cavour presentò amareggiatissimo le sue dimissioni e l'incarico di formare un nuovo governo venne dal re affidato al La Marmora. Se Cavour non era più al governo i cavourriani e gli uomini della Società nazionale erano sempre attivi, a Bologna, a Firenze, nelle Legazioni e premevano sempre più nel senso dell'annessione. Napoleone III, che a Villafranca si era decisamente opposto a che i sovrani spodestati fossero restaurati mediante un intervento austriaco, si veniva così a trovare in una situazione assai delicata e disagevole. Egli rischiava infatti di scontentare tutti: gli austriaci, che volevano il ritorno dell'Italia allo *statu quo*, gli italiani, che avevano accolto gli accordi di Villafranca come un tradimento e, infine, i francesi che avevano dovuto rinunciare all'acquisto di Nizza e della Savoia. L'inclinazione dell'imperatore a uscire da questa *impasse* mediante una soluzione nel senso favorevole agli interessi italiani non poté concretarsi sino a che, nel gennaio 1860, il Cavour non ritornò al potere e ruppe gli indugi di una situazione estremamente intricata negoziando quella che ormai era l'unica soluzione realistica: ·annessione della Toscana e dell'Emilia al Piemonte e annessione di Nizza e della Savoia alla Francia, entrambe da realizzarsi nella forma tipicamente napoleonica dei plebisciti. Questi ebbero luogo l'11 e il 12 marzo in Emilia e in Toscana e il 15 e il 22 aprile a Nizza e nella Savoia, e si risolsero tutti in una accettazione a maggioranza schiacciante dell'annessione rispettivamente al Piemonte e alla Francia. Ma l'« annus mirabilis » del Risorgimento italiano non era ancora terminato. Prima della sua fine altri eventi portentosi si sarebbero prodotti e il traguardo ancor giudicato irraggiungibile dell'unità d'Italia sarebbe stato raggiunto.

La spedizione dei Mille e l'unità d'Italia.

Fino alla primavera del 1860 l'iniziativa politica era stata dunque saldamente nelle mani di Cavour e del partito moderato: i democratici — e in primo luogo Mazzini — si erano visti confinati a una funzione di pungolo di avvenimenti le cui fila non erano nelle loro mani. La pausa

succeduta ai plebisciti e la fondata sensazione che con essi
il Piemonte e la Francia considerassero ormai raggiunte le
colonne d'Ercole oltre le quali non si sarebbe potuti andare,
restituirono fiato e vigore al programma integralmente unitario dei democratici. L'unificazione italiana non doveva esser
lasciata a mezzo e, se i re e i diplomatici non avevano la
forza per terminarla, sarebbe stato il popolo a portarla a compimento. L'idea — già di Pisacane e di Mazzini — di una
spedizione nel Mezzogiorno, e più precisamente in quella
Sicilia in cui la rivolta antiborbonica aveva assunto dai primi
d'aprile un carattere endemico, e che di qui risalisse poi la
penisola sino a Roma e forse anche a Venezia, venne prendendo piede tra gli emigrati siciliani, quali il Crispi e il Pilo.
Questi riuscirono a convincere Garibaldi, i cui rapporti con
Cavour avevano subito di recente un peggioramento, a mettersi a capo dell'impresa. Né Vittorio Emanuele II, che rifiutò a Garibaldi un reggimento che questi gli aveva richiesto,
né Cavour favorirono certo i preparativi dell'impresa, il cui
varo del resto fu per diversi giorni in forse e alla cui riuscita
ben pochi credevano. Comunque il 6 maggio la spedizione
dei Mille prendeva il mare con un armamento che avrebbe
ben figurato in un museo militare e una dotazione in denaro di 94.000 lire. Cavour impartì l'ordine di fermarla
qualora avesse fatto scalo nel porto di Cagliari e di lasciarla
proseguire se fosse passata al largo. Il *détour* che i due piroscafi carichi di volontari fecero a Talamone per rifornirsi di
armi, li portò a passare assai lontano dalle coste della Sardegna e perciò la loro navigazione poté procedere indisturbata
sino a Marsala, il porto siciliano in cui i garibaldini presero
terra l'11 maggio su indicazione di alcuni pescatori incontrati
in mare, i quali avevano segnalato loro che la piazza era
sguarnita da presidi borbonici. Lo stellone d'Italia decisamente funzionava.

Il primo scontro coi borbonici avvenne il 15 maggio a
Calatafimi e fu assai aspro: la vittoria, che arrise infine ai
garibaldini, ebbe un effetto galvanizzante su di essi e sulle
squadre di « picciotti » siciliani che ad essi si erano unite,

e il 30 maggio, dopo una brillante manovra di sganciamento dal grosso delle forze borboniche e tre giorni di combattimenti di strada, Garibaldi si rendeva padrone di Palermo.
L'Europa assisteva tra attonita e entusiasta all'inconsueto spettacolo di un pugno di armati che riusciva ad aver ragione
di un potente esercito regolare e metteva in forse le sorti
di un regno.

Cavour, per sua propria confessione, si trovava « dans
le plus cruel embarras ». Certo Garibaldi, assumendo il titolo di dittatore in Sicilia lo aveva fatto a nome di Vittorio Emanuele, e sembrava fermo nel suo lealismo monarchico. Ma d'altra parte egli sembrava deciso a marciare
su Roma, dove dal '49 stazionava sempre un presidio francese. Certo l'Inghilterra dava segni evidenti di seguire con
simpatia l'impresa garibaldina, ma non si potevano escludere
complicazioni diplomatiche di altro genere. Ma forse la perplessità maggiore del Cavour proveniva anche dal presentimento, se non dalla consapevolezza, che l'annessione dei territori meridionali avrebbe considerevolmente mutato i termini dei problemi che i futuri governi italiani avrebbero dovuto affrontare. L'Italia meridionale con i suoi « galantuomini » e le sue campagne devastate dalla siccità, i suoi contadini assetati di giustizia era ben altra cosa del suo Piemonte e della Lombardia, coi loro agricoltori-imprenditori,
i loro canali, la loro relativa prosperità. Per essa certo non
valevano quelle previsioni di uno sviluppo capitalistico e civile lento e graduale, dal basso, che valevano invece per l'Italia padana. È questa una preoccupazione che non di rado af-
fiora nei carteggi tra Cavour e i suoi corrispondenti nel Mezzogiorno in questo periodo.

Comunque, da buon giocatore qual era, Cavour accettò
anche questa volta la partita, anche se non aveva più la prima
mano. Osteggiare o ostacolare l'impresa garibaldina certo
non si poteva, ma si poteva cercare di strapparne la direzione dalle mani di Garibaldi e dei democratici, e fu questa
la via che il Cavour prescelse. S'ingaggiò così tra lui e Garibaldi una lotta sotterranea, nella quale lo statista piemon-

tese perse alcune battaglie, altre ne vinse, ma riuscì infine a vincere la guerra. Non gli riuscì infatti né di convincere Garibaldi a proclamare subito l'annessione della Sicilia all'Italia (l'isola continuò ad essere provvisoriamente retta da un governo di cui era *magna pars* il Crispi), né di persuaderlo a rinunciare allo sbarco nel continente (ma si tratta di una questione controversa), né infine di far scoppiare a Napoli dei moti che sfociassero nella costituzione di un governo moderato prima che Garibaldi, il 7 settembre, vi facesse il suo ingresso trionfale. In compenso Cavour riuscì a strappare a Napoleone III l'assenso a che un corpo di truppe regolari piemontesi muovesse ad occupare le Marche e l'Umbria in direzione del Sud.

Nei primi giorni di settembre, dopo l'ingresso dei garibaldini a Napoli, la sottile partita che da tempo opponeva il focoso e glorioso generale e l'oculato statista piemontese raggiunse il suo punto limite. L'11 settembre Garibaldi chiedeva in una lettera a Vittorio Emanuele, del quale conosceva l'insofferenza (o il complesso di inferiorità) verso il suo primo ministro, il licenziamento di Cavour. Questi però aveva previsto la mossa, e in un colloquio col re svoltosi l'8 settembre in presenza del Farini era riuscito a strappargli un impegno formale a sostenere la sua politica. Forte di questa carta, egli poté l'11 ottobre ottenere dal Parlamento l'assenso a indire in Sicilia e nel Mezzogiorno dei plebisciti per l'annessione, analoghi a quelli che già si erano avuti per l'Emilia e per la Toscana, tagliando corto così alle speranze di Garibaldi e dei democratici di contrattare sul terreno politico le loro vittorie militari. I plebisciti si tennero il 21 ottobre e dettero, sia nel Mezzogiorno che in Sicilia, una maggioranza pressoché assoluta all'annessione. La prova di forza era così finita ancora una volta con la piena vittoria di Cavour. A Garibaldi, che aveva già in precedenza rinunciato a proseguire in direzione di Roma, non rimaneva altro che dare le consegne a Vittorio Emanuele, il quale alla testa dell'esercito piemontese, travolte le resistenze pontificie, avanzava verso il Sud per ricongiungersi con i garibaldini, che venivano dall'infliggere sul Volturno ai Borboni l'ultima e decisiva sconfitta. L'incontro tra colui che era ormai il re d'Italia e Garibaldi avvenne a Teano, il 27 ottobre, e fu lungi dall'avere quella cordialità e quella solennità che l'agiografia patriottica gli ha poi prestato.

Ma le ragioni della nuova sconfitta di Garibaldi e dei democratici non vanno ricercate soltanto nell'abilità diplomatica di Cavour, ma anche e forse precipuamente negli sviluppi interni della situazione in Sicilia e nell'Italia meridionale. Al momento del suo sbarco a Marsala e nel corso della sua avanzata attraverso la Sicilia e l'Italia meridionale Garibaldi era apparso alle masse contadine del Sud come un mitico liberatore e vendicatore delle loro sofferenze, quasi un messia. Alcuni dei primi atti del governo provvisorio da lui insediato in Sicilia, quali l'abolizione dell'esosa tassa sul macinato e il decreto relativo alla divisione dei beni comunali del 2 giugno, sembrarono incoraggiare queste speranze. Ma la delusione non doveva tardare a giungere: il 4 agosto, nella Ducea di Bronte, Nino Bixio, il fidato luogotenente del leggendario generale, reprimeva con arresti e fucilazioni in massa una delle tante agitazioni contadine che si erano accese in tutta la Sicilia in quei giorni di euforia e di speranza. La delusione delle masse popolari non si manifestò soltanto attraverso l'assottigliamento del flusso dei volontari nelle file garibaldine, ma anche con veri e propri episodi di rivolta. Nel settembre una sollevazione generale contadina con l'eccidio di 140 liberali divampò in Irpinia e fu domata solo dall'invio di una colonna garibaldina al comando dell'ungherese Türr. Erano le prime avvisaglie del brigantaggio, di quel fenomeno cioè di guerriglia e di *jacquerie* contadina che insanguinerà le campagne di buona parte dell'Italia meridionale nei primi anni di vita del nuovo Stato italiano.

D'altra 'parte, se Garibaldi aveva deluso le masse contadine meridionali, egli non era riuscito neppure a tranquillizzare i ceti dei possidenti e dei galantuomini. Il ritorno alla normalità e il ristabilimento dell'ordine nelle campagne sa-

rebbe stato assicurato assai meglio — era questa la loro
ferma opinione — da un re legittimo e da un esercito regolare, quali erano quelli piemontesi, piuttosto che da un
capopopolo improvvisatosi generale, circondato da una péri-
colosa accolta di agitatori democratici. Autonomisti o uni-
tari a seconda delle circostanze, conservatori sempre, i notabili e gli aristocratici siciliani non furono da meno dei loro
colleghi del continente nell'invocare l'intervento piemontese
e nel salutare con gioia la soluzione cavourriana dell'annessione attraverso il plebiscito. Sotto l'occhio vigile del nobile del luogo e del fattore i contadini meridionali andarono
— si ricordi la descrizione efficacissima del plebiscito in un
villaggio siciliano nel romanzo *Il Gattopardo* — a deporre
nell'urna il loro *sì* all'unità d'Italia. Quest'ultima ereditava
però, insieme a questi suoi nuovi cittadini, anche le loro
sofferenze e i loro rancori; ereditava la pesante e difficile
« questione meridionale ».

Arte e cultura nel Risorgimento.

Esiste certamente — e già abbiamo avuto occasione di
farne cenno — una cultura del Risorgimento. Essa ebbe
prevalentemente una dimensione romantica e storico-nazio-
nale, fu volta cioè a svolgere una sistematica azione di recupero nella storia della nazione e della cultura italiana ai
fini della formazione di una coscienza nazionale.

L'Italia agli occhi dei neoguelfi era la nazione i cui liberi comuni, sostenuti dal papato, avevano per primi innal-
zato la bandiera della rivolta contro l'universalismo imperiale e le gerarchie cavalleresche del mondo feudale; oppure, agli occhi dei laici e dei cosiddetti neoghibellini, la
nazione che aveva generato Arnaldo da Brescia e gli altri eretici medievali e che con Machiavelli aveva puntato il dito
accusatore sul potere temporale dei papi. Essa non era stata
soltanto la patria dei letterati e dei mercanti, ma anche di
uomini d'arme e di combattenti contro lo straniero, dal mi-

lanese Alberto da Giussano, vincitore del Barbarossa, a Francesco Ferrucci, eroico difensore della libertà fiorentina e protagonista di un romanzo storico del Guerrazzi, a quell'Ettore Fieramosca — anche lui personaggio di un romanzo storico di Massimo d'Azeglio — che sconfisse il francese La Motte alla disfida di Barletta. A prescindere però da questi aspetti più appariscenti e più ingenui, l'azione di recupero culturale svolta dalla cultura romantica nel periodo del Risorgimento produsse risultati notevoli. Il più importante e quello destinato a lasciare un segno più profondo su generazioni di futuri italiani è certo la *Storia della letteratura italiana* di Francesco De Sanctis, la prima storia letteraria concepita non più, alla moda delle precedenti storie settecentesche, come un florilegio di belle pagine e di buoni autori, ma come un profilo dello svolgimento storico delle lettere e della cultura italiana. Per queste sue caratteristiche essa non è soltanto una storia letteraria, ma costituisce anche l'approssimazione più vicina a una storia generale d'Italia che la cultura ottocentesca sia riuscita a darci.

Accanto al nome del De Sanctis potremmo ricordare quello del Ferrari, che ci ha lasciato pagine stimolantissime, sulla scia del Sismondi e del Quinet, circa la storia delle città e delle rivoluzioni italiane, o quello di Michele Amari, autore di una ricerca storica esemplare sulla Sicilia musulmana; o ancora quello di Niccolò Tommaseo, cui dobbiamo un importante vocabolario della lingua italiana. Nel complesso la mole di lavoro svolta dalla cultura romantica italiana fu imponente e costituisce ancor oggi la base dell'insegnamento delle materie umanistiche quale viene impartito nelle scuole superiori. Ciò non significa naturalmente che non vi si possano riscontrare lacune: la scoperta ad esempio del Rinascimento come età storica fu prevalentemente opera di studiosi stranieri, quali il Michelet e il Burckhardt.

Se dunque una cultura del Risorgimento certo esiste, non si può dire invece con altrettanta sicurezza che esista una letteratura del Risorgimento. Naturalmente ciò non significa che non vi siano opere e testi letterari che si sforzano di esprimere i sentimenti e le passioni civili delle generazioni che vissero il Risorgimento, ma soltanto che queste opere e questi testi presentano un valore letterario assai relativo. È il caso dei numerosissimi romanzi storici dei quali si è già fatto cenno, e nei quali invano si cercherebbe una traccia della grande lezione manzoniana. È questo il caso della lirica patriottica del Berchet e dei suoi imitatori. Poesie quali quella sull'assedio di Venezia del Fusinato o quella sulla spedizione di Sapri del Mercantini riescono solo a presentare sotto una luce falsamente elegiaca episodi storici di ben diversa drammaticità. Tra i poeti italiani del periodo del Risorgimento il solo Giusti, con i suoi componimenti satirici e burleschi, ha una sua, sia pur minore, personalità e tra gli scrittori in prosa il solo Ippolito Nievo, un democratico di idee molto avanzate, che partecipò alla spedizione del 1860, riuscì a conseguire con le sue *Confessioni di un italiano* risultati artisticamente validi. Quanto al teatro del Risorgimento — un genere letterario peraltro eminentemente civile — esso è praticamente inesistente: a un conoscitore come Gogol, che viaggiò in Italia nei primi decenni del secolo, la scena italiana apparve « arida e vuota » e capace soltanto di « ripetere l'eterno vecchio Goldoni ». Le tragedie storico-patriottiche del Niccolini o di Silvio Pellico non erano certo tali da riempire questo vuoto.

In definitiva l'unico artista del Risorgimento che sia riuscito a risolvere sul piano della larga comunicatività una elaborazione artistica originale e autentica e che, in quanto tale, possa esser considerato veramente un artista del Risorgimento fu Giuseppe Verdi. Con le sue opere dai libretti victorhughiani, e il suo romanticismo e populismo musicale, infiammò le platee dell'epoca. Ma un'arte come la sua, in cui l'elemento nativo e tradizionale del « temperamento » italiano occupa un posto così importante, non può bastare a dare il sigillo a un'intera età storica.

VII

UN DECOLLO DIFFICILE

Il prezzo dell'unificazione.

A chi nella primavera del 1859, al momento in cui le truppe franco-piemontesi varcavano il Ticino, avesse pronosticato che di lì a poco più di un anno l'intera penisola, con l'eccezione del Veneto e del Lazio, sarebbe stata unificata, ben pochi — e forse anche Cavour — avrebbero prestato credito. Eppure il grande evento si era compiuto e il 4 marzo 1861 il Parlamento subalpino, riunitosi dopo la caduta di Gaeta, l'ultima piazzaforte borbonica, proclamò solennemente l'unità d'Italia. A renderla possibile avevano contribuito una congiuntura diplomatica estremamente favorevole e l'estrema abilità di Cavour nello sfruttarla, lo spirito di avventura di Garibaldi e lo « stellone » che lo aveva assecondato, il sangue dei caduti sui campi di battaglia di Lombardia e quello dei contadini trucidati a Bronte, una serie cioè di eventi e un intreccio di forze contrastanti quali raramente si manifestano simultaneamente nella storia e che, quando ciò accade, danno a chi li rievochi l'impressione di una forzatura del ritmo normale della vita collettiva.

Ma tutte le forzature e tutte le accelerazioni hanno un loro prezzo ed anche l'unità d'Italia ebbe il suo.

Anzitutto nel senso più letterale e corrente della parola, e se ne accorgeranno, come vedremo più avanti, i primi presidenti del Consiglio e i primi ministri delle Finanze del

nuovo regno d'Italia. Ma il prezzo dell'unificazione fu soprattutto politico e va considerato come una conseguenza
del modo in cui l'unificazione stessa si era realizzata. Come
infatti si è visto, ad essa si era giunti attraverso una serie
di successive annessioni al Piemonte dei vari Stati italiani
preesistenti. Il desiderio di bruciare i tempi e di mettere
l'Europa di fronte a un fatto compiuto e, soprattutto, la
ferma risoluzione di Cavour e dei moderati di contrastare,
sino a tacitarla, l'iniziativa democratica e garibaldina, avevano fatto sì che la struttura del nuovo Stato si venisse
sin dagli inizi configurando più come una dilatazione del
vecchio Piemonte che come un organismo politico nuovo e
originale. Non solo fino al 1864 la capitale del regno rimase
a Torino, in una posizione cioè del tutto eccentrica, per raggiungere la quale i deputati dell'Italia meridionale dovevano
compiere, dato lo stato delle ferrovie, un viaggio di parecchi giorni, ma il suo primo re continuò imperturbabilmente
a farsi chiamare Vittorio Emanuele II. Ciò che più conta
è che vennero lasciati cadere i progetti di un assetto amministrativo basato sull'autonomia delle regioni e sul decentramento, elaborati dal Farini e dal Minghetti, e venne per
contro adottato un sistema di rigido accentramento, che rendeva i prefetti arbitri praticamente della vita locale, di tipo
più napoleonico che francese. Anche la legge elettorale estesa
a tutto il paese fu quella in vigore nel Piemonte dopo il
1848, con il risultato che, dato il più basso grado di sviluppo economico della maggior parte delle altre regioni e
in particolare del Mezzogiorno, il già ristretto sistema censitario ne risultò accentuato e il voto divenne, in più di una
regione d'Italia, il privilegio di pochi notabili. Nelle elezioni del 1861, le prime della storia italiana, gli iscritti alle
liste elettorali erano 167.000 nell'Italia settentrionale, 55.000
in quella centrale, 129.000 nell'Italia meridionale e 66.000
nelle isole. Coloro che poi esercitavano effettivamente il loro
diritto di voto erano ancor meno: si ebbero in non pochi
casi deputati eletti con poche decine di voti. Lo Stato italiano nasceva così con una forte impronta burocratica e cen-

sitaria e alla grande maggioranza dei suoi nuovi cittadini
esso appariva come impersonato nell'agente delle tasse e
nella coscrizione militare obbligatoria. Di qui la sua rapida
« impopolarità », tanto più acuta quanto più grandi erano
state le speranze suscitate dal generale rivolgimento politico
avvenuto. E fu appunto questa « impopolarità », questo distacco fra governanti e governati che costituì il prezzo più
cospicuo del modo in cui l'unificazione era stata realizzata.
Ancor oggi l'Italia non ha finito di pagarlo.

Il divorzio tra governanti e governati, tra *élite* e masse,
che si manifestò sin dai primi anni di vita dello Stato
unitario, avrebbe potuto forse essere attenuato e medicato,
se fosse esistito un movimento di opposizione capace di convogliare il malcontento esistente, di incarnarlo e di sugge-
rirgli alternative realistiche. Ma Garibaldi si era ritirato nel-
l'isolotto di Caprera e Mazzini era ancora un esule. Entrambi
poi erano ormai avanzati negli anni e provati e delusi nello
spirito: non vi è prova più difficile a superare per un rivoluzionario di quella di veder attuata la parte essenziale
del suo programma dai suoi avversari. Essi — come ve-
demmo — potevano ancora tener viva l'agitazione per la
riunione alla patria di Roma e di Venezia, potevano cercare
di stabilire un contatto meno vaporoso di quello che erano
riusciti a stabilire in passato con le masse popolari aderendo
alla Prima Internazionale o inneggiando al nuovo astro sorgente del socialismo, ma la loro, come quella dei loro non
molti seguaci, era più che altro una tenacia di sopravvissuti.
E se le dottrine mazziniane potevano suscitare ancora un certo
consenso tra la piccola borghesia e l'artigianato cittadino, ben
scarso, per non dire inesistente, era il loro mordente nei confronti delle plebi delle città e delle moltitudini delle campagne. Queste ultime, abbandonate a se stesse, si trovarono
così quasi di necessità indotte a esprimere la loro protesta
e il loro rancore nelle forme più elementari e immediate.

Nell'Italia meridionale, la parte più derelitta del paese,
ciò avvenne nella forma tradizionale e disperata del brigantaggio. L'appoggio dato da agenti borbonici e pontifici alle

bande costituitesi nell'Italia meridionale sin dal periodo garibaldino, il grosso delle quali era costituito da contadini
e da renitenti alla leva, non basta a spiegare l'asprezza della
guerriglia che esse condussero per quattro anni contro un
contingente di truppe regolari che arrivò a contare 100.000
uomini e al quale inflissero perdite assai maggiori di quelle
di tutte le guerre del Risorgimento. Facendosi bandito, il contadino meridionale non intendeva — e lo riconobbe l'inchiesta promossa dal Parlamento italiano e redatta dal deputato Massari con notevole perspicacia di giudizio — esprimere il suo attaccamento al vecchio ordine di cose, quanto
piuttosto la sua avversione al nuovo, dare sfogo alla propria
delusione e disperazione. La sua fu una guerra rusticana e
terribile, senza risparmio di crudeltà e efferatezze. Ma la repressione che alla fine riuscì ad averne ragione non lo fu
meno.

Sempre nel Mezzogiorno manifestazioni di collera popolare si ebbero anche nelle città, come la rivolta di Palermo del 1866, che dovette essere repressa con l'invio di
un corpo di spedizione. Al Nord invece violente e diffuse
sollevazioni contadine si ebbero nel 1869, in seguito all'entrata in vigore dell'impopolarissima tassa sul macinato. Anche in questo caso si rese necessario l'intervento della truppa
e gli arresti si contarono a migliaia. La protesta delle masse
diveniva una costante del panorama sociale e politico della
nuova Italia.

È a questo sottofondo di malcontento e di esasperazione che si deve far riferimento se si vogliono comprendere le particolarità del modo in cui si venne formando in
Italia un primo embrione di opposizione popolare e rivoluzionaria organizzata. L'uomo che più e con maggiore chiarezza di idee operò in questo senso fu Michele Bakunin,
il quale, dopo tutta una vita di tempestosa milizia rivoluzionaria, approdò nel 1864 in Italia convinto che quest'ultima rappresentasse l'anello più debole della reazione europea e fosse perciò il paese in cui si aprivano più promettenti prospettive rivoluzionarie. L'influenza di Bakunin fu

decisiva nell'orientare verso concezioni più radicali della milizia rivoluzionaria molti dei circoli operai e popolari esistenti nella penisola e nello scalzare la precedente influenza dell'ideologia mazziniana su di essi. Particolarmente notevole fu il successo del proselitismo bakuniniano a Napoli e nel Mezzogiorno, quel Mezzogiorno in cui l'idea che le masse contadine meridionali sarebbero state le forze motrici della futura rivoluzione italiana circolava già dai tempi di Pisacane. L'atteggiamento di condanna assunto da Mazzini nei confronti della Comune di Parigi contribuì ad accrescere ancora il prestigio di Bakunin, e a far sì che la sua intransigenza rivoluzionaria apparisse agli occhi di molti come il simbolo di quella misteriosa e potente « Internazionale », sotto la cui bandiera avevano combattuto i gloriosi comunardi parigini. Ben poco si sapeva infatti in Italia delle violente polemiche che proprio in quegli anni si erano svolte nel campo della Prima Internazionale tra i seguaci di Marx e quelli di Bakunin, e sulle perplessità che in un primo tempo il Consiglio generale della stessa Internazionale aveva manifestato verso la Comune di Parigi. Attorno al 1871 anarchismo, socialismo e internazionalismo erano in Italia, se non sinonimi, equivalenti e il nome di Bakunin vi era molto più conosciuto di quello di Marx. E fu sotto la sua influenza che le sezioni italiane dell'Internazionale si moltiplicarono e l'attività dei loro affiliati divenne più intensa. Nell'agosto del 1874 vi fu addirittura un tentativo di *putsch* insurrezionale, che ebbe il proprio epicentro nella Romagna e che fallì sul sorgere. Così il movimento internazionalista che, dopo la Comune di Parigi si era praticamente dissolto nel resto d'Europa, entrava invece in Italia nella sua fase di maggiore effervescenza e attività, e, quel che più conta, gli esordi dell'opposizione popolare e proletaria italiana avvenivano sotto il segno di un'ideologia — l'anarchismo — che negli altri paesi — eccezion fatta per la Spagna — stava già per entrare nella sua parabola discendente.

Ciò va naturalmente posto in relazione con l'arretratezza delle strutture economiche e sociali italiane, e, in partico-

lare, con la lentezza con cui procedeva il processo di formazione di un'industria moderna e di un proletariato operaio. Gli affiliati alle sezioni italiane dell'Internazionale erano
nella loro grande maggioranza artigiani e elementi della piccola borghesia, quegli avvocati senza cause e studenti gio-
catori di biliardo dei quali parla con sarcasmo Federico
Engels. Occorre però anche tener conto che in un paese in
cui il distacco tra governo e governati e l'impopolarità dei
poteri pubblici erano, come si è visto, tanto profondi e
radicati, l'anarchismo si presentava come una tappa obbligata nel cammino verso la formazione di un movimento
di opposizione popolare: la negazione dello Stato costituiva,
in ultima analisi, la prima embrionale presa di coscienza
dell'esistenza del medesimo e della necessità di trasformarlo.

La Destra storica e la « questione romana ».

Nel giugno del 1861, a pochi mesi dalla proclamazione
del regno d'Italia, moriva improvvisamente il conte di Cavour
e l'Italia si trovava a un tratto orfana della sua prestigiosa guida. Egli lasciava però nel costume politico del nuovo
Stato un'impronta e uno stile da cui difficilmente i suoi
successori immediati avrebbero potuto distaccarsi. Gli uomini
che ne raccolsero la pesante eredità e che costituirono la
cosiddetta Destra storica, misero tutto il loro impegno nel
non discostarsi troppo dalla via segnata dal grande statista
piemontese: la moderazione, il rispetto scrupoloso dello Statuto, uno spiccato senso dello Stato furono tratti caratteristici della loro condotta politica. Buona parte di essi, come
il Rattazzi che fu in due occasioni presidente del Consiglio,
il Lanza, che tenne la presidenza dal 1869 al 1873 e il Sella,
inflessibile e integerrimo ministro delle Finanze, erano piemontesi e, come tali, meglio predisposti ad assimilare la lezione del moderatismo cavourriano. Quelli che non lo erano,
come il toscano Ricasoli e gli emiliani Minghetti e Farini,
avevano collaborato con il conte nella delicatissima operazione

delle annessioni e dagli oppositori della destra erano con-
siderati perciò, per usare un vocabolo che ebbe allora assai
fortuna, « piemontesizzati ». Comunque, piemontesi o piemontesizzati, gli uomini della Destra costituivano una classe
politica, malgrado gli inevitabili attriti che si manifestarono
tra alcuni di loro, assai omogenea, dotata di uno stile quale
nessuna delle *équipes* che si succederanno al potere dopo di
loro e sino ad oggi, ha potuto vantare. Di un'integrità che
a tratti sfiorava l'ascetismo, essi erano troppo aristocratici
per coltivare quell'attaccamento al potere e quel gusto della
popolarità a buon mercato che è caratteristico dei *parvenus*.
Faceva peraltro loro difetto quella capacità di iniziativa che
il Cavour aveva posseduto in sommo grado; essi riuscirono
perciò dei capaci amministratori di un patrimonio già accumulato, ma nulla più di questo.

I problemi principali che, dal punto di vista della politica nazionale, si ponevano all'indomani dell'unità alla classe
dirigente del paese erano quelli del ricongiungimento del
Veneto e di Roma alla nuova patria italiana. Il primo di
questi obiettivi fu raggiunto nel 1866 con quella che piuttosto eufemisticamente si suole denominare la « terza guerra
di indipendenza ». Sul piano militare la campagna ebbe uno
svolgimento disastroso per le armi italiane, battute per terra
a Custoza e per mare a Lissa, e costituì certo un debutto
infelice per il nuovo esercito e per il suo stato maggiore.
L'acquisto del Veneto fu reso possibile soltanto dalla vittoria della Prussia, della quale l'Italia era alleata, ottenuta
sull'Austria a Sadowa.

Più laborioso e più contrastato si rivelò invece il conseguimento del secondo obiettivo, la liberazione di Roma.
La questione infatti non era soltanto quella dell'annessione
di una nuova provincia allo Stato italiano, ma anche e soprattutto quella dell'abbattimento del potere temporale dei
papi. Mentre il fatto che l'Italia si annettesse un ultimo
lembo di territorio di nessuna importanza strategica e posto
nel bel mezzo della penisola non poteva suscitare grande
opposizione da parte delle cancellerie, il fatto che il sommo

pontefice tornasse a subire, dopo secoli, un nuovo schiaffo di Anagni suscitava lo sdegno e l'opposizione di tutta l'opinione pubblica cattolica europea, e in particolare di quella francese, che Napoleone III aveva molte ragioni di blandire. Non si dimentichi poi che a Roma stanzionava ancora un presidio francese e che il Secondo impero aveva contratto col papato l'obbligo morale di difenderne la sovranità temporale. Lo si vide nell'agosto 1862, quando Garibaldi, alla testa dei volontari che egli riusciva sempre a trovare, varcò nuovamente lo stretto di Messina deciso a ripetere, ma questa volta sino a Roma, la marcia liberatrice che aveva compiuto nel 1860. L'atteggiamento del governo (era presidente del Consiglio il Rattazzi) appariva, se non connivente, certo ambiguo, ma le pressioni diplomatiche francesi e la poco tranquillizzante prospettiva di uno scontro tra garibaldini e regolari francesi lo convinsero rapidamente a modificarlo. Incontro ai garibaldini vennero inviate le truppe regolari, che ad Aspromonte, in Calabria, ebbero rapidamente la meglio. Garibaldi stesso, che nello scontro era stato ferito a un piede, venne arrestato.

Dimessosi il Rattazzi, e dopo un brevissimo ministero Farini, il nuovo presidente del Consiglio, Marco Minghetti, si affrettò, anche per tagliar corto alla politica e alle iniziative personali di Vittorio Emanuele II, che avevano avuto un ruolo non secondario nei dolorosi giorni di Aspromonte, a cercare una soluzione negoziata della questione romana con la Francia. Si giunse così alla cosiddetta Convenzione del settembre 1864, in base alla quale la Francia si impegnava a ritirare entro due anni le truppe da Roma e l'Italia a garantire il territorio pontificio da attacchi esterni. Un protocollo aggiuntivo stabiliva che la capitale del regno d'Italia sarebbe stata trasferita da Torino a Firenze. Si trattava, malgrado le apparenze, di una soluzione interlocutoria e provvisoria: era chiaro che il governo italiano intendeva il trasferimento della capitale a Firenze come una marcia di avvicinamento a Roma e che la « questione romana », lungi dall'essere chiusa, era solo rinviata. A riaprirla e a metterne a nudo le implicazioni più universali contribuì molto la pubblicazione, a soli due mesi di distanza dalla Convenzione di settembre, del *Sillabo*, una vera e propria dichiarazione di guerra contro il liberalismo e preannuncio di quella dottrina dell'infallibilità papale che sarà proclamata dal concilio vaticano del 1869. Il governo italiano dovette allora toccare con mano che oltre a un'Europa legittimista vi era anche un'Europa laica e anticlericale, oltre all'opinione pubblica cattolica anche quella liberale. In Italia in particolare l'ondata anticlericale fu fortissima e portò nel 1866 all'approvazione da parte del Parlamento di una serie di provvedimenti improntati a un deciso laicismo (soppressione di molti ordini religiosi, incameramento dei loro beni, obbligatorietà del matrimonio civile, obbligo per i seminaristi del servizio militare) e nel 1867 a una ripetizione del tentativo garibaldino di Aspromonte. Era presidente del Consiglio anche in questa occasione Urbano Rattazzi, il quale, confidando in una sollevazione della popolazione romana, permise e anzi incoraggiò i preparativi di Garibaldi. Si imbatté però, ancora una volta, nella decisa opposizione della Francia che rispedì a Roma le truppe già ritirate in osservanza alla Convenzione di settembre. Abbandonati a loro stessi, i garibaldini furono dispersi dalle truppe francesi a Mentana, il 3 novembre. La « questione romana » ritornava così al punto di partenza e il governo italiano, pungolato da una parte dall'opinione pubblica democratica che reagì con indignazione all'episodio di Mentana costringendo il Rattazzi alle dimissioni, e frenato dall'altra dalla Francia e dal legittimismo europeo, si veniva a trovare in un'autentica *impasse*. A togliernelo ancora una volta sopraggiunse un fatto imprevisto e imprevedibile, la guerra franco-prussiana e il disastro di Sedan. Due settimane dopo la sconfitta francese, il 20 settembre 1870, le truppe italiane entrarono a Roma per la breccia di Porta Pia. Come Sadowa aveva dato Venezia all'Italia, così ora Sedan le restituiva la sua capitale.

A prescindere dal modo alquanto fortunato del suo conseguimento, è tuttavia certo che l'obiettivo del ricongiungimento di Roma alla patria era stato, malgrado le incertezze e gli errori, tenacemente perseguito dagli uomini della Destra e ancora una volta Garibaldi e i democratici del Partito d'azione dovevano rassegnarsi a veder portate a compimento dai loro avversari le loro rivendicazioni. Non solo Roma era divenuta italiana, ma ciò era avvenuto senza patteggiamenti con il potere temporale, con la forza. A un anno di distanza dalla proclamazione del dogma dell'infallibilità pontificia *ex cathedra*, la breccia di Porta Pia appariva come una rivincita del liberalismo e della democrazia europea e conferiva alla vicenda storica del Risorgimento un suggello di universalità.

Per l'Italia, per un paese il cui Statuto dichiarava la religione cattolica religione dello Stato, si poneva ora il difficile problema dei rapporti con il papato. A ciò provvide la cosiddetta legge delle Guarentigie approvata dal Parlamento italiano subito dopo la presa di Roma, in base alla quale lo Stato s'impegnava al rispetto dell'inviolabilità e libertà del pontefice e alla corresponsione al medesimo di un'indennità di 3 milioni annui e istituiva un regime di separazione tra la Chiesa e lo Stato. Essa non venne accettata da Pio IX, il quale rifiutò ogni possibilità di conciliazione e di compromesso e si rinchiuse in Vaticano. Si poneva così per i cattolici italiani il problema di conciliare i loro doveri di cittadini con quelli di credenti. Avrebbero essi — ad esempio — partecipato alle elezioni, avallando così l'operato di un governo usurpatore? La risposta vaticana fu radicale: né eletti né elettori. In realtà, già sin dalle elezioni del 1874, questa assoluta intransigenza venne progressivamente attenuandosi. Inoltre tra i 500.000 elettori italiani, nella maggior parte di estrazione sociale borghese, gli intransigenti e i « clericali » non erano poi molti e si può perciò anche pensare che il *non expedit* fosse un ingegnoso espediente per non cimentare gli eventuali candidati cattolici in una battaglia dalla quale avevano moltissime probabilità di uscire sconfitti. Quanto alle masse contadine, la Chiesa e il clero dei tempi del *Sillabo* e del concilio vaticano non erano certo inclini, con il loro conservatorismo politico e sociale, a far leva sul loro malcontento: il « comunismo » o il « socialismo », condannati dal *Sillabo*, non erano ai loro occhi errori meno gravi del liberalismo borghese trionfante, né essi erano esasperati e miopi al punto da fare propria la teoria del « tanto peggio, tanto meglio ». I più accorti tra i cattolici militanti si rendevano anzi conto che un giorno il nuovo Stato borghese avrebbe avuto bisogno di loro: allora si sarebbe potuto trattare su una base di maggiore uguaglianza. Per ora conveniva mantenere un atteggiamento ufficiale di assoluta intransigenza e approfittare nel contempo della libertà che lo Stato italiano aveva pur lasciato alla Chiesa, per tener viva la coscienza cattolica dei fedeli.

La politica economica della Destra.

Se, sotto il profilo della politica estera e del compimento dell'unità nazionale, il quindicennio di governo della Destra si chiuse certamente con un bilancio in attivo, più complesso è il discorso attorno alla sua politica economica.

L'alfa e l'omega degli uomini che si succedettero al governo dal 1861 al 1876 fu il risanamento del pauroso disavanzo delle finanze dello Stato e il raggiungimento del pareggio. Gravavano infatti sulle finanze italiane gli arretrati delle ingenti spese sostenute dal Piemonte nella fase finale del Risorgimento e da questi accollate al nuovo Stato unitario. La sola, piccola, guerra di Crimea era costata 50 milioni. Successivamente la guerra per la liberazione di Venezia, inghiottendo somme considerèvolissime, aveva allontanato ancor più il traguardo del pareggio. Nel 1866 il deficit del bilancio superava per più del 60 per cento l'ammontare del medesimo e si dovette perciò ricorrere al corso forzoso delle banconote emesse dalla Banca nazionale, tale era il discredito in cui i titoli della rendita italiana erano caduti. Fu questo il punto più basso raggiunto dalla finanza italiana: dal 1869, grazie soprattutto al nuovo asprissimo giro di vite fiscale voluto dal Sella (l'introduzione della già citata tassa sul macinato è appunto del gennaio 1869), le sue condizioni non cessarono di migliorare fino a che nel 1876 l'agognato pareggio del bilancio poté essere raggiunto. ·

Nel frattempo, per ᐧquanto la politica finanziaria della Destra sia passata alla storia sotto il nome di « politica della lesina », non venne lasciato cadere l'impulso dato da Cavour alla costruzione di opere pubbliche e di infrastrutture. Imponente fu soprattutto lo sforzo nel campo ferroviario e grazie ad esso la rete ferroviaria italiana passò dai 2.175 chilometri del 1870 agli 8.713 del 1880. Vero è peraltro che nelle costruzioni ferroviarie preponderante fu l'apporto del capitale straniero, ma anche lo Stato vi aveva contributo per una parte cospicua.

Una politica di lavori pubblici e di risanamento di un bilancio, del quale le spese militari e gli interessi del debito pubblico assorbivano più della metà, non si poteva naturalmente fare, in un paese di limitate risorse economiche, che attraverso lo strumento di un prelievo fiscale estremamente severo e precipuamente impostato sulla tassazione indiretta. Di fatto, il contribuente italiano passò ben presto per essere il più tartassato d'Europa: si pensi che tra il 1862 e il 1880 le entrate ordinarie dello Stato furono più che raddoppiate. Gli effetti di questo fiscalismo si fecero naturalmente sentire sul livello dei consumi, che rimasero sostanzialmente stazionari, e, attraverso questi ultimi, sulla produzione. Lo scarsissimo potere d'acquisto delle larghe masse dei consumatori non favorì certamente lo sviluppo di quel tanto di industria manifatturiera esistente, la quale, oltre tutto, non era certo in grado di reggere la concorrenza dei prodotti stranieri cui la politica liberista della Destra lasciava aperte le frontiere. Nel Mezzogiorno, in particolare, questa combinazione di liberismo e di fiscalismo portò praticamente alla scomparsa della diffusa industria domestica. Quanto all'agricoltura, se essa beneficiò della generale lievitazione dei prezzi dei prodotti e poté così compensare il fortissimo prelievo fiscale cui essa era chiamata a sopperire in modo preponderante, nessuna modificazione ebbe luogo, specie nelle regioni dell'Italia meridionale e centrale, nel senso di una sua modernizzazione e della riduzione del peso della rendita assoluta. Le alienazioni massicce operate dallo Stato di beni già appartenenti a ordini religiosi (circa un milione di ettari) non modificarono profondamente l'assetto e la distribuzione delle proprietà esistenti e il panorama agrario di molte regioni italiane seguitò a esser contraddistinto dalla contemporanea presenza di una piccola proprietà al livello dell'autoconsumo e di una grande proprietà di tipo, se non feudale, certo precapitalistico.

Vi sono studiosi che hanno sostenuto che il tipo di politica economica che ci siamo sforzati di illustrare corrisponde a quella fase iniziale dello sviluppo capitalistico che precede il « decollo » vero e proprio di quest'ultimo e nella quale i problemi fondamentali sono quelli di un'accumulazione « originaria » dei capitali e della costruzione delle infrastrutture necessarie: una fase insomma di preindustrializzazione. Ed è appunto quanto la Destra storica avrebbe fatto, da una parte con la sua inflessibile politica fiscale, dall'altra con la sua politica di lavori pubblici, specie nel settore ferroviario. Il problema non era, sempre secondo il punto di vista di taluni studiosi, quello di incoraggiare uno sviluppo della produzione industriale, che sarebbe stato prematuro; e neppure quello di modificare l'assetto del regime di proprietà fondiaria, in quanto ciò non avrebbe potuto non avere, con la formazione di una piccola proprietà contadina, delle ripercussioni negative sul ritmo di accumulazione. Il problema era quello, come si è detto, di favorire questa stessa accumulazione e di preparare le condizioni in cui il « decollo » potesse aver luogo.

A questi argomenti si è risposto da parte di altri studiosi con la constatazione che sulla base degli indici, comunque calcolati, a nostra disposizione a cominciare da quello del reddito nazionale *pro capite* (che rimase sostanzialmente stazionario nel ventennio tra il 1860 e il 1880) si ricava

« l'impressione complessiva ... che qualunque fosse la trasformazione economica iniziata durante questi decenni " pre-
paratori ", essa non era abbastanza rilevante da influire in
maniera davvero significativa sul complesso dell'economia nazionale » (Gerschenkron). In altre parole il fatto che negli
ultimi decenni del secolo si verifichi effettivamente il « decollo » dell'industrializzazione italiana non significa che tutto
ciò che lo ha preceduto ne sia necessariamente una preparazione, se non si vuol cadere in una sorta di panglossismo
storiografico. Né vale, a questo punto, per giustificare la lentezza dello sviluppo economico italiano nel primo ventennio
di vita dello Stato unitario, chiamare in causa il forte tasso di
incremento demografico. Anche questo infatti è un elemento
in buona parte storico: gli alti tassi di incremento delle na-
scite sono spesso propri di quei paesi la cui popolazione agricola (nel caso italiano più del 60 per cento della popolazione attiva) rimane ancorata, nella sua maggioranza, a un
livello di vita caratterizzato dalla presenza contemporanea del
sopralavoro e del sottoconsumo, per cui due braccia in più
rendono maggiormente di quanto non consumi una bocca in
più.

Anche nel campo della politica economica della Destra
siamo dunque ricondotti ai termini del giudizio che si è
già avuto modo di anticipare sulla sua politica generale. Essa
si limitò ad amministrare il lascito cavourriano e a governare l'Italia come Cavour aveva governato il Piemonte. Ma
l'Italia non era il Piemonte: era qualcosa di assai più complesso e contraddittorio. Gli uomini della Destra se ne sarebbero dovuti accorgere ben presto.

Verso un assestamento.

Il decennio compreso tra il 1861 e il 1870 può considerarsi, per certi aspetti, quasi un'appendice e una coda del
Risorgimento. Il problema del compimento dell'unità nazionale con l'acquisto del Veneto e del suo coronamento con

il ricongiungimento all'Italia di Roma non poteva non apparire, a una classe politica che si era formata nelle battaglie risorgimentali, come il più importante e non costituire il banco di prova di qualsiasi governo. Il fatto che gli uomini della Destra si fossero dimostrati, nel complesso, all'altezza di questo compito contribuì certo in misura notevole a far sì che l'opinione pubblica e gli elettori accettassero di esser governati da statisti dei quali per altri aspetti avevano ragioni più o meno valide di lamentarsi. Con la presa di Roma il ciclo eroico del Risorgimento si chiudeva definitivamente e l'attenzione dell'opinione pubblica veniva ora naturalmente indotta a concentrarsi sui problemi interni e della vita economica.

Si scopriva così che gli analfabeti ammontavano al 78 per cento della popolazione, che le condizioni di vita nelle campagne erano spesso inferiori al minimo di sussistenza; si scopriva soprattutto che una parte d'Italia, il Mezzogiorno, era caratterizzata da condizioni di vita di estrema arretratezza. Del 1874 è l'inchiesta del Franchetti sulle condizioni dei contadini meridionali, cui seguì nel 1876 quella del Franchetti stesso e del Sonnino sui contadini in Sicilia. Nasceva così un genere di saggistica politico-sociale — la cosiddetta letteratura meridionalistica — che non cesserà di aver cultori illustri e appassionati lungo tutto l'arco della storia dell'Italia contemporanea. Uno dei più acuti tra questi meridionalisti sarà Giustino Fortunato, i cui scritti contribuirono notevolmente a dissipare quel mito georgico e virgiliano dell'Italia meridionale come madre di messi che pure, per quanto incredibile possa sembrare, era ancora corrente in certi settori dell'opinione pubblica, e a svelare la realtà amara di un Mezzogiorno senz'acqua e senza civiltà.

A mano a mano che questo ripiegamento dell'opinione pubblica verso i problemi interni veniva delineandosi, si faceva sempre più strada la convinzione che la politica eroica e spartana imposta dalla Destra al paese non poteva più esser sostenuta e che il paese stesso aveva bisogno di respirare, di meno tasse e di più libertà. Alla vecchia opposizione di ispirazione mazziniana e garibaldina (Mazzini era morto nel 1872 e Garibaldi morirà nel 1882) veniva così sostituendosi una nuova opposizione, meno intransigente nei princìpi, ma più aderente alla realtà delle cose, alla « Sinistra storica » una — così appunto fu chiamata — « Sinistra giovane ». Delineatosi con le elezioni del 1865, che nel Mezzogiorno videro un arretramento dei candidati ministeriali, questo processo di formazione di un cartello di opposizione, dopo aver subìto una pausa attorno al 1870, venne a maturazione nel 1874.

Il termine « cartello » non è stato impiegato a caso: nella « Sinistra giovane » confluivano infatti diversi orientamenti e diversi livelli di coscienza politica. Vi erano innanzitutto i vasti strati della borghesia e della piccola borghesia settentrionale che, oltre a una politica fiscale meno vessatoria, rivendicavano un allargamento del suffragio elettorale sino ad includere le frange superiori del ceto operaio, un maggior decentramento e, più in generale, delle « riforme » sulla via di una maggior democratizzazione dello Stato. Il manifesto di questa parte dell'opinione pubblica fu il discorso tenuto nell'ottobre 1875 a Stradella da Agostino Depretis, già deputato della Sinistra al Parlamento subalpino e collaboratore di Garibaldi in Sicilia. Ma, oltre ai borghesi di Milano e dell'Italia settentrionale, la « Sinistra giovane » fu anche il partito di molti « galantuomini » e di larga parte della borghesia umanistica e professionista del Mezzogiorno. Costoro non si curavano molto di riforme, di istruzione elementare obbligatoria o di allargamento del suffragio elettorale, quando addirittura non vi erano avversi. Tutto ciò che essi, e con grande insistenza, reclamavano era un alleviamento del carico fiscale e maggiori stanziamenti per il Mezzogiorno, un Mezzogiorno che naturalmente essi identificavano con i loro interessi e coi loro privilegi. Essi volevano uno Stato meno piemontese e più generoso verso le province meridionali, ma erano ben lungi dal pensare che i problemi di queste ultime si potessero risolvere nell'ambito di una generale democratizzazione della vita pubblica italiana, ché anzi un malinteso amor proprio regionale li portava spesso a chiudere gli occhi sulla realtà economica e sociale della loro terra e a attribuire tutti gli antichissimi mali e scompensi di cui essa soffriva alla politica dei governi succedutisi dopo l'unità.

Le elezioni del 1874 segnarono, specie nel Mezzogiorno, una notevole affermazione della Sinistra, la quale, anche se non riuscì a conquistare la maggioranza dei seggi, pose però una seria candidatura alla direzione dello Stato. I tempi per un cambiamento dell'indirizzo della politica generale del paese erano ormai maturi e quando, il 18 marzo 1876, il governo Minghetti cadde su di una banale questione di procedura, l'opinione pubblica si rese immediatamente conto che qualcosa di definitivo era accaduto e si parlò di « rivoluzione parlamentare ». Le successive elezioni generali risultarono infatti un trionfo per la Sinistra, trionfo peraltro cui non furono estranee le intimidazioni e le manipolazioni elettorali del nuovo ministro dell'Interno, Giovanni Nicotera, già compagno di Pisacane nella spedizione di Sapri, ma che da allora aveva versato molta acqua nel vino del suo radicalismo democratico.

L'avvento della Sinistra al potere non segnò quel radicale mutamento di rotta che molti avevano temuto e qualcuno aveva sperato. Il bilancio delle riforme da essa introdotte nei suoi primi anni di governo, se non è trascurabile, non è nemmeno cospicuo: una legge che stabiliva la gratuità e l'obbligatorietà dell'istruzione dai sei ai nove anni (la precedente legge Casati del 1859 prevedeva due soli anni di istruzione obbligatoria), la quale peraltro fu ben lungi dall'essere applicata in modo sistematico, l'abolizione nel 1879 della tassa sul macinato, la riforma dei codici (vi trovò posto anche un limitato riconoscimento del diritto di sciopero) e, infine, la riforma elettorale del 1882, della quale avremo occasione di riparlare. Un mutamento sostanziale e che fu avvertito da tutti si ebbe invece nello stile di governo e nel tono della vita politica e pubblica: fu l'ora infatti del cosiddetto « trasformismo ». Con questo termine si è soliti designare una prassi parlamentare in cui Depretis fu maestro, consistente nell'assicurare al governo una congrua maggioranza in Parlamento, sia mediante una contrattazione preliminare con gli oppositori più in vista e il loro eventuale assorbimento nella compagine governativa, sia mediante il favoritismo e, anche, la corruzione esercitata nei confronti dei deputati meno influenti della « palude » presente in tutte le Camere, sia infine con l'uso combinato di entrambi questi sistemi. Ne risultò così un processo di « trasformazione » dei partiti tradizionali e la formazione di una stabile maggioranza governativa, analoga per certi aspetti a quella che si era formata nel Parlamento subalpino in seguito al connubio realizzato da Cavour con la sinistra costituzionale. La frequenza delle crisi di governo non deve trarre in inganno: nella maggior parte dei casi esse furono provocate dal Depretis in vista di un riaggiustamento e di un riequilibramento della compagine governativa e di fatto, dal 1876 al 1887, anno della sua morte, Agostino Depretis fu l'arbitro e il grande regista della vita parlamentare e politica italiana. Esecrato da letterati come il Carducci come fomite di corruzione e causa prima dello scadimento del tono della vita pubblica, il « trasformismo » fu tacitamente accettato, salvo che dalla pattuglia repubblicana dell'Estrema, da tutta la classe politica italiana, dalla Sinistra come dalla Destra, e divenne anzi il contrassegno all'insegna del quale si svolgerà la vita politica anche dopo la morte di Depretis. Giolitti stesso, il maggiore statista italiano dopo Cavour, se ne varrà come uno strumento della sua lunga egemonia parlamentare.

Le ragioni del successo di questo nuovo corso della vita politica italiana non vanno ricercate soltanto nelle modificazioni intervenute nel frattempo nella prassi parlamentare, nel fatto cioè che, attraverso un tacito processo di evoluzione, si stabilì il principio della responsabilità dei ministri nei confronti delle Camere e non solo nei confronti del re, come voleva lo Statuto. Anche i governi della Destra erano stati governi di tipo parlamentare, subordinati in pratica al voto di fiducia della Camera. Tali ragioni vanno ricercate più a

fondo e, in particolare, nella composizione e negli orientamenti della nuova classe politica che l'avvento della Sinistra
al potere aveva promosso alla direzione del paese.

Si è già visto come l'opposizione che si affermò nelle
elezioni del 1874 e giunse al potere nel 1876 era, più che
un partito vero e proprio, un cartello di forze sociali e opinioni politiche assai diverse, una coalizione di interessi talvolta anche contrastanti. Il trasformismo fu essenzialmente
l'espediente e lo strumento che rese possibile la continuazione, anche sul piano dell'attività di governo, di questa
coalizione. In termini più brevi e più espliciti esso fu un
contratto tra i ceti borghesi dell'Italia settentrionale e i « galantuomini » del Mezzogiorno, stipulato sulla base di un compromesso dal quale entrambe le parti ricavavano dei vantaggi.
La borghesia settentrionale aveva via libera a una politica
di riforme e di democratizzazione dello Stato alla condizione
che questa non scalfisse gli interessi costituiti dei ceti dominanti meridionali. Questi ultimi, per maggior garanzia, ot-
tenevano di essere rappresentati in maniera adeguata nel governo: di fatto, con l'avvento della Sinistra al potere, la rappresentanza del Mezzogiorno nel ministero si accrebbe sensibilmente e da allora data quel processo di meridionalizza-
zione dell'amministrazione pubblica che è caratteristico del-
l'Italia contemporanea.

L'atto notarile di questo contratto fu la già ricordata
riforma elettorale del 1882, approvata dopo un dibattito
nel Parlamento e nel paese trascinatosi per anni. Tra le varie
soluzioni proposte venne scartata, come troppo radicale e ricca
di incognite, quella del suffragio universale, che pure era patrocinata da parlamentari assai autorevoli, non solo, come
il Crispi, di sinistra, ma anche, come il Sonnino, di destra.
Prevalse invece quella basata su di un abbassamento del censo,
dell'età e del grado di istruzione richiesti per essere elettore
e sull'introduzione dello scrutinio di lista. Gli elettori salirono così da 500.000 a più di 2 milioni e, in percentuale,
dal 2 al 7 per cento della popolazione. Vale però la pena di

sottolineare che la riforma era congegnata in maniera tale
da favorire più le città che le campagne. Coloro perciò che
maggiormente beneficiarono dell'allargamento del suffragio furono la piccola borghesia e le frange più elevate dei ceti
operai e artigiani. Non è un caso se in questo periodo e in
coincidenza con la riforma una parte del movimento anarchico ruppe con la sua intransigenza e con il suo astensio-
nismo precedenti orientandosi invece verso posizioni più realistiche e verso il socialismo. Il principale esponente di questa
nuova tendenza dell'opposizione popolare italiana, il romagnolo Andrea Costa, già arrestato per i moti internazionali-
sti del 1874, venne eletto nelle elezioni del 1882 nel collegio di Imola e fu il primo e, per il momento l'unico, deputato socialista italiano. Il limite di classe della riforma
elettorale del 1882 risultò naturalmente ancor più accentuato
nell'Italia meridionale, dove l'aumento assoluto del numero
degli elettori fu minore e, più marcatamente ancora che nel
Nord, circoscritto alle città, con le loro turbe di avvocati
senza cause, di giornalisti improvvisati e carrieristi, di studenti a vita. La vita politica meridionale rimaneva così dominata sostanzialmente dalle clientele e dai « galantuomini ».

Il compromesso realizzato con il trasformismo e sigillato
con la riforma elettorale del 1882 costituiva senza dubbio
un assestamento dei contrasti sociali e regionali derivati dal
modo in cui l'unificazione nazionale aveva avuto luogo. D'ora
in poi la borghesia settentrionale, e in particolare gli imprenditori lombardi, avrebbero avuto le mani più libere e più
ampie possibilità di sviluppare le loro iniziative economiche,
mentre ai figli dei « galantuomini » del Sud si schiudevano
più largamente le porte degli impieghi nell'amministrazione,
nella magistratura e nello stesso governo e al Mezzogiorno
sarebbe toccato un lotto più consistente del bilancio dei lavori pubblici. Ma si trattava di una soluzione che, più che
risolvere, rinviava e dilazionava i grandi problemi del paese
e così facendo contribuiva in definitiva a renderli più acuti.
Dando per scontato che le campagne e le regioni più ar-

retrate del pacse non erano mature per quella promozione democratica che veniva invece realizzata nelle città e nelle zone più progredite, si creavano le premesse di uno sviluppo squilibrato e di una acutizzazione dei contrasti già esistenti, fra città e campagna, tra Nord e Sud. Avremo modo più avanti di constatare come la realtà dello sviluppo economico e politico italiano a partire dagli anni ottanta corrispondesse appunto a queste premesse.

ORIGINI E CARATTERI
DEL CAPITALISMO ITALIANO

Crisi agraria e mondo contadino.

Durante il quindicennio di governo della Destra, come si è avuto modo di accennare, l'agricoltura italiana aveva attraversato un periodo di congiuntura sostanzialmente favorevole, determinato essenzialmente dalla continua ascesa dei prezzi e dalla richiesta sostenuta del mercato. Le cose cambiarono radicalmente proprio negli anni in cui la Sinistra giunse al potere. La grande crisi agraria, che, in seguito all'invasione del grano americano, resa a sua volta possibile dalla drastica riduzione dei noli marittimi, aveva già investito gli altri paesi europei, giunse infatti anche in Italia e fu tanto più grave quanto più deboli e impreparate a fronteggiarla erano le strutture di un'agricoltura povera di capitali quale era quella italiana.

Le importazioni massicce di grano americano o russo (si passò dal milione e mezzo di quintali del 1880 ai 10 milioni del 1887) provocarono una drastica contrazione, pari quasi al 30 per cento, del prezzo del grano, al punto da rendere la sua coltura non remunerativa nelle terre più povere e da determinare una netta caduta degli indici complessivi della produzione nazionale. Ma la coltura granaria, che pur rappresentava il cespite di gran lunga dominante dell'agricoltura italiana, non fu la sola a essere sconvolta dalla crisi agraria: anche la coltura dell'olivo, dei legumi, l'allevamento del bestiame ne furono seriamente colpiti. Il solo settore che si avvantaggiò fu quello della viticoltura, che passò da una produzione di 27 milioni di ettolitri nel 1879-80 ai 36 milioni del 1886-87. Si trattò però in questo caso di una congiuntura eccezionale determinata dalla distruzione ad opera della fillossera dei vigneti francesi e destinata ad esaurirsi in un brevissimo giro di anni, come avremo occasione di vedere più avanti. Nel complesso l'ammontare della produzione agricola e zootecnica calò dai 28.308 milioni — in lire del 1938 — del 1880 ai 25.916 del 1887.

Ancora una volta naturalmente a pagare il prezzo della crisi furono i ceti più poveri della campagna: non vi è infatti bisogno di dire che la media di 1.837 lire che rappresenta il punto più basso della curva del reddito *pro capite* di tutta la storia dello Stato unitario e che fu raggiunta nel 1881, costituiva pur sempre una cifra astronomica per la grande massa dei contadini italiani. Proprio nel bel mezzo della crisi agraria i 18 volumi dell'inchiesta parlamentare sulle condizioni di vita nelle campagne che, sotto la direzione di Stefano Jacini, era stata iniziata nel 1877, vennero a gettare un potente fascio di luce sullo stato in cui versava la classe più numerosa della popolazione italiana. L'Italia ufficiale seppe allora che in vastissime plaghe delle sue campagne la denutrizione era la regola, che la malaria infieriva nelle campagne del Sud e la pellagra, una malattia originata da un'alimentazione a base di granturco, in quelle del Nord e che le vittime di queste malattie si contavano ogni anno per migliaia. Seppe delle case-tuguri, dei bambini costretti al lavoro in acerbissima età, dell'analfabetismo e della degradazione.

Ma — si sa — le inchieste parlamentari finiscono spesso con l'essere dimenticate prima che i rimedi proposti dai loro diligenti estensori abbiano avuto il tempo di essere applicati. In Italia poi si può dire che ciò sia stata una regola: la storia parlamentare italiana è ricca di inchieste condotte con grande impegno e serietà, da questa dello Jacini, a quella dell'età giolittiana sulle condizioni dell'Italia meridionale, alle più recenti sulla disoccupazione e la miseria, ma i molti volumi in cui esse si articolano sono stati forse più letti dagli studiosi e dagli storici di oggi che messi a frutto dai politici di allora.

Ma coloro che erano stati le vittime della grande crisi agraria non potevano aspettare e in molti di essi si faceva strada la volontà, risoluta e disperata, di uscire una buona volta dal cerchio di miseria e di degradazione in cui erano rimasti prigionieri. Ed ecco, prima timidamente, poi con un ritmo sempre più serrato, prendere corpo quel fenomeno dell'emigrazione di massa che l'Italia della seconda metà dell'Ottocento e dei primi decenni del Novecento ha in comune con le nazioni e le zone più povere dell'Europa centrale e orientale. Ecco nei miserabili paesi dell'Italia meridionale, unico segno della civiltà moderna, aprirsi le agenzie delle grandi compagnie di navigazione; ecco le folle degli emigranti accalcarsi nelle stive dei transatlantici per andare a gettarsi, come operai, nel grande crogiolo dell'America settentrionale, oppure per tentare la sorte, come contadini, nelle distese dell'America latina. Altri, specie nell'Italia settentrionale, preferirono battere le vie dell'emigrazione permanente o stagionale in Francia, nel Belgio, nella Svizzera e, soprattutto, in Germania. Il loro acclimatamento in questi paesi non fu sempre facile, e talvolta, come a Aigues-Mortes nel 1892, si ebbero conflitti tra i lavoratori del paese ospite e gli immigrati italiani, accusati di vendere le loro braccia al di sotto dei salari normali e di essere i cinesi d'Europa. Ma molti di coloro che ritornarono in Italia, specie dalla Germania, avevano imparato che cos'era un sindacato, come si faceva uno sciopero e non avrebbero mancato di far tesoro in patria della loro esperienza oltremontana.

Ben presto l'emigrazione italiana assunse le dimensioni di un fenomeno imponente: nel quinquennio 1886-90 la media annuale degli emigrati si aggirava attorno alle 222.000 unità. Basti pensare, se si vuol cogliere la portata generale del fenomeno, che la differenza tra incremento naturale della

popolazione e incremento effettivo, comprensivo cioè della
corrente migratoria, che era nel periodo compreso tra il 1872
e il 1882 di 36.000 unità a favore del primo, balzò a 114.000
nel periodo compreso tra il 1882 e il 1900. Il che significa
che la popolazione italiana, che risultò essere al censimento
del 1901 di quasi 34 milioni, sarebbe stata, senza l'emigrazione, di 36 milioni.

Ma non tutti, naturalmente, partivano e non tutti quelli
che restavano erano rassegnati a accettare come una fata-
lità le loro condizioni di vita. Dalla grande crisi agraria degli anni ottanta non prese origine soltanto il grande fenomeno dell'emigrazione, ma mosse i suoi primi passi il movimento contadino italiano, anch'esso un fenomeno tipico della
storia dell'Italia moderna, con tratti profondamente originali. La sua culla furono le campagne del Mantovano, dove
nel 1884 si ebbero delle agitazioni e degli scioperi agrari
di notevole ampiezza, del Polesine, del Ferrarese e del Raven-
nate, tutte province poste a cavaliere del basso corso del
Po, in un paesaggio di argini, di grandi lavori di bonifica,
di villaggi improvvisati e privi persino della consueta e familiare presenza della chiesa. I braccianti che vi lavoravano
e che spesso erano emigrati dalle province vicine costituivano un aggregato sociale e umano che non trova riscontro
nel proletariato agricolo di altri paesi europei. A differenza
dei servi delle campagne tedesche ad est dell'Elba, essi non
avevano dietro alle loro spalle un passato di soggezione e
di rassegnazione. Essi erano una classe sociale di nuova formazione e, per certi aspetti, più vicina alla mentalità del-
l'operaio e del salariato che a quella del contadino. Il paesaggio stesso in cui vivevano e lavoravano, un paesaggio in continua trasformazione, li aiutava a comprendere l'inutilità di ogni
sforzo teso a ricomporre l'unità del vecchio equilibrio contadino. La speranza non stava nel ritorno al passato, ma al
contrario nell'avvenire, nel progresso, nel socialismo. Ed è
infatti tra i braccianti della Valle padana che la propaganda
delle idee socialiste, che fino allora era rimasta circoscritta
a ristrette cerchie di intellettuali e agli strati più elevati del

proletariato urbano, opera la sua prima profonda breccia ed
è attraverso il loro tramite che il socialismo inizia a diffondersi nelle campagne.

Si è già ricordato il nome di Andrea Costa; ad esso si
potrebbero aggiungere quelli di Camillo Prampolini a Reggio Emilia, del medico Nicola Badaloni nel Polesine, di Egidio
Bernaroli a Mantova, di Nullo Baldini a Ravenna, del Bissolati nel Cremonese. Furono questi gli uomini che con un'attività indefessa e tenace organizzarono le prime « leghe » di
braccianti, promossero la formazione delle prime cooperative, diffusero nelle campagne dell'Emilia e della Bassa padana le idee del socialismo, furono alla testa dei primi scioperi. Essi compivano, modestamente e oscuramente, un lavoro della cui importanza e delle cui conseguenze forse neppure essi erano consapevoli. L'Italia fu l'unico paese europeo
in cui, nei decenni successivi, lo sviluppo del socialismo e del
movimento operaio non si imbatterà nella sordità e nelle diffi-
denze delle masse contadine, e comunque quello in cui il
problema della « conquista delle campagne » da parte delle
avanguardie proletarie e intellettuali delle città si porrà in
termini di minore difficoltà. Ché anzi in certi casi (tipico è
l'esempio dell'Emilia) fu proprio la campagna « rossa » a
stringere d'assedio la città bianca e a conquistarla.

Sviluppo capitalistico e via prussiana.

Per uomini come Camillo Cavour, Carlo Cattaneo e Francesco Ferrara, cresciuti nell'età del capitalismo trionfante e
del libero scambio, la via che l'Italia avrebbe dovuto percorrere per diventare un moderno paese borghese aveva per
presupposto il suo inserimento senza riserve nel grande circuito dell'economia europea. Una volta esposti al rude, ma
tonificante vento della concorrenza, gli agricoltori e gli imprenditori italiani avrebbero dovuto fare di necessità virtù,
si sarebbero rimboccate le maniche e avrebbero trasformato
le loro aziende in organismi moderni, capaci di competere

sui mercati internazionali. Naturalmente su questa strada essi avrebbero cozzato contro il muro di privilegi, di incongruenze e di particolarismo che costituivano l'*ancien régime* italiano e sarebbero perciò stati costretti a trasferire la loro battaglia sul piano politico: rigenerazione economica e rigenerazione civile avrebbero così proceduto entrambe dal basso, dalla libera iniziativa dei singoli produttori, così come del resto era accaduto nei grandi paesi borghesi europei. Certo si sarebbe trattato di un processo lento, ma questa gradualità era garanzia di serietà e di riuscita.

Sostanzialmente i governi che si succedettero nei primi venti anni di vita dello Stato unitario rimasero fedeli a questa prospettiva e, in particolare, al suo presupposto liberista. I trattati commerciali da essi stipulati (il principale fu quello con la Francia del 1863) furono, come già quelli negoziati da Cavour, improntati a un intransigente liberismo. Ma da esecutori testamentari privi di fantasia quali erano dell'eredità cavourriana, essi, come si è visto, non fecero nulla o quasi per cercare di rimuovere gli ostacoli che, nel più vasto e contraddittorio ambito della nuova patria italiana, si frapponevano al libero sviluppo delle energie borghesi di base.

Col passare degli anni e con il prolungarsi della stagnazione il dubbio che una siffatta prospettiva di uno sviluppo lungo e dal basso non fosse il più idoneo per un paese che, come l'Italia, aveva da recuperare molto tempo perduto e era assillato da problemi urgenti e indilazionabili, cominciava a insinuarsi nell'opinione pubblica più avvertita. Non era possibile — ci si cominciava a chiedere — che anche l'Italia prendesse quelle scorciatoie che avevano permesso alla nuova Germania, a pochi anni dalla sua costituzione a nazione, di divenire una grande potenza indipendente, i cui prodotti correvano ormai per i mercati del mondo e la cui tecnica suscitava l'invidia di tutti i suoi concorrenti? Si delineava così, ancora confusamente, la prospettiva di una via prussiana di sviluppo capitalistico, di una trasformazione economica cioè operata dall'alto e con il concorso determinante dello Stato, all'insegna del protezionismo e del rafforzamento del prestigio internazionale del paese.

Attorno al 1874, negli anni cioè in cui maturava l'avvento della Sinistra al potere, si era cominciato in Italia a discorrere di « germanesimo economico » e un gruppo di economisti, tra i quali fa spicco il nome di Luigi Luzzatti, aveva fondato una nuova rivista, il « Giornale degli Economisti », per propugnare appunto la necessità di rivedere il tradizionale indirizzo liberistico della politica economica italiana. Le loro idee non avrebbero però incontrato il consenso che incontrarono tra gli intellettuali e, quel che più conta, tra gli imprenditori, se esse non avessero avuto degli addentellati nella realtà della situazione italiana. Che lo Stato, costruttore di ferrovie e di arsenali, dovesse avere un ruolo di acceleratore nello sviluppo economico del paese era cosa non solo ammessa in teoria, ma praticata da tutti i governi che si erano succeduti in Italia e nello stesso Piemonte cavourriano. Un'altra premessa per uno sviluppo economico di tipo prussiano e che aveva sensibile analogia con quanto accadeva nella Germania bismarckiana, con i suoi Junker e con i suoi industriali liberali, era costituita dal *modus vivendi* che, come si è visto, era stato possibile raggiungere tra i ceti sociali di maggiore prestigio e influenza, la borghesia manifatturiera e commerciante del Nord e gli agrari meridionali. Forti di questa unità, le classi dominanti italiane potevano affrontare con relativa tranquillità gli inevitabili sconvolgimenti e le prevedibili reazioni popolari che uno sviluppo economico manovrato dall'alto e a tappe forzate non avrebbe mancato di produrre. Vi era infatti la reciproca certezza che nessuno avrebbe barato al gioco: nessuno dei due *partners* aveva interesse a pescare nel torbido e a utilizzare contro l'altro i risentimenti e le proteste che venivano dal fondo della società.

I primi accenni di questo nuovo corso economico cominciarono a delinearsi attorno al 1878, quando la pressione degli industriali tessili e meccanici del Nord riuscì a strappare al governo una prima tariffa doganale protettiva. Da allora il tono della vita economica del paese divenne più sostenuto e il mercato dei capitali più animato. A ciò contribuì anche l'acclimatamento in Italia di nuove forme di credito, sull'esempio di quelle già sperimentate in Francia dai fratelli Péreire, con finalità specifiche di finanziamento degli investimenti. Su questa strada si mossero i nuovi organismi bancari del Credito mobiliare e della Banca generale. Parte di questi capitali presero la via di investimenti a carattere prevalentemente speculativo: gli anni ottanta conoscono il primo *rush* verso la speculazione edilizia. Dagli sventramenti operati indiscriminatamente a Roma, il centro della capitale uscì con un volto pretenziosamente moderno e deturpato per sempre da alcune brutture, tra le quali il cosiddetto « altare della patria », il cui progetto venne prescelto nel 1884, è senza dubbio la più monumentale. A Firenze il vecchio e storico quartiere di Calimala fu completamente distrutto per far posto a una piazza che costituisce oggi l'unica bruttura esistente in una città di una bellezza e di un'unità ineguagliabili. Anche a Napoli il piccone demolitore infierì senza peraltro risolvere che assai parzialmente i tradizionali problemi di sovraffollamento e di igiene pubblica la cui gravità era stata tragicamente sottolineata dall'epidemia di colera del 1878. Ma una parte cospicua dei capitali disponibili sul mercato trovò invece impiego in investimenti più produttivi e più a lungo termine, nell'industria. Dal 1881 al 1887 gli indici della produzione delle varie branche industriali mostrano infatti una netta e costante tendenza all'ascesa. Nel settore dell'industria cotoniera le importazioni di cotone greggio passarono dai 218.000 quintali del 1881 ai 617.000 del 1887; in quello dell'industria metallurgica, l'incremento, tenuto conto soprattutto del basso livello di partenza, fu spettacolare e sostenuto quello delle industrie chimica, meccanica e estrattiva. Muoveva i suoi primi passi anche l'industria elettrica: Milano fu una delle prime città d'Europa in cui, con la costruzione della centrale di Santa Radegonda nel 1884, vennero effettuati esperimenti di illuminazione elettrica.

Nel complesso, secondo un indice calcolato dal Gerschenkron, tra il 1881 e il 1887 l'industria italiana conobbe un incremento generale della sua produzione del 37 per cento, con un saggio di sviluppo annuo del 4,6 per cento. Un peso determinante nell'avvio e nell'accelerazione di questo processo di sviluppo ebbe lo stimolo e l'intervento dello Stato: la società Terni, che nel 1884 iniziò la costruzione della prima grande acciaieria italiana e alla cui testa stava l'ingegner Vincenzo Stefano Breda, usufruì fin dal suo sorgere di un sostanzioso appoggio dello Stato, la cui marina militare era del resto il suo maggiore, se non unico cliente. Anche l'industria cantieristica, della quale l'esponente più in vista fu l'ingegner Luigi Orlando, fu fortemente sovvenzionata dallo Stato mediante uno stanziamento di 53 milioni concesso nel 1885. Così pure le maggiori compagnie di navigazione, la Florio e la Rubattino, che nel 1881 si fusero per costituire la Navigazione generale italiana. Merita di essere notato come parecchi dei nuovi capitani dell'industria italiani fossero uomini con un passato di milizia politica democratica o mazziniana: Luigi Orlando era stato un membro della Giovine Italia, Giovanni Pirelli, il fondatore dell'industria della gomma italiana, era stato un combattente garibaldino, Vincenzo Florio, l'esponente più in vista della Navigazione generale italiana, era stato attivo nel movimento patriottico siciliano e, quanto all'armatore genovese Raffaele Rubattino, era stato su due suoi piroscafi che i Mille erano salpati per la loro impresa. A questi aggiungiamo il nome di Erasmo Piaggio, armatore e industriale meccanico, anch'egli ex-garibaldino.

Il primo modesto *boom* industriale italiano veniva così a coincidere con l'inizio della grande crisi agraria della quale abbiamo parlato nel paragrafo precedente, e si determinava in tal modo una tipica congiuntura « a forbice ». All'aumento dei prezzi dei prodotti industriali protetti dalle tariffe doganali faceva riscontro il calo dei prodotti agricoli e il drenaggio dei capitali dalla campagna alla città, dal Sud al Nord, procedeva a un ritmo sempre più intenso. Era evidente che,

se si voleva proseguire nella direttiva di sviluppo intrapresa,
occorreva compensare in qualche modo i proprietari agricoli delle perdite che essi avevano subito e riequilibrare su
di una nuova base i rapporti tra i ceti dominanti del paese.
Si giunse così alla nuova tariffa doganale del 1887, che segnò una tappa di grande importanza nella storia del capitalismo italiano e che può veramente essere considerata come
l'atto di nascita di ciò che Gramsci chiamò il blocco agrario-
industriale delle classi dominanti italiane. Le sue conseguenze
sulla storia dell'Italia moderna non furono minori di quelle
della svolta protezionistica e conservatrice operata da Bismarck nel 1879 su quella della Germania.

In base a questa tariffa non solo le barriere doganali
erette a difesa della nascente industria italiana erano ulteriormente e sensibilmente elevate, ma il criterio della protezione veniva esteso anche a certi settori dell'agricoltura.
Ne beneficiarono infatti le colture dello zucchero, della canapa, del riso (tutte praticate quasi esclusivamente nell'Italia
settentrionale) e, in misura assai alta, quella fondamentale
del grano. Veniva così posto un freno alle massicce importazioni di grano americano e venivano incoraggiati ancora
una volta la pigrizia e l'assenteismo di quei proprietari agricoli del Mezzogiorno che dalla cerealicoltura praticata in forma
estensiva ricavavano gran parte delle loro rendite. I prodotti
dell'Italia settentrionale — le lane di Biella e di Valdagno,
i cotoni della Lombardia — conquistavano così definitivamente il mercato nazionale e lo sviluppo industriale italiano
entrava decisamente nèlla sua fase di decollo; mentre il Mezzogiorno rimaneva inchiodato ancora più saldamente alla sua
arretratezza e alla sua condizione di subordinazione. Anziché
attraverso un processo di livellamento e di rigenerazione dal
basso, la via dello sviluppo capitalistico passava in Italia attraverso un approfondimento dei già gravi squilibri sociali
e regionali esistenti nel paese. Ne risultava un tessuto sociale in cui il nuovo e il vecchio si giustapponevano e si in-
trecciavano, in cui un capitalismo con tutti i tratti dell'analisi leniniana dell'imperialismo — alto grado di concentra-

zione monopolistica, compenetrazione tra banca e industria, protezione statale — conviveva con un'agricoltura che, in certe regioni, si trovava ancora ad uno stadio semifeudale e con un artigianato onnipresente e a livello familiare.

« Uno Stato moderno — scriveva Antonio Labriola nel 1896 — in una società quasi esclusivamente agricola, e in gran parte di vecchia agricoltura, crea un sentimento universale di disagio, ciò dà la generale coscienza dell'incongruenza di tutto e di ogni cosa. » Incongruenza: un termine che più volte ci si presenterà spontaneamente a mano a mano che procederemo nell'esposizione della storia dell'Italia contemporanea.

Triplice alleanza e ambizioni coloniali.

I cardini della politica estera piemontese prima e italiana poi erano stati l'amicizia con l'Inghilterra e con la Francia. Con la prima di queste potenze i rapporti rimasero sostanzialmente inalterati e improntati a cordialità e comprensione lungo tutto il corso della storia italiana, tranne il periodo fascista. Diversamente invece andarono le cose con la Francia: l'episodio di Mentana dette l'avvio a un progressivo raffreddamento che si venne sempre più accentuando sino a sfociare, come si vedrà, alla fine degli anni ottanta in aperta tensione. Parallelamente a questo distacco dalla Francia si delinea nella politica estera italiana un sempre più pronunciato avvicinamento alla Germania prima (si ricordi l'alleanza del 1866) e in un secondo tempo anche all'Austria. Nel 1873 Vittorio Emanuele II effettuava visite a Vienna e a Berlino, cui seguì due anni dopo una visita di Francesco Giuseppe a Venezia. Da parte degli imperi centrali e da parte soprattutto di Bismarck non si lesinarono sforzi per assecondare questo nuovo corso della politica italiana e per approfondire il solco che si era aperto fra Italia e Francia. Più volte tra il 1876 e il 1877 da parte austriaca e tedesca vennero sollecitazioni perché l'Italia prendesse l'iniziativa dell'occupazione della Tunisia, dove esisteva da tempo una forte minoranza italiana, nella speranza in tal modo di ottenere il doppio obiettivo di stornare le rivendicazioni italiane sul Trentino richieste a gran voce dagli « irredentisti » e di creare un nuovo motivo di attrito con la Francia.

In un primo tempo la diplomazia italiana sembrò restia a prestare orecchio a queste sollecitazioni e al congresso di Berlino del 1878 l'Italia mantenne una linea politica di disimpegno che venne definita delle « mani nette ». Non mancarono naturalmente in Italia le proteste, espresse anche in forma assai rumorosa, di coloro che accusavano il governo (era presidente del Consiglio il Cairoli) di non aver saputo contrattare l'annessione italiana del Trentino con l'occupazione austriaca della Bosnia-Erzegovina e, più in generale, di aver seguito una linea politica debole e rinunciataria. Queste proteste si fecero ancora più forti e insistenti quando, nell'aprile-maggio 1881, la Francia procedette all'occupazione della Tunisia e alla sua trasformazione in protettorato. L'idea di un definitivo svassallamento dall'alleanza francese e di un avvicinamento agli imperi centrali diveniva — salvo che nei circoli degli « irredentisti » irriducibili — sempre più popolare. Si giunse così nel maggio del 1882 alla stipulazione del trattato tra l'Italia, Germania e Austria, passato alla storia sotto il nome di Triplice alleanza.

Tale trattato consisteva essenzialmente in una reciproca garanzia tra le varie potenze firmatarie contro una eventuale aggressione francese e in un impegno altrettanto reciproco alla benevola neutralità nel caso che l'iniziativa della guerra contro la Francia fosse stata presa invece da parte austriaca, italiana o tedesca. Era cioè, nella sua parte essenziale, un trattato di natura difensiva diretto esclusivamente nei confronti della Francia. Su insistenza italiana era infatti stata aggiunta una clausola in cui si specificava che l'alleanza in nessun caso avrebbe dovuto intendersi diretta contro l'Inghilterra. Nel 1887, quando esso venne rinnovato, venne inoltre specificato, su insistenza del ministro degli Esteri italiano, il conte di Robilant, che l'Italia avrebbe avuto diritto a delle compensazioni qualora lo *statu quo* nei Balcani fosse stato modificato a favore dell'Austria: era una maniera di tenere in qualche modo aperta la questione delle terre italiane ancora sotto sovranità austriaca.

A prescindere però da questi aspetti strettamente diplomatici, il trattato della Triplice aveva anche un valore e un significato politico, specie nei confronti della politica interna. È assodato infatti che l'adesione dell'Italia alla Triplice va considerata anche come una manifestazione di affinità elettiva verso la Germania bismarckiana, verso una nazione cioè che stava offrendo all'Europa la prova di come il rispetto delle gerarchie all'interno e una politica di forza e di prestigio all'esterno fossero i migliori presupposti per lo sviluppo economico e culturale di un paese. A questa interpretazione in chiave conservatrice e gerarchica del trattato erano particolarmente sensibili non solo il nuovo re Umberto I (Vittorio Emanuele II era morto nel 1878) e la sua sposa, la regina Margherita, nelle cui vene scorreva sangue tedesco, ma anche, come si è visto, larghi settori della classe politica e della stessa opinione pubblica. Inoltre agli occhi di costoro l'Italia con la Triplice usciva finalmente di tutela, cessava di essere una potenza di secondo rango, riacquistava in parte il prestigio perduto con la disastrosa guerra del 1866. Si può anzi dire che da questo punto di vista la stipulazione della Triplice alleanza contribuì notevolmente a rendere consapevoli e a far coagulare quei motivi e quelle tendenze nazionalistiche che fermentavano entro il paese. La lotta fra le nazioni — insegnava la filosofia positivista di moda — era altrettanto ineliminabile quanto la lotta per l'esistenza e la selezione naturale nell'evoluzione degli esseri. Avrebbe una nazione come l'Italia potuto sottrarsi a questa ferrea necessità?

Ma il nazionalismo, per definizione, è sempre diretto contro qualcuno e questo qualcuno per molti italiani non poteva essere che l'Austria, l'« eterno nemico », che ancora occupava le città italianissime di Trento e di Trieste. Il trattato della Triplice lasciava però poche speranze in questo senso e, quando nel 1882 l'irredentista triestino Guglielmo Oberdan venne impiccato dagli austriaci, il governo italiano, che pochi mesi prima aveva apposto la sua firma alla Triplice, si trovò in serio imbarazzo e dovette porre la sordina alle veementi manifestazioni studentesche. Ma, se la speranza di raggiungere i confini del Brennero e del Quarnaro doveva per il momento essere coltivata con moderazione, vi erano ben altri campi in cui l'Italia avrebbe potuto dar prova del suo ritrovato orgoglio nazionale. Perché essa, nazione eminentemente mediterranea e colonizzatrice, non avrebbe dovuto ad esempio partecipare all'espansione coloniale in cui erano impegnate tutte le altre potenze europee? Quest'idea della missione mediterranea e civilizzatrice dell'Italia attecchì in un primo tempo anche presso uomini e ambienti della Sinistra e venne fatta propria persino da alcuni dei primi socialisti, i quali pensavano che le colonie avrebbero potuto accogliere una parte di quell'emigrazione che ora si riversava al di là dell'oceano e avrebbero fornito un terreno vergine per arditi esperimenti di conduzione cooperativa delle terre. E non è del tutto casuale che, per comandante del primo corpo di spedizione italiano in Africa, venisse scelto un ex-garibaldino, il generale Baratieri. La prospettiva di un'espansione coloniale trovò però naturalmente udienza soprattutto negli ambienti più retrivi e più impregnati di spirito nazionalistico. Comunque, democratico o forcaiolo che fosse, umanitario o inutilmente tracotante, il colonialismo italiano recava fin dalle origini le stigmate del velleitarismo o, secondo la definizione di Lenin, dell'« imperialismo degli straccioni ». Fu infatti — si potrebbe dire — un colonialismo ad uso interno, fatto cioè in funzione della politica interna, per convincere gli italiani che anche l'Italia era una grande potenza e circondare così di un'aureola di prestigio uno Stato che altrimenti non ne avrebbe avuto molto.

I suoi esordi furono altrettanto infelici e stonati quanto tutta la sua storia. Trascinata dall'Inghilterra, cui nel 1882 essa aveva opposto una *fin de non-recevoir* quando le era stato proposto di collaborare nell'occupazione dell'Egitto, a occupare Massaua, in Eritrea, l'Italia si trovò nel 1885, in seguito alla sconfitta del generale Gordon da parte dei dervisci sudanesi, coinvolta in operazioni militari contro l'Etiopia. Nel gennaio del 1887 un contingente di 500 uomini venne attaccato a Dogali da soverchianti forze al comando di Ras Alula e completamente annientato. L'impressione in Italia fu enorme e il ministro degli Esteri, il di Robilant, quello stesso che aveva condotto a termine felicemente e con fermezza le trattative per il rinnovo della Triplice, fu costretto alle dimissioni. Quello che avrebbe potuto essere un incidente di scarso rilievo, diveniva così una questione d'onore nazionale e l'Italia si trovava moralmente impegnata a proseguire in una politica coloniale dalla quale non avrebbe ricavato che delusioni.

La vita letteraria e culturale.

Il panorama della vita letteraria italiana attorno agli anni ottanta non manca certo di animazione: dagli « scapigliati » milanesi, versione italiana della *bohème* parigina e tipica manifestazione di un'avanguardismo programmatico, ai « veristi » ammiratori di Zola, agli epigoni manzoniani, per finire con la mai estinta vena della poesia dialettale, il ventaglio delle correnti e delle sperimentazioni è assai largo. Tuttavia si tratta nella maggior parte dei casi di prosatori e di poeti di respiro abbastanza tenue, che oggi nessuno più legge e i cui nomi figurano soltanto nelle storie letterarie e nelle targhe delle vie cittadine. Il solo nome che vale forse la pena di essere ricordato è quello di Edmondo De Amicis, non certo per le sue qualità letterarie, ma per esser stato nei suoi libri e nei suoi *reportages* un testimone onesto e sincero dei sentimenti e del decoro della piccola borghesia italiana, e per averci dato con il suo *Cuore* uno dei pochi libri della letteratura infantile italiana.

Due soli nomi hanno validamente resistito all'usura del tempo: quelli di Giovanni Verga (1840-1922) e di Giosue

Carducci (1835-1907). Il primo, che visse la maggior parte
della sua vita a Milano, dopo aver tentato le vie del romanzo
borghese con risultati mediocri, trovò la sua autentica vocazione con dei romanzi e delle novelle ambientati nella sua
terra di origine, la Sicilia. Il Mezzogiorno del Verga, con i
suoi nobili altezzosi e squattrinati, i suoi contadini arricchiti
e rapaci, con le sue plebi rassegnate, ha tutti i crismi del-
l'autenticità o, meglio, di quella verità interna delle cose
che solo la rappresentazione letteraria centrata e partecipe
ha la facoltà di mettere a nudo. Personaggi come Mastro don
Gesualdo, un *self-made man* che sposa una nobile e finisce
nell'inerzia e nello scoramento una vita che aveva iniziato
all'insegna della disperata volontà di riuscire, oppure come
padron 'Ntoni, il vecchio e rassegnato capostipite di una com-
battiva famiglia di pescatori destinata al fallimento, sono
quasi dei simboli della realtà meridionale.

Ma la riscoperta e la valorizzazione del Verga sono di
data relativamente recente. In vita l'autore di *Mastro don
Gesualdo* e dei *Malavoglia* (egli visse sino al 1922 e trascorse gli ultimi tempi della sua vita nella natia Catania
senza produrre più nulla) ebbe molti meno lettori e ammiratori di quanti ne conti oggi. Le sue storie di contadini e
di pescatori non interessavano molto un pubblico di lettori
borghesi che tra poco si sarebbero entusiasmati per i superuomini e gli esteti dei romanzi dannunziani.

Sorte e fortuna ben diversa ebbe invece Giosue Carducci che, vivente, venne da tutti considerato e salutato come
il poeta principe della nuova Italia o, come egli stesso si
definì, « vate d'Italia alla stagion più bella » e coronò un'esistenza ricca di onori con il premio Nobel che gli venne
attribuito nel 1906. E si comprende: l'evoluzione degli umori
e della poesia del Carducci rispecchia con grande fedeltà
quella dell'opinione pubblica borghese italiana tra la fine del
Risorgimento e gli anni delle prime manifestazioni nazionalistiche. Repubblicano e giacobino in gioventù, esaltatore della
Rivoluzione francese nei suoi sonetti del *Ça ira* e autore di
un *Inno a Satana* che, pubblicato nel 1863, sette anni prima

della breccia di Porta Pia, parve a molti suoi lettori come il grido di battaglia della nuova Italia contro il clericalismo e il potere temporale dei papi, nella maturità e nella vecchiaia egli venne rivestendo di toni sempre più aulici e ufficiali la sua poesia, esaltò nella regina Margherita l'« eterno femminino regale », pianse sui caduti a Dogali, celebrò il mito di Roma e le glorie del Piemonte sabaudo. Di fatto sia il suo giacobinismo, sia il suo patriottismo ufficiale furono quelli di un professore, di un grande professore quale egli era, artificiali e fabbricati a tavolino. Di lui le sole cose che si leggono ancora oggi con diletto sono quelle legate alle vicende dei suoi affetti familiari e personali.

Se, come si è visto, il panorama della vita letteraria italiana degli anni ottanta è abbastanza vario, non altrettanto può dirsi degli orientamenti intellettuali. Il quadro è infatti dominato dalla nuova trionfante filosofia positivista. Mentre i letterati veristi stivano i loro romanzi di prostitute e di malati ereditari, i sociologhi si danno a studiare la misura dei crani per ricavarvi la prova delle predisposizioni alla delinquenza. Uno di essi, il Niceforo, scoprì che il divario esistente tra l'Italia del Sud e quella del Nord derivava appunto dalle diverse conformazioni cerebrali dei rispettivi abitanti. A loro volta i filosofi discettavano della « selezione naturale » e della lotta per l'esistenza, i politici teorizzavano il ruolo delle *élites* e della classe politica, la critica letteraria alla De Sanctis cedeva il passo alla filologia storica. La « scienza » e il « progresso » erano le parole d'ordine del momento e la simpatia dell'intellettualità si orientava sempre più verso quei paesi che di queste nuove idee sembravano essere il ricettacolo e la dimostrazione. I libri tedeschi divennero sempre più numerosi nelle librerie e nelle biblioteche dei dotti italiani, e l'influenza intellettuale del mondo germanico rivaleggiò ormai vittoriosamente con quella tradizionale della cultura francese. Anche nel campo delle idee, come in quello della politica e dell'economia, era l'ora della Germania.

Unica, patetica isola di resistenza alla dilagante avanzata

positivistica rimaneva il gruppo degli hegeliani di Napoli,
estremi esponenti di quell'idealismo storicistico che aveva
dato la propria impronta alla cultura dell'età del Risorgimento. Essi erano degli isolati e dei superstiti, eppure proprio nel loro cenacolo si formò l'unico pensatore di nerbo
che l'Italia della seconda metà dell'Ottocento possa vantare,
Antonio Labriola.

Allievo di Bertrando Spaventa, l'esponente più autorevole del neohegelismo napoletano, il Labriola subì quindi
l'influenza della filosofia di Herbart, per approdare infine
in età già matura alla scoperta del marxismo, delle cui teorie
si fece espositore in una serie di saggi pubblicati tra il 1895
e il 1900. « Scoperta » è forse un termine improprio: negli anni ottanta il nome di Marx non era più sconosciuto
in Italia e talune delle sue opere erano già state tradotte.
Carlo Cafiero, già compagno di Bakunin al tempo della Prima
Internazionale, aveva pubblicato un sunto del *Capitale* e un
giornale socialista che si stampava a Lodi, « La Plebe »,
aveva fatto molto per diffondere in Italia la conoscenza del
pensiero di Marx. La ricezione del marxismo in Italia era
avvenuta però anch'essa nell'ambito dell'imperante positivi-
smo, e di conseguenza l'opinione e la nozione più corrente
che se ne aveva era quella di una sorta di « darwinismo sociale » e di « determinismo economico », quasi un calendario
in cui, con scientifica e positiva esattezza, fossero segnate
le tappe della decadenza capitalistica sino al suo inevitabile
approdo al socialismo. Del resto questa versione e questa
vulgata positivistica del marxismo non era soltanto un fenomeno italiano, ma di tutto il socialismo europeo all'epoca
della Seconda Internazionale e di teorici quali Kautsky, La-
fargue e Plechanov.

Labriola fu l'unico tra questi teorici marxisti (se è lecito applicargli una definizione che egli non gradiva), il quale
dette del materialismo storico un'interpretazione radicalmente
diversa da quella corrente. A suo giudizio il marxismo non
era un sistema filosofico compatto e enciclopedico, ma anch-
ch'esso un'ideologia storica, una « filosofia della prassi », il

distillato cioè dell'esperienza politica e intellettuale accumulata da un determinato soggetto storico, il proletariato industriale nella sua lotta emancipatrice, e la cui verità si arrestava perciò laddove questa esperienza finiva. La concezione materialistica della storia rimaneva perciò un sistema aperto a nuove integrazioni e sviluppi e ciò spiega come il Labriola, a differenza del suo giovane amico Benedetto Croce, mantenne ferme le sue convinzioni socialiste di fronte all'ondata del revisionismo bernsteiniano e sorelliano di fine secolo. Il fatto che l'evoluzione sociale avesse preso cammini diversi da quelli ipotizzati dai marxisti di marca positivistica, se non da Marx stesso, provava soltanto la fallacia dei loro schemi e non certo l'inutilità della battaglia del proletariato: questo avrebbe continuato a combattere e a pensare, a accumulare esperienze nuove, a costruire — e non a attendere — il socialismo.

Coerentemente a questa sua concezione del marxismo come « filosofia della prassi », il Labriola si sentì moralmente e intellettualmente impegnato alla milizia politica e partecipò attivamente e intelligentemente all'opera di orientamento e di organizzazione del nascente movimento operaio e socialista italiano. Di ciò però parleremo a suo tempo. Per ora limitiamoci a richiamare l'attenzione del lettore sulla novità e originalità dell'interpretazione labriolana del marxismo e a rilevare come proprio questa sua originalità contribuì a farne un isolato e un incompreso.

LA CRISI DI FINE SECOLO

Francesco Crispi.

Nel luglio del 1887, l'anno della entrata in vigore della nuova tariffa doganale, del rinnovo della Triplice e del disastro di Dogali, moriva Agostino Depretis, l'uomo che da dieci anni era considerato l'arbitro della vita politica italiana. Alla sua morte la carica di presidente del Consiglio venne assunta da Francesco Crispi. Repubblicano e mazziniano nel corso del Risorgimento e braccio destro di Garibaldi in Sicilia, sostenitore nei suoi primi discorsi parlamentari del suffragio universale e dell'abolizione del Senato di nomina regia, il Crispi, della democrazia radicale ottocentesca, aveva assimilato più l'estremismo verbale e tribunizio che la sostanza. E un estremista pieno di temperamento e di suscettibilità egli rimane anche quando, dopo il suo *ralliement* con la monarchia, venne sempre più accostandosi ai nuovi orientamenti prevalenti nella classe politica e nell'opinione pubblica italiana, abbracciando le sue nuove convinzioni con la stessa foga e la stessa totalità con cui aveva abbracciato quelle della sua gioventù. Il filogermanesimo trionfante in Italia negli anni ottanta, l'improvvisata e velleitaria vocazione colonialista, la spregiudicatezza e lo spirito di iniziativa dei nuovi capitani d'industria, il tradizionale livore degli agrari siciliani contro i contadini insorti, tutti insomma gli ingredienti costitutivi del nascente blocco agrario-industriale erano presenti in lui in forma accentuata e a volte parossistica. Non a caso e non a torto il fascismo ne ha fatto un suo precursore.

L'avvento di Crispi al potere impresse subito nella politica italiana un corso nuovo e un ritmo di insolita eccitazione. Nel breve giro di due anni si ebbero infatti la denuncia del trattato commerciale con la Francia, la quale aveva chiesto una revisione delle tariffe doganali del 1887, la stipulazione di una convenzione militare con la Germania che il Crispi (egli aveva assunto anche il portafoglio degli Esteri) trattò personalmente con Bismarck, la ripresa dell'avventura coloniale in Africa con l'occupazione di Asmara e la proclamazione dell'Eritrea come colonia italiana e, infine, la minaccia di una guerra con la Francia. Per la verità quest'ultima esistette più nell'accesa fantasia del Crispi che nella realtà: la flotta inglese, accorsa nel golfo di Genova dove quella francese, a detta del Crispi, stava incrociando pronta a aggredire le coste italiane, ebbe la sorpresa di non trovarci nessuno. Comunque i rapporti italo-francesi raggiunsero un grado di tensione assai alta: l'incontro tra il nazionalismo crispino e l'ondata boulangista in Francia fece passare all'Europa dei momenti di apprensione.

Anche in politica interna Crispi cercò l'affermazione di prestigio incoraggiando, per il tramite dell'abate Tosti, dei *pourparlers* con la Santa Sede (era allora papa Leone XIII) in vista di una possibile conciliazione. Il fallimento di questo tentativo lo fece però tornare all'ovile del suo vecchio anticlericalismo e fu lui, nel giugno 1889, a patrocinare l'erezione di una statua a Giordano Bruno nel luogo stesso dove era stato consumato il suo rogo, a Roma nel Campo dei Fiori. A parte questi e altri scatti di umore, la linea politica che egli seguì negli affari interni fu essenzialmente diretta nel senso di un rafforzamento del potere esecutivo a scapito di quello legislativo e di un autoritarismo mascherato di efficienza e di spregiudicatezza. Le cariche di sindaco e di presidente della amministrazione provinciale vennero rese ovunque elettive, ma per cautelarsi contro i rischi del decentramento, venne istituita la giunta provinciale amministrativa, *longa manus* dei prefetti sugli enti locali; la macchina dello Stato venne razionalizzata con l'istituzione del contenzioso amministrativo, ma al tempo stesso si provvide ad emanare una nuova legge di pubblica sicurezza che allargava sensibilmente i già ampi poteri discrezionali della polizia; il Parlamento lavorò di più, ma ciò avvenne anche perché il Crispi si industriò a ridurne il ruolo, favorendo per contro quelli del governo e, nel governo, quello della presidenza del Consiglio. Quest'ultima, con un decreto del 1887, aveva viste accresciute le proprie attribuzioni e, quando alla sua testa vi fosse un Crispi, che cumulava anche le cariche di ministro degli Esteri e degli Interni, la figura del presidente del Consiglio si avvicinava assai a quella del cancelliere tedesco, di quel Bismarck del quale Crispi era un fervido ammiratore.

La « svolta » in senso autoritario e prussiano, le cui origini e i cui presupposti abbiamo cercato di analizzare nei precedenti paragrafi, divenne così con Crispi del tutto esplicita e operante. Sfortunatamente per lui le circostanze nelle quali essa era stata realizzata non erano però delle più favorevoli e la sua intemperanza non contribuì certo a facilitargliene il superamento. In una congiuntura economica che già accennava a declinare, la denuncia del trattato commerciale con la Francia e la guerra di tariffe che ne seguì privò il commercio estero italiano del 40 per cento delle sue esportazioni e gettò nella crisi più paurosa interi settori dell'economia nazionale, quali il setificio settentrionale e la viticoltura meridionale, sicché nel 1890 l'Italia dovette addivenire a più miti consigli. Quasi contemporaneamente l'artificiale e speculativo *boom* edilizio, che negli anni precedenti aveva interessato più o meno tutte le città italiane, si sgonfiava e cominciava la serie dei clamorosi scandali bancari che per quattro anni si sarebbero susseguiti, svelando tutto un sottobosco di favoritismi e corruzioni. Per il momento fra il grosso pubblico non trapelò gran che: la relazione della commissione d'inchiesta nominata dal ministro Miceli alla fine del 1889 e che conteneva gravissime rivelazioni sull'attività di

alcuni tra i maggiori istituti bancari, non venne pubblicata.
Nei confronti degli istituti più pericolanti si intervenne poi
con dei salvataggi all'ultima ora; fu questo il caso della Banca
tiberina, cui fu concesso un congruo prestito per interessa-
mento dello stesso Crispi, il cui operato in questa congiuntura non peccò certo di limpidezza. In tal modo si riuscì
soltanto a guadagnare del tempo e pochi anni dopo la crisi
latente sarebbe scoppiata clamorosamente. Ma allora il Crispi
non sarebbe stato più al potere: nel febbraio del 1891 il
bollente statista siciliano aveva presentato infatti le sue dimissioni. Il pretesto per la sua caduta venne offerto da un'altra sua intempestiva sortita in Parlamento, quando aveva
accusato in blocco tutti i governi italiani succedutisi al potere prima del 1876, di aver fatto una politica estera ser-
vile nei confronti dello straniero. Ciò fu sufficiente perché
la maggioranza della Camera, che si rendeva conto di quanto
costasse al paese la nuova politica di dignità e di prestigio
nazionale inaugurata da Crispi, cogliesse l'occasione di questa *gaffe* per liberarsi di un presidente del Consiglio così
scomodo e autoritario. Ma Crispi non sarebbe rimasto a lungo
lontano dal potere. Malgrado le sue intemperanze e la sua
scarsa abilità manovriera, egli era in definitiva il solo uomo
politico italiano che impersonasse le tendenze di fondo del
nascente capitalismo. Non era certo un Bismarck, ma neppure il capitalismo italiano era il capitalismo tedesco.

Le origini del movimento socialista.

La svolta impressa dal Crispi agli indirizzi della politica italiana ebbe, tra l'altro, anche l'effetto di accelerare
quel processo di formazione di un'opposizione popolare che,
come si è avuto modo di accennare, era venuto delineandosi
già dai tempi dell'avvento della Sinistra al potere. Attorno
al 1885, il quadro di questa opposizione appariva ancora
estremamente disperso e frazionato. Tra le varie regioni italiane due erano quelle in cui le correnti e i raggruppamenti

politici di opposizione avevano le basi più solide, la Romagna e la Lombardia. Nella prima, come si è visto, la formazione di un bracciantato di massa nelle campagne aveva costituito la premessa della diffusione delle idee socialiste e della formazione, nel 1881, di un Partito socialista rivoluzionario di Romagna che, sotto la guida di Andrea Costa, era venuto negli anni successivi estendendo la sua influenza alla vicina Emilia, sino a raggiungere anche la provincia di Mantova che nel 1884 era stata il teatro delle prime agitazioni contadine. In Romagna poi molto forte era anche l'opposizione repubblicana, che aveva in Aurelio Saffi, il vecchio triumviro della Repubblica romana, il suo uomo più rappresentativo. Quanto alla Lombardia e alla sua dinamica capitale, le tradizioni democratiche delle cinque giornate e dei moti del 6 febbraio 1853 non si erano certo spente. Tra le grandi città italiane Milano era senza dubbio quella che votava più a sinistra: il radicalismo — che aveva nel « Secolo », uno dei giornali più letti, il suo organo e in Felice Cavallotti il suo esuberante e romantico rappresentante — vi aveva un seguito tra la borghesia e gli strati più elevati del ceto operaio. A mano a mano però che lo sviluppo industriale ed economico della città accresceva in essa il peso specifico del nascente proletariato industriale, gli elementi operai politicamente più attivi vennero gradatamente emancipandosi dalla tutela dei democratici e costituendosi in forza autonoma. Nacque così nel 1882 il Partito operaio italiano, che divenne in breve tempo una forza politica di notevole consistenza a Milano e nell'intera Lombardia, al punto che nel 1886 Depretis ne decretò allarmato lo scioglimento. Ben presto però il partito poté riprendere la sua attività e proseguire la sua opera di organizzazione dei lavoratori: nel 1891 nasceva a Milano, per iniziativa di Osvaldo Gnocchi-Viani, la prima Camera del lavoro, un tipo di organizzazione operaia a base territoriale che, pur avendo dei punti di contatto con le *bourses du travail* francesi, presenta però dei tratti caratteristici sui quali avremo modo di tornare. Gli uomini del Partito operaio italiano si proclamavano « operai manuali » e tali, con qualche eccezione, essi erano: muratori come Silvio Cattaneo, guantai come il Croce, tipografi come il Lazzari. La profonda diffidenza che essi nutrivano verso i politicanti borghesi, dai quali con molta fatica si erano svassallati, diventava assai spesso presso di loro diffidenza verso la politica in sé. Organizzare uno sciopero, formare una lega, ottenere dei miglioramenti salariali e delle riduzioni di orario: ecco le cose concrete e serie di cui dovevano occuparsi gli operai, lasciando perdere le altisonanti parole di democrazia, di repubblica, e, magari, anche di socialismo, di cui parlavano, senza curarsi molto di precisare cosa intendessero, sia gli anarchici impenitenti, sia quelli ravveduti sul tipo del Costa, sia i repubblicani e, anche a volte, qualche conservatore particolarmente entusiasta di tutto ciò che era tedesco.

All'opposizione lombarda e all'opposizione romagnola si aggiunse all'inizio dell'ultimo decennio del secolo quella siciliana con il movimento detto dei Fasci. Gli effetti della crisi agraria e della guerra delle tariffe con la Francia erano stati nell'isola particolarmente gravi e ne avevano risentito sia l'industria degli zolfi, sia l'esportazione degli agrumi e dei vini, vale a dire i settori più dinamici dell'economia siciliana. I soli ad averne vantaggio erano stati i grandi proprietari assenteisti delle zone dell'interno, la cui influenza politica aveva pesato molto a favore del protezionismo granario. Ne era derivata una situazione di profondo disagio sociale, esteso alle grandi masse della popolazione, dai borghesi della capitale e delle città della costa orientale, al miserabile proletariato delle zolfare, ai contadini delle zone dell'interno. Ciascuna di queste categorie sociali portò nel movimento dei Fasci le proprie lagnanze e le proprie rivendicazioni e ancora una volta, come già nel 1820, nel 1848 e nel 1860, le varie e a volte contraddittorie istanze dei diversi gruppi sociali erano tenute insieme dal tenacissimo senso autonomistico siciliano. Nel maggio del 1892 in occasione del XVIII congresso delle Società operaie italiane, che si tenne a Palermo, i Fasci dettero una prima manifestazione della loro forza inviando massicce delegazioni da tutta l'isola. Ma presto ne avrebbero date di ben più consistenti.

Sia l'operaismo e la democrazia lombarda, sia il socialismo e il repubblicanesimo romagnoli, sia infine l'autonomismo dei Fasci in Sicilia erano raggruppamenti e movimenti politici a base regionale, con un orizzonte politico limitato, stretti attorno a *leaders* di prestigio locale. Si poneva il problema di amalgamare queste diverse spinte e correnti di opposizione e di individuare il nucleo attorno al quale questo amalgama fosse possibile. Quest'ultimo, come insegnava l'esperienza dei paesi stranieri e soprattutto quella di quella Germania in cui la socialdemocrazia era allora uscita trionfatrice dalla lunga battaglia contro le leggi eccezionali, non poteva essere che il proletariato industriale. Per questo occorreva però che i « lavoratori manuali » e i salariati italiani superassero i limiti corporativi dell'operaismo e acquisissero una coscienza politica, una coscienza socialista. Il merito di aver compreso ciò e di aver assecondato con la loro azione un processo che, lasciato alla forza spontanea delle cose, sarebbe certo riuscito più lento, va in primo luogo a due uomini: Antonio Labriola e Filippo Turati.

Il primo, del quale abbiamo già ricordato l'opera di pensatore e di filosofo, sentiva come nessun altro la necessità in cui si trovava l'opposizione popolare italiana di rompere una buona volta con il vecchio, inconcludente e, a tratti, folkloristico anarchismo e con la generica e declamatoria democrazia radicale. In un paese in cui — era questo il suo punto di vista — l'amore del bel gesto e della bella frase condannava spesso la vita politica al livello dell'operetta e della farsa, l'avvento del mondo operaio e del socialismo, con i loro sindacati, la loro severa e laica logica della lotta di classe, il loro buonsenso proletario, sarebbero stati un'iniezione di serietà e di modernità. Il modello — anche per il Labriola — era la socialdemocrazia tedesca e nello sforzo di adeguare il più possibile ad essa il nascente movimento socialista italiano egli non risparmiò energie. Non solo intrattenne un fitto carteggio con i massimi esponenti del socialismo europeo, da Engels a Kautsky, a Bernstein, a Sorel, ma non esitò — lui professore universitario e uomo di carattere schivo — a prendere parte all'attività di organizzazione e di agitazione, giungendo sino a farsi il regista delle dimostrazioni che ebbero luogo a Roma in occasione del 1° maggio 1891.

Filippo Turati, un avvocato lombardo passato attraverso un lungo processo di maturazione dalla democrazia al socialismo, non possedeva certo il rigore intellettuale del Labriola e il suo marxismo era largamente intinto di elementi positivistici e di residui radicalizzanti. Tuttavia il suo ruolo nell'opera di unificazione dei vari tronconi dell'opposizione italiana non fu minore di quello del Labriola. La rivista da lui fondata — la « Critica sociale » che iniziò le pubblicazioni nel 1891 — ebbe una parte di primo piano nel divulgare e accreditare le dottrine socialiste presso l'*intellighenzia* italiana e si dovette in gran parte alla sua tenace e abile opera di mediazione se nell'agosto del 1892 poté essere riunito a Genova un congresso cui parteciparono i delegati di tutte le principali tendenze e raggruppamenti esistenti nel mondo operaio e popolare. Il congresso di Genova sancì la definitiva rottura con l'anarchismo e dette vita a un nuovo raggruppamento politico che prese il nome di Partito dei lavoratori italiani, che di lì a poco avrebbe modificato in quello di Partito socialista dei lavoratori italiani, per assumere infine nel 1895 quello che ancor oggi gli è rimasto di Partito socialista italiano.

Le concessioni che, in vista del raggiungimento di un accordo, il Turati aveva fatto agli operaisti e l'eclettismo del programma del nuovo partito suscitarono in un primo tempo una reazione negativa da parte di Antonio Labriola, assai più consapevole del Turati della difficoltà che comportava la creazione di un moderno movimento operaio in un paese arretrato e stratificato quale era l'Italia. Tuttavia anch'egli convenne ben presto sulla necessità di mettere alla prova il nuovo partito e lo dimostrò di lì a poco cercando di impegnarlo e di comprometterlo a sostegno del movimento dei Fasci siciliani, che nel frattempo era venuto sempre più irrobustendosi e assumendo un atteggiamento sempre più decisamente aggressivo. Anche il Turati lo assecondò in questo sforzo, e così per la prima volta nella storia dell'Italia si delineò la contrapposizione al blocco industriale e agrario delle classi dominanti di un blocco operaio-contadino di opposizione. Ma si trattava soltanto di un primo, immaturo embrione: la strada che il movimento socialista italiano nato a Genova avrebbe dovuto percorrere per divenire un partito di opposizione su basi nazionali, era assai lunga e accidentata. Ma il ritmo incalzante e drammatico che gli eventi presero in quest'ultimo scorcio di secolo avrebbe contribuito notevolmente ad abbreviarla.

Ancora Crispi

Dopo la caduta del Crispi l'incarico di formare il nuovo governo venne affidato al marchese siciliano Di Rudinì, il quale, consapevole del senso di stanchezza che la politica di prestigio perseguita dal suo predecessore aveva generato in larghissimi settori dell'opinione pubblica, badò soprattutto a cercare un riavvicinamento con la Francia e a impostare una politica finanziaria di raccoglimento e di risparmio. Ma la instabilità della maggioranza che lo sosteneva abbreviò i giorni del suo ministero e nel maggio del '92, il Di Rudinì dovette cedere il posto a Giovanni Giolitti. Faceva così la sua entrata sulla scena politica italiana l'uomo che per quasi un quindicennio ne sarebbe stato l'arbitro, e l'unico uomo politico dell'Italia contemporanea la cui figura possa essere avvicinata a quella del grande Cavour.
In effetti tale accostamento non manca di qualche fondamento: piemontese anch'egli, Giolitti auspicava un'Italia fatta a immagine e somiglianza del suo Piemonte, con i suoi piccoli proprietari, le sue casse di risparmio, i suoi amministratori onesti e efficienti, il suo patriottismo senza ostentazioni. Intellettualmente era ancora fermo a quella conce-

zione di una rigenerazione dal basso della società italiana, da realizzarsi attraverso la diffusione della piccola proprietà e dei lumi dell'istruzione, che, come si è visto, era stata cara anche a Cavour. Comunque — e lo aveva apertamente dichiarato in un discorso elettorale del 1886 — egli era nettamente ostile a una politica « imperiale », che comportasse forti spese militari. La sua prima esperienza di governo fu troppo breve (durò in tutto diciotto mesi) e troppo agitata perché egli potesse realizzare in qualche modo i suoi orientamenti politici. Il fatto saliente del momento fu infatti costituito dallo scoppiare della crisi bancaria che, come si è visto, Crispi era riuscito provvisoriamente a tamponare. L'opinione pubblica italiana assistette sbalordita ai clamorosi *crack* dei principali organismi di credito, ognuno dei quali svelava un retroscena scarsamente edificante di intrighi e di corruzione politica. L'impressione fu enorme e si dovette procedere alla nomina di una nuova commissione d'inchiesta che, dopo otto mesi di lavoro, presentò una relazione dalla quale, malgrado le ambiguità, risultavano chiaramente i legami non sempre cristallini esistenti tra il mondo della finanza e quello della politica. Giolitti, che aveva intrattenuto rapporti con il direttore della Banca romana e lo aveva anzi nominato senatore, non ne uscì indenne. La sua posizione politica si faceva quindi sempre più precaria, anzi insostenibile: fu il primo a comprenderlo e piuttosto che di resistere ad oltranza, egli si preoccupò di precostituirsi una base per una sua possibile rivincita. Prendendo la parola nell'ottobre 1893 di fronte ai suoi elettori di Dronero, egli denunciò le « pazze speculazioni edilizie » degli anni di euforia economica e propose come rimedio alle dissestate finanze dello Stato l'istituzione di un'imposta progressiva. Un mese dopo rassegnava le dimissioni.

Nel frattempo in Sicilia il movimento dei Fasci ingrossava a vista d'occhio e la tensione sociale diveniva acutissima. Per ristabilire l'ordine, Giolitti, che, come Cavour, non amava governare con lo stato d'assedio, non era l'uomo più adatto, e il suo rifiuto di imboccare la strada della repressione aveva costituito un motivo di più per allontanarlo dal potere. Francesco Crispi, per quanto non fosse meno compromesso di Giolitti nello scandalo della Banca romana, dava maggiori garanzie e a lui infatti ci si rivolse.

La precedente esperienza di governo e il precedente fallimento non aveva però insegnato gran che al vecchio statista siciliano, convinto più che mai di essere l'unico uomo in grado di restituire all'Italia la sua grandezza. Nei confronti del movimento dei Fasci egli, che pure, come siciliano e come ex garibaldino avrebbe dovuto essere in grado meglio di altri di valutarne la matrice sociale, adottò la maniera forte, proclamando lo stato d'assedio e inviando un generale alla testa di un corpo di spedizione di 50.000 uomini a ristabilire l'ordine nell'isola. Pochi giorni dopo lo stato d'assedio era dichiarato anche in Lunigiana, ove si erano avuti moti tra i cavatori del marmo delle cave di Carrara. Seguirono arresti in massa e processi celebrati da tribunali militari che irrogarono pene severissime. I capi dei Fasci — il Barbato, Rosario Garibaldi Bosco e Bernardino Verro, nobilissima figura di combattente contro la mafia e per il riscatto contadino — ebbero 12 anni. Il catanese De Felice, che era deputato e nemico personale del Crispi, ne ebbe 18. Né fu risparmiato il Partito socialista come tale, che nell'ottobre 1894 venne sciolto assieme a tutti i circoli, le associazioni e le Camere del lavoro che ad esso in qualche modo facevano capo. Per cautelarsi infine contro eventuali e prevedibili reazioni sul piano elettorale a questo suo autoritarismo, Crispi operò una drastica epurazione delle liste elettorali. Nei confronti del Parlamento la politica di Crispi fu a stento più liberale di quella nei confronti del paese: dal gennaio 1894 al maggio 1895 la Camera si riunì soltanto per brevissime sessioni, fino a che nel maggio di questo stesso anno delle elezioni convenientemente manipolate non dettero al governo una maggioranza confortevole.

Nel settore della politica economica e finanziaria, il fatto più saliente e di maggiori conseguenze di questo secondo governo Crispi furono senza dubbio i negoziati con il mondo

finanziario e con il governo tedesco che portarono alla costituzione della Banca commerciale, un organismo a prevalente partecipazione tedesca e modellato secondo il tipo, pur
tedesco, delle banche miste. Il recente fallimento del Credito mobiliare e della Banca generale e la legge fatta approvare da Giolitti che limitava il numero dei precedenti istituti di emissione a tre (Banca d'Italia, Banco di Napoli e
Banco di Sicilia), e restringeva le loro funzioni nel campo
creditizio, favorirono il rapido sviluppo della nuova organizzazione bancaria, che acquistò ben presto un ruolo di primaria importanza nel complesso della vita economica del
paese. In tal modo la già pronunciata dipendenza del mondo
dell'industria da quello della finanza, veniva ancora di più
accentuata e si facevano più serrati i legami col capitale
tedesco.

Dopo le elezioni del 1895 Crispi si sentì abbastanza
sicuro per riprendere quella politica di espansione coloniale che era stato costretto a lasciare a mezzo quando nel
1891 aveva dovuto dimettersi. Egli sapeva che l'impresa africana era impopolare non soltanto presso quelle folle che
manifestavano nelle piazze al grido di « Viva Menelik », ma
anche presso larghi settori della borghesia produttiva, specie
milanese, che vedeva in essa un inutile spreco di denaro.
Egli era però d'altra parte convinto che un successo in Africa
avrebbe enormemente rafforzato il suo prestigio e la sua
leadership. L'*optimum* era perciò per lui una vittoria militare ottenuta senza grandi spese, a buon prezzo. Naturalmente però i militari non condividevano questo punto
di vista: di qui gli attriti tra esercito e governo che furono
causa non ultima della disastrosa conclusione della campagna africana. Il 1° marzo 1896 un contingente italiano di
15.000 uomini venne quasi interamente distrutto ad Adua da
soverchianti forze abissine. Quando apprese la notizia, Crispi
rimase annichilito: cinque giorni dopo egli rassegnava le dimissioni, questa volta senza più possibilità di rivincita.

La caduta di Crispi fu salutata da molti come una vittoria della democrazia e la sconfitta di Adua venne da molti giudicata come una sorta di nemesi storica contro l'uomo delle leggi eccezionali. Ma ben presto ci si dovette accorgere che non si trattava che di una vittoria parziale: se Crispi era definitivamente scomparso dalla scena politica, rimanevano le forze sociali che per ben due volte gli avevano concesso la propria fiducia. Rimaneva la monarchia e la corte con gli intrighi della sua ambiziosa regina, rimaneva l'esercito con i suoi generali che avevano caldeggiato l'impresa africana e alcuni dei quali non si rassegnavano alla sconfitta, rimaneva l'industria legata a doppio filo alle commesse dello Stato e del ministero della Guerra, rimanevano gli agrari meridionali, che nel 1892 avevano in un loro congresso in Sicilia chiesto l'abolizione dell'istruzione obbligatoria e che difendevano accanitamente il dazio sul grano; rimaneva insomma quel blocco di potere di tipo prussiano che si era venuto gradatamente costituendo negli ultimi decenni.

Contro di esso si delineava però sempre più chiaramente la formazione di un altro blocco di forze sociali e politiche, che si estendeva dalla borghesia imprenditrice meno legata a interessi protezionistici, alla piccola borghesia meridionale, al proletariato, ai radicali, ai repubblicani, ai socialisti. Questi ultimi, che avevano colto un significativo successo nelle elezioni del 1895 riuscendo ad aumentare la loro sparuta pattuglia parlamentare, sembravano aver deposto le pregiudiziali corporative e operaistiche e la diffidenza verso la politica che erano state proprie di molti di loro sino a pochi anni addietro. Non c'era stato bisogno di nessun Jaurès per convincerli che un governo di democrazia borghese era preferibile a un governo autoritario, e di nessun chiosatore di Marx per spiegare loro che non era vero che le classi borghesi costituivano un'« unica massa reazionaria ». Se n'era incaricato Crispi, sciogliendo i loro circoli e facendo condannare i loro deputati.

Il problema più urgente appariva dunque quello di sbarrare la strada a un ritorno della reazione crispina. Di fronte a questo obiettivo primario le divergenze tra socialisti e radicali, tra fautori della «lotta di classe» e fedeli del principio mazziniano dell'associazione tra capitale e lavoro, passavano in secondo ordine. Prima di affrontarsi nelle battaglie decisive della lotta di classe, borghesi illuminati e proletari avevano da percorrere un lungo tratto di strada insieme. Per il momento le rivendicazioni dei socialisti si limitavano a un programma minimo, che venne approvato dal congresso di Reggio Emilia nel 1893 e che, accanto a rivendicazioni tipicamente proletarie (legislazione sociale, giornata di otto ore) ne allineava altre che qualsiasi radicale o democratico avrebbe sottoscritte (suffragio universale, nazione armata, difesa soprattutto delle libertà costituzionali). Questa evoluzione del socialismo italiano verso soluzioni più possibiliste s'inquadrava del resto in quella di tutto il socialismo internazionale all'ora del revisionismo dei Bernstein e dei Millerand, con la differenza però che, mentre in Francia e, soprattutto, in Germania il nuovo orientamento riformista era in sostanza un ripiegamento e un'accettazione di un ordine costituito, in Italia esso nasceva e appariva già come il più idoneo strumento di lotta e di eversione contro un regime screditato, sotto il segno cioè dell'aggressività e dell'entusiasmo.

Dopo tanti anni di trasformismo e di sapienti manovre e rimpasti parlamentari, lo schieramento dei partiti politici italiani si presentava finalmente diviso secondo uno spartiacque assai netto: di qua i «fautori del governo forte», di là i «difensori della libertà». L'ora della resa dei conti non poteva essere lontana.

Fine di secolo, inizio di secolo.

I quattro anni che vanno dal marzo 1896 al dicembre 1900 sono tra i più tumultuosi e spettacolari di tutta la storia dell'Italia unitaria. Moti di piazza repressi nel sangue, parlamentari che rompono le urne, attentati anarchici, duelli di *leaders* politici e, per finire, un regicidio: nulla manca al quadro di una fine di secolo densa di paure apocalittiche e di grandi speranze. Ripercorrendo sia pure sommariamente la trama di questi avvenimenti, riesce difficile sfuggire all'impressione di una matassa di nodi che stenta a dipanarsi, di una società che fatica a districarsi dalle contraddizioni di cui è intessuta, in una parola di quella « incongruenza » di cui aveva parlato il Labriola. Ma veniamo ai fatti.

Dopo la caduta di Crispi per qualsiasi presidente del Consiglio italiano, fosse anche un uomo di ferme convinzioni conservatrici quale era il marchese Di Rudinì che fu chiamato a succedergli, sarebbe stato impossibile resistere, senza dar prova di totale miopia politica, alla pressione di un'opinione pubblica che acclamava la fine di una politica estera di avventura e di una politica interna di costrizione. Uno dei primissimi atti del nuovo governo fu infatti l'emanazione di un'amnistia che aprì le porte del carcere a molti dei condannati del 1894 e che permise ai capi del movimento dei Fasci di fare un ritorno trionfale nella loro isola, in tempo per presentare al commissario straordinario nominato dal governo un *memorandum* contenente i loro punti di vista sulle riforme e le innovazioni da introdurre per risolvere i gravi problemi sociali siciliani. Il governo ammetteva così esplicitamente che la rivolta del 1893 aveva ben altre cause che quella sobillazione straniera di cui aveva vaneggiato Crispi. Non si andò però molto al di là di questo riconoscimento: si parlò di colonizzazione interna, si costituì un consorzio tra i produttori di zolfo, si alleggerì qualche imposta. Il cardine però della questione siciliana, e cioè quel dazio sul grano che costituiva un premio al latifondo estensivo e, come tale, un ostacolo insormontabile sulla via del rinnovamento dell'agricoltura e della società siciliana, non venne toccato.

In politica estera il governo Di Rudinì si affrettò a liquidare l'avventura africana firmando nell'ottobre 1896 un trattato di pace col Negus in base al quale l'Italia rinunciava definitivamente a ogni pretesa di sovranità sull'Etiopia e conservava il solo possesso dell'Eritrea. Inoltre accentuò il riavvicinamento alla Francia, già avviato nel suo primo ministero, richiamando al dicastero degli Esteri il Visconti-Venosta, l'uomo cioè che aveva retto le sorti della politica estera italiana per tutto il primo quindicennio dello Stato unitario. Questi negoziò con la Francia un accomodamento della questione tunisina sulle basi del riconoscimento del protettorato francese e degli speciali interessi della comunità italiana.

Frattanto però la temperatura politica del paese accennava a salire. Un rialzo del prezzo del pane, dovuto alla cattiva annata agraria e alla riduzione delle importazioni americane in seguito alla guerra di Cuba, suscitò nel paese una serie di agitazioni e di scioperi e rinfocolò negli elementi conservatori la tentazione di una soluzione autoritaria, di un crispismo senza Crispi e senza avventure coloniali. *Torniamo allo Statuto* fu il titolo di un articolo, che ebbe larghissima risonanza, pubblicato il 1° gennaio 1897 da Sidney Sonnino sulla « Nuova Antologia », nel quale si proponeva una riforma del sistema parlamentare nel senso appunto di un ritorno alle origini, al tempo in cui i ministri erano responsabili verso il re e non verso la Camera. Le elezioni del marzo 1897, che mandarono alla Camera una ventina di deputati socialisti e una congrua rappresentanza degli altri partiti della cosiddetta « Estrema », mostrarono però chiaramente che la parte più attiva e più vigile dell'opinione pubblica non era disposta a accettare questa prospettiva di una soluzione in senso illiberale. La tensione, anziché decrescere, continuava a salire e raggiunse il culmine quando, nel marzo 1898, Felice Cavallotti, il « bardo » della democrazia e il tribuno idolatrato del radicalismo italiano, cadde in duello sotto i colpi di un deputato di destra. Al contrasto tra opposizione e governo faceva da minaccioso sottofondo il brontolio delle plebi che, come nelle Puglie agli inizi del '98, esplodeva a tratti in episodi di aperta sommossa. Nel maggio, quando il prezzo del pane era ancora salito, l'eruzione della collera popolare avvenne in forma spontanea e convulsa, simile a quella delle

« giornate » rivoluzionarie dell'*ancien régime*. A Milano, che due mesi prima aveva tributato a Cavallotti delle esequie inobliabili, a Firenze, un po' dovunque, la folla scese nelle strade, tumultuò, protestò. Non vi era alcun pericolo rivoluzionario e gli stessi socialisti furono presi alla sprovvista dal movimento. Il governo però si comportò come se tale pericolo esistesse e represse i moti di Milano a cannonate. Vi furono 50 morti tra la popolazione e il generale Bava Beccaris, responsabile di questo eccidio, fu decorato dal re. Gli arresti si contarono a centinaia e tra gli arrestati figuravano tutti i principali esponenti socialisti, da Costa, a Bissolati, a Turati, alla sua amica Anna Kuliscioff, al *leader* repubblicano milanese De Andreis, al direttore del « Secolo » Romussi. Non mancava un prete, don Albertario, che, nel suo integralismo, era disposto a usare tutte le armi, anche quella della demagogia, contro l'aborrito Stato italiano.

Colpendo oltre ai « rossi » anche i « neri », sopprimendo oltre ai giornali socialisti e radicali anche quelli cattolici, il governo intendeva apparire agli occhi dell'opinione pubblica come il custode della tradizione liberale contro tutti gli estremismi e tacitare con un'apparenza di anticlericalismo quei suoi membri che, come lo Zanardelli, riluttavano ad assumersi le responsabilità degli arresti e degli attentati alla libertà di stampa. Era un gioco troppo scoperto perché potesse riuscire e infatti i dissidi tra i ministri e il rifiuto del re a consentire nuove elezioni segnarono la fine del secondo ministero Di Rudinì. La sensazione che con la brutale repressione milanese si era passato il segno ebbe probabilmente la sua parte nel far sì che gli uomini del nuovo gabinetto fossero scelti in maggioranza tra i parlamentari della vecchia Sinistra di Depretis. Per tutta garanzia però a capo della nuova compagine si pose un generale, il Pelloux, peraltro in fama di liberale per non aver proclamato lo stato d'assedio quando nel febbraio era stato inviato a sedare i moti delle Puglie. In effetti i primi mesi del nuovo ministero segnarono una pausa della acerrima battaglia politica in corso: lo stato d'assedio venne tolto e i condannati politici poterono fruire di un indulto e ritornare alle loro case. Ma non si trattava che di una bonaccia che precedeva la tempesta più minacciosa.

Il 4 febbraio 1899 il Pelloux presentò alla Camera un complesso di provvedimenti intesi a proibire lo sciopero nei servizi pubblici, a limitare la libertà di stampa e il diritto di riunione e di associazione, che, se approvati, avrebbero praticamente segnato la fine dello Stato liberale. La battaglia condotta dall'Estrema Sinistra, alla quale si aggiunse in un secondo tempo anche la sinistra costituzionale di Giolitti e di Zanardelli, fu memorabile e culminò nella seduta del 29 giugno in cui alcuni deputati socialisti ruppero le urne per protestare contro la pretesa del presidente della Camera di chiudere la discussione che essi avevano trascinato in lungo attuando l'ostruzionismo. Ma non minore fu la tenacia con cui Pelloux, che aveva nel frattempo rimpastato il suo governo escludendone gli elementi più liberali, difese i suoi progetti di legge e si mostrò deciso a renderli esecutivi, anche senza l'approvazione del Parlamento, trasformandoli in decreto legge, prassi che però venne dichiarata incostituzionale dalla Corte di cassazione. Questo pronunciamento della suprema autorità giudiziaria del paese e il passaggio a un'aperta opposizione dei deputati della sinistra costituzionale costrinsero Pelloux a dichiararsi per vinto e a ricorrere alle elezioni. Queste — le quarte nel breve giro di dieci anni — furono combattutissime e segnarono un netto progresso dei partiti dell'Estrema e della sinistra di Zanardelli e di Giolitti. Pelloux fu costretto perciò a dimettersi e venne costituito un nuovo gabinetto presieduto da un vecchio parlamentare, il Saracco, e con tutte le caratteristiche di un governo di transizione.

Ma la normalità si ostinava a non venire. A un mese di distanza dalla costituzione del governo Saracco, il 29 luglio 1900, re Umberto cadde vittima di un attentato anarchico. L'impressione fu naturalmente enorme e annullò in parte nell'opinione pubblica lo *choc* psicologico dell'affermazione delle sinistre nelle recenti elezioni. Si determinò così nuovamente un'atmosfera di incertezza e di malessere. Decisamente il paese sembrava non riuscire a trovare la propria strada e il proprio equilibrio. Ora, dopo che i partiti di opposizione avevano condotto una battaglia vittoriosa all'insegna del rispetto della legalità costituzionale, questa legalità stessa veniva scossa da un rigurgito del vecchio anarchismo fermentante nel fondo della società italiana. Perché domani non avrebbe potuto esserlo da un nuovo ritorno della reazione novantottesca?

Eppure la schiarita era più vicina di quanto non pensassero coloro che, avendo vissuto la convulsa cronaca dell'Italia di fine secolo, non avevano avuto il tempo di realizzare quanto quegli eventi e quelle esperienze avessero inciso nel profondo dell'opinione pubblica e del popolo. Attraverso le lotte contro Crispi e contro Pelloux si era diffusa in larghissimi strati popolari, che forse per la prima volta avevano seguito con partecipazione e con piena cognizione di causa le vicende della lotta politica e parlamentare, la sensazione che indietro non si poteva tornare e che il secolo XX sarebbe stato quello di un'Italia nuova. Se ne ebbe la prova quando nel dicembre 1900, avendo il prefetto di Genova decretato lo scioglimento della locale Camera del lavoro, gli operai del grande porto ligure, della città di Mazzini, non scesero in piazza a tumultare, come due anni prima era accaduto nella civilissima Milano, ma si limitarono ad incrociare le braccia. Era il primo « sciopero generale », sia pure su scala cittadina, dei molti che conterà la storia d'Italia dei futuri decenni ed esso si svolse senza il minimo incidente, in una calma impressionante e quasi ostentata. Gli scioperanti sapevano di essere dalla parte del diritto, ed erano decisi ad ottenere riparazione. Di fronte a questo fatto insolito e nuovo di una intera città che diceva con risolutezza e con calma il suo no all'arbitrio, il governo Saracco, che aveva in un primo tempo avallato le decisioni del prefetto, si trovò disorientato e fu costretto a revocare lo scioglimento della Camera del lavoro.

Criticato da destra per la sua arrendevolezza tardiva e

da sinistra per il suo primitivo sopruso, Saracco dette le dimissioni. A succedergli, il nuovo re Vittorio Emanuele III designò Zanardelli, l'esponente più in vista di quella sinistra costituzionale che aveva condotto anch'essa la battaglia contro Pelloux. Ministro degli Interni fu Giovanni Giolitti il quale, nel dibattito conclusosi con le dimissioni del Saracco, aveva pronunciato a proposito dello sciopero di Genova le seguenti dichiarazioni:

Per molto tempo si è cercato di impedire l'organizzazione dei lavoratori. Ormai chi conosce le condizioni del nostro paese, come di tutti gli altri paesi civili, deve essere convinto che ciò è assolutamente impossibile... Noi siamo all'inizio di un nuovo periodo storico, ognuno che non sia cieco lo vede. Nuove correnti popolari entrano nella vita quotidiana, nuovi problemi ogni giorno si affacciano, nuove forze sorgono con le quali qualsiasi governo deve fare i conti... Il moto ascendente delle classi popolari si accelera ogni giorno di più, ed è un moto invincibile perché comune a tutti i paesi civili, e perché poggiato sul principio dell'uguaglianza fra gli uomini. Nessuno si può illudere di poter impedire che le classi popolari conquistino la loro parte di influenza economica e di influenza politica. Gli amici delle istituzioni hanno un dovere soprattutto, quello di persuadere queste classi, e di persuaderle con i fatti, che dalle istituzioni attuali esse possono sperare assai di più che dai sogni dell'avvenire.

Erano concetti e accenti nuovi, detti con una ponderazione e con un tanto di ovvietà che rivelava la loro profonda maturazione. La lunga battaglia contro la reazione era davvero vinta e il secolo nuovo si apriva con un auspicio di progresso.

X

LA « BELLE EPOQUE » DURA QUINDICI ANNI

L'ora del socialismo.

La vittoriosa conclusione dello sciopero di Genova e l'avvento al potere del governo Zanardelli-Giolitti fu per le classi lavoratrici italiane come il segnale che esse da tempo attendevano. I sindacati e le Camere del lavoro si moltiplicarono con una rapidità inaspettata e la curva degli scioperi, che sino allora si era mantenuta a livelli modesti, subì una brusca impennata. Nel 1901 gli scioperi furono 1.034 con 189.271 partecipanti e nel 1902 essi furono 801 con 196.699 partecipanti, cifre che non erano neppure paragonabili con quelle degli anni precedenti che di rado superavano l'ordine di qualche migliaio. Dai cantieri del traforo del Sempione in costruzione all'estremo Nord, sino alle zolfare della Sicilia nell'estremo Sud, dalle sartine di Milano ai portuali di Genova e di Napoli, ai metallurgici di Terni, migliaia e migliaia di operai appresero in questo infuocato inizio di secolo gli elementi fondamentali del sindacalismo moderno. Talvolta la lotta, iniziata in un luogo di lavoro, coinvolgeva tutta una città: scioperi generali sul tipo di quello di Genova del 1900 si ebbero a Torino nel febbraio 1902, a Firenze nell'agosto dello stesso anno e a Roma nell'aprile del 1903.

Né il mondo delle campagne fu da meno. Tutt'altro: l'intera Valle padana, dalle risaie della Lomellina e del Ver-

cellese fino alle terre di bonifica del Ferrarese e del Polesine, si coprì di una fitta rete di leghe e di cooperative e
ogni centro, piccolo o grande, ebbe il suo sciopero agricolo,
di braccianti, di compartecipanti, di mezzadri. Nelle province
della Valle padana in cui, come si è visto, l'organizzazione
contadina si era sviluppata già in precedenza, il movimento
contadino assunse negli anni 1901 e 1902 l'aspetto di un
vero e proprio fiume in piena, inarrestabile e possente. Ma il
fermento in atto non si limitò alle campagne dell'Italia settentrionale: in Sicilia le leghe organizzate al tempo dei Fasci
riprendevano vigore e coraggio e cospicui scioperi agricoli
si ebbero nel Corleonese, nel Trapanese e, in un secondo
tempo, nelle campagne del Siracusano. In Puglia, una delle
regioni italiane in cui il movimento contadino assumerà caratteri più spiccatamente rivoluzionari, sorgevano le prime
leghe e avevano luogo i primi scioperi. Più lenti e contra-
stati furono i progressi del movimento contadino nelle campagne a mezzadria dell'Italia centrale: qui si ebbero solo
agitazioni sporadiche e circoscritte. Nell'insieme del paese i
lavoratori impegnati in scioperi agricoli furono 222.283 nel
1901 e 189.271 nel 1902, superando, come si vede, le già
alte cifre dell'industria. L'Italia degli umili, l'Italia dell'emigrazione e della fame faceva finalmente sentire la sua voce,
gettava il suo peso nella lotta politica in corso.

Il maggiore beneficiario di questo improvviso e larghissimo risveglio della coscienza democratica delle masse fu
naturalmente il Partito socialista, il partito cioè che scriveva
sulla sua bandiera il principio della lotta di classe. Le oscure
fatiche degli organizzatori e dei propagandisti socialisti negli
anni della reazione crispina erano largamente compensate:
gli operai e i contadini che ora accorrevano a migliaia a iscri-
versi alle leghe e alle Camere del lavoro non facevano di-
stinzioni troppo sottili tra coscienza sindacale e coscienza politica, tra sindacato e partito. Per essi le leghe e le cooperative
e il socialismo facevano tutt'uno. Ma non erano solo gli
operai e i contadini ad accorrere nelle file del partito: quest'ultimo e i suoi capi esercitavano un forte potere di attra-

zione anche su larghi strati della piccola e media borghesia, da quella produttrice e laboriosa dell'Italia settentrionale a quella professionista e impiegatizia dell'Italia meridionale, impegnata in quegli anni come non mai nella lotta contro le cricche e le camorre che dominavano la vita dei maggiori comuni. L'*intellighenzia* era poi, specialmente la più giovane, largamente guadagnata agli ideali del socialismo: socialisti si proclamavano Edmondo De Amicis, lo scrittore più letto allora in Italia, il poeta Giovanni Pascoli, il « criminologo » Giuseppe Lombroso e Enrico Ferri, il quale, con la sua rutilante eloquenza, divenne ben presto l'oratore più acclamato dei comizi socialisti. I « compagni » tedeschi si chiedevano meravigliati come in Italia si potesse essere socialisti e professori universitari insieme.

Questa larghezza e varietà del movimento socialista italiano, che ne fa qualcosa di profondamente diverso dalla socialdemocrazia tedesca col suo arcigno e rigoroso volto proletario, e dagli altri movimenti socialisti europei, costituiva certo, nei momenti di slancio e di espansione, la sua forza, ma nei momenti di ripiegamento e di attesa, costituiva anche la sua debolezza. Allora le varie forze sociali e le varie componenti ideali che avevano nel Partito socialista italiano la loro federazione, tendevano a scindersi e, mentre il nucleo proletario degli operai e dei braccianti della Valle padana accennava a chiudersi nel suo vecchio corporativismo, ora nella forma moderata del riformismo, ora in quella radicale dell'anarco-sindacalismo, l'alone di forze contadine, plebee e borghesi che gli gravitava attorno tornava all'ovile delle proprie precedenti convinzioni democratiche o anarchiche o, il che accadeva assai più spesso, ripiombava nella passività politica e nell'inerzia. Si tenga presente che il proletariato industriale costituiva ancora una parte abbastanza circoscritta del totale della popolazione lavoratrice: secondo le cifre del censimento del 1901 gli occupati nell'industria erano 3.989.816 su una popolazione in età superiore a nove anni di più di 25 milioni e di questi solo una parte (e non la più cospicua) erano autentici operai salariati, mentre il rimanente era costituito da artigiani e lavoratori indipendenti. Inoltre tra i salariati una percentuale notevolissima — pari circa al 60 per cento — era costituita da edili e da tessili, due categorie in cui buona parte della manodopera era di provenienza contadina e il rapporto di lavoro spesso a carattere stagionale. I reparti più agguerriti del movimento operaio italiano, i tipografi, i ferrovieri e i metallurgici, erano invece piuttosto ridotti e taluni di essi — come i tipografi — gelosamente corporativi. Ciò spiega come mai la forma classica dell'organizzazione sindacale moderna — la federazione di mestiere — abbia attecchito in Italia relativamente tardi e relativamente poco in profondità. Nel 1902 gli iscritti alle varie federazioni erano solo 238.980. Leggermente più elevata — 270.376 — era invece alla stessa data la cifra degli iscritti alla Camera del lavoro, un'organizzazione a base territoriale che combinava la funzione eminentemente sindacale con quella di rappresentanza generale sul piano cittadino degli interessi dei lavoratori nel senso più lato; una sorta, come fu detto allora, di « comune di lavoratori », con tutto il municipalismo e l'orgoglio cittadino dei comuni borghesi del Medioevo. Ma proprio per questo la Camera del lavoro era sentita dai lavoratori italiani come un'organizzazione più corrispondente alle loro necessità e ai loro ideali. La solidarietà tra i diversi operai di una medesima città e tra di essi e il popolo di artigiani e di piccolo-borghesi, era un sentimento e un concetto più accessibile di quello della solidarietà di categoria sul piano nazionale. Un metallurgico di Milano si sentiva, in parole povere, più vicino a un falegname o, anche, a un impiegato della propria città che non a un metallurgico di Napoli o di Livorno. Questo spiccato localismo costituiva anch'esso un elemento al tempo stesso di forza e di debolezza: senza di esso non sarebbe stato possibile lo sciopero di Genova del 1900, ma in altre occasioni esso si rivelò come un ostacolo serio sulla via di una maturazione della coscienza operaia e socialista. Per ora, nel momento della vittoria e della travolgente avanzata, questi limiti interni del movimento socialista italiano non apparivano ancora in piena luce, ma non avrebbero tardato a manifestarsi.

L'ondata democratica che nei primissimi anni del secolo sconvolse tutta la società italiana investì anche il mondo cattolico organizzato. Questo faceva capo all'Opera dei congressi, un organismo fondato nel 1874 e articolato in varie sezioni, una delle quali — la seconda — si occupava specialmente di *oeuvres sociales* e aveva la sua sede a Bergamo. Fino ad allora la sua attività più cospicua si era svolta nel campo della costituzione, sul modello delle casse Raffeisen in Germania, di casse rurali, e con successo: alla data del 1897 le casse rurali cattoliche esistenti erano 705, la maggior parte delle quali in zone di prevalente piccola proprietà, quali l'alta e media Lombardia e il Veneto a nord del Polesine. L'opera svolta dai cattolici a difesa della piccola proprietà negli anni della crisi agraria in queste regioni contribuì molto ad accentuare il carattere di zone « bianche » che ancora oggi esse hanno e a coltivare nel clero veneto e lombardo un'attitudine al realismo e al contatto con la gente. Fu in questo ambiente che nacque e si formò un umile prete che tale sarebbe rimasto anche quando divenne papa, Angelo Roncalli. Oltre alla costituzione di casse rurali e società di mutuo soccorso l'attività della seconda sezione dell'Opera dei congressi non andava: gli « intransigenti » (così erano chiamati quei cattolici che, a differenza dei clerico-moderati, non erano disposti ad alcuna transazione con lo Stato italiano) che ne erano alla testa non erano certo disposti a incoraggiare associazioni che avessero per dichiarato scopo quello, come si diceva allora, della « resistenza » o, come si direbbe oggi, del sindacalismo. Operai e padroni dovevano collaborare e non combattersi: era questo del resto anche l'insegnamento di papa Leone XIII nella sua celeberrima enciclica *Rerum novarum* del 1891. Altri però erano inclini a interpretare in diversi e più avanzati termini il contenuto del messaggio pontificio, nel senso cioè di una più coraggiosa milizia sociale dei cattolici e di una lotta al socialismo non sul piano della mera opposizione, ma della concorrenza. In questa direzione,

nell'arroventata atmosfera di fine secolo, venne sempre più
orientandosi un gruppo di cattolici che faceva capo a un
giovane sacerdote marchigiano stabilitosi a Roma, Romolo
Murri, il quale nel 1898 fondò una battagliera rivista, la
« Cultura sociale », esemplata sul modello della socialista
« Critica sociale ». I seguaci del Murri, che ben presto si
caratterizzarono come « democratici cristiani », svolsero negli anni tra il 1898 e il 1902 un'intensa opera di propaganda
e di organizzazione e riuscirono anche a costituire numerose
leghe cattoliche. La roccaforte del nascente sindacalismo cattolico furono le regioni settentrionali e specialmente la Lombardia, con le sue fabbriche tessili popolate da manodopera
femminile e i suoi contadini tradizionalmente legati al clero.
Ma anche la Sicilia, dove in quegli anni compiva le sue prime
esperienze un altro giovane prete che avrebbe fatto parlare
molto di sé, Luigi Sturzo, vide un notevole rigoglio della
Democrazia cristiana e delle sue organizzazioni. Ma l'atteggiamento ufficiale della Chiesa non fu certo incoraggiante
per il movimento che faceva capo al Murri: le istruzioni
pontificie del febbraio 1902 prima e lo scioglimento del-
l'Opera dei congressi nel luglio 1904 poi, misero per il
momento fine alle sue attività organizzative. L'ingresso dei
cattolici organizzati nella vita politica italiana non sarebbe
avvenuto da sinistra, ma da destra, non secondo le aspettative dei democratici cristiani, ma secondo quelle dei clerico-moderati. L'avanzata del movimento socialista convin-
cerà infatti tra non molto il nuovo papa Pio X prima ad
attenuare e poi a togliere definitivamente la prescrizione, vi-
gente dal tempo della breccia di Porta Pia, che proibiva ai
cattolici di partecipare alle elezioni. Essi vennero invece sollecitati a unire i loro sforzi a quelli di coloro che difendevano l'ordine costituito contro l'assalto delle forze sovversive. Comunque il seme sparso dai democratici cristiani del
primo Novecento non era stato gettato invano. Gli inizi del
secolo vedevano così l'ingresso sulla scena politica non soltanto dei socialisti, ma anche dei cattolici.

Sviluppo economico e industriale.

L'ultimo quarto del secolo XIX era stato per l'economia dell'Europa capitalistica un periodo di vacche magre. A partire dagli ultimi anni del secolo però, come è noto, essa entrava in una nuova fase di sviluppo accelerato e di grande espansione. L'Italia, che aveva risentito forse più di ogni altro paese europeo gli effetti della precedente crisi, trasse da questa generale ripresa economica lo slancio per una nuova crescita e per il suo autentico « decollo ».

A partire circa dall'anno 1896 tutti gli indici economici mostrano infatti una netta tendenza all'ascesa. Tra il 1896 e il 1908 il saggio di sviluppo annuale dell'industria italiana nel suo complesso fu notevolmente elevato, il 6,7 per cento, e per certe industrie pilota, quali la metallurgia, la chimica e la meccanica, esso fu superiore al 12 per cento. Spettacoloso fu poi il decollo dell'industria automobilistica, quasi un presagio del colossale sviluppo che essa avrebbe avuto in tempi più recenti. Le società produttrici di automobili vennero rapidamente moltiplicandosi e dalle 7 del 1904 si passò nel 1907 alla rispettabile cifra di 70. La principale tra di esse era già allora la Fiat, fondata nel 1899, le cui azioni da una quota di 25 lire salirono vertiginosamente in pochi anni a lire 1.885. Un'altra industria quasi interamente nuova fu quella elettrica, nello sviluppo della quale molti allora videro con un ottimismo eccessivo la possibilità di emancipare l'Italia dalle pesanti importazioni di carbone: dai 100 milioni di kilowattore del 1898 essa passò ai 950 del 1907, per svilupparsi negli anni successivi con un ritmo molto sostenuto sino a raggiungere i 2.575 milioni di kilowattore nel 1914.

Da paese prevalentemente agricolo quale esso era ancora alla fine del secolo XIX, l'Italia si avviava così rapidamente a divenire un paese agricolo-industriale. Se nel 1900 l'agricoltura rappresentava il 51,2 per cento del prodotto lordo privato e l'industria il 20,2 per cento, nel 1908

il divario era già sensibilmente ridotto, rispettivamente il
43,2 per cento e il 26,1 per cento, segno di una tendenza
che ormai non si sarebbe più invertita. Bisognerà però aspettare il 1930 perché, per la prima volta nella storia dello
Stato italiano, si registri un'eccedenza del valore della produzione industriale su quella agricola. In conseguenza di questo sviluppo industriale alcune delle principali città italiane
vennero assumendo sempre più l'aspetto di grossi centri industriali. Ciò accadde naturalmente soprattutto nell'Italia settentrionale, dove Milano rafforzò la sua candidatura a capitale morale e economica del regno e dove Torino ritrovò, con
le sue fabbriche e le sue officine automobilistiche, il prestigio che aveva perduto dopo il trasferimento della capitale
e da grossa città di provincia, dominata da un'aristocrazia
municipale e clericale, venne trasformandosi in un grande
centro industriale, campo di azione di una borghesia intraprendente e spregiudicata. Nel Mezzogiorno solo Napoli ebbe
una sua appendice industriale a Bagnoli, dove nel 1905 entrò
in funzione un grande impianto siderurgico della società Ilva.

Lo sviluppo industriale italiano del primo decennio del
nostro secolo non modificò in nulla le caratteristiche del-
l'apparato produttivo quale si era venuto formando negli ultimi decenni del secolo XIX, ma anzi le accentuò. L'avvento
della banca mista di tipo tedesco, operante nel settore del
credito mobiliare per il finanziamento industriale, ribadì ancor
più la subordinazione dell'industria nei confronti della finanza, con il risultato che il più consistente sostegno finanziario del capitale bancario, fortemente immobilizzato, andava a quelle imprese che promettevano profitti più immediati e più spettacolari. Tali erano le industrie « protette »,
che furono infatti le maggiori protagoniste del primo *boom*
industriale italiano. Prima fra tutti l'industria siderurgica
che venne rapidamente assumendo, attraverso una serie di
successivi incorporamenti e accordi, le dimensioni di un autentico *trust*, al quale facevano capo sia i vecchi impianti di
seconda lavorazione di Terni e di Savona, sia quelli di recente costruzione e a ciclo integrale di Piombino e di Ba-

gnoli, che utilizzavano il minerale dell'isola d'Elba. Il *trust* siderurgico, nel quale fortissima era la partecipazione della Banca commerciale, produceva a prezzi notevolmente superiori a quelli del mercato internazionale e aveva perciò la sua principale risorsa nelle commesse dello Stato. Altre industrie fortemente protette erano quella cotoniera, che tra il 1900 e il 1908 vide crescere la propria produzione da 118.602 tonnellate di filati a 179.776 e triplicare i capitali in essa investiti, e quella degli zuccheri che conobbe anch'essa incrementi rapidissimi nel periodo in questione fino a raggiungere una crisi di sovrapproduzione. La ragione di quest'ultima non era però la saturazione del mercato (il consumo di zucchero degli italiani era nel 1913 di 3 chilogrammi *pro capite* annui: uno dei più bassi d'Europa), ma l'alto prezzo del prodotto. Piuttosto che diminuirlo gli industriali zuccherieri preferirono dopo il 1913 dimezzare la loro produzione. Di una forte protezione beneficiava pure l'industria cantieristica strettamente collegata alla siderurgia attraverso la Terni, mentre quella meccanica, che aveva basi più sane e camminava meglio con le proprie gambe, non avrebbe peraltro conosciuto i forti incrementi che essa conobbe, senza le massicce commesse dello Stato in seguito all'avvenuta nazionalizzazione delle ferrovie.

Ma la protezione di cui godevano i più cospicui settori dell'industria italiana non è sufficiente a spiegare il loro rapido sviluppo, se non si tiene conto anche di un altro elemento, e cioè del basso costo della manodopera.

L'operaio italiano all'inizio del secolo non era solo uno tra i peggio pagati d'Europa, ma era anche quello che aveva i più lunghi orari di lavoro. Nessuna legge infatti ne regolava la durata, sicché questa in definitiva era determinata dai rapporti di forza esistenti tra operai e padroni. Se talune categorie operaie particolarmente agguerrite e compatte erano riuscite, a forza di scioperi, a strappare una giornata di lavoro che si aggirava in media sulle otto ore, altre categorie più deboli e in cui era prevalente la manodopera femminile e di provenienza contadina, quali i tessili, lavoravano spesso

dodici ore al giorno o anche più. In certi casi la giornata di
lavoro si misurava secondo il sistema tradizionale, dal sorgere al tramontare del sole. Per quanto concerne poi i salari,
a tenerne basso il livello, nonostante gli aumenti che si erano
avuti in seguito alle agitazioni e agli scioperi dei primi anni
del secolo, contribuiva molto il largo impiego della manodopera femminile e minorile. La paga di un'operaia e di un
ragazzo si aggirava infatti rispettivamente attorno alla metà
e al terzo della paga di un operaio adulto. Anche per ciò
che concerneva il lavoro delle donne e dei fanciulli non vi
era all'inizio del secolo alcuna regolamentazione legislativa,
salvo una legge del 1886 che proibiva l'avviamento al lavoro dei fanciulli in età inferiore ai 9 anni. Fu solo nel
1902 che tale termine fu portato a 12 anni e che si pre-
scrissero limitazioni anche per ciò che concerneva il lavoro
delle donne. La legge del 1902, che era il risultato di un
compromesso tra un progetto di parte governativa e un progetto socialista, fu per altro ben lungi dall'essere applicata
integralmente negli anni seguenti.

Bassi salari, lunghi orari di lavoro, protezione doganale,
commesse e premi di Stato: era quanto bastava per indurre
molti a pensare che l'industria — o almeno certi tipi di industria — fosse in Italia, in un paese, come diceva Luigi
Einaudi, di « artigiani e contadini », qualcosa di artificiale,
un frutto di serra. Uomini come Luigi Einaudi, Antonio De
Viti De Marco e Gaetano Salvemini spesero buona parte
della loro attività di studiosi e di pubblicisti per denunciare
all'opinione pubblica l'incongruenza e i privilegi dei siderurgici, dei cotonieri e degli zuccherieri, vere e proprie baronie
moderne la cui potenza era stata costruita alle spalle del
consumatore e, soprattutto, del contadino meridionale.

Ma il dato dello sviluppo economico italiano era stato
gettato ormai da troppo tempo e gli interessi che si erano
nel frattempo formati avevano stretto attorno allo Stato italiano delle maglie dalle quali nessun governo era ormai più
in grado di liberarsi completamente. Avveniva così che le
denunzie dei liberisti e dei meridionalisti democratici, per

quanto documentate e convincenti, suonassero un poco come *laudationes temporis acti*, come nostalgie di una scelta che avrebbe potuto a suo tempo essere fatta, ma che ormai era inattuabile. Lo sviluppo industriale italiano — comunque esso venisse realizzandosi — era un fatto, e un fatto era la formazione di un proletariato industriale e di una coscienza proletaria, che ne era stata la conseguenza. Su questa occorreva far leva per il progresso e per il rinnovamento del paese: così ragionavano i socialisti e il loro ragionamento trovava benevola comprensione nell'uomo che per più di un decennio sarebbe stato l'ago della bilancia della vita politica italiana: Giovanni Giolitti.

Il sistema giolittiano.

Tra il 1901 e il 1909 Giovanni Giolitti fu il grande arbitro della vita politica italiana, come prima di lui lo erano stati Agostino Depretis e Camillo Cavour. Eminenza grigia e uomo di punta del ministero Zanardelli, egli assunse la carica di presidente del Consiglio nel novembre 1903 e la conservò sino al dicembre 1909 con una interruzione, tra il marzo 1905 e il maggio 1906, nel corso della quale si succedettero un breve ministero presieduto dal Fortis, che era peraltro un luogotenente di Giolitti, e un brevissimo ministero Sonnino, il *leader* dell'opposizione parlamentare.

Da uomo politico navigato e sperimentato quale egli era, Giolitti non difettava certo di empirismo e, anche, di opportunismo. La sua disinvoltura nel manipolare la maggioranza parlamentare, nell'accaparrarsi, con mezzi leciti e meno leciti, i voti di quei deputati che erano disposti a barattarli in cambio di favori al loro collegio (i cosiddetti « ascari ») e l'appoggio delle clientele politiche meridionali, la sua spregiudicatezza infine nel predeterminare il risultato delle elezioni, specie nelle circoscrizioni del Mezzogiorno, gli valsero l'accusa di « trasformismo » e Gaetano Salvemini, uno dei

più battaglieri rappresentanti del radicalismo meridionalista,
coniò per lui l'epiteto di « ministro della malavita ». In realtà
Giolitti non faceva nulla di più (e forse qualcosa di meno)
di quello che avevano fatto tutti i suoi predecessori. A differenza di molti di essi, egli possedeva però delle convinzioni politiche generali molto salde e non smarriva mai, nelle
tortuosità della cronaca politica quotidiana, il senso dell'orientamento generale, né confondeva mai la tattica con la strategia.

Uno dei punti fermi delle sue convinzioni politiche era,
come si è visto, l'avversione a ogni politica estera « imperiale », alla Crispi, e la sua ferma persuasione che per risolvere i suoi gravissimi problemi interni l'Italia avesse soprattutto bisogno di tranquillità e di pace. Sotto la sua guida
e con la collaborazione dei ministri degli Esteri Prinetti e
Tittoni, la politica estera italiana venne perciò svincolandosi
sempre più dal triplicismo a oltranza del Crispi e operando
un riavvicinamento alle maggiori potenze europee. Con la
Francia innanzitutto, con cui nel 1901 e nel 1902 furono
stipulate due convenzioni che riconoscevano rispettivamente
gli interessi francesi in Marocco e quelli italiani in Libia;
con l'Inghilterra, con la quale peraltro i rapporti diplomatici erano sempre stati buoni e che riconobbe anch'essa l'ipoteca italiana sulla Libia e, infine, con la Russia. Nel 1904
il presidente francese Loubet veniva accolto con grande cordialità in visita di Stato a Roma; nel 1903 era stata la volta
del re d'Inghilterra Edoardo VII a essere ospite del re d'Italia; sempre nel 1903 avrebbe dovuto venire in Italia anche
lo Czar, ma la violenta campagna promossa dai socialisti e
dagli anarchici fece sì che la visita venisse aggiornata al 1909.
Dopo l'eccitazione del periodo crispino la politica estera italiana passava dunque in una fase di raccoglimento e di *appeasement,* che la costellazione politico-diplomatica del momento, sgombra da grandi nubi e da forti attriti, certo favoriva. Anche il cancelliere prussiano von Bülow trovava
che non era poi un gran male se l'Italia compiva dei « giri
di valzer » fuori della Triplice. Quanto alla politica colo-

niale, abbandonato il progetto di una penetrazione in Abissinia e messa per ora in dilazione l'ipoteca sulla Libia, tutto si limitò all'assunzione dell'amministrazione diretta della Somalia (1905), sulla quale da tempo era stato riconosciuto il protettorato italiano.

Al riparo di questa politica estera di distensione, Giolitti poté nel primo decennio del secolo attendere con relativa tranquillità all'esperimento di politica liberale e di rinnovamento che, dopo le oscure giornate del '98, il paese da lui si attendeva. Anch'egli, come si è visto, era idealmente ancora attaccato alla prospettiva risorgimentale di un rinnovamento dal basso della società italiana, che investisse in primo luogo il mondo delle campagne, ma era troppo poco dottrinario e troppo politico per non avvedersi che lo sviluppo industriale italiano, a prescindere dalle forme in cui esso si era realizzato, e la nascita del movimento operaio erano fenomeni irreversibili e che l'industria e i sindacati erano ormai i gruppi di pressione più organizzati e le forze più dinamiche dell'intera società italiana. Di qui il suo disegno inteso a favorire e sollecitare una collaborazione politica tra le forze della borghesia liberale e quelle gravitanti attorno al Partito socialista italiano. Se gli industriali italiani si fossero convinti che i miglioramenti salariali concessi ai loro operai avrebbero alla lunga favorito i loro stessi interessi, e se i socialisti fossero riusciti a tener a freno le impazienze e i sovversivismi delle masse che li seguivano, allora si sarebbe potuto sperare che il cerchio di miseria e di arretratezza che stringeva d'assedio le zone e i settori meno progrediti del paese si sarebbe a poco a poco allargato e che il blocco costituito tra operai e imprenditori, tra socialisti e liberali avanzati, avrebbe esercitato la sua forza d'attrazione e contribuito a isolare gli egoismi dei retrivi al vertice della piramide sociale e i rancori degli umiliati offesi alla sua base.

In un primo tempo sembrò che questo coraggioso disegno politico avesse buone possibilità di affermarsi. Il fatto che di fronte all'ondata di scioperi del biennio 1901-1902 il nuovo ministro dell'Interno non avesse perso la testa e

non avesse dato ascolto alle sollecitazioni di quei padroni
che, come il conte Arrivabene di Mantova, in occasione degli scioperi conducevano essi i buoi al lavoro pungolandoli
coi nomi degli odiati capilega contadini, e si fosse invece
limitato a controllare che non vi fosse né da una parte né
dall'altra violazione della legge, parve un fatto nuovo in un
paese in cui la figura dello scioperante veniva spesso assi-
milata a quella del malfattore e vi furono — sembra — scioperi agrari che si svolsero al grido di « Viva Giolitti ». Non
soltanto le masse contadine e operaie protagoniste del movimento rivendicativo in corso — e che stavano ottenendo coi
loro scioperi dei vantaggi salariali e dei miglioramenti nelle
condizioni di lavoro che sino a pochi anni prima sembravano impossibili — ebbero la sensazione che qualcosa in Italia era finalmente cambiato, ma tutta l'opinione pubblica.
Mentre il Parlamento si occupava di legislazione sociale vo-
tando la legge sul lavoro delle donne e dei fanciulli e sulla
costituzione di un Ufficio nazionale del lavoro, nel paese
e nella stampa si agitavano con fervore di partecipazione i
grandi temi della questione italiana, il problema meridionale, il suffragio universale, la riduzione delle spese militari.

Ma le resistenze a questo nuovo corso politico non
mancarono. La più intransigente e la più ottusa era quella
dei grandi proprietari fondiari del Mezzogiorno e, anche, della
Valle padana, presi alla sprovvista dall'ondata degli scioperi
e recalcitranti a ogni concessione. Ma anche gli industriali
non erano certo tutti persuasi della opportunità di elevare i
salari dei loro dipendenti 'e taluni di essi giunsero a protestare contro la legge sul lavoro delle donne e dei fanciulli.
Infine vi era la corte. Se il nuovo re non aveva la spiccata
vocazione reazionaria del suo predecessore e della sua esuberante consorte, egli, timido e chiuso di carattere com'era,
non sapeva sottrarsi all'influenza dei militari. Le spese militari rimasero un capitolo intangibile del bilancio, del quale
assorbivano una porzione cospicua, e nei conflitti del lavoro
troppo spesso la forza pubblica, inviata a mantenere l'ordine,
faceva fuoco sugli scioperanti. Non passava anno senza che

l'Italia avesse — come allora si diceva — il suo « eccidio proletario ».

Bastò, nella seconda metà del 1902, un appannamento della congiuntura economica, perché industriali e agrari passassero alla controffensiva. L'organizzazione del crumiraggio da provincia a provincia, l'impiego sempre più generalizzato delle macchine agricole permisero loro di riguadagnare parte delle posizione perdute. Il movimento operaio conobbe le prime dure sconfitte: gli scioperi della Valle padana della primavera-estate 1902 si conclusero con altrettante disfatte, e così pure il grande sciopero dei tessili di Como del settembre dello stesso anno. Nel Mezzogiorno poi, dove le forze dell'ordine aprirono due volte il fuoco, a Candela in Puglia e a Giarratana in Sicilia, le vecchie clientele camorriste e mafiose ripresero quasi dovunque il sopravvento. Di fronte a questi primi insuccessi, tanto più amari in quanto interrompevano una lunga serie di vittorie, il blocco di forze che si era formato attorno al Partito socialista cominciò a sgretolarsi e a segmentarsi nelle sue varie componenti. Se i nuclei più evoluti del proletariato cittadino, organizzati nelle federazioni di mestiere, e le più forti fra le federazioni provinciali contadine della Valle padana, sotto l'influenza dei loro dirigenti riformisti, seguitarono a nutrire fiducia in Giolitti e ad assecondare la sua politica, le masse popolari più indifferenziate esprimevano la loro delusione risfoderando la loro antica diffidenza per lo Stato e sollecitando le Camere del lavoro a ricorrere a quell'espediente decisivo e minaccioso di cui si faceva allora, in Francia e in Italia, un gran parlare: lo « sciopero generale ». Quanto alla borghesia radicale del Mezzogiorno anch'essa si venne staccando sempre più dal Partito socialista cui rimproverava, e non senza fondamento, di disinteressarsi della questione meridionale e di preoccuparsi esclusivamente degli interessi corporativi degli operai e dei contadini del Settentrione.

Ben presto il Partito socialista si trovò ad essere diviso al proprio interno tra varie correnti. Le principali erano quella dei riformisti, della quale Turati era l'esponente più autorevole e più intelligente, disposta a continuare la collaborazione indiretta con Giolitti e magari anche a trasformarla in diretta con la partecipazione dei socialisti al governo, e quella degli « intransigenti » o rivoluzionari, che richiedevano a gran voce un'opposizione integrale. Gli uomini più in vista di quest'ultima erano Enrico Ferri e Arturo Labriola, un giovane pubblicista napoletano che, dopo aver tentato con poco successo di condurre una lotta contro le clientele che dominavano la vita amministrativa della sua città, si era trasferito a Milano, vi aveva fondato un giornale — « L'Avanguardia socialista » — e aveva sviluppato in una veste operaistica il suo estremismo piccolo-borghese. Nel corso della seconda parte del 1902 e del 1903 questa seconda corrente, che pure era stata battuta nel congresso del Partito socialista tenutosi a Imola nell'agosto del 1902, continuò a guadagnare terreno e quando, nel novembre 1903, Turati venne officiato da Giolitti per entrare a far parte di un nuovo gabinetto, egli dovette rinunciare, consapevole com'era che una sua accettazione gli avrebbe alienato ogni popolarità. Pochi mesi dopo anche il suo amico Bissolati fu costretto a lasciare la direzione dell'« Avanti! », che venne assunta dal Ferri, e nell'aprile 1904, al congresso di Bologna, le correnti rivoluzionarie facenti capo al Labriola e al Ferri stesso conquistarono la maggioranza del partito. Passarono ancora pochi mesi e la profonda delusione delle masse esplose nel primo sciopero generale della storia d'Italia, proclamato, in seguito ad un ennesimo « eccidio proletario » consumato in Sardegna, dalla Camera del lavoro di Milano, la quale era dominata dagli uomini vicini al Labriola. Per una singolare coincidenza la prima giornata dello sciopero generale coincise con la nascita dell'erede al trono. Le dimostrazioni di giubilo organizzate dall'alto furono però ben presto ridotte al silenzio da quelle degli scioperanti che opponevano il loro « lutto proletario » al « fausto evento » dell'Italia ufficiale.

Anche in questa occasione Giolitti, convinto che il movimento in corso — come di fatto avvenne — si sarebbe esaurito rapidamente, non derogò dalla norma che si era prefisso di non cedere alle lusinghe degli stati d'assedio. Passata la tempesta, si limitò a sciogliere la Camera e a convocare nuove elezioni. Queste si svolsero all'insegna dell'indignazione dei benpensanti contro gli eccessi della piazza e dei sovversivi, e si risolsero in un successo per i candidati governativi e in un sensibile arretramento per quelli socialisti. Fu in questa occasione che il nuovo papa Pio X acconsentì ad attenuare i rigori del *non expedit* e che entrò alla Camera una prima pattuglia di deputati cattolici o meglio, come si disse da parte vaticana, per attenuare la portata politica dell'evento, di « cattolici deputati ».

Giolitti però aveva rinunciato al suo disegno politico e non si lasciò per nulla trascinare dall'ondata di riflusso che aveva contribuito a suscitare. Ritiratosi dal potere nel marzo 1905, egli lasciò che per circa un anno i suoi oppositori di destra e i dirigenti rivoluzionari del Psi si logorassero nel vano tentativo di costruire una maggioranza e un programma comune. Cade in questo periodo il breve ministero del Sonnino, cui parteciparono anche uomini della sinistra radicale e in favore del quale votarono in talune occasioni anche i socialisti. Nel maggio 1906, in una situazione politica più decantata e più favorevole, Giolitti riprese le redini del governo. Cominciò allora il lungo ministero Giolitti (esso durò infatti fino al dicembre 1909), nel corso del quale il « sistema giolittiano » raggiunse l'*optimum* del suo funzionamento. Anche se i socialisti non partecipavano al governo, né avrebbero potuto farlo dopo essersi così maldestramente compromessi con Sonnino, essi non gli erano più programmaticamente ostili e in talune occasioni lo sostennero. Le tendenze riformiste di Turati e di Bissolati riconquistarono infatti la maggioranza nel partito al congresso di Firenze del 1908, d'altra parte la costituzione della Confederazione generale del lavoro (1906), i cui promotori e dirigenti erano anch'essi tutti riformisti, permise un migliore controllo del movimento sindacale e un certo imbrigliamento delle iniziative delle singole Camere del lavoro. La felice congiuntura economica, superati gli accenni di ristagno degli anni

1903-1905, permise a sua volta una ripresa della normale dialettica dei conflitti di lavoro, mentre nel Parlamento si tornavano ad affrontare i problemi della legislazione sociale, con l'approvazione di provvedimenti relativi al lavoro festivo, al lavoro nelle risaie e nelle industrie insalubri, al lavoro notturno e al contratti di lavoro. Per quanto concerne il Mezzogiorno, leggi speciali per la Sicilia, per la Calabria e per la Basilicata vennero approvate, mentre già in precedenza, nel 1905, era stato approvato il progetto del costruendo acquedotto pugliese. Dopo la nazionalizzazione delle ferrovie, realizzata nel 1905 dal ministero Fortis, fu ora la volta del riscatto delle linee telefoniche private da parte dello Stato. Furono anni insomma di buon lavoro e di proficua amministrazione.

La fine del lungo ministero Giolitti, per le circostanze in cui avvenne, fu, come vedremo, un campanello d'allarme. Le acque della vita politica italiana, sotto la spinta di forze diverse e contrastanti, tornavano ad essere agitate e il paese entrava in una nuova e difficile fase della sua storia. Prima però di darne conto, sarà opportuno indugiare un poco a guardare indietro e a considerare il cammino che, sotto la guida di Giolitti, esso aveva compiuto.

L'Italietta.

Quando il 29 giugno 1906 il ministro delle Finanze Luzzatti, al termine di una lunga relazione in cui aveva illustrato il miglioramento della situazione finanziaria e aveva preso atto della maggior fiducia di cui godevano i titoli di Stato, concluse proponendo la conversione della rendita da un interesse del 5 a uno del 3,75 per cento, dalle tribune del pubblico — come ricorda Benedetto Croce nella sua *Storia d'Italia* — si levò un'ovazione, mentre i deputati di tutte le parti si abbracciavano nell'emiciclo. L'incubo del dissesto finanziario, che aveva gravato sui primi anni di vita dello Stato unitario e che era ritornato a profilarsi nei giorni oscuri degli scandali bancari a catena, era definitivamente fugato e l'Italia prendeva coscienza della sua incipiente prosperità.

Effettivamente nel primo decennio del secolo una parte notevole della popolazione aveva visto migliorare le proprie condizioni di vita. La borghesia imprenditrice aveva profittato della favorevole congiuntura economica, gli operai dei mestieri più qualificati avevano ottenuto dei miglioramenti salariali e una giornata di lavoro più breve, gli impiegati dello Stato — i *travets* — si erano visti aumentare i loro stipendi, i braccianti delle zone più evolute della Valle padana avevano visto svilupparsi e, talvolta, prosperare le loro cooperative, che Giolitti aveva ammesso a partecipare agli appalti delle opere pubbliche. Per molti italiani insomma era, se non il benessere, un borghese e parsimonioso decoro, e, con esso, la possibilità di una vita in cui vi era posto anche per gli svaghi dei quali la *belle époque* italiana non era avara, per le vacanze al mare o ai monti, per il teatro, per la conversazione. Nella musica trionfava allora l'opera di Puccini con i suoi personaggi borghesi dai sentimenti tenui e minuti (la *Bohème*), con il suo esotismo di un Oriente alla moda (*Madame Butterfly*, 1904), con la sua vena facile e orecchiabile, mentre nella poesia era il momento dei crepuscolari che cantavano le dolcezze e le melanconie della vita borghese. Per chi andasse in cerca di emozioni più forti vi erano poi i futuristi, gli *enfants terribles* del momento, che dichiaravano guerra agli spaghetti ed esaltavano la bellezza delle macchine nei confronti di quella della Nike di Samotracia. Le scene erano dominate dall'inimitabile Gabriele D'Annunzio e dalla sua ormai matura amica, la « divina » Eleonora Duse, mentre un'arte nuova, moderna e conturbante — il cinematografo — faceva le sue prime prove. L'Italia fu anzi il paese in cui le enormi possibilità di questo nuovo mezzo di espressione furono intuite prima che altrove e in cui un'industria cinematografica si costituì con notevole anticipo rispetto ad altri paesi europei. Dagli *studios* di Roma, di Milano e di Torino uscirono i primi grandi film storici (*Cabiria*,

Gli ultimi giorni di Pompei, Quo Vadis?) e le prime *vamps*
della storia del cinema, Francesca Bertini e Lyda Borelli.
Un'altra moda del momento era quella dello sport e in particolare dell'automobilismo, in cui le macchine italiane — le
Fiat, le Maserati, le Alfa Romeo — mietevano vittorie su
vittorie, e nel quale si cimentavano i rampolli delle più illustri casate. Per il grosso pubblico vi era invece il calcio,
che divenne rapidamente popolarissimo, e il ciclismo con il
suo massacrante Giro d'Italia.

Verso questa Italia borghese, verso questa « Italietta »
molti — e lo vedremo meglio nel prossimo paragrafo —
provavano un senso di fastidio e di insoddisfazione e la
trovavano meschina e priva di slanci. Saranno necessari gli
sconvolgimenti della guerra mondiale, del dopoguerra e gli
inizi della dittatura fascista perché molti italiani, rievocando
il loro recente passato, guardassero all'Italietta e all'età giolittiana con rimpianto e nostalgia, quasi come a una modesta e casalinga età felice, al tempo in cui la lira faceva
aggio sull'oro, i sentimenti erano più temperati e gentili
e i funzionari più onesti.

Nessuno meglio di Benedetto Croce è riuscito a rievocare nelle pagine della sua *Storia d'Italia* (la cui prima edizione è del 1927) la modestia e la gloria di quest'Italia prima
della bufera. Nessuno del resto avrebbe potuto farlo meglio
di lui, che in essa era cresciuto e si era formato e che di
essa aveva assorbito e padroneggiato tutti i fermenti più vi-
tali. Ciò che caratterizza infatti la sua *forma mentis* e la sua
stessa filosofia è un sostanziale, anche se altissimo, eclettismo. Nell'ambito della sua concezione storicistica e della
riforma della filosofia hegeliana da lui operata con l'introduzione del criterio dei distinti, trovavano posto, in una felice
contaminazione, sia l'austero idealismo della generazione di
intellettuali che aveva vissuto il Risorgimento, sia le nuove
istanze materialistiche di quel marxismo del quale egli era
stato studioso in gioventù. Le sue letture e i suoi gusti letterari, quali sono riflessi dalla sua abbondante attività di critico, erano di tipo tradizionale, ma la sua estetica, con la

teorizzazione dell'arte come intuizione, fornì, suo malgrado, una giustificazione alle correnti frammentiste e alle tendenze più inquiete della nuova letteratura italiana. La sua stessa battaglia contro la cultura positivistica italiana fu al tempo stesso un combattimento di avanguardia e di retroguardia, in quanto, mettendone in luce il dilettantismo e la superficialità, si risolse in definitiva in una negazione delle istanze di rinnovamento da cui essa aveva pur preso le mosse. Nessuno infatti meglio di Benedetto Croce conobbe l'arte di conservare innovando e nessuno più di lui contribuì a dare alla cultura italiana la consapevolezza delle proprie radici e della propria continuità, e a conferirle anche un tanto di autosufficienza che sfiora, negli epigoni, il provincialismo. Non meraviglia perciò dunque che, quando egli imprenderà a scrivere una storia d'Italia, ce ne offrirà un quadro la cui nota dominante è costituita dalla sottolineatura della continuità e dall'elogio della moderazione, nell'ambito di una visione irenistica del processo storico.

In realtà l'Italia nuova che si veniva formando in quegli anni era anche il paravento dell'Italia di sempre, dell'Italia dei contadini e degli umili. Il grande cerchio d'ombra e di miseria che stringeva d'assedio le zone e le isole più progredite del paese non si era infatti allargato che di poco. Tra il censimento del 1901 e quello del 1911 le variazioni nella composizione sociale della popolazione non erano state di grande rilievo: il 34 per cento della popolazione attiva era ancora occupato nell'agricoltura contro il 16,94 per cento di occupati nell'industria, nell'accezione più larga e più generica del termine comprensiva anche dell'artigianato. Nel 1901 gli occupati nell'industria erano risultati il 15,57 per cento, segno che lo sviluppo della produzione aveva proceduto con un passo più rapido di quello della formazione di un proletariato industriale. L'Italia rimaneva ancora fondamentalmente un paese di contadini, un paese di analfabeti (la percentuale ne era ancora notevolmente alta: 38 per cento), un paese di emigranti. Nel primo decennio del secolo il ritmo delle partenze annue non cessò mai di

intensificarsi sino a raggiungere la cifra record di 873.000
unità nel 1913. Ormai il numero degli italiani che dagli anni
della grande crisi agraria aveva abbandonato la patria ammontava a 5-6 milioni e la grande maggioranza di essi proveniva dalle province del Mezzogiorno. La questione meridionale, come fu dimostrato dalla grande inchiesta sulle condizioni dei contadini nel Mezzogiorno promossa da Giolitti,
rimaneva infatti più che mai aperta, ché anzi lo sviluppo
economico-industriale delle regioni settentrionali verificatosi
negli ultimi anni aveva contribuito ad inasprirla e a fare del
Mezzogiorno un'autentica semicolonia del capitale settentrionale. E con essa, che ne era la ricapitolazione, rimanevano
aperti tutti gli altri grandi problemi del paese.

Forse se il nuovo corso politico inaugurato da Giolitti
avesse potuto continuare, altri progressi e altri mutamenti
avrebbero potuto essere realizzati, sino a rompere la crosta
di arretratezza che ancora gravava su gran parte del paese,
ma ormai l'orizzonte della politica interna accennava ad oscu-
rarsi e la stagione delle vacche grasse per l'economia italiana accennava a passare. Per le forze che non avevano
cessato di osteggiare sordamente l'esperimento cominciava
a profilarsi la possibilità di una rivincita.

Antigiolittismo di sinistra e antigiolittismo di destra.

Il 1908, l'anno del terribile terremoto che distrusse
le città di Reggio e di Messina, è per più aspetti un anno
cruciale nella storia dell'Italia contemporanea. L'annessione
austriaca della Bosnia-Erzegovina con gli strascichi diplomatici e il seguito di risentimento che essa suscitò negli ambienti
irredentisti, aveva fatto sentire con chiarezza all'opinione pubblica che i rapporti internazionali stavano entrando nuovamente in una fase critica e che tra non molto alla politica
estera italiana si sarebbe posto il problema di un adeguamento alla nuova costellazione internazionale dell'Europa nel-
l'età dell'imperialismo.

Al deterioramento dei rapporti tra gli Stati faceva riscontro all'interno del paese un deterioramento della congiuntura economica. La crisi che nel 1907 aveva investito l'industria siderurgica e quella automobilistica, provocando spettacolari ribassi sul mercato azionario e frettolosi interventi delle banche, toccò nel 1908 anche l'industria tessile, cotoniera e saccarifera. I salvataggi operati dalle banche e le intese tra i vari gruppi industriali e bancari con la costituzione di *trusts* e di consorzi (*trust* siderurgico, Istituto cotoniero italiano, consorzio degli zolfi) permisero di superare la fase acuta della crisi. Tuttavia negli anni successivi il saggio di sviluppo della produzione delle industrie manifatturiere risultò nettamente inferiore a quello del decennio precedente: si è calcolato infatti, per il quinquennio 1908-13, che esso sia pari a una media annua del 2,4 per cento. Inoltre — fatto di importanza difficilmente sottovalutabile — la strozzatura degli anni 1907-1908 contribuì notevolmente ad accelerare il già avanzatissimo processo di concentrazione monopolistica dell'apparato produttivo e industriale e, di conseguenza, a rendere lo Stato sempre più esposto alla pressione dei grandi *trusts* e delle industrie protette.

In una siffatta situazione, dominata dall'incertezza e dall'irrequietudine, l'opposizione a Giolitti trovava naturalmente un terreno propizio.

L'opposizione di sinistra innanzitutto. Il 1908 fu l'anno di una delle più aspre battaglie della storia del movimento sindacale italiano: lo sciopero agricolo, che per lunghi mesi sconvolse le campagne del Parmense e che costituì una sorta di prova generale di una nuova corrente, che era venuta prendendo gradualmente piede nel campo del socialismo italiano, il sindacalismo rivoluzionario. Gli uomini che ne furono gli alfieri, tra i quali fanno spicco i nomi di Arturo Labriola, l'animatore dello sciopero generale del 1904, e di Alceste De Amicis che, nella sua qualità di segretario della Camera del lavoro di Parma, fu il grande protagonista dello sciopero del 1908, si richiamavano alle teorie del Pelloutier e del Sorel, le cui *Considerazioni sulla violenza* erano state

fatte conoscere in Italia da Benedetto Croce. Dall'affermazione che una maggior immedesimazione tra le masse dei
« produttori » e il movimento socialista, tra sindacato e partito era necessaria, essi traevano lo spunto per una critica
a fondo della « burocrazia » riformista che dominava il Partito socialista italiano e la Confederazione generale del lavoro. Tra il 1906 e il 1908 il movimento sindacalista era
riuscito a far breccia tra le masse, tra gli operai di Torino,
tra i contadini del Mantovano e del Parmense, tra i braccianti della Puglia. La sconfitta totale dello sciopero di Parma
fu certo un gravissimo colpo per i sindacalisti, in quanto
contribuì a consolidare il predominio dei riformisti all'interno del partito e dell'organizzazione sindacale. Tuttavia le
incitazioni sindacaliste all'« azione diretta » non erano pas-
sate certo senza lasciar traccia in quell'Italia popolana e plebea, più che proletaria, in cui il vecchio richiamo dell'anarchismo era sempre vivo, e in un'intellettualità irrequieta
e disponibile alle più diverse esperienze. Tra i collaboratori
dei giornali sindacalisti figurava anche il nome di un giovane maestro elementare forlivese, autore di un poema incen-
diario su Giovanni Huss e che dell'emigrazione aveva conosciuto più il lato *bohémien* che quello reale: Benito Mussolini. Di lì a quattro anni questo irruento personaggio sarà
il direttore dell'« Avanti! », organo ufficiale del Partito socialista italiano. Ciò che egli divenne in seguito tutti lo sanno,
ma forse non è noto a tutti che nella sua vertiginosa corsa
dall'estrema sinistra all'estrema destra egli si trascinò dietro
non pochi dei più accesi anarcosindacalisti.

Quello infatti della intercambiabilità delle opposizioni,
dell'antigiolittismo della sinistra massimalista con l'antigiolittismo della destra nazionalista, fu uno dei fenomeni tipici della vita pubblica italiana negli anni che precedettero l'intervento in guerra. Tra i nazionalisti che si riunirono per la prima volta a congresso a Firenze nel 1910
non pochi erano coloro che avevano simpatizzato, se non
con il socialismo, con quelle ideologie di rinnovamento
nazionale che avevano trovato la loro espressione più vi-

vace nel periodico « La Voce », diretto da Giuseppe Prez-
zolini. Anche il nazionalismo era infatti sorto sul terreno
del fastidio e dell'insofferenza verso l'Italietta giolittiana e
fu solo in un secondo tempo che esso si sviluppò verso posizioni dichiaratamente autoritarie e imperialistiche. Per ora
i nazionalisti si compiacevano anch'essi di opporre all'Italietta ufficiale dei politicanti e della massoneria le energie
vive del lavoro e dei produttori. Questi ultimi nella pratica
si identificavano con gli industriali della siderurgia che furono larghi di finanziamenti al loro movimento. Tuttavia si
poteva benissimo sostenere — e l'argomentazione suonava
convincente — che tra i produttori-operai e i produttori-in-
dustriali vi era affinità di interessi e che essi dovevano condurre affiancati la lotta contro la grettezza e la pusillanimità
dei governanti e della piccola borghesia trionfante. Le prime
enunciazioni di quel corporativismo che diverrà la dottrina
ufficiale del fascismo fornivano così un terreno d'incontro
tra l'opposizione di destra e quella di sinistra. Naturalmente
vi erano anche delle divergenze, e nessun socialista rivoluzionario era disposto, almeno per il momento, ad accettare
il programma di espansione coloniale e di politica di grande
potenza che i nazionalisti reclamavano; ma le differenze e i
contrasti politici e programmatici contavano meno che il comune senso di irrequietezza e il comune furore contro la
prosaica Italietta giolittiana e riformista, l'« Italia vile » contro la quale lanciava i suoi forbitissimi strali il poeta per eccellenza della « nuova Italia », Gabriele D'Annunzio.

D'Annunzio appare oggi, con i suoi atteggiamenti di ari-
stocratico-*parvenu*, con la preziosità della sua lingua, con il
suo culto del superuomo e dell'esteta, come la personificazione stessa di un atteggiamento intellettuale decadente e reazionario. Ma agli occhi di molti tra i suoi contemporanei, il
suo esibizionismo parve spregiudicatezza, il suo culto della
moda modernità, la sua vecchiaia gioventù, anzi, con una va-
riante che avrà fortuna, « giovinezza ». Dannunziani non furono solo i nazionalisti che invocavano una più grande Italia
e che si esaltavano al ritmo delle *Canzoni d'oltremare*, ma

anche uomini di diversi e talvolta opposti orientamenti politici, repubblicani, radicali, persino socialisti. Dannunziana fu — si può dire — buona parte di quella generazione di borghesi e intellettuali italiani che nel 1915 scenderà sulle piazze per invocare l'intervento dell'Italia in guerra, quella guerra che, come avevano detto i futuristi nel loro manifesto, era l'« igiene del mondo ». Da essa taluni di loro si attendevano la piena restaurazione dei valori tradizionali e delle tradizionali gerarchie, altri una sovversione e rivoluzione totale, e tutti la fine dell'ingloriosa Italietta giolittiana.

Guerra libica e suffragio universale.

Ma Giovanni Giolitti aveva fiutato per tempo il vento contrario, da quando le resistenze degli ambienti economici e finanziari lo avevano costretto a recedere dal suo tentativo di rompere il monopolio che la Società di navigazione generale deteneva nel campo dei servizi marittimi, creando un'altra società concorrente sovvenzionata dallo Stato. Egli comprese anche che si trattava per lui ormai di cadere in bellezza: a questo fine ripeté la manovra, che già aveva compiuto al momento del suo primo ministero, presentando ancora una volta quel progetto di un'imposta progressiva che egli aveva conservato sempre nel cassetto del proprio scrittoio di ministro e, anche, nel suo cuore. Naturalmente la Camera e il mondo dell'industria e della finanza fecero il viso dell'armi alla proposta e Giolitti non tardò a presentare le proprie dimissioni. Questa volta la sua assenza dal potere fu leggermente più lunga di quella degli anni 1905-1906, ma la sua *rentrée* fu tanto più clamorosa. Essa avvenne nel marzo 1911, dopo che nel frattempo si erano succeduti un secondo — e anch'esso brevissimo — gabinetto Sonnino e un ministero presieduto da Luzzatti, un valente e intelligente esperto di problemi economici e finanziari. Tornato al potere, il vecchio statista piemontese non tardò certo a comprendere che l'atmosfera si era nel frattempo mutata e le acque rimescolate e che, a voler continuare a rimanere in sella e a dirigere il paese, era necessario giocare grosso.

E Giolitti giocò grosso. Come aveva fatto nel novembre 1903, quando per la prima volta aveva assunto la carica di presidente del Consiglio, egli si rivolse ai socialisti, nella persona del Bissolati (che era tornato nel frattempo alla direzione dell'« Avanti! » e le cui simpatie riformiste erano note a tutti) invitandolo a entrare nel governo. Ne ebbe anche questa volta un rifiuto, ma ciò non gli impedì di orientare il programma del governo in una direzione decisamente riformatrice. Dal precedente ministero Luzzatti riprese, riuscendo a farlo approvare, un progetto di legge, del quale era autore il ministro della Pubblica Istruzione Credaro, che aumentava gli stanziamenti statali a favore della scuola elementare e che elevava gli stipendi dei maestri. Di suo aggiunse un progetto di legge, che istituiva il monopolio di Stato delle assicurazioni sulla vita, progetto che, nonostante la fiera opposizione dei liberisti e dei conservatori, egli riuscì a far approvare dalla Camera nell'aprile del 1912. Ma la riforma di gran lunga più importante introdotta da Giolitti in questa sua nuova esperienza di governo fu senza dubbio quella elettorale. In proposito esisteva già un progetto di legge elaborato dal ministero Luzzatti, in base al quale il diritto di voto era concesso a tutti coloro che sapessero leggere e scrivere. Giolitti andò ancora più in là e propose di estendere il diritto di voto anche agli analfabeti, purché avessero compiuto i trent'anni e avessero prestato servizio nell'esercito. Vi era certamente in questa mossa di Giolitti il proposito di controbilanciare il prevedibile incremento dei voti socialisti nell'Italia settentrionale e nelle città con quelli dei contadini meridionali che si recavano alle urne sotto l'occhio vigile degli uomini di fiducia del padrone (i « mazzieri ») o anche, nella campagne del Veneto e della Lombardia, sotto quello del prete. Tuttavia la riforma elettorale, che venne approvata dal Parlamento il 25 maggio 1912, equivaleva di fatto all'introduzione del suffragio universale maschile e soddisfaceva così una vecchia rivendicazione della democrazia e del socialismo italiano.

Occorreva però in qualche modo controbilanciare questa sterzata a sinistra con qualcosa che venisse incontro alle aspirazioni nazionalistiche degli antigiolittiani di destra. Al congresso nazionalista di Firenze Luigi Federzoni aveva sollecitato il governo italiano a realizzare l'ipoteca diplomatica sulla Libia che esso da tempo deteneva, e in questo senso premevano anche consistenti interessi finanziari, quali quelli del Banco di Roma, un istituto di credito assai legato agli ambienti vaticani che aveva forti interessi in Libia e del quale era presidente Ernesto Pacelli, della stessa famiglia che darà alla Chiesa papa Pio XII.

Giolitti, mosso anche dalla preoccupazione che, dopo la occupazione francese del Marocco, qualche altra grande potenza europea potesse avanzare delle pretese sulla Libia, decise, in stretto accordo col suo ministro degli Esteri di San Giuliano, un conservatore all'antica, di dare il via all'impresa e nel settembre 1911 la guerra alla Turchia era dichiarata. Essa si concluse un anno dopo con il riconoscimento della sovranità italiana sulla Libia e sul Dodecaneso (trattato di Ouchy).

A differenza delle precedenti imprese coloniali, la guerra di Libia fu popolare in larghi settori dell'opinione pubblica. I nazionalisti salutarono in essa il ritorno dell'Italia alla politica mediterranea dell'antica Roma, i cattolici vi scorgevano una nuova crociata contro la Mezzaluna, una parte notevole dell'opinione pubblica, specie nel Mezzogiorno, guardava alla nuova colonia come alla terra che avrebbe assorbito migliaia e migliaia di braccia contadine e posto così fine all'emigrazione. Tra i non socialisti solo alcuni isolati, come Gaetano Salvemini, ammonivano che la Libia non era quella terra promessa che molti si erano immaginati e che una propaganda interessata aveva lasciato credere, ma un enorme « scatolone di sabbia » che sarebbe costato all'Italia molto di più di quanto le avrebbe reso. Il Partito socialista era invece all'opposizione e il giovane Benito Mussolini giunse a organizzare delle dimostrazioni contro la partenza dei soldati nel corso delle quali i dimostranti si sdraiavano sui binari. Non mancarono però anche tra i socialisti, specie nel Mezzogiorno, coloro che sostennero l'impresa. Nel complesso la guerra fu popolare e fu necessario attendere il ritorno dei reduci perché molta gente si convincesse che la Libia era effettivamente una terra povera, senza acqua e con molta sabbia.

Allora l'euforia cominciò a dissiparsi e ci si cominciò a rendere conto che la guerra, che si era trascinata assai più a lungo di quanto si fosse pensato, era costata allo Stato italiano (si parlò ufficialmente di 512 milioni) una somma che difficilmente esso avrebbe potuto ricavare dai suoi nuovi acquisti. Inoltre le tribù arabe dell'interno continuavano la guerriglia, il che richiedeva il mantenimento di un adeguato corpo di spedizione e nuove spese. Nel frattempo i contadini cui si era fatto balenare il miraggio di una terra a buon mercato potevano attendere.

I socialisti rivoluzionari non tardavano a rendersi conto di questo stato d'animo di disillusione. Nel congresso di Reggio Emilia del luglio 1912 la corrente riformista, che dal 1908 deteneva la maggioranza nel partito, uscì battuta. Quelli dei suoi esponenti che — come Bissolati e Bonomi — si erano pronunciati a favore della guerra furono espulsi e la direzione dell'« Avanti! » venne affidata al giovane Mussolini. Questi riversò nella sua nuova attività tutte le sue notevoli qualità di tribuno riuscendo a triplicare la tiratura del giornale.

L'ondata di radicalismo e di insofferenza che montava dal fondo del paese preoccupò Giolitti e l'incognita delle prossime elezioni, le prime a suffragio universale nella storia d'Italia, lo indusse a non ostacolare i numerosi accordi che i candidati liberali stipularono con i cattolici. In base a questi accordi, nei collegi in cui si profilava possibile una vittoria di un socialista, di un repubblicano o di un radicale, i cattolici si impegnavano a votare in favore dei candidati liberali, non senza peraltro averne ottenuto la garanzia che essi non avrebbero votato alla Camera in favore di provvedimenti quali il divorzio e l'abolizione dell'insegnamento religioso nelle scuole. Fu questo il cosiddetto « Patto Gentiloni », dal nome del presidente dell'Unione elettorale cattolica. A elezioni avvenute, da parte cattolica ci si poté vantare che ben 228 candidati ministeriali eletti lo avevano sottoscritto. In effetti nelle province del Settentrione, laddove i socialisti avevano le loro posizioni più forti e il clero aveva conservato un notevole ascendente sulle masse, l'apporto dei voti cattolici era stato cospicuo. Nel Mezzogiorno invece si ricorse a mezzi più sbrigativi e più tradizionali e si ebbe la prova che il sistema delle clientele e delle intimidazioni funzionava anche in regime di suffragio universale.

Comunque Giolitti era uscito dalla difficile prova con una maggioranza abbastanza rassicurante, più di 300 deputati contro i 160 circa dei partiti di sinistra, dei quali ben 78 socialisti. I nazionalisti erano riusciti ad ottenere solo tre mandati e i cattolici professi una trentina. Si trattava però di una maggioranza più apparente che reale, più rabberciata che omogenea, composta com'era di deputati che avevano contrattato la loro elezione con gli elettori cattolici e di vecchi e intransigenti anticlericali, di liberali di stampo giolittiano, favorevoli al compromesso con·i socialisti, e di « giovani liberali », una corrente politica di recente formazione che manifestava spiccate simpatie per il nazionalismo e per le sue tendenze autoritarie. Vi era infine la consueta palude di governativi di ogni governo, oggi fedeli a Giolitti, domani a ogni suo successore. Giolitti se ne dovette rendere conto subito quando, essendo stati divulgati i termini del Patto Gentiloni che sino allora erano stati mantenuti segreti, si trovò ad affrontare un pronunciamento dei radicali e un ritorno di fiamma dell'anticlericalismo. Anche questa volta, piuttosto che affrontare di petto la battaglia, preferì dimettersi convinto che, come era ormai accaduto più volte, alla fine si sarebbe dovuto ricorrere nuovamente a lui.

Ma questa volta non sarebbe stato così, e il vecchio

statista piemontese tornerà al potere per un'ultima breve e drammatica esperienza di governo soltanto sette anni dopo, in un'Italia sconvolta dalla guerra e dalle fazioni e in una situazione profondamente mutata, che egli avrà difficoltà a comprendere. Già da ora, tuttavia, Giolitti cominciava a perdere il contatto con la realtà e a presumere troppo dalla propria abilità manovriera. Egli aveva sperato di accattivarsi con la concessione del suffragio universale le simpatie dei socialisti, ma in realtà era riuscito soltanto a alienarsi definitivamente l'appoggio dei nazionalisti e dei conservatori, mentre d'altra parte la guerra di Libia, lungi dal conciliargli le simpatie di questi ultimi, aveva provocato una rottura insanabile con i socialisti. Alla sua destra e alla sua sinistra montavano dunque l'avversione e il rancore verso l'Italietta che egli rappresentava e il vecchio stregone non riusciva più a dominare le forze profonde che aveva evocato. Il « sistema giolittiano » era definitivamente rotto. Il fatto che il suo supremo regolatore non se ne rendesse conto è una conferma di più della irreversibilità della rottura.

DALLA GUERRA AL FASCISMO

L'intervento.

La prima difficile prova che il nuovo governo, a capo del quale era Antonio Salandra, dovette affrontare fu la « settimana rossa » del giugno 1914. Sotto questo nome un po' troppo impegnativo si è soliti designare un moto di piazza che, con tutti i caratteri della improvvisazione e della spontaneità, sconvolse per una settimana il paese ed ebbe per epicentro le Romagne e le Marche, una zona in cui l'opposizione repubblicana, socialista e anarchica aveva profonde radici. Fu una rivoluzione provinciale, guidata da duci provinciali — i romagnoli Benito Mussolini, Pietro Nenni e l'anarchico Errico Malatesta — animata da passioni provinciali e municipali, quasi una versione proletaria e popolaresca dei moti che nel 1830-31 si erano avuti nelle stesse regioni contro il governo pontificio. I grossi centri industriali e operai del paese, chiamati a scendere in sciopero generale per solidarietà con gli insorti di Ancona e delle Romagne, risposero solo in parte all'appello del Partito socialista e della Confederazione generale del lavoro.

Se la « settimana rossa » non era una rivoluzione, e per certi episodi essa era stata addirittura una caricatura della medesima, ciò non impedì che essa apparisse un minaccioso sintomo rivoluzionario a quei conservatori che della rivoluzione avevano una visione altrettanto approssimativa quanto quella di molti rivoluzionari del momento. Tale era Salandra, che fece inviare nelle Romagne 100.000 uomini e tale era anche il re, che rimase fortemente impressionato dai pronunciamenti repubblicani cui la « settimana rossa » aveva dato luogo. Entrambi, il presidente del Consiglio e il monarca, erano del parere che l'ora che l'Italia stava attraversando richiedesse mezzi ben più energici di quelli impiegati a suo tempo da Giolitti, e che fosse estremamente pericoloso lasciare, come questi aveva fatto in varie occasioni, che l'ondata rivoluzionaria si ritirasse da sola. Annibale era alle porte e occorreva respingere con energia il suo assalto. Le tentazioni, mai dimenticate, di una soluzione di tipo novantottesco si facevano sempre più allettanti.

Era questa la situazione interna italiana quando nel luglio 1914 piombò la notizia dell'attentato di Serajevo e dell'*ultimatum* austriaco alla Serbia. L'Italia era ancora membro della Triplice (l'alleanza era stata rinnovata di recente, nel dicembre 1912) e vi era chi — come i nazionalisti — sosteneva che essa avrebbe dovuto scendere in campo accanto ai suoi alleati per ottenere quei compensi nei Balcani che il trattato le riconosceva nel caso in questione. Ma Giolitti si affrettò a telegrafare da Parigi che l'*ultimatum* austriaco alla Serbia non costituiva, ai termini del trattato, un *casus foederis* e il governo accolse il suggerimento proclamando la neutralità italiana nel conflitto mondiale che nel frattempo era scoppiato.

Ciò accadeva nel luglio 1914. Nove mesi dopo, nell'aprile 1915, il governo italiano, rappresentato dal suo ministro degli Esteri Sidney Sonnino, stipulava a Londra, all'insaputa del Parlamento, un patto con le potenze dell'Intesa, mediante il quale esso si impegnava a entrare in guerra entro un mese, dietro la promessa ricevuta che, a vittoria conseguita, l'Italia avrebbe ottenuto il Trentino, con il Tirolo meridionale, Trieste e la Dalmazia, con l'esclusione della città di Fiume. Un mese dopo, il 24 maggio 1915, l'Italia entrava in guerra contro l'Austria.

Da parte austriaca si parlò addirittura di « tradimento ».

Se è vero che questa accusa non regge e che l'interpretazione di Giolitti del trattato della Triplice era corretta, tuttavia difficilmente chi rievochi la storia d'Italia nei mesi tra il luglio 1914 e il maggio 1915 può sottrarsi all'impressione di un brusco *revirement*. E sorge spontanea la domanda come mai un paese che da quindici anni svolgeva una politica estera di *appeasement* e che si trovava totalmente impreparato alla guerra, abbia potuto prendere ad un tratto la decisione di entrarvi. Domanda tanto più legittima in quanto è assodato che il paese nel suo complesso non voleva la guerra: non la volevano le masse influenzate dai socialisti e dai cattolici, non la voleva la maggioranza del Parlamento, non la voleva Giolitti, che rimaneva pur sempre l'uomo politico di maggior prestigio. Né è da sopravvalutare il peso che nella decisione di intervenire poterono avere gli interessi di taluni gruppi industriali — quali i siderurgici — i cui legami con il movimento nazionalista italiano erano ben conosciuti. A parte il semplicismo di spiegare la guerra con gli interessi dei mercanti di cannoni, è assodato che interessi non meno consistenti premevano in senso opposto: tra le accuse di cui Giolitti fu fatto impietosamente segno da parte degli interventisti vi era quella di essere al soldo della Banca commerciale e dei suoi capitali tedeschi.

Certo il campo degli interventisti era assai munito di nomi illustri: da quello di Luigi Albertini, direttore dell'autorevolissimo « Corriere della sera », a quello di Cesare Battisti, un socialista trentino che si era rifugiato in Italia, a quelli di Bissolati, di Salvemini, di Gabriele D'Annunzio, che era rientrato dalla Francia, insolitamente libero dalle insistenze dei creditori, per pronunciare sullo scoglio di Quarto e in Campidoglio degli infiammanti discorsi guerrafondai, a quello, infine, di Benito Mussolini. Questi, la più giovane e più rumorosa recluta dell'interventismo italiano, aveva abbandonato nel novembre 1914 il Partito socialista e aveva fondato — pare con fondi francesi — un suo giornale, il « Popolo d'Italia », sulle cui colonne, con lo zelo di un convertito, predicava le virtù rigeneratrici e rivoluzionarie della guerra. Ma le folle

di studenti e di piccoli borghesi che nelle « radiose » giornate
del maggio 1915 scesero sulle piazze a inveire contro Giolitti e a inneggiare alla guerra avrebbero potuto essere facilmente disperse dalla polizia, così come lo furono gli operai e i contadini che in numerose località avevano inscenato
manifestazioni contro l'intervento. Se ciò non avvenne e se
esse anzi furono incoraggiate nella loro azione, fu perché il
governo e la corte avevano già deciso di servirsi di esse
per conferire un qualche crisma di volontà popolare alla decisione che avevano preso, stipulando il Patto di Londra al-
l'insaputa del Parlamento e del paese.

Ma perché, allora, questa decisione? La resistenza francese sulla Marna ebbe certo un peso considerevole nell'affrettare la decisione italiana e uno anche maggiore ne ebbe
la persuasione, malgrado l'esperienza del primo anno di guerra,
che il conflitto sarebbe stato di breve durata. Giolitti stesso,
che era il più pessimista, affermava che esso non sarebbe
durato tre mesi, ma neppure tre anni. Tuttavia questi argomenti non costituiscono da soli una spiegazione e l'elemento
decisivo fu probabilmente la convinzione che una guerra breve
e vittoriosa avrebbe facilitato, mediante l'instaurazione di una
maggior disciplina nel paese, un'involuzione in senso autoritario e novantottesco dello Stato, avrebbe dato respiro alle
forze della conservazione e dell'ordine costituito e allontanato le minacce sovversive. L'intervento fu perciò anche — e
si sarebbe tentati di dire soprattutto — un atto di politica
interna, una sorta di piccolo colpo di Stato appena rivestito
di forme di legalità. I pieni poteri al governo furono votati
infatti dal Parlamento con una larghissima maggioranza, ma si
trattava di un Parlamento che, stretto tra le pressioni del-
l'Esecutivo e quelle della piazza, aveva ormai perduto la
sua libertà. Fu probabilmente in vista dei riflessi interni del-
l'intervento che Giolitti, che pure lo avrebbe potuto, rinunciò nel maggio 1915 a condurre a fondo la sua battaglia per
la neutralità. È probabile infatti, per quanto nelle sue memorie lo neghi, che egli venisse a conoscenza dei termini
del Patto di Londra e che si rendesse conto che la sconfes-

sione del medesimo avrebbe significato l'esautorazione del re che lo aveva firmato. Fino a quel punto egli, da vecchio piemontese e da servitore fedele del suo re, non era disposto a spingersi.

L'Italia così entrava in guerra psicologicamente e militarmente impreparata. I clamori delle manifestazioni interventiste e della retorica dannunziana si sarebbero presto dileguati a mano a mano che i primi treni-ospedale ritornavano dal fronte.

L'Italia in guerra.

Dal punto di vista militare la guerra che si trascinò per tre anni contro l'Austria e per due contro la Germania (la dichiarazione di guerra a quest'ultima avvenne in un secondo tempo, nell'agosto 1916) fu soprattutto una guerra di posizione e di logoramento. Fino all'ottobre 1917 infatti, nonostante gli sforzi offensivi di entrambi i contendenti, degli italiani sull'Isonzo e degli austriaci lungo la valle dell'Adige e l'altopiano di Asiago, la linea del fronte aveva subìto scarsi mutamenti. L'unico di qualche rilievo era stato la presa da parte italiana della città di Gorizia nell'agosto 1916. Nell'ottobre 1917 le truppe austriache e tedesche, in seguito al collasso del fronte russo, riuscirono però a spezzare il fronte italiano a Caporetto e a dilagare nella pianura veneta. La loro avanzata poté essere arrestata solo sul Piave, dove gli eserciti italiani si attestarono e resistettero valorosamente, sino a che nel novembre del 1918 lo sfacelo dell'impero austro-ungarico e il disfacimento del suo esercito non gli permisero di riprendere l'offensiva e di entrare vittoriosamente a Trento e a Trieste. Nel complesso l'esercito italiano, che lasciò sul campo di battaglia 600.000 morti, si era battuto bene e i contadini scaraventati nelle trincee avevano fatto il loro dovere con la stessa rassegnata determinazione con cui da civili attendevano alla loro quotidiana fatica. Anzi, se si considera che, almeno nei primi due anni di guerra, l'esercito italiano era tra i meno preparati ed armati e i peggio comandati tra quelli che combattevano sui vari fronti d'Europa, non si può non rendere omaggio alla tenacia e all'abnegazione del soldato italiano. All'inizio delle ostilità infatti le forze armate italiane difettavano di cannoni, di mitragliatrici, di camion, di ufficiali. Questi ultimi dovettero essere in buona parte improvvisati in tutta fretta con i risultati che ben si possono immaginare. Quanto allo stato maggiore e al generale Cadorna che ne fu a capo fino alla disfatta di Caporetto, essi furono spesso impari ai compiti loro affidati e le incompatibilità di carattere esistenti tra alcuni dei suoi maggiori esponenti non contribuirono certo a migliorarne l'efficienza. La disfatta di Caporetto, per la quale Cadorna chiamò in causa il « disfattismo » che, alimentato dai « rossi » e dai « neri », serpeggiava nelle file, dell'esercito, fu piuttosto e prevalentemente l'effetto della mancanza di coordinamento tra i comandi delle varie armate.

I riflessi della guerra, di una guerra che era durata al di là di ogni più pessimistica previsione, sul piano interno furono enormi e di portata difficilmente calcolabile. Non dimentichiamo che lo Stato italiano era nel 1914 ancora uno Stato giovane e gracile, che solo tre anni prima aveva celebrato il cinquantennio della sua esistenza, e che perciò una prova come quella che esso era chiamato a affrontare non poteva non provocare in esso profondi sconvolgimenti. Lo sforzo bellico richiese innanzitutto un corrispondente sforzo dell'apparato produttivo industriale. Bisognava rifornire l'esercito di quei cannoni, di quelle armi, di quei mezzi di trasporto di cui difettava, bisognava vestire e calzare i milioni di uomini che svernavano nelle trincee. Tutti i settori principali dell'industria italiana lavorarono a pieno ritmo: la produzione di automobili, che era di 9.200 unità l'anno nel 1914, raggiunse nel 1920 le 20.000 unità, mentre la produzione dell'energia elettrica fu quasi raddoppiata. Considerevolissimi aumenti registrò pure quella dell'industria siderurgica. In un'economia di guerra, in cui le nozioni di mercato e di prezzo di mercato erano praticamente abolite, i profitti naturalmente non mancarono e si ebbero spettacolosi aumenti di capitale: per citarne uno solo, la Fiat aumentò il suo dai 17 milioni del 1914 ai 200 del 1919, un aumento considerevolissimo, anche tenuto conto del forte processo inflazionistico in atto. Ne risultò che i tratti tipici del capitalismo italiano — il suo alto grado di concentrazione, la compenetrazione tra banca e industria, la dipendenza dalle ordinazioni di Stato, le intese settoriali per la regolazione del mercato — si trovarono ad esserne ingigantiti. I grandi *trusts* dell'Ilva, dell'Ansaldo e le grandi banche cui essi facevano capo — Banca commerciale, Credito italiano, Banco di Roma, Banca di sconto — si erano ritagliati intere province dell'economia nazionale, al punto che un economista liberale, Riccardo Bachi, poteva scrivere nel 1919 che l'economia italiana era dominata da una « ristretta brigata di pochi grandi finanzieri e di pochi grandi industriali ». Essi erano ormai delle autentiche baronie con le quali lo Stato ogni giorno era costretto a patteggiare.

Quest'ultimo subì anch'esso un processo di profonda trasformazione. Esso divenne innanzitutto uno Stato più autoritario, in cui le ragioni dell'esecutivo prevalevano sistematicamente su quelle del potere legislativo. Certo il Parlamento si radunava ancora, per quanto più raramente, e si ebbero anche discussioni sulla fiducia e crisi di governo: nel giugno 1916, dopo l'offensiva austriaca sull'altopiano d'Asiago, il gabinetto Salandra dovette cedere il posto a un gabinetto di coalizione e di unione nazionale presieduto dal Boselli, e nell'ottobre 1917, dopo Caporetto, fu la volta di un nuovo ministero presieduto da Vittorio Emanuele Orlando. Tuttavia, tranne queste occasioni solenni in cui era chiamato a dar prova della propria solidarietà e del proprio patriottismo, il Parlamento durante la guerra lavorò poco e ad esso era praticamente sottratto ogni potere di controllo. Ce n'è testimone Giolitti che nelle sue memorie non esitò a scrivere che « i poteri governativi avevano di fatto soppressa l'azione del Parlamento italiano in un modo che non aveva riscontro negli altri Stati alleati » e che « ogni discussione di bilancio,

ogni controllo sulle spese dello Stato era stato soppresso »
e « il Parlamento era tenuto all'oscuro circa gli impegni finanziari ». La stampa, specie quella di opposizione e socialista, non versava in acque migliori e spesso i giornali vedevano la luce con intere colonne in bianco a causa dei rigori
della censura. Per gli elementi giudicati sovversivi e disfat-
tisti vi potevano essere poi il confino di polizia e il domicilio
coatto.

Ma, se lo Stato italiano del tempo di guerra era uno
Stato più autoritario, esso non era però uno Stato forte
nel senso che comunemente si attribuisce a questo termine,
rigoroso cioè, ma efficiente. Le molteplici esigenze della guerra
avevano fatto sì che la sua precedente struttura, articolata
in pochi ministeri secondo lo schema classico dello Stato
liberale, avesse dovuto essere integrata e profondamente modificata. Si crearono nuovi ministeri, una quantità di enti e
di commissariati, si montò la complessa macchina del Comitato per la mobilitazione industriale, il quale, retto da un
generale, aveva il compito di soprintendere alla produzione
di tutti gli stabilimenti (erano complessivamente 1.996) impegnati nelle forniture militari. La fretta con la quale questo
processo di trasformazione della macchina dello Stato fu realizzato dette luogo a un accavallarsi di competenze e di uffici
e favorì il frazionamento dell'apparato statale in una serie
di feudi e di compartimenti stagni in cui, come scriverà Antonio Gramsci, « gli autocrati si moltiplicano per generazione
spontanea » e ognuno di essi « fa, disfa, accavalla, distrugge ».
Anche il personale dirigente portato alla ribalta dalla guerra
era estremamente eterogeneo, formato com'era da uomini della
vecchia burocrazia ministeriale, da militari e da capitali d'industria promossi da un giorno all'altro ad altissime responsabilità pubbliche. Da tutti questi contratti e relazioni emer-
geva anche una nuova mentalità dei ceti dirigenti: gli industriali imparavano dai militari a usare il pugno di ferro
nelle fabbriche, i militari imparavano dagli industriali il gusto dell'iniziativa, i politici imparavano dagli uni e dagli altri.
Se non si tiene presente questa complessa trasformazione

dello Stato, che lo rese al tempo stesso più autoritario e più inefficiente, più « collettivista » e più esposto alle pressioni dei grandi interessi privati, riesce difficile comprendere come si siano potute verificare le protezioni, le complicità, le vacanze di pubblici poteri che renderanno possibili episodi come l'impresa di D'Annunzio a Fiume o l'impunità delle violenze fasciste. La guerra, in altri termini, aveva letteralmente scardinato le strutture dello Stato liberale e ne aveva minato il superstite prestigio; e ciò proprio nel momento in cui vastissimi strati sociali, il cui mondo era stato sino allora circoscritto entro un orizzonte provinciale, venivano costretti dalla forza delle cose a prendere coscienza del loro destino comune e dell'esistenza di una collettività nazionale.

L'Italia umile e provinciale, l'Italia di coloro per cui il problema primo era quello di tirare avanti e che si muovevano dal loro paese e dal loro campanile solo per andare in America, si trovò coinvolta nella guerra e i suoi figli poveri seppero di essere cittadini solo quando si trovarono vestiti da soldati e furono mandati a combattere nelle trincee. Si può dire anzi che un'opinione pubblica nazionale, nel senso più largo del termine, nacque in Italia solo con la prima guerra mondiale, la prima grande esperienza collettiva del popolo italiano. Ciò equivale a dire che questa opinione pubblica nacque sotto il segno di una profonda lacerazione e esasperazione: d'ora in poi quando un contadino dovrà pensare alla « patria », il suo pensiero correrà spontaneamente alla sola che egli avesse conosciuto, quella delle stellette e delle trincee, dei sacrifici e delle umiliazioni. Per contro nella mente del piccolo borghese, dell'ufficiale di complemento, il concetto di patria, sia pure con segno inverso, rimarrà associato con quello di guerra: l'Italia sarà per lui l'Italia di Vittorio Veneto, celebrata con tutti gli orpelli della retorica dannunziana. Si formavano così due tipi di blocchi psicologici: per gli uni essere italiani, essere patrioti significava anche essere dannunziani e interventisti; per gli altri essere democratici, rivoluzionari, essere repubblicani significava anche, in maggiore o minor misura, essere rinunciatari o « caporettisti ». Gli amari frutti di questa lacerazione dell'opinione pubblica sarebbero presto apparsi in piena luce nel dopoguerra.

La guerra vittoriosa non aveva risolto nessuno degli annosi problemi della società italiana, anzi li aveva tutti aggravati e ingigantiti. Un apparato produttivo estremamente concentrato e squilibrato, una macchina statale cresciuta troppo in fretta, improvvisata, fatta a compartimenti stagni e quindi largamente infeudata agli interessi dei più forti gruppi economici; un personale dirigente largamente rinnovato e eterogeneo, tenuto insieme da una comune inclinazione verso soluzioni autoritarie; un'opinione pubblica formatasi sotto il segno della guerra e dell'esasperazione: la vecchia incongruenza italiana si riproduceva ancora, a un livello più alto, a un livello di tragedia.

Una rivoluzione mancata?

L'euforia della vittoria passò ben presto. Quando nell'aprile del 1919 il presidente del Consiglio Orlando e il ministro degli Esteri Sonnino abbandonarono la conferenza di Parigi in atteggiamento di protesta per la scarsa considerazione degli interessi italiani da parte delle altre potenze vincitrici, il senso di delusione che da tempo serpeggiava nel paese dilagò rapidamente e il governo fu costretto a rassegnare le dimissioni.

Nasceva così il mito della vittoria mutilata. In realtà i trattati di pace, che furono successivamente firmati dal nuovo governo, attribuirono all'Italia non soltanto il Trentino e la città di Trieste, le rivendicazioni cioè tradizionali dell'interventismo, ma anche l'Alto Adige con la sua forte minoranza tedesca e l'Istria con la sua fortissima minoranza slava. Rimaneva aperta con il nuovo Stato iugoslavo la questione della Dalmazia, che il Patto di Londra aveva assegnato all'Italia, e della città di Fiume, che invece secondo i termini dello stesso patto e il punto di vista degli alleati e di Wilson, avrebbe dovuto essere costituita in città libera. L'insistenza da parte italiana per ottenere entrambi questi obiettivi non predispose certo gli alleati a suo favore e ciò spiega l'insuccesso finale su questo punto della diplomazia italiana. Del resto molti uomini politici italiani, tra i quali il Bissolati, erano anch'essi del parere che, in omaggio al principio di nazionalità, fosse conveniente rinunziare alla Dalmazia. Nel complesso dunque non si trattava certo di una Caporetto diplomatica, per quanto, se il governo italiano avesse seguito una linea più rettilinea e tenuto un atteggiamento meno ambizioso, è probabile che il trattato di pace avrebbe potuto essere più favorevole per l'Italia. Comunque il senso di delusione che tra l'aprile e il giugno 1919 si diffuse nel paese (si rinunciò persino a commemorare la data dell'entrata in guerra) e il mito stesso della vittoria mutilata avevano origini più lontane e più profonde che i recenti insuccessi diplomatici. Questi non furono che la classica goccia che fa traboccare il vaso.

Passata la tempesta l'Italia si rendeva conto di essere rimasta un paese povero e, per di più, fortemente indebitato con i suoi alleati. I contadini, tornati dalla guerra, trovavano la stessa miseria che vi avevano lasciato, campi peggio lavorati e stalle più vuote, e per i brillanti ufficiali di complemento la prospettiva — davvero poco esaltante per chi aveva combattuto tre anni in trincea — di un risicato stipendio di moneta inflazionata non era certo delle più allettanti. Per questo si era dunque combattuto? Per questo 600.000 italiani avevano immolato la loro vita?

Dal porsi queste domande al rispondere che la guerra, con le sue perdite, i suoi sperperi e le sue speculazioni, era stata una follia, il passo era breve e molti italiani lo compirono. Non aveva del resto il papa regnante nel terribile anno del 1917 rivolto un pressante appello ai governanti perché mettessero fine alla « inutile strage »? E tale ora, a conti fatti, la guerra appunto si rivelava. Una possente ondata di fondo investiva lo Stato italiano e la sua classe dirigente, e coloro che avevano sperato che l'intervento

in guerra avrebbe scongiurato una rivoluzione, assistevano
atterriti al montare di un fermento rivoluzionario che prendeva ogni giorno di più un aspetto travolgente e minaccioso.
   Pochi anni — e forse nessun altro tranne il 1943 —
della storia dell'Italia moderna sono, come il 1919, anni
di profonda e generale crisi della società e dello Stato e
di fermento rivoluzionario. Tutto il mondo del lavoro era
in agitazione: le cifre degli iscritti ai sindacati, che prima
della guerra si contavano per centinaia di migliaia, si contavano ora per milioni e quelle degli scioperi e degli scioperanti sorpassavano di gran lunga la punta massima raggiunta negli anni 1901-1902. Scioperavano gli operai delle
fabbriche, riuscendo ad ottenere sensibili miglioramenti salariali e la giornata di lavoro di otto ore, scioperavano gli
addetti ai servizi pubblici — i ferrovieri, i postelegrafonici —,
scioperavano i braccianti della Valle padana e i mezzadri
delle regioni dell'Italia centrale, scioperavano persino i fe-
delissimi impiegati dei ministeri. Nelle campagne del Lazio
e dell'Italia meridionale i contadini, reduci dalla guerra, organizzati e incoraggiati dalle associazioni che si erano costi-
tuite fra gli ex-combattenti, occupavano le terre dei proprietari fondiari e costringevano il governo a legalizzare in qualche modo il fatto compiuto. Nel giugno varie città furono
teatro di violente agitazioni contro il carovita, che assunsero in taluni casi aperto carattere insurrezionale, e nel luglio
uno sciopero generale, sia pure con successo limitato, venne
attuato in segno di solidarietà con la Russia rivoluzionaria.
Nel settembre fu poi la volta del colpo di mano di D'Annunzio su Fiume, attuato con la connivenza delle autorità
militari. Si trattava, come vedremo, del primo passo di quella
sovversione da destra dello Stato che sarebbe culminata con
la marcia su Roma di Mussolini, ma ciò non impedì che
nel momento della sua attuazione esso venisse salutato anche
da sinistra come un nuovo sintomo della situazione rivoluzionaria esistente e come una prova che il germe dell'insu-
bordinazione era penetrato anche nei ranghi dell'esercito. Vi
fu anzi addirittura chi giunse a vagheggiare il progetto di

un congiungimento tra la sovversione nazionalista di D'Annunzio e il fermento rivoluzionario delle masse e si ebbero a questo fine contatti tra il poeta-soldato e alcuni esponenti del socialismo e dell'anarchismo italiano. La sensazione che lo Stato liberale avesse ormai i giorni contati e si trovasse in stato di decomposizione era ormai generale e quando, nel novembre 1919, vennero indette le elezioni politiche — le prime nella storia d'Italia a essere tenute col sistema della proporzionale — una parte di quegli elettori che tradizionalmente votavano per i candidati dell'ordine e del governo preferirono rimanere a casa, convinti che ormai ogni sforzo era inutile e paralizzati dalla paura dell'imminente inevitabile tracollo. Di fatto le elezioni confermarono, almeno in parte, questi timori: dalle urne uscì infatti vittorioso il Partito socialista con 1.756.344 voti e 156 deputati, seguito a distanza dal Partito popolare italiano, che si era costituito di recente e che ottenne 1.121.658 voti e più di cento deputati, cogliendo in tal modo il premio per l'atteggiamento che il mondo cattolico nel suo complesso aveva tenuto nei confronti della guerra. Se ancora una volta il Mezzogiorno, con le sue clientele e i suoi notabili, non avesse riversato un cospicuo numero di voti sulle liste dei candidati governativi, la sconfitta della vecchia classe dirigente avrebbe assunto proporzioni catastrofiche. Nei grandi centri industriali del Nord e nelle fertili campagne della Bassa padana, nelle zone nevralgiche cioè del paese, l'affermazione del Partito socialista era stata infatti clamorosa.

A quest'ultimo però faceva difetto ogni chiara visione della situazione e delle sue possibilità di sviluppo. Si è spesso affermato che il principale *handicap* del Partito socialista italiano nel periodo del primo dopoguerra fu la sua divisione interna tra la corrente massimalista, che deteneva la maggioranza e proclamava apertamente i suoi propositi rivoluzionari, e la corrente riformista propensa invece, come sempre, a una politica di riforme e di collaborazione con i settori più avanzati dei partiti borghesi. Partendo da questa affermazione si è potuto sostenere che, se non vi fosse stato il « tradimento » dei riformisti, la rivoluzione in Italia si sarebbe fatta, oppure inversamente che, se non ci fossero state la impazienza e la demagogia massimalista, si sarebbe potuta avviare una seria politica di riforme e prevenire la vittoria del fascismo.

In realtà non fu il contrasto tra due possibili politiche a paralizzare l'azione del Partito socialista italiano, quanto piuttosto l'assenza di una qualsiasi linea politica. Né i massimalisti operarono seriamente in senso rivoluzionario, né i riformisti in senso riformista. Al velleitarismo dei Bombacci, dei Lazzari e, anche, dei Serrati, che ogni giorno rimandavano a domani quella rivoluzione che seguitavano a proclamare inevitabile, faceva riscontro, sull'altro versante, la riluttanza dei riformisti e di Turati in particolare ad assumersi responsabilità precise e il loro timore che, andando al governo, i socialisti si trovassero coinvolti nella bancarotta dello Stato borghese. Comune poi a tutto il Partito socialista era l'insensibilità nei confronti della nuova situazione che, in seguito alla guerra, si era determinata nelle campagne, dove era in atto una vera e propria corsa alla terra da parte di quei contadini che con il blocco dei canoni agrari e con il rincaro dei prodotti agricoli erano finalmente in grado di saziare la loro antica fame di terra. Si pensi che tra il censimento del 1911 e quello del 1921 la percentuale dei piccoli proprietari sul totale della popolazione salì dal 21 al 35,6 per cento. Sventolando la bandiera della socializzazione della terra e dell'esproprio generale, i socialisti finirono per alienarsi larghi settori del mondo contadino: nessuno di essi probabilmente sapeva che Lenin, per il quale pure professavano grandissima ammirazione, non aveva esitato, per la causa della rivoluzione, a far proprio il programma agrario dei socialrivoluzionari basato sulla moltiplicazione della piccola proprietà. L'incomprensione del problema contadino si accompagnava presso i dirigenti socialisti con un'ostilità preconcetta verso il Partito popolare e le sue organizzazioni sindacali, che proprio nelle campagne avevano la loro base e la loro forza. In luogo di cercare di attrarre nel campo rivoluzionario le organizzazioni e gli uomini più avanzati del mondo cattolico, e di rompere così il vincolo confessionale che teneva unite nel Partito popolare forze socialmente e politicamente eterogenee, il Partito socialista con il suo tradizionale anticlericalismo contribuì a rinsaldare questo vincolo e a rendere difficile una collaborazione tra sindacati e lavoratori socialisti e sindacati e lavoratori cattolici.

Il solo gruppo che si ponesse con serietà i problemi di quella rivoluzione italiana che altri si limitavano a vaticinare imminente e inevitabile, fu quello che si raccolse intorno al settimanale torinese « L'Ordine nuovo » e del quale faceva parte Antonio Gramsci, Angelo Tasca e Palmiro Togliatti. Torino era senza alcun dubbio la più proletaria delle città italiane e i suoi operai certamente il reparto più avanzato del proletariato italiano. Nell'aprile 1917 essi avevano accolto al grido di « Viva Lenin » i delegati menscevichi venuti in Italia per predicare la necessità della continuazione della guerra, e nell'agosto dello stesso anno erano stati i protagonisti di una sommossa contro il carovita e contro la guerra che dovette essere repressa con l'invio delle truppe e alla maniera forte. In alcune delle principali fabbriche torinesi — e in particolare alla Fiat — essi avevano poi costituito, sul modello dei *soviet*, dei Consigli di fabbrica, nei quali gli uomini dell'« Ordine nuovo » non tardarono a scorgere gli strumenti più idonei di lotta rivoluzionaria e, a vittoria ottenuta, di autogoverno operaio, additandoli ad esempio a tutto il proletariato italiano. Il movimento torinese dei Consigli di fabbrica costituiva certo l'avanguardia del movimento rivoluzionario italiano, il suo reparto più avanzato e più cosciente, ma come tutte le avanguardie poteva essere facilmente isolato e battuto. Gli industriali che, tra la fine del 1919 e gli inizi del 1920 erano venuti riavendosi delle sconfitte subite e avevano trasformato la loro associazione di categoria — la Confindustria — in un vero e proprio stato maggiore controrivoluzionario, lo compresero e scelsero perciò Torino come campo di battaglia per gli inizi della loro controffensiva. Dal grande sciopero dell'aprile 1920,

cui essi furono costretti e provocati dall'iniziativa padronale,
i metallurgici torinesi uscirono sconfitti e a Gramsci toccava
di constatare che la speranza di fare di Torino la Pietrogrado
italiana si era rivelata infondata e che il ritmo della vita italiana nel suo complesso era ben lungi dal battere all'unisono
con quello della sua avanguardia. Era il primo passo di quella
lunga e difficile meditazione politica che lo avrebbe portato,
nelle carceri fasciste, a delineare nei suoi *Quaderni* il progetto
di una rivoluzione italiana più aderente alla varia e contraddittoria realtà di un paese ricco di squilibri e di contrasti.

La sconfitta dello sciopero dei metallurgici torinesi segnò
l'inizio del ripiegamento dell'ondata rivoluzionaria che aveva
sconvolto la società italiana. La carica rivoluzionaria era ancora forte, ma le forze della conservazione si venivano ormai
riorganizzando e già accennavano a passare decisamente alla
controffensiva. Si entrava ora in un periodo di incertezza
e di equilibri precari, un periodo che — Gramsci fu uno
dei pochi a rendersene conto — si sarebbe potuto concludere soltanto con una soluzione definitiva: o con una rivoluzione o con una reazione altrettanto radicale e violenta.

Crisi economica e origini del fascismo.

Nel corso del tormentato anno 1919 e dei primi mesi
del 1920 a capo del governo era Francesco Saverio Nitti,
un uomo politico meridionale di notevole spregiudicatezza
mentale e di profondi studi, fornito di una competenza
nelle questioni economiche inconsueta per un presidente del
Consiglio italiano, ma privo di quel polso e di quell'energia che i tempi richiedevano.

Uomo di profonde convinzioni democratiche, Nitti tentò
di ottenere l'appoggio e la collaborazione delle sinistre, ma
riuscì solo a inimicarsi le destre e gli ambienti militari che
esecravano in lui l'uomo che aveva concesso l'amnistia ai diser-
tori. La sua debolezza apparve chiara poi al momento del
colpo di mano di D'Annunzio su Fiume, verso il quale egli

mantenne un atteggiamento indeciso e equivoco. Quando, nel giugno 1920, il ministero Nitti fu costretto alle dimissioni, l'unico uomo politico che disponesse di un prestigio sufficiente per governare il paese in un'ora così difficile era il vecchio Giolitti, colui che non aveva nascosto la sua avversione all'intervento dell'Italia in guerra e che per cinque anni aveva saputo tenersi in disparte in attesa della sua rivincita. Ritornare a Giolitti significava, dopo tante traversie e tante avventure, tornare alla saggezza e alla normalità della vecchia Italia prebellica e, per un momento, parve veramente che il vecchio statista piemontese potesse compiere il miracolo di risuscitare il passato.

Fedele alla sua antica avversione a ogni politica estera imperialista e avventurosa, Giolitti si adoperò innanzitutto a liquidare la ancora aperta questione adriatica, stipulando con la Jugoslavia, nel novembre 1920, un trattato in base al quale l'Italia rinunciava alle sue rivendicazioni sulla Dalmazia in cambio del riconoscimento della sua sovranità su tutta l'Istria e sulla città di Zara, mentre Fiume veniva eretta in Stato indipendente. D'Annunzio dovette *bon gré mal gré*, accettare il fatto compiuto e nel dicembre egli e i suoi « legionari » abbandonarono la città istriana. Un pericoloso focolaio nazionalistico, che aveva notevolmente contribuito a surriscaldare e ad avvelenare l'opinione pubblica, era così eliminato. Questo successo in politica estera era stato preceduto da un altro e ben più vistoso nel campo della politica interna. Nel settembre del 1920 i metallurgici, impegnati da tempo in una controversia sindacale coi rispettivi datori di lavoro, avevano occupato le fabbriche innalzando su di esse la bandiera rossa e presidiandole in armi, e per alcuni giorni era parso che l'ora della rivoluzione fosse finalmente scoccata. Giolitti, come già in occasione dello sciopero generale del 1904, si rese invece immediatamente conto che — come di fatto avvenne — i dirigenti socialisti e della Confederazione generale del lavoro non avrebbero osato spingere fino alle ultime conseguenze un movimento che non aveva del resto reali possibilità di sbocco rivoluzionario, e

seppe temporeggiare sino a quando le due parti in lotta si
decisero ad accettare la sua mediazione e ad addivenire a un
accordo che salvava la faccia ad entrambe.

Sembrava veramente che le convulsioni del dopoguerra
fossero finite e che l'Italia, sotto la guida del più saggio
dei suoi statisti, tornasse a incamminarsi per quella strada
che aveva battuto con successo nel primo decennio del secolo.

Ma non fu così. Dopo il tumultuoso e euforico sviluppo
degli anni di guerra, in coincidenza con la fase discendente
del ciclo che caratterizza l'immediato dopoguerra, l'economia italiana stava entrando infatti in un periodo di crisi acuta
e generale. La produzione ristagnava e le difficoltà di alcune
delle maggiori industrie coinvolsero ben presto le banche
finanziatrici. Nel dicembre 1921 la Banca di sconto chiudeva gli sportelli, coinvolgendo nel suo dissesto migliaia di
piccoli risparmiatori e creando la sensazione che si fosse tornati ai tempi degli scandali bancari di fine secolo. Nel frattempo gli indici della disoccupazione non cessavano di salire, mentre parallelamente scemavano quelli degli scioperi.
La principale vittima della crisi fu il movimento sindacale
che vide enormemente ridotti i propri effettivi e i propri
margini di manovra e di successo. La stagnazione in cui si
trovò costretto acuì naturalmente nel campo socialista le divergenze e gli attriti che già in precedenza si erano mani-
festati in occasione dell'occupazione delle fabbriche e dello
sciopero di Torino dell'aprile. In questo clima maturarono
le scissioni a catena nel partito. La prima e la più ricca di
conseguenze fu quella della sua ala sinistra, che nel gennaio
1921 si staccò e costituì il Partito comunista d'Italia, una
piccola pattuglia il cui radicalismo estremista non lasciava
certo presagire le fortune che le sarebbero arrise in seguito.
Alla scissione comunista seguì nell'ottobre 1922 quella dei
riformisti, di modo che al momento dell'avvento del fascismo al potere il vecchio e glorioso Partito socialista italiano si presentava diviso in tre tronconi.

Debilitante per il movimento operaio socialista, la crisi economica ebbe invece un effetto galvanizzante e corroborante per la « reazione italiana », intendendo con questo termine tutti quei ceti e tutti quei gruppi — militari, industriali, agrari — che avevano assistito impotenti all'ondata sovversiva del 1919 e sognavano il ritorno alla disciplina e all'ordine dello Stato del periodo di guerra. La crisi dei sindacati e del movimento socialista, la delusione e lo smarrimento che ormai serpeggiavano nelle masse, fecero loro intravvedere la possibilità di una soluzione autoritaria e definitiva. Giolitti, con la sua tradizionale politica di equilibrio, appariva ormai un sorpassato. Occorreva un uomo dal polso più energico e dalle vedute più coraggiose che, in luogo di un equilibrio precario e instabile, fosse in grado di assicurarne al paese uno duraturo e definitivo.

Quest'uomo, come è noto, fu trovato nella persona di Benito Mussolini. Dopo la sua clamorosa uscita dal Partito socialista e il suo passaggio al campo interventista, l'esuberante romagnolo si era arruolato nell'esercito e vi era rimasto quel tanto che bastava per fregiarsi poi del titolo di ex-combattente e di ferito di guerra, sebbene sembri assodato che egli non sia mai stato in prima linea e che la sua ferita fosse da imputarsi a un accidente nel corso di un'esercitazione. Quindi era tornato alla direzione del « Popolo d'Italia » e nel 1919 aveva fondato il movimento fascista. Per la verità questo nuovo raggruppamento politico, composto com'era di elementi sbandati e di avventurieri e fondato su di un programma estremamente eterogeneo e demagogico, era un tipico sottoprodotto del disorientamento del dopoguerra e quel po' di prestigio che godeva gli proveniva, per luce riflessa, dall'impresa dannunziana di Fiume, della quale Mussolini si era fatto uno dei procuratori e banditori più rumorosi. Nelle elezioni del novembre 1919 i fascisti riuscirono a mettere insieme una lista nella sola circoscrizione di Milano e vi ottennero un quoziente irrisorio, poco più di 4.000 voti. Fu in questa occasione che Mussolini pensò di abbandonare la milizia politica e di dedicarsi a una qualsiasi altra delle molteplici attività, dall'aviazione al teatro, per le quali si credeva dotato.

Anche nel primo semestre del 1920 il movimento fascista rimase un fenomeno nel complesso circoscritto e di scarso rilievo. La sola città italiana dove riuscì a sfondare fu Trieste, in un ambiente cioè ·che costituiva per molti aspetti un'eccezione: la vicinanza di Fiume, il regime di amministrazione militare cui la città era sottoposta e, soprattutto, l'esistenza di uno stato di tensione cronica tra popolazione slava e popolazione italiana, che la fine della mediazione austriaca aveva reso parossistico, facevano infatti di Trieste un terreno estremamente propizio per un movimento accentuatamente nazionalista, quale era quello fascista. Con la compiacente complicità delle autorità locali, le prime squadre fasciste potettero devastare i ritrovi della popolazione slava, assalire le Camere del lavoro e stringere d'assedio i quartieri popolari, nell'attesa di poter applicare questi metodi al resto del paese.

Questa attesa però sarebbe stata certamente frustrata se il sopraggiungere della crisi economica non avesse creato nel paese una situazione estremamente propizia per gli sviluppi del movimento fascista. La affievolita capacità di resistenza del movimento operaio, le accresciute e confortate propensioni autoritarie dei ceti dirigenti e delle classi privilegiate, lo sbandamento e la disponibilità di larghe masse di disoccupati, il *refoulement* della piccola borghesia nei confronti del movimento operaio e socialista: tutto concorse a facilitare i primi passi e le prime affermazioni del fascismo. L'indubbia abilità e fiuto politico di Mussolini e la profonda crisi dello Stato e della classe dirigente liberale fecero il resto. La crisi economica, lungi, come taluni avevano sperato o ·temuto, dal generare la rivoluzione, generava invece la reazione: la situazione dell'Italia tra il 1921 e il 1922 costituisce così per molti aspetti un'anticipazione di quella che si determinerà in Germania negli anni immediatamente precedenti l'avvento del nazismo.

L'avvento del fascismo al potere.

Il debutto in grande stile delle squadre fasciste avvenne a Bologna, roccaforte socialista, il 21 novembre 1920. In occasione dell'insediamento della nuova amministrazione comunale socialista, i fascisti bolognesi riuscirono a provocare gravissimi incidenti e a suscitare nella città un clima di guerra civile. Cominciò da allora nelle campagne dell'Emilia e della Toscana una spietata guerriglia delle squadre fasciste contro le organizzazioni socialiste e dei lavoratori, che si venne poi estendendo anche alle altre regioni del paese. Nei primi mesi del 1921 non passò praticamente giorno senza che i giornali riportassero notizia di una Camera del lavoro incendiata, di una cooperativa saccheggiata, di dirigenti socialisti, o anche repubblicani e popolari, costretti a bere l'olio di ricino e « banditi » dalla loro città. Era una guerra provinciale, con tutta la faziosità e l'accanimento delle lotte di provincia, ma soprattutto era una guerra di classe condotta senza risparmio di colpi. L'odio che gli agrari emiliani, finanziatori delle squadre d'azione, nutrivano contro i loro contadini non era minore di quello che i nazionalisti triestini nutrivano .verso la popolazione slava, un odio istintivo, quasi razziale.

Il successo delle spedizioni punitive e dei *raids* fascisti non sarebbe però stato possibile senza l'omertà e, a volte, la complicità dell'esercito e dell'esecutivo. Molti prefetti e generali fecero a gara nel chiudere gli occhi di fronte alle violenze e alle aggressioni fasciste, salvo poi a infierire con particolare severità nei confronti dell'eventuale reazione da parte avversa. Responsabilità particolarmente gravi nella protezione dello squadrismo gravano poi sulle spalle del ministro della Guerra nel gabinetto Giolitti, l'ex-socialista Ivanoe Bonomi, il quale nel luglio 1921 divenne presidente del Consiglio. Tuttavia il fatto che militari, prefetti, ministri e lo stesso Giolitti favorissero o almeno non ostacolassero l'azione dei fascisti non deve essere assunto come un indice e una prova che la classe politica italiana era ormai disposta ad accettare la fascistizzazione dello Stato e fosse rassegnata alla piega degli eventi. Comune a molti uomini politici di allora era infatti la convinzione che il fascismo, per l'eterogeneità del suo programma e della sua composizione sociale, per il suo carattere stesso di fenomeno più emotivo che politico, avrebbe avuto breve vita e si sarebbe dissolto dall'interno. Nell'attesa lo si poteva ben utilizzare, salvo poi a sbarazzarsene al momento giusto.

Anche Mussolini era pienamente consapevole della intima debolezza e contraddittorietà del movimento fascista. A differenza di D'Annunzio, non credeva alla retorica delle proprie parole ed era ben lungi dallo scambiare i propri desideri e le proprie velleità per realtà. Ben presto comprese che, senza una prospettiva concreta e ravvicinata, il fascismo avrebbe finito per entrare in crisi e per dissolversi appena passata l'effimera congiuntura politica che lo aveva tenuto a battesimo. Questa prospettiva non poteva essere che quella del potere e della immedesimazione tra il movimento fascista e lo Stato. Per raggiungere questo fine era però necessario rendere il fascismo più « rispettabile », depurarlo degli elementi più estremisti. Ed ecco Mussolini tra l'estate e il novembre 1921 condurre all'interno del suo partito una vittoriosa battaglia contro le correnti di « sinistra » del fascismo, facenti capo a Dino Grandi, un ex-repubblicano romagnolo; eccolo rassicurare la monarchia, mettendo la sordina prima e rinnegando poi esplicitamente i precedenti pronunciamenti repubblicani; eccolo accattivarsi la fiducia degli industriali con dichiarazioni di liberismo economico integrale; eccolo infine abbandonare il proprio vecchio anticlericalismo e ragionare della missione cattolica e universale di Roma. Da parte del Vaticano non si era del resto completamente insensibili a questi allettamenti: il nuovo papa Pio XI, eletto nel febbraio 1922, contribuì, ritirando l'appoggio della Chiesa al Partito popolare italiano e al suo battagliero capo, don Sturzo, alla vittoria finale del fascismo.

A mano a mano che il fascismo si rendeva più rispet-

tabile agli occhi dei benpensanti, cadevano le preclusioni e
gli argini elevati contro di esso. Uno dopo l'altro, gli uomini
della vecchia classe dirigente liberale — primo fra tutti Salandra, il presidente dell'intervento — cedevano le armi o
passavano addirittura dalla parte dei fascisti. Taluni, come
Giolitti, conservarono sino all'ultimo l'illusione di poter dominare la situazione e s'impegnarono in un difficile gioco
di schermaglie, di trattative e di mercanteggiamenti del quale
Mussolini tirava abilmente le fila: a ogni « vittoria » squa-
drista, a ogni colpo riuscito egli alzava il prezzo delle sue
richieste. Trascorsero così vari mesi di vita politica agitata
e convulsa, di quella convulsione tipica dei periodi che pre-
cedono un assestamento definitivo. Agli osservatori superficiali la situazione poteva sembrare ancor fluida e aperta
a più soluzioni, ma in realtà la partita era ormai giocata e si
trattava soltanto di mettere a punto la sua conclusione. Nel-
l'ottobre 1922 questa commedia degli equivoci ebbe infine
la sua soluzione: mentre il Vaticano prendeva sempre più
le distanze dal Partito popolare e il Partito socialista spez-
zava il patto d'unità d'azione che lo univa alla Confederazione generale del lavoro, mentre gli ultimi oppositori erano
insomma divisi e battuti, Mussolini ricattava apertamente
la monarchia e lo Stato con la minaccia dell'insurrezione. Il
24 ottobre, dopo un'adunata di fascisti a Napoli, i « qua-
drumviri » del fascismo decidevano con l'assenso di Mussolini di marciare su Roma. Il presidente del Consiglio in carica Luigi Facta, un fidato giolittiano, propose al re di firmare il decreto di stato d'assedio, ma il re, dopo qualche
esitazione, si rifiutò di firmare. Mussolini, che da Milano attendeva gli eventi e che era pronto, ove la crisi si mettesse
al peggio, a riparare in Isvizzera, poté allora salire su di un
vagone-letto e venirsene a Roma per ricevere dal re l'incarico di formare il nuovo governo e per presentarsi davanti
al Parlamento a dichiarare che era dipeso esclusivamente dal
suo beneplacito se egli non lo aveva trasformato in un « bi-
vacco dei suoi manipoli ». Malgrado la iattanza di queste dichiarazioni, la Camera votò la fiducia al nuovo governo Mus-

solini, del quale facevano parte anche dei ministri popolari e liberali, con 306 sì e 116 no. Tra i primi vi erano i nomi di Bonomi, di Giolitti, di Orlando, di Salandra e di Alcide De Gasperi.

La « rivoluzione fascista » si compiva così con l'assenso e il suggello dei poteri costituiti e l'Italia, dopo quattro anni di convulsioni e di esitazioni, trovava finalmente un suo assestamento. Perché — malgrado tutto — l'avvento del fascismo al potere fu — come tutte le restaurazioni — in qualche modo una soluzione, nel senso che rese possibile il ritrovamento di un equilibrio e la ricostituzione di un « ordine ». Ma si trattò della soluzione più facile e quindi della peggiore tra quelle storicamente possibili. Le forze della rivoluzione italiana avevano scontato la loro immaturità e i loro errori con una sconfitta di conseguenze gravissime. Con i loro ultimi disperati combattimenti di retroguardia — a Parma, nei quartieri popolari di Roma, a Bari vecchia, a Torino e con i grandi scioperi dell'agosto 1922, votati in partenza alla disfatta — veniva salvato però l'onore proletario e si ponevano le premesse per la lunga lotta antifascista.

XII

DAL FASCISMO ALLA GUERRA

Il fascismo da governo a regime.

Così come l'avvento al potere del fascismo era ·stato propiziato dalla crisi economica, la favorevole congiuntura che dal 1922 al 1929 caratterizzò l'economia europea e americana nel suo complesso, ne agevolò notevolmente il processo di consolidamento. Al nuovo governo fascista non rimase perciò che assecondare la tendenza in atto, lasciando via libera a quelle forze e a quegli uomini che detenevano il controllo della vita economica del paese. Già nel suo discorso di Udine, pronunziato alla vigilia della marcia su Roma, Mussolini aveva inveito contro lo « stato ferroviere, lo stato postino e lo stato assicuratore » e, una volta giunto al potere, egli non tardò a concretare in azione di governo questi suoi propositi antistatalisti, affidando a un liberista, Alberto De Stefani, il ministero delle Finanze. La nominatività dei titoli azionari, introdotta da Giolitti, venne abolita, l'imposta di successione diminuita, l'esercizio dei telefoni riprivatizzato e i salari decurtati. Questo liberismo ad oltranza ad· uso interno non impedì peraltro al fascismo di continuare la tradizionale politica italiana di protezionismo doganale, .cui già Giolitti, nel 1921, aveva fatto importanti concessioni consentendo l'entrata in vigore di una nuova ·e più rigida tariffa protettiva. In questo quadro va vista

anche la politica di rivalutazione e stabilizzazione della lira
lanciata nel 1925 e condotta a termine dal conte Giuseppe
Volpi (un uomo di fiducia degli industriali che era succeduto a De Stefani nel ministero delle Finanze) e la cosiddetta « battaglia del grano », che fu accompagnata dal ristabilimento del dazio di protezione su di esso: si trattava
infatti, in entrambi i casi, di provvedimenti diretti ad attenuare il saldo negativo nella bilancia dei pagamenti e a consentire la formazione di cospicue scorte di valute pregiate.

Questa politica economica, sommata alla congiuntura favorevole in atto, non mancò di dare i suoi frutti. Nel 1929
la produzione industriale risultò aumentata del cinquanta
per cento rispetto al 1922. Particolarmente spettacolari furono i progressi dell'industria chimica, in cui dominava la
Montecatini, che divenne di gran lunga la principale fornitrice di concimi alle campagne. Collegata all'industria chimica era la nuova e promettente industria della seta artificiale e del rayon, della quale la principale produttrice era
la Snia Viscosa. In quanto all'industria automobilistica, il
ritmo del suo sviluppo continuò ad essere sostenuto e nel
1926 erano 60.500 le automobili prodotte in Italia, la maggior parte delle quali dalla Fiat. In conseguenza di questa
aumentata produzione industriale diminuì anche la disoccupazione, che al momento della crisi aveva raggiunto livelli
assai elevati, contribuendo certamente a impedire che il malcontento e lo stato d'animo di netta opposizione al governo
fascista esistente nei ceti operai si traducesse in una lotta
estesa e organizzata. Anche l'agricoltura registrò nel suo
complesso un aumento degli indici produttivi, per quanto
ciò avvenisse soprattutto grazie al nuovo impulso dato dal
fascismo alla cerealicoltura con la già ricordata battaglia
del grano. Il progetto ereditato dai governi precedenti per
il frazionamento del latifondo siciliano venne deliberatamente
lasciato cadere.

La risollevata situazione economica e l'appoggio al governo da parte dei ceti sociali che ne erano i maggiori beneficiari resero senza dubbio più facile al fascismo l'opera

di liquidazione delle superstiti strutture dello Stato liberale e di costruzione di uno Stato autoritario. Il via venne dato nel gennaio del 1923 con l'istituzione della Milizia volontaria per la sicurezza nazionale, nella quale confluirono e trovarono un impiego remunerato tutti gli ex-componenti delle squadre d'azione, e con la trasformazione in organo dello Stato del Gran Consiglio del fascismo. Accanto all'esercito regolare vi era dunque un esercito fascista e accanto al Parlamento elettivo un organo consultivo fascista nominato da Mussolini. Si proseguì nell'aprile 1923 con l'espulsione dal governo dei ministri popolari e, nel luglio, con la elaborazione di una nuova legge elettorale, di tipo maggioritario, studiata apposta per assicurare una larga maggioranza alla lista di concentrazione governativa e fascista, il cosiddetto « listone ». Le elezioni si tennero nell'aprile 1924 e si svolsero all'insegna dell'intimidazione e della violenza nei confronti degli avversari politici e di un ritorno di fiamma dello squadrismo. Ciò malgrado, i risultati non corrisposero alle speranze di Mussolini: se il « listone » fascista ebbe la maggioranza dei voti e dei seggi, grazie al meccanismo della legge, nelle regioni dell'Italia settentrionale e nelle grandi città operaie ottenne un numero di suffragi minore di quello delle liste di opposizione.

La denuncia del clima di illegalità e di sopraffazione, in cui le elezioni si erano svolte, venne fatta con grande passione e coraggio alla Camera dal deputato socialista Giacomo Matteotti il 30 maggio 1924. Pochi giorni dopo, il 10 giugno, il coraggioso parlamentare era rapito e il 16 agosto la sua salma era ritrovata in una macchia della campagna romana. Parve per un momento che il vuoto dovesse farsi attorno al governo, la cui complicità nell'assassinio ben pochi mettevano in dubbio. Molti distintivi fascisti scomparvero dagli occhielli delle giacche e Mussolini stesso ebbe la sensazione del proprio isolamento. Ben presto però egli ritrovò la sua baldanza, perché da una parte l'opposizione parlamentare, guidata da Giovanni Amendola, dopo aver abbandonato l'aula di Montecitorio (la cosiddetta secessione dell'Aventino), non seppe fare appello al paese e proporre una reale alternativa, paralizzata ancora una volta dalla paura della rivoluzione, e d'altra parte perché poté contare sull'appoggio del re e sulla neutralità del Vaticano. Il 3 gennaio 1925 Mussolini si presentò alla Camera per assumersi tutta la responsabilità del delitto Matteotti e per sfidarla provocatoriamente ad avvalersi della facoltà di metterlo sotto stato d'accusa. La Camera, non accettando il guanto di sfida che le veniva lanciato, segnò praticamente la propria condanna a morte e lo Stato liberale cessò definitivamente di esistere.

Come Mussolini aveva minacciato nel suo tracotante discorso del 3 gennaio, i fatti non tardarono a seguire alle parole. I mesi successivi furono quelli della fascistizzazione dello Stato, operata a colpi di decreti e di leggi, come si disse, « fascistissime ». Soffocata l'attività dei partiti attraverso una legge sulle associazioni, soppressa la libertà di stampa, espulsi dalla Camera i dissidenti dell'Aventino, epurata l'amministrazione dai funzionari sospetti di antifascismo, limitata l'autonomia delle amministrazioni locali con la sostituzione al sindaco elettivo del podestà designato dall'alto, riformati i codici, lo Stato italiano assumeva sempre più i caratteri di uno Stato totalitario, al capo del quale era il « duce », cui una speciale legge riconosceva una preminenza rispetto agli altri ministri. Contro gli oppositori vi erano le insidie dell'Ovra, la polizia politica del regime, e i rigori del Tribunale speciale, istituito nel 1925 dopo l'attentato a Mussolini di Zaniboni, che ben presto iniziò a sgranare il suo rosario di anni di galera, di invii al confino e, talvolta, di pene di morte. Per la prima volta dopo la costituzione dello Stato unitario, l'Italia tornava a conoscere il fenomeno dell'emigrazione politica o, come dicevano i fascisti riesumando un antico termine dell'Italia comunale, dei « fuorusciti ». In quanto all'opposizione operaia, il monopolio delle associazioni sindacali fasciste sancito nel luglio 1925 e il successivo patto di Palazzo Vidoni tra queste ultime e i rappresentanti degli industriali (mediante il quale, in cambio di una garanzia al rispetto dei

contratti collettivi, i lavoratori si impegnavano a rinunciare
allo sciopero e alle commissioni interne di fabbrica) finirono praticamente col tacitarla. Nel frattempo anche la Confederazione generale del lavoro, ultima roccaforte del sindacalismo libero, si era sciolta e taluni dei suoi maggiori esponenti si erano lasciati prendere all'amo del corporativismo
fascista, quale era teorizzato dalla *Carta del lavoro* solennemente emanata il 21 aprile 1927, nel giorno del natale di
Roma. Quest'ultima festività fabbricata dal fascismo aveva
da tempo sostituito la giornata del 1° maggio.

Da governo il fascismo si veniva così trasformando in
regime, un regime del quale il duce, colui che « aveva
sempre ragione » era il dio, e la radio il suo profeta. Questo nuovo potente mezzo di comunicazione contribuiva, infatti, in un paese in cui la tiratura dei giornali era ancora assai limitata, in modo determinante a formare e a forgiare
l'opinione pubblica. Non per nulla, creando nel 1927 un
ente di Stato per le trasmissioni radiofoniche, il governo
fascista si era affrettato a porlo sotto il suo speciale controllo. Attraverso la radio gli italiani erano quotidianamente
informati dei successi dell'Italia fascista, per quanto Mussolini amasse poco parlare direttamente ai microfoni. Egli
preferiva, come diceva, il colloquio diretto con la folla, le
grandi adunate in piazza Venezia, nel corso delle quali ar-
ringava le masse dallo « storico balcone ».

Ma Mussolini, come già abbiamo avuto occasione di rilevare, era troppo politico per credere alla retorica del suo
regime. Si rendeva perfettamente conto che, anche a prescindere dai ceti più spiccatamente proletari, larghi settori
dell'opinione pubblica erano, se non dichiaratamente ostili,
perplessi e diffidenti nei confronti del fascismo e che perciò era necessario cercare di allargare la base del consenso.
A questo fine sin dal 1925 iniziò i primi approcci verso il
Vaticano, ben comprendendo che un riconoscimento da quella
parte avrebbe considerevolmente rafforzato, in un paese cattolico, il prestigio del regime. Le trattative furono lunghe
e difficili: a ostacolarle contribuì molto la decisione fascista

di assicurarsi, con la creazione dell'Opera nazionale balilla,
il monopolio delle organizzazioni giovanili, sciogliendo tutte
le altre similari, ivi comprese quelle dei *boy-scouts* cattolici. Ma se il regime non era disposto a fare concessioni per
ciò che concerneva la formazione fascista della gioventù,
era disposto a farne, e di molto sostanziose, in altri campi.
Si arrivò agli Accordi lateranensi dell'11 febbraio 1929, in
base ai quali lo Stato italiano riconosceva la sovranità pontificia sui territori di quella che fu detta la Città del Vaticano, s'impegnava al pagamento di una forte indennità e
riesumava, dandogli nuovo vigore, quell'articolo dello Statuto albertino che dichiarava la religione cattolica religione
dello Stato. Da parte sua la Santa Sede dichiarava chiusa
la questione romana e consentiva a regolare i suoi rapporti
con lo Stato italiano con un concordato che, tra l'altro,
riconosceva al matrimonio religioso anche effetti civili e in-
troduceva l'insegnamento della religione nelle scuole pubbliche. Fu questa la « conciliazione », senza dubbio uno degli atti del governo fascista che più contribuì al suo consolidamento e che ebbe maggiori conseguenze sulla storia
dell'Italia contemporanea. La validità degli Accordi lateranensi è infatti ancora oggi esplicitamente riconosciuta dalla
costituzione della repubblica italiana.

Forte del successo ottenuto, Mussolini poté indire nuovamente, nel marzo 1929, le elezioni. Queste si svolsero
però secondo il sistema della lista unica e furono, da un
punto di vista della correttezza democratica, una farsa. Peraltro è più che probabile che degli 8.506.576 di sì ottenuti dalla lista unica (i no furono soltanto 136.198) molti
fossero l'espressione di un'adesione effettiva.

Il prestigio del governo fascista toccava infatti il suo
zenit: all'interno l'ordine ristabilito, la migliorata situazione
economica, la conciliazione col Vaticano apparivano all'opinione pubblica benpensante altrettanti titoli di merito, sul
piano internazionale, malgrado il suo nazionalismo e la sua
irrequietezza, il fascismo appariva come un solido bastione

contro il comunismo. Il debutto di Mussolini in politica estera — egli ricopriva anche il portafoglio degli Esteri — non era stato per la verità dei più rassicuranti. Nell'agosto 1923, in seguito all'eccidio di una missione militare italiana a Janina, Mussolini inviò un ultimatum alla Grecia e fece occupare Corfù. Ben presto però fu costretto dall'atteggiamento deciso dell'Inghilterra a recedere dall'occupazione dell'isola e da allora, nel complesso, la politica estera del fascismo, anche per l'influenza moderatrice esercitata dai diplomatici di professione, si mantenne fedele alla tradizionale direttiva dell'amicizia inglese. Proprio dall'Inghilterra verrà anzi a Mussolini il riconoscimento più prestigioso: il 20 giugno 1927 il cancelliere dello Scacchiere nel governo conservatore, Winston Churchill, dichiarava che, se egli fosse stato italiano, non avrebbe esitato a essere fascista sin dal principio. Interpellato dall'opposizione laburista, il primo ministro Baldwin a sua volta trovò che non vi era nulla di riprovevole nelle dichiarazioni di Churchill. La convinzione che per l'Italia il fascismo fosse quel che ci voleva e che Mussolini, come aveva detto Pio XI all'indomani della Conciliazione, fosse l'uomo della Provvidenza aveva largamente fatto breccia nell'opinione pubblica straniera. Rimbalzando in Italia essa vi contribuiva a consolidare ulteriormente le basi del regime.

L'Italia fascista e l'Italia reale.

Ogni regime totalitario tende necessariamente a cercare di crearsi una propria ideologia. A fornirne una al fascismo ci provò il filosofo Giovanni Gentile, senza dubbio il più autorevole e il più brillante degli intellettuali fascisti. Egli era stato, tra l'altro, nella sua qualità di ministro della Pubblica Istruzione, l'autore di una riforma della scuola con la quale si era cercato di introdurre nell'insegnamento i criteri della pedagogia idealistica, ma che si era in pratica ri-

solta nella riaffermazione del primato delle discipline umanistiche e della delimitazione classista della scuola italiana.
Nella voce « fascismo » dell'*Enciclopedia italiana* (un'altra
delle maggiori e più serie realizzazioni culturali del regime)
egli definì il fascismo « uno stile » più che un corpo di dottrine o, per adoperare il suo linguaggio di filosofo idealista,
un atto piuttosto che un fatto. Ciò equivaleva a un impli-
cito riconoscimento della eterogeneità e contraddittorietà del
movimento fascista, di un movimento cioè in cui taluni
— pochi — si ostinavano a vedere una rivoluzione incom-
piuta « in marcia » e altri — molti — una restaurazione
compiuta e cristallizzata. Di fatto questo secondo e più reale
aspetto del fascismo fu quello che più concorse a dare un
volto al regime. Gentile stesso, che venne sostituito al ministero della Pubblica istruzione da Cesare De Vecchi, esempio vivente di ottusità reazionaria, se ne era forse reso conto
e le sue discettazioni attorno al carattere volontaristico e
attualistico del fascismo suonano alquanto velleitarie e giu-
stificatorie.

In architettura lo stile monumentale e archeologico del
Piacentini, che celebrò i suoi fasti negli sventramenti operati nel centro storico di Roma, è certo più rappresentativo del tempo e del gusto fascista degli esperimenti rinnovatori che, ispirandosi al razionalismo del *Bauhaus*, taluni architetti più attenti e più preparati riuscirono talvolta
a realizzare, ad esempio con la costruzione della bella stazione di Firenze. In letteratura il poeta ufficiale rimaneva
D'Annunzio, per quanto l'inimitabile, che mal tollerava che
la sua fama fosse oscurata da quella del duce, si fosse ritirato nella sontuosa villa assegnatagli dal governo e vi con-
sumasse una vecchiaia risentita e oziosa, senza praticamente
scrivere più nulla. Il volto ufficiale dell'Italia fascista era
dunque marziale o, come si diceva, « littorio »; i suoi eroi
erano i trasvolatori dell'Atlantico e gli assi dell'aviazione,
i Balbo, i De Pinedo; il suo orgoglio i grandi transatlantici che si erano guadagnati il nastro azzurro; il suo motto

preferito una tra tante « lapidarie » frasi del duce che facevano bella mostra di sé iscritte sulle nuove opere pubbliche del regime. La più diffusa suonava: « meglio vivere un
giorno da leone che cento anni da pecora ».

Questa era la facciata. La realtà era assai più prosaica
ed era costituita dall'euforia di un ritrovato benessere borghese. Nessuno dei contrassegni che di solito accompagnano
in Italia i periodi di prosperità, mancava all'appuntamento:
la speculazione edilizia, il primo modesto *boom* dell'automobilismo con la costruzione della prima utilitaria, la *Balilla*, la passione collettiva per lo sport, per gli spettacoli
teatrali e cinematografici con spiccati caratteri di intrattenimento, per le canzonette. Le spiagge e i luoghi di villeggiatura in montagna si popolavano durante l'estate di famiglie borghesi, mentre per coloro che non potevano per-
mettersi il lusso di una vacanza completa vi erano i treni
popolari organizzati dall'Opera nazionale dopolavoro, grazie
ai quali si poteva trascorrere un piacevole *week-end*, anzi
« sabato fascista ». Di questa ritrovata agiatezza la fierezza
nazionalistica, sollecitata dalla propaganda fascista, era soltanto
un piacevole condimento. L'altro, di segno diverso, era costituito dalle barzellette sul regime che ci si raccontava con
aria complice, ma senza troppo crederci.

Vi era in questa nuova ondata di modesta e circoscritta
prosperità qualcosa di profondamente diverso dagli anni felici della *belle époque* e dell'Italietta: più volgarità, più
insensibilità nei confronti dei gravissimi problemi che rimanevano aperti e, soprattutto, più corruzione, una corruzione che aumentava a mano a mano che il regime si con-
solidava, sino a divenire quasi un'istituzione. Gli *homines
novi* portati dal fascismo alla ribalta del potere — i cosiddetti gerarchi — erano per lo più dei *parvenus* e dei provinciali, dai gusti grossolani e dalla cultura approssimativa,
del tutto privi di quell'abitudine e di quel distacco, nei
confronti del potere, che sono propri delle classi dirigenti
stagionate e collaudate. Tali erano Farinacci, il « ras » di

Cremona che divenne segretario del partito, uomo facino-
roso e volgare, Augusto Turati, altro segretario di partito
e altro « ras » di provincia e, infine, Achille Starace, degno
oggetto delle più salaci e indovinate storielle contro il regime.

La pretenziosità della facciata faceva così un singolare
contrasto con lo squallore e il vuoto dell'interno, il clamore delle grandi parole con la povertà dei sentimenti.
Nessuna meraviglia se la migliore letteratura e la migliore
arte del periodo fascista appaiono come dominate dal senso
e dal fastidio di questo contrasto e di questa vacuità. Già
Pirandello, della cui adesione al fascismo il regime menò
gran vanto, aveva popolato i suoi lavori teatrali, che peraltro non incontrarono molto il gusto del pubblico degli
anni venti, di un'umanità di borghesi disillusi e allucinati.
Ma Moravia nei suoi *Indifferenti* (1929) dette della borghesia del tempo fascista, del suo cinismo e della sua povertà intellettuale, una pittura diretta, senza possibilità di
equivoci. Montale, forse il maggiore tra i poeti italiani del
nostro secolo, cantò il male di vivere e ad esso oppose il
« prodigio della divina indifferenza ». Morandi, con le sue
nature morte e le sue bottiglie, offriva una lezione di rigore
e di castigatezza che suonava implicitamente come una protesta contro la retorica e il frastuono dell'ufficialità. Petro-
lini, un attore dotato di una *vis comica* istintiva e autentica,
portava sulle scene la macchietta di Gastone, il figlio di papà
inetto e viziato.

Gli anni della prosperità passavano così rapidamente,
nella volgarità e nel clamore della retorica ufficiale. L'euforia di un benessere provvisorio, circoscritto e fittizio, sarebbe passata ben presto e la vecchia realtà italiana sarebbe
tornata a bussare alla porta, come già dopo il primo decennio del secolo, ma questa volta con una urgenza ben più
tragica.

Crisi economica ed economia corporativa.

La grande crisi economica del 1929 ebbe sull'economia e sulla società italiana degli anni trenta ripercussioni meno acute e spettacolari che in America o in Germania, ma forse più durature e profonde. Il processo di rimarginamento delle ferite aperte dalla crisi fu infatti assai lento e difficile, comportando mutamenti sostanziali non solo nelle strutture economiche, ma anche in quelle politiche del paese.

A partire dal 1930 la classica sintomatologia della crisi si manifestò con chiarezza anche in Italia: il ribasso dei prezzi e il conseguente tracollo dei titoli azionari provocarono drastiche contrazioni della produzione. Quella dell'industria automobilistica risultò tra il 1929 e il 1932 dimezzata, mentre quella dell'acciaio scese da 2.122.194 tonnellate a 1.396.180 e quella dei filati di cotone da 220.000 a 169.000 tonnellate. L'indice del reddito nazionale *pro capite* scese da lire 3.079 nel 1929 a 2.868 nel 1933, mentre la disoccupazione, che nel 1929 era di 300.000 unità, salì, sempre nel 1933, a 1.019.000. Di conseguenza anche l'indice dei consumi decrebbe e il numero delle calorie consumate *pro capite* subì una brusca riduzione. La frustrazione e, anche, la fame tornarono ad essere fenomeni di massa. La politica di incremento demografico perseguita dal fascismo per ragioni di prestigio nazionale e la chiusura dell'emigrazione certo non contribuivano ad alleviare la situazione.

In un primo tempo il governo fascista pensò di reagire intensificando soprattutto la già avviata politica dei lavori pubblici. Cadono negli anni della crisi i grandi sventramenti del centro di Roma con l'apertura della via dell'Impero e di via della Conciliazione e i grandi lavori per le bonifiche nelle paludi pontine, il cui inizio risaliva al 1928. Si trattò, in quest'ultimo caso, di un'opera davvero imponente che il fascismo non mancò peraltro di propagandare anche al di là della sua effettiva portata. Ma ci voleva

ben altro per superare la crisi e ridare all'economia nazionale
fiato e prospettiva. Occorreva una totale revisione e rimaneggiamento della politica economica sino allora seguita. Quest'ultima, come si è visto, eccanion futtà per là breve parentesi lu cui ll ministero delle Finanze era stato occupato
dal conte Volpi, era stata improntata a un indirizzo libe-
raleggiante, ma ora quegli stessi industriali che in periodo
di alta congiuntura sollecitavano lo Stato a non occuparsi
dei loro affari, richiedevano invece insistentemente appoggio ed aiuto. E ancora una volta lo Stato volò al loro soccorso: la costituzione dell'Istituto mobiliare italiano (Imi)
prima e dell'Istituto per la ricostruzione industriale (Iri) poi
permise il salvataggio, mediante il finanziamento da parte
dello Stato, di molte industrie severamente provate dalla
crisi.

Si inaugurava così una politica di dilatazione della spesa
pubblica e di restrizione dei consumi privati che rese possibile una attenuazione della stretta congiunturale e, più
tardi, il superamento della crisi. Mentre i salari operai rimanevano a livelli assai bassi e le imposte indirette raggiungevano nuovi *records*, i finanziamenti e le commesse
dello Stato all'industria non cessavano di aumentare. In
molti casi si trattava di finanziamenti e ordinazioni a industrie impegnate soprattutto nella produzione bellica, il che,
a chi tenga presente i successivi sviluppi della storia italiana, non può apparire privo di significato e di conseguenze. Preferire il prodotto nazionale, anche quando esso
avesse un prezzo assai maggiore di quello analogo otteni-
bile sul mercato internazionale (si pensi ad esempio che
taluni prodotti della siderurgia italiana superavano del 50
e anche del 100 per cento quelli dell'industria straniera)
divenne un imperativo patriottico e lo Stato fu il primo
ad applicarlo. Veniva così prendendo forma la cosiddetta
politica « autarchica », una riedizione su scala più vasta e
con una mascheratura patriottica del protezionismo, all'insegna del quale era nato e si era sviluppato il capitalismo

italiano. Nel quadro di essa va vista la costituzione di tutta una serie di enti pubblici, quali l'Anic (Azienda nazionale idrogenazione combustibili) e l'Agip, e lo sviluppo dato alla produzione elettrica nel tentativo di salvare il tradizionale bilancio passivo dell'Italia in fatto di materie prime energetiche. Pure nel contesto della politica autarchica rientra il rinnovato impulso dato alla battaglia del grano con la costituzione della Federazione dei Consorzi agrari e degli ammassi obbligatori. Per impedire infine che la popolazione agricola eccedente continuasse a riversarsi nelle città, si dovette ricorrere a provvedimenti intesi a limitare il fenomeno dell'urbanesimo e la propaganda fascista si diede a esaltare la bellezza della vita rurale: la canzonetta *Campagnola bella* diventò uno dei motivi più in voga.

Si ritornava così ad un'organizzazione dell'economia che ricordava per molti aspetti quella del periodo di guerra e che anch'essa poteva dare agli osservatori più superficiali l'impressione di contenere elementi di collettivismo e di pianificazione. Di fatto lo Stato, attraverso l'Iri, controllava numerosissime aziende e interi settori produttivi, al punto che il settore pubblico dell'economia aveva in Italia dimensioni maggiori che in qualsiasi altro paese capitalistico. Inoltre attraverso le Corporazioni — la cui organizzazione venne perfezionata e resa operante nel 1934 — lo Stato stesso dichiarava di voler assumere la funzione di mediatore tra le istanze e gli interessi dei datori di lavoro e dei lavoratori e di voler armonizzare le esigenze dell'utilità pubblica e di quella privata. Mussolini e i suoi propagandisti non mancarono anzi di proclamare che lo Stato corporativo fascista rappresentava un superamento sia del capitalismo col suo liberismo a oltranza, sia del socialismo col suo statalismo soffocatore. Qualcuno poi, come Giuseppe Bottai, che fu per qualche tempo ministro delle Corporazioni, credette a queste teorizzazioni, salvo poi a dover constatare egli stesso che in pratica le cose andavano ben diversamente.

Se era infatti vero che il settore statale dell'economia

era assai più consistente e vasto, era però anche vero che
lo Stato, per il modo della sua formazione e del suo sviluppo, era in larga misura uno Stato « privatizzato », esposto cioè alle pressioni dei gruppi e delle concentrazioni economiche più forti e più influenti e ad esse largamente in-
feudato. Quanto alle Corporazioni, ben lungi dall'essere quegli strumenti di mediazione tra capitale e lavoro e di inquadramento dell'iniziativa privata nel contesto dell'economia nazionale che i fascisti di sinistra avrebbero voluto che
fossero, costituivano invece, infeudate com'erano alla grande
industria, i tramiti attraverso i quali i maggiori gruppi e
concentrazioni monopolistiche — la Fiat, la Montecatini, la
Snia Viscosa — riuscivano a tacitare ogni residua protesta
e rivendicazione operaia e a esercitare la loro pressione sullo
Stato nel senso del rafforzamento delle loro posizioni. Le
superstiti resistenze che essi potevano incontrare da parte
della burocrazia e dell'amministrazione statale erano facilmente aggirate nel clima di dilagante corruzione che siffatta
compenetrazione tra Stato, partito e Corporazioni aumentava e favoriva.

Il superamento della crisi degli anni trenta era stato
così pagato con un'accentuazione del carattere autoritario e
totalitario del regime fascista. Ormai l'inno fascista *Giovinezza* si accompagnava nelle cerimonie ufficiali con la Marcia
reale e talvolta la precedeva. Ormai l'iscrizione al partito
diveniva ogni giorno di più un passaporto indispensabile
per l'accesso agli uffici, e ogni solennità era buona per imporre agli italiani di partecipare in camicia nera alle « adunate ». Nel 1931 i professori universitari erano stati costretti a giurare fedeltà al fascismo: solo 11 di essi si rifiutarono di farlo. Il motto del regime ora era « credere
obbedire combattere ». Finora l'ultimo di questi imperativi
aveva avuto soltanto un valore retorico. Ma il tempo era
vicino in cui ne avrebbe avuto uno reale.

Dall'aggressione contro l'Etiopia all'entrata in guerra.

La crisi economica aveva scosso anche il prestigio politico del regime, specie presso quei ceti popolari che ne
erano stati e ne rimanevano le principali vittime. Le altisonanti parole di Mussolini nel suo discorso agli operai di
Milano del 1934 sul superamento del capitalismo non ba-
stavano certo a coprire la realtà dei salari decurtati, della
disoccupazione perdurante e dei consumi popolari ridotti. Si
poneva perciò per il regime il problema di risalire la china
anche sotto il profilo della propria popolarità e del consenso
delle masse.

La via classica era quella della ricerca di un'affermazione di prestigio sul piano della politica estera, senza contare che le forniture di guerra avrebbero aiutato — come
di fatto aiutarono — alcuni settori industriali a uscire definitivamente dalla crisi. L'obiettivo prescelto fu l'Etiopia,
l'ultimo Stato africano indipendente, l'ammissione del quale
alla Società delle nazioni era stata patrocinata proprio dal-
l'Italia, e il pretesto per sollevare la questione fu trovato
nel solito incidente di frontiera. Che i motivi di politica
interna e di prestigio fossero prevalenti nella decisione di
Mussolini è confermato del resto dal fatto che, nelle feb-
brili consultazioni diplomatiche che precedettero l'intervento,
il duce rifiutò ogni soluzione di compromesso, anche molto
vantaggiosa, deciso ad arrivare a una prova di forza e di
prestigio. Il 3 ottobre 1935 la parola era ormai alle armi
e l'Italia si impegnava in quella che sarà l'ultima impresa
coloniale della storia contemporanea.

Le operazioni militari, dopo alcuni insuccessi iniziali, pro-
cedettero abbastanza rapidamente e nel maggio 1936 esse
si erano concluse con l'occupazione della capitale Addis
Abeba, salvo a lasciare uno strascico di guerriglia insistente
e tenace. Ad affrettarne il corso certo contribuì la mancanza di scrupoli umanitari dello stato maggiore italiano,
che non esitò a ricorrere all'arma dei gas. D'altra parte

la scarsa fermezza delle grandi potenze nell'applicazione di quelle sanzioni economiche che la Società delle nazioni aveva decretato contro l'Italia, fece il resto. Malgrado il blocco economico, il petrolio continuò a arrivare in Italia e il canale di Suez non si chiuse alle navi italiane.

La brevità della campagna concorse alla sua popolarità. Il vecchio mito ottocentesco della fertile terra africana aperta alle braccia degli intraprendenti coltivatori italiani aveva ancora una forte presa sui contadini, specie nel Mezzogiorno, mentre il motivo nazionalista del riscatto della umiliazione di Adua ne aveva sulla piccola borghesia. Furoreggiò allora la canzone *Faccetta nera*: in essa si celebravano le virtù civili e amatorie del legionario italiano che, dopo aver emancipato dalla schiavitù una bella abissina, le forniva altri motivi di soddisfazione. Quando il 5 maggio 1936 Mussolini, in uno dei suoi discorsi dal balcone di Palazzo Venezia, proclamò l'avvenuta costituzione dell'impero italiano, la popolarità del regime fascista era tornata ad essere notevolmente alta.

Ma la parabola discendente non tardò a delinearsi e, una volta avviata, essa fu rapida, anzi precipitosa. La campagna d'Etiopia, provocando un serio deterioramento delle relazioni anglo-italiane e franco-italiane, aveva posto l'Italia in una posizione di isolamento diplomatico e l'aveva indotta ad accostarsi a quella Germania nazista, i rapporti con la quale non più tardi del giugno 1934, in occasione del *putsch* nazista in Austria e della minaccia di un *Anschluss*, avevano attraversato un momento di forte tensione. L'avvicinamento alla Germania avvenne dapprima in forme abbastanza prudenti e ovattate (si parlò infatti di un « asse » e non di un'alleanza), ma successivamente i rapporti tra i due paesi presero sempre più la forma di un'alleanza politica e ideologica tra due regimi che si ispiravano agli stessi principi. Tale alleanza fu suggellata nel 1936 dal comune intervento italiano e tedesco nella guerra civile spagnola a sostegno del generale Franco che, se valse al fascismo la simpatia della Chiesa, contribuì a deteriorare ancora di più i rapporti con le potenze occidentali impegnate nella politica di non intervento, e a legare l'Italia alla Germania. Quest'ultima infatti, più che impegnarsi essa stessa nel conflitto spagnolo, badò a comprometterci a fondo l'Italia. Nel 1937 fu la volta della stipulazione tra Italia, Germania e Giappone del Patto Antikomintern e nel 1938 del trapianto in Italia della legislazione razzista tedesca e delle persecuzioni contro gli ebrei Queste ultime furono senza dubbio l'atto più ingiustificabile e dissennato del regime: tra i cittadini italiani che furono costretti a lasciare il paese vi fu anche il grande fisico Enrico Fermi, che si trasferì in America dove avrà una parte preponderante nelle ricerche che porteranno alla messa a punto della prima bomba atomica. Ma ormai il dado era tratto: il regime scivolava ogni giorno di più sul piano inclinato sul quale si era collocato e ogni giorno di più compiva un nuovo passo verso l'irreparabile.

Per la verità vi fu un momento in cui sembrò che questa spirale potesse essere arrestata e ciò avvenne quando, nel settembre 1938, Mussolini si adoperò attivamente per la riuscita dell'incontro di Monaco. Ma in realtà, consapevole dell'impreparazione militare dell'Italia, egli aveva soltanto voluto guadagnare tempo: l'idea della guerra a fianco della Germania lo aveva ormai conquistato, anche se, come dimostrò nell'aprile del 1939 con l'occupazione dell'Albania, intendeva riservare all'Italia fascista un'autonomia di iniziativa. Un mese dopo, alla vigilia dello scoppio del secondo conflitto mondiale, tra Germania e Italia venne stipulato il « Patto d'acciaio », che prevedeva l'intervento dell'Italia a fianco della Germania. Pare che all'atto della stipulazione Hitler e i suoi collaboratori avessero celato a Mussolini la loro intenzione di aggredire subito la Polonia e avessero lasciato intendere che la guerra non sarebbe scoppiata che tra due o tre anni. Fu solo al convegno di Salisburgo, nell'agosto, che Ciano, ministro degli Esteri fascista, venne messo al corrente dell'imminenza dell'attacco. Ciò spiega come Mussolini, consapevole dell'impreparazione militare italiana, consentì a dichiarare la non belligeranza dell'Italia.

Ma un anno dopo, quando parve che il collasso della Francia
avesse deciso le sorti del conflitto, egli poté tagliar corto a
ogni remora e a ogni esitazione: il 10 giugno 1940 l'Italia
entrava in guerra.

A mano a mano che la situazione internazionale precipitava e l'ombra della guerra si profilava sull'Italia, nuovi
giri di vite venivano dati all'interno e il regime superava
quel limite al di là del quale la dittatura assume i caratteri del grottesco. La legislazione razziale, vero e proprio
insulto alla gentilezza del carattere italiano, venne accompagnata e giustificata da una campagna antisemita, nella quale
si distinsero intellettuali di mezza tacca e scienziati cortigiani, che era tanto più repellente quanto più assurda e arti-
ficiosa. Venne imposto l'uso del « voi » in luogo della tradizionale forma di cortesia del « lei » e venne dichiarata
guerra alla stretta di mano, da sostituirsi con il saluto fascista. Erano misure il cui velleitarismo e la cui gratuità rivelavano chiaramente la debolezza e l'irrequietezza che si celava
dietro l'ostentata sicurezza e onnipotenza del regime.

L'Italia entrava così in guerra, oltre che militarmente
impreparata, anche in uno stato di latente crisi politica.
Il consenso popolare che al momento dell'impresa di Etiopia si era formato attorno al regime, si era rapidamente
dileguato. Le prospettive sempre più ravvicinate della guerra
e l'impopolarità della alleanza tedesca avevano rapidamente
fatto dimenticare i successi coloniali del regime, dei quali
del resto, dopo tante promesse, non si vedevano che scarsi
frutti. Quando nel settembre 1938 Mussolini ritornò in Italia
dal convegno di Monaco, lo accolsero grandi manifestazioni
popolari: l'occasione era infatti buona per manifestare al
tempo stesso la fedeltà al duce e l'avversione alla guerra.
Quest'ultimo sentimento prevaleva però presso molti sul-
l'attaccamento al regime, quando addirittura non generava
una netta avversione al medesimo. Non era soltanto la classe
operaia, che non era mai stata fascista, e la grande maggioranza degli intellettuali, disgustati dalla volgarità e dalla
corruzione del regime, a essere all'opposizione. Un vento

di fronda circolava, al momento dell'entrata in guerra, nelle stesse organizzazioni fasciste, specialmente in quelle giovanili e studentesche. Si trattava, nel caso di quest'ultime, di una « fronda di sinistra », ma vi era anche una « fronda di destra » fatta di industriali che vedevano con inquietudine la costante penetrazione del capitale tedesco, di militari preoccupati per l'impreparazione bellica e di alti esponenti della burocrazia che temevano che l'entrata in guerra potesse turbare l'equilibrio sociale faticosamente raggiunto e esporre il paese a pericolosi sconvolgimenti. Il principale esponente di questa corrente era lo stesso ministro degli Esteri e genero di Mussolini, Galeazzo Ciano, il quale, dopo Monaco, era venuto sempre più raffreddandosi nei confronti dell'ingombrante alleato tedesco e aveva tentato, con la timidezza propria di una creatura del regime, di procrastinare l'ingresso in guerra. Condividevano il suo punto di vista, tra i maggiori gerarchi fascisti, Giuseppe Bottai, Dino Grandi, già ambasciatore a Londra e Italo Balbo, il quale andrà presto incontro, nel cielo di Tobruk, a una morte sulle cui circostanze si diffusero subito fondati sospetti. Tra i militari erano note le perplessità del maresciallo Badoglio, capo di stato maggiore, e tra gli uomini della burocrazia, quelle di Arturo Bocchini, capo della polizia. Nel luglio 1943, questi uomini, con l'appoggio del re, anch'egli diffidente e ostile verso la Germania, saranno i protagonisti della congiura di palazzo che porrà fine al regime fascista. Ma di ciò parleremo a suo tempo. Prima è necessario uno sguardo retrospettivo alla storia del movimento antifascista per fare la conoscenza di quegli uomini e di quelle forze politiche che si preparavano, dopo anni di sconfitte e di umiliazioni, a rilevare dal fascismo un'Italia prostrata e disorientata.

L'antifascismo.

La figura più nota internazionalmente dell'antifascismo italiano è quella di Benedetto Croce. Inizialmente il suo

atteggiamento nei confronti del fascismo, nel periodo immediatamente precedente e immediatamente successivo alla marcia su Roma, non era stato privo di incertezze e, anche, di apprezzamenti positivi. Ma dopo il delitto Matteotti e il ritorno del 3 gennaio egli era passato a un atteggiamento di netta opposizione. Nel giugno 1925 egli si fece redattore e promotore di un manifesto che fu firmato da 40 intellettuali e che costituì la risposta della parte migliore della cultura italiana a un analogo manifesto fascista scritto da Gentile, in cui si cantava il *De profundis* allo Stato liberale. Poi si ritirò nel suo studio napoletano, in dignitoso e significativo distacco, ad attendere ai suoi studi. Una delle prime opere che egli pubblicò fu la già ricordata *Storia d'Italia*, un elogio e una rievocazione appassionata dell'Italia liberale e giolittiana. A distanza di anni seguì la *Storia d'Europa*, in cui l'ispirazione antifascista era evidente nella riduzione della storia europea a una « storia della libertà ».
Per tutta la durata del regime, la figura di Croce e la sua rivista, « La Critica », non cessarono di essere una lezione di dignità e un punto di riferimento per tutti gli intellettuali italiani antifascisti.

Invano essi cercavano però nelle pagine delle opere di Croce le ragioni storiche per le quali il fascismo aveva vinto, un'analisi cioè del fenomeno fascista e del suo posto nella storia italiana. La sua *Storia d'Italia* si arrestava al 1915, quasi a voler sottolineare che ciò che era avvenuto dopo era irrazionalità e follia e che la salvezza del paese consisteva semplicemente nel ritorno ai valori e ai costumi dello Stato liberale prefascista. Tale, con qualche differenziazione, era del resto il punto di vista dei più vecchi tra gli emigrati politici, di Treves, di Nitti, di Modigliani, di Turati, i quali nel 1927 avevano costituito in Francia una Concentrazione antifascista e iniziato la pubblicazione di un giornale in lingua italiana, « La Libertà ».
Anche Gaetano Salvemini, che era stato — come si ricorderà — uno dei più fieri oppositori di Giolitti, rivalutò nei suoi scritti storici del periodo dell'emigrazione l'Italia

prefascista. Ma per i giovani come Piero Gobetti, che la morte strappò giovanissimo alla milizia antifascista, o come Carlo Rosselli che, assieme a Ferruccio Parri e altri, era stato il regista della fuga di Turati e che, confinato a Lipari, riuscì a sua volta a fuggire nel 1929, avventurosamente, il problema del perché il fascismo avesse vinto appariva come la premessa indispensabile per il successo della lotta antifascista. La conclusione cui essi giungevano era che la vittoria del fascismo era stata largamente propiziata dalla debolezza e dalla complicità della classe dirigente liberale e che quindi l'Italia postfascista avrebbe dovuto essere radicalmente diversa da quella prefascista. Il movimento politico fondato da Rosselli in Francia — « Giustizia e Libertà » — si ispirava appunto a questi princìpi, il suo programma era chiaramente rivoluzionario e la sua ideologia quella di un socialismo libertario. Un altro motivo del distacco che ben presto si verificò tra gli emigrati della vecchia generazione e della Concentrazione da una parte e i giovani e gli uomini di « Giustizia e Libertà » dall'altra riguardava il metodo della lotta antifascista: i secondi rimproveravano infatti ai primi il loro attesismo, il loro pascersi di platoniche risoluzioni congressuali e sostenevano per contro la necessità di forme più radicali di lotta. Furono gli uomini di « Giustizia e Libertà » che organizzarono nel luglio 1930 il volo di Bassanesi su Milano, con relativo lancio di manifestini antifascisti e altre analoghe iniziative, e che plaudirono all'attentato che un giovanissimo, Ferdinando De Rosa, compì contro il principe di Piemonte a Bruxelles nel 1929.

Erano questi i metodi che i comunisti giudicavano espressione di un attivismo dilettantistico e manifestazione di scarsa serietà. La lotta contro il fascismo — essi sostenevano — era una lotta di tutti i giorni, da condursi con la propaganda, l'agitazione sindacale, gli scioperi, e della quale erano protagonisti le masse degli operai e dei contadini italiani e quei militanti che avessero accettato di rimanere in Italia a contatto con il popolo: la strada insomma che essi ave-

vano scelto. Il partito che si era formato a Livorno nel
1921 aveva superato, non senza travagli e lotte interne, il
settarismo dei primi tempi e aveva imparato a sue spese,
a prezzo del sangue dei suoi militanti, che non era vero
che tutti i governi borghesi — ivi compresi quelli fascisti —
si equivalessero e si era gettato con tutta la sua forza nella
lotta antifascista. Dopo aver partecipato alla secessione del-
l'Aventino, salvo a ritirarsene e a ritornare in Parlamento
una volta constatatene le incertezze e le debolezze, esso era
riuscito a tenere in piedi una rete organizzativa anche dopo
essere stato posto nell'illegalità. Il suo organo di stampa
— « l'Unità » — stampato alla macchia, riuscì a uscire con
una certa regolarità e i suoi attivisti continuarono a essere
presenti nelle fabbriche riuscendo in qualche caso anche ad
organizzare degli scioperi e delle dimostrazioni antifasciste.
A Torino, in Toscana e nella Venezia Giulia una qualche
organizzazione comunista non cessò mai di funzionare lungo
tutto il ventennio fascista e tra le vittime del Tribunale
speciale i comunisti, malgrado la loro rapida assimilazione
del metodo di lavoro cospirativo, costituirono di gran lunga
la maggioranza.

Ma non si trattava solo di questo: i comunisti furono,
tra gli antifascisti, quelli che spinsero più a fondo l'analisi
della realtà politica e sociale italiana alla luce della vittoria del fascismo, ricavandone un quadro nuovo e articolato delle forze e delle vie della rivoluzione italiana.
Tale quadro è tracciato nelle tesi che Antonio Gramsci presentò e fece approvare al congresso del partito tenutosi a
Lione nel 1926. In esse era affermata con grande chiarezza
la necessità di contrapporre al blocco industriale-agrario che
aveva dominato da sempre lo Stato italiano e del quale il
fascismo era la più recente e brutale espressione, un blocco
operaio-contadino, degli operai del Nord e dei contadini del
Mezzogiorno. La questione meridionale, cui Gramsci aveva
dedicato un altro scritto, veniva così indicata come un problema nazionale e non solo peculiare al Mezzogiorno. Contadini e operai avrebbero potuto vincere soltanto insieme e

dovevano procedere uniti, come unito era il blocco della reazione italiana: l'esperienza del 1920, quando gli operai torinesi e il gruppo dell'« Ordine nuovo » si erano illusi di
poter essere la Pietrogrado d'Italia, era stata un salutare
ammonimento e il Partito comunista d'Italia si proponeva
fermamente di non ripetere l'errore dei socialisti che nel dopoguerra avevano, come si è visto, lasciato che il movimento contadino procedesse per proprio conto. Certo lo
schema gramsciano della rivoluzione italiana ricalcava quello
leninista dell'alleanza tra operai e contadini e, anche, la formula staliniana del governo operaio-contadino. Tuttavia, nel
dare corpo e concretezza a questa idea generale, Gramsci
era indotto naturalmente a scandagliare la realtà storica italiana e a dare al proprio pensiero una forte angolatura nazionale, anzi, per usare un termine che ricorre sovente nei
suoi scritti, « nazionale-popolare », accentuando così le peculiarità storiche della rivoluzione italiana e, di conseguenza,
l'autonomia del partito di cui era alla testa. Di qui la perplessità che egli manifestò nel 1926 con una lettera a Togliatti circa gli sviluppi della lotta politica e il processo
di burocratizzazione in atto nell'Unione Sovietica. Di qui
la sua decisione di tornare in Italia, affrontata con la piena
consapevolezza dei rischi che ciò comportava. Nel 1926 egli
venne infatti arrestato e condannato dal Tribunale speciale
a venti anni di reclusione. Il carcere e la malattia che minava il suo debole organismo, l'incomprensione che a tratti
gli manifestarono i compagni di partito che condividevano
con lui la prigione, non furono sufficienti a impedire — come
aveva ordinato Mussolini — che il suo cervello continuasse
a funzionare. I *Quaderni* che redasse in carcere e che furono pubblicati dopo la Liberazione attestano che non un
solo momento egli cessò di pensare e di lavorare e le sue
lettere alla moglie e ai figli attestano che mai si spense in
lui la sua ricchissima e appassionata umanità.

  I temi trattati e toccati negli scritti del periodo car-
cerario sono i più vari: dalla filosofia di Benedetto Croce,
alla storia del Risorgimento, al carattere del partito mo-

derno, alla letteratura e alla sua funzione civile. Cercare
in questa sede di fornire un condensato del suo pensiero
è perciò fatica vana. Si può dire soltanto che il filo rosso
che corre attraverso di essi è la concezione del marxismo,
che fu già del Labriola, come un sistema aperto e la pole-
mica contro le interpretazioni meccanicistiche e sistemati-
che del medesimo. Esemplare al proposito è la sua critica
del manuale *Sulla teoria del materialismo storico* di Bucharin. Antonio Gramsci morì il 27 aprile 1937, in una
clinica di Roma alla quale era stato trasferito dal carcere.
Al suo funerale non c'era nessuno.

L'uomo che nel frattempo gli era succeduto alla testa
del partito, Palmiro Togliatti, era stato al suo fianco fin
dai tempi dell'«Ordine nuovo» e aveva in comune con
lui la formazione culturale e il senso della peculiarità e
individualità della tradizione rivoluzionaria italiana. Ma la
consapevolezza che questa tradizione era fatta anche di anarchismo e di un massimalismo plebeo e inconcludente lo rendeva più scettico e contribuiva a coltivare in lui un atteggiamento pedagogico nei confronti del partito di cui era a
capo e a radicare in lui fermissima la convinzione che i comunisti italiani avessero tutto da imparare da quei comunisti russi che avevano saputo fare la rivoluzione e difenderla contro venti e maree. Senza contare che, per Togliatti,
nella situazione determinatasi col rafforzamento della reazione su scala europea e nazionale, l'esito delle lotte politiche e sociali dipendeva dall'unità incondizionata dello schieramento di classe attorno all'Unione Sovietica. Di qui la sua
fedeltà al Komintern e all'Urss, e il disaccordo in cui egli
si trovò con Gramsci nella valutazione degli sviluppi interni
della politica sovietica. Per Togliatti — come dirà più tardi
in un suo discorso del 1956 — tra Partito comunista d'Italia e Unione Sovietica doveva esistere un « legame di ferro »
e egli non esitò negli anni tra il 1926 e il 1945 a seguire
tutte 'le volute della politica sovietica e dell'Internazionale.
Sembra che nel 1928, al momento del VI Congresso del-
l'Internazionale, egli simpatizzasse con le idee di Bucharin,

ma quando poco dopo venne lanciata, nell'eccitazione che
la grande crisi del 1929 aveva generato nelle file comuniste, la parola d'ordine della lotta a oltranza contro la borghesia e i suoi lacché socialdemocratici, egli non esitò a far
espellere dal partito gli esponenti di destra, tra i quali Angelo Tasca, già suo compagno all'«Ordine nuovo» e ingegno acuto e brillante. Più tardi, quando la politica del-
l'Internazionale comunista, della quale egli era un membro
autorevolissimo, si orientò verso la politica dei fronti popolari, poté però finalmente conciliare le sue più intime e più
maturate convinzioni con la fedeltà all'Internazionale stessa.

Questa svolta del Partito comunista italiano contribuì
notevolmente a dare maggiore slancio e unità alla lotta antifascista. Nel 1934 si ebbe la stipulazione di un patto di
unità d'azione tra il Partito comunista e il Partito socialista, che nel frattempo si era riunificato, e, successivamente,
la partecipazione di tutto l'antifascismo italiano alla guerra
civile spagnola. Tra i primi ad accorrere sui campi di battaglia di Spagna era stato Carlo Rosselli. Fu questa la stagione più bella dell'antifascismo italiano: furono 5.000 i
volontari italiani delle Brigate garibaldine e internazionali
che combatterono per la libertà della Spagna. Nel marzo
1937 a Guadalajara, questi autentici volontari si trovarono
di fronte i falsi volontari inviati dal fascismo a sostegno di
Franco e li sconfissero: così la prima delle sconfitte militari del fascismo avveniva per opera di italiani.

Ma dopo Guadalajara vennero anche i giorni tristi e le
esperienze amare: l'assassinio dei fratelli Rosselli perpetrato
a Bagnoles-sur-Orne da sicari francesi al soldo dei fascisti
l'11 giugno 1937, la caduta della repubblica spagnola, il
riaffiorare delle divergenze tra i partiti antifascisti, il patto
germano-sovietico. Ma i legami e la solidarietà di lotta che
si erano formati nel corso della guerra civile spagnola non
andarono del tutto perduti e ben presto essi avrebbero dato
i loro frutti nella Resistenza.

XIII

GLI ULTIMI DECENNI

L'Italia nella seconda guerra mondiale.

Se nella prima guerra mondiale l'Italia era entrata impreparata, nella seconda entrò impreparatissima. Mussolini aveva esaltato la potenza degli otto milioni di baionette che formavano l'esercito italiano. A prescindere dalla cifra e dalla sua esagerazione (all'inizio delle ostilità gli italiani sotto le armi erano circa un milione), la guerra moderna non si faceva con le baionette e neppure con il fucile modello '91 in dotazione all'esercito sin dai tempi della prima guerra d'Africa. Occorrevano carri armati — e ve n'erano in tutto 400 di formato tascabile —, occorrevano aerei — e ve ne erano 1.400, dei quali la maggior parte antiquati e con scarsa autonomia di volo —, occorrevano munizioni, e ve ne erano scorte sufficienti solo per 60 giorni di guerra.

Mussolini stesso era del resto consapevole dell'impreparazione militare italiana, ma era altresì convinto che la guerra fosse ormai agli sgoccioli e che l'Inghilterra tra breve avrebbe subìto la sorte della Francia. Quel che gli premeva era di potersi sedere al tavolo della pace dalla parte dei vincitori con qualche successo militare parziale da far valere nei confronti del potentissimo alleato germanico. La sua germanofilia era infatti fatta di opportunità e in cuor suo neppure lui nutriva eccessiva simpatia per i tedeschi e per il loro Führer, verso il quale aveva anzi un netto complesso di in-

feriorità. Gli incontri tra i due capi si riducevano infatti
assai spesso a un monologo di Hitler con rare e timide inter-
ruzioni del duce. La cosa era complicata dal fatto che quest'ultimo si piccava di conoscere il tedesco, ma pare che
quello di Hitler fosse particolarmente ostico. Comunque, dato
che la vittoria tedesca appariva inevitabile, bisognava passare
sopra le simpatie e i risentimenti e sforzarsi però nel contempo di conservare la propria autonomia di iniziativa militare e politica, in modo di arrivare alla pace con delle buone
monete di scambio. L'Italia in altre parole doveva condurre
una guerra « parallela » a quella della Germania, con proprie
forze e con propri obiettivi. Furono considerazioni di questo tipo che indussero Mussolini, cento ore prima dell'armistizio con la Francia, a ordinare un'inutile e ingloriosa
offensiva sul fronte delle Alpi occidentali, che si risolse del
resto in una prima clamorosa dimostrazione dell'impreparazione dell'esercito italiano.

Successivamente la guerra parallela fu continuata in Africa
orientale dove le truppe italiane riuscirono a conquistare la
Somalia britannica, e in Libia, dove una puntata offensiva
portò le armate al comando di Graziani ad occupare Sidi
el Barrani. Sul mare si ebbero nel Mediterraneo varie battaglie risoltesi alternativamente in favore dell'una e dell'altra
delle parti e dalle quali la marina italiana, che era tra le
varie armi quella che aveva saputo mantenere maggiormente
la propria autonomia nei confronti del fascismo, uscì con
onore. Ma di fronte alla strapotenza e al prestigio dei tedeschi occorreva ben altro per sottolineare la presenza e
l'autonomia italiana. L'occupazione tedesca della Romania nel-
l'ottobre 1940 irritò Mussolini e lo indusse a rompere gli
indugi e a porre in atto un'iniziativa politica militare che
da tempo aveva in mente e verso la quale l'alleato tedesco
aveva in precedenza manifestato la sua perplessità, l'aggressione alla Grecia. Raramente un'impresa militare fu prepa-
rata (sarebbe meglio dire improvvisata) con tanto dilettantismo e autentica incoscienza. I risultati non tardarono a
confermarlo: quella che nelle convinzioni di Mussolini avrebbe

dovuto essere una passeggiata militare si risolse in una clamorosa disfatta e fu già molto se le truppe italiane riuscirono a mantenere il possesso dell'Albania di fronte alla controffensiva greca. A migliaia i soldati, gli alpini italiani, calzati con scarpe dalle suole di cartone e privi talvolta di indumenti invernali, perirono per congelamento sui monti della Grecia. Ne nacque una dolorosa canzone di guerra che, come la tedesca *Lilì Marleen*, sembrava un presagio dell'inevitabile sconfitta.

Frattanto le cose si mettevano male anche sugli altri fronti. Le aereosiluranti inglesi avevano inflitto l'11 novembre 1940 perdite gravissime alla flotta italiana all'ancora nella rada di Taranto, mentre sul fronte libico gli inglesi erano alla controffensiva e il 16 febbraio 1941 raggiungevano Bengasi. Anche in Africa orientale le cose cominciavano a volgere al peggio e appariva ormai chiaro che la perdita dell'Etiopia era — come di fatto fu — imminente.

Sul fronte interno la situazione non era certo migliore. Il tesseramento dei generi alimentari e di prima necessità era rigoroso, ma ciò non impediva che i privilegiati — e tra essi i gerarchi fascisti — lo eludessero facendo ricorso al mercato nero. Mentre i figli della povera gente andavano a farsi massacrare in Libia e in Grecia, i figli di papà trovavano il modo di farsi esonerare. La dipendenza economica in fatto di materie prime industriali nei confronti della Germania si accentuava ogni giorno di più e con essa e con le sconfitte militari subite svanivano le illusioni della guerra parallela. Ormai l'Italia era alla mercé del suo alleato e il suo ruolo quello di un comprimario modesto e sottomesso.

Con i primi mesi del '41 iniziava una nuova fase della guerra che vedeva l'Italia in posizione di completa subordinazione politica e militare. L'intervento e la vittoriosa campagna tedesca in Grecia e in Jugoslavia misero fine alle vecchie aspirazioni italiane di egemonia sui Balcani. L'annessione all'Italia della città di Lubiana e la creazione di un regno di Croazia, del quale fu designato re un Savoia, che peraltro non vi mise mai piede, costituivano infatti un

ben magro compenso. Successivamente l'invio di un corpo
di spedizione tedesco al comando del generale Rommel in
Libia e la sua vittoriosa offensiva sino a Sollum suonarono
come un riconoscimento dell'avvenuta subordinazione dei comandi italiani a quelli tedeschi. Ultimo atto di servilismo
nei confronti di questi ultimi fu l'invio di un corpo di spedizione italiano nell'Urss.

Con l'aggressione all'Unione Sovietica e l'intervento degli Stati Uniti (dicembre 1941) la guerra prese, come è noto,
una piega sempre più sfavorevole per le potenze dell'Asse.
Nell'autunno del '42 la sensazione della sconfitta era ormai
generale: la vittoria inglese di El Alamein nell'ottobre e lo
sbarco americano nell'Africa del Nord nel novembre fecero
comprendere che l'alterna guerra che per due anni si era
combattuta sulle sponde della Libia e dell'Egitto si avviava
ormai al termine. Le possibilità di rifornire le truppe combattenti nell'Africa settentrionale divenivano ogni giorno più
problematiche e la lunga guerra dei convogli, anch'essa trascinatasi con alterne vicende, si stava risolvendo in favore
della flotta inglese, che aveva nel radar un cospicuo vantaggio e in Malta una base che invano gli italiani avevano cercato di espugnare. A dare il suggello alla tragedia giunsero
le notizie della Russia: tra il dicembre 1942 e il gennaio
1943 l'armata italiana, forte di 110.000 uomini, era stata
travolta e più della metà dei suoi effettivi erano caduti sotto
il piombo nemico o per congelamento. I pochi reduci raccon-
teranno che i « camerati tedeschi » si erano rifiutati di fornir
loro i mezzi di trasporto necessari per porsi in salvo.

Il malcontento che da tempo si era venuto accumulando
nel paese si veniva gradualmente trasformando in collera e
in opposizione organizzata. I contatti tra gli oppositori si
intensificarono e nel dicembre 1942 fu possibile costituire
a Torino un Comitato antifascista in cui erano rappresentati,
accanto ai socialisti, ai liberali e ai comunisti, due nuovi
partiti, il Partito d'azione, un erede del movimento di « Giustizia e Libertà » cui aderiva la maggior parte degli intellettuali, e la Democrazia cristiana, un partito di recentissima

costituzione. Il Vaticano stava prendendo infatti le sue distanze dal regime. Sempre a Torino, la più antifascista e la più operaia delle città italiane, nel marzo 1943 gli operai della Fiat e di altri stabilimenti scendevano in sciopero, imitati successivamente dai loro compagni di Milano. Il significato politico dell'avvenimento non sfuggì a nessuno e tanto meno ai gerarchi fascisti che ricordavano ancora come dopo la marcia su Roma la classe operaia torinese fosse stata piegata soltanto col ferro e col fuoco. Molti di essi cominciarono allora a pensare che una guerra perduta era sempre preferibile a una rivoluzione.

Tale convinzione si venne naturalmente rafforzando a mano a mano che la situazione militare precipitava. Nel maggio le ultime truppe attestate in Tunisia erano buttate a mare e nel luglio gli anglo-americani sbarcavano in Sicilia. Nel frattempo le città italiane erano sottoposte a micidiali bombardamenti. Tra le quinte del regime iniziava così una disperata ricerca di una via d'uscita che permettesse all'Italia di sganciarsi dai tedeschi e di por fine alla guerra con gli alleati. La corte divenne il *trait d'union* tra gli uomini della fronda fascista — Bottai, Grandi, Ciano (quest'ultimo aveva lasciato nel febbraio 1943 il ministero degli Esteri e assunto la carica di ambasciatore presso la Santa Sede) —, gli uomini della vecchia classe dirigente e i quadri dell'esercito, tra i quali il nuovo capo di stato maggiore generale Ambrosio, che erano convinti dell'inutilità di condurre oltre una guerra già perduta. Quando nel luglio 1943 Mussolini tornò da un ennesimo convegno con Hitler senza aver neppure tentato di convincerlo a lasciar libera l'Italia di decidere dei suoi destini, apparve chiaro che la prima cosa da farsi era di togliergli le redini del potere. Nella seduta del Gran Consiglio apertasi il 24 luglio gli oppositori di Mussolini dettero battaglia e riuscirono, dopo una drammatica seduta notturna, a far approvare con 19 voti contro 7 un ordine del giorno che, invitando il re « ad assumere il comando delle forze armate e la pienezza dei suoi poteri costituzionali », suonava praticamente una sconfessione di Mus-

solini e del regime da lui instaurato. Questi però non si rese
conto della portata di tale pronunciamento e rimase sorpreso
quando la sera del 25 luglio, recatosi dal re, che era stato
nel frattempo messo al corrente da Grandi dell'esito della
riunione del Gran Consiglio, si sentì dire che le sue dimissioni erano state accettate e un nuovo governo costituito e
quando, uscito di palazzo, trovò alla porta un'autoambulanza
sulla quale venne fatto salire per essere trasportato in una
caserma di Roma e quindi a Ponza.

Gli italiani appresero l'accaduto dalla radio a notte inoltrata e la mattina seguente tutte le piazze d'Italia furono
teatro di scene di entusiasmo indescrivibile. Generale era la
convinzione che la fine della dittatura del fascismo sarebbe
stata seguita a breve scadenza dalla fine della guerra e delle
sofferenze. Ma non fu così.

I Quarantacinque giorni e l'armistizio.

I quarantacinque giorni che vanno dal 25 luglio all'annuncio dell'armistizio dell'8 settembre appartengono a quei
periodi storici in cui la farsa si mescola con la tragedia e
costituiscono la testimonianza della più alta prova di insipienza data dalla classe dirigente italiana in tutto il corso
della sua storia.

A capo del nuovo governo costituito dal re vi era il
maresciallo Pietro Badoglio, un militare piemontese che aveva
guidato l'impresa militare contro l'Etiopia e, dopo lo smacco
dell'aggressione contro la Grecia, si era dimesso da capo
di stato maggiore dando al suo gesto il valore di una disso-
ciazione di responsabilità dalle iniziative militari di Mussolini. Incalzato da una parte dalle preoccupazioni conservatrici del re e di alcuni dei suoi ministri e dall'altra da quelle
dei partiti antifascisti, che richiedevano a gran voce la liquidazione del regime e la pace, egli non volle scontentare
né gli uni né gli altri e si impegnò in una politica di tem-
poreggiamento e di piccole astuzie, che era esattamente il

contrario delle grandi decisioni che la gravità del momento richiedeva. I suoi primi atti furono l'emanazione di un proclama in cui si annunciava che la guerra continuava e il divieto di tenere assemblee e riunioni. Il Partito fascista venne sciolto, ma venne altresì ostacolata la ricostituzione degli altri partiti; i prigionieri politici vennero liberati, ma vennero anche mantenuti ai loro posti alcuni militari e funzionari tedescofili. La vita politica — prometteva Badoglio — sarebbe ripresa dopo la fine della guerra, con libere elezioni; per ora agli italiani si chiedeva soltanto di avere fiducia nel governo.

Questo però si mostrava assai poco degno della fiducia che richiedeva. Nel corso dell'agosto 1943, mentre i bombardieri alleati rovesciavano quotidianamente tonnellate di bombe sulle città italiane, esso perse del tempo prezioso nella vana e futile ricerca di soluzioni impossibili. Mentre il 7 agosto il ministro degli Esteri Guariglia dichiarava al suo collega tedesco von Ribbentrop che la politica estera italiana non aveva subito mutamenti, già erano iniziati gli approcci con gli alleati in vista di un armistizio. I preliminari e le trattative furono tirati per le lunghe nella vana speranza di indurre gli alleati a recedere dalle loro richieste di resa senza condizioni e di restaurare così in qualche modo il prestigio di una monarchia compromessa da venti anni di collaborazione col fascismo. Nel frattempo però i tedeschi non perdevano tempo e facevano affluire in Italia quelle divisioni che avevano rifiutato a Mussolini quando questi, nel suo ultimo incontro con il Führer, ne aveva fatto richiesta. Con i suoi temporeggiamenti e le sue indecisioni il governo Badoglio riuscì a alienarsi la fiducia di tutti: dei tedeschi, che fiutavano la piega che gli eventi avrebbero presa; degli alleati, che diffidavano delle tergiversazioni e del machiavellismo dei plenipotenziari di Roma; degli italiani infine che, come dimostrarono gli scioperi dell'agosto attuati a Torino e a Milano, erano sempre più decisi a far sentire la loro volontà di pace. Badoglio e il re avrebbero voluto poter uscire dal conflitto con il consenso dei tede-

schi e dopo aver ottenuto clausole di armistizio favorevoli
dagli alleati. A questo fine essi sbandierarono di fronte ad
entrambi lo spettro di una rivoluzione comunista e recitarono
l'*après nous le déluge*. Anche se gli alleati non erano insensibili a questo argomento, per ora le considerazioni militari
passavano innanzi a tutto e gli impegni con l'Urss per la
resa incondizionata erano formali.

Alla fine ci si dovette ben risolvere a accettare la resa
senza condizioni. L'armistizio venne firmato a Cassibile, uno
sperduto villaggio siciliano, il 3 settembre dal generale Ca-
stellano. Il governo Badoglio riuscì però a ottenere che l'annuncio dell'armistizio fosse dilazionato fino a che le truppe
alleate, che già avevano passato lo stretto, avessero effettuato
uno sbarco nell'Italia meridionale, che avrebbe dovuto essere accompagnato da un lancio di paracadutisti su Roma.
Quando però il 7 settembre il generale Taylor, inviato dal
quartier generale alleato in missione a Roma, constatò che
il progettato lancio era impossibile perché i tedeschi controllavano ormai gli aeroporti della capitale, questo venne
cancellato dal piano di operazioni. Frattanto la flotta era
già in mare diretta a Salerno col suo carico di truppe e,
ai termini dell'accordo di Cassibile, l'annuncio dell'armistizio era imminente. Invano Badoglio cercò di convincere
Eisenhower a ritardare l'annuncio o, addirittura, a far inver-
tire la rotta alla flotta in navigazione. Il comandante in capo
alleato fu naturalmente irremovibile e nella serata dell'8 settembre trasmise ai microfoni della radio, due ore dopo che
radio Londra ne aveva già dato la notizia, una dichiarazione
di Badoglio nella quale si annunziava l'armistizio e si ordi-
nava alle truppe di cessare ogni resistenza contro gli anglo-
americani e di resistere invece « ad eventuali attacchi di altra
provenienza ». Nel frattempo, assieme a un drappello di generali e di funzionari, egli seguiva il re nella sua fuga verso
Pescara, dove un vaporetto attendeva la poco lieta brigata
per trasportarla nel territorio già controllato dagli alleati.

Così da un giorno all'altro l'Italia si trovò senza un
governo, con un esercito straniero accampato minaccioso

sul suo territorio, sconvolta da una ridda di notizie contraddittorie. Per alcuni giorni fu letteralmente il caos e ognuno si trovò solo con la propria coscienza a fare le proprie scelte. Mentre alcuni comandanti militari si arrendevano ai tedeschi e abbandonavano i propri reparti altri, come a Roma il generale Carboni, tentarono di organizzare una resistenza. La flotta, la più antifascista delle armi, non ebbe esitazioni e, ottemperando alle clausole dell'armistizio, si diresse verso Malta, dove giunse dopo aver perduto per via una delle sue migliori unità: la corazzata *Roma* affondata dai tedeschi. Esitazioni non ebbero neppure i soldati del presidio di Cefalonia, 8.400 dei quali furono massacrati dai tedeschi e i molti soldati stanziati nei Balcani che si unirono ai partigiani jugoslavi. Ma per la grande massa degli sbandati, di coloro che da un giorno all'altro si erano trovati senza capi e senza ordini, la scelta era quella più elementare della strada giusta per trovare il cammino di casa: imboccare quella sbagliata significava cadere in mano ai tedeschi e ritrovarsi in un vagone piombato diretto ai campi di concentramento in Germania. Rifulsero in questi giorni di sbandamento e di coas le virtù profonde e modeste, di gentilezza e di tolleranza, del popolo italiano: a nessun militare sbandato fu negato un abito borghese, a nessun prigioniero alleato trovatosi improvvisamente in libertà fu negato un asilo e un aiuto, a nessun ebreo un nascondiglio. Nella sventura il popolo italiano cominciava a ritrovare la sua antica civiltà.

La Resistenza.

Nei giorni successivi all'8 settembre le cose cominciarono a chiarirsi e divenne tragicamente evidente a tutti che l'Italia era spaccata in due. Al Sud vi erano gli eserciti alleati — che il 1° ottobre avevano raggiunto Napoli e si erano quindi attestati lungo una linea che dall'Adriatico raggiungeva Pescara attraverso Montecassino — e il governo Badoglio. Al Nord vi erano i tedeschi e un governo fascista

capeggiato da Mussolini che il 12 settembre era stato liberato da un distaccamento di paracadutisti tedeschi. Per la
verità l'uno e l'altro dei governi italiani facevano figura di
governi-fantoccio. Quello di Mussolini — la Repubblica so
ciale italiana —·non esercitava la sua sovranità nominale
nemmeno su tutto il territorio italiano·non occupato dagli
alleati: buona parte del Veneto era infatti direttamente am-
ministrata dai tedeschi e si trovava in una condizione in-
termedia tra quella del territorio occupato e quella del territorio annesso. Ma anche il governo del Sud inizialmente
aveva sovranità diretta solo sulle province pugliesi e fu solo
nel febbraio 1944 che le rimanenti province, in precedenza
amministrate dagli alleati, passarono sotto la sua giurisdizione. Nei dettagli il panorama era ancora più sconfortante
e caotico: in Sicilia l'antico risentimento contro il fascismo
e verso Roma aveva trovato espressione nella formazione
di un movimento indipendentista; a Napoli, che pure era
insorta contro i tedeschi prima dell'arrivo delle truppe alleate, regnavano lo squallore e la degradazione; nel Nord
la popolazione conosceva il terrore dei primi rastrellamenti
tedeschi e la tracotanza vendicativa e disperata dei ricosti-
tuiti reparti fascisti, nei quali sembrava rivivere lo spirito
dello squadrismo delle origini. Ovunque fame, mercato nero,
disorientamento. Né vi erano fondate speranze di una rapida soluzione: ogni giorno di più appariva chiaro che il
fronte italiano era per gli alleati un fronte secondario e dopo
l'incontro di Teheran, anche su sollecitazione di Stalin, le
loro forze erano principalmente assorbite dalla preparazione
del secondo fronte e dello sbarco in Normandia, e a questo
fine anzi alcune divisioni erano state ritirate dal fronte italiano. La guerra ristagnava dunque a sud di Roma e l'Italia
sembrava marcire nell'attesa. L'idea che essa potesse esercitare un qualche peso sul corso degli avvenimenti e far
sentire in qualche modo la propria voce sembrava ai più
un'utopia.

Un primo spiraglio si aprì nell'ottobre quando il governo Badoglio, dopo molte esitazioni, decise di dichiarare

guerra alla Germania, mostrando così di prendere in parola l'impegno assunto dagli alleati di modificare le condizioni di pace nella misura del contributo italiano alla lotta antifascista. Tutti coloro per i quali il giuramento di fedeltà al re aveva conservato un valore si trovarono dopo questo momento autorizzati alla disobbedienza verso il governo della Repubblica sociale italiana e verso i tedeschi, e alle prime formazioni partigiane organizzate dai comunisti e dagli uomini del Partito d'azione si vennero così affiancando quelle comandate e inquadrate da ufficiali dell'esercito regolare. I tedeschi di fronte a questo primo insorgere della Resistenza forgiarono il singolare epiteto di «comunisti badogliani», senza probabilmente rendersi conto che l'essere riusciti a far andare d'accordo i comunisti con i monarchici non costituiva certo una prova della loro popolarità in Italia.

In realtà — almeno nei primi tempi — i comunisti e gli altri partiti antifascisti non andavano affatto d'accordo con il re, al quale rimproveravano anzi la responsabilità storica di aver facilitato l'ascesa al potere del fascismo e di avervelo mantenuto sino alla catastrofe. Al congresso dei partiti antifascisti che si tenne a Bari nel gennaio 1944, i partiti di sinistra facenti capo al Comitato di liberazione nazionale furono unanimi nel chiedere l'abdicazione immediata del re, ma il vecchio e saggio Benedetto Croce ebbe buon gioco a dimostrar loro che tale richiesta era puramente velleitaria. Non era infatti un segreto per nessuno che gli alleati, e in particolar modo l'Inghilterra di Winston Churchill, sostenevano la monarchia e vedevano con fastidio l'agitazione degli antifascisti. La situazione sembrava dunque senza via d'uscita e la costituzione di un fronte antifascista e antitedesco assai problematica.

A sbloccare la situazione fu proprio colui che nessuno avrebbe immaginato, il *leader* del Partito comunista italiano, Palmiro Togliatti, sbarcato in Italia nel marzo 1944 dopo 18 anni di esilio e di milizia nelle file dell'Internazionale. Togliatti era certamente al corrente degli orientamenti della politica dell'Unione Sovietica, che proprio in quei giorni aveva riconosciuto per prima il governo Badoglio, e di come essi tendessero in definitiva alla divisione dell'Europa in sfere di influenza. Ma, come già nel '35 all'epoca dei fronti popolari, era profondamente convinto che ciò coincidesse con gli interessi italiani. Egli, che ben sapeva quante lacrime fosse costato e quanto sangue la costruzione di uno Stato socialista, e che, a prescindere dalla presenza delle truppe alleate sul suolo nazionale, non si faceva troppe illusioni sulle possibilità rivoluzionarie di un paese che usciva da venti anni di fascismo, pensava che la «via italiana» al socialismo — come egli la chiamava — dovesse passare attraverso un graduale processo di democratizzazione dello Stato e attraverso la collaborazione dei comunisti con gli altri partiti per il raggiungimento di successivi obiettivi intermedi. Il primo di questi obiettivi era la cacciata dei tedeschi e la liberazione del territorio nazionale e perciò Togliatti non esitò ad accettare la formula di compromesso elaborato da Croce e da De Nicola, per cui il re s'impegnava a rimettere i suoi poteri al figlio, nominato Luogotenente, al momento della liberazione di Roma, e a rinviare la soluzione definitiva del problema istituzionale a dopo la fine della guerra. Subito dopo venne formato un nuovo governo alla testa del quale era ancora Badoglio, ma a cui parteciparono esponenti di tutti i partiti aderenti al Comitato di liberazione nazionale, eccetto il Partito d'azione.

Questo accadeva tra il marzo e l'aprile del 1944. Nello stesso torno di tempo si aveva l'azione partigiana di via Rasella — forse il più celebre degli episodi della Resistenza italiana, che costò la vita a 32 soldati tedeschi e fu seguita dall'eccidio di 335 patrioti italiani alle Fosse Ardeatine — e i grandi scioperi delle città industriali del Nord che lacerarono irrevocabilmente la cortina fumogena della demagogia sociale della repubblica fascista. Questa appariva ogni giorno di più come un corpo estraneo al paese, quasi un *revenant* di un passato ormai sepolto. L'unico suo atto che impressionò l'opinione pubblica — e non certo in un senso favorevole — fu il fosco processo di Verona, un regolamento di conti tra gerarchi fascisti, che si concluse con l'esecuzione di Ciano e di altri protagonisti del colpo di scena del 25 luglio.

La Resistenza entrava così nella sua stagione più piena e accumulava ben presto titoli sufficienti per essere considerata dagli alleati come un valido interlocutore. Quando nel giugno 1944 le truppe alleate entrarono in Roma, il generale Badoglio passò le consegne a un nuovo gabinetto presieduto da Bonomi, cui partecipavano i *leaders* dei partiti antifascisti e che si dichiarava espressione del Comitato di liberazione nazionale. Fu un boccone amaro per Churchill che non mancò di scriverne a Stalin ricevendo dal maresciallo sovietico la risposta che si meravigliava che in un territorio da loro occupato gli alleati avessero permesso un'iniziativa a loro sgradita. In realtà su questo punto Inghilterra e Stati Uniti non avevano agito di concerto e Roosevelt aveva anzi appoggiato la formazione di un governo che fosse espressione dell'antifascismo e della Resistenza.

La liberazione di Roma e di Firenze, rispettivamente nel giugno e nell'agosto del 1944, e la prospettiva di una imminente definitiva vittoria alleata contribuirono certo notevolmente a far sì che l'attività delle formazioni partigiane organizzate dai vari partiti nel Settentrione si intensificasse: i colpi di mano e i sabotaggi si moltiplicarono e si costituirono anche varie « zone libere », interamente occupate e amministrate dai partigiani, quali la Val d'Ossola, la Carnia, la repubblica di Torriglia in Liguria e altre ancora. Il corso che successivamente presero gli eventi dimostrò però che la Resistenza italiana non era un fenomeno effimero e che essa non intendeva in alcun modo di lasciarsi confinare a quella funzione di appendice di guastatori e di sabotatori degli eserciti alleati cui questi ultimi, preoccupati delle sue implicazioni politiche, intendevano ridurla.

Dal settembre '44, quando le truppe alleate vennero arrestate sulla linea gotica, all'aprile 1945, quando l'Italia settentrionale venne liberata, trascorsero dieci mesi e furono mesi durissimi per il movimento partigiano. Cadono in questo periodo i più massicci rastrellamenti tedeschi, le rappresaglie più spietate contro la popolazione civile (tra tutte la più terribile fu forse quella consumata contro il comune emiliano di Marzabotto: 1.830 morti), la rioccupazione da parte tedesca di molte zone libere e fu in questo periodo che caddero la maggior parte dei 46.000 morti della guerra di liberazione. A demoralizzare ancor più il morale dei combattenti venne poi il 10 novembre 1944 il proclama del generale inglese Alexander, che invitava a cessare le operazioni, e le notizie dei disaccordi manifestatisi nel governo Bonomi tra gli elementi antifascisti e quelli conservatori della vecchia emigrazione. Malgrado tutto ciò, le forze partigiane superarono la crisi dell'autunno 1944 e continuarono la lotta malgrado i gravissimi colpi subiti. Quando alla fine dell'aprile 1945, dopo che già sugli altri fronti erano praticamente finite le ostilità, le forze alleate irruppero nella pianura padana, esse trovarono le principali città già nelle mani dell'esercito di liberazione e i principali impianti industriali salvati dal vandalismo tedesco.

Fòrte di questi successi il Comitato di liberazione nazionale dell'Alta Italia, che aveva diretto l'insurrezione, poteva trattare e agire con gli alleati con l'autorità che gli veniva dalla lotta sostenuta. Sua fu l'iniziativa di ordinare l'esecuzione di Mussolini, catturato dai partigiani mentre cercava, in uniforme da tedesco, di guadagnare la frontiera svizzera, e dei gerarchi fascisti che lo accompagnavano. Essa venne eseguita nel pomeriggio del 28 aprile e successivamente le salme vennero impiccate e esposte in una piazza d' Milano in cui erano stati fucilati dai partigiani. Era un gesto che voleva significare soprattutto una rottura col passato e un ammonimento a chi — in Italia e fuori d'Italia — pensava di poter eludere l'ansia di rinnovamento che si era espressa nella Resistenza. Quell'ultima infatti non era stata soltanto un fatto militare, per quanto anche sotto questo aspetto il suo contributo alla vittoria alleata non sia stato trascurabile, ma soprattutto un fenomeno politico di grande ampiezza. Essa non era stata infatti soltanto il fatto degli

operai che avevano sabotato e degli uomini delle formazioni armate che avevano combattuto, ma anche dei contadini che li avevano nutriti e del clero che li aveva nascosti.
Ora tutti questi uomini erano convinti che le cose in Italia
dovessero cambiare, che fosse passato il tempo dei privilegi
e della corruzione, volevano una parte pulita e onesta e erano
decisi a battersi per questo e a non lasciarsi ingoiare dalle
sabbie mobili del vecchio trasformismo politico italiano. Ma
l'impresa era più difficile di quanto, nell'entusiasmo delle
giornate della liberazione, gli uomini della Resistenza pensassero.

Speranze e frustrazioni del dopoguerra.

Chi voglia rendersi conto di quale fosse lo spirito del-
l'Italia della Resistenza pensi ai film di Roberto Rossellini,
che inaugurarono la scuola del neorealismo italiano, da *Roma
città aperta* a *Paisà*. Di questo spirito essi sono rappresentativi non solo perché molti dei loro personaggi sono uomini
e donne della Resistenza — la popolana romana superba-
mente impersonata da Anna Magnani, il militante comunista
e il prete accomunati nel martirio, gli affamati e rassegnati
partigiani del Polesine —, ma soprattutto per il tentativo
in cui essi pienamente riuscirono di fornire dell'Italia e del
suo popolo un'immagine autentica e viva, per il rifiuto di
ogni retorica consolatrice e di ogni recriminazione, per la
serietà del loro impegno e della loro scabra passione. Ma
questi film ebbero in Italia un successo assai minore di quello
che avrebbero avuto all'estero. Perché — si chiedevano infatti molti italiani — ostentare le nostre miserie, la prostituzione che dilagava nelle città, la disoccupazione, il mercato nero? Perché frugare e scandagliare in un passato troppo
prossimo e troppo amaro? Non era meglio mettere una pietra
su tutto e ricominciare a vivere e a respirare?
Questo rifiuto di rendersi conto di ciò che era accaduto e di guardare in faccia la realtà italiana, con i suoi

mali antichi, i suoi scompensi e le sue ingiustizie, era in definitiva un alibi dietro il quale si mascherava la paura di un rinnovamento e la rinuncia a modificare le cose. Più tardi esso avrà un nome — « qualunquismo » — e diverrà un movimento politico con netto carattere reazionario. Ma, all'indomani della liberazione, molti di coloro che ragionavano così, specie in quelle zone del paese che non avevano vissuto l'esperienza della Resistenza, non si rendevano conto delle implicazioni politiche del loro atteggiamento. Essi volevano soltanto uscire dall'incubo in cui erano vissuti, ricominciare a vivere. Come tutti i dopoguerra anche questo aveva infatti, oltre alle sue miserie, i suoi piaceri e la sua euforia: le sale da ballo si moltiplicavano a vista d'occhio, ritornavano sugli schermi, dopo tanti anni di assenza, i film americani con le loro bellezze atomiche, il ciclista Bartali ritornava a correre e a vincere.

Fu questa seconda Italia « qualunquista » e amante del quieto vivere che alla fine prevalse e, come già nel primo dopoguerra, le forze della conservazione e del privilegio, che all'indomani della liberazione sembravano isolate, riuscirono a trovare quel consenso e quella base di massa che permise loro di conservare il loro predominio. Strumento e tramite di questo processo di involuzione e di rinuncia fu il partito della Democrazia cristiana, guidato da Alcide De Gasperi, un trentino pugnace, già deputato al Parlamento austriaco e membro autorevole del Partito popolare italiano, che durante il fascismo aveva lavorato come bibliotecario alla Vaticana. Malgrado i pronunciamenti della sua ala sinistra e le enunciazioni avanzate del suo programma, le forze della conservazione non tardarono a identificare nella Democrazia cristiana, nella larga base di massa che essa aveva tra la popolazione delle campagne e nell'appoggio di cui godeva da parte del Vaticano, il più sicuro baluardo dell'ordine costituito. D'altra parte la paura del comunismo faceva sì che anche molti agnostici o miscredenti, sia pure *obtorto collo*, decidessero di dare il voto alla Democrazia cristiana.

La cronaca di questa sconfitta della Resistenza e delle

sue istanze rinnovatrici è drammatica e contrastata, e noi ci dobbiamo limitare qui a ricordarne solo le tappe principali. Un primo spostamento a destra dell'asse politico italiano si ebbe nel dicembre 1945 quando il governo presieduto da Ferruccio Parri, un uomo del Partito d'azione, dovette cedere il posto a uno presieduto da De Gasperi. Fu sotto questo governo che si tennero nel giugno 1946 le prime elezioni di questo dopoguerra, alle quali fu abbinato un referendum circa la forma istituzionale dello Stato. La repubblica prevalse di giustezza (12.717.923 voti contro 10.717.284), mentre nell'Assemblea costituente i democratici cristiani ebbero il 35,2 per cento dei voti, i socialisti il 20,7 e i comunisti il 19. Come si vede i tre maggiori partiti totalizzarono il 75 per cento del totale: il resto era disperso tra varie formazioni minori di sinistra (Partito d'azione, Partito repubblicano) e i partiti di estrema destra.

La bilancia politica era dunque ancora equilibrata. Se la Democrazia cristiana era di gran lunga il partito più forte, socialisti e comunisti, che avevano da poco rinnovato il patto di unità d'azione del 1934, pareggiavano e superavano sommati insieme i suoi voti e detenevano il controllo quasi assoluto della Confederazione generale del lavoro, l'organizzazione sindacale unitaria cui aderivano anche, in netta minoranza, i sindacati cattolici. Fu giocoforza tornare perciò a un governo presieduto da De Gasperi con la partecipazione dei democristiani, dei socialisti e dei comunisti, ma ben presto apparve chiaro che la sua vita non sarebbe stata troppo lunga.

A prescindere dai dissidi interni che già cominciavano ad affiorare, troppi erano gli ostacoli che si frapponevano sulla sua strada: dall'atteggiamento punitivo degli alleati al tavolo delle trattative di Parigi, alla questione di Trieste reclamata dalla Jugoslavia, che i partiti di destra sfruttavano come elemento di divisione, alle enormi difficoltà di una politica economica divisa tra la necessità della ricostruzione e quella del soddisfacimento delle rivendicazioni operaie. Ma l'elemento maggiormente dirompente della collaborazione fra i vari partiti rappresentati al governo era costituito dagli sviluppi della situazione internazionale. A mano a mano che la guerra fredda ne appariva come la tendenza dominante, sempre più insistenti si facevano da parte americana le pressioni politiche perché venisse rotta la collaborazione con i comunisti e con i loro alleati. Togliatti, con l'acuta sensibilità che gli era propria per gli affari internazionali, ne era il più consapevole e non fu avaro di compromessi e di concessioni pur di salvare il disegno politico che egli si era proposto di perseguire sbarcando in Italia nel marzo 1944. La più vistosa e la più gravida di conseguenze tra queste concessioni fu il voto favorevole dei comunisti all'articolo 7 della costituzione, in base al quale i Trattati lateranensi stipulati da Mussolini nel 1929 vennero riconosciuti e convalidati. Non furono probabilmente soltanto ragioni di opportunità a indurre il *leader* comunista a questa decisione, criticatissima da parte degli altri partiti della sinistra. In lui probabilmente vi era anche la consapevole volontà di rompere con il vecchio e sterile anticlericalismo borghese del movimento operaio prefascista.

Comunque, se si trattò soltanto di una mossa contingente, essa non servì a nulla. A poco più di un mese di distanza dal voto dell'articolo 7, De Gasperi, reduce da un viaggio negli Stati Uniti, prendendo a pretesto la scissione che si era prodotta nel Partito socialista italiano con l'uscita della sua corrente di destra capeggiata da Giuseppe Saragat, provocò una nuova crisi di governo che si concluse con la formazione di un ministero formato da soli democristiani e da alcune personalità tecniche. Tra queste ultime la più illustre era quella di Luigi Einaudi cui fu affidato il ministero del Bilancio e il cui avvento alla direzione degli affari economici del paese segnò una drastica svolta degli indirizzi sino allora seguiti in questo campo. I governi di coalizione, pressati dalle continue rivendicazioni dei sindacati e dalla necessità della ricostruzione, avevano seguito infatti una politica nettamente inflazionistica e il costo della vita era salito in un brevissimo giro di anni a un indice superiore di cinquanta volte a quello del 1938. La concessione della scala mobile agli operai aveva però in qualche modo preservato il potere d'acquisto dei redditi da lavoro. La politica economica inaugurata da Luigi Einaudi e da lui rigorosamente perseguita fu invece tutta tesa alla difesa della lira: i rubinetti del credito vennero ristretti, la circolazione diminuita, la produzione, che era ancora inferiore ai livelli dell'anteguerra, ristagnò e la disoccupazione crebbe sino a raggiungere la spaventosa cifra di 2 milioni di unità. Ma la lira fu salva e la continuità dello Stato italiano assicurata anche sotto il profilo economico.

Frattanto · l'Assemblea costituente era prossima a finire i suoi lavori e si avvicinava il momento in cui gli italiani sarebbero stati chiamati a eleggere le due Camere elettive previste dalla nuova costituzione. Mai battaglia elettorale fu combattuta in Italia con tanto accanimento e senza risparmio di colpi. Il Fronte del popolo, che raccoglieva comunisti e socialisti e che inalberava come proprio simbolo elettorale la testa di Garibaldi, tentò di far leva sulle difficoltà economiche provocate dalla stretta creditizia di Einaudi e di chiamare le masse alla lotta contro il « governo nero », il governo della restaurazione capitalistica, ma con relativo successo. Dal canto suo infatti la Democrazia cristiana impostò la campagna elettorale nei termini di un drammatico aut-aut tra la libertà e il comunismo, tra l'America e la Russia. Apparve su tutte le piazze e le vie d'Italia un manifesto in cui si vedeva uno sfilatino di pane tagliato a metà, con l'avvertenza che una delle due sue parti era fatta di grano americano, mentre un altro manifesto raffigurava un soldato che da dietro i reticolati di un campo di concentramento russo, scongiurava la mamma perché votasse contro i suoi aguzzini. Tra l'America che dava il pane e prometteva gli aiuti del piano Marshall e la Russia che non restituiva i prigionieri italiani e che soggiogava la Cecoslovacchia chi poteva esitare? Si tenga poi presente che il filoamericanismo era un sentimento che aveva in Italia profonde radici storiche: erano poche nel Mezzogiorno le famiglie che non avessero qualche congiunto in America e parecchie quelle che avevano avuto la fortuna di riabbracciarlo quando era venuto a combattere in Italia con l'armata del generale Clark. Dagli americani in Italia venivano poi i pacchi di viveri e di indumenti che in quei tempi difficili erano qualcosa di più di un gradito regalo. Alla vigilia delle elezioni del 18 aprile 1948 assieme al pacco arrivò anche una lettera: vi si diceva di votare contro i comunisti e per il partito di fiducia dell'America, la Democrazia cristiana. Anche il clero si impegnò a fondo nella campagna elettorale: votarono anche le monache di clausura, i malati degli ospedali e gli internati nei manicomi. Il voto infatti, su proposta dei democratici cristiani, era stato dichiarato obbligatorio.

Il risultato delle elezioni sorpassò addirittura ogni previsione di coloro che pur si erano resi conto della piega che le cose avevano preso: 12.708.263 voti, pari al 48,5 per cento, quasi la maggioranza assoluta, alla Democrazia cristiana; 8.137.467, pari al 35 per cento al Fronte; il resto — poche briciole — disperso tra i partiti minori. Era per la Democrazia cristiana e per le forze che l'avevano sorretta, una vittoria senza possibilità di contestazione.

Frattanto era entrata in vigore la costituzione elaborata dall'Assemblea costituente, ma lo schema di una repubblica — come diceva il suo primo articolo — « fondata sul lavoro » e largamente aperta ad istanze sociali in essa delineato appariva ormai sorpassato dallo sviluppo degli eventi. L'unità della Resistenza, che in quella costituzione aveva trovato espressione, era stata spazzata via dalla guerra fredda e non si sarebbe certo ricostituita finché questa fosse durata. Nel 1949 l'Italia aderiva al Patto atlantico e anche in politica estera la sua scelta era ormai definitiva.

Con le elezioni del 18 aprile 1948 ha termine il periodo del secondo dopoguerra. L'Italia ne usciva nel complesso felicemente, molto meglio comunque di quanto fosse uscita dal primo dopoguerra. Se nel 1919 si era potuto parlare di « vittoria mutilata », nel 1948 si poté dire che, pur avendo perduto la guerra, l'Italia aveva vinto la pace.

Le concessioni territoriali fatte alla Francia (Briga e Tenda) erano infatti insignificanti, mentre l'Alto Adige, rivendicato dalla nuova Austria, era rimasto, anche grazie all'accorta diplomazia di De Gasperi, all'Italia. Solo sul confine orientale l'Italia aveva dovuto cedere alla Jugoslavia i territori abitati prevalentemente da popolazione slava, ma aveva conservato la città di Trieste che, dopo essere stata eretta in territorio libero sotto controllo alleato, ritornò definitivamente all'Italia nel 1954. Andarono perdute le colonie, tranne la Somalia sulla quale l'Italia conservò sino al 1960 un mandato fiduciario, ma non furono in molti a rimpiangerle in un mondo in cui il processo di decolonizzazione procedeva a ritmo sempre più intenso. Sul piano interno la democrazia era stata restaurata, le elezioni si tenevano regolarmente e la situazione economica, grazie anche agli aiuti americani, accennava già a migliorare. Gli industriali tornavano a essere ottimisti e intraprendenti, gli alti funzionari dello Stato e di polizia a essere rispettati, Rossellini si sposò con Ingrid Bergman e fece un film su san Francesco, l'ordine insomma era ristabilito. Coloro che si erano battuti per un ordine nuovo e diverso, le masse operaie, gli intellettuali, i contadini, potevano scegliere tra la continuazione di una lotta sorda, ingrata, difficile, o la rassegnazione, quella che è dipinta sul volto del disoccupato romano protagonista del film *Ladri di biciclette* di Vittorio De Sica.

Miracolo economico e Partito comunista.

Fare una cronaca, anche sommaria, degli sviluppi della situazione politica italiana dal 1948 sino ad oggi mi sembra oltre che difficile, data la prospettiva ravvicinata e deformante, anche inutile. Sotto il profilo politico infatti la situazione è rimasta caratterizzata in politica interna dal predominio della Democrazia cristiana e del suo moderatismo e in politica estera dal costante allineamento sulle posizioni dell'atlantismo filoamericano. Intransigentemente anticomuni-

sta all'ora di Truman e di Pio XII, distensiva a quella di
Kennedy e di Giovanni XXIII, comprensiva della barbarie
americana nel Vietnam, la Democrazia cristiana ha operato
successivi vari riaggiustamenti della sua linea politica, ma
la sostanza della stessa non ha mai subito reali cambiamenti.
L'ingresso dei socialisti, staccatisi dai comunisti dopo i fatti
di Ungheria, nel governo ha portato ben pochi cambiamenti
nella situazione generale politica italiana.

Ciò non significa naturalmente che nulla sia cambiato
in Italia in questi ultimi vent'anni, ché anzi la stabilità
politica prova proprio che il paese ha nel complesso lavorato tranquillamente e progredito. Gli anni tra il 1948 e
il 1953 furono ancora, sotto il profilo economico, anni difficili, ma a partire dal 1954 la ripresa si delineò nettamente
fino a divenire, dopo il 1956 e l'ingresso dell'Italia nel Mercato comune europeo, travolgente. Fu il cosiddetto « miracolo
economico italiano »: gl'indici della produzione, del reddito
nazionale, dei consumi cominciarono a salire vertiginosamente.
Nessun settore industriale rimase escluso dalla fase di alta congiuntura. L'industria siderurgica, con la costruzione dei nuovi
impianti a ciclo integrale di Cornigliano e di Taranto, triplicò
in un breve giro di anni la propria produzione, mentre l'industria chimica e petrolchimica, sia privata che statale, conobbe
un'autentica esplosione. Gli abiti e le scarpe italiane si affer-
marono sui grandi mercati europei, mentre l'edilizia e le industrie ad essa collegate del cemento e dei laterizi fecero affari
d'oro. Sopra tutte si sviluppò però l'industria automobilistica,
nella quale la Fiat occupa ormai una posizione di quasi monopolio: gli anni tra il 1956 e il 1967 furono quelli della
motorizzazione di massa degli italiani e la produzione del
grande stabilimento torinese, uno dei *big* dell'industria internazionale, supera attualmente il milione di vetture. In
seguito a questo impetuoso sviluppo industriale milioni di
contadini lasciarono le campagne per cercare occupazione
nelle industrie e nei servizi e milioni di meridionali si tra-
sferirono nelle città del Nord industriale. Si è trattato senza
dubbio del più grande *brassage* di popolazione che mai abbia

avuto luogo nella storia dell'Italia unita, la cui non ultima conseguenza è stata di marcare ancora più profondamente la fisionomia dualista del paese. Un'altra vera e propria migrazione di popoli a carattere stagionale e godereccio è invece quella costituita dai venti e più milioni di turisti stranieri che ogni anno si riversano nelle spiagge e nelle città italiane.

Finalmente, dopo anni di stenti e di privazioni, gli italiani conoscevano un certo benessere: il consumo della carne e dello zucchero, già bassissimi, aumentarono e i tetti delle case si popolarono di antenne della televisione, attraverso le quali giungeva a tutti, assieme alle canzonette degli innumerevoli *festival* che si svolgevano attraverso tutta la penisola, la voce paterna e suadente dei predicatori e dei ministri democristiani.

Il miracolo economico ebbe anche i suoi eroi. Tale fu in un certo senso Enrico Mattei, un valoroso partigiano che, come gli ex-garibaldini della seconda metà dell'Ottocento, si fece dirigente industriale e al cui nome è legato lo sviluppo dell'Eni e il tentativo condotto con spregiudicatezza e azzardo degno degli antichi mercanti italiani, di sottrarre l'Italia al monopolio delle grandi compagnie petrolifere internazionali. A questo fine egli stabilì una serie di contatti con i popoli coloniali e di nuova indipendenza e si disse anche che finanziasse il Fronte nazionale di liberazione algerino. Morì nel 1962 in un incidente aereo e si parlò subito di sabotaggio. Né al miracolo mancò il suo artista, Federico Fellini, nel cui eccezionale talento trovano una sublimazione l'esuberanza e la volgarità dei nuovi *parvenus*, il cattolicesimo e il clericalismo carico di atavismi e di complessi della nuova Italia democristiana, il senso del peccato e il gusto del medesimo, l'avanguardismo e la tradizione.

Ma il miracolo economico, come tutti i molti miracoli che abbiamo contato del corso della storia d'Italia, ha anche il suo rovescio della medaglia. Lo sviluppo edilizio, svoltosi sotto il segno della più sfrenata speculazione, ha pregiudicato in modo probabilmente irreparabile l'urbanistica delle

principali città italiane e ha irrimediabilmente deturpato paesaggi unici al mondo. La motorizzazione di massa è stata arti-
ficialmente gonfiata al di là delle possibilità economiche del
paese oltre che da una sapiente tecnica di persuasione occulta,
anche attraverso una deliberata rinuncia da parte dello Stato
a promuovere i mezzi di trasporto pubblico. Mentre si co-
struiscono migliaia di chilometri di autostrade, si pensa a
sopprimere cinquemila chilometri di ferrovie e i trasporti
pubblici urbani, costretti a procedere a passo d'uomo nel caos
del traffico cittadino, presentano bilanci paurosamente defi-
citari. L'esodo dalle campagne ha acuito la crisi di un'agricoltura che in vaste zone del paese è ancora regolata da contratti e da rapporti superati e anacronistici, solo parzialmente
intaccati dalla riforma agraria attuata dal governo.

Ma questi — si potrebbe obiettare fondatamente —
sono gli inconvenienti e il prezzo del progresso e comunque non si può certo negare che in quest'ultimo decennio
l'Italia sia riuscita a spezzare definitivamente le catene del-
l'arretratezza in cui per secoli era stata mantenuta e si sia
inserita nel ristretto novero dei paesi a forte sviluppo industriale. Ma ciò che lascia perplessi e scettici molti italiani
di fronte al miracolo economico è la constatazione che ad
esso non ha corrisposto un analogo progresso civile. La
condizione operaia italiana rimane precaria e dura; la disoccupazione, malgrado la valvola di sicurezza dell'emigrazione,
che ha assorbito circa 3 milioni di braccia, rimane ancora
a livelli preoccupanti; le attrezzature civili, le scuole, gli
ospedali, sono assolutamente inadeguati e solo da qualche
anno è stata introdotta l'obbligatorietà dell'istruzione fino a
14 anni, la quale però ancor oggi è largamente evasa. L'amministrazione pubblica rimane insufficiente e elefantiaca, la
giustizia lenta, l'università medievale, il sistema fiscale vessa-
torio contro i poveri e impotente contro gli evasori fiscali,
la corruzione dilagante. La vecchia incongruenza italiana, di
cui parlava il Labriola, non è affatto scomparsa, ma si è
soltanto riprodotta a un livello più alto. L'Italia rimane il
paese in cui è stata abolita la pena di morte e in cui si com-

mettono ogni anno numerosi « delitti d'onore », in cui vi sono decine di industriali mecenati e qualche milione ancora di analfabeti, dove i ricchi sono veramente ricchi e i poveri veramente poveri, dove i bambini sono idolatrati e la vecchiaia difficile e amara, dove l'avanguardismo intellettuale convive con il clericalismo, l'alienazione con la superstizione. Questa incongruenza — come diceva ancora il Labriola — genera un disagio universale e si direbbe che quegli stessi italiani che hanno beneficiato del miracolo economico non credano alla loro prosperità, ma che si limitino a godersela nel modo più rumoroso e più spensierato possibile, finché dura.

Su questo disagio si inserisce l'azione del Partito comunista italiano. Dopo la sconfitta del 1948 sembrava a molti che la stella del comunismo italiano volgesse ormai al suo tramonto, ma non fu così. Di elezione in elezione il Partito comunista accrebbe considerevolmente il proprio quoziente di voti sino a raggiungere quasi gli 8 milioni nelle elezioni del 1963. Né il miracolo economico, né la crisi seguita al XX Congresso del Pcus e ai fatti di Ungheria, sono valsi a frenare questa progressione.

Il segreto, se di segreto si può parlare, di questo successo lo si può trovare in quell'esortazione di Togliatti ai suoi compagni ad « aderire a tutte le pieghe » della società italiana, un suggerimento che essi seppero comprendere e applicare. Dal 1947, l'anno dell'eccidio compiuto a Portella della Ginestra dal bandito Giuliano al soldo degli agrari contro dei lavoratori riuniti per la festa del 1° maggio, i comunisti si posero alla testa delle lotte contadine nel Sud e fu in gran parte dovuto ai loro sforzi se il governo dovette decidersi a realizzare una parziale riforma agraria. Ciò non scalzò peraltro le posizioni e i consensi che i comunisti erano riusciti a procurarsi nelle regioni meridionali e rimane al Partito comunista italiano il merito storico di aver saputo risvegliare una coscienza politica in larghi strati di quei contadini meridionali in cui i precedenti movimenti democratici e socialisti non erano riusciti a fare profondamente

breccia, dimostrando così di non aver dimenticato gli insegnamenti di Gramsci. La larga penetrazione tra le masse
contadine dell'Italia meridionale costituisce certo a tutt'oggi
il più cospicuo ma non il solo dei successi ottenuti dal Partito comunista italiano. Evitando le punte più acute dello
stalinismo, esso è riuscito ad avere un largo seguito anche
tra gli intellettuali. Tra quelli stessi che abbandonarono le
sue file dopo il 1956, molti sono rimasti dei « compagni
di strada ». Seguono il Partito comunista italiano o comunque votano per esso la maggioranza degli operai e larghi settori di piccola borghesia agraria e urbana, con i quali i
comunisti non perdono occasione per stabilire i contatti, ora
sposando la causa dei piccoli commercianti contro i super-
mercati, ora quella dei piccoli proprietari agricoli oberati
dalle tasse, ora quella degli artigiani schiacciati dalla concorrenza della grande industria. Particolare rilievo nella più
recente politica del Partito comunista italiano ha poi la direttiva del cosiddetto « colloquio con i cattolici » sulla base
della comune avversione all'individualismo borghese e ca-
pitalista e della comune sensibilità al problema della pace.
Si è giunti al punto che, alla morte di papa Giovanni XXIII,
alcune organizzazioni comuniste non hanno esitato a esporre
la bandiera rossa a mezz'asta.

Come già il Partito socialista all'inizio del secolo, il
Partito comunista è divenuto così il grande collettore di
tutte le varie e talvolta divergenti spinte e correnti di opposizione che fermentano nella varia e contraddittoria società
italiana. Ciò costituisce la sua grande forza, ma ciò costituisce anche la sua debolezza, in quanto lo pone continuamente di fronte al dilemma tra il tener fede alla propria
antica vocazione rivoluzionaria e proletaria o il trasformarsi
in un partito di opposizione « dentro il sistema », una sorta
di laburismo all'italiana. Della difficoltà di conciliare queste
due anime del comunismo italiano e della necessità di riu-
scirvi, così come dell'altra consistente nell'accentuarne le
caratteristiche nazionali tenendo fermo il principio del collegamento con la politica internazionale dell'Unione Sovie-

tica, fu pienamente consapevole Palmiro Togliatti. Il suo testamento politico — il celebre memoriale di Yalta — che egli scrisse pochi giorni prima della sua morte, è la testimonianza di come fino all'ultimo egli sia rimasto impegnato in questo improbo sforzo politico e intellettuale.

Quando la sua salma venne riportata in Italia, seguirono la sua bara un milione di persone. Da vivo egli era stato paragonato a Cavour, per la sua lucidità politica e per la sua fermezza. Ma Cavour era morto al culmine della sua gloria, mentre a lui toccava di morire in un'Italia gaudente e volgare. Nella tristezza della folla che lo accompagnava per l'ultima volta, vi era la consapevolezza di un traguardo che non era stato raggiunto e il presentimento di un lungo e faticoso cammino.

INDICI

INDICE DEI NOMI

INDICE DEL VOLUME

BUL

BUL

69. E. Sereni. Storia del paesaggio agrario italiano
70/72. Aristofane. Le Commedie
   70. Acarnesi, Cavalieri, Nuvole
   71. Vespe, Pace, Uccelli, Tesmoforiazuse
   72. Lisistrata, Rane, Ecclesiazuse, Pluto
73. J. P. Diggins. L'America Mussolini e il fascismo
74. I. Kant. Scritti precritici
75/78. K. Vossler. La Divina Commedia
   75. La genesi religiosa e filosofica
   76. La genesi etico-politica
   77. La genesi letteraria
   78. La poesia
79. F. de Saussure. Corso di linguistica generale
80. G. Procacci. Storia degli italiani
81. G. Galli. Storia del socialismo italiano
82. AA. VV. Il Rinascimento. Interpretazione e problemi
83. D. Mack Smith. Storia della Sicilia medievale e moderna
84. M. Mollat. I poveri nel Medioevo
85. E. A. Havelock. Cultura orale e civiltà della scrittura. Da Omero a Platone
86. H. G. Koenigsberger e G. L. Mosse. L'Europa del Cinquecento
87. V. Ronchi. Storia della luce. Da Euclide a Einstein
88. T. De Mauro. Storia linguistica dell'Italia unita
89. G. Duby. Le origini dell'economia europea
90. I. Kant. La metafisica dei costumi
91/93. Mazzarino. Il pensiero storico classico (3 voll.)
94/96. G. W. F. Hegel. Lezioni sulla filosofia della religione
   94. Il concetto di religione
   95. La religione determinata
   96. La religione assoluta
97. E. A. Havelock. Dike. La nascita della coscienza
98/99. Diogene Laerzio. Vite dei filosofi (2 voll.)
100/101. H. Berve. Storia greca
   100. Dagli inizi fino a Pericle
   101. Da Pericle alla dissoluzione politica
102. G. W. F. Hegel. Enciclopedia
103. G. Duby. L'economia rurale nell'Europa medievale
104. S. J. Wolf. Il fascismo in Europa